U0129350

中國中古人名文化探論

陳亭佑 著

文史哲學集成

文史哲出版社印行

國家圖書館出版品預行編目資料

中國中古人名文化探論 / 陳亭佑著. -- 初版 --
臺北市：文史哲出版社, 民 111.10
　頁；　公分（文史哲學集成；747）
ISBN 978-986-314-623-0（平裝）

1.CST：命名 2.CST：文化 3.CST：中國

538.22　　　　　　　　　　111017821

文史哲學集成　　747

中國中古人名文化探論

著　　　者：陳　　　　亭　　　　佑
出 版 者：文　史　哲　出　版　社
　　　　　http://www.lapen.com.tw
　　　　　e-mail：lapen@ms74.hinet.net
登記證字號：行政院新聞局版臺業字五三三七號
發 行 人：彭　　　正　　　雄
發 行 所：文　史　哲　出　版　社
印 刷 者：文　史　哲　出　版　社
　　　　　臺北市羅斯福路一段七十二巷四號
　　　　　郵政劃撥帳號：一六一八〇一七五
　　　　　電話886-2-23511028・傳真886-2-23965656

定價新臺幣六二〇元

二〇二二年（民一一一）十月初版

自　序

　　本書以中國中古時期的人名文化為主題，個人之所以投入這項課題，既是出於興趣，也和許多偶然的發現密不可分。鄭騫在其《宋人生卒考示例》序文中曾說，自己從小關心他人年壽，對朋輩學生的年齡也喜歡知道，且永記不忘，最後不忘自我調侃：「如果真有所謂『輪迴』，我前生大概是一位頗為高明的算命先生」。我沒有鄭先生的記性，但這段話卻頗能引發我的共鳴，只不過我好奇的是人的名字，無論識與不識，「深察名號」始終帶給我諸多趣味。

　　隨著年紀漸長，閱世稍多，這個無以名之的興趣仍不時引領著我，體會到即使是常見的命名選項，也可能透露豐富的訊息，且「一代有一代之名」，不僅是世代或時代之別，一個人處於不同的生命階段，甚至會擁有不同的名字，晚清來華的美國傳教士明恩溥（Arthur Smith）曾對此表示大惑不解，但對我們而言，卻是很自然的事。然而「自然」何以為其然？其中又有哪些「不然」？這些「自然」或「不然」是自古而然的嗎？我對人名的關心發生雖早，對人名文化的反思卻開展甚晚，要到博士班階段，才有比較完整的探索。

　　我在博三上學期，選修葉國良先生開設的「石刻資料研究」，注意到南北朝人名對佛教的襲用，加上曾在臺灣清代文獻和碑刻中，見到不少「佛」字人名，乃據此撰寫學期報告。我在碩

士班時以唐代文士與中古文化為研究範圍，後來眼光逐漸「下移」，幾經考量後，決定請葉師指導，以中古人名作為博士論文主題，本書即在此基礎上修訂而成，也注入了我這些年「從人名到人心」的各種追索。

如前所說，這項研究最初是由興趣和發現所推動，但若無其他眾緣，亦絕無問世之可能。首先要感謝業師葉國良先生，最早在「大一國文」課堂與葉師結緣，老師於學養、於立身，都是我「雖欲從之，末由也已」的對象，借用古人的話，能從葉師游，是我自問在公館歲月最幸運的事之一。除此之外，史語所是我在博士班階段另一「游學」之處，有幸在此初識劉淑芬老師，並與劉增貴老師接續此前禮俗史課程的緣份，我的名義是禮俗宗教研究室的助理，但兩位老師對我的關懷與指點遠不止此，也都成為不可磨滅的記憶。博論口試時，除了兩位劉老師，彭美玲先生、黃啟書先生慨允擔任口試委員，益我良深；在資料及編輯方面，友人黃建智、李穌書屢屢濟我之匱，本書得之於師友處太多，在此敬致謝忱。

此外要感謝臺灣大學圖書館、中研院傅斯年圖書館，以及目前我所服務的臺灣師範大學，提供理想的研究環境，使我的想法和資料得以匯聚。最後，也是最重要的，要謝謝我的父母親，既錫我以嘉名，更豐富了我的生命，包括本書的完成，希望讀者對於中古中國，以及當前世界的認識，也能因此書而更加豐富一點。

陳亭佑　謹誌於臺北古亭
2022 年初秋

摘　要

　　芸芸眾生，莫不有心，作為社會性的「人」亦必有名，人名常為個體或集體心態之反映，從長時期來看人群不同的命名表現，每能從中窺見世相之遷移。本書以中國中古的人名文化為主題，探討當時的人名特色與使用情形，以期增加對中古社會文化的理解。

　　以中古人名作為研究樣本，有兩項基本問題，第一是其數量龐大、來源分散；第二是使用者彼此間的社會身份、文化背景縫隙很大，必須細心處理各種「名」的使用情形，建立有效的分析架構。本書盡可能擴充材料的多樣性，並由宗教、風俗、貴庶、胡漢、男女等視角，分析各種命名表現與心態，提出四種概念：聖名、惡名、貴名、賤名，以助辨析不同人名的內涵與意義。

　　聖名、惡名都是因佛教而起的外來新選項，為前代所無，主要目的在於求取護持，或宗教理想之寄託，因此不忌重名，不分男女，並常作為胡名之替代。唐代以後，惡名迅速消失，聖名有小名化的趨勢。貴名的特色是引經據典，最為隋唐大族菁英所喜，來源以華夏古典經籍與儒家價值為大宗，強調慕古，並展現經世、修身之價值，用字則求精緻，可謂「儒雅」之名，此名的菁英性格相當鮮明，成為唐代以後士人取名之共相。賤名屬於「小名」之一支，起於古代「名」的信仰，與「字」的原始功能類似，

從未被制度化，但生命力很強，長期流行，亦遍及各群體，本書比較賤名與其他命名模式，提出較為明確的定義與解釋。

　　此外，本書也探討中古道流人名的新風，主要在於出世情思之強化，其主力應來自南朝，至於女名之共相，在南北朝不分菁英基層，都重視容貌之美，以及求男之願，唐代菁英女名更深受禮法觀念之影響，崇德與尚美兼具，至於「小名」向來多被視為談助，本書也對此多所關注，呼籲重視這類名字的研究價值。從整體看來，使用者與華夏傳統的關係，可說是中古人名表現最主要的關鍵，伴隨士人群體的擴大，貴名之風持續發展，惡名與其他外來色彩鮮明的選項被淘汰，其他命名型態長期流行於社會各界，直到近代始隨世變而改觀。

體　例

一、本書所徵引之基本史料，首次使用書名全稱，後文皆用簡稱，
　　以省篇幅。

二、本書徵引之經書、子書、歷代正史、《資治通鑑》、《全上古三
　　代秦漢三國六朝文》、《先秦漢魏晉南北朝詩》、《全唐詩》、
　　《全唐文》、《太平廣記》等，除特別情況，皆依據北京中華
　　書局點校版本，並於註腳依序標記書名、卷數、篇名等，或
　　於行文引述後直接標記篇名，不另出註。

三、本書徵引之佛、道典籍，均依據《大正新修大藏經》、《正統
　　道藏》，除特別情況，不另出註。

四、引用石刻資料，均依序標明品名、年代、出處。如重見於不
　　同來源，以後出之定名、錄文為主，以北齊河清二年（563）
　　〈阿鹿交村七十人等造石室像記〉為例，先後收入《石刻史
　　料新編·山右石刻叢編》、《魯迅輯校石刻手稿》、《北朝佛教
　　石刻拓片百品》等，優先引用《北朝百品》，其餘準此，遇特
　　殊異文另註記之。

五、引用敦煌遺書，均以縮寫標註館藏編號於後，有紀年者亦記
　　之，不另出註：S.指英國國家圖書館藏斯坦因（M. A. Stein）
　　所獲寫卷，P.指法國國家圖書館藏伯希和（P. Pelliot）所獲寫
　　卷，Дx.指俄羅斯科學院東方研究所聖彼得堡分所藏卷，北指

北京中國國家圖書館藏卷。引用吐魯番文書，則依書名簡
稱，註記冊數、頁數。

中國中古人名文化探論

目　次

第一章　緒　論

第一節　研究緣起

　　在人類生活中有許多常見的行為與事物，正因為過於習以為常，向來被大多數人視為理所當然，反而忽略其實是人類獨有的表現，而且往往必須仰賴人與人之間的互動，才會產生作用與意義，「人名」與「命名」就是典型的例子。本書開篇之始，想以十八世紀英國小說《魯濱遜漂流記》的情節為例，說明這一點。此書主角因為海難而隻身流落荒島，並從擱淺的破船上找出少許工具，進而建造屋舍、製陶、打獵、種麥、養羊，乃至刻字計時，等於縮時重現了人類數萬年的文明歷程，但兩者之間仍有一個根本性的差別，也就是社會關係之闕如，這點必須等到二十四年後，他將一名土人收為僕役為止，他所做的第一件事則是為對方取名，由於當天是星期五，所以叫他「Friday」。在此之前，固然有同在船上的一貓一狗與他相伴，也有名字，但並非由他所取，主角重新體驗社會性的關係，無疑來自這名僕人的出現，關鍵則繫於「命名」之行為，而且他所取之名乃是抽象的時間記號，而非島上的自然物象，此一象徵尤可思之。

　　事實上，芸芸眾生，莫不有心，作為社會性的「人」也無不有名，所有人類社群都有命名的行為，而且發展越複雜，命名的現象也越繁複，《舊約聖經·創世紀》說上帝使亞當為萬物命名，正暗示人類具有命名萬物的特性與特權，在中國古代神話中，頗有鳥獸「自呼其名」的傳說，但是在自我或他者的名中賦予各種想法，唯人能之，差別只在命名者參與創造程度的深淺[1]。再者，「命名」往往建立於人際間的互動，東漢許慎《說文解字》從字形解釋「名」為「从口夕，夕者冥也，冥不相見，故以口自名」[2]，指出「名」是在難以相互辨識的情境中所為，推而廣之，「冥」也適用於混沌未明的自他關係，為了彰明這些關係，「名」乃生焉，許說雖未必符合造字之原意，卻不無暗合文化人類學的趣味。再舉一例，中唐李益有詩，寫他與表弟睽違多年後偶然重逢，其中最傳神的句子，當屬「問姓驚初見，稱名憶舊容」[3]，因對方稱名而喚起心中印象，名實今昔，兩相印證，遂得「重逢」。這個經驗說明了「名」確實是人際間相互辨識、交流的要件，反過來說，「隱姓埋名」則意味社會關係的中止，這裡也舉唐詩為例：「殷勤諱名姓，莫遣樵客聞」、「一變姓名離百越，越城猶在范家無」[4]。至於得名的來源除了自己，更常來自他人，但不管自名或他名，都不是如前引神話所說「自呼」而得的自然產物，其意義也往往不僅止於單純之代號，而是命名者心態或習慣的投映，因此可以透過其「名」來探索「心」的個別或集體樣貌；當然，類似的心態可

---

1 清·陸以湉：《冷廬雜識》（北京：中華書局，1984 年），卷一，〈自呼其名〉，頁 35。
2 東漢·許慎著，清·段玉裁注：《說文解字注》（臺北：藝文印書館，2007年，經韻樓藏版），卷二，頁 236。
3 唐·李益：〈喜見外弟又言別〉，《全唐詩》，卷二八三。
4 唐·鮑溶：〈經隱叟〉，《全唐詩》，卷四八五；張蠙：〈經范蠡舊居〉，同，前，卷七〇二。

以用許多文化形式來表達，但「命名」無疑是人類社會最普遍的形式之一，屬於特定文化生活中的「創造」，只是這種「創造」不一定是無中生有，所得也未必全是新的，常常是直接襲用既有的選項，或設法改造，加上各種變或不變、常與非常的考量，都使得人世「命名」的故事更加多樣，人名也因此涵容其他語文形式所不及的訊息與想法。

以漢字人名來說，相較於印歐語系的表音文字，漢字的組合顯然有更大的可塑性[5]，而且在古代中國，人名很早就脫離無機的代號（如圖騰），開展多元化的表現，孟子云：「姓所同也，名所獨也」（〈盡心下〉），三國時吳景帝孫休為其子命名，也說「人之有名，以相紀別」[6]，都說明古人經常追求「名」的獨特性，甚至在中國的人名傳統中，一個人處於生命不同的階段，會擁有不同的名字，晚清來華的美國傳教士明恩溥（Arthur Smith）曾對此表示大惑不解[7]，他的困惑正可說明命名習慣的複雜，從長期來看，也會發現一代往往有一代之名，晚清徐珂（1869-1928）論歷代人名，指出「名字所取，根於心意，沿於習尚，因時變遷。總而觀之，可分六種：唐虞以上為一種，三代為一種，秦、漢、三國為一種，六朝為一種，唐至宋為一種，金、元至國朝為一種。其間

---

5 參考 21 世紀研究會編，張佩茹譯：《人名的世界地圖》（臺北：時報文化出版公司，2002 年），本書譯自《人名の世界地図》（東京：文藝春秋，2001 年），並非嚴格的學術著作，卻可能是目前中文書市唯一廣泛介紹非中國人名的著作。日文學界最近的歷史人名研究，為奧富敬之：《名字の歷史学》（東京：講談社，2019 年）。英文學界有國際性的專名研究期刊 *NAMES: A Journal of Onomastics*，自 1953 年發行至今，近年之綜論性專書有 Carole Hough ed., *The Oxford Handbook of Names and Naming* (New York : Oxford University Press, 2016).

6 《三國志》，卷四八，〈孫休傳〉。

7 明恩溥著，林欣譯：《中國人的素質》（北京：京華出版社，2002 年），頁45。

雖有小出入，然大較如是，且國朝人之於名字，固尤為致意耳」[8]，
這些時段劃分有待具體之檢驗，但他指出人名「根於心意，沿於
習尚」，而且屢隨時代而變化，確實是一個值得注意的看法──探
索人名的歷史，不啻人心歷史的印證與補充。

　　與人名文化相關的課題很廣，相關著作也很多，本書將集中
在中國中古時期的命名心態與不同命名模式的使用情形，除了釐
清其間的關係，更希望能深化對中國古代人名文化的認識，至於
為何選擇中古，也就是魏晉到唐代之間，相當於三至十世紀左
右，有兩個主要的考量。第一點要從人名的環境來談，中古時期
的政權雖然長時處於分立狀態，但在文化上頗多異采，交光互影，
特別是「宗教」與「族群」帶來的影響，在中國史上罕有其匹。
佛、道二教在此時席捲社會，後者本土，前者外來，更可說是十
九世紀西潮叩關之前最強大的域外文化力量。再者，大批北方胡
族進入中原，長期統治華北，更促成了胡漢文化的雜揉，南方的
原住人群也被納入漢人的體系。這兩種力量對華夏傳統與儒家造
成空前的衝擊，但也豐富了中古社會的面向，不僅涉及的幅度大，
面向廣，時間也極長，對於不同人群、風俗乃至觀念，無不廣為
滲透，此時的人名也展現許多不同於前的風貌，成為「心意」與
「習尚」的珍貴紀錄，值得細心探究。

　　第二個考量來自中古人名的來源與性質。早期中國傳世的文
獻、文物顯示，戰國以前之貴族男女有姓，成年之後有字，男性
尚有氏，繫姓僅限於女性，此後姓氏漸混，姓為氏所取代，庶民
亦可有之，命名則無階層之限[9]，不過如果想藉此了解整體社會，

8　清・徐珂編撰：《清稗類鈔》（北京：中華書局，1984 年），〈名字〉，頁
　　2161。
9　呂思勉：《中國制度史》（上海：上海世紀出版集團，2002 年），第八章，
　　〈宗族〉，頁 302-304、309-310。

有很大的限制，因為這些名字均來自中上階層，而且大多數都是成年男性，如非擁有相當高的政治、經濟力量，便是學術、知識性的群體，換言之，都屬於社會菁英，女性、兒童、基層民眾，乃至社會邊緣的弱勢者、華夏以外的非漢人群，被紀錄下來的名字相當少，與前述群體完全不成比例，而且先秦人名的結構和後來頗不相同，有時很難憑後世模式加以推估[10]。秦漢以降，姓名制度大備，人名結構亦基本底定，加上書寫、銘刻的載體種類擴大，由金、簡而漸及石、紙，文字紀錄的成本降低，保留的日常訊息遠邁往古，也為上述的非菁英群體留下了更多案例。由於宗教與非漢族群因素的加入，使得中古人名的蘊藏更富，周一良（1913-2001）曾特別指出這一點：

> 東晉南北朝時之人名，往往反映宗教信仰、民間風俗以及民族來源等。北朝石刻造像上所列大量社會中下層人民之名字，由於受士族傳統文化影響較少，往往不以儒家經典命名，尤為說明此現象之絕好材料。[11]

周氏所說的「士族傳統」並不單指儒家，應該也廣含玄儒文史在內的菁英文化，他指出人名作為樣本，有利於觀察上述文化以外的社會現象，確實是相當敏銳的看法。此外，葉師國良在 1992 年發表〈石學的展望〉，也提出以石刻資料建立「人名學」的構想，提示由文化語言學的角度，開發古代人名研究的面向[12]。

　　作為歷史文化素材的人名具有兩項特性：一是「人名」之使用不限貴庶、胡漢、男女，皆有其名，可謂最具普遍意義的史料，

10　李學勤：〈先秦人名的幾個問題〉，《歷史研究》1991 年 5 期，頁 106-111。
11　周一良：〈蕭衍以及東晉南北朝人小字〉，《魏晉南北朝史札記（補訂本）》（北京：中華書局，2015 年），頁 274。
12　葉師國良：〈石學的展望〉，《石學續探》（臺北：大安出版社，1995 年），頁 261-262。

命名取材的範圍也相當之廣，舉凡價值觀、情感、想像、人際倫理，乃至人與宗教、風俗傳統，以及和外在環境的關係，都可能構成不同的考量；第二個特性是「命名」的慣性強大，自古不絕，而且自發性強，不像其他暫時性的行為或制度，可能因外部力量而消長，從長時段來看，會發現人名亦有其生住變異，名既如此，其心亦然，因此即使是當時常見之名，也可能透露豐富的意義。這兩點在中古社會都有相當明顯的表現，不僅留下的材料之富超過前代，其多元性更為其他時期所難比肩。

　　過去我們常將「文化」理解為靜態、甚至單一的思想體系，其實文化固然有其主要成份，但其內外往往存在各種流動、衝突與調適的複雜現象，人名、人心與文化力量的關係亦是如此。人名是時代風氣的投映，命名者因應不同對象賦予名字，通常來自其人的文化認知、經驗或想像，久之成故，可以藉此窺見當時各種意識的光影，有時還能見到套疊而生的新影像[13]。簡單說，心態會孕育不同的命名模式，累積成為習慣，習慣會再擴大，深化為命名文化的慣性，創造更多類似的表現，至於不同的命名模式之間，也會有所競爭，並不都是靜態的，如此看來，人名當然也有它的「歷史」。只是不可諱言，相較於其他具體論述或記載中的現象，命名考量的表述常不清晰，甚至會出現許多模糊、甚至矛盾的表現，事過境遷，其名亦廢，就歷史解釋來說，這種高度的不確定性似乎也是人名的特質，面對不穩定的史料意義，假使只看單一人名或少數案例，往往不明其意之所以，或被字面所誤導，

13　參考梁其姿：〈心態歷史〉，《史學評論》第 7 期（1984 年 4 月），頁 75-97；雅克‧勒戈夫（Jacques Le Goff）著，郝名瑋譯：〈心態：一種模糊史學〉，《史學研究的新問題 新方法 新對象：法國新史學發展趨勢》（北京：社會科學文獻出版社，1988 年），頁 265-286；彼得‧伯克：〈心態史的優缺點〉，韋華琴、劉艷譯：《文化史的風景》（北京：北京大學出版社，2013 年），頁 184-205。

但如果能夠設法力求嚴謹，擴大樣本與論證，相信還是可以發揮推論的潛力，重建若干可能的圖像，如果以遊戲作為比喻，這種工作的性質接近於拼圖——每一個或每一類人名正像是個別的拚片，雖然色彩、輪廓有明暗、深淺之分，都記錄了「局部的真實」，孤立視之，難以成圖，唯有相互參照，才能逐漸找出最宜於拼合的邏輯，化局部為完整，賦舊樣以新義。總之，人名作為歷史文化材料，性質和其他有組織的文獻不同，通常缺乏外部描述，使用情形可能也很複雜，甚至「混亂」，得出的圖像經常是模糊的，但模糊未必就等於失真，從整體觀之，有時反而更能反映其他文獻罕能傳遞的世相。本書正是基於以上的想法，希望從徐珂所說「名字所取，根於心意，因時變遷」的角度，以命名的心態、模式與習慣為主要線索，考察中古人名文化的風貌與意義。

第二節　探究範疇及方法

本節首先要說明「名」的研究範疇與材料來源，次及研究之方法。本書認定的「名」專指作為稱謂之人名，兼及命名之行為，不包含普遍性的人際關係稱謂，並且限於以文字形式出現者，以圖像、標誌為名的作法，均不在討論之列[14]，亦不涉名理、名實等名學問題[15]。可能有讀者會想到，完整的中國人名結構包含姓、

14　李宗侗：〈中國古代社會與近代初民社會──中國古代之圖騰社會與外婚制〉，《李宗侗文史論集》（北京：中華書局，2011 年），頁 1-15。

15　關於先秦時期「名」的思想史分析，可參考丁亮：〈「名」在中國上中古之變遷〉，收入臺灣大學文學院主編：《中國文學歷史與思想中的觀念變遷國際學術研究會論文集》（臺北：臺灣大學文學院，2005 年），頁 97-143；曹峰：《中國古代「名」的政治思想研究》（上海：上海古籍出版社，2017 年）。

名、字，乃至於號，何以本書專取於「名」？這點可以分兩方面
說明：第一，姓、名的社會功能不同，前者在古代社會中得自父
族，最重要的作用是標誌血緣，以利宗祧與資產之繼承，具有高
度的凝聚力與強制性，東漢班固《白虎通・姓名》總結其意為「崇
恩愛，厚親親，遠禽獸，別婚姻」，第二、四項尤其重要，後世常
有因外力或自願改姓、乃至賜姓之事，但並非常態，相較之下，
使用名字的自由度遠高於姓，因名隸屬於個人，姓則附屬於家族、
宗族或族群，有學者就認為姓氏是「中國文化中最有社會性的同
化力量」[16]，因此改名的衝突始終遠小於改姓，雖然家族字輩的
習慣也常支配命名，影響仍遠小於從父姓的傳統，因此「名」遠
較姓有更多組合的可能，承載更多社會文化變動的訊息。第二，
取「字」在古代係冠笄禮儀的環節之一，後來禮意漸淡，成為士
庶間通用的習慣，但其普及性無法與名相提並論，官方之諡號或
私人之自號更是如此。本書以「名」為主要對象，正是因其使用
範疇最廣，案例也最豐，但在討論時絕不排除其他部份，也以姓
和字作為輔助。此外，本書也將特別討論「小名」或「小字」，
也就是俗說的「暱稱」，這種命名形式並非正式人名結構的一部
份，從未被制度化，但長期流行，可以表示憐愛、紀念、勉勵、
祝福等多種想法，取材之豐富，也令人目不暇給；就實際使用而
言，有時甚至與名或字無異，宋人就曾注意到與史傳相較，唐代
碑刻中有極多以字為名，或以名為字的案例[17]，甚至一個人可能

16　徐復觀：〈中國姓氏的演變與社會形式的形成〉，《周秦漢政治社會結構
　　之研究》（臺北：臺灣學生書局，1975 年），頁 295-350，特見頁 344-345。
17　南宋・王楙：《野客叢書》（上海：上海古籍出版社，1991 年），卷八，〈童
　　烏已已〉。

有兩個以上的小名[18]。中古時期名、字、小名三者間的關係、來源，也是本書關注的重點之一。最後是「名」、「名字」、「人名」，如非特別說明，在本書通常指狹義的「名」，至於「小名」、「小字」，兩者在古代通用，書中也不做嚴格區分。

　　為了顯示中古基本的命名模式，這裡要簡述古代命名的情況。早在商代甲骨卜辭，已有人物私名出現[19]，並且有多種卜名之法[20]，此前雖乏文物可徵，想來當亦有之，唐代張守節《史記正義・夏本紀》說夏時已有命名之舉，《禮記・內則》則明載周代貴族為新生兒命名的程序：

> 三月之末……父執子之右手，咳而名之。妻對曰：「記有成」。遂左還，授師，子師辯告諸婦諸母名，妻遂適寢。夫告宰名，宰辯告諸男名，書曰「某年某月某日某生」而藏之，宰告閭史，閭史書為二，其一藏諸閭府，其一獻諸州史；州史獻諸州伯，州伯命藏諸州府。

隨後又提到命名的原則：「凡名子，不以日月，不以國，不以隱疾；大夫、士之子，不敢與世子同名」，《禮記・曲禮上》還包括「不以山川」。《大戴禮記・保傅》和稍晚的《白虎通・姓名》，也分別指出「（卜名）上無取於天，下無取於地，中無取於名山通谷，無拂於鄉俗」、「不以日月山川為名者，少賤卑己之稱也」，目的是「名難知而易諱也」、「臣子當諱，為物示通，故避之也」，這些

---

18 南朝宋・劉義慶著，余嘉錫箋疏，周祖謨等整理：《世說新語箋疏》（臺北：華正書局，1984年），卷八，〈賞譽〉，余氏云：「王珣小字法護，而此言阿瓜，未為可解，儻小名有兩耳」。

19 趙鵬：〈最低限度的私名〉，《殷墟甲骨文人名與斷代的初步研究》（北京：線裝書局，2007年），頁124-129。

20 饒宗頤：〈由《尚書》「余弗子」論殷代為婦子卜命名之禮〉，《饒宗頤二十世紀學術文集》（臺北：新文豐出版公司，2003年），卷二，頁1655-1658。

都是否定性、排除性的原則，但也不是沒有例外，孔穎達《禮記正義》已指出晉成公名黑臀（《左傳·宣公四年》），魯成公、鄭國公孫、楚公子皆名黑肱（《史記·魯周公世家》、《左傳·襄公二十二年、二十七年》），魯僖公名申、蔡莊侯名甲午（《史記·魯周公世家、管蔡世家》），感嘆「周末亂世，不能如禮」[21]，可見命名實況往往有逸出禮儀之處。另一個更生動的實例是晉穆侯因戰事成敗，為二子命名，遭到大夫師服的批評：

> 異哉君之名子也！夫名以制義，義以出禮，禮以體政，政以正民，是以政成而民聽，易則生亂，嘉耦曰妃，怨耦曰仇，古之命也，今君命大子曰「仇」，弟曰「成師」，始兆亂矣，兄其替乎？（《左傳·桓公二年》）

在師服看來，貴族之「名」作為政治表徵，也牽動國家的秩序，不可不慎，他的說法透露在古代「名」除了身份標誌，也被認為有某種無形的力量，關乎現實的走向。

與上述原則相對應者，見於《左傳·桓公六年》，當時桓公得子，問名於大夫申繻，申繻說有五種來源可供考慮：

> 名有五，有信，有義，有象，有假，有類，以名生為信，以德命為義，以類命為象，取於物為假，取於父為類。

「以名生為信」當為「以生名」之錯文，見揚雄《論衡·詰術》：

> 以生名為信，若魯公子友生，文在其手曰「友」也；以德名為義，若文王為昌，武王為發也；以類名為像，若孔子名丘也；取於物為假，若宋公名杵臼也；取於父為類，有似類於父也。[22]

---

21 清·王士禎：《池北偶談》（北京：中華書局，2006 年），卷二三，〈命名〉，頁 544-545。

22 東漢·王充著，黃暉撰：《論衡校釋》（北京：中華書局，1990 年），卷二五，〈詰術〉。

「生名」意指新生兒之特徵[23]，其中以「德」為名更成為後來菁英命名的重要習慣。申繻又說到國、官、山川、隱疾、畜牲、器幣，不宜作為入名的來源。這些都可以看出當時已經相當講究命名，包括如何用名、改名。就諱名而言，至晚在西周末年、春秋初期已成定制[24]。至於改名之例，西周晚期厲王時，熊渠少子原名執疵，後來弒而代立，改名熊延（《史記‧楚世家》）；楚莊王九年（西元前 617 年）若敖族人叛亂，箴尹克黃不在其中而自願就刑，莊王不但赦免其罪，並使之改名為「生」，俾使其族不致滅絕（《左傳‧宣公四年》）。這種詳載得名緣由的例子不多，前者是有意篡奪，後者則不意重生，一者自名，一者他名，但都出於主角生命歷經重大轉折之際，與後世逢厄改名的情況暗合。最後，完整的人名除了「名」以外，還有「字」的部分，《禮記‧檀弓上》：「幼名，冠字」，孔穎達分別解為：「名以名質，生若無名，不可分別，故始生三月而加名」、「冠字者，人年二十有為人父之道，朋友等類不可復呼其名，故冠而加字」。簡言之，兩者同屬於正式的「人名」，只是在不同的生命階段先後被賦予，適用不同的人際情境[25]，其作用則如北齊時顏之推所云：「名以正體，字以表德」[26]，不過在中古時期，兩者的使用界定並不嚴密，加上小名、小字，以及胡名和佛教的因素，使得整體表現更添複雜。

---

23 參傅斯年：《性命古訓辯證》（上海：上海世紀出版社，2012 年），第五章，〈《左傳》《國語》中之「性」「命」字〉，頁 62-64。

24 虞萬里：〈商周稱謂與中國古代避諱起源〉，《榆枋齋學林》（上海：華東師範大學出版社，2012 年），頁 555-663，特見頁 612-615。

25 葉師國良：〈冠笄之禮中取字的意義〉，《禮學研究的諸面向》（新竹：清華大學出版社，2010 年），頁 276-285。

26 北齊‧顏之推撰，王利器集解：《顏氏家訓集解》（上海：上海古籍出版社，1980 年），卷二，〈風操〉。

　　以上簡述先秦貴族命名的習慣與情形，秦漢以降，名字的結構基本定型，也為中古人名奠定基本的模式，原本使用胡名的非漢族群進入中原，也深受這一傳統的影響，使原名漸趨「漢化」（華夏化）。除了名、字結構，前代命名文化對中古人名最大的影響，首推新朝王莽（45 B.C.-23）帶動的單名風氣，他的依據來自《春秋公羊傳》孔子「譏二名」之說，東漢何休《注疏》對此的解釋是「為其難諱也，一字為名，令難言而易諱，所以長臣子之敬，不逼下也」，王莽有志復古，將「二名非禮」的概念制度化，造成改名之風，其孫王宗有僭位之嫌，事發自盡，王莽乃下令復其本名「會宗」，可見本用雙名[27]，新莽覆亡雖速，單名之風就此不替，成為中古時期極其有力的命名習慣，直到東晉十六國才明顯轉變，重新吹起二名之風，為人名表現開啟新的階段。再者，古人避諱的觀念同樣相沿久之，南北朝士族特重禮法，守國諱、家諱之嚴，逾於前代，也牽動菁英使用名字的情況。約而言之，中古人名主要的規範來源有三：一是周代以來貴族命名取字的傳統，二是王莽時復古倡導單名的風氣，三是中古歷朝的國諱與家諱，不過此風限於恪守禮法的菁英群體，對基層民眾或漢化較淺的人群來說，並不關心雙名、單名之別，嫌名云云更是於我何有哉，加上正式名、字之外，還有形形色色的小名、小字，都為中古時期留下廣大的命名表現空間。茲引辛棄疾（1140-1207）名篇〈永遇樂·京口北固亭懷古〉為說：

> 千古江山，英雄無覓，孫仲謀處。舞榭歌臺，風流總被，
> 雨打風吹去。斜陽草樹，尋常巷陌，人道寄奴曾住。想當
> 年，金戈鐵馬，氣吞萬里如虎。元嘉草草，封狼居胥，贏

---

27 《漢書》，卷九九下，〈王莽傳下〉。

得倉皇北顧。四十三年，望中猶記，烽火揚州路。可堪回
首，佛狸祠下，一片神鴉社鼓。憑誰問，廉頗老矣，尚能
飯否？[28]

除去廉頗，其餘的三個人名恰好都在本書討論的範圍內：仲謀為
漢末三國時孫權（182-252）之字，乃孫堅之次子，加上權、謀義
近，故結合為表字[29]，基本符合前述的名、字規範；寄奴則是劉
宋開國者劉裕（363-422）的小字，他出身寒微，但此名非表奴僕
身份，是因為他出生時有異兆，故名奇奴，後來母喪，寄養舅家，
又改寄奴，與其名完全無涉，當時這種「奴」字用法相當普遍[30]；
至於佛狸更非漢名，而是北魏太武帝拓跋燾（408-452）的鮮卑原
名，純屬音譯，和佛教也沒有關係[31]，與寄奴都不為古典禮法所
限。從稼軒詞中這三個名字和使用者的背景，讀者或可覘見中古
人名表現與內涵的多樣性。

再來要談到研究材料，以中古人名作為研究對象，有兩項基
本問題，第一是數量龐大、來源分散，不易找出有代表性的樣本，
第二是使用者彼此間的社會身份、文化背景，縫隙往往甚大，甚
至有些群體缺乏紀錄，難以深入，必須細心處理各種「名」的使
用情形，建立有效的分類或架構，才能充分展現人名文化的風貌。
底下將就上述兩點作說明，再提出對應的研究方法。

中國中古時期，大致可以分為南北朝與唐代，兩者的歷史地
理圖像相當不同，尤其是所謂「南方」。在中古前期，東晉南朝人
群活動的記錄集中在長江沿線，由上而下，以益州、荊州、揚州

---

28 南宋・辛棄疾撰，鄧廣銘箋注：《稼軒詞編年箋注》（上海：上海古籍出
　　版社，1993 年），卷五，頁 553-555。
29 《三國志》，卷四七，〈吳主傳〉。
30 《宋書》，卷一，〈武帝上〉；同前，卷二七，〈符瑞上〉。
31 《南齊書》，卷五七，〈魏虜〉。

為中心，亦即巴蜀、楚、吳越三地。至於華中、華南的大部份地區，只有在特殊事件發生時才會留下紀錄，像是作戰或災變，基層社會的記述不多，人名尤寡，近年長沙出土的三國吳地簡牘雖然保留不少案例，但年代偏早，相當於東漢末年到孫吳建國初期，而且地緣分佈集中，在中古前期人名的代表性如何，還需要評估。南朝傳世石刻稀缺，晚清端方（1861-1911）指出是由於政府長期實施禁碑令之故，誠為可據之言[32]，再者，南方早期開發的地區除非遭逢大規模戰亂或災變，住民向來高度密集，地下文物若非因歷代工程而受到破壞或散佚，就是長年沉睡於聚落之下，難見天日。現今所知保留人名最多的南朝石刻，為梁天監十七年（518）之〈蕭秀碑〉[33]，題名有一千兩百餘人，可辨識者約五六百人，可謂絕無僅有，差可並論者，殆為西晉咸寧四年（278）所立〈辟雍碑〉，共錄四百餘人，[34]但蕭碑與之類似，這些人名都不脫史書所載的菁英群體，眾庶之名依然闕如，只能利用少數出土買地券和造像題記，彌補南方基層人名的缺陷[35]。相較之下，北方的優勢在於擁有大量石刻，尤其是北魏中期以後的河南、陝西墓誌[36]，

32 清・端方：《陶齋藏石記》，新文豐出版公司編：《石刻史料新編》（臺北：新文豐出版公司，1978 年，以下簡稱《石刻史料》），第 1 輯第 11 冊，卷五，頁 8-9。並參劉濤：〈魏晉南朝的禁碑與立碑〉，《故宮博物院院刊》2001 年第 3 期，頁 4-11。

33 〈蕭秀碑〉，《魯迅》第 1 函第 4 冊，頁 599-627。此碑陰出自梁安成王蕭秀之神道碑，王昶誤繫始興王蕭憺（卒於普通三年[522]），見〈始興忠武王碑陰〉，《金石萃編》，《石刻史料》第 1 輯第 1 冊，頁 464-475。

34 羅振玉：《石交錄》，卷二，收入羅繼祖主編：《羅振玉學術論著集》（上海：上海古籍出版社，2013 年），第三集，頁 227-258。

35 魯西奇：《中國古代買地券研究》（北京：文物出版社，2014 年）。

36 伊藤敏雄主編：《魏晉南北朝墓誌人名地名索引》（大阪：大阪教育大學，2008 年），此書據羅新、葉煒：《新出魏晉南北朝疏證》（北京：中華書局，2005 年）、趙超：《漢魏晉南北朝墓誌彙編》（天津：天津古籍出版社，2008 年）編成，近年在此基礎上，又有劉連香：〈北魏墓誌一覽表〉，《民族史視野下的北魏墓誌研究》（北京：文物出版社，2017 年），頁

由於墓誌性質與地上碑刻不同，非供當世之閱讀，因此往往保留許多家族內部的珍貴訊息，雖然誌主多偏向中上階層，所幸華北各地鄉村的造像記、石窟題記[37]，大大補充了前者之不足，要討論北朝人名，這些碑刻無疑是正史之外最重要的來源。晚清孫詒讓（1848-1908）讀北周〈聖母寺四面象碑〉後曾作是語：

> 此碑記文淺俗，所列造像人姓名多詭異，蓋北朝喪亂，關中諸郡異族雜處，此碑即俚俗羌虜所為，不盡通儒義也。[38]

他對於碑中人名之「詭異」、「俚俗」似有嘖嘆，但對北朝人名文化來說，這些「不通儒義」之處可能是最可貴的遺痕。

至於唐代人名，除了正史、墓誌之外，詩文、小說、筆記乃至宗教文書，皆為人名之庫藏。以傳世文獻來說，早有各正史人名索引[39]，總集、小說亦然[40]。歷代學者為補史或讀史之備，對皇室、高層官員世系也屢有整理，雖然並非針對人名研究而作，使

447-486；李宏書：〈北朝墓誌人名索引〉（長春：吉林大學古籍研究所碩士論文，2017年）。

37 北朝造像記較精細之整理，見北京魯迅博物館、上海魯迅紀念館編：《魯迅輯校石刻手稿》（上海：上海書畫出版社，1987年，以下簡稱《魯迅》）；陝西省耀縣藥王山博物館等編：《北朝佛道造像碑精選》（天津：天津古籍出版社，1996年，以下簡稱《北朝佛道》）；顏娟英主編：《北朝佛教石刻拓片百品》（臺北：中央研究院歷史語言研究所，2008年，以下簡稱《百品》）。

38 清・孫詒讓：《籀廎述林》（北京：中華書局，2010年），卷八，〈周保定四年聖母寺四面造象跋〉，頁273。

39 高秀芳、楊濟安編：《三國志人名索引》（北京：中華書局，1980年）；張忱石編：《晉書人名索引》（北京：中華書局，1985年）；張忱石編：《南朝五史人名索引》（北京：中華書局，1985年）；陳仲安編：《北朝四史人名索引》（北京：中華書局，1988年）；鄧經元編：《隋書人名索引》（北京：中華書局，1979年）；張萬起編：《新舊唐書人名索引》（北京：中華書局，1986年）；張萬起編：《新舊五代史人名索引》（上海：上海古籍出版社，1980年）。

40 傅璇琮、張忱石、許逸民編：《唐五代人物傳記資料綜合索引》（北京：中華書局，1982年）；方積六、吳冬秀編：《唐五代五十二種筆記小說人名索引》（北京：中華書局，1992年）。

用起來常有幫助[41]，以魏晉士族與百官世系為例，從宋代以降到近代中外學人，都有極便後學的成果[42]。關於墓誌人名，日本學者也提供了諸多便利[43]。近年陳爽根據墓誌從事中古譜牒之輯存，隨著新出資料與檢索工具的精密化，這項工作仍大有可為[44]。此外，敦煌吐魯番文書是另一個重要的資料來源，後者已有相當精細的索引問世[45]，至於前者，近年日本學界有部份整理成果問世，收錄逾兩萬之數，但偏於唐代後半的吐蕃統治時期[46]。大谷文書也有詳盡的人名索引[47]，敦煌莫高窟、洛陽龍門石窟和房山石經題記，均有彙編問世，都有利於掌握當地命名的情形[48]。但整體

41 詳見《二十五史補編》（上海：開明書店，1936-1937 年），第 3、4 冊。近人根據石刻史料補訂，代表作有羅振玉：〈魏書宗室傳注〉、〈魏宗室世系表〉，收入羅繼祖主編：《羅振玉學術論著集》，第八集；岑仲勉：《郎官石柱題名新考訂（外三種）》（北京：中華書局，2004 年）；趙超編：《新唐書宰相世系表集校》（北京：中華書局，1998 年）。

42 北宋・汪藻編、楊勇補訂：〈世說敘錄・人名譜〉，收入楊勇：《世說新語校箋（修訂本）》（北京：中華書局，2006 年），第四冊；王伊同：《五朝門第》（北京：中華書局，2006 年，1943 年初版）；矢野主稅：《魏晉百官世系表》（長崎：長崎大學史學會，1960 年）。

43 氣賀澤保規編：《新編唐代墓誌所在總合目錄》（東京：明治大學アジア石刻文物研究所，2017 年）；高橋繼男・竹內洋介編：〈中國五代十國時期墓誌綜合目錄（增訂稿）〉，《アジア文化研究所研究年報》第 52 卷（2017 年），頁 24-69。

44 陳爽：《出土墓誌所見中古譜牒研究》（上海：學林出版社，2015 年）。

45 李方、王素：《吐魯番出土文書人名地名索引》（北京：文物出版社，1996 年）；榮新江、李肖、孟憲實主編：《新獲吐魯番出土文獻》（北京：中華書局，2008 年），下冊，頁 3-22。

46 土肥義和：《八世紀末期－十一世紀初期燉煌氏族人名集成・氏族人名篇》（東京：汲古書屋，2015 年）。

47 石墨林編：〈若干部吐魯番出土文書之間互見的人名地名索引〉，《魏晉南北朝隋唐史資料》第 28 輯（2012 年 12 月），頁 309-351。此索引收錄國家文物局古文獻研究室編：《吐魯番出土文書》（北京：文物出版社，1981-1991 年）、小田義久編：《大谷文書集成》（東京：法藏館，1984 年）等多部吐魯番文書著作，極便利用。

48 敦煌研究院編：《敦煌莫高窟供養人題記》（北京：文物出版社，1986 年）；劉景龍、李玉昆主編：《龍門石窟碑刻題記彙錄》（北京：中國大百科全書出版社，1998 年，以下簡稱《龍門》）；陳燕珠編：《新編補正房山石經題記彙編》（永和：覺苑出版社，1995 年，以下簡稱《房山》）。

來說，唐代民眾之名並不如北朝所見豐富，西陲文書、房山石經都有地域特性，未必能代表唐代人名的全貌，對研究者來說，這類材料經常是不患其寡而患不均，而且是背景分佈程度的不均，運用時需加慎重[49]。最後，近年有多種電子檢索平台問世，如中國歷代石刻史料匯編、中國歷代墓誌數據庫、中國歷代人物傳記資料庫（CBDB），都能大大縮減翻檢查閱的時間，但第一種平台僅收清人石學之作，疏漏極多，後兩種也常有訛誤，而且除《北朝百品》之外，尚有大量造像記並未數位化，因此細閱紙本的功夫仍不可少。以上是本書所依據的基本材料，由於來源相當分散，是以不辭冗長，先予交代。

因應上面的情況，這裡想針對研究方法提出兩點，一是人名的採樣問題，二是分析架構的設計，過去的人名研究較少針對這些問題加以考慮，但個人認為這是很有必要的。首先，想從事集體性的人名現象研究，案例自然多多益善，不僅數量要足夠，來源更要多樣，就此目標而言，探究中古人名首先要解決的，就是如何擴大正史以外的來源。同時，也要評估使用者的背景，人名作為社會文化之材料，性質頗有異於他類書文，加上中古前期南北分立，又有族群、宗教、性別等因素，因此不宜平鋪材料，否則很難彰顯其意義，但以往很少有人措意於此，針對不同類型人名的使用情形，更缺乏動態性的考量。再來，與「樣本」有關的另一個問題是，如何評估數量的有效性？根據統計學原則，一般只要若干現象的樣本數超過某一門檻，即使總數繼續增加，仍會

---

49 敦煌族群、語種混雜的情形，參考高田時雄著，鍾翀等譯：《敦煌‧民族‧語言》（北京：中華書局，2005 年）。唐代吐魯番地區人名，可見池田溫著，辛德勇譯：〈八世紀中葉敦煌的粟特人聚落〉，收入氏著：《唐研究論文選集》（北京：中國社會科學出版社，1999 年），頁 2-67。

呈現相對穩定的狀態。這個原則適用於可充分量化的對象，但如前所說，中古人名來源零散，人名使用者之間的文化縫隙可能很大，而且本書大量採用的石刻資料，難免因各種別字、寫刻、釋文之異，而導致誤判，即使就目前所知「竭澤而漁」，還是有許多模糊之處，而且相較於宋代之後，某些群體的人名數仍嫌不足，比如唐代的民間婦女，不易拿捏所謂的數量門檻。因此本書的作法是先觀察比較集中的命名現象，再從不同架構，分析各種命名模式使用的情形。要言之，本書並不強調材料數量之多，或案例之全，而是盡量發掘材料作為樣本的潛力，畢竟在可想見的未來，會有越來越多的材料數位化，因此本研究在案例上並不求全，但希望所提出的概念，可為將來起投石問路之功。

　　在分析架構方面，本書主要設定四個面向，分別是宗教、風俗、胡漢、男女，並提出四種命名概念：聖名、惡名、貴名、賤名，以助彰明中古人名的特質與意義。首先，「宗教」包含佛、道各一章，二教雖然並稱，但流行的方式並不相同，佛教自兩漢之際傳入，至永嘉亂後大行，主要途徑是由下而上，廣泛吸收各階層的信徒，也促成前所未有的「聖名」與「惡名」，道教則是吸收了道家、神仙等思想的本土宗教，在東漢晚期成立，中古時期流行的程度不如佛教，但也催化了某些新的人名表現。除此之外，以儒家為主的華夏古典傳統對人名也有很深的影響，特別是隋唐時期的著姓世族，強化了中古人名雅俗的差異，不容輕忽，本書考察他們以華夏古典經籍和儒家價值入名的情形，提出「貴名」的概念，立為一章，雖然本書有時也使用「儒教」的說法，但這是為了突顯儒家教化的性格，並非將儒家視為宗教。相較於此，「風俗」更涉及大眾心態，由於範圍甚廣，故分為兩章，綜合討論以物象為名的風氣，包括動植物、自然事物，乃至人體特徵，還有

集體性的世俗祈願，並歸納中古所見的「賤名」表現，重新提出定義與解釋。最後則是「胡漢」與「男女」，兩者合為一章，考論中古非漢族群命名的漢化情形，以及女性人名的共相與殊相，以期加深華夏傳統與男性世界之外的認識。

　　雖然各章分採專題討論，最終仍希望提供較具整體性的認識，同類著作雖然也收集了不少例子，通常罕有建立架構的意識，遑論追索人名背後的各種文化力量。總之，本書最主要的目的在於綜攝中古人名的表現，並找出可行的分析概念，以助彰明人名與當時社會文化的關係與意義。

第三節　相關研究評述

　　探討人名的著作或論述自古有之，不過解釋性的成果在清代之前並不算多，而且有幾個共同現象：第一，探討姓氏的著作遠多於名，第二，關注漢代以前的興趣高於後世，第三，揭示命名原則、或單純收集案例，佔了相當高的比例[50]。以下分項扼要說明這三點，以明古今人名研究的概況。

　　首先是姓氏研究。在先秦已傳有《世本‧氏姓》之作，載姓氏源流達一百四十九種[51]，東漢王符《潛夫論‧志氏姓》[52]、應劭

50　參劉釗：〈古文字中的人名資料〉，《吉林大學社會科學學報》1999 年 1 期，頁 60-69，收入氏著：《出土簡帛文字叢考》（臺北：臺灣古籍出版社，2004 年），頁 242-261。劉文認為「漢以前的人名研究不夠……是因為漢以前的典籍中的資料太少，難以著手」。這應是站在古文字學家立場而來的判斷，實際上在當時（1999），漢代以降的人名專題研究也相當有限，先秦人名的研究反而相形可觀。

51　漢‧宋衷注；清‧秦嘉謨等輯：《世本八種》（上海：商務印書館，1957 年），頁 22-30。

《風俗通・姓氏》繼踵為之[53]，後來最具系統性的著作，當為南宋鄭樵的《通志・氏族略》，依來源將氏分為三十一類[54]，篇幅最大者則是明代凌迪知《萬姓統譜》，凡一百四十卷，收錄上古至明萬曆間姓氏約三千七百個[55]。凌譜以韻相從，此一體例來自唐代林寶《元和姓纂》，以唐韻繫姓氏，再分述其源流[56]，南宋鄧名世《古今姓氏書辨證》也是如此[57]。除此之外，還有南宋邵思《姓解》、明代楊慎《希姓錄》、陳士元《姓觿》、清代李超孫《詩氏族考》、陳廷煒《姓氏考略》等[58]。較有特色的是南宋王應麟《姓氏急就篇》[59]、元代陶宗儀《南村輟耕錄》[60]，前者仿西漢史游之作，連貫姓氏，以便成誦，有蒙書之意，後者專錄蒙古、色目姓氏，成為錢大昕《元史氏族表》之先驅[61]。

其次，歷代學者研究名字有集中先秦的傾向，對近當代人名

52　清・汪繼培箋，彭鐸校正：《潛夫論箋校正》（北京：中華書局，1997 年），卷九。

53　此篇約在北宋後佚失，清・張澍輯為《風俗通・姓氏篇》二卷，見《叢書集成新編》（臺北：新文豐出版公司，1985 年，據《二酉堂叢書》本排印），第 98 冊。

54　南宋・鄭樵：《通志二十略》（北京：中華書局，1995 年），卷二七。

55　明，凌迪知：《萬姓統譜》，《景印文淵閣四庫全書》（臺北：臺灣商務印書館，1983 年），第 956-957 冊。

56　唐・林寶撰；岑仲勉校記：《元和姓纂（附四校記）》（北京：中華書局，1994 年）。

57　南宋・鄧名世：《古今姓氏書辨證》，《叢書集成新編》，第 99 冊。

58　均收錄於《叢書集成新編》，第 98-99 冊。

59　南宋・王應麟：《姓氏急就篇》，《景印文淵閣四庫全書》，第 948 冊。

60　元・陶宗儀：《南村輟耕錄》（北京：中華書局，2004 年），卷一，頁 12-14。

61　清・錢大昕：《元史氏族表》，《叢書集成新編》，第 103 冊。古人專治非漢民族姓氏者甚少，至清代始多，除錢氏外，見陳毅：《魏書官氏志疏證》，收入《二十五史補編》（上海：開明書店，1936-1937 年），第 4 冊；周春序：《代北姓譜》、《遼金元姓譜》、張澍：《西夏姓氏錄》，均收入《叢書集成續編》（臺北：新文豐出版公司，1989 年，《昭代叢書》、《雪堂叢刻》本），第 246 冊。近人針對中古非漢族群姓氏勒成專書者，代表作有姚薇元：《北朝胡姓考》（北京：中華書局，2007 年）、陳連慶：《中國古代少數民族姓氏研究》（長春：吉林文史出版社，1993 年），王仲犖續有補充，見〈鮮卑姓氏考〉、〈代北姓氏考〉，收入氏著，鄭宜秀整理：《𪩘華山館叢稿續編》（北京：中華書局，2007 年），頁 1-101、102-200。

較不重視。東漢班固《白虎通・姓名》總結《左傳》、《禮記》，以答問形式，列舉命名原則與相關問題，可謂先秦人名舊慣之回顧[62]。不過其他人多半關注名字的語言內涵，許慎《說文解字》便著眼古人名、字，作為字義訓解之佐證，清代王引之運用通假等說，撰成《春秋名字解詁》，將古人取字原則統整為「五體六例」，分為兩百七十條，充分展現乾嘉考據方法的特色，後人對其內容或有駁斥，或加發揮，大體不離其取徑，可謂古人名字研究的一大支流，今人仍有續作[63]。

除此之外，歷來也不乏收集特定人名之作，以小名為例，一般皆以晚唐陸龜蒙（?-881）《小名錄》為最早[64]，其〈自序〉稱此書「自秦漢以來，編而紀之，至於神仙玉女之名，婦人臧獲之字，亦無棄焉，及名涉怪奇，近於圖讖者，亦附於內」，足見其駁雜，後來也有不少續作，[65]或專收女性之名[66]，或同名、雙名（疊字名）

---

62 清・陳立：《白虎通疏證》（北京：中華書局，1994 年），卷九，頁 401-420。
63 清・王引之編：《經義述聞》（上海：上海古籍出版社，2016 年），卷二二、二三，頁 1289-1452。繼王氏之後的代表作為周法高：《周秦名字解詁彙釋》（臺北：中華叢書委員會，1958 年）、《周秦名字解詁彙釋補編》（臺北：中華叢書委員會，1964 年），其評介見陳昭容：〈讀周法高教授編著《周秦名字解詁彙釋》——兼論彝銘男性名與字〉，《東海中文學報》第 29 期（2015 年 6 月），頁 125-146。近人吉常宏、吉發涵蒐羅清代之前人名逾萬例，編成《古人名字解詁》（北京：語文出版社，2003 年），可謂大觀。這種訓解方法之得失，簡參楊琳：〈論名字求義法〉，《勵耘學刊》2010 年 1 期，頁 65-82。
64 唐・陸龜蒙：《小名錄》，《叢書集成新編》，第 99 冊。
65 宋・陳思：《小字錄》，《景印文淵閣四庫全書》，第 948 冊；石雲孫編著：《小字錄校注 小字錄續補》（合肥：安徽教育出版社，2020 年）。
66 宋・王銍：《補侍兒小名錄》；宋・溫豫：《續補侍兒小名錄》；宋・張邦畿：《侍兒小名錄拾遺》，均收入《叢書集成新編》，第 99 冊。明清更有尤侗：《宮閨小名錄》、余懷《宮閨小名後錄》、李調元《樂府侍兒小名錄》等。目前較有系統的成果是陳麗萍：《兩《唐書・后妃傳》輯補》（香港：香港大學饒宗頤學術館，2012 年）；陳尚君：《唐女詩人甄辨》（北京：海豚出版社，2014 年）。

67，乃至使用同字之名68，針對單一古籍人名的考辨也不少69，但大多僅是匯錄群名，兼為異同之考辨70。依個人所見，清代之前最具綜合性的考察，當推清初方以智之子方中德《古事比》71，其餘散見於歷代筆記者尤不勝數，既是出於知識考索的需求，也反映人名研究持久不衰的吸引力。不過，歷代學者多半關注先秦，作為經史之輔助，或隨錄某些特殊之名72，宋代王觀國的《學林》73、明末清初顧炎武的《日知錄》是少數論及歷代人名意義之作74。近代考古資料大量出土，更將古代人名史料的年代大幅前推，王國維以甲骨人名考訂商代的姓名制度與商王世系，也算是先秦人

---

67 收集同名之作，一般以梁元帝蕭繹《古今同姓名錄》為始，唐、元、明、清均有補遺。收錄雙名之作，則有明·陶涵中：《男子雙名記》、清·李肇亨：《婦女雙名記》。

68 宋·劉昌詩：《蘆浦筆記》（北京：中華書局，1986年），卷一，〈阿字〉，頁6-7；清·福格：《聽雨叢談》（北京：中華書局，1984年），卷五，〈北方嬰兒命名〉，頁130-131。

69 以先秦而言，有元·周良佐：《四書人名考》（嘉慶八年[1803]蘄州陳氏家藏板）。俞樾：《莊子人名考》、《楚辭人名考》，《春在堂全書》（光緒二十五年[1899]重定刊本），第六冊。清·程廷祚：〈左傳人名辨異〉，《春秋識小錄》，《景印文淵閣四庫全書》，第181冊；高士奇：《春秋左傳姓名同異考》，《四庫全書存目叢書·經部·春秋類》（臺南：莊嚴出版社，1997年），第140冊。

70 如明·陳士元：《名疑》，《叢書集成新編》，第99冊。此書凡四卷，所收上起三皇，下迄元代，兼及神怪之名，清·永瑢等撰：《四庫全書總目提要》（臺北：臺灣商務印書館，1968年）稱其「體例頗為冗襍，又不著所出，不盡可以徵信，特其採摭繁富，頗有足資參證者」。

71 清·方中德著，徐學林校點：《古事比》（合肥：黃山書社，1998年），卷十一、十二，頁248-273。

72 其例極多，然分析者少，如清·龔煒：《巢林筆談·續編》（北京：中華書局，1981年），卷上，〈吳景帝四子怪名〉，頁188；劉聲木：《萇楚齋隨筆·三筆》（北京：中華書局，1998年），卷八，〈命名奇異〉，頁640。從篇名可知其關心所在，多為罕見之特例。

73 宋·王觀國：《學林》（北京：中華書局，2006年），卷三，〈名諱〉，頁77-80；卷三，〈後漢一字名〉，頁91-92；卷五，〈姓名同〉，頁155；卷五，〈冒名諱〉，頁164-165；卷十，〈孫休四子名〉，頁316-317。

74 清·顧炎武著，黃汝成集釋：《日知錄集釋》（上海：上海古籍出版社，2006年），卷二三，頁1275-1341。

名研究傳統的延伸[75]。

綜觀以上所論，古人之姓名研究大致可歸為三大類：一、以人名作為古代語文訓解或史事考訂的材料，或察其源流，二、古書人名辨訛，三、單純的分類纂輯。至於人名所反映的社會文化訊息，很少有學者特別注意，南宋洪邁曾留意命名與道德、名物的關聯[76]，惜不多見，胡應麟在明代以博學著稱，其說也不外乎「益取稗官雜說」，「以為廣見洽聞之助」[77]。要到清代才比較有學者破此藩籬，除了前引之顧炎武，王鳴盛、趙翼、錢大昕都曾留心歷代人名[78]，清代中晚期的杭世駿、俞樾均以著述豐贍聞名，也有不少關於古書人名的筆記條目，但絕大多數都是純粹的人名收集與考訂[79]。從整體來說，古人多將人名視為輔助性的材料，或掌故談助之資，相較之下，近代學者由於史料觀念的開放，將人名視為獨立的課題，乃脫離「錄鬼簿」的作法，從中開發更多的訊息，比如古人已注意到唐宋以降的數目字人名，現代學者創

75 〈女字說〉、〈殷卜辭中所見先公先王考〉、〈續考〉，《觀堂集林》（臺北：世界書局，1961 年），頁 163-165、409-437、437-450。

76 《容齋隨筆》（北京：中華書局，2005 年），卷七，〈王導小名〉、〈人物以義為名〉，頁 93、106-107；卷十一，〈孫玉汝〉，頁 349-350。

77 《少室山房筆叢》（上海：上海書局出版社，2009 年），卷一八，頁 185-186；此書頁 177-189 各條均論歷代姓名，但僅見條列，無一闡釋。

78 王鳴盛：《十七史商榷》（上海：上海書店出版社，2005 年），卷六〇，〈以僧為名〉，頁 470。趙翼著，王樹民校證：《廿二史札記校證（訂補本）》（北京：中華書局，2001 年），卷一五，〈元魏時人多以神將為名〉，頁 316-317；卷二二，〈五代人多以彥為名〉，頁 487-488；《陔餘叢考》（石家莊：河北人民出版社，2007 年），卷三八，〈諱龜〉，頁 796-797；卷四二，〈男人女名，女人男名〉、〈命名奇詭〉，頁 863-865。錢大昕：《十駕齋養新錄》（上海：上海書店出版社，2011 年），卷九，〈蒙古語〉，頁 185-186；卷一九，〈小名鐵柱〉、〈五行命名〉，頁 371-372。

79 分見杭世駿：《訂訛類編・續補》（北京：中華書局，1997 年）卷四、卷下之〈人訛〉；俞樾：《茶香室叢鈔》（北京：中華書局，2006 年）關於人名之條目頗多，較有社會文化意識的是卷五，〈麼些人名〉，頁 137，留意非漢族群的父子連名制；《四鈔》，卷六，〈以孔子名字取名〉，頁 1571-1572，和南北朝以佛菩薩入名的情況比較。

獲則過之[80]。其他或在前人基礎上，綜考歷代史籍避諱之例[81]，或探究思想心態[82]、石刻與傳世文獻之關係[83]，或考察婦女形象[84]、非漢族群之命名習慣與漢化問題[85]，乃至帝國體制對命名之影響[86]，均已多少跳脫人名本身，觸及人名與社會文化的意義連結，也有學者以新出材料，開拓古人未及之領域[87]。史學觀念的轉移擴大了研究的視角與範疇，人名也不例外，雖然並未如歐美、日本形成專名研究的傳統，但相較於過去，現代中文學界的人名研究無疑已更為多元。

　　上面交代了古代人名研究之概況，以下將分成兩大類，評述與本研究關係最密的近人論著，以理論和通論性著作為先，其次

---

80 洪金富：〈數目字人名說〉，《中央研究院歷史語言研究所集刊》58 本 2 分（1987 年 6 月），頁 281-379；莊吉發：〈從數目名字的演化看清代滿族的漢化〉，《清史論集（六）》（臺北：文史哲出版社，2000 年），頁 41-69。

81 陳垣：《史諱舉例》（民國二十二年[1933]勵耘書屋刊本，1928 年 4 月曾發表於《燕京學報》第 4 期）。

82 林素英：〈從先秦之命名取字透視其人文精神〉，《禮學思想與應用》（臺北：萬卷樓圖書公司，2003 年），頁 29-59。姊妹篇為〈從先秦諡法透視其人文精神〉，同前書，頁 1-28。張光裕：〈從命名看古人的醫療心理——以戰國、秦、漢私名璽印為例〉，《中醫藥雜誌》24：特刊 1 期（2013 年 12 月），頁 35-40。

83 辛德勇：〈北齊大安樂寺碑與長生久視之命名習慣〉，《石室賸言》（北京：中華書局，2014 年），頁 302-325。

84 劉增貴：〈漢代婦女的名字〉，《新史學》7 卷 4 期（1996 年 12 月），頁 33-94，收入李貞德、梁其姿主編：《婦女與社會》（北京：中國大百科全書出版社，2005 年），頁 46-91。

85 羅新：《中古北族名號研究》（北京：北京大學出版社，2009 年）；《王化與山險：中古邊裔論集》（北京：北京大學出版社，2019 年）；〈西魏暉華公主墓誌所見的吐谷渾與柔然名號〉，《中山大學學報（社會科學版）》2020 年第 5 期，頁 124-127。劉浦江：〈契丹名、字研究——文化人類學視野下的父子連名制〉，《松漠之間：遼金契丹女真史研究》（北京：中華書局，2008 年），頁 123-175；〈再論契丹人的父子連名制——以近年出土的契丹大小字石刻為中心〉，《宋遼金史論集》（北京：中華書局，2017 年），頁 96-123；〈金世宗名字考略〉，同前書，頁 154-161。

86 黃修明：〈姓氏人名與唐宋政治社會〉，《宋代文化研究》第十一輯（保定：河北大學出版社，2010 年），頁 50-68。

87 邢義田：〈漢簡、漢印與《急就》人名互證〉，《地不愛寶：漢代的簡牘》（北京：中華書局，2011 年），頁 84-101。

是中古時期各斷代或特定地域、群體的專題研究。至於人名索引等工具書，已詳於上節，不再重述。現代關於人名的著作不勝枚舉，寫作形式十分多樣，但大多偏於通俗，內容大同小異，缺乏問題意識，這裡舉出論述性較強的三部著作。納日碧力戈《姓名論》運用人類學、民族學理論，分析中國境內的各種命名文化，可惜較少著力於歷史性的演變[88]。陳玫妏《從命名談廣西田林盤古瑤人的構成與生命的來源》為特定地區之民族誌，小題深作，頗有可觀[89]。李廣均《文化適應與象徵鬥爭：「名字／命名」的社會學分析》以當代臺灣人名為對象，是華文學界在這方面僅有的社會學專著[90]，雖然與中古時期相去甚遠，這三部著作都重視人名使用意義的分析，其研究經驗頗可借鑑。

以古代人名為課題的歷史通論，此處也舉三本為代表，首先是蕭遙天（1913-1990）《中國人名的研究》，積三十年而成書，可視為古人筆記的專書化，1970 年代初期在東南亞出版，分上中下三篇，分別以歷代人名變遷、命名文化，以及姓名問題為主軸，前兩部分尤為重心，成為後來很多同類著作的來源[91]。第二是斯維至《姓名的故事》，2000 年前後在《文史知識》連載，雖然作

88　納日碧力戈：《姓名論》（北京：社會科學文獻出版社，1997 年）。
89　陳玫妏：《從命名談廣西田林盤古瑤人的構成與生命的來源》（臺北：唐山出版社，2003 年），本書前身為其同名碩士論文（新竹：國立清華大學人類學研究所，2002 年）。
90　李廣均：《文化適應與象徵鬥爭——「名字／命名」的社會學分析》（臺北：學富文化事業有限公司，2004 年）。此書出版後，作者另有〈志明和春嬌：為何兩「性」的名字總是有「別」？〉，《臺灣社會學》12 期（2006 年 12 月），頁 1-67；〈名字、命名與認同變遷——以桃園縣龜山九所眷村住民為例〉（2004）、〈客家人的名字與命名：以桃園縣新屋鄉為例〉（2004）等研究計畫報告，皆為網路公開資料。
91　蕭遙天：《中國人名的研究》（檳城：檳城教育出版社，1970 年；北京：新世界出版社，2007 年）。

者自言寫作動機為「提供談助」，全書亦僅八十頁，然時有洞見[92]。第三是何曉明《中國姓名史》[93]，與前兩本不同，雖然書名為史，並不採通史式的架構，而以語文、政治、宗教、習俗等專題分章，很可能是因本書實乃其舊著《姓名與中國文化》改名重出之故，故重在現象描述，有時稍顯鬆散駁雜，不過以綜合性的古代人名通論而言，仍可作為代表。事實上，這也是大多數相關著作的常態，儘管案例多樣，但欠缺分析的意識。

　　至於通論性的論文數量極多，方法多半雷同，此處僅討論劉永翔、張高評、邱詩瑜三文。劉、張二文可歸為一類，詳述古今命名之通則，面向甚廣，可以互補，邱文另闢蹊徑，概括命名文化之大勢，尤其是命名習慣與宗族譜牒、命理學說之關係，這三篇論文涉及命名制度、風俗信仰，這也是現代大多數相關論文的主軸，只是詳略深淺有所不同，甚至有時陳陳相因[94]，其中以江紹原（1898-1983）、侯旭東之作最為別開生面，1920 年代後期，江氏承周作人（1885-1967）之風，發表自稱「古代名禮研究」的系列短文[95]，他所討論的命名使用問題，在當時被歸為「迷信」，江氏本人也是如此，但今天看來，已略觸及禮俗史、文化史的面向，江氏很可能是最早注意到這些現象的人。侯旭東也關注人名

92　斯維至：《姓名的故事》（西安：三秦出版社，2001 年）。
93　何曉明：《中國姓名史》（武漢：武漢大學出版社，2012 年）。
94　劉永翔：〈談名說姓〉，《蓬山舟影》（上海：漢語大詞典出版社，2004年），頁 266-307。張高評：〈命名取號之策略〉，《國文天地》22 卷 7 期（2006 年 12 月），收入張高評主編：《中文實用寫作二十講》（臺北：萬卷樓圖書公司，2016 年）頁 27-49。邱詩瑜：〈中國五千年來的姓名文化〉，《生命學報》第 2 期（2007 年 12 月），頁 167-197。
95　江紹原：〈名禮〉、〈不僅「名禮」〉、〈「呼名落馬」〉、〈「寄名」〉、〈「借名」〉、〈「偷名」〉、〈「撞名」〉、〈再談「呼名落馬」〉，北京魯迅博物館編：《苦雨齋文叢：江紹原卷》（瀋陽：遼寧人民出版社，2009 年），頁 149-171。

的功用[96]，但取徑與江氏截然不同，其重點並非人名本身，而是使用的場合與制度，闡明古代的政治文化，頗有可觀之處。

至於中古人名的專題研究，向來不如先秦受到重視，1930 年代後期，張孟倫（1905-1988）完成《漢魏人名考》，堪稱中古前期人名研究的開山之作[97]，書中遍及命名原則與風氣，兼及行第、改名、避諱、同名、綴語等課題，充分吸收古人成果，與蕭遙天之書同可視為古人筆記的延伸，唯組織益密，引導後學，功不可沒。近年何淩霞以三國名字關係、避諱、常用字為主軸，究實言之，並未突破張書之視野[98]。與此時代相近者，還有高凱[99]、黎石生[100]、王子今[101]、胡蘇姝[102]、林益德[103]、王震華專論吳地竹簡之作[104]。這批吳簡保存不少基層人名，適可補充史書之不足，有些研究也從字義訓解之外，探求其中的風俗線索，魏斌則另闢蹊徑，藉此討論南方人名華夏化的現象，和羅新對稍晚北朝名號的討論，對於中古人名的政治文化意義，皆有發微之功[105]。

---

96 侯旭東：〈中國古代人「名」的使用及其意義──尊卑、統屬與責任〉，《歷史研究》2005 年 5 期，頁 3-21。

97 張孟倫：《漢魏人名考》（蘭州：蘭州大學出版社，1988 年）。

98 何淩霞：《三國志專名研究》（上海：復旦大學博士論文，2009 年），2017 年以同名專著由上海古籍出版社出版。

99 高凱：〈從走馬樓吳簡《嘉禾吏民田家莂》看孫吳初期長沙郡民的起名風俗〉，《尋根》2001 年 2 期，頁 38-41。

100 黎石生〈《嘉禾吏民田家莂》中的田家姓名問題〉《故宮博物院院刊》2004 年 1 期，頁 92-98、159。

101 王子今：〈走馬樓竹簡女子名字分析〉，北京吳簡研討班編：《吳簡研究》第一輯（武漢：崇文書局，2004 年），頁 262-287。

102 胡蘇姝：〈《嘉禾吏民田家莂》人名研究〉（重慶：西南大學碩士論文，2009 年）。

103 林益德：〈走馬樓吳簡中女性姓名問題初探〉，《中華簡牘學會通報》第 3 期（2010 年 12 月），頁 71-98。

104 王震華：〈《長沙走馬樓三國吳簡‧竹簡[柒]》人名研究〉（重慶：西南大學碩士論文，2017 年）。

105 魏斌：〈單名與雙名──漢晉南方人名的變遷及其意義〉，《歷史研究》2012 年 1 期，頁 36-53。

　　關於魏晉南北朝人名的研究價值,曲顯功(守約,1908-1987)[106]、周一良均已有所揭示[107],雖以短篇札記出之,不無邁越古人的眼光,周氏之作尤為精悍,是當代研治中古人名的必參之作。近年由於石刻資料發佈甚速,也帶動以南北朝人名為題的論文寫作,王盛婷[108]、李麗[109]、楊雙群[110]、董佩[111]、姚歡歡[112],都屬於跨朝代的綜合性討論,但水準不齊,研究方法與成果突破有限。至於單篇論文,特別是宗教與非漢人名,較有可觀之處,前者以佛教最為突出,除了上引周一良之外,還有呂叔湘(1904-1998)[113]、陳懷宇[114]、董志翹皆新有所獲[115]。道教與人名之關係,以陳寅恪(1890-1969)〈天師道與濱海地域之關係〉最為人所知[116],

---

106 曲守約:〈婢妾之名字〉,《中古辭語考釋》(臺北:臺灣商務印書館,1968 年),頁 268-269。

107 周一良:〈蕭衍以及東晉南北朝人小字〉,《魏晉南北朝史札記‧補訂本》,頁 274-275。

108 王盛婷:〈漢魏六朝碑刻禮俗詞語研究〉(重慶:西南大學碩士論文,2004 年)。

109 李麗:〈魏書人名的詞匯透視〉,《漢語史研究集刊》第 9 輯(成都:巴蜀書社,2006 年 12 月),頁 91-102。此文由其《《魏書》詞匯研究》(南京:南京師範大學博士論文,2006 年)改寫而成。

110 楊雙群:〈魏晉南北朝碑刻人名研究〉(重慶:西南大學碩士論文,2007 年)。

111 董佩:〈兩晉南朝正史中所見人名研究〉(鄭州:鄭州大學碩士論文,2016 年)。

112 姚歡歡:〈魏晉南北朝史書人名研究〉(安慶:安慶師範大學碩士論文,2016 年)。

113 呂叔湘:〈南北朝人名與佛教〉,原載《中國語文》1988 年 4 期,收入《呂叔湘全集》(瀋陽:遼寧教育出版社,2002 年),第十二卷,頁398-408。此文初稿完成於 1944 年。

114 陳懷宇:〈中古時代士民之佛教名字再探〉,《景風梵聲:中古宗教之諸相》(北京:宗教文化出版社,2012 年),頁 256-293。

115 董志翹:〈佛教傳入與古代中土信眾的取名命字〉,《東海中文學報》第29 期(2015 年 6 月),頁 213-230。

116 陳寅恪:〈天師道與濱海地域之關係〉,《金明館叢稿初編》(北京:三聯書店,2009 年),頁 1-46,此說見頁 9。其弟子萬繩楠推衍師說,認為「之」字係五斗米道命名之特殊用字,故無涉避諱問題,見《魏晉南北朝文化史》(臺北:雲龍出版社,1995 年),頁 376-378。在陳說之外探討「之」字人名者,尚見胡適、楊聯陞 1950 年代的通信,見胡適紀

陳文指出東晉南朝菁英不以「之」、「道」等字為諱，說明天師道與家庭信仰之關聯，充分展現陳氏治史的洞察力。除此之外，人名與信仰風俗的關係向來乏人深入，葉姝取徑甚巧[117]，但所收略顯氾濫，分析亦見不足，有些學者轉而探求其他出土文物，尤其是買地券、鎮墓文，可以鄭阿財為代表[118]。至於非漢人名，素以北胡為重點，前揭姚薇元（1905-1985）之書已著先鞭，馬長壽（1907-1971）[119]、何德章賡續為之[120]，過去關於這類人名，多從「漢化」的角度視之，實可轉由「華夏」與「非華夏」之互動，探求其表現與意義，陳三平、羅新針對其中的中亞、北亞元素發掘甚力[121]，頗有所獲，南方的非漢人名則見前揭吳簡研究。

最後是隋唐人名，岑仲勉（1885-1961）於 1930 年代整理《元和姓纂四校記》，並就唐人排行命名之風，撰成《唐人行第錄》[122]，

念館編，《論學談詩二十年：胡適楊聯陞往來書札》（臺北：聯經出版公司，1998），函 131-136，頁 257-270；Dennis Grafflin, "The Onomastics of Medieval South China: Patterned Naming in the Lang- Yeh and Tai-Yuan Wang," *Journal of the American Oriental Society* 103:2 (1983), pp. 383-398. 葛滌風著，范兆飛譯：〈中古中國南方的人名——以琅邪王氏和太原王氏的模式化命名為例〉，范兆飛等譯：《西方學者中國中古貴族制論集》（北京：三聯書店，2018 年），頁 18-55。

117 葉姝：〈魏晉南北朝志怪小說神、怪、人名研究〉（廣州：暨南大學碩士論文，2011 年）。

118 鄭阿財：〈論「張堅固・李定度」的形成、發展與民俗意涵——以買地券、衣物疏為考察對象〉，《民間文學年刊》第 2 期增刊（2009 年 2 月），頁 25-51。

119 姚薇元：〈宋書索虜傳南齊書魏虜傳北人姓名考證〉，《北朝胡姓考》，頁 461-507。馬長壽：《碑銘所見前秦至隋初的關中部落》（北京：中華書局，1985 年）。

120 何德章：〈北魏鮮卑族人名的漢化——讀北朝碑誌札記之一〉，《魏晉南北朝隋唐史資料》第 14 輯（1996 年 6 月），頁 39-47。

121 陳三平著，賴芊曄譯：《木蘭與麒麟：中古中國的突厥—伊朗元素》（新北：八旗文化，2019 年）。羅新相關研究已見前引。

122 岑仲勉：《唐人行第錄（外三種）》（北京：中華書局，2004 年）。

後來吳麗娛更就石刻資料與敦煌遺書深入探討[123]。近年兩岸均有以唐人名字為題的學位論文，王偉勳整理唐代各階層常用的命名表現，頗見細緻之功，可惜未能上探南北朝，限縮其解釋潛力[124]，閆廷亮取徑有別於此，整理唐代人名多達 41950 筆，以量化證據顯示同姓、命名用字的比率與意義，頗有突破前人之處，全書觸角敏銳，揭示不少可以繼續追索的面向，與王文同屬目前唐人名字研究最充實的成果[125]，王飛娜則以家族墓誌所見的同名現象為題，探討唐代不同階層之命名風氣，與北族舊慣的影響[126]。另外，關於唐代道教與人名之關係，以李斌城之作較為深入[127]。專以婦女名字為主題者較少[128]，羅振玉（1866-1940）已注意到墓誌中「唐代婦人名字多用三字名」[129]，耿慧玲據此探討婦女的宗教別名[130]。沙梅真[131]、張楊漱蓁均以西陲人名為研究範疇[132]，頗可補

---

123 吳麗娛：〈從唐代碑誌看唐人行第問題〉，《唐研究》第二卷（北京：北京大學出版社，1996 年 12 月），頁 347-372；〈敦煌寫本書儀中的行第之稱——兼論行第普及的庶民影響〉，《敦煌吐魯番研究》第四卷（北京：北京大學出版社，1999 年），頁 529-560，收入氏著：《禮俗之間：敦煌書儀散論》（杭州：浙江大學出版社，2015 年），頁 303-345，可與此並參者有何德章：〈關於漢魏間的名字與行輩〉，《田餘慶先生九十華誕頌壽論文集》（北京：中華書局，2014 年），頁 203-206。

124 王偉勳：〈「名以正體，字以表德」乎？——唐代人名特點及其文化內涵〉（臺中：國立中興大學碩士論文，2008 年）。

125 閆廷亮：〈唐人姓名研究〉（天津：南開大學博士論文，2012 年）。

126 王飛娜：〈唐代祖孫父子同名現象研究〉（北京：首都師範大學碩士論文，2011 年）。

127 黃正建主編：《中晚唐社會與政治研究》（北京：中國社會科學出版社，2006 年），第五章第四節，〈以道家思想和道教神仙命人物名的社會風尚〉，本章由李氏撰寫。

128 李婷：〈隋代女性名字研究〉（西安：陝西師範大學碩士論文，2017 年）。

129 羅振玉：《讀碑小箋》，收入羅繼祖主編：《羅振玉學術論著集》，第三集，頁 51。

130 耿慧玲：〈由墓誌看唐代取佛教化名號的社會現象〉，《唐代文化研討會論文集》（臺北：文史哲出版社，1991 年），頁 693-723。

131 沙梅真：〈敦煌吐魯番文書中的人名研究〉（蘭州：西北師範大學碩士論文，2007 年）。

132 張楊漱蓁：〈敦煌寫卷人名的文獻學研究〉（西安：浙江大學碩士論文，2015 年）。

充地區性的命名特性；至於入唐胡族之名，陳寅恪曾自〈琵琶行〉、〈鶯鶯傳〉發其隱覆[133]，提示讀者在中古尋常的漢式姓名中，不無胡族元素之可能；蔡鴻生[134]、許全勝[135]都指出唐代「胡名」有中亞宗教的元素，最具啟發性的個案研究，當推榮新江〈安祿山的種族、宗教信仰及其叛亂基礎〉，考論安祿山之名與粟特信仰、權力來源的關係[136]，反映了近年中古史研究的新動向。

　　以上回顧古代人名研究的情況，以及近人對於中古名字的研究成果，簡述其要，傳統的人名研究有重古代而輕後世的傾向，研治的重點則在名、字的語文價值，很少探究命名者「根於心意」的層面，以及「因時變遷」的文化史意義，至於當代的中古人名研究對此雖有拓展，但其視角多半有所側重，不易展現中古人名文化較為完整的風貌。本書除了借重前人成果，更希望能詳其所略，提出更周延的分析架構與概念，增進對於中古人名史，乃至中古社會文化的認識，最後也對未來的人名研究提出思考，如何進一步補史之「餘」，從而開展新的探索方向。

133　陳寅恪：《元白詩箋證稿》（北京：三聯書店，2002 年），頁 58、376-377。
134　蔡鴻生：〈九姓胡禮俗叢說‧胡名〉，《蔡鴻生史學文編》（廣州：廣東人民出版社，2014 年）頁 42-47。
135　許全勝：〈西陲塢堡與胡姓家族──《新獲吐魯番出土文獻》研究二題〉，《西域研究》2011 年 4 期，頁 79-85。
136　榮新江：〈安祿山的種族、宗教信仰及其叛亂基礎〉，《中古中國與粟特文明》（北京：三聯書店，2014 年），頁 266-291。

第二章　佛教與人名

　　本研究討論中古人名，選擇以佛教與人名的關係作為開端，可能會引發如下的質疑：就時間先後而言，儒、道當在優先討論之序，以佛教為首是否有倒錯之虞？本書之所以做出此一設計，最主要的考量是「宗教」在中古時期的流行，此事可謂中國史上一大事因緣，尤其是佛教，深入社會各界的程度遠逾於儒道，就現有的資料研判，對人名的影響可說也最為巨大，而且有許多表現為前代所無，如果能先予探討，可以作為儒道人名使用之對照，因此選擇「宗教」為切入點，特別是作為外來宗教的佛教，當成考察中古人名新變的起點。今人提到宗教與命名的關係，除了宗教場合使用的法名，對絕大多數人來說，恐怕是很陌生的經驗，有人可能會想到基督徒的教名，但如果問中國宗教傳統是否也有類似的表現？由於在當代兩岸都不見此風，這個問題並不好答覆。其實以佛教來說，確實曾在傳統人名中留下諸多痕跡，直到二十世紀初期，中國社會尚不乏這樣的習慣，當時以佛為名之名人，至少就有丁佛言、姬佛陀、陳之佛、周佛海、楊杏佛、熊佛西、張佛泉、胡佛等，此外如馬一浮原名一佛，徐復觀原名佛觀。以臺灣來說，在清代到日治時期的文獻與寺廟碑刻中，也留有諸多佛字人名，多與生、賜、送、贈、助等字結合。除了直接採用佛字，其他帶有佛教元元素的世俗人名也不少，使用此名最

普遍的功用，如清中葉吳敬梓（1701-1754）小說《儒林外史》所言：

> 那瞎子道：「姑娘今年十七歲，大運交庚寅，寅與亥合……莫怪我直談，姑娘命裡犯一個華蓋星，卻要記一個佛名，應破了才好。」[1]

說部之言雖屬虛構，往往保留世相風俗的痕跡，據此處所說，「佛名」之起，乃是出於求取保護的心態，只是上述之名未必都與此有關，可能是藉以記錄信仰，或展示某種品味，二十世紀以後這種命名模式快速消失，也反映宗教文化的劇變。無論如何，佛教確實曾影響傳統中國社會的人名文化，以中古時期來說尤其顯著，過去的研究者也幾乎無人不注意到這一點。

　　在近代以前，已有少數學者留意到佛教對中古人名的影響，但多半附筆帶過，其中當以清代趙翼（1727-1814）的看法較為明確，但頗有誤判之處，下文將予以說明[2]。首次有人分類整理這類人名，應屬宮川尚志（1913-2006）之作[3]，其文隨讀隨錄，最初甚至以「餘白錄」的名目發表，但已開其風，引起周一良的注意[4]，呂叔湘並選定史籍中的四十一例，撰成專文[5]，近年楊雙群

1　清・吳敬梓：《儒林外史》（臺北：桂冠圖書有限公司，1994年），第五十四回，頁540；胡樸安：《中華全國風俗志》（長沙：嶽麓書社，2003年），下編，卷三，〈吳縣之奇俗〉，頁477。

2　清・趙翼：《廿二史札記》，卷一五，〈元魏時人多以神將為名〉，頁316-317，卷二二，〈五代人多以神將為名〉，頁487-488，《陔餘叢考》，卷四二，〈命名奇詭〉，頁863-865。

3　宮川尚志：〈六朝人名に現はれたる佛教語（一）～（四）〉，《東洋史研究》第3卷第6號（1938年），第4卷第1、2（1938年）、4-5號（1939年）。

4　周一良：〈中國的梵文研究〉，原刊《思想與時代》35期（1944年），收入《唐代密宗》（上海：上海遠東出版社，2012年），頁153；〈蕭衍以及東晉南北朝人小字〉，《魏晉南北朝史札記（補訂本）》，頁274。

5　呂叔湘：〈南北朝人名與佛教〉，原刊《中國語文》1988年第4期，收入《呂叔湘全集》，第十二卷，頁398-408。此文初稿與周一良〈中國的梵文研究〉皆於1944年發表。

以此為基礎，引入石刻案例，雖然樣本來源擴大，但討論方法並未超出呂文，只能算是其補充[6]。近年最重要的成果來自陳懷宇[7]，除了拜數位檢索工具之賜，他並從使用者的階層去分析，所得較豐。陳氏出身北京大學歷史系，此文也可說回應了其前輩周一良的構想。本章的工作不可能完全不與前人重複，但重心不在這些佛教人名的訓解，比如對音考釋或追溯詞源，而是加深解釋，另一方面則提出新的概念，說明當時人廣泛以此命名的心態。

第一節　三寶入名

佛教傳入中國的年代聚訟紛紜，確切的年代無從考訂，至晚在一世紀前後已出現於華北，史籍最早的紀錄見於東漢明帝永平八年（65），至漢末桓、靈、獻帝時持續發展[8]，最初的信奉者主要是基層民眾，雖然也有宮廷信仰的痕跡，但與儒家群體幾無交涉；對漢代社會來說，佛教的角色在於提供信仰之寄託，甚至被視為外來之方術，伴隨佛經翻譯漸多，佛學義理才開始進入知識菁英的生活，南北朝戰事頻仍，民眾普遍渴望獲得解脫，奉佛之風更盛，而且早期的僧侶大都不是漢人，使得定居華北的胡人群體更能接受佛教[9]。

---

6 楊雙群：〈魏晉南北朝碑刻人名研究〉。
7 陳懷宇：〈中古時代士民之佛教名字再探〉，《景風梵聲：中古宗教之諸相》，頁 256-293。
8 《後漢書》，卷四二，〈光武十王傳〉；同前，卷三〇下，〈襄楷傳〉。
9 中古前期北方胡族奉佛的情形，參考孫昌武：《北方民族與佛教：文化交流與民族融合》（北京：中華書局，2015 年），頁 53-112。

　　佛風日盛，連帶興起了佛教入名的新風氣，數量之多，不僅
見於傳世史籍，尤其是北方的墓誌與造像記，提供了更豐富的案
例，前者多紀錄中上階層，後者則佛教徒集體活動的產物，造像
之風盛於北魏，每以題記誌其功德，而且庶民性格更強，可以補
史籍與墓誌之缺[10]。此外，北朝後期興起的石刻佛經風氣，也保
留了諸多人名，甚至可以下探到唐末，始於隋代的河北房山石經
就是最具代表性的例子[11]。反觀南朝政府長期實施禁碑令，傳世
石刻數量完全不能與北方相比，而且集中於中上階層，很難推測
佛教對於一般人名的影響程度，不能不說是一個遺憾；其次，中
古前期的華北可說是一個多民族共存的世界，胡漢雜居的村落並
不少見，以漢人或漢化的胡人為多數，在山東、山西、河南、河
北，漢人村落較為密集，陝西則多見胡漢混居[12]，因此考察北方
佛教人名，使用者的非漢背景也應當考量。至於敦煌吐魯番文書
是另一筆大宗的人名來源，但當地文化情形複雜，不下於華北地
區，在討論時也應謹慎。中國最早的佛教人名起於何時不可知，
但無論如何，佛教人名確實是魏晉以降湧現的新風氣，而且表現
多樣，值得細心辨析其中的意義。

　　關於佛教之名，本節想從「皈依」開始，「皈」字不見於南北
朝以前文獻，可以說是佛教特有的用法。佛教重視皈依，北朝石
刻有時也作歸依，北齊有一篇造像記便寫到「四生五道，莫不歸

10 侯旭東：《五六世紀北方民眾佛教信仰：以造像記為中心的考察》（北
　　京：社會科學文獻出版社，2015年），頁9-11。
11 氣賀澤保規：《中國佛教石經の研究－房山雲居寺石經を中心に》（京
　　都：京都大學學術出版會，1996年），〈北朝後期の華北石經狀況〉，頁
　　26-29。
12 劉師淑芬：〈五至六世紀華北鄉村的佛教信仰〉，《中央研究院歷史語言
　　研究所集刊》63本3分（1993年7月），頁508-509。

依」[13]，之所以談及此字，是想藉此引出佛教入名的基本心態。佛教徒皈依的對象為佛、法、僧三寶，這裡想引用兩方墓誌的記載，說明在中古時期，三寶除了是信仰的寄託，也被視為內在生命提升的來源，北魏時有一位孫遼「童丱之年，信心三寶」，十八歲即斷除酒肉，後來更燃二指供佛[14]，另一位盛唐婦女墓誌的作者則是藉其妹之口，描述誌主臨終的境況：「四姊久得道，隱化時顧命勤勤，只令歸依三寶，不驚不怖，如眠如睡」[15]。雖然不是每個佛教徒都有如此的宗教情操與行為，但在中古社會信仰濃厚的文化環境之中，會孕育出以佛教入名的風氣，並不令人意外——本書將這種佛教人名界定為「聖名」，也就是出於對佛教神聖性的信仰與推崇，並逕以相關名詞為人名。以「三寶」來說，北魏有傅三寶[16]，北齊人桑琛（字三寶）[17]，唐初有馬三寶[18]，中唐時有王三寶、三昧兄弟[19]，此名不見於中古之前，可推知是因佛教而新起的選項。三寶不一定出於佛教，《老子》也有此說，唐人有墓誌就提到「道有三寶：一曰慈，二曰□，三曰不敢為天下先，府君持而行之」[20]，北魏神龜初年有造天尊像碑，碑文提到「佛

13　〈劉氏造像記〉，武平元年（570），《百品》，頁235。
14　〈北魏孫遼浮圖之銘記〉，正光五年（524），趙超編：《漢魏南北朝墓誌彙編（修訂本）》（北京：中華書局，2021年，以下簡稱《南北朝彙編》），頁197-198。
15　〈大唐故泗州刺史瑯耶王妻河東裴郡君夫民墓誌銘〉，天寶四載（745），周紹良等編：《唐代墓誌彙編》（上海：上海古籍出版社，2007年，以下簡稱《唐誌彙編》），天寶〇七八。
16　《魏書》，卷七三，〈楊大眼傳〉。
17　〈西門豹祠堂碑〉，天保五年（554），《魯迅》第1函第6冊，頁956。
18　《舊唐書》，卷五八，〈柴紹〉。
19　〈唐故鄉貢進士路君墓誌〉，咸通七年（866），胡戟、榮新江主編：《大唐西市博物館藏墓誌》（北京：北京大學出版社，2012年，以下簡稱《西市墓誌》），頁978-979。
20　〈大唐故贈博州刺史鄭府君墓誌〉，開元二十年（732），《唐誌彙編》，開元三六一。

宗」、「道門」、「神仙」，又說到「奉師敬三寶」，可見「三寶」是
通於佛道的用詞[21]，但是從其他相關文字與概念流行的情況來看，
「三寶」作為人名的來源還是以佛教為最大宗，對於三寶神聖性
的信仰更促成佛教人名的流行，以下就要對此依序加以討論。

一、佛字為名

先秦時已有佛字，但極少見於人名，也與宗教無關，漢晉以
來，佛教漸行，佛陀作為覺悟者的形象深植人心，直接以佛字入
名者非常之多，隨舉敦煌之例，有左佛奴（S. 766V，辛巳981）、
就佛恩（S. 4060V，戊申949）。吐魯番有曹佛兒[22]、白佛救[23]、董
佛保[24]等。明確知為女性者，前涼時敦煌已有鎮墓文，上書「死
者佛女」[25]。從這些表現看來，命名組合的隨意性非常高，足以
想見「佛」字入名在基層社會之普及，歸納其中最常見的組合，
大致不脫保、護、救、恩，以至許身為奴婢以事佛，由此看來，
祈求的正是佛陀加護、祝福的力量。這些都是唐以後的例子，而
且是在西陲地區，但在中古前期，以佛為名者並不算多，意義也
常不明，最著名者當屬北魏太武帝拓跋燾（408-452），史書說他
字佛狸，其實與佛毫無關聯（詳本書第五章），梁時沈約撰史，將
匈奴人赫連勃勃（381-425）寫為「佛佛」，也無宗教性的意涵[26]。

21　〈王守令佛道教造像碑〉，神龜初年（518-520），《北朝佛道》，頁130。
22　《吐魯番》第2冊，頁332。
23　《吐魯番》第3冊，頁112。
24　《吐魯番》第3冊，頁161。
25　〈建興三十年（342）佛女鎮墓文〉，賈小軍、武鑫：《魏晉十六國河西
　　鎮墓文、墓券整理研究》（北京：中國社會科學出版社，2017年），頁33。
26　《宋書》，卷九五，〈索虜傳〉。

意思比較清楚的有西晉初荊州刺史王忱，小字佛大[27]，東晉末有氐人楊佛奴、佛狗兄弟[28]，前秦有武將王肆佛、姚佛生、張佛生、楊佛嵩[29]，北魏時有燕州昌平人大俄佛保[30]，魏收（507-572）在《魏書》中自言小字佛助[31]，北齊有賀拔佛恩、婁叡字佛仁[32]，另有遼東女子公孫佛仁[33]，北周有薛慎（字佛護）[34]，隋初交州俚人李佛子、番禺人陳佛智作亂[35]，同時期的〈董美人誌〉說其祖父名佛子[36]。南朝保留的例子相對較少，劉宋時南彭城蕃縣有時佛護[37]，宋齊間有孟佛護[38]，另有歷陽太守段佛榮[39]，南齊有武將張佛護[40]，陳時有張佛奴[41]，在南朝男性顯貴之間似不流行佛字，至於女性，僅知南齊宗室蕭景先有妓妾名為佛兒[42]，由出土地券可知劉宋元嘉年間彭城縣有王佛女[43]，餘則杳然。

27　《晉書》，卷二八，〈五行中〉。
28　《魏書》，卷一〇一，〈氐〉。
29　《晉書》，卷一一八，〈姚興下〉；卷一一九，〈姚泓〉；卷一三〇，〈赫連勃勃〉。《魏書》，卷二四，〈許謙傳〉。
30　《魏書》，卷一六，〈道武七王傳〉。
31　《魏書》，卷一〇四，〈自序〉。
32　《北齊書》，卷一一，〈文襄六王傳〉；卷一五，〈婁昭傳〉。
33　〈李璧墓誌〉，正光元年（520），《南北朝彙編》，頁 159-161。
34　《周書》，卷三五，〈薛善傳〉。
35　《隋書》，卷五三，〈劉方傳〉；《北史》，卷九一，〈譙國夫人洗氏傳〉。
36　〈隋董美人誌〉，開皇十七年（597），王其褘、周曉薇編：《隋代墓誌銘彙考》（北京：線裝書局，2007 年，以下簡稱《隋誌彙考》），第二冊，頁 257-268。
37　《宋書》，卷二九，〈符瑞下〉。
38　《宋書》，卷四七，〈孟龍符傳〉。
39　《宋書》，卷八四，〈段佛榮傳〉。
40　《南齊書》，卷五一，〈崔慧景傳〉。
41　徐陵：〈為梁貞陽侯重與裴之橫書〉，嚴可均校輯：《全上古三代秦漢三國六朝文·全陳文》（北京：中華書局，1991 年，以下簡稱《全文》），卷九。
42　《南齊書》，卷三八，〈蕭景先傳〉。
43　〈劉宋元嘉九年（432）王佛女買地券〉，北京圖書館金石組編：《北京圖書館藏中國歷代石刻拓本匯編》（鄭州：中州古籍出版社，1989 年），第二冊，頁 127。

　　以上諸人多為北胡或基層民眾，如此說來，「佛」字是否僅在特定群體中使用？其實不然，只是關於「佛」的名號不少，選擇甚多，不必局限於此字，隋代盧思道小名釋奴，便是一例[44]。釋迦本姓瞿曇（Gautama），梁時有干陁利國王瞿曇脩跋陁羅[45]，唐初有太史令瞿曇羅[46]，開元時有太史監瞿曇悉達[47]，後有曇譔（字貞固），墓誌說他以武舉及第，且「家習天人之學」，蓋題稱之瞿曇公[48]，可知其父祖即前二人，誌文說他們「本自中天」，曾祖名逸，高道不仕，當屬漢化之印度人，將本姓省為曇。直接使用此名者，有南齊江瞿曇[49]、隋初李瞿曇[50]，唐代有舒州刺史裴瞿曇[51]，民間亦不少[52]。「悉達」是佛出家前的俗名，東魏時有陸悉達，係北魏名臣陸俟之後[53]，河東有吳悉達[54]，隋初有慕容悉達[55]、賈悉達[56]。南朝劉宋南郡王劉義宣有子也以此為名，其弟有法導、僧喜、慧正、慧知、明彌虜、妙覺，其兄有悰、愷、恢、憬、悜等[57]，可見這類源出佛教的名字，殆有小名之性質。不過，陳朝有魯悉

44　《隋書》，卷五七，〈盧思道傳〉。

45　《梁書》，卷五四，〈海南諸國〉。

46　《新唐書》，卷二六，〈曆二〉。

47　《新唐書》，卷二八下，〈曆四下〉。

48　〈唐故銀青光祿大夫司天監瞿曇公墓誌銘〉，大曆十一年（776），《唐誌彙編》，大曆○四九。《新唐書》，卷二十七上，〈曆三上〉，稱之「善算瞿曇譔」。同書卷五九，〈藝文三〉載有「瞿曇謙大唐甲子元辰曆」，疑為同一人。

49　《南齊書》，卷五六，〈倖臣傳〉。另見卷二六，〈陳顯達傳〉，載當時顯貴喜乘牛車，並據牛隻特徵命名，如陳世子青、王三郎烏、江瞿曇白鼻。

50　《隋書》，卷三七，〈李穆傳〉。

51　《新唐書》，卷七一上，〈裴氏〉。

52　《舊唐書》，一四八，〈李藩〉；卷一二四，〈令狐彰〉；《新唐書》，卷一九五，〈孝友〉。

53　《魏書》，卷四○，〈陸俟傳〉。

54　《魏書》，卷八六，〈孝感傳〉。

55　《舊唐書》，卷五九，〈屈突通〉。

56　《隋書》，卷二，〈高祖下〉。

57　《宋書》，卷六八，〈武二王傳〉。

達（字志通）、廣達（字遍覽）兄弟，就未必與佛教相連[58]。唐初有王悉達[59]，盛唐有韋慈惠、悉達、慈門三兄弟，韋母卒年七十九歲，悉達想必已屆中年，可見此名可用於唐代正式人名[60]。觀察這些用法，有三點可說：第一，光是與「佛」相關的用法就有好幾種，反映佛教人名選項之豐富，第二，這種用法常作為小字，乃兒時所取，藉以祈求保護之意更加清楚，第三，直接使用「佛」字的多為北胡、武人或基層民眾，稍具菁英性格或與華夏古典傳統較近的使用者，似乎更傾向選用「佛」字以外的名稱。

不過對一般民眾而言，欲以三寶為名，最直接的作法就是使用居首的「佛」字，而且前述用語都是兩個字的組合，如單以「佛」字入名，依照漢式人名的習慣，可以搭配其他字，照理說會有不少案例留存，以北朝佛教流行的程度來說，這種稀少的情形似乎不太合理，難道北方民眾不以「佛」字為名嗎？事實上，這個用法不僅存在，而且極為流行，只是表現形式不同，以致長期為人忽略，前引宮川尚志到陳懷宇等人都沒有察覺這一個假性的「空白」[61]。北齊有一個成氏家族，成員之名有伏思、伏世、零（靈）助、天保、安保、伏念、僧伽、歸法、法和、保宗、僧紹[62]。從僧伽、歸（皈）法之名來看，無疑是個虔信佛教的家族，何以三寶中獨缺佛陀？不妨對照這個北魏晚期的例子：

---

58 《陳書》，卷一三，〈魯悉達傳〉；卷三一，〈魯廣達傳〉。

59 〈大唐故王君墓誌銘〉，顯慶四年（659），《唐誌彙編》，顯慶一二三。

60 〈大唐故韋君夫人胡氏墓誌銘〉，天寶元年（742），周紹良等編：《唐代墓誌彙編·續集》（上海：上海古籍出版社，2007 年，以下簡稱《唐誌續編》），天寶〇〇三。

61 前揭呂叔湘文引用《魏書》，卷二一上，〈獻文六王傳上〉有元伏陀，但未察覺北朝伏字用法的特殊性與普遍性。本書完成後，始見石雲孫提出此說，唯說明甚簡，見《小字錄校注 小字錄續補》，頁 106。

62 〈成氏造石浮圖記〉，皇建二年（561），《常山貞石志》，《石刻史料》第1輯第18冊，頁13201b-202a。

伏弟子雷遠……上生兜率，又上一切諸師伏問法。[63]

這兩個例子相去約三十年，從雷遠之例可知，「伏」在當時通於佛字，「佛」並沒有在成氏家族的皈依對象中缺席，只是改頭換面。在北魏時期，伏字有兩讀，去聲讀奉母宥韻，入聲為奉母屋韻，佛字讀為入聲，奉母物韻，二字聲母都相同，音調也近似，前者擬音為 bjuwH、bjuwk，後者為 bjut，隋代〈李化世造像記〉亦自稱「伏弟子」[64]，甚至有道教造像碑提到「值伏聞法」[65]，正是伏、佛兩通的明證。魏收《魏書》也偶有兩通之例，胡姓乞伏作乞佛[66]，《南齊書》載明帝時有將領張佛護，《魏書》作張伏護[67]，其實這一點在姚薇元書中已約略言之，但始終乏人注意[68]，南朝以佛為名的情況並不清楚，就現存少數例子來看，並無以伏代佛的習慣，以《大正新修大藏經》為範圍，當時之譯經亦無以「伏陀」代替佛陀之例[69]。如此說來，「伏」字人名當係北方之特色。

中古史籍以伏入名者不算特別明顯，東晉末年盧水胡沮渠蒙遜有從兄名為伏奴[70]，北魏初有代人樓伏連，世為酋帥[71]，後有上

63　〈雷遠造像記〉，永安二年（529），《魯迅》第2函第1冊，頁169-170。

64　〈李化世造像〉，開皇十二年（592），馮賀軍：《曲陽白石造像研究》（北京：紫禁城出版社，2005年，以下簡稱《曲陽》），頁227。

65　〈道民楊暎先造老君像碑〉，轉引自神塚淑子：〈隋代の道教造像〉，《道教経典の形成と仏教》（名古屋：名古屋大学出版会，2017年，以下簡稱《道教経典》），頁156。

66　《魏書》，卷五，〈高宗紀〉；卷三〇，〈陸真傳〉。《宋書》、《南齊書》也有此用法。

67　《南齊書》，卷五一，〈崔慧景傳〉說張佛護為崔恭祖追兵所殺；《魏書》，卷七三，〈奚康生傳〉則說張伏護為康生以強弓斃於城樓。《宋書》將赫連勃勃寫為佛佛，見卷九五，〈索虜傳〉等。

68　姚薇元：《北朝胡姓考》，頁89。

69　參俞理明：〈從「佛陀」及其異譯看佛教用語的社團差異〉，《漢魏六朝佛道文獻語言論叢》（北京：中國社會科學出版社，2016年），頁87-107。此文廣列漢唐佛典中各種「佛」的譯語，然不及伏陀。

70　《晉書》，卷一二九，〈沮渠蒙遜〉。

71　《魏書》，卷三〇，〈樓伏連傳〉。

谷人張伏千、沔北人王伏保[72]，天水冀人楊伏恩[73]、梅伏生[74]、崔伏護[75]，北魏以伏為字者有元子華（字伏榮）[76]、元鬱（字伏生）[77]、穆韶（字伏興）[78]。這些伏字未必盡數與佛相通，非常可能只是取其北亞胡名之諧音，如吐谷渾慕利伏念[79]、蠕蠕別帥阿伏干[80]、高車主阿伏至羅[81]，拓跋燾長子名為伏羅[82]。但也正因為以伏為名在史籍中不多見，是以為人所略，其實北周獨孤善之字「伏陁」，已透露兩者相通的訊息[83]。反觀北朝造像記，此名數量相當驚人，這種以伏代佛的用法，或係北魏沿襲早期胡名多「伏」字的習慣，且因發音與佛相近，故流行此寫法，北魏高陽王元雍之子都取用佛教之名，有伏陀、彌陀、僧育[84]，伏之為佛，昭然在焉，北周有一個王氏家族，其子名為伏敬、伏榮、伏奴[85]。細心的讀者或許會想到，「伏奴」便是「佛奴」，也就是盧思道小名釋奴的同義語[86]。至於這種「伏」字用法的流行，是否也與拓跋燾太平真君年間（446-452）滅佛有關，尚有待更細密的驗證。

　　有學者研究唐代敦煌吐魯番文書，認為當地常見的胡名「伏帝延」即粟特語 pwt'n，義為佛護或佛佑，伏帝（pwt）即是「佛

72　《魏書》，卷七下，〈高祖紀下〉。
73　《魏書》，卷七七，〈楊機傳〉。
74　《魏書》，卷六一，〈田益宗傳〉。
75　《魏書》，卷五七，〈崔挺傳〉。
76　《魏書》，卷一四，〈高涼王孤傳〉。
77　《魏書》，卷一九上，〈景穆十二王傳上〉。
78　《魏書》，卷二七，〈穆崇傳〉。
79　《魏書》，卷一〇一，〈吐谷渾傳〉。
80　《魏書》，卷二六，〈尉古真傳〉。
81　《魏書》，卷八七，〈朱長生傳〉。
82　《魏書》，卷一八，〈太武五王傳〉。
83　《周書》，卷一六，〈獨孤信傳〉。
84　《魏書》，卷二一上，〈獻文六王傳上〉。
85　〈王悅生造像〉，保定二年（562），《江寧金石記》，《石刻史料》第1輯第13冊，頁10069a。
86　〈董洪達四十人等造像記〉，武平元年（570），《百品》，頁241。

陀」[87]。不過在十六國北朝前期，粟特人多聚居河西走廊，北朝晚期始多明顯入華之紀錄[88]，以「伏」代替佛字之風，至晚在北魏後期已遍佈華北鄉村，如果要說此字用法得自粟特，恐怕證據不足。以下略舉伏字入名之例，均出自北魏以降的佛教造像記，並記其地域：高伏助、高伏保[89]、龐伏生（河北）[90]、樂伏護（河南）[91]、孔伏恩、公乘伏德[92]、李伏奴[93]、張伏賜（山東）[94]。事實上，伏字人名數量遠不只此，這裡只是舉出比較明確通於「佛」字的用法。此字也被女性使用，北魏永安年間，張阿文女名為伏生（山西）[95]，另有景伏姜[96]，北齊有宋伏女[97]。「伏奴」不論，從「伏保」、「伏護」到「伏法」，都有非常鮮明的佛教意趣。

　　在西陲地區，伏字入名的情況雖不若華北普及，隨意性卻更高，以伏與其他字廣泛搭配，已脫離前述粟特語「伏帝延」的用法。另有呂浮圖、康浮圖[98]，浮字（bjuw）在中古讀為奉母尤韻，雖是平聲，與伏、佛都算接近，且浮屠本係佛陀舊譯，圖亦可通

87　蔡鴻生：〈九姓胡禮俗叢說・胡名〉，《蔡鴻生史學文編》，頁 46。
88　榮新江：〈北朝隋唐粟特人之遷徙及其聚落〉，《中古中國與外來文明》（北京：三聯書店，2001 年），頁 37-110；〈北朝隋唐粟特人之遷徙及其聚落補考〉，《中古中國與粟特文明》（北京：三聯書店，2014 年），頁 22-41。
89　〈劉未等造像記〉，景明三年（502），《百品》，頁11。
90　〈龐雙佛道教造像碑〉，孝昌三年（527），《北朝佛道》，頁 135-137。
91　〈趙阿歡等造像記〉，神龜二年（519），《八瓊室金石補正》（以下簡稱《補正》），《石刻史料》第1輯第1冊，頁508a-b。
92　〈張猛龍清頌碑〉，正光三年（522），《魯迅》第 1 函第 4 冊，頁 748、749。
93　〈比丘惠輔一百五十人造彌勒象記〉，永安三年（530），《魯迅》第 2 函第 1 冊，頁 177。
94　〈法義兄弟等二百人造像記〉，永熙三年（534），《百品》，頁 84。
95　〈僧智薛鳳規等道俗造像記〉，永安三年（530），《百品》，頁74。
96　〈巨始光等造像碑〉，大統六年（540），《百品》，頁109。
97　〈公孫村母卅一人造象記〉，天保四年（553），《陶齋藏石記》，《石刻史料》第1輯第11冊，頁8082a。
98　《吐魯番》第 4 冊，頁 249。

屠，並有田伏圖奴之名[99]。讀者至此可能會想，難道北朝真的沒有以佛入名的習慣嗎？目前就石刻所見，北齊有魯佛度、薛佛暉（女性）、北周有荔非佛奴、李佛相（高義昇妻）[100]，想來還有他例，無論如何，以伏代佛的確是北朝佛教人名不爭的現象，唐後「伏」字始隱沒於菁英名字之中，貞觀時有氾文（字伏養），生於北周建德年間，其字顯然是佛教小名，長而未改[101]，開元年間有一位隴西李氏婦女的墓誌，紀錄其高祖李伏陁，在隋時任始平令，「佛陀」之意多少猶存[102]。這個用法至少綿延到唐代前期，武周時有一位鄭德嫁給進士張伏果[103]，開元時有萬州司法參軍王韶（字伏護）[104]。此外有強伏僧[105]、馬伏陀[106]，玄宗時右武衛中郎熾俟迏，父祖歷仕唐廷，源出葛邏祿之熾俟部，屬於突厥，也以伏護為字[107]。這些人未必信佛，但其名仍可說是前代的餘緒。

99　《吐魯番》第 3 冊，頁 217。
100　〈魯思明等造寺記〉，天保九年（558），《百品》，頁 166；〈薛匡生造像題字〉，武成元年（570），《補正》，《石刻史料》第 1 輯第 6 冊，頁 4342a；〈昨和拔祖等一百廿八人造像記〉，天和元年（566），同前書前冊，頁 4360a-1a；〈隋李君妻崔芷繁誌〉，開皇二年（582），《隋誌彙考》，第一冊，頁 31-33。
101　〈唐氾文墓誌〉，貞觀二十年（646），西安市長安博物館編：《長安新出墓誌》（北京：文物出版社，2011年，以下簡稱《長安新誌》），頁52-53。
102　〈唐韋虛舟妻李氏墓誌〉，開元十七年（729），李明、劉呆運、李舉綱主編：《長安高陽原新出隋唐墓誌》（北京：文物出版社，2016 年，以下簡稱《高陽原》），頁 164-165。
103　〈唐鄭德墓誌〉，萬歲通天二年（696），洛陽市第二文物工作隊等編著：《洛陽新獲墓誌續編》（北京：科學出版社，2008 年，以下簡稱《洛陽續編》），頁 67。
104　〈大唐故萬州司法參軍王君墓誌銘〉，開元二十年（732），《唐誌彙編》，開元三四二。
105　〈強伏僧造像〉，大業三年（607），《關中石刻文字新編》，《石刻史料》第 1 輯第 22 冊，頁 16909-10。
106　《龍門》，窟號 1387，顯慶四年（659），頁 399。
107　〈唐熾俟迏墓誌〉，天寶十三載（754），《長安新誌》，頁 188-189。

二、僧伽為名

　　中古時期除了以佛／伏為名，以僧入名也非常明顯，南北皆然，僧侶以此為名，作為宗教身份的標誌，也理所當然，不過僧有凡僧、聖僧之分，當時普遍以僧為名，當源於後者之崇拜。東晉以降，南北朝開始流行聖僧信仰，除了佛典中受佛囑咐、住世行化的賓頭盧尊者，尚有劉薩訶、寶誌、僧伽和尚等歷史人物，事實上，聖僧的陣容非常龐大，只是佛典未盡數著錄其名，隋代僧人灌頂撰《國清百錄》，便逕稱「敬禮三乘得道一切賢聖僧」。漢晉以來，中國社會也出現許多胡僧，民眾對他們的認識往往非關義學，而是與法術、異能有關，這裡僅舉二例為證，安世高於東漢末來華，僧傳說他精於七曜五行、醫方異術，乃至鳥獸之聲，無不綜達[108]，佛圖澄（232-348）善以神咒役使鬼物，又能於掌中觀千里外事，聞鈴音而知世運，使石勒（274-333）大為信服[109]，中古僧侶類似的神異事蹟不勝枚舉，祈雨治病，無所不能，大大開拓了信徒群[110]，唐代名僧圓寂，朝野赴喪者動輒萬人，不可能都來自菁英階層[111]。正因為「僧」的形象與概念帶有神聖的性格，促成「僧」字人名的盛況，東晉王導之孫王珉小字僧彌[112]，孫騰小字僧奴[113]，晉末有郗僧施[114]、羊僧壽[115]。南齊武帝、梁武帝均

108　《高僧傳》，卷一，〈漢雒陽安清〉。
109　《高僧傳》，卷九，〈晉鄴中竺佛圖澄〉。
110　例見李豐楙：〈慧皎《高僧傳》及其神異性格〉，《神化與變異：一個「常與非常」的文化思維》（北京：中華書局，2010 年），頁 297-312。
111　《續高僧傳》，卷四，〈京大慈恩寺釋玄奘傳〉；《宋高僧傳》，卷一四，〈唐京師崇聖寺文綱傳〉、〈唐揚州龍興寺法慎傳〉。
112　《晉書》，卷六五，〈王導傳〉。參看周一良：〈向靖名字〉，《魏晉南北朝史札記（補訂本）》，頁 161，以為劉宋時向靖字奉仁，小字彌，靖與靜同，仁字當取自佛號能仁，彌為沙彌之省稱。
113　《世說新語箋疏》，卷九，〈品藻〉。

曾以帝王之力，推動中古聖僧信仰的發展[116]，從張僧產、段僧愛等名來看[117]，齊梁之前已有明顯的依僧之意，官方不過推波助勢，加深社會以僧為名的風氣。

目前所見南朝之「僧」名，以梁代最為鼎盛，在天監年間（502-519），有中下層官吏名為朱僧表、朱僧霸、□僧達、劉僧達、□僧靖、徐僧時、陳僧詠、王僧□、徐僧持、潘僧敬、□僧耀、□僧明、錢僧珍、力僧朗、□僧祐、尤僧展、王僧陽、茅僧榮、朱僧□、□僧度、莊僧智等[118]，還有內宦張僧胤[119]，足見「僧名」流行，不待蕭衍崇佛而後然。以當時高門瑯琊王氏家族為例，更可以見到這種風氣：

王導－洽－珣－弘──錫──僧亮
　　　　　　　　　　　　僧衍
　　　　　　　　　僧達（423-458）[120]
　　　　　孺──遠──僧祐
　　　　　僧謙
　　　　　曇首－僧綽
　　　　　僧虔（425-485）[121]
　　　　　劭──穆──僧朗

---

114 《晉書》，卷六七，〈郗鑒傳〉；《宋書》，卷二，〈武帝中〉。
115 《晉書》，卷九九，〈桓玄傳〉。北齊時另有趙齡，字僧壽，見〈趙齡墓誌〉，開皇十二年（592），羅新、葉煒：《新出魏晉南北朝墓誌疏證（修訂本）》（北京：中華書局，2016 年，以下簡稱《新出疏證》），頁 386-388。
116 劉淑芬：〈中國的聖僧信仰和儀式（四─十三世紀）〉，收入康豹、劉淑芬主編：《第四屆國際漢學會議論文集：信仰、實踐與文化調適》（臺北：中央研究院，2013 年），上冊，頁 139-192。
117 《宋書》，卷八四，〈鄧琬傳〉；卷八七，〈殷琰傳〉。
118 〈蕭秀碑〉，天監十七年（518），《魯迅》第 1 函第 4 冊，頁 601、606、607、608、610、617、618、619、621、622、623。南北朝史籍以僧入名者，詳宮川尚志：〈六朝人名に現はれたる佛教語（四）〉，頁 78。
119 《梁書》，卷三九，〈羊侃傳〉。
120 《宋書》，卷七五，〈王僧達傳〉。
121 《南齊書》，卷三三，〈王僧虔傳〉。

　　另有王僧孺（465-522），官拜御史中丞[122]，同出王導之後。但這些僧名能否印證王氏家族信佛依僧，不無可疑。至於太原王氏，史稱王神念「少好儒術，尤明內典」，其子依序名為僧業、僧辯、僧智、僧愔、僧脩，僧意甚濃，但僧辯以君才為字，當有取於言語無礙之義，其兄立功，其弟立言，未必有出世之寄託[123]。南齊紀僧真出身武吏，其弟名僧猛，也看不出有慕佛之跡，只是順應流行，純取僧字[124]。不過也有名實相符的例證，張僧繇善繪佛畫，其子善果、儒童皆承其業[125]，儒童為釋迦本生之名，見於東漢譯《修行本起經》，北周道安《二教論》更有儒童化生孔子、教化華夏之說[126]，看來僧繇在為其子命名時，確實有意安置佛教的認同，梁末武將胡僧祐（字願果），生平與佛教無涉，但從名字的組合來看，也算是對僧侶崇拜的回應[127]。

　　過去學者通常僅注意南朝史籍中的僧名，清代王鳴盛便據此說「甚矣，南朝人之侫佛也」[128]，其實在北方也有大量的例子，中古的僧侶崇拜實無地域之分。劉宋時有氐人楊僧嗣[129]，北魏東雍州刺史游雅之子名為僧奴[130]，代人長孫道以念僧為字，[131]東魏并州太原太守司馬僧光，以子明為字[132]，北齊曹僧奴善彈琵琶[133]。

122　《梁書》，卷三三，〈王僧孺傳〉。
123　《梁書》，卷三九，〈王神念傳〉；卷四五，〈王僧辯傳〉。
124　《南齊書》，卷五六，〈紀僧真傳〉。
125　唐・張彥遠：《歷代名畫記》，卷七，〈梁〉。
126　唐・道宣：《廣弘明集》，卷八。參白化文：〈「儒童」和「儒童菩薩」〉，《敦煌學與佛教雜稿》（北京：中華書局，2013 年），頁 287-297。
127　《梁書》，卷四六，〈胡僧祐傳〉。
128　清・王鳴盛：《十七史商榷》，卷六〇，〈以僧為名〉，頁 470。
129　《南齊書》，卷八七，〈蕭惠開傳〉。
130　《魏書》，卷五四，〈游雅傳〉。
131　《魏書》，卷二五，〈長孫嵩傳〉。
132　〈司馬僧光墓誌〉，興和三年（541），葉煒、劉秀峰主編：《墨香閣藏北朝墓誌》（上海：上海古籍出版社，2016 年，以下簡稱《墨香閣》），頁 48-49。
133　《北史》，卷九二，〈恩幸傳〉。

民眾造像記中「僧名」更多，北魏時即有魏僧道、翟僧樹、翟僧好、翟僧珍[134]、殷僧憐[135]、高僧愛[136]、王僧歡[137]、長孫僧濟[138]、張僧寵[139]，地域遍及河北、河南、山東等地，這些搭配的字眼也都傳達對「僧」的祈求。隋時有定州刺史豆盧通之子單名為僧[140]，還有嘗僧生[141]、康僧保[142]、鄭僧護[143]。其中同琕、豆盧、嘗、拓跋都是典型的胡姓，分屬鮮卑與羌，其人皆活動於北周隋初，未改漢姓，豆盧、拓跋二人生於宦門，同琕與嘗氏則是鄉村民眾，但同樣受到「僧」名的感召。隋初薛寶出自夏州，其祖薛莫生為該州主簿，係第一領民酋長，後任雲州刺史，其父薛岳為定州刺史，封房陽公，薛寶襲爵，參與平陳之役，薛氏係漢化之北胡無疑，薛寶本人也以「僧陁」為字[144]。

即使是女性命名也用僧字，北魏元乂之女名僧兒[145]，孝明帝時甚至有女尚書王僧男[146]，北齊有彭僧妃[147]、王僧婢[148]，北周宇

134　〈邑師慧敢等二十三人造彌勒像記〉，《龍門》，窟號1443，正始二年（505），頁435-436。

135　〈比丘惠輔一百五十人造彌勒象記〉，永安三年（530），《魯迅》第 2 函第 1 冊，頁 177。

136　〈高伏德等三百人造像記〉，景明四年（503），《百品》，頁13。

137　〈王僧歡題記〉，建義元年（528），《補正》，《石刻史料》第1輯第6冊，頁4236a。

138　〈長孫僧濟等題記〉，天平二年（535），《補正》，《石刻史料》第1輯第6冊，頁4251a。

139　〈商義興造盧舍那象記〉，大統四年（538），《魯迅》第2函第3冊，頁794。

140　〈豆盧通等造像記〉，開皇元年（581），《山右石刻叢編》，《石刻史料》第1輯第20冊，頁14982。

141　〈王俱四十人等造象記〉，開皇五年（585），《魯迅》第 2 函第 5 冊，頁 1052。

142　〈力顯姿造象記〉，仁壽三年（603），《魯迅》第 2 函第 5 冊，頁 1169。

143　〈齊杜君妻鄭善妃誌〉，大業十三年（617），《隋誌彙考》，第五冊，頁414-417。

144　〈薛寶墓誌〉，開皇十四年（594），胡戟著：《珍稀墓誌百品》（西安：陝西師範大學出版社，2016 年，以下簡稱《珍稀百品》），頁 36-37。

145　〈元乂墓誌〉，孝昌二年（526），《南北朝彙編》，頁 238-241。

文建崇母名僧姿[149]，隋代王楚英，小字僧婢[150]，封孝琰長女名僧兒，次女阿尼，皆屬小名性質[151]，甚至有名為媚僧者[152]。唐代有龍門石窟有清信女黃法僧[153]，與南齊江泌之女同名，此女幼年頗有神異，梁武帝曾加召見[154]。北魏宗室有元法僧[155]。如將二字倒反，東晉已有神異僧竺僧法，會稽王司馬道子曾為之建寺[156]。在一方河北藥王山博物館藏隋代造像記中，甚至有「都化主張僧婆」之名，緊接「像化主王龍姬」，僧婆很可能是女名[157]。比丘本即為僧，也用僧字為法名，齊、梁、北齊皆有比丘名為僧護[158]，梁代編撰《出三藏記集》、《弘明集》的僧祐（445-518）是更為人熟知的例子[159]，扶南沙門僧伽婆羅來華，其名譯為僧養[160]，類似者尚有僧扶[161]、僧援[162]、僧輔、僧弼[163]，就連比丘尼也用僧字，有僧

146 〈王僧男墓誌〉，正光二年（521），《南北朝彙編》，頁 167-168。
147 〈魏法興等造天宮記〉，天保十年（559），《魯迅》第 1 函第 6 冊，頁 988。
148 〈逢遷造觀世音象記〉，武平四年（573），《魯迅》第 2 函第 3 冊，頁 863。
149 〈建崇寺浮圖銘〉，建德三年（574），《百品》，頁263。
150 〈封子繪妻王楚英墓誌〉，開皇三年（583），《新出疏證》，頁 317-320。
151 〈封孝琰妻崔妻訶墓誌〉，開皇十九年（599），《新出疏證》，頁 438-439。
152 〈佛弟子李通國造天尊像〉，大業年間，《道教經典》，頁 155。
153 《龍門》，窟號 0712，孝昌三年（527），頁 260。
154 《出三藏記集》，卷五。
155 《魏書》，卷一六，〈陽平王熙傳〉。
156 《高僧傳》，卷一二，〈晉越城寺釋法相〉。
157 〈王龍姬造佛道像碑〉，隋代，《道教經典》，頁 156。
158 《高僧傳》，卷一三，〈梁剡石城山釋僧護〉；同前，卷八，〈梁京師靈曜寺釋僧盛〉。梁時在靈根寺另有僧護，見《續高僧傳》，卷二〇，〈梁楊都天竺寺釋法超傳〉。北齊之例見《續高僧傳》，卷二九，〈周鄜州大像寺釋僧明傳〉。
159 《高僧傳》，卷一一，〈梁京師建初寺釋僧祐〉。
160 《續高僧傳》，卷一，〈梁揚都正觀寺扶南沙門僧伽婆羅傳〉，。
161 《高僧傳》，卷一三，〈晉中山帛法橋〉。
162 〈比丘道休造彌勒像記〉，孝昌三年（527），《魯迅》第2函第1冊，頁 155。
163 《高僧傳》，卷五、七，〈晉荊州上明竺僧輔〉、〈宋京師彭城寺釋僧弼〉。

憨[164]、僧化、僧姿[165]，反映僧字適用的身份很廣，幾乎沒有限制。此外還有前述之「沙彌」，北齊王晞小名沙彌，其曾祖王憲為王猛之孫，世有官爵，王晞兄弟九人，時稱「王氏九龍」，晞父王雲則字羅漢，可見佛教信仰穿透力之強[166]。另有汝南人常珍奇，封河內公，其小子亦名沙彌[167]，武成帝時有宦官郭沙彌[168]，隋初有滕王常侍何雄（字沙彌）[169]。僧字既為女性所用，沙彌也不例外，北周時尚書高永樂之妻元沙彌[170]，北齊東豫州刺史李君妻王氏也以沙彌為名，其祖父王遵業曾在孝明帝前預講《孝經》[171]。

　　觀察這些人名與僧字的連結，和佛字的情況其實非常相近，最常出現的不外乎保、護、養、救，甚至愛、憐、愍，以「援」字來說，北魏〈張猛龍碑〉就有梅僧援、□伏援、王道援、孫靈援、卜天援[172]，援者助也，兩相對照，更足以證明僧之定位，與佛、道、靈、天等概念相當。這裡可舉北齊關道愛為例，他以僧護為字，正是「僧」與「道」通的證據[173]。僧的形象在當時民眾心目中，與佛同樣兼有祈求對象和護祐來源的雙重性質，隋煬帝楊廣（569-618）曾說「釋迦能仁，本為和尚」[174]，佛、僧二者在當時人心中都有不可思議的力量，以之為名，同樣是為了追求神

---

164 〈僧憨造白玉像〉，元象元年（538），《陶齋藏石記》，《石刻史料》第1輯第11冊，頁8058a。《魯迅》第2函第2冊，頁275。

165 〈張操造象記〉，保定二年（562），《魯迅》第2函第5冊，頁943。

166 《北史》，卷二四，〈王憲傳〉；《北齊書》，卷三一，〈王晞傳〉。

167 《魏書》，卷六一，〈畢眾敬傳〉。

168 《北史》，卷九二，〈恩幸傳〉。

169 〈隋何雄墓誌〉，開皇十六年（596），《長安新誌》，頁20-21。

170 〈高永樂妻元沙彌墓誌〉，建德六年（577），《墨香閣》，頁194-195。

171 〈隋李君妻王沙彌誌〉，開皇十八年（598），《墓誌彙考》，第二冊，頁299-302。

172 〈張猛龍清頌碑〉，正光三年（522），《魯迅》第1函第4冊，頁747-750。

173 〈關道愛墓誌〉，貞觀元年（627），《唐誌彙編》，貞觀○○一。

174 《全文‧全隋文》，卷七，楊廣：〈受菩薩戒疏〉。

聖性的連結。但這個判斷目前比較適用於北方，南方基層人名闕如不論，以梁天監年間〈蕭秀碑〉和王氏家族為例，僧字的用法就很少有保護性的暗示。南齊劉之遴幼年時，沙門僧惠過訪其家，必呼之「僧伽福德兒」[175]，其父劉虯「精信釋氏，衣粗布，禮佛長齋，注《法華經》，自講佛義」，並斷穀餌朮，足見方外志趣甚濃，為之遴取小字為僧伽，誠屬合理，但之遴志在古學，侯景之亂時，他「剃髮披法服乃免」，可能只是出於權宜，此前他曾以詩嘲諷出家者，信佛恐不特別虔誠，此例可以說明佛教人名與其人的信仰並無絕對的連結，南北朝雖然都有以僧為名的表現，但在目前所見的南朝正式人名中，之所以選用僧字，出於社會風尚的可能較大，與僧伽信仰的關係不顯。

除「僧」字之外，連帶與僧有關的字詞也有入名的情形，唐初屈元壽之母懷胎時有神僧前來授記，故為之取字為「維那」，也就是寺院執事，北朝即設有都維那，管理眾僧，身份當然也是僧人，由僧夢而以僧為小名，加上元壽之名，祈求長生之意相當明顯[176]。不過更常見到的是「沙門」與「僧伽」（saṅgha）這兩個音譯語，早在西晉愍懷太子司馬遹（278-300）已取沙門為小字，可能是最早使用佛教名字的漢人菁英[177]，北魏時有鐵勒部人斛律沙門[178]，北齊有鮮于沙門[179]，北周王軌也以此為小名[180]。北齊李琮

---

175 《南史》，卷五〇，〈劉虯傳〉。
176 〈大唐故雲麾將軍右龍武軍將軍同正上柱國南浦縣開國男屈府君墓誌銘〉，天寶九載（750），《唐誌續編》，天寶〇六二。
177 《晉書》，卷五三，〈愍懷太子傳〉。
178 《魏書》，卷一一，〈廢出三帝紀〉；《周書》，卷一四，〈賀拔勝傳〉。
179 〈標異鄉義慈惠石柱頌〉，太寧二年（562），《百品》，頁195。北齊另有□曹史名馮沙門，見〈西門豹祠堂碑〉，天保五年（554），《魯迅》第1函第6冊，頁961。
180 《周書》，卷三二，〈王軌傳〉。

次女名為和上[181]，北齊廢帝高殷小名道人，也可歸為此類[182]。西
魏時上谷郡人侯義，得年僅十五歲，以僧迦為字，顯為小名[183]，
北齊、北周均有其例，李僧伽係西涼李暠六世孫，其弟名為法
藏[184]，硤州刺史辛韶（字僧伽）之名、字意涵無關，無疑也是小
名[185]。其他「伽」字組合亦不鮮見，北周張僧護之子單名伽[186]，
周隋之間有田達（字伽兒）[187]，尉遲恭之父亦單名為伽[188]，另有
方士安伽陀，自言曉圖讖[189]；唐代有龍潤（字恒伽）[190]，安祿山
起事時，北海邑民鄭犀伽劫廩應之[191]。中古時伽（gja）、迦（kja）
二字韻母、聲調相同，皆開口音，唯聲母有清濁之別，有研究將
這些用法視為「僧伽」或「釋迦」的略語，個人持較保留的態度[192]，
但中古常見的「僧伽」之名，確實是此一信仰深入民心的絕好見
證，北朝晚期有張僧，其子名伽，孫女名慈，這種組合恐怕不是
偶然[193]。

---

181 〈李琮墓誌〉，武平五年（574），《南北朝彙編》，頁 583-584。
182 《北史》，卷七，〈齊本紀中〉。錢大昕曾指出道人在六朝係沙門之稱，
　　道士才是指道教徒，見《十駕齋養新錄》，卷一九，〈道人道士之別〉，
　　頁 383。
183 〈侯義墓誌〉，大統十年（544），《新出疏證》，頁 223-225。
184 《北史》，卷一〇〇，〈序傳〉，
185 〈辛韶墓誌〉，開皇二年（582），《墨香閣》，頁 202-203。
186 〈洛州洛陽縣張處士墓誌銘〉，咸亨四年（673），《唐誌彙編》，咸亨〇
　　八三。
187 〈隋田達誌〉，開皇六年（586），《隋誌彙考》，第一冊，頁 184-186。
188 許敬宗：〈唐并州都督鄂國公尉遲恭碑〉，《全唐文》，卷一五二。
189 《隋書》，卷三七，〈李穆傳〉。個人臆想此名或出自阿伽陀（agada），
　　義為去疾之妙藥，參陳寅恪：〈三國志曹沖華佗傳與佛教故事〉，《寒柳
　　堂集》（北京：三聯書店，2001 年），頁 176-181。
190 〈唐龍潤墓誌〉，永徽六年（655），《唐誌續編》，永徽〇三五。
191 白居易：〈故滁州刺史贈刑部尚書滎陽鄭公墓誌銘〉，《全唐文》，卷六
　　七九。
192 葛承雍：〈中亞粟特胡名「伽」字考證〉，《唐韻胡音與外來文明》（北
　　京：中華書局，2006 年），頁 342-348，「僧伽」之名的討論在頁 346。
193 〈唐張慈墓誌〉，乾封二年（667），《高陽原》，頁 82-83。

　　至於唐代的「僧」名，唐初仍有尹僧護[194]，何方海之子名為天僧、天廣、天保、天劍、天助，其長女名為提希，出自《觀無量壽佛經》的主角韋提希夫人[195]，天寶初有檀州刺史何僧[196]，中唐時邠王府參軍徐氏夫人有五子，名為震、霈、僧、清、晉，她七十九歲逝世，長子已拜朝散大夫，徐僧年紀也不會太小，可見僧字在唐代仍可兼為小名與正式人名[197]。不過整體而言，此風與佛字相似，在唐代逐漸淡出，不若南北朝之醒目，小名化的傾向日強，中唐時彭城郡王曹憲榮三子名為文慶、文度、僧子[198]，博陵人崔元夫為儒林郎，其兄名元昆、元儒，其弟名元鷹，元夫二子則名肇五、僧伽[199]，晚唐有朝議大夫楊君之子名僧奴[200]，進士何樨二女名為周、僧[201]，申州刺史盧槃有三子，名曰糾兒、胡僧、膽兒，墓誌說他們「年粗成立」，實際年紀殊不可知[202]。此外，晚唐鄧君政子名和尚奴[203]，柳延宗小女單名僧字[204]。這種用法幾乎不復見於史籍，墓誌具有私密性質，乃保留較多案例。此風在唐後仍然不輟，北宋胡仔《苕溪漁隱叢話》即載有廣漢營妓善填詞，小名僧兒（卷四〇），這兩種身份看似衝突，如果從祈求保護的想

194　〈唐尹僧護墓誌〉，咸亨元年（670），《高陽原》，頁96-97。
195　〈金剛般若波羅蜜經〉，《房山》，垂拱元年（685），頁72。
196　《新唐書》，卷一〇〇，〈裴潾〉。
197　〈唐徐某妻王正墓誌〉，大曆十三年（778），《高陽原》，頁220-221。
198　〈大般若波羅蜜多經題記〉，《房山》，大和四年（830），頁163。
199　〈唐崔元夫墓誌并蓋〉，卒、葬年不詳，見趙君平、趙文成編：《河洛墓刻拾零》（北京：北京圖書館出版社，2007年，以下簡稱《河洛墓刻》），頁569。
200　〈唐故朝議大夫前鳳翔節度……弘農楊府君墓誌銘〉，乾符三年（876），《唐誌彙編》，乾符〇一一。
201　〈唐何生故姬墓誌〉，乾符二年（875），《長安新誌》，頁310-311。
202　〈唐盧槃墓誌〉，乾符六年（879），《洛陽續編》，頁275。
203　〈巡禮題名碑〉，《房山》，乾符二年（875），頁54。另一賈姓和尚奴，〈佛說三品弟子經〉，同前，會昌二年（842），頁102。
204　〈唐宣武軍節度押衙兼侍御史河東柳府公墓誌〉，廣明元年（880），《唐誌彙編》，廣明〇〇四。

法觀之，誠有合理之處。不過後世以僧字入名的情況，元代佚名所著的《拊掌錄》另有一說：

> 昔一長老，在歐陽公座上。見公家小兒，有小名僧哥者。戲謂公曰：「公不重佛，安得此名？」公笑曰：「人家小兒，要易長育，往往以賤物為小名，如狗、羊、犬、馬之類是也。」聞者莫不絕倒。

此書短小，僅收錄三十六則宋人故事，此歐陽公屬歐陽修（1007-1072）無疑，假若這段對話為真，至少反映兩件事，一是北宋仍然以僧字為名[205]，歐陽修素主排佛，其家也能不自外，其次則牽涉到唐宋僧人形象的轉變，中古僧伽的神聖性至此流失，並非不可能，但此書性質重在排調，這個解釋的代表性在宋代能放到多大，需要再行研判。

　　除了佛、僧，以菩薩為名也可以印證這種心態，菩薩係菩提薩埵（bodhisattva）之省稱，早在東漢譯《道行般若經》、《般舟三昧經》已普遍使用，菩薩雖未成佛，但已為解脫之聖者，是可皈依祈求的對象。梁武帝蕭衍鼓勵貴族子弟受菩薩戒，如能勤苦精修，則加菩薩之號[206]，後來也用來形容特具德行或秀異之人，北齊李士謙即被譽為「菩薩」[207]，中唐薛調更因俊美而有「生菩薩」之名[208]。中古前期亦廣泛以此為名，北魏時匈奴人万俟醜奴之大行臺尉遲菩薩[209]，陽平王拓跋熙之子亦取此名[210]，另有宦官

---

205 僧哥之名，見昌彼得等編：《宋人傳記資料索引》（臺北：鼎文書局，2001 年），頁 699，又見《舊五代史・周書》，卷一二三，〈安審琦傳〉、《金史》，卷一二二，〈吳僧哥傳〉等。
206 《魏書》，卷九八，〈島夷蕭衍〉。
207 《北史》，卷三三，〈李孝伯傳〉。
208 宋・王讜撰；周勛初校證：《唐語林校證》（北京：中華書局，1987 年），卷四，頁 350。
209 《魏書》，卷一〇，〈敬宗紀〉。
210 《魏書》，卷一六，〈道武七王傳〉。

高菩薩[211]、武將明菩薩[212]，河州刺史乞伏寶以此為字[213]。西魏有從菩薩[214]，北齊有妻昭（字菩薩）[215]，以及大將軍衛菩薩[216]，另有冀州刺史閭菩薩，係茹茹國主之後[217]，北周宇文導也字菩薩[218]。隋時有潞州刺史梁菩薩[219]，也有在家女性名為宋菩薩[220]。南朝僅見梁時有武將郟菩薩[221]。以菩薩為名，最主要當然是出於崇拜，有祈求保護之意，但另一方面，個人猜想菁英以此為名，很可能也有用來顯示身份的作用，中古佛教有一種結合佛菩薩與君主的想法，北魏道武帝拓跋珪曾被沙門法果稱為「如來」，認為僧人皆應禮敬，並說「我非拜天子，乃是禮佛耳」[222]，北周武帝時也有法師上奏「帝王即是如來，王公即是菩薩」之說[223]，或許多少加深了北朝人以佛菩薩之名為貴的意想。

在唐代以菩薩為名的紀錄甚少，最特別的應屬洛陽出土之〈安菩墓誌〉，誌主名菩字薩，係入唐之粟特人，志文說其先世為「安國大首領」，歸唐獲封定遠將軍，安菩亦曾出戰北族，後來卒於長安，其妻何氏為大將軍長女，封金山郡大夫人，晚安菩四十年辭

211 《魏書》，卷一三，〈孝文幽皇后馮氏傳〉。
212 《魏書》，卷二四，〈崔玄伯傳〉。
213 〈乞伏寶墓誌〉，永熙二年（533），《南北朝彙編》，頁 386-388。
214 〈劉僧儒卅餘人造彌勒象記〉，大統二年（536），《魯迅》第2函第3冊，頁769。
215 《北齊書》，卷一五，〈妻昭傳〉。
216 《北齊書》，卷八，〈幼主紀〉。
217 〈閭炫墓誌〉，河清三年（564），《南北朝彙編》，頁 530-531。其父名大肥，見《魏書》，卷三〇，〈閭大肥傳〉。
218 《周書》，卷一〇，〈邵惠公顥傳〉。
219 《隋書》，卷四五，〈文四子傳〉。
220 《龍門》，窟號1443，永徽五年（654），頁446-447。
221 《魏書》，卷八，〈世宗紀〉。
222 《魏書》，卷一一四，〈釋老志〉。
223 《廣弘明集》，卷一〇，〈周高祖巡鄴除殄佛法有前僧任道林上表請開法事〉。

世於洛陽，其子金藏遂將菩遷葬於此[224]。安菩本人是否崇佛，菩薩之名能反映他多少真實的意志，今已不得而知，但這個名字的組合之所以出現，當是菩薩信仰風氣下的表現。此外，北魏權臣爾朱榮、獨孤渾貞、北周莒莊公宇文洛生之子皆名菩提[225]，河東太守薛洪隆、并州刺史張整亦以此為字[226]。另有涼州幢帥万于菩提[227]、楊菩提[228]，隋時有田濤（字菩提）[229]。這些人多屬胡族或基層民眾，菩薩、菩提作為外來的宗教語詞，除了作為信仰性的人名，也可扮演胡名的替代。唐代之後，菩薩也和僧字一樣，進入小名或小字，劉燕政子名菩薩奴[230]，後唐閔帝李從厚也以此為小字[231]。此外還有個別菩薩之名，中唐時河北龐希朝之子名觀音奴[232]，張憲榮之子名為大悲奴[233]，說明佛、菩薩、僧伽在中古時人心中多有重疊之處，也就是神聖，乃至尊貴[234]。

另一個從僧侶崇拜衍生的命名選項是「羅漢」（Arhat），與佛、菩薩同為解脫之聖者，差別在於發心願力之不同，後世多知十八羅漢或五百羅漢之名，事實上，羅漢的數量極其可觀，北涼譯《入大乘論》除了十六羅漢，另說有九十九億大阿羅漢，「皆於

---

224 〈唐故陸胡州大安君墓誌〉，景龍三年（709），《唐誌彙編》，景龍〇三三。
225 《魏書》，卷七四，〈尒朱榮傳〉；〈北周獨孤渾貞墓誌〉，武成二年（560），《西安新誌》，頁 29-30；《周書》，卷一〇，〈莒莊公洛生傳〉。
226 《魏書》，卷四二，〈薛辯傳〉；〈張整墓誌〉，景明四年（503），《南北朝彙編》，頁 64-65。
227 《魏書》，卷九，〈肅宗紀〉；卷一〇一，〈吐谷渾傳〉。
228 〈比丘法雅等千人造九級浮圖碑〉，正始元年（504），《百品》，頁18。
229 〈唐田濤墓誌并蓋〉，咸亨三年（672），齊運通編：《洛陽新獲七朝基誌》（北京：中華書局，2012 年，以下簡稱《七朝》），頁 92。
230 〈巡禮題名碑〉，《房山》，咸通九年（868），頁 50。
231 《舊五代史》，卷四五，〈閔帝紀〉。
232 〈大般若波羅蜜多經題記〉，《房山》，長慶元年（821），頁 161。
233 〈佛說盂蘭盆經〉，《房山》，約咸通年間，頁 112。
234 侯旭東：〈六朝佛、菩薩信仰述論〉，收入余欣主編：《中古時代的禮儀宗教與制度》（上海：上海古籍出版社，2012 年），頁 17-71。

佛前取籌護法，住壽於世界」，陣容不可不謂驚人。羅漢崇拜包含
在廣義的聖僧信仰中，北魏有武將呂羅漢，王雲、楊津皆字羅
漢[235]，北齊〈靜明等修塔造像記〉接在垣羅漢之側的是垣沙
彌[236]，可證明兩者都因僧侶形象而受到崇拜。唐初張直之嗣子也
以羅漢為名，其餘諸子名為仁德、仁爽、仁感，可見此羅漢屬於
小名[237]。羅漢的其他說法也有人使用，蕭綜係南齊東昏侯蕭寶卷
遺腹子，被蕭衍視為己出，為他取小名緣覺[238]，另外有董聲聞[239]，
兩者皆羅漢之另譯，不過後者也可能出自《詩經・鶴鳴》：「鶴鳴
于九皋，聲聞于天」，但此名既出於民間，來自佛教的可能性更大。

　　為了進一步論證前說，這裡要簡單以神字作為比較，觀察這
類表現共同的想法。如前所說，佛教造像之風興起於北魏，道教
信徒亦聞風仿效，但傳世不多，馬衡（1881-1955）追溯中古道教
造像淵源，僅簡略道及「北朝業已有之」[240]，太和二十年（496）
陝西耀縣〈姚伯多造像記〉為早期之代表，此碑人名有限，略晚
的〈馮神育二百廿人等造像記〉則廣錄之，保存了難得的基層道
徒人名，其中有馮神縱、馮神緯、馮神育、馮神憙、馮神護、馮
神貴、馮神哲、馮神生，極可能是家族成員共同使用此字[241]，而
且與育、憙、護、生結合，和佛、僧的用法相仿，也有神字、僧
字並見的例子：北魏中平年間梁瑞（字神貴）、傅神符，北齊李神

235　《魏書》，卷五一，〈呂羅漢傳〉；卷三三，〈王憲傳〉；卷五八，〈楊播傳〉。
236　〈靜明等修塔造像記〉，天保八年（557），《百品》，頁158。
237　〈唐張直墓誌〉，顯慶六年（661），《西市墓誌》，頁140-141。
238　楊衒之著，范祥雍校注：《洛陽伽藍記校注》（上海：上海古籍出版社，1978年），卷二。
239　〈董洪達四十人等造像記〉，武平元年（570），《百品》，頁241。
240　馬衡：《凡將齋金石叢稿》（北京：中華書局，1977年），卷二，〈中國金石學概要〉，頁73。
241　〈馮神育佛道教造像碑〉，正始二年（505），《北朝佛道》，頁127-128。

恩，其父名僧智[242]，北周〈普屯康等造像〉係佛徒所造，趙神護
之旁緊接王僧護，更可證明神、僧角色相仿，都是當時人祈求庇
護的對象，只不過僧字限於佛徒，不見於道教造像記，神字則通
於二教[243]。如馬衡論造像心態所言：「只知求福，不論其為釋道」，
面對這種人名，不妨說是「只知求福，不論其為神佛」[244]。

在中古社會，除了借助神聖對象為名，祈求護佑的意想也會
直接呈現在人名中，尤其是基層民眾的表現更強，以吐魯番為例，
有車阿祐[245]、夏養護[246]、白保祐[247]等。在一份 10 世紀前期的寫經
題記中，除了圓寂、法界、善藏等，還出現保護、留住兩個法名
（P. 4958），說明在佛教徒心中，除了來生之解脫，當前的護佑也
非常重要。不過，這類名字也許過於俚近，在史籍中相當罕見，
男性正式人名使用尤稀，但可以想見在民間當有此風，而且後世
流行不輟，最為人熟知者當屬元末之王保保，蒙古名擴廓帖木兒，
保保是他的漢式小名[248]，這種名字雖然俚俗，卻很可能因此深受
民眾喜愛，是以沿用不絕。

---

242 〈李神恩等造象題名〉，北齊年間，《魯迅》第 2 函第 4 冊，頁 919。
243 〈普屯康等造像〉，天和五年（570），《魯迅》第2函第5冊，頁986。
244 馬衡：《凡將齋金石叢稿》，卷二，〈中國金石學概要〉，頁 73。
245 《吐魯番》第 2 冊，頁 296、297。
246 《吐魯番》第 3 冊，頁 286。
247 《吐魯番》第 4 冊補遺，頁 188。
248 《明史》，卷一二四，〈擴廓帖木兒傳〉。參看羅火金：〈元代賽因赤答
忽墓志考〉，《文物世界》2004 年第 4 期，頁 17-21，考訂《明史》有誤，
保保實為蒙古裔之光州固始人，然作者又謂王保保之名不可從，則論斷
太過。與之同時尚有陽武人李保保，一名老保，見王德毅等編：《元人
傳記資料索引》（臺北：新文豐出版社，1979-1982 年），頁 534。

三、以「法」為名

三寶之中以「佛」、「僧」為名的討論已經結束，但此外尚有「法寶」，對佛教人名是否有影響？「法」的人名的表現其實與「佛」、「僧」不同，作為人名不宜一概而論，這裡嘗試提出較完整的想法。首先，佛教徒以「法」字為名者起源甚早，漢晉來華僧侶中，便有竺法蘭、康法朗、于法開等，漢地僧俗亦廣用為法名，在佛教勢力擴大的過程中，「法」字也在人名留下痕跡，直到中唐時瀛州刺史李行琮第十五、十六、十七子，名為法寶、迴□、喜子[249]，更出現小名的性質。這些「法」字即使與佛教關係不密，也具有信仰的意味。史籍與石刻所見更不乏此字，如南齊鬱林王蕭昭業，小名法身[250]，此不遍舉，必須指出的是這種用法為前代少有，極可能是佛教東傳後才激起以「法」為名的風氣[251]。以「法」之音譯達摩（dharma）為名也相當常見：北魏有柳達摩、若干鳳（字達摩）、李達摩[252]，北朝晚期民間有張達磨[253]、游達摩[254]。北齊定遠郡太守王熾三子，分別名為伽仁、伽仁、僧伽、達摩，可謂法、僧皆備[255]，北周有金州刺史獨孤藏（字達摩），其兄名善（字

---

249 〈佛說護諸童子陀羅尼咒經〉，《房山》，開成三年（839），頁91。
250 《南齊書》，卷四，〈鬱林王〉。又見《南史》，卷四三，〈齊高帝諸子下〉：「闍梨（江夏王蕭鋒）第一，法身第二」，闍梨為佛教語，義為教授之和尚，可確定「法身」亦出佛教。
251 詳宮川尚志：〈六朝人名に現はれたる佛教語（四）〉，頁79。
252 《魏書》，卷四五，〈柳崇傳〉；《周書》，卷一七，〈若干惠傳〉；《新唐書》，卷七〇上，〈宗室世系表上〉。
253 〈永顯寺道端等三百人造像記〉，武平二年（571），《百品》，頁249。
254 《龍門》，窟號0712，武平六年（575），頁269。稍晚有一杜達□，由字形研判，應為達摩，見〈杜達□等造雙觀音像〉，開皇十六年（596），《曲陽》，頁232。
255 〈王熾墓誌〉，天保四年（553），大同北朝藝術研究院編著：《北朝藝術研究院藏品圖錄・墓誌》（北京：文物出版社，2016年，以下簡稱《北朝藝術》），頁118-119。

伏陁），則是一佛一法，在其父獨孤信墓誌中，記載二人分別字弩引、拔臣，更證明北胡兼用佛教人名與胡名的習慣[256]。

　　此外，也有以「曇」字入名的作法，係取 dharma 首音節而加改易[257]，這裡僅舉一例，北魏時河東薛辯家族有道智、仙智、曇賢三兄弟，透露道、仙、佛（法）在世俗認知中有重疊之處[258]。另有一種命名形式，不過較為少用，就是以「法」的相關具體名詞入名，北朝晚期有慕容三藏（字悟真），係前燕文明帝慕容皝之八世孫[259]，唐高宗有上柱國方藏（字法本），墓誌頗有慕佛之語，不免使人懷疑他的名、字也與藏經有關[260]。唐初趙王妃宇文氏名為脩多羅，字普明，中唐李圓淨之女亦同名[261]，此語為梵語「經」（sūtra）之音譯；北周崔弘度（字摩訶衍）[262]，東魏韓妙動之子同此名[263]，中唐時有婦女李喬仙以此為字[264]，則係大乘（Mahāyāna）之音譯。也有以個別佛典為名的用法，北齊有王楞伽[265]，源自《楞伽經》，五代時在敦煌有「隋求」之名，當來自唐代流行的《大隨求陀羅尼咒經》。此外，北魏孫惠蔚（字叔炳），家世以儒學相傳，小字為陀羅[266]，北周閔帝宇文覺字「陁羅尼」[267]，北齊有司空

256　〈獨孤藏墓誌〉，宣政元年（578），《新出疏證》，頁 279-282；《周書》，卷一六，〈獨孤信傳〉；〈獨孤信墓誌〉，北周閔帝元年（557），《南北朝彙編》，頁 601。

257　宮川尚志：〈六朝人名に現はれたる佛教語（四）〉，頁 79。

258　《魏書》，卷四二，〈薛辯傳〉。

259　《隋書》，卷六五，〈慕容三藏傳〉。並見〈隋故金紫光祿大夫淮南郡太守河內公慕容府君墓誌〉，咸亨四年（673），《唐誌彙編》，咸亨〇七五。

260　〈唐方藏墓誌〉，垂拱二年（686），《西市墓誌》，頁 258-259。

261　〈大唐趙王故妃宇文氏墓誌銘〉，顯慶五年（660），《唐誌續編》，顯慶〇四二。〈佛臨般涅槃略說教誡經〉，《房山》，大和元年（827），頁 81。

262　《隋書》，卷七四，〈崔弘度傳〉。

263　〈韓妙動造觀音像〉，天保元年（550），《曲陽》，頁 170。

264　〈唐故□□□魏郡魏縣令崔公墓誌銘〉，大曆十三年（778），《唐誌彙編》，大曆〇七二。

265　〈劉碑造像記〉，天保八年（557），《百品》，頁160。

266　《魏書》，卷八四，〈孫惠蔚傳〉。

內郎楊陀羅[268]，修武縣令劉神（字陀羅）[269]，北朝及唐代民眾有陽陀羅[270]、尚陀羅[271]，乃是取自咒語音譯陀羅尼（dhāraṇi），此語在東晉譯經已大量使用，前文說過，僧侶的神異能力之一來自咒術，此名可算是咒語崇拜的表現，也算廣義的「法」名。

事實上，中古人名中信仰混用的情形相當常見，北魏河北太守柳崇字僧生，其侄依序名永（字神護）、暢（字叔智）、範（字洪禮）、粹（字季義），又有姪孫名達摩，對神、僧、法的崇拜與儒家價值等量齊觀[272]。不過總體來說，單就「法」字與佛、僧相較，給人的觀感卻是抽象的，雖然確為佛徒所重，但獨立使用此字時，不一定能發揮宗教標誌的作用，因為其他宗教也用「法」字，以唐代高道葉法善（616-720）為對照，如不知其身份，幾乎無從分辨是佛是道，《太平廣記》載王法朗、郗法遵，都是道士（卷一六二），大曆時有女子王法智，幼事郎子神，只能說是地方信仰的崇拜者，和佛教也沒有關係（卷三〇五），換言之，「法」字的佛教色彩比較曖昧，不易確定兩者的連結；再者，如果從上述的祈求心態使用法字，須另外尋求組合，才能符合需求，是以命名者往往直接強調其力量，如尚法力[273]、劉法力[274]，北魏末年蜀地有奇僧，也以此為名[275]。不過「法力」同樣非佛教所專擅，唐時杜法力在龍門敬善寺造像數窟，分別為阿修羅王、乾闥婆王、南

267　《周書》，卷三，〈孝閔帝紀〉。
268　〈楊陀羅墓誌〉，開皇九年（589），《墨香閣》，頁 212-213。
269　〈齊劉神妻張令誌〉，大業六年（610），《隋誌彙考》，第四冊，頁 99-100。
270　〈劉碑造像記〉，天保八年（557），《百品》，頁160。
271　〈張延欽等造象題名〉，河清三年（564），《魯迅》第2函第3冊，頁763。
272　《魏書》，卷三二，〈柳崇傳〉。
273　〈魏法興等造天宮記〉，天保十年（559），《魯迅》第 1 函第 6 冊，頁 987。
274　《龍門》，窟號 0159，乾封元年（666），頁 34。
275　《續高僧傳》，卷二七，〈魏末魯郡沙門釋法力傳〉。

斗北辰、天曹地府、牛頭獄卒、五道將軍及夫人、太山府君、閻羅大王[276]，似乎很難說他的信仰只有佛教，而且從這些表現來看，當時民眾對「法力」的仰望，超過高深之義理。

對佛教徒來說，除了法字之外，還有一些意涵相近的字詞，可以作為宗教身份的標誌，或傳達信仰目標的期許，如楊五戒[277]、李什戒[278]，曹尸羅直接使用「戒」的音譯 sila[279]，對佛教徒而言，「法」與「戒」通常並重，重戒即重法，在一篇唐末比丘尼的墓誌中有如是之語：

> 熾然貪欲，刼濁亂時，籠破烏飛，尸羅為師。心宗達摩，出世良醫，付囑有在，我其護之。[280]

除了崇拜「法力」，佛教徒依「法」、「戒」修行的觀念也表現在名字上。類似的用法包括「梵行」，《大智度論》：「斷婬欲天皆名為梵，說梵皆攝色界，以是故斷婬行法，名為梵行」（卷二〇），特指斷慾而言，唐初有一位居士孫佰悦，墓誌說他「雖處居家，不願三界，見有妻子，常忻梵行」[281]，以之為名者有孫梵行、張梵行[282]，婦女王智也字梵行[283]，中古在家佛教徒以此為名，不外出離之盼望。有學者整理《唐誌彙編》、《續編》235 個佛教婦女案例，生前要求不與丈夫合葬的有 23 例，無法判斷全都出自信仰因

---

276 《龍門》，窟號 0403，頁 102-104。
277 〈僧智薛鳳規等道俗造像記〉，永安三年（530），《百品》，頁74。
278 〈大般若波羅蜜多經題記〉，《房山》，貞元年間，頁 150。
279 《吐魯番》第 7 冊，頁 474。
280 〈唐故信州懷玉山應天禪院尼禪大德塔銘〉，廣明元年（880），《唐誌彙編》，廣明〇〇二。
281 〈故大優婆塞晉州洪洞縣令孫佰悦灰身塔銘〉，貞觀二十年（646），《唐誌彙編》，貞觀一二八。
282 〈大般若波羅蜜多經題記〉，《房山》，貞元年間，頁 154。
283 〈大唐故并州司兵張君夫人王墓誌銘〉，咸亨二年（671），《唐誌彙編》，咸亨〇三九。

素，但「梵行」當是所慮之一[284]。此外，唐初有女子什（十）善[285]，中唐有張十善[286]，敦煌編號 P. 3047V 的文書中，同時有令狐戒行、善行，戒行與善行原為佛徒所並重。北魏有女子薛慧命，出自河東大族[287]，唐初有杜因果[288]，都表現以佛法智慧作為人生指引的想法，但整體來說，上述用法並不像佛、僧那麼流行。

除了這些，中唐張寶相之妹名為四禪[289]，同時有江四禪[290]，或使用其音譯，北魏有元須陀延，其父元徽逝世時，他纔十歲，後來《魏書》載其單名為延，可知「須陀」有小名性質[291]，隋時有齊郡通守張須陀[292]，另有鄭須陀[293]。案「四果」是佛教聲聞修行所證的四種位階，須陀洹（Srotāpanna）乃第一階，又稱初果，可稱之為泛佛法化的命名。此外，梁簡文皇帝蕭綱，小字六通[294]，中唐時盧定宗妻名六通[295]，另有蔡六通[296]，佛教所說「六通」指天眼、天耳、他心、宿命、神足、漏盡六種神通，北齊時有扈仟明，義即五明，北涼曇無讖譯《菩薩地持經》，云：「一者內明處，二者因明處，三者聲明處，四者醫方明處，五者工業明處，此五

284　嚴耀中：〈墓誌祭文中的唐代婦女佛教信仰〉，收入鄧小南主編：《唐宋女性與社會》（上海：上海辭書出版社，2003 年），頁 480。
285　〈君照造像記〉，顯慶五年（660），《山右石刻叢編》，《石刻史料》第1輯第20冊，頁15003a-4a。
286　〈佛說般若波羅蜜多心經〉，《房山》，會昌二年（842），頁 103。
287　〈薛慧命墓誌〉，武泰元年（528），《南北朝彙編》，頁276-277。
288　《龍門》，窟號0543，永隆元年（680），頁134。
289　〈大般若波羅蜜多經題記〉，《房山》，貞元四年（788），頁 138。
290　〈大般若波羅蜜多經題記〉，《房山》，貞元年間，頁 153。
291　〈元徽墓誌〉，太昌元年（532），《南北朝彙編》，頁 380-382。並見《魏書》，卷一九下，〈景穆十二王傳下〉。
292　《隋書》，卷一八七上，〈羅士信傳〉。
293　〈作經藏碑〉，隋代□寅年，《魯迅》第 1 函第 7 冊，頁 1313。
294　《梁書》，卷四，〈簡文帝〉。
295　〈大般若波羅蜜多經題記〉，《房山》，貞元七年（791），頁 141。
296　〈大般若波羅蜜多經題記〉，《房山》，貞元年間，頁 145。

種明處，菩薩悉求」（卷三）。[297]，也都是典型的佛教之名。唐初武周時有婦女梁阿耨，乃梵語「阿耨多羅三藐三菩提」（Anuttara-samyak-saṁbodhi）之縮略，意指佛所證悟的無上智慧[298]。不過這種人名的個體性較強，遠不如佛、僧、菩薩之現成可用，流行程度也遠遠不如。最後要一提敦煌地區的「法律」之名，以姓結合的案例非常多，比如高法律（S. 4555，壬申），不過這並非對佛法、戒律的崇拜，而是僧官之稱謂，在編號北 6004V 的〈齋文〉後有六個姓加法律的人名，P. 2054V〈疏請僧官文〉更多達二十二人，〈時年轉帖〉（S. 3156，己卯 979）並列法律、僧正、教授、闍梨，足以證明這些都是名銜，而非個別人名。

四、以「師」為名

以上已經討論了三寶相關字詞入名的情形，本節最後要以「師」字為例，說明佛教信仰在中古人名的延伸。談到師字入名，許多人第一個想到的大概是北宋名妓李師師，但恐怕很難想到和宗教信仰有何關聯，此名過去似乎也無人深究，在北宋或許只是一般的疊字小名，不過其使用卻能追溯到唐代，而且極可能與宗教師的崇拜有關。

「師」字在古代大致有三義：軍制、職官、傳授專業之人[299]，後二者有重疊之處，《禮記·文王世子》謂三代有教導貴族世子之人，名為師保：「師也者，教之以事而喻諸德者也；保也者，慎其

---

297 〈王子冊人□等造四面象記碑〉，武平三年（572），《魯迅》第 2 函第 3 冊，頁 842。
298 〈唐梁阿耨墓誌〉，景龍三年（709），《西市墓誌》，頁 348-349。
299 參楊寬：〈我國古代大學的特點及其起源〉，第四節，「教師稱『師』的來歷」，在《古史新探》（北京：中華書局，1965 年），頁 212-217。

身以輔翼之而歸諸道者也」，其餘如大師、虞師、樂師、工師等，皆各有所司，專為貴族服務（《荀子・王制》、《禮記・月令》），另一方面，也作為教者之泛稱，《論語・述而》：「三人行必有我師焉」，《孟子・盡心》以「聖人百世之師也」稱美伯夷、柳下惠，或尊師為典範，或指教導之角色，《史記・樂毅列傳》乃稱「其本師號曰河上丈人」。同時也沿用舊義，表示擁有專業技能之人。以「工師」為例，西漢桓寬《鹽鐵論・本議》稱「農商工師，各得所欲」，成於東漢晚期之《太平經》言「醫巫工師，各令得成」（卷一一四），同時期所譯《道行般若經》亦云：「譬如畫師，有壁、有彩、有工師、有筆，合會是事，乃成畫人」（卷十）。不過，伴隨佛典之傳譯，「師」的用法不斷被賦予神聖性的連結，如「導師」一詞，不見於先秦兩漢經史文獻，出自東漢譯《般舟三昧經》，乃佛之尊稱，儘管《太平經》也有天師之名[300]，但此「師」作為宗教標誌的豐富性，遠不能與佛教相比。除了本土原有的經師，舉凡論師、律師、法師、禪師、教師、咒師，都是因譯經而創造的詞語，非過去所有，遑論同為佛陀尊稱的「天人師」。

　　在中古前期，「師」逐漸成為僧侶身份的稱謂，東晉法顯（337-422）赴印度求法，提到北天竺戒律「師師口傳」，已見此意[301]，北魏中宗室元誕見僧採藥而回，問「師從外來，有何消息」。[302]北齊時有晉陽沙門，能知未來，時人呼為阿禿師[303]，《壇經》稱禪僧神秀為秀師，武則天（624-705）甚至稱其面首薛懷義為「阿師」，因其曾任白馬寺主[304]，乃至師僧連用，其義專指僧人，敦煌

---

300 天師一名首見《莊子・徐无鬼》，但要到《太平經》才成為明確的宗教稱謂。
301 《高僧法顯傳》，卷一。
302 《魏書》，卷一九上，〈景穆十二王傳上〉。
303 《北齊書》，卷四，〈文宣帝紀〉。
304 唐・劉餗：《隋唐嘉話》（北京：中華書局，1997年），卷下，頁37。

〈十二時普勸四眾依教修行〉：「佛法師僧永難值」[305]，以龍門石窟為例，賓陽南洞有楊僧威為「師僧父母一切眾生」造像[306]，北朝造像記中，此語更是不勝枚舉，西魏大統年間有造像記說到「百師僧父」[307]，足見不只一人。尤有甚者，東晉僧人慧達俗名劉薩河（訶，354?-436），原為咸陽稽胡，後來出家，屢現神異，到隋時甚至被尊稱為「劉師佛」。前文提到中古以僧為名的習慣，師字既然與僧結合，在人名中的表現又是如何？

　　在中古之前的史籍中，以師字入名者相當少，三國魏時有司馬師（字子元）[308]，東晉殷仲堪父亦作此名[309]，皆與宗教無關。略舉南北朝史籍所見，北魏有韋師禮[310]、裴子美（字師伯）[311]，東魏有高肇師[312]，劉宋時有豫章王劉子尚（字孝師）、南海哀王子師（字孝友）等[313]，絲毫看不出佛教氣息。北齊高都、長平二郡太守李智源，其長女嫁清河人崔導師[314]，是否得自佛教也相當可疑。隋唐之世「師」名極盛，算是常用字之一，但意義很分散，通常不好研判其內涵，隋末有李大師（字君威）、行師兄弟[315]，唐初有慈州呂香縣令裴師（字弘義）[316]、文林郎賈師（字善德）[317]、

305 任半塘編：《敦煌歌辭總編》（上海：上海古籍出版社，1987 年），頁1619。
306 《龍門》，窟號 0159，貞觀十八年（644），頁 40。
307 〈辛延智佛道教造像碑〉，大統十四年（548），《北朝佛道》，頁 137。
308 《晉書》，卷二，〈景帝紀〉。
309 《晉書》，卷八四，〈殷仲堪傳〉。
310 《魏書》，卷四五，〈韋閬傳〉。
311 《魏書》，卷四五，〈裴駿傳〉。
312 《魏書》，卷六六，〈崔亮傳〉。
313 《宋書》，卷八〇，〈孝武十四王〉。
314 〈李智源墓誌〉，武平七年（576），《墨香閣》，頁 188-189。
315 《新唐書》，卷七二上，〈隴西李氏・姑臧房〉。
316 〈唐裴師墓誌〉，上元二年（675），《西市墓誌》，頁 190-191。
317 〈唐賈師墓誌〉，長壽二年（693），《洛陽續編》，頁 63。

陳州司馬馬師（字元禮）[318]，中唐有樊宗師（字紹述）[319]、李宗師[320]。有時也作為同輩用字，中唐有南陽縣尉□師牧、師稷、師益兄弟[321]，都是「師法」之意。河北房山有唐師真、鮑師道[322]、魯師玄[323]，以真、道、玄為師，則有方外之趣味，但皆與宗教之「師」的形象無涉。「師」字雖然在佛典中使用多端，而且成為僧侶身份的代稱，但和佛、僧入名相較，宗教性格時顯模糊。

不過以上都是菁英的正式人名，「師」字在小名或民眾之名的表現則有所不同。前文說到，僧人被稱為「阿師」，是僧的同義詞，北周叱羅招男有二子二女，均以佛教為名，次子名阿師奴，個人認為這個小名正通於「僧奴」[324]，在唐代也有這種習慣，可以看成以僧為名的另類形式，不僅宗室用之[325]，范相之子名為阿師[326]，王通（字阿師）[327]，牛阿師（字處仁）名、字無關，阿師想來是他成年後仍然沿用的小名[328]。與僧字相同，此名男女通用，孫行駕之女也叫阿師[329]。以師為重的表現不只如此，隋文帝楊堅及皇后師事僧人，自名師兒、師女[330]，開皇年間道民楊能之孫名為師子[331]，不管使用者實際年齡為何，這些都帶有小名之性質，極可

318　〈唐馬師墓誌〉，延和元年（712），《西市墓誌》，頁 364-365。
319　《新唐書》，卷一五九，〈樊澤〉。
320　〈唐李宗師墓誌〉，大中九年（855），《洛陽續編》，頁 245。
321　《龍門》，窟號2169，貞元七年（791），頁643-644。
322　〈佛臨般涅槃略說教誡經〉，《房山》，大和元年（827），頁 81。
323　〈佛說太子和休經〉，《房山》，開成四年（839），頁 95。
324　〈北周叱羅招男墓誌〉，文覺元年（557），《西市墓誌》，頁 6-7。《晉書》，卷一一五，〈苻丕〉已有苻師奴，為男子，正史僅此一見。
325　《新唐書》，卷七〇下，〈太宗·紀王房〉。
326　〈范相墓誌〉，貞觀二十年（646），《唐誌彙編》，貞觀一三〇。
327　〈大唐故王君墓誌銘〉，調露元年（679），《唐誌彙編》，調露〇一九。
328　〈大周故雲騎尉隴西郡牛府君墓誌銘〉，聖曆二年（699），《唐誌彙編》，聖曆〇〇八。
329　〈巡禮題名碑〉，《房山》，頁 61。
330　《續高僧傳》，卷一七，〈隋京師清禪寺釋曇崇傳〉。
331　〈道民楊能造老君像〉，開皇年間，《道教經典》，頁 154。

能與「僧奴」、「僧兒」相仿，希望得「師」之護佑，晚唐劉憲用之子名師奴、神奴[332]，也可看出師、神地位相孚。

其實以「師」為「僧」的人名用法，在史籍中也有痕跡，但為數不多，劉宋武帝劉裕么子義季，小字師護，要說其義是祈求師僧護佑，證據仍嫌不足[333]，不過前廢帝劉子業，則小字法師[334]，梁武帝時有桓師祐，合觀同碑中的□僧祐和□師祐[335]，可證師、僧角色相近。個人猜測，儘管以師入名的風氣廣泛，或因口語「阿師」過於俚俗，遂淹沒於史籍之中，使人忽略師、僧入名的共通性。也由於「師」字入名普遍，因而引生「師師」的用法，這個小名在唐代相當流行，除了上引楊憲直孫，張憲榮、裴妙莊嚴、張審顓之子皆名師師[336]，宣宗時監察御史□璹三子名為師師、洛胡、僧兒[337]，王叔華孫名喜奴、福子、師師[338]；肅宗皇后張氏之妹名師師[339]。這裡並不是說這些用法盡數出自「師／僧」之崇拜，但「師」字小名的流行，當受到這種風氣的感染。對照這些用例，李師師極可能屬於小名，而且淵源自中古的信仰風氣，用意在於藉此獲得庇護，但也許正因她的形象太過鮮明，後世歌妓亦屢用此名[340]，其原有心態遂遭淡忘，成為純粹的女性小名。這裡想舉

332　〈巡禮題名碑〉，《房山》，乾符四年（877），頁 56。

333　《宋書》，卷六八，〈武二王傳〉。

334　《宋書》，卷七，〈前廢帝紀〉。

335　〈蕭秀碑〉，天監十七年（518），《魯迅》第 1 函第 4 冊，頁 617、621、623、624。

336　分見〈如來在金棺囑累清淨莊嚴敬福經〉，《房山》，開成四年（839），頁 97；〈佛說三品弟子經〉，同前，會昌二年（842），頁 102；〈大般若波羅蜜多經題記〉，同前，大和年間，頁 165。

337　〈唐□璹墓誌〉，大中七年（853），《西安新誌》，頁 768-770。

338　〈大般若波羅蜜多經題記〉，《房山》，中晚唐，頁 176。

339　《舊唐書》，卷五二，〈肅宗張皇后〉。

340　南宋有角妓陶師兒，見丁傳靖輯：《宋人軼事彙編》（北京：中華書局，1981 年），卷二〇，〈雜事〉，頁 1099。餘不詳舉。

一個例子，說明這種宗教性小名在後來世俗化的情形，晚明丁耀亢《續金瓶梅》曾寫道「元末勝場王保保，宋家敗氣李師師」，說是「讀宋元史有感」[341]，純以宋、元末年的兩個男女疊字人名屬對，並無深義，但若結合上文的討論，師保一詞見於先秦，本無信仰之義，保保、師師在中古時期各自成為通俗小名，則來自宗教之渲染，並為後世所襲用。

關於師師、保保的考釋如上，另一個常令人混淆的師字人名則是「藥師」。此人名不見於南北朝之前史籍，南齊有零陵王司馬藥師[342]，北齊有宋藥師[343]，亦有比丘同名[344]，隋末唐初的李靖（571-649）也字藥師[345]，同時有林士弘自稱皇帝，封其弟藥師為鄱陽王[346]。高宗時張善思父名藥師[347]，玄宗年間有張藥師[348]、郭藥師[349]、楊藥師[350]。後世讀者看到此名，第一個想到大概不外乎藥師佛，不過如果得知李靖之兄李端名為「藥王」，對這個判斷應當有所保留[351]。藥王之名不見於晉前，出自劉宋譯《佛說觀藥王藥上二菩薩經》，以及《法華經・藥王菩薩本事品》，分述二菩薩修行背景，以及藥王燃臂供養之事，此一情節的渲染力極強，成

---

341 明・丁耀亢：《續金瓶梅》（臺北：建弘出版社，1995年），第二十回。
342 《南齊書》，卷三，〈武帝紀〉。
343 《新唐書》，卷七五上，〈宋氏〉。
344 〈諸維那等卅人造太子像記〉，天保五年（554），《魯迅》第 2 函第 3 冊，頁610。
345 《舊唐書》，卷六七，〈李靖〉。
346 《新唐書》，卷八七，〈林士弘〉。
347 〈張善思造像記〉，永隆二年（681），《山右石刻叢編》，《石刻史料》第1輯第20冊，頁15013a-b。
348 〈大唐故朝散郎行薛王府國令上輕車都尉張君墓銘〉，開元十二年（724），《唐誌彙編》，開元一九七。。
349 〈大唐故左春坊錄事郭公墓誌銘〉，天寶三載（744），《唐誌彙編》，天寶○四九。
350 段迥：〈匡城縣業修寺碑〉，《全唐文》，卷四〇五。
351 〈唐李藥王墓誌〉，貞觀二年（628），《西市墓誌》，頁 68-69。誌文明言「公第三弟刑部尚書檢校中書令永康公藥師」。藥王事見《隋書》，卷五二、五三、七四。

為中古佛教徒燒身供佛的佛典依據，伴隨《法華經》的流行，藥王名號也進入人名之中。陳廢帝陳伯宗以藥王為小字[352]，唐初有程藥王[353]，石行果妻王氏為子藥王造像[354]，龍朔年間有中官高藥尚，當是藥上之另寫[355]，中唐史懷寶三子名為藥師、藥尚（上）、藥王[356]，隋時有一位李姓婦女，極可能也以藥王為名[357]。由於《藥王藥上經》曾提到「琉璃光照如來」，是藥王得法之師，因此很容易和藥師琉璃光如來混淆，事實上，琉璃光照如來僅見於此經，「藥師」作為如來之名，始見於劉宋大明元年（457）譯《灌頂拔除過罪生死得度經》，但此經似不普及[358]，從各種資料顯示，南北朝時期藥師佛信仰流行的程度，遠遜於釋迦、彌勒、彌陀、觀音，須待隋大業十二年（616）譯《佛說藥師如來本願經》，唐永徽元年（650）玄奘譯《藥師琉璃光如來本願功德經》、神龍三年（707）義淨譯《藥師琉璃光七佛本願功德經》，此風才轉興盛，以洛陽龍門石窟為例，北朝全無藥師造像，唐代有八例，始於儀鳳年間，未紀年者有十九例，均說明藥師佛的信仰流行較晚，未必是南北朝「藥師」人名的來源[359]。

352　《陳書》，卷四，〈廢帝紀〉。
353　蘇頲：〈御史大夫贈右丞相程行謀神道碑〉，《全唐文》，卷二五八。
354　《龍門》，窟號 1192，頁 368。
355　〈議沙門不應拜俗狀〉，《全唐文》，卷二〇四。
356　〈大般若波羅蜜多經題記〉，《房山》，大和四年（830），頁 163。
357　〈唐史某妻李藥玉墓誌〉，開耀二年（682），《高陽原》，頁 114-115。整理者釋其名為「藥玉」，觀其墨拓，實為王字，最末點幾乎不顯，玉、王古文固然可通，但從「聖名」不分男女來看，此名極可能是藥王。
358　《周書》，卷四六，〈張元傳〉。唐前史籍所見持誦《藥師經》僅此一例。此經的敦煌南北朝寫本僅約 10 號上下。參考方廣錩：〈藥師佛探源──對「藥師佛」漢譯佛典的文獻學考察〉，《疑偽經研究與「文化匯流」》（桂林：廣西師範大學出版社，2018 年），頁 306-340。龍門石窟的統計見《龍門》，頁 68-70。根據侯旭東《五六世紀北方民眾佛教信仰：以造像記為中心的考察》，北朝亦未見藥師佛造像之風。
359　《全唐文》，卷五一九。

　　以李靖來說,隋譯《藥師如來本願經》問世之時,他已逾中
年,後二本譯出時更不在人間,因此要說其名必然得自藥師佛,
是很可存疑的。如此「藥師」之名,又該如何解釋?個人以為可
從其弟李客師(580-669)之名得到線索[360]。除他之外,同時期的
袁天綱(583-665)之子亦名客師,史書說他頗傳其父之術[361],中
古史籍中「客師」之名僅此二例,不過在石刻中,此名並不罕見,
唐代有洛州府兵史李客師等[362],就連女子也用此名,後改名保生,
得年僅十五,足見「客師」為幼童常用之名[363],洛陽龍門也有「趙
客師洞」[364],至於此名如何理解,不妨與其他的「客」字人名比
較。南北朝政局動盪,兵禍相結,社會上湧現大量的移動人口,
常常被名為「客」,石刻中亦有客兒、客仁,乃至客生、客養之名
[365],就此字言之,本即泛指異地或外來者,東晉太元年間,謝靈
運(385-433)幼年寄養於外,故小名客兒,可以為證[366]。北魏有
長平郡丞裴客兒[367],江陽王元繼之孫女名為客女[368],隋初有趙客

360　《舊唐書》,卷六七,〈李靖〉。
361　《新唐書》,卷二四〇,〈方技〉。
362　《龍門》,窟號 0159,永徽四年(653),頁 51;窟號 0543,頁 132;
　　　同前,頁 133;窟號 0665,萬歲通天元年(696),頁 214。
363　〈唐獨孤保生墓誌〉,貞元十七年(801),《西市墓誌》,頁 716-717。
364　《龍門》,窟號 1038,顯慶五年(660),頁 326,有「劉□□於趙客師
　　　龕內」語。
365　見〈董黃頭七十人等造像記〉,天保九年(558),《百品》,頁 170;〈聖
　　　母寺四面碑象〉,保定四年(564),《魯迅》第 2 函第 5 冊,頁 954;〈于
　　　子建等義橋石象碑〉,武定七年(549),《魯迅》第 2 函第 2 冊,頁 449;
　　　〈僧智薛鳳規等道俗造像記〉,永安三年(530),《百品》,頁 75;〈呂
　　　昇歡等造天宮金象記〉,興和三年(541),《魯迅》第 2 函第 2 冊,頁
　　　299。
366　《宋書》,卷五八,〈謝弘微傳〉;南朝宋‧劉敬叔:《異苑》,卷七,〈謝
　　　客兒〉。
367　《新唐書》,卷七一上,〈裴氏‧東眷裴〉。
368　〈司馬季沖妻元客女墓誌〉,天統三年(567),《北朝藝術》,頁 158-159。

女[369]，甚至有男子名柳客尼[370]，唐初有元罕，墓誌說他是北魏昭成皇帝拓跋什翼犍之後，也以客子為字[371]。不過若從「師」的宗教性格來看，「客師」則有別於單純的客子、客兒，更容易給人殊方之士的神異聯想，「客師」在佛教文獻中，多見於宋代以降的禪宗典籍，此前罕用，但從人名可以證實，在中古確實有此形象的存在。再對照「客僧」，此語已見於東晉時譯《摩訶僧祇律》，屬於八種僧人之一，指外來之僧，與去僧、舊住僧、安居僧相對（卷十一），《續高僧傳‧釋慧主傳》嘗謂「有四路客僧數千人入寺」，《宋高僧傳》亦載中唐時洛陽有無名客僧自遠而至，頗有神通（卷二五）。以人名來說，北朝有劉客僧[372]，唐代有楊客僧[373]、處士王法（字客僧）[374]、朝散大夫陳客僧等[375]，都不是出家人，師、僧二義既然可通，「客師」之名自與「客僧」有相通之處。

　　不過必須說明的是，在中古時期，「師」的用法並非僧所專有，兼攝佛道等方外之士，北朝道教徒也重視「師」的角色，北魏正光初年有兩篇道教造像碑文，迴向的對象都提到「歷劫仙師」[376]。唐人對高道屢稱尊師，不分男女，唐初褚遂良書〈孟法師碑〉，內

369　〈唐劉某妻趙客女琛墓誌〉，龍朔元年（661），《高陽原》，頁 68-69。誌文作「夫人諱客女琛」，女下疑奪「字」字。

370　《新唐書》，卷七三上，〈柳氏‧西眷房〉。

371　〈唐遂州方義縣主簿河南元府君墓誌銘〉，天授二年（691），《唐誌彙編》，天授〇三五。

372　淳于敬一：〈王師德等造像記〉，《全唐文》，卷二〇〇，從命名特徵觀之，應為北朝或隋時作。

373　〈大唐故楊君墓誌銘〉，麟德二年（665），《唐誌彙編》，神龍〇〇五。

374　〈大唐故王君墓誌銘〉，顯慶三年（658），《唐誌彙編》，顯慶〇七三。另一王客僧是洛陽人，見〈唐故處士王君墓誌銘〉，儀鳳三年（678），《唐誌續編》，儀鳳〇一二。

375　〈唐陳府君墓誌〉，元和元年（806），《西市墓誌》，頁 736-737。

376　〈錡麻仁道教造像碑〉，正光二年（521），《北朝佛道》，頁 133；〈師錄生佛道教造像碑〉，正光四年（523），同前，頁 135。。

容寫的便是女道士[377]，「師」也可指術士或異能者，劉宋時徐紹之
能作預言，被武帝稱為「師」[378]，在唐代民間女巫被喚作為「師
婆」[379]。簡言之，客師未必全是客僧，但「客」、「師」二者的神
聖形象與聯想則可互通，與袁客師的術數背景正好符合。從這裡
解讀「藥師」，正可視之為信仰的投映，追求的則是以藥師之力，
助其順利生養，李百藥（564-648）與李靖同時，因幼年多病，祖
母趙蘭姿為他取名百藥，蘭姿生有三男三女，四人早亡，唯有次
子生下百藥，故以此名盼其長生[380]，參照北魏李順季弟李惲（小
字藥囊）[381]，唐初有郭藥樹（字萬福）[382]，睿宗時有右金吾衛長
上桓思貞（字藥樹）[383]，以及盧壽王、醫王、藥王三兄弟，都出
自相近的希求[384]。在中古時期，頗有兼具僧、醫身份的外來僧人，
廣施靈藥神術，《太平廣記》便有許多胡僧治病的記載，道士也是
如此[385]。李靖之兄名為藥王，自是出於佛教之「聖名」，以帶有異
能的「藥師」、「客師」為名，卻不一定與經典相連，但若說有共
享的類似心態，當非過份之推論。

　　總之，中古時期「師」的意涵與表現豐富多端，影響最大者
無疑來自佛道的流行，突顯了「師」的神聖性格，成為各界敬仰

377 岑文本：〈京師至德觀法王孟法師碑銘〉，《全唐文》，卷一五〇。

378 《宋書》，卷七二，〈巴陵哀王休若傳〉。

379 唐・張鷟：《朝野僉載》（北京：中華書局，1997 年），卷三，頁 62、
　　63：「崇仁坊邪俗師婆阿來專行厭魅……下令以師婆、師僧祈之」。

380 《舊唐書》，卷七二，〈李百藥〉。〈李敬族妻趙蘭姿墓誌〉，開皇六年（586），
　　同前，頁 356-357。有意思的是百藥之子名為安期，得自秦漢時仙人安
　　期生。

381 《魏書》，卷三六，〈李順傳〉。

382 〈唐郭藥樹墓誌〉，總章元年（668），《長安新誌》，頁90-91。

383 〈唐桓思貞墓誌〉，景雲元年（710），《河洛墓刻》，頁 199。

384 《新唐書》，卷七三上，〈盧氏〉。隋時有太子僕裴醫王，見前書，卷七
　　一上，〈裴氏・東眷裴〉。

385 參考陳明：〈「納藥」與「授方」——中古胡僧的醫療活動〉，《中古醫療
　　與外來文化》（北京：北京大學出版社，2013 年），頁 297-343。

依怙的對象，這種「尊師」的宗教文化殊非韓愈（768-824）之〈師說〉所能籠罩，章群（1925-2000）曾有一個精闢的觀察：

> 柳宗元說：「今之世不聞有師，有輒譁笑之。」（〈答韋中立論師道書〉）可改為「今之世不聞有師，有之則為僧人」。[386]

「師」字未必盡屬僧人，但中古的「師」字確實與宗教緊密相連，宗教師的形象與聯想亦往往帶有異人色彩，推動了唐人以「師」為名之風，甚至溢出佛教之外，本節以此作為「三寶為名」的總結，希望能補充對中古宗教邊緣風景的認識。除了「師奴」、「師女」之外，最後要略舉與此較有關係的「師」字人名，證明「師」在當時絕不僅限於世俗學校之師保，更帶有超越塵俗的性格：北齊崔昂第四、五子名為天師、人師，當出自佛陀十號之中的「天人師」[387]，唐高宗時宰相裴寂（570-629）二子，名為律師、法師[388]，牛弘之孫牛文宗與之時代相近，也以法師為字[389]，吳郡張氏有律師、小師、道師兄弟[390]，中唐茂州刺史竇季餘有五子二女，第三、四子名為迦葉、藥師[391]，都是典型假宗教為護佑性質的小名，此時「藥師」已兼具方外神醫與佛陀的意涵，其么女則名頂師，以「師」之名更添多彩矣。

---

386 章群：〈（代序）唐代宗教信仰問題〉，《唐史札記》（臺北：學海出版社，1998 年），頁 1。
387 〈崔昂墓誌〉，天統二年（566），《南北朝彙編》，頁 543-546。
388 《新唐書》，卷七一上，〈裴氏·西眷裴〉。
389 〈唐牛文宗墓誌〉，永徽四年（653），《西市墓誌》，頁 102-103。
390 《新唐書》，卷七二下，〈吳郡張氏〉。
391 〈唐故茂州刺史扶風竇君墓誌銘〉，大和八年（834），《唐誌彙編》，大和〇六九。

第二節　「聖名」與「惡名」

　　上節透過以三寶為名的個案，說明中古時期以這類字詞命名，皆有取於其神聖性質，本節將以個別的信仰對象為例，進一步探究「聖名」的概念，繼續追索當時「以聖為名」的心態，連帶討論另一種同樣因佛教而起、卻常困惑後人的選項，因其形象相當鮮明，究其性質，可稱之為「惡名」。

一、以聖者為名

　　在佛教的世界觀中，眾生分處於三界（欲界、色界、無色界）之中，並可細分為六道（又名六趣），眾生因為無明反覆流轉，無力解脫，因此又被稱為「數取趣」，也就是屢屢流轉諸趣的意思[392]。唯有透過修行覺悟，才能超越這種困境，行者並可依行願與修行方式，分為三乘：菩薩、緣覺、聲聞，菩薩屬於大乘，後二者則被歸於小乘，統名羅漢，但三乘皆為出世間的聖者，堪為世間所禮敬，就佛教而言，這些才是典型的「聖」。相較之下，「神」屬於天道，雖然具有強大的力量，卻尚未覺悟，仍有墮落的危險，因此在佛經中，常有天人向佛問法，進而矢志護法，形成天部的信仰。佛教對以上的界定相當清楚，不過對民眾而言，神、佛往往不分，能否藉此獲得庇祐，往往才是他們所關注的，佛典中的修行人物也常被視為神聖的對象，出於這種信仰心態的命名表現，可以泛稱為「聖名」。必須說明的是，儒家或道教當然

---

392 唐・慧琳：《一切經音義》，卷二二。

也有「聖」的概念，但對前者來說，以聖賢為名並非希求護佑，
而是作為慕古的表現，有更多的寄託之義，對後者來說，道教人
名自有特色，以道教仙聖為名的風氣始終非常弱，不足以構成像
佛教那麼龐大且明顯的命名現象。綜合以上兩點，「聖名」可以說
是因佛教而起的新命名選項，為前代所無，其他思想、信仰的群
體都缺乏這種表現，我們很難想像古代會有人認為，取堯舜周孔
或老聃、莊周之名可以消災得福，但取藥師、觀音為名，意義則
不同。這種「聖名」心態是中古佛教人名重要的特質，也是後世
「佛名」流行的源頭。

　　以下就要從中古佛教徒較為熟悉的「聖者」開始，觀察當時
「聖名」的特色。前文提到藥師之名應在隋唐之際才具有佛陀的
意涵，當時人使用此名，很可能與佛無關，其實在現存資料中，
中古時期直接以釋迦、彌陀等佛為名者也非常有限，前文舉元雍
之子以伏陀、彌陀為名，算是極少數可辨的例子，個人在石刻中
目前僅發現一例，且缺年月[393]。以彌勒為名者亦罕，唐代有婦女
以此為法號[394]，隋大業年間有盜數十人自稱彌勒佛，但只是以此
作為號召，不算真正的人名[395]。在中古是否還有其他佛陀名號用
作人名，猶待更細密的考察。反過來看，這種「空白」也值得探
究。相較於佛陀，以個別菩薩入名的案例就多了很多。除了前述
之藥王，最常見的是文殊師利（Mañjuśrī），此菩薩以智慧高超著

---

393 〈劉季欽等造象〉，無年月，《魯迅》第 2 函第 6 冊，頁 1213，「象主彌
　　陀母程」，從此碑文例判斷，應為人名無誤，這群人似有直接以佛教為
　　名的風氣，前另有「象主祇婆母劉姜」，頁 1211。
394 〈大唐故南海縣主福昌縣令長孫府君夫人李氏墓誌銘〉，景雲元年
　　（710），《唐誌彙編》，景雲〇〇二。《南史》云南齊時「張彌勒兵封府
　　庫」，見卷六，〈梁本紀上〉。陳懷宇誤作「張彌勒」，見〈中古時代士民
　　之佛教名字再探〉，頁 265。
395 《隋書》，卷三，〈煬帝紀上〉。

稱，首見於東漢譯《佛說兜沙經》，三國吳時支謙、後秦鳩摩羅什先後迻譯《維摩詰經》，經中文殊問疾的情節相當知名，維摩居士的在家身份尤深愜士人之趣味，其後不分南北，同受喜好，顧愷之（348?-405）在瓦官寺繪維摩像，亦稱於時[396]，北魏宣武帝元恪曾為諸僧、朝臣講解此經[397]，梁時邵陵王令馬樞當眾宣講此經與《老子》、《周易》[398]，唐初孫思邈也被譽為莊子與維摩之結合[399]。以維摩為名字者，最有名者非盛唐文人王維（701-761）之字摩詰莫屬，其母「師事大照禪師三十餘歲」，他本人畢生崇佛，可謂中古「外儒內佛」的典型[400]，但此一用法並不始於他，梁昭明太子蕭統（501-531）亦小字維摩[401]，北魏有薛唯（維）摩[402]，康維摩在六鎮之亂中據擁羌胡[403]。2003年西安發掘北周粟特人史君及其妻康氏合葬墓，其墓誌以粟特文、漢文書寫，史君卒於大象元年（579），其名為尉各伽，長子、次子則名為毗沙、維摩，並各有粟特原名，此墓有濃重的波斯色彩，仍可見佛教人名，可知這是外族取用漢名的重要來源，漢人菁英所喜的維摩也在其中[404]。不過整體來看，文殊入名的頻率遠高於維摩。

　　中古時期以文殊為名者相當多，北魏權臣爾朱榮系出羯胡，其子有名為文殊者，其後還有文暢、文略，看似行第字輩，但不

396　《梁書》，卷五四，〈海南諸國傳〉。
397　《魏書》，卷四，〈世宗紀〉。
398　《陳書》，卷一九，〈馬樞傳〉。
399　盧照鄰：〈病梨樹賦〉，《全唐文》，卷一六六。
400　《舊唐書》，卷一九〇下，〈王維〉；王維：〈請施莊為寺表〉，《全唐文》，卷三二四。
401　《南史》，卷五三，〈昭明太子統傳〉。
402　〈僧智薛鳳規等道俗造像記〉，永安三年（530），《百品》，頁74。
403　《魏書》，卷二八，〈源賀傳〉。
404　西安市文物保護考古研究院編著；楊軍凱著：《北周史君墓》（北京：文物出版社，2014年）。

可忽略此前尚有名為菩提、叉羅者，同出佛教的機會很大[405]，並有韓文殊[406]、韋文殊[407]，海東人李文殊以法術馳名[408]。隋代工部尚書楊异[409]、管城縣令張曄皆字文殊[410]，隋唐之際有處士萬願（字從善），其子名為文殊，孫名元珪，曾孫名玄寂，看來是個頗有宗教氣氛的家庭[411]，唐代有竇文殊[412]、王文殊（字敬本）[413]。此外，陳朝宣帝陳頊小字師利[414]，並有劉師利[415]，隋初王士良之孫[416]、交趾太守丘和之子也同此名[417]，唐代有安西都護任師利[418]，雖然此名有佛教典據，但也可能取出師有利之意（如《周易·謙卦》：「利用行師」；〈豫卦〉：「利建侯行師」），未可一概而論。

　　常與文殊並見的「普賢」較為晚出，約見於曹魏時譯《佛說無量壽經》，但形象不算特出，到東晉譯《大方廣佛華嚴經》乃躍升為主角。不過此名的外來色彩更淡，使用未必與佛教有關，北魏初年有宋瓊（字普賢），其高祖原為西晉昌黎太守，應為漢人，永嘉之亂後依慕容廆為長史，其祖父隨慕容儁徙鄴，其父頗為後

405　《魏書》，卷七四，〈尒朱榮傳〉。
406　《魏書》，卷一六，〈道武七王傳〉。
407　《魏書》，卷三三，〈韋閬傳〉。
408　《魏書》，卷九一，〈術藝傳〉。
409　《隋書》，卷四六，〈楊异傳〉。
410　〈大唐故鄭州管城縣令張君墓誌銘〉，調露元年（679），《唐誌彙編》，調露〇〇七。
411　〈大唐故處士萬君墓誌銘〉，開元十年（722），《唐誌續編》，開元〇四九。
412　《新唐書》，卷七一下，〈竇氏〉。
413　〈唐王文殊墓誌〉，天冊萬歲元年（695），李獻奇、郭引强編著：《洛陽新獲墓誌》（北京：文物出版社，1996年，以下簡稱《洛陽新誌》），頁37。
414　《陳書》，卷五，〈宣帝紀〉。
415　任昉：〈奏彈劉整〉，《文選》，卷四〇。
416　〈隋王士良誌〉，開皇三年（583），《隋誌彙考》，第一冊，頁93-98。
417　《舊唐書》，卷五九，〈丘和〉。
418　〈唐貝國太夫人任氏墓誌〉，大曆九年（774），《高陽原》，頁218-219。師利為誌主祖父。

燕慕容垂所重,後來拓跋珪屢徵之不出,宋瓊亦有其風,不過看起來宋家並無佛教信仰[419],明帝時河北兵變,朔州人毛普賢率北鎮流民[420],另有威遠將軍解普賢[421]、金城王莫折普賢[422]、貴華夫人王普賢[423],北齊洛州刺史韓賢亦字普賢,但他曾破壞洛陽白馬寺,不久亡故,當時人認為是報應[424]。整體來說,此名使用之廣不若文殊,而且不易確認必出於菩薩之名,不過兩者經常搭配出現,在一篇東魏的造像記有蘇文殊、雷普賢、龐師利、張目連、李達摩[425],另一篇年月不明,也有張文殊、秦普賢[426],則屬佛教無疑。文殊是音譯,普賢是意譯,但從字面觀之,此二名皆甚為雅馴,外來語的性格不強,也為非佛教徒所用,北魏時有道士姚文殊[427],北周吳普賢也來自標準的道民家族[428]。。

至於後世最熟知的觀音,在中古時期應驗故事不勝枚舉[429],不僅民眾廣為崇拜,儒家菁英也頗被其風,梁代大儒皇侃(488-545)常日誦《孝經》,以擬《觀世音經》,可證明其風行。不過,觀音入名的比例遠不若文殊、普賢,個人認為可能因為觀音具體感應的事例實在太多,信徒時時膜拜稱念,反而使人不願貿然使用。梁唐高僧寶誌、僧伽、萬回都被視為觀音化身,盛唐

419 《魏書》,卷三三,〈宋隱傳〉。
420 《魏書》,卷一八,〈太武五王傳〉;卷六八,〈甄琛傳〉。
421 〈解盛基誌〉,仁壽四年(604),《新出疏證》,頁468-469。
422 《魏書》,卷五九,〈蕭寶夤傳〉。
423 〈王普賢墓誌〉,延昌二年(513),《南北朝彙編》,頁99-100。
424 《北齊書》,卷一九,〈韓賢傳〉。
425 〈邑義五百餘人造象碑〉,武定元年(543),《魯迅》第2函第2冊,頁351、354、355、356。
426 〈比丘尼靜興造像記〉,無年月,《魯迅》第2函第6冊,頁1259、1260。
427 〈劉文朗道教造像碑〉,太和二十三年(499),《北朝佛道》,頁126。
428 〈吳標兄弟父叔造象記〉,北周無年月,《魯迅》第2函第4冊,頁1013-1016。
429 見董志翹:《觀世音應驗記三種譯注》(南京:江蘇古籍出版社,2002年)。並參周一良:〈觀世音經〉,《魏晉南北朝史札記(補訂本)》,頁117-118。

時比丘尼慈和素有神通，時人謂之觀音菩薩[430]，懷讓禪師久居衡山觀音台，也被尊為觀音大師[431]，可見觀音多為世俗用於尊稱，並非常名。最早見於史籍人名者，當為陳後主沈皇后，隋煬帝被殺後，她出家為尼，法名觀音[432]，北朝石刻目前僅見一祖觀音[433]，唐高祖長子李建成妃鄭觀音，出身滎陽簪纓之族，武德九年（626）玄武門事變時，她僅二十八歲，又度過了五十年才逝世，很難斷言觀音係其原名、小名或後來取用的法名[434]。中唐右金吾衛鄭魯（字子隱），其女字觀音[435]，張希林妻郝觀音[436]，另有一名盧姓婦女，出身范陽，外祖家鄭氏也是名族，她逝世時，其女年甫三歲，也喚此名[437]，唐代婦女的三字法名亦常用其另譯「觀自在」[438]。從目前的資料看來，唐代使用觀音名號者多屬女性，例外極少，中唐時閻少潤之子分別名為相子、觀音、哥兒，不知是否為女[439]，觀音原無男女定相，但在南北朝已明顯有女身形象出現，南齊初彭子喬以罪被繫，誦觀音經典，感得「美麗人形」而獲釋[440]，北齊後主高緯（556-577）酒色過度，竟幻覺有貌美觀音前來[441]，唐代《續玄怪錄》記載有女子遍交男子，「施一切人淫，凡與交者，

430 〈大唐濟度寺故大德比丘尼惠源和上神空誌銘〉，開元二十五年（737），《唐誌彙編》，開元四五九。
431 張正甫：〈衡州般若寺觀音大師碑銘〉，《全唐文》，卷六一九。
432 《南史》，卷一二，〈陳後主沈皇后傳〉。
433 〈意瑗法義造佛國碑〉，武定年間（543-550），《魯迅》第 2 函第 2 冊，頁 497。
434 〈鄭觀音墓誌〉，上元三年（676），《珍稀百品》，頁 258-261。
435 〈唐右金吾衛倉曹參軍鄭公故夫人隴西李氏墓誌銘〉，元和十四年（819），《唐誌彙編》，元和一二四。
436 〈佛說百佛名經〉，《房山》，大和七年（833），頁 90。
437 〈唐故范陽盧夫人墓誌〉，咸通九年（868），《洛陽新誌》，頁 121。
438 如劉觀自在，見〈佛說太子和休經〉，《房山》，開成四年（839），頁 95。
439 〈佛說百佛名經〉，《房山》，大和七年（833），頁 89。
440 唐·道世：《法苑珠林》，卷二七。
441 《北齊書》，卷三三，〈徐之才傳〉。

永絕其淫」，也被視為觀音化身[442]。就人名使用來說，也可看出在北朝晚期，觀音的女性形象已然甚強，故廣為女性所用，不像文殊、普賢之名較為中性，使用通於男女。

除了菩薩以外，佛經中記載了許多佛弟子的事蹟，其中不乏羅漢，有的雖未證悟，甚至是俗人，但廣為佛教徒所取法，也在「聖名」之列。其中最常見的應是難陀。北魏中秦州刺史高湖有孫名陀（字難陀）[443]，同時有將領賀拔允，《北史》說「其先與魏氏同出陰山」，幼子也名難陁[444]，並有楊阿難，十三歲即逝[445]，作為小名的機率很高。其後有賈難陁[446]、敬難陁[447]，隋代有張難陁[448]，唐時韓難陀數世同居，以孝悌聞[449]。在佛典中名為難陀的出家佛弟子有二人，一為難陀（Nanda），係釋迦牟尼同父異母之胞弟；一為阿難陀（Ānanda），又名阿難，其義為喜，是其堂弟兼侍者，相傳釋迦涅槃後，諸大弟子集結佛說，即多由阿難誦出，佛典常以「聞如是」、「如是我聞」開篇，主語就是他。唐初徐州刺史董妻子名阿難[450]，比丘尼亦有名為阿難者[451]。此二難陀皆以相貌俊美聞名。在家名為難陀者也有兩人，一男一女，前者原為

442　《太平廣記》，卷一〇一，〈延州婦人〉；宋・葉廷珪：《海錄碎事》，卷一三上。

443　《魏書》，卷三二，〈高湖傳〉。

444　《北史》，卷四九，〈賀拔允傳〉。

445　〈楊阿難墓誌〉，永平四年（511），《南北朝彙編》，頁 89-90。

446　〈劉僧儒卅餘人造彌勒象記〉，大統二年（536），《魯迅》第2函第3冊，頁769。

447　〈敬史君碑〉，興和二年（540），《百品》，頁103。

448　〈張難陁造雙觀音像〉，開皇十一年（591），《曲陽》，頁 224。

449　《新唐書》，卷一九五，〈孝友〉。

450　〈唐故徐州刺史董公德記之銘〉，開元二十四年（736），《唐誌續編》，開元一四一。

451　〈意瑗法義造佛國碑〉，武定年間（543-550），《魯迅》第 2 函第 2 冊，頁 500。

牧牛人，問佛放牛十一事，後來出家證阿羅漢果，後者為貧女，嘗因仰慕佛陀，發心剪髮供燈，所獲福德竟超過國王：

> 自立誓願：「我今貧窮，用是小燈，供養於佛。以此功德，令我來世得智慧照，滅除一切眾生垢闇」。作是誓已，禮佛而去。乃至夜竟，諸燈盡滅，唯此獨燃。[452]

今已無法確知這些難陀之名究竟取自何者，但當時人樂於以「難」為名，顯然是出自求取「聖名」庇護或仰慕的心態。

此外，佛教史上佛典的集結流佈，與迦葉、阿難二人特別有關，這點也為中古時人所熟知[453]，但就史籍所見，僅有梁時宗室蕭藻以迦葉為小名[454]，北齊時齊州有土賊崔迦葉[455]，武周年間尚有一例[456]，前引中唐寶季餘之子同名。迦葉（Mahākāśyapa）為名的數量遠不能與難陀相比，或許是因其形象素以戒律精嚴、行持刻苦著稱，因此反不如難陀之可喜。另外有槃陀之名，在西陲地區特別常見，西魏時有酒泉胡安諾槃陁[457]，唐初瓜州有石槃陀，引領玄奘越境出關西行，也是胡人[458]，在吐魯番有莫畔陁[459]等，有學者指出此名得自粟特語 bntk 之音譯，義為奴僕[460]，此說應可從之，此外尚有隋代驃騎將軍史射勿（字槃陁），其先俱為薩寶，可以補證[461]。不過，北齊時有山東人劉盤陀，滋擾齊、兗、青、

---

452 北魏・慧覺等譯：《賢愚經》，卷三。
453 《魏書》，卷一一四，〈釋老志〉。
454 《梁書》，卷二三，〈長沙嗣王業傳〉。
455 《北齊書》，卷二三，〈崔瞻傳〉。
456 〈上柱國張思賓卒於私第〉，證聖元年（695），《唐誌彙編》，證聖〇一七。
457 《周書》，卷五〇，〈突厥〉。
458 唐・慧立：《大唐大慈恩寺三藏法師傳》，卷一。
459 《吐魯番》第 3 冊，頁 260。
460 蔡鴻生：〈九姓胡禮俗叢說・胡名〉，《蔡鴻生史學文編》，頁 44。
461 〈隋史射勿誌〉，大業五年（610），《隋誌彙考》，第四冊，頁 38-41。

徐四州，隋末有絳郡人敬槃陀領兵數萬[462]，其名未必是西來胡語，在佛典中本有周利槃陀伽（Śuddhipanthaka），生性愚鈍，佛陀教他專心緣念持帚除塵，遂證阿羅漢果[463]，槃陀之名也可能來自這位聖僧。另外，唐太宗長子李承乾第三子媳王憍梵，出身瑯琊[464]，中唐時河北有李憍梵[465]，明顯以憍梵波提（Gavājpati）為名，他曾因惡業而受五百世牛身，後來雖值佛出家，習氣猶存，嚼食常如牛狀，不過在經論出現的次數很多，殊無誤判之虞。北魏時有崔目連，其子名為僧祐，目連為目犍連（Maudgalyayana）之略稱，也是佛的上首弟子，此名為數雖少，但來源也是比較確定的[466]。要之，以這類聖僧為名，並不忌與他人重複，因為使用此名的主要目的並不是作為代號，而是取其護佑之功能，這點也可以說是中古佛教人名最大的特色之一。

與此相同的還有薄拘羅（Vakkula），又譯薄俱羅，其命名考量頗值一說。此尊者以善持戒律、健康長壽聞名，分別見東晉譯《中阿含經》、鳩摩羅什譯《大智度論》：

> 我於此正法、律中學道已來八十年，未曾有病，乃至彈指頃頭痛者，未曾憶服藥，乃至一片訶梨勒。（卷八）
> 鞞婆尸佛時，以一呵梨勒果供養眾僧，九十一劫天上、人中，受福樂果，常無疾病（卷二二）……後母投著火中、湯中、水中而不死。（卷二四）

訶梨勒（Haritaki）又名訶子，是佛經常見的藥物，薄拘羅過去嘗以此供僧，遂獲長生之報。隋代大將魚俱羅「身長八尺，膂力絕

462　《隋書》，卷六三，〈樊子蓋傳〉。
463　唐‧慧琳：《一切經音義》，卷二六：「周利槃特，亦云周利槃陀迦」。
464　〈唐王憍梵墓誌〉，景龍三年（709），趙君平編：《邙洛碑誌三百種》（北京：中華書局，2004年，以下簡稱《邙洛》），頁124。
465　〈大般若波羅蜜多經題記〉，《房山》，元和年間，頁158。
466　《魏書》，卷二四，〈崔玄伯傳〉。

人，聲氣雄壯，言聞數百步」，「所當皆披靡」，以致突厥不敢畜牧
於塞下[467]，勇健過人，確實不負此名。北魏宗室有元居羅[468]，北
周宇文泰之甥尉遲迥（字薄居羅）[469]，尚有東魏冠軍將軍范琚
羅[470]，隋代有海陵郡守徐俱羅[471]，平民有趙俱羅[472]，中唐時有靈
武人程俱羅，居喪至孝，為李華所讚[473]。此名不用原典之拘字，
寧取俱字，或改為居，想是不喜拘禁之聯想，至於其取義，當可
與上節所論「藥師」合參，重在長壽之祝願，命名者未必知解其
義。即使使用者站在佛教信仰的對立面，亦為之涵化，比如北魏
李安世之子名瑒，字琚羅，琚從玉而書，當係美名，但以羅字搭
配，應取自佛教之尊者無疑，李家世研經史，李瑒復曾因當時僧
人濫度沙門，批評佛教為「鬼教」，顯然與佛教並不親近[474]。

　　除佛陀著名的羅漢弟子之外，中古時人也以經典中的其他聖
僧為名，北魏末西華縣開國侯長孫士亮之子名為山尼、道客，其
女名為始蘭、瞿沙[475]，從「尼」、「道」來推測，其么女之名可能
得自《大莊嚴論經》的尊者瞿沙（卷八），經中說漢土有王子因患
眼疾，遠赴竺叉尸羅國求醫，尊者遂宣說《十二緣經》，眾人感泣
流淚，他並將收集到的淚水當作藥物，洗除王子的眼翳，使之重
獲光明。此經相傳由馬鳴所造，由鳩摩羅什譯出，全經十五卷，

467　《隋書》，卷八八，〈魚俱羅傳〉。
468　《魏書》，卷二一上，〈高陽王雍傳〉。
469　《魏書》，卷二一，〈尉遲迥傳〉。
470　〈李仲琁修孔子廟碑〉，興和三年（541），《魯迅》第 1 函第 5 冊，頁
　　　910。
471　《隋書》，卷五六，〈薛冑傳〉。
472　〈靜明等修塔造像記〉，天保八年（557），《百品》，頁158。另有一趙
　　　俱羅，見〈董洪達四十人等造像記〉，武平元年（570），《百品》，頁241，
　　　同記又有趙居羅。
473　《魏書》，卷一九五，〈孝友傳〉。
474　《魏書》，卷五三，〈李孝伯傳〉。
475　〈宋靈妃墓誌〉，永熙二年（533），《南北朝彙編》，頁 383-385。

收錄九十則佛陀及佛弟子修行度眾的事蹟,「瞿沙」之名當即此
經故事流通的印證,自然也屬於「神聖之名」。底下想接著提出
兩個少有人分析過的案例,說明這類用法的表現。兩者都來自佛
弟子之名,身份皆為俗人,背景不同,但中古時人以此為名,頗
能反映共通的心態:首先是「純陀」,北魏任城王之女元純陀幼年
喪父,及笄而嫁,兩度守寡,在大覺寺出家為尼[476],稍早有光州
刺史元悝以此為字[477],並有楊純陀[478]、苟純陀[479],北齊後主時有
內官能純陁[480],民間有薛純陀[481]等多人,南朝也有梁時官員潘純
陀[482]。第二個用法是「須達」,北齊高歡十一子高湜以此為字[483],
名將斛律光、洛州刺史獨孤永業之子皆以此為名[484],隋後亦有
之,其例雖不如純陀之多,但不分階層,純陀尤無男女之別。

　　純陀是誰?須達又是誰?為何如此受到歡迎?前者事跡見於
《大般涅槃經》[485],此經在中古時期相當流行,北涼曇無讖譯本
卷二〈壽命品〉敘述釋迦臨涅槃前,接受純陀(Cunda)之供養,
並為他開示佛法,文殊也加入對談,佛陀果於當夜入滅。除了供
佛功德,時人以此為名更重要的動力,當來自這段純陀的祈請:

476 　〈大覺寺元尼墓誌銘并序〉,永安二年(557),《百品》,頁160。

477 　〈元伃墓誌〉,永平四年(511),《南北朝彙編》,頁87-88。

478 　《魏書》,卷五八,〈楊播傳〉。

479 　《魏書》,卷九二,〈苟金龍妻劉氏傳〉。

480 　《北史》,卷九二,〈恩幸傳〉。

481 　〈僧智薛鳳規等道俗造像記〉,永安三年(530),《百品》,頁74。

482 　《南史》,卷六九,〈虞寄傳〉。

483 　〈高湜墓誌〉,乾明元年(560),《南北朝彙編》,頁516-517。

484 　《北齊書》,卷一七,〈斛律光傳〉。須達弟名為恒伽;卷四一,〈獨孤
　　　永業傳〉。

485 　此經有東晉法顯譯六卷本(稱北本)、北涼曇無讖譯四十卷本(稱南本)。
　　　據《出三藏記集》卷八,前者由〈六卷泥洹記〉譯出,時為義熙十三至
　　　十四年(417-418),後者據後秦道朗〈大涅槃經序〉,知其譯起於北涼
　　　玄始十年(421),至遲不晚於義和三年(433)曇無讖之卒。

> 唯願世尊及比丘僧，哀受我等最後供養，為度無量諸眾生
> 故。世尊！我等從今無主、無親、無救、無護、無歸、無
> 趣、貧窮飢困，欲從如來求將來食，唯願哀愍，受我微供，
> 然後乃入於般涅槃……我今所供，雖復微少，冀得充足如
> 來大眾。我今無主、無親、無歸，願垂矜愍，如羅睺羅。

純陀以貧者自喻，祈請佛陀能夠如同對待其獨子羅睺羅，加以救護，這段話幾乎道盡宗教徒最常見的祈求心態。經中又說佛陀接受供養後，大眾歡喜讚嘆，更完全滿足了信徒得福的需求：

> 善哉純陀！如優曇花世間希有，佛出於世亦復甚難，值佛
> 生信聞法復難，佛臨涅槃最後供養，能辦是事復難於是。
> 南無純陀！……雖受人身，心如佛心。汝今純陀，真是佛
> 子，如羅睺羅，等無有異。

元純陀卒於永安二年（529），元悝之子元侔卒於永平四年（511），假定二人均享年六十，則其命名距南北《涅槃經》譯出可能不到半世紀，從純陀入名之廣，足以印證此經流行之程度。再者，此品提到純陀為拘尸那城工巧之子，並非貴族，且自居「貧姓」，對選用此名的民眾來說，當更添親切之感。

至於「須達」則有二人，行徑類似：須大拏（Sudāna）太子是釋迦牟尼過去的某一生，樂善好施，已見吳時康僧會譯《六度集經》，西秦時譯《太子須大拏經》更詳述其事，東晉譯《華嚴經》作須達拏[486]。比較著名的是佛世的舍衛城富翁須達多（Sudatta），有「給孤獨長者」之譽，曾耗盡家財，以黃金鋪地，只為購得祇陀太子的園林，以供佛陀講經，後來感動太子，捐出此園，傳為

---

486 王勃：〈釋迦如來成道記〉便稱此名，在《全唐文》，卷一八二。

美談，劉宋時范泰曾在自宅建祇洹精舍[487]，北魏洛陽景林寺也有此設置[488]，可見其說之廣。要之，純陀與此二須達都是佛經中善於佈施的代表，以此為名並非追求庇護，而是希望能如彼等廣作供養，以得福佑。隋代有一方墓誌形容誌主好樂佛道的程度：「名僧萃止，如往須達之家；宿德歸依，似向純陀之第」[489]，恰可說明中古對這二名（或三名）佛教人物的認識，以之入名，當出自對其善行及福德之嚮往。隋時有陳黑闥家族造像，中有名為法華、達拏、洪雅者，並記黑闥之女阿神、洪雅之子伏生，也透露了在基層民眾信仰中佛陀、神力、經典崇拜與功德觀念的相混[490]。

最後，還有一類「聖名」也須一提，就是與佛陀有關的女性。人名中最常見者為釋迦佛母摩耶夫人（Māyā），北齊郭哲長女名為摩耶[491]，北周叱羅招男長女同名[492]，還有一位杜夫人元壽，也以此為字，係北魏獻明帝拓跋寔之雲孫，得年僅二十三，墓誌說她「生自蕃國」，如此看來，摩耶當為小名[493]，北齊有一名處士馬公瑾，其妻元麼耶，也是得自於此[494]。此風直至隋唐亦然，有乙摩耶[495]、楊摩耶[496]，但這個用法似乎不僅限於女性，東魏時源貳虎有曾孫六歲而亡，也叫磨耶[497]。另外，唐初有一位女子韋耶書，

---

487 《宋書》，卷六〇，〈范泰傳〉。
488 《洛陽伽藍記校注》，卷一。
489 〈隋劉多誌〉，開皇二十年（600），《隋誌彙考》，第二冊，頁 336-340。
490 〈陳黑闥等造釋迦記〉，開皇十六年（596），《魯迅》第2函第5冊，頁1147-1148。
491 〈郭哲墓誌〉，天保六年（555），《北朝藝術》，頁 124-125。
492 〈北周叱羅招男墓誌〉，文覺元年（557），《西市墓誌》，頁 6-7。
493 〈元壽墓誌〉，天和三年（568），《墨香閣》，頁 154-155。
494 〈馬公瑾妻元麼耶墓誌〉，天保六年（555），《墨香閣》，頁 106-107。整理者誤釋為「嬤」。
495 〈比丘法講等造釋迦彌勒象記〉，開皇十六年（596），《魯迅》第2函第5冊，頁1152。
496 〈唐王君及妻楊氏墓誌銘〉，永徽六年（655），《唐誌續編》，永徽〇四〇。
497 〈源磨耶壙記〉，武定八年（550），《南北朝彙編》，頁 480。

應得自佛陀的俗家妻子耶輸陀羅（Yaśodharā），但改「輸」字為「書」[498]。從以上的例證可以看出在中古的「聖名」文化之中，兩性的界限往往很模糊[499]，最重要的共通點仍是祈求神聖力量加持的心態，不僅通於男女，也打破貴庶胡漢的畛域，過去的中國佛教史研究已經從很多方面論證中古時期佛教的盛行，其實「聖名」的傳播與使用，也是一個非常好的觀察點。

二、「惡名」釋疑

以上說明了以個別佛教聖者為名的情況，或為佛母，或為菩薩，或為聖僧，甚至只是佛典中出現的供養人，都成為中古時期「聖名」的選項，形成中國前所未有的宗教命名文化。不過，除此之外，中古佛教人名其實還有另一種特殊表現，在後世幾乎絕跡，以致被視為異俗，個人稱之為「惡名」，並定義為「以兇惡威猛之鬼神為名」，這也是因佛教傳入才出現的宗教性人名，為本土所罕見。前文提過，近代以前對人名探索最多者當屬趙翼，但他對這類名字曾大表困惑：

> 魏之高菩薩，周之席毗羅，隋之喬鍾葵，陳之周羅睺、鄧沙彌，唐初之宋金剛、王羅漢，明皇時之高力士等，皆以

---

498 〈唐韋耶書墓誌〉，武德三年（620），《長安新誌》，頁32-33。原誌文「夫人諱（空二字），字耶書」。
499 除摩耶夫人之外，勝鬘夫人也是佛典中重要的女性修行人，楊聖鬘、辛勝鬘分見〈張法壽息榮遷等造像記〉，天平二年（535），《百品》，頁88；〈比丘法講等造釋迦彌勒象記〉，開皇十六年（596），《魯迅》第 2 函第 5 冊，頁 1152。

　　神將為名，尚屬有說。魏元叉本名夜叉，弟羅本名羅刹，

　　則專以凶神惡煞為名，何以？[500]

就中古宗教人名來說，這整段話都相當值得討論，首先，鍾葵並非佛教人名[501]，菩薩、羅漢、沙彌等如前所說，均不在「神將」之列，最可玩味的是他最後的詰疑：中古時人可能以夜叉、羅刹等「凶神惡煞」命名嗎？趙翼將這類人名統稱為「奇詭」，多少反映後世讀史者的觀感，但若從佛教「聖名」的角度觀之，會發現這些同樣源自佛教的「惡名」自有其合理性。

　　使趙翼困惑之人為元叉（485-525），字伯儁，小字夜叉，北魏宗室江陽王元繼之長子，其弟則名元羅[502]。元叉是史籍之名，其本人墓誌則作元乂，在他人墓誌中又名為叉[503]。近人對於此名的解釋頗異其說，羅振玉以為其本名為元乂，故以伯儁為字，取儁乂之義，趙萬里以為叉乃本名，後改為乂，范祥雍則認為二說皆可疑，謂义、乂、義為同字之別字，叉字實為誤寫，元乂才是本名[504]。平心而論，趙萬里的判斷應當最接近實情，如果對照史籍與石刻，有理由相信，元乂兄弟之名，極有可能取自夜叉、羅刹，《魏書》本傳載元樹〈遺公卿百僚書〉：「此鬼食人，非遇黑風，事同飄墮。嗚呼魏境！離（罹）此二災」，元乂自恃為靈太后之妹夫，為政跋扈，元樹既就其行事而說，也是因其名而生的感嘆[505]。夜叉之名在北朝其實為數不少，只不過在此後迅速消失，以致人

500　《陔餘叢考》，卷四二，〈命名奇詭〉。並見《廿二史札記校證（訂補
　　本）》，卷一五，〈元魏時人多以神將為名〉，頁316-317。
501　趙翼自己曾考訂鍾葵即後世熟知之鍾馗，見《陔餘叢考》，卷三五，〈鍾
　　馗〉。
502　《魏書》，卷一六，〈道武七王傳〉。
503　〈元玕墓誌〉，天平二年（535），《南北朝彙編》，頁399-400。
504　諸家之說詳《洛陽伽藍記校注》，卷一，頁39。
505　參葉師國良：〈石刻文字考辨・一一、北魏江陽王元乂墓誌〉，《石學蠡
　　探》（臺北：大安出版社，1989年），頁191-196。

所難解。以下將先說夜叉的性質，再依序列舉相關的人名，以彰
「元叉」之名的實相。

　　夜叉（Yakṣa）係外來語，為印度本土之鬼神，後來為佛教吸
收，譯名有數種，大同小異，唐代慧琳《一切經音義》「藥叉」條
云：「舊曰閱叉，或云夜叉，或云野叉，皆訛轉也，即多聞天王所
統之眾也」（卷一二）。夜叉與閱叉最早皆見於東漢譯支婁迦讖所
譯經，前者見《佛說般舟三昧經》一卷本，後者見《般舟三昧經》
三卷本，皆與天、龍、阿修羅等並列，同為聽佛說法之部眾。東
晉後幾乎都用夜叉，藥叉多見於唐代，敦煌〈維摩詰經講經文〉
即云：「緊那羅，藥叉將，要去如來不攔障，讚法摧邪左右排，浩
浩喧喧皆悅暢」，不過此段稍前又說到「天眾夜叉」，可知兩名並
用[506]。此處藥叉的身份是「將」，讚法摧邪，形象正面，至於緊
那羅（Kiṃnara），舊譯非人，實為歌樂之神，與天、龍、阿修羅、
夜叉等，同屬佛教所說的「天龍八部」。野叉在佛典中為數不多，
首見於劉宋時譯《月燈三昧經》，因隨喜之故，能「蔽諸惡道」，
亦可歸為護法之部類（卷一）。羅剎雖不在八部之列，但常與夜叉
相伴出現，《增壹阿含經》明確提到「閱叉、羅剎眾」，並說皆為
毘沙門天所統轄，《十誦律》將夜叉與拘盤茶、羅剎等「鬼輩」並
列，前引《佛說般舟三昧經》開篇標舉夜叉與天龍聞法，篇末則
說如能修持此三昧，盜賊、水火、毒獸、鬼神等皆不能害，其中
就有夜叉。南北朝時流通極廣的《法華經・普門品》提到「若三
千大千國土滿中夜叉、羅剎，欲來惱人」，不過〈法師品〉也說如
有人持誦此經，則會受到夜叉的擁戴：

　　　若人在空閒，我遣天龍王，夜叉鬼神等，為作聽法眾。

---

506 潘重規編：《敦煌變文集新書》（臺北：文津出版社，1994 年），卷二，
　　〈維摩詰經講經文六〉，頁 370。

可見夜叉善惡不定，與後世專指兇惡鬼神，微有不同。羅剎（Rākṣasa）也是如此，西晉僧人竺法護被譽為敦煌菩薩，原名曇摩羅剎（Dharma-rakṣa）[507]，正可見羅剎護法之義。唐代窺基《法華玄贊》言夜叉「勇健，飛騰空中，攝地行類諸羅剎」（卷二）。慧琳《音義》稱夜叉為「祠祭鬼，謂俗間祠祭，以求恩福者，舊翻為捷疾鬼」（卷二三），在中國並未見到有祭祀夜叉的紀錄，雖然在佛典中有善有惡，但其剽悍有力的形象卻是一貫的。

但如同慧琳《音義》兼以「勇健」、「暴惡」概括其特質（卷二七），到後來後者益發被突出，唐初王梵志即以此形容不孝之子：「少年生夜叉，老頭自受苦」[508]，《太平廣記》所錄唐人故事，其中的夜叉多半相當駭人，很少有正面的描述，唐代以後以夜叉為名者極少[509]，作為外號則無代無之，其義不外乎趙翼所稱的「凶神惡煞」：唐初殿中王旭執法嚴苛，號為「鬼面夜叉」[510]，晚唐乾寧年間有陳章以彪勇知名，被稱為陳夜叉[511]，北宋末武將王德呼為王夜叉[512]，南宋初劉錡抗金，部將許清勇於主戰，也有此號[513]，王夔驕恣殘酷，也被喚作王夜叉[514]，《水滸傳》中擊敗魯智深的丘小乙，外號飛天夜叉，張青之妻孫二娘則稱母夜叉[515]。

---

507 《高僧傳》，卷一，〈竺曇摩羅剎〉。梁時、唐初皆有僧人法護，見《續高僧傳》，卷六、一三，〈梁益州羅天宮寺釋寶淵傳〉、〈唐東都天宮寺釋法護傳〉。

508 唐・王梵志：《王梵志詩》（上海：上海古籍出版社，1991年），卷五，〈夫婦生五男〉。

509 《太平廣記》，卷三三五，〈章仇兼瓊〉，載天寶中蜀川有張原夜叉，「狀如狂人，言事多中」。

510 唐・張鷟：《朝野僉載》，卷二，頁36。

511 《舊五代史》，卷五六，〈周德威傳〉。

512 《宋史》，卷三六八，〈王德傳〉。

513 《宋史》，卷三六六，〈劉錡傳〉。

514 《宋史》，卷四一六，〈余玠傳〉。

515 元・施耐庵：《水滸傳》（臺北：聯經出版公司，1987年），第六回、第十七回。

不過我們不能以這些例子否定中古時以「夜叉」入名的可能性,「叉」字古來罕用於人物稱謂,直到佛教譯經始頻繁出現,以夜叉最為常見,最重要的是夜叉有驚人的威力,又在天龍八部眾之列,在一方北周造像中,有一人手托香爐,就被整理者視為夜叉[516]。夜叉、閱叉、藥叉作為人名,不見於中古史書、墓誌,但這並不表示當時拒絕此名,只是改變用法,北齊後主時有奸宦趙野叉[517],同時有北地三原人毛鴻賓,世為豪酋,其子亦名野叉[518],另有衡野叉[519]、呂野叉[520]。單以「叉」字為名亦不少,除了元叉之外,北齊有襄陽縣令程叉[521]、民間有喬阿叉、朱叉、暢叉[522]。北周有大都督楊叉(字阿叉)[523]。當時人單名為叉,當取夜叉之略語,可避免過度強烈的聯想,選用野叉之名也是如此,取其音近,而且可滿足符合北方追求「猛」、「野」的心態,乃至夜叉威勢之護佑。讀者或許會質疑,難道這些叉字不會是「义」的誤寫嗎?這種情況不能排除,畢竟义字在中古碑誌中套語中使用不少,但置諸北方社會的崇佛氛圍與胡族背景,若說有取自夜叉的考量或聯想,而選用叉字,亦不容不予考量。

516　〈輔蘭德道教造像碑〉,保定元年(561),《北朝佛道》,頁 139。
517　《北史》,卷九二,〈恩幸傳〉。
518　《北史》,卷四九,〈毛遐傳〉。
519　〈于子建等義橋石象碑〉,武定七年(549),《魯迅》第 2 函第 2 冊,頁 441。
520　〈廉天長等造象記〉,武定八年(550),《魯迅》第 2 函第 2 冊,頁 487。
521　〈大唐故程君墓誌銘〉,顯慶元年(656),《唐誌彙編》,顯慶〇二〇。
522　〈僧通等八十人造四面像記〉,天保元年(550),《魯迅》第2函第3冊,頁582;〈朱氏邑人等造像記〉,天保八年(557),同前書前冊,頁694;〈陳神忻七十二人等造石室象記〉,皇建二年(561),《魯迅》第2函第3冊,頁740。《百品》,頁179,作暢叉。
523　〈隋楊叉暨妻武氏誌〉,開皇九年(589),《隋誌彙考》,第一冊,頁 277-280;〈隋楊欽墓誌〉,《西安新誌》,開皇二十年(600),頁 46-49。

　　羅剎入名的可能性也類似，經常與夜叉同時出現，而且同樣
力大無比，如果不否認元叉之名可能得自夜叉，元羅之名很可能
也擷取於羅剎。與夜叉不同，北魏有皇甫羅剎[524]，東魏有李羅
剎[525]，都是平民直接入名之例。在一方北魏造像記中同時有趙羅
剎、陰叉二人[526]，北齊都景哲家族有以佛教為子女命名的習慣，
也有男子名為羅剎、夜叉，女子名為菩提，可以證明對當時的佛
教徒來說，夜叉、羅剎確實有吸引他們的面向[527]。因此趙翼所惑
的元叉、元羅，極有可能以此二者為名，原本只是小名，後來為
符合漢式菁英的命名習慣，故省為單名，進而改叉為乂，並取伯
儁之字，由外來鬼神蛻變為儒雅之名，如此說可從，元乂、元羅
正是中古人名「華夏化」最深刻的例證之一。

　　進一步來看，北朝甚至還有結合夜叉，羅剎之「叉羅」，也
非前代所有。如前所說，夜叉、羅剎在佛經中往往並見，東晉以
後已成常態，後者又譯羅叉，西晉有于闐譯經僧無羅叉，又作無
叉羅[528]，東晉時有罽賓沙門僧伽羅叉（Saṃgharakṣa），又作羅剎，
義為「眾護」[529]，後涼亦有外國道人羅叉[530]。不過當時以羅叉作
為鬼神之名，尚不普及，東晉譯《華嚴經》猶作長度量詞（卷四
八），後秦時有罽賓僧人卑摩羅叉，義為無垢眼[531]，此名最早用

524　〈郭黃陵等造象〉，武定年間（543-550），《魯迅》第 2 函第 2 冊，頁
　　513。
525　〈李氏合邑造像碑〉，興和四年（542），《魯迅》第 2 函第 2 冊，頁 322。
526　〈郭猛八十人等造塔像記〉，天保八年（557），《百品》，頁151。
527　〈都景哲等造象〉，武平四年（573），《魯迅》第 2 函第 3 冊，頁 868。
528　《開元釋教錄》，卷二，〈放光般若波羅蜜經三十卷〉。
529　僧伽羅叉見《高僧傳》，卷一，〈晉廬山僧伽提婆〉。此名又見後秦・弗
　　若多羅、鳩摩羅什譯：《十誦律》，卷二八：「給孤獨居士有子，字僧迦
　　羅叉」。僧伽羅剎見《出三藏記集》，卷一〇。
530　《晉書》，卷九五，〈藝術傳〉。
531　《高僧傳》，卷二，〈晉壽春石磵寺卑摩羅叉〉。

來指稱鬼神，應見於後秦時譯《最勝問菩薩十住除垢斷結經》卷七，充分描寫其凶悍怪異的面貌：

> 或羅叉鬼二足四足及無數足，各齎刀杖來觸菩薩……若有極惡羅叉鬼神虎狼盜賊弊惡之部，來趣菩薩，欲取傷害。

羅叉首次與天龍八部眾並列，見北魏延昌二年（513）菩提流支譯《入楞伽經》，經中載有咒語，謂能遮除鬼神之患，有趣的是該段經文提到「羅叉、羅叉女」，最後接「遮一切諸羅剎」（卷八），可見其性確實兼有善惡。「叉羅」連用為名，在當時也很常見，爾朱榮次子名為叉羅[532]，其後有光州刺史于叉羅[533]，北周時武容之兄與武將席毗羅之弟，皆名叉羅[534]。兄名毗羅，屬於天部武將，其弟則名叉羅，正是以類相從的聯想，希望藉助夜叉、羅剎等鬼神的力量，保護幼兒，或增強其力量，由此觀之，元叉、元羅之得名，自有其環境與信仰心態的合理性，殊無可怪之處。

同樣容易使後人困惑的還有阿修羅（Asura），以好戰著稱，與夜叉同屬天龍八部，形象則同近於「兇惡威猛之鬼神」，用在北朝人名也很普遍，只是罕見於史籍，未為趙翼所注意。北齊時有雟敬（字脩羅）[535]，此外有祖脩羅、鮮于脩羅[536]、陽脩羅[537]，隋代有介州刺史梁修羅[538]。時人取用此名，當是著眼其驍勇，並求取保護。要之，北朝社會確實有以叉、羅二字入名的風氣，而且最主要的來源很可能正是夜叉、羅剎與修羅。這類名字雖然也出

---

532 《魏書》，卷七四，〈尒朱榮傳〉。
533 《魏書》，卷三一，〈于栗磾傳〉。
534 〈武容造象記〉，建德元年（572），《魯迅》第2函第5冊，頁1001；《隋書》，卷一，〈高祖紀〉。
535 〈雟敬碑〉，皇建元年（560），《魯迅》第1函第6冊，頁995。
536 〈彭城王高攸修寺碑〉，太寧二年（562）《百品》，頁195、198。
537 〈潘景暉造碑像記〉，天統五年（569），《百品》，頁231。
538 《隋書》，卷四八，〈楊素傳〉。

自佛教，與佛、菩薩、羅漢等「聖名」不同，他們雖然也護法護教，但尚在輪迴之中，從未被佛教徒視為歸依的對象，性格更與其他聖者異趣；另一方面，儒家本不喜言怪力亂神，道教也缺乏這種兼具善惡的大力鬼神，而且驅逐暴惡之不及，也不可能有這種命名方式，因此「惡名」可以說是佛教獨有的表現。雖然就目前來看，其數量不能和「聖名」相比，選項也極有限，但在中古人名文化中相當特別，此前所無，此後罕有，可以自成一類，有些研究將這些視為「賤名」，實是大誤，中古時期以此為名的佛教徒絕不敢以夜叉、羅剎為「賤」。此名在唐代以後絕少見到菁英使用，當與夜叉、羅剎凶暴形象的固定化有關，至少個人在唐初之後，並未見到任何案例，《新唐書》載周隋之際有李乂羅，其祖、父分別名為乞豆、泠，不甚似漢名[539]，若依當時慣例，他很可能名為叉羅，乃北朝之遺緒，若書為乂羅，反而難解。[540]

　　除了夜叉、羅剎這種特殊的「惡名」，上文還提到席毗羅，底下想補充討論此名以及近似的用法，以彰「聖名」之特色，用趙翼的話，這些才是典型的「神將為名」。毗、毘二字相通，古已有之，但使用不廣，但在佛典傳譯時大量使用，後秦譯《長阿含經》謂在釋迦牟尼成佛之前，已有六佛成道，係距今最近之七佛，第一、第三佛名皆用毘字（卷一），此經也提到金毘羅神，住王舍城毘富羅山，統率無數鬼神，常與四天王等來聽佛說法（卷一二），《別譯雜阿含經》說有須毘羅天子，曾守護帝釋天子，擊退來犯的阿脩羅軍（卷二）。齊譯《摩訶摩耶經》說四天王中，隸屬東方的第三輔臣名金毘羅，北方第一輔臣則名迦毘羅夜叉（卷一）。梁

---

539 《新唐書》，卷三一，〈定州刺史房〉。
540 北朝另有「沙羅」之名，北周蘇孝慈之兄子名沙羅，字子粹，另有郭沙羅，分見《隋書》，卷四六，〈蘇孝慈傳〉；《北史》，卷六一，〈獨孤信傳〉。個人懷疑此名與「叉羅」有關，沙、叉中古音均為麻韻平聲。

武帝影響後世中國素食觀念甚鉅的〈斷酒肉文〉詳列八部神王，也分別提到迦毘羅王和金毘羅王[541]，可見中古前期的佛教徒對「毘羅」並不陌生。歸納來說，「毘羅」屬於大力天神或鬼神，雖不在八部名中，仍可列入天部信仰，護佛護法，同時守護諸天的安全。北魏有楊毗羅[542]，北周有席毗羅[543]，加上唐時張毗羅[544]，三人都是武將，相當符合毗羅在佛教中的角色，透露在當時之武人群體中，可能存在以「毗羅」為名的風氣。另一種使用的情況在於保護幼兒，北周有河陽公徒何綸（字毗羅）[545]，東魏尚書令李憲有孫名為譚亮、譚德、摩訶、毗羅，顯然後兩者是佛教小名[546]，李氏家族看不出有特別崇佛的事跡，而且李憲祖父李順曾應拓跋珪之命，赴北涼沮渠蒙遜處迎請曇無讖，最後反而聽任蒙遜殺害無讖[547]，這些人取名毗羅，很可能就和夜叉、羅剎一樣，取其威勢或守護之用，韋孝寬之妻鄭氏也以此為名[548]，如確實出自於此天王，更可見這類名字之不分男女。這種用法綿延甚久，唐初有崔子侃（字金毗羅）[549]，直到中晚唐，房山尚有張金毗羅[550]。

同樣以天部入名的常見之例尚有「勒叉」、「毗沙」，此名不只是神將，更是統將的天王。前者係毘樓勒叉（Virūḍhaka）之略

541 唐‧道宣：《廣弘明集》，卷二六，〈慈濟篇〉。
542 《魏書》，卷七七，〈楊機傳〉。
543 《北史》，卷二三，〈于栗磾傳〉。
544 〈唐故定遠將軍守左武衛將軍員外置同正員上柱國內長入供奉張府君墓誌〉，天寶十四載（755），《唐誌彙編》，天寶二七二。
545 〈徒何綸墓誌〉，建德三年（574），《新出疏證》，頁 253-255。
546 〈李憲墓誌〉，元象元年（538），《南北朝彙編》，頁 416-419。
547 《魏書》，卷三六，〈李順傳〉。
548 〈韋孝寬墓誌〉，大象二年（580），《新出疏證》，頁 296-300。
549 〈唐崔子侃墓誌〉，天授二年（691），《洛陽續編》，頁 57。
550 《佛說七俱胝佛大心准提陀羅尼經》，《房山》，大和七年（833），頁 88。西魏有薛比羅，見〈薛山俱二百他人等造象〉，□□元年，《魯迅》第 2 函第 3 冊，頁 566。

語，係四天王之一，首見於西晉譯《大樓炭經》卷三，至後秦譯
《長卷三，至後秦譯《長阿含經》卷五，明載與毗沙門分統南北，
在忉利天共同守衛帝釋天子。他們皆領有龐大鬼神部眾，東晉譯
《增壹阿含經》云：

> 毘留勒叉天王將諸厭鬼，悉來會聚……毘沙門天王將閱
> 叉、羅剎眾，悉來會聚。（卷一）

除了夜叉、羅剎、厭鬼，此經還說到毘留勒叉「將諸無數拘槃茶」
（卷五十），拘槃茶即鳩槃茶（Kumbhāṇḍa）之另譯，慧琳《音義》
說其義本為陰囊，狀如冬瓜，行時置肩，坐時據地，因猥俗太甚，
故舊譯為冬瓜神（卷二一）。此二天王統帥眾多兇神惡鬼，其位甚
崇，其勢亦大。北魏高陽王元雍長子名為勒叉[551]，濟南王元匡有
子同名[552]，北齊時有宦者盧勒叉[553]，陳朝也有司馬曹勒叉[554]，最
有可能的來源即是上述天王之名。毗沙門（Vaiśravaṇa）也是如此，
北周叱羅招男長子名毗沙門[555]，前引粟特人史君長子同名毗沙，
其家族深信祆教，以此為名，當是取自時俗，隋代有勝州都督曹
毗沙、吏部主事鄭毗沙[556]，唐初李建成也以毗沙門為小字[557]，另
有蕩□將軍張毗沙[558]，盛唐時民間有一楊姓婦女，其夫也作此
名[559]，毗沙門信仰在唐代頗盛，唐不空譯《毗沙門儀軌》載天寶

---

551 《魏書》，卷二一上，〈獻文六王傳上〉。
552 《北史》，卷一七，〈景穆十二王上〉。
553 《北史》，卷九二，〈恩幸〉。
554 《隋書》，卷六一，〈宇文述傳〉。
555 〈北周叱羅招男墓誌〉，文覺元年（557），《西市墓誌》，頁 6-7。
556 〈大唐故康君夫人曹氏墓誌銘〉，儀鳳二年（677），《唐誌彙編》，儀鳳
　　〇一一；〈唐故劉公墓誌銘〉，咸亨元年（670），《唐誌彙編》，咸亨〇〇
　　二。
557 《新唐書》，卷七九，〈高祖諸子〉。
558 〈杜雙等造象〉，長安二年（702），《魯迅》第 2 函第 6 冊，頁 1204。
559 〈大唐毗沙妻楊夫人墓誌銘〉，貞觀十六年（642），《唐誌彙編》，貞觀
　　〇八四。

元年，此天王曾經統兵現身，助唐擊退進犯安西的吐蕃大軍[560]，想來也助長唐人毗沙之名的風氣。

由於毗沙門在唐代被尊為護國戰神，這裡想附帶比較中國本土的戰神信仰，其中最重要者當屬蚩尤，相傳他曾與黃帝大戰，為其所殺，《史記・封禪書》云自古有八神之祭，其三曰兵主，有蚩尤之祠，秦始皇東巡曾祭之，劉邦為沛公時，亦曾釁鼓旗，以祭蚩尤，稱帝後更立其祠於長安[561]。蚩尤的崇拜顯然與其善戰有關，酈食其曾說劉邦屢捷，係「蚩尤之兵也，非人之力也」[562]，東漢應劭也說「蚩尤亦古天子，好五兵，故祠祭之，求福祥也」[563]，並有彗星名為蚩尤旗，象王者之征伐[564]，雖然蚩尤頗有負面形象，甚至有讖緯稱之為妖星（《易緯是類謀》），仍受到帝王的崇拜，梁武帝太清二年（548）便曾祀蚩尤於太極殿前[565]，唐代許遠守睢陽，其祭纛文猶言「太一先鋒，蚩尤後殿」[566]，但在正史與《通鑑》中，均未留有北朝祭祀蚩尤的紀錄，亦不見以此為名者，墓誌所見用典僅一例，與項羽對舉，形容反叛勢力[567]，很可能是因為蚩尤九夷反亂的背景，容易引發北胡政權合法性的敏感，所以不為北胡所重，講求華夏古典的漢人菁英更不可能以此為名。反觀佛教中的天王乃至夜叉，驍猛善戰，而且蚩尤是與黃帝交戰，天王則是護法護國，表現截然不同，正可滿足男性重武的需求，因此蚩尤入名，自古罕聞，但以天王、夜叉為名，卻是中古流行

---

560 唐代毗沙門天王信仰的情形，參考黃陽興：《咒語・圖像・法術──密教與中晚唐文學研究》（深圳：海天出版社，2015年），頁 320-378。
561 《史記》，卷二八，〈封禪書〉。
562 《史記》，卷九七，〈酈生陸賈列傳〉。
563 《漢書》，卷一上，〈高帝紀上〉，顏師古《注》。
564 《漢書》，卷二七下之下，〈五行志第七下之下〉。
565 《南史》，卷七，〈梁本紀中〉。
566 《唐語林校證》，卷五，〈補遺〉，頁 483。
567 〈薛廣墓誌〉，河清四年（565），《南北朝彙編》，頁 535-537。

的選項。甚至女性也使用這類名號，北齊尉粲之妻叱列毗沙，東魏時封郡君，後又封國妃、太妃，尉粲之父景娶高歡之姊妻斤，可謂家戶顯赫[568]，周、隋之際有賀拔毗沙，先世出於神武尖山，屬鮮卑高車部，其祖、父、夫於史均有傳[569]，由此二例可知北朝男女皆使用男性天王之名，賴其威神，作為幼年之守護。

　　除了勒叉、毗沙，前文提到四天王，其他兩名分別為提頭賴吒（Dhṛtarāṣṭra）、毘樓博叉（Virūpākṣa），見於前引《大樓炭經》等，不過見於人名的數量很少，不能與勒叉、毗沙相比。目前尚未發現明確以提頭賴吒為名之例，毘樓博叉則有一例，而且極可能是女性，北周上蔡公夫人裴智英，長子名休（字須達），並有五女，依序名為博叉、頻伽、吉那、迦業、真玉，均婚配公侯[570]。如上所說，須達出於佛典人名，從其女命名情形看來，其家顯然有佛教信仰，吉那、真玉意思不明，頻伽當出自迦陵頻伽（Kalaviṅka），是佛教的神鳥，又稱「妙音鳥」，可用以形容佛陀說法之聲，鳩摩羅什譯《法華經》就有「聖主天中天，迦陵頻伽聲」之語（卷七）。迦業當為迦葉，也是男女通用[571]，不過最特別的當屬長女博叉，當取自毘樓博叉天王。就目前所見，中古以博叉為名者僅此一例，若判斷屬實，與前文所引的鄭毗羅、叱列毗沙、賀拔毗沙合觀，足以充分印證天王信仰在北朝的流行，不分男女皆以為名。至於以「天王」為名號，在十六國時已然有之，

568　〈尉粲妃叱列氏墓誌〉，開皇十四年（594），《北朝藝術》，頁 202-203。
569　〈尉遲運妻賀拔毗沙墓誌〉，仁壽元年（601），《新出疏證》，頁 457-459。
570　〈裴智英墓誌誌〉，建德元年（572），王連龍：《新見北朝墓誌集釋》（北京：中國書籍出版社，2013 年，以下簡稱《新見北朝》），頁 182-184。
571　直到唐初尚有女性以此為名，見《龍門》，窟號 1518，垂拱三年（687），頁 560：「陳天養，妻魏，男恭兒，女迦業」，當為「葉」字。

目的在於以宗教形象加強權力的合法性，而且是北方特有之風[572]。「天王」作為君主名號，不復見於北周之後，卻仍在一般人名中出現，唐代房山刻經載辛弘察有三弟，最幼者名為天王奴[573]，其用意與上節佛奴、僧奴、阿師奴之例相當。

　　可以再和天王比較的乃是金剛，純為正面之意象，既是神名，也用以形容功德或法性之堅固，不過其基本性格仍是「護法」，今天已難得知南北朝的金剛造型，但據理推之，應當不離威武有力。《大智度論》說菩薩在處，「執金剛神常隨侍衛，不令非人近之」（卷六），北魏譯《賢愚經》說有八金剛神，住於八面（卷六），南朝民間並將之視為「佛家之神」，並在臘八日扮金剛力士，以袪罪障[574]。隋末深州人諸葛昂性豪俠，與渤海高瓚競為豪侈，後者自為金剛舞，前者則唱夜叉歌、作師子舞以應之[575]，可見金剛、夜叉形象類似，同為命名之選項，亦不足怪。北朝民眾使用此名的例子相當多，北魏末有萬金剛，其先代人，世為酋帥[576]，北齊有鄭金剛[577]，天保年間（550-559）清河有丁金剛，自稱年已九十，生於北魏中期[578]。北周南陽郡公叱羅協為代人，早年寒微，嘗為小吏，其子亦名金剛[579]，隋唐之際有宋金剛在易州聚眾萬人[580]。此風入唐更甚，如安菩之子亦以此為

572 參周師伯戡：〈姚興與佛教天王〉，《臺大歷史學報》第 30 期（2002 年 12 月），頁 207-242。
573 〈大般若波羅蜜多經題記〉，《房山》，開成年間，頁 170。
574 梁・宗懍撰，姜彥稚輯校：《荊楚歲時記》（北京：中華書局，2018 年）。
575 唐・張鷟：《朝野僉載》，卷五，頁 113；補輯，頁 172。
576 《魏書》，卷三四，〈萬安國傳〉。
577 〈李琮墓誌〉，武平五年（574），《南北朝彙編》，頁 583-584。
578 《北齊書》，卷四六，〈宋世良傳〉。
579 《北史》，卷五七，〈叱羅協傳〉；〈宇文儉墓誌〉，建德七年（578），《新出疏證》，頁 270-271。
580 《舊唐書》，卷五五，〈劉武周〉。

名[581]。宦官高力士入宮時，尚有「同類金剛」[582]，或為其同族兄弟。敦煌有多本中國撰述之〈梁朝傳大士頌金剛經〉，前有啟請八金剛之文，敦煌以金剛為名者頗多，可見金剛在唐代已高度神格化。女性亦可使用此名，盛唐時有崔金剛，出身博陵，婚配太原王家[583]，她的例子反映金剛信仰深入唐代社會的程度，以及「聖名」不分男女的性質。但必須強調的是，天王、神將乃至金剛，雖然與夜叉、羅剎都有勇武有力的表現，但後者善惡相兼，前者則為佛法之屏障，隸屬「聖名」，不可相混。

　　最後要討論的是羅侯（羅睺）之名，涵義稍微複雜，但在中古時期以之入名的相當多，不容忽視。東晉末有烏丸人悉羅侯[584]，前秦時有武將叱羅侯[585]，北魏元乂繼弟亦名羅侯[586]，元邵之子名羅睺羅，年纔五歲[587]，中山人賈羅侯，其祖為沃野鎮長史[588]，民間有沈羅侯[589]、朱羅侯[590]等，隋代有賈羅侯[591]，入唐後尚有多例。羅睺之名所以複雜，是因為有兩個命名的可能，意義相差甚大。第一個來源為羅睺羅（Rāhula）之略語，他係釋迦牟尼之獨子，後來也隨佛出家，成為教團首名沙彌，劉宋時譯《央

581　〈唐故陸胡州大安君墓誌〉，景龍三年（709），《唐誌彙編》，景龍〇三三。
582　《舊唐書》，卷一八四，〈高力士〉。另有許力士，見《新唐書》，卷九〇，〈許紹〉；王力士，見〈大唐故王郎將君墓誌銘〉，顯慶五年（660），《唐誌彙編》，顯慶一三八。
583　〈大唐前徐州錄事參軍太原王君故夫人博陵崔氏墓誌銘〉，開元十二年（724），《唐誌彙編》，開元一九〇，誌文說「夫人諱金剛，字金剛」。
584　《晉書》，卷一〇九，〈慕容皝傳〉。
585　《晉書》，卷一二五，〈乞伏國仁傳〉。
586　《魏書》，卷一六，〈京兆王黎傳〉。
587　〈元邵墓誌〉，建義元年（528），《南北朝彙編》，頁285-287。
588　《魏書》，卷八〇，〈賈顯度傳〉。
589　〈張猛龍清頌碑〉，正光三年（522），《魯迅》第1函第4冊，頁747。
590　〈于子建等義橋石象碑〉，武定七年（549），《魯迅》第2函第2冊，頁447。
591　〈龍藏寺碑〉，開皇六年（586），《魯迅》第1函第7冊，頁1189。

掘魔羅經》說佛「等視眾生，如羅睺羅」（卷一），以此為名，想來是取「聖名」之作用。不過羅睺還有第二個來源，係古印度天文學所說九曜中之惡星，能障蔽日月，相傳即阿修羅所為，如此說來，其性質實更近於「惡名」。「九曜」一語不見於唐前，但修羅蔽日之說久已有之，劉宋時譯《雜阿含經》謂有羅睺羅阿修羅王障月，諸月天子皆感怖畏，向佛陀求救（卷二二），又有一說釋迦之子因生時適逢月蝕，故得此名（後秦僧肇《注維摩詰經》卷三引鳩摩羅什之說）。北朝社會普遍以此為名，以上兩者可能都成立，前者取三寶之護佑，屬於「聖名」；後者取修羅之威勢，屬於「惡名」，端賴命名當下心念之所擇。

本章關於「三寶之名」、「以師為名」，乃至「聖名」、「惡名」的討論已經結束，相信還有其他案例可以發掘。這種命名文化流行的原因，首先當然是佛教，提供了大量過去沒有的外來命名選項，當時儒家的概念與禮法習慣尚未深入社會角落，加上北方社會有許多非漢人群，胡名之舊慣猶存，都促成佛教人名的風氣，「聖名」如此，曇花一現的「惡名」亦然，時人並不區分兩者，皆樂而用之，而且不避忌重名，甚至有很多選項是男女通用，尤其是作為幼童之小名，因其重點在於與神聖力量的連結，而不在辨識身份——僅有若干惡名不見於女性使用。在信仰氛圍濃厚的環境中，宗教行為的模仿與擴散是很常見的現象，中古前期大量之所以湧現大量的佛教人名，亦應如是看待。綜觀傳統中國社會，如論人名之豐富多變，南北朝時期應名列前位，佛教的影響可以說是最大的關鍵之一，「聖名」與「惡名」的表現就是其中最顯著的兩個面向，豐富了人名使用的層次，這裡再舉北周拔拔兒家族為例，其人即長孫兒，《周書》、《北史》均載其字若汗，墓誌則說是

義貞，並記其妻叱干氏，四子伯謨、仲熾、鵝王、多寶[592]，可以看出長孫兒與其長子、次子，均有漢式之名或字，後二子年齡尚幼，故取佛教之名，鵝王見於《雜寶藏經》、《正法念住經》等佛典，為釋迦之前生，被稱為「鵝王菩薩」，至於多寶則出自《法華經・見寶塔品》，也是如來之名。從這個例子可以看出北朝胡人家庭在胡名、漢名、佛教名字中穿插選擇的情況。

隋唐以降，「惡名」迅速消失，「聖名」則集中在佛、法、僧、師等字，而且從菁英使用的情況來說，這類用法大幅退回到小名的領域，不復如北朝出現於正式之「名」或「字」，以《新唐書・宰相世系表》為例，使用佛教人名的數量很少，趙州司馬唐波若，同輩有名為婆伽者，算是少數比較明顯的例子，可見在唐代大姓家族，已經捨棄中古前期大量使用佛教用語入名的習慣，尤其是音譯外來語，這點和唐代菁英以儒雅為重的「貴名」文化顯然有關[593]。不過這並不代表佛教人名的風氣消失，只是從正式人名中淡出，從墓誌可以證明這一點，許多兒童仍然取佛教名字，除了前文所舉中唐寶季餘之子女，唐初姚州都督府長史柳子陽第八女名為佛娘[594]，更典型的例子是中唐鄂州員外司戶薛巽，出身河東，年四十五而終，其妻崔氏出身博陵，早他兩年辭世，留下一女一子，年皆尚幼，分別名為陁羅尼、那羅延（Nārāyana）[595]，後者亦為楊堅（541-604）之小字，楊、薛相去將近三百年，社會上取用這類名字的習慣依然存在，昌州刺史陶愻續絃生有一子二女，子名剛奴，女名佛婢、小婢，都是以佛名作為兒童護佑的證明[596]。

592 〈拔拔兒墓誌〉，天和元年（566），《新見北朝》，頁172-174。
593 《新唐書》，卷七四下，〈唐氏〉。
594 〈唐柳子陽妻皇甫氏墓誌〉，儀鳳三年（678），《西市墓誌》，頁212-213。
595 〈唐故鄂州員外司戶薛君墓誌銘〉，元和十五年（820），《唐誌續編》，元和〇七七。那羅延為天部神名，以堅固、大力著稱。
596 〈陶愻墓誌〉，大中六年（853），《珍稀百品》，頁202-203。

以唐代佛教女性來說，使用三字法名的風氣很盛[597]，但已經看不到毗沙、博叉這類名字，取而代之的是教義色彩更鮮明的選項，比如玄宗時成王妃慕容氏，墓誌說她名真如海，字淑，顯然不是本名，中唐時有一位李夫人王正，字思維，出自「八正道」之一，分拆為世俗名、字使用，不免讓人想到王維名、字與維摩詰的關係[598]，這種用法多少可以說是聖名的「漢化」[599]。

　　承接上文所述，這裡想附帶說明中古時期小名佛教化的現象。嚴格來說，傳統之名、字作用不同，各有適用之場合，至於小字並不屬於正式人名，與「字以表德」的關係通常很弱，可說另有功能（詳第六章）；對菁英家族而言，多僅只限於內部成員使用，成年後他人以「字」呼之，在公開場合喚人以「小字」，乃是不合禮法的表現。不過錢大昕已經發現周隋之間，常以小字行世，並舉慕容建中之小字三藏為例[600]，但這並不是北朝才有的現象，劉宋時就有因犯諱而專用小字的案例[601]，換言之，南北朝對於在正式場合使用「小字」，並完全不排斥，而且當時這類小字常來自佛教。由梁入仕北齊的顏之推（531-591）曾經觀察到：

> 江南至今不諱字也。河北士人全不辨之，名亦呼為字，字固呼為字。尚書王元景兄弟，皆號名人，其父名雲，字羅漢，一皆諱之，其餘不足怪也。[602]

---

597 耿慧玲：〈由墓誌看唐代取佛教化名號的社會現象〉，《唐代文化研討會論文集》（臺北：文史哲出版社，1991年），頁 693-723。

598 〈唐徐某妻王正墓誌〉，大曆十三年（778），《高陽原》，頁 220-221。

599 〈大唐故成王妃慕容氏墓誌銘〉，開元十四年（726），《唐誌彙編》，開元二三八。

600 清・錢大昕：《廿二史考異》，卷三一，〈北齊書・慕容紹宗傳〉。

601 《南史》，卷一七，〈向靖傳〉：「字奉仁，小字彌……名與武帝祖諱同，故以小字行」。

602 《顏氏家訓集解》，卷二，〈風操〉。

他是說「名」須諱而「字」不必諱，古代本即如此，在南朝也是這樣，但河北士人不知分辨，如王氏兄弟就連其父之字「羅漢」，都在避諱之列。個人想指出的是，這裡的「羅漢」其實是源自佛教的小名，與「雲」無涉，但也被顏之推視為「字」，可以證明當時人確實有以小名為字的風氣，而且可以「聖名」充之，從三藏、羅漢到毗沙皆然，幼年取之，長而不改，不僅用於家族內部，在社會上也如此使用，足以看出在南北朝社會，佛教如何提供新的命名選項，改變了傳統人名的風貌。當時「字」與「小字」混用的情形並非完全和佛教有關，但菁英確實從佛教尋找命名的來源，以之為名或小名，有時更乾脆以後者為「字」，民眾無取字的習慣，世代受集體信仰的感召，幼年取用佛教之名，復終身用之，乃在造像記中留下大量的案例。

　　總結來說，中古時期大量使用佛教人名的根本考量，主要出自求取庇護，其次則為宗教想法之寄託，佛教信仰中原有對神聖之名的崇拜，為儒、道所無，也加深佛教人名的吸引力，佛典屢屢宣說「稱名」的功德，除了口誦心持，書寫佩帶，亦有其功，東晉譯《佛說灌頂經》說有三十六部神王，統率萬億鬼神，接受三皈依的佛教徒「書神王名字，帶在身上，行來出入，無所畏也，辟除邪惡，消滅不善」（卷三）。雖然佛經並沒有明確說到以這些聖眾為名的功用，但在信仰氛圍的渲染中，中古時人顯然相信以此為名，具有相近的作用。本章最後想舉出兩個例子，補充說明這種心態的特色。

　　首先，上文所舉都是以聖眾為名的例子，是否有聖物為名之例？北齊後主皇后穆邪利，小字黃花，後改字舍利[603]，另有女

603　《北齊書》，卷九，〈穆后傳〉。

子梁舍利[604]，薛道通女同名[605]，隋初有邑子張舍利[606]，常文才因鬼神侵擾，家中不安，故施資造像，其女也用此名，足證「聖名」之用不忌重複，也往往不分男女[607]。舍利（śarīra）是佛或高僧火化後所遺之物，乃其功德之結晶，南北朝時皆有皇室建塔瘞佛舍利，唐代更是熱衷[608]，以此為名，同樣出於對宗教神聖性的仰慕，也可算是「聖名」。另一個例子與佛教沒有直接的關係，但也常成為命名的選項，也就是婆羅門（brāhmana），這是一個典型的外來語，原指印度社會之最高階層，雖非聖者，但在佛典中屢屢出現，而且早見於東漢譯本之中，作為人名，也相當受非漢族群喜愛[609]。北魏時有代郡人侯莫陳悅，其父名婆羅門[610]，曹婆羅門受龜茲琵琶於商人[611]，蠕蠕有俟力發婆羅門[612]，隋初宇文晶以此為字[613]，石刻中有賈婆羅門[614]、趙婆羅門[615]。有時也省為二字，以符漢式習慣，北魏時有四門博士宋婆羅[616]、氐人楊婆羅[617]，北周尉遲綱（字婆羅）[618]，周、隋州為薩寶[619]，唐中宗時有中郎將

604　〈比丘郭疊勝造像記〉，延昌四年（515），《百品》，頁39。
605　〈僧智薛鳳規等道俗造像記〉，永安三年（530），《百品》，頁74。
606　〈仲思那造橋碑〉，開皇六年（586），《魯迅》第1函第7冊，頁1176。
607　《龍門》，窟號0159，頁43。
608　劉淑芬：〈中國歷史上的舍利信仰〉，《中古的佛教與社會》（上海：上海古籍出版社，2008年），頁319-322。
609　嚴耀中：《中國古代的婆羅門教和婆羅門文化影響》（北京：中華書局，2019年）。
610　《魏書》，卷八〇，〈侯莫陳悅傳〉。
611　《舊唐書》，卷二九，〈音樂二〉。
612　《魏書》，卷一〇三，〈蠕蠕傳〉。
613　《隋書》，卷五〇，〈宇文慶傳〉。
614　〈郭黃陵等造象〉，武定年間（543-550），《魯迅》第2函第2冊，頁513。
615　〈楊就等造象記〉，天保二年（551），《魯迅》第2函第3冊，頁589。
616　《魏書》，卷一〇八之四，〈禮志四之四〉。
617　《魏書》，卷一九中，〈任城王傳〉；卷六六，〈李崇傳〉。
618　《周書》，卷二〇，〈尉遲綱傳〉。
619　《新唐書》，卷七五下，〈武威李氏〉。

東夷人毛婆羅[620]。民間有尹婆羅[621]、曹婆門[622]。婆羅門又義譯為梵志，最有名的例子當屬唐初詩人王梵志，他的出身帶有神異色彩，初名梵天，後改梵志（《太平廣記》卷八二），中唐時有婦女盧梵兒（字舍那），若將姓、字相連，恰為盧舍那佛之名，見於東晉佛陀跋陀羅譯《六十華嚴》，唐實叉難陀譯《八十華嚴》則作毘盧遮那（Vairocana），《一切經音義》分別謂為「遍照」（卷二〇）、「光明照」（卷二一），「梵兒」之得名，可謂佛緣不淺[623]。即使單用「梵」字，也頗有神聖且神祕的聯想，可以視作廣義的佛教人名，或衍生之「聖名」。只是這類外來性格鮮明的選項，如同「惡名」一樣，在中古之後快速消失或沉埋於世俗社會，留下曼殊、迦陵、普賢、蓮生、十力、大千這類符合儒雅傳統的菁英名字，以及無以計數的「佛」字人名。

620　《新唐書》，卷三四，〈五行一〉。

621　〈僧智薛鳳規等道俗造像記〉，永安三年（530），《百品》，頁74。

622　《吐魯番》第 5 冊，頁 8。

623　〈有唐盧夫人墓誌〉，大曆十三年（778），《唐誌續編》，大曆〇五八。南北朝甚少見梵字人名，北魏有益州都督長孫子梵，字仲苑，見〈魏長孫子梵墓誌〉，普泰元年（531），《邙洛》，頁28-29。陳朝殷不佞長子名殷梵童，見《魏書》，卷七四，〈殷不害〉。

第三章　道家、道教與人名

　　前章已然指出，宗教興起是中國史上的一大事因緣，佛教從中古前期以降廣為流行，就是最顯著的例證之一，從人名出發，也可看出佛教滲透社會人心的程度。不過除此之外，與道家關係甚深的道教如何影響中古人名的面貌，同樣不容低估，雖然整體來說，道教在中古時期流行的程度不如佛教，但作為制度化的本土宗教，有些許多特色得自於華夏傳統，確實與外來的佛教相當不同。只要稍微熟悉神魔小說或武俠作品的讀者，一定可以想到某些道氣濃郁的名號，如玄、靈、清、虛乃至仙、道等字，頗有別於世俗或儒家之名，以初唐〈白鶴觀碑〉為例，便載有「觀主谷太希、上座常齊物、監齋任太素、練師李知白、威儀程遊玄、法師韓馴蜺」、「道士關無固、韓道宗、宋子仙、魏玄宗、萬沖仙、楊鬵鶴、鮑探玄、鮑習莊、王羽客、李真邃」等名[1]，但這種用法是怎麼產生的？和此前的道家、道教有何關聯？這些名字是道教徒所獨有的嗎？目前的討論並不多，而且想要考察中古道教人名，也遠較儒、佛不易，以下試就道教的特質說明這一點。

　　首先，除了身份明確的道教徒之外，並不容易單從人名判斷使用者的道教信仰，最主要的原因是道教屬於本土宗教，教義中有很多信仰、概念長期與其他文化共享，和古代道家與民間宗教

---

1 〈白鶴觀碑〉，《全唐文‧唐文續拾》，卷一三。此觀立於垂拱二年（686）。

的關係尤其緊密，可以說是特殊的混合體，道教的語言也往往承襲原有的表達方式，但這些用法並不待道教才廣泛使用，反過來，道教常仰賴這些用語，包括道家在內。其次，道教固然也和其他宗教同樣崇拜神靈，但從根本來說，可以定位為「氣」的信仰，最高尊神皆天地間「氣」之所化，成書於東漢的早期道書《老子想爾注》即云「一散形為氣，聚形為太上老君」，不僅如此，就連經典本身也是氣的產物，《隋書·經籍志》總結漢魏以來道教的聖典觀：

> 元始天尊，生於太元之先，稟自然之氣，沖虛凝遠，莫知其極。……授以祕道，謂之開劫度人。……所說之經，亦稟元一之氣，自然而有，非所造為。……謂之天書。……自天真以下，至于諸仙，展轉節級，以次相授，諸仙得之，始授世人。

道教經典的出現可說兼有神聖與神秘的性格，故有學者約其性質，稱道經為「天界之文」[2]，至於傳經的仙真通常只有尊號，不見其名，出於東晉晚期之古靈寶經《靈寶無量度人上品妙經》便言「三十二天，三十二帝，諸天隱諱，諸天隱名」，致使在道經流傳過程中，不像佛教有大量的佛、菩薩、羅漢、天王之名，可供信徒作為取名的來源。即使經中載有若干神名，也常遭到質疑：

> 云自上古黃帝、帝嚳、夏禹之儔，並遇神人，咸受道籙，年代既遠，經史無聞焉。……或言傳之神人，篇卷非一。自云天尊姓樂名靜信，例皆淺俗，故世甚疑之。[3]

2　謝世維：《天界之文：魏晉南北朝靈寶經典研究》（臺北：臺灣商務印書館，2010 年）。

3　《隋書》，卷三五，〈經籍四〉。

再舉一例言之,唐玄宗時史崇等數十位名臣、道士奉敕整理京師
道經二千餘卷,撰成《道門由起》,其中收錄了南北朝《無上真人
內傳》佚文,尹喜向老子請教姓名,得到的答覆則是「吾姓字眇
眇,從劫至劫,非可悉說,故前後不能以姓字具示世間矣,吾今
姓李名耳,字伯陽,外字老聃」(〈明天尊第二〉),在此書中老子
已然神化,足以反映道教神仙典型的人名觀:姓名並不重要,也
難以陳說,但為了現實所用,只好從俗名之。由此看來,道教傳
統並不重視使用特別的名號,從託名西漢劉向所著的《列仙傳》
可以得到印證,書中姓名俱全的歷代仙真,上古時人如王倪、巢
父、許由,乃至周秦以來的尹喜、王喬、徐福、張良,都與世俗
之名無異,缺乏神聖或特異的色彩[4]。

　　再者,佛教本係外來宗教,佛典的譯者不斷鑄造新的語彙,
信徒以之為名,很容易辨認,反觀道教為本土宗教,不必借重外
來語,再加上佛道常使用同樣或近似的字詞,辨識的效力遂被抵
消,比如前章討論「法」字時,曾舉盛唐道士葉法善為例,佛、
道教皆重「法」,也勸人行善,「善」更是社會普遍重視的價值,
因此「法」、「善」均不足以歸為「道名」之元素,但佛教徒想以
「法」入名,卻有不少標誌鮮明的選擇。另一個例子是唐初的李
通玄(635-730),看似道徒之名,其人實乃華嚴宗的大師,兼治
儒釋經典,可見這類名字於宗教歸屬之曖昧,難以明確指涉使用
者的信仰背景或思想。另一個因素是魏晉以來,玄風吹拂,名士
的談辨常取於古典道家,這同樣也是道教重要的淵源,有很多兩
者共通的概念與價值,「玄」字就是最好的例子,甚至佛教徒也喜
歡使用。再者,道家典籍除了從俗之「常名」,核心概念與詞彙常

---

4 王叔岷:《列仙傳校箋》(臺北:中央研究院中國文哲研究所,1995年)。

有抽象化的傾向，與世俗願望相去較遠，正如《老子》所說「道隱無名」（四十一章），《莊子・外物》也有「不落言筌」之旨，比較不會刻意去經營語言，畢竟道的本質「微妙玄通，深不可識。夫唯不可識，故強為之容」（《老子・十五章》），與世俗願望相去甚遠，因此這些道家用來陳述思想的字詞，未必會在一般人命名時受到青睞。談到這裡，不禁讓人想問：中古時期有所謂典型的「道名」嗎？是否有如佛教「聖名」、「惡名」般的鮮明表現？本章底下就要嘗試描繪中古「道名」主要的相狀，並比較不同群體的使用情形（包括非道教徒），答覆上面的問題。

第一節　南北朝的道名

考察中古道教人名，首先要設定「道教人物」的範疇，除了明確受籙、以道自奉的道士、道徒，在中國社會還有一種方士型的人物，他們以數術為專業，《魏書・釋老志》稱其「奇方妙術，萬等千條」，來源、性質相當混雜，也不乏巫的性格，雖然真正的道教徒未必接納他們，在漢唐史籍中亦多以「鬼道」概稱，但由於兩者常有共通之處，本章也將這些人納入採樣。此外，還有一類離群而居的隱士，受道家影響非常深，因此也在觀察之列，用一個概括性的詞，上述這些人都可以算是「道流」。其次是材料來源的問題，必須找出明確屬於道教的樣本，最好是出於集體性的紀錄，或是中古時人已判為道流者，否則氾濫標記，望文生義，討論的效果並不好。關於中古道教徒與廣義的道流人名，共有三大來源，第一是北朝的道教造像碑，第二是中古時期撰寫或流傳

的仙真傳記，第三是道教徒的碑刻墓誌與相關詩文，後者在唐代尤其豐富。由於造像記的性質較為不同，以下請先就此開始。

　　前章已經談到，在北朝造像的傳統中，道教既晚於佛教，數量也遠不能與之相比。目前整理中古前期道教造像最為全面者，當推日本學者神塚淑子之作，包含無題記者在內，北朝道教造像計有 65 種，隋代也有 62 種，當中雖有不少尚未刊佈，已相當珍貴[5]。這些石刻幾乎都以天尊或老君為造像主題，但佛道混合的情況也很常見，北魏正始三年（424）的〈魏文朗佛道教造像碑〉在過去被視為最早的佛道混合造像，雖仍有爭議，不過在後來的道教造像中，二教並存是明顯的事實，不僅圖像如此，銘文內容也有這種特色。北魏神龜初年有造天尊像碑，碑文提到「佛宗」、「道門」、「神仙」，又說到「奉師敬三寶」[6]，北周開國伯強獨樂造像，明確說「為文王建立佛道二尊像」[7]，這種情形在隋代更加明顯，有人自稱清信女，造老君像，說「願法界眾生，渡十二緣河」，顯然來自佛教所說的十二因緣[8]；或造道教像，但自稱佛弟子[9]；輔道景、魯昌造天尊像，皆自稱道民，迴向分別是「亡者託生西方妙洛國土」、「彌勒出世，願在□□」[10]，甚至有道民提到「值伏

5　神塚淑子：〈六朝時代の道教造像〉，《六朝道教思想の研究》（東京：創文社，1999 年），頁 469-480；〈隋代の道教造像〉，《道教経典の形成と仏教》（名古屋：名古屋大学出版会，2017 年，以下簡稱《道教経典》），頁 147-157。

6　〈王守令佛道教造像碑〉，神龜初年（518-520），《北朝佛道》，頁 130。

7　〈強獨樂為周文王造像碑〉，北周孝閔帝元年（557），《百品》，頁 162。

8　〈清信女王雙姿造老君像〉開皇三年（583），《道教経典》，頁 148。

9　〈佛弟子李通國造天尊像〉，大業年間，《道教経典》，頁 155；〈周文明造道教三尊碑〉，大業六年（610），同前，頁 155：「佛弟子周文明……亡姑託生佛國」。

10　〈道民輔道景造天尊碑〉，開皇十三年（593），《道教経典》，頁 152；〈道民魯昌造天尊像〉，開皇十七年（597），同前，頁 153。

聞法」[11]。這種現象至少顯示兩點：第一，佛教徒不排斥造道教像，通常也有比較明確的信仰歸屬，第二，自稱佛徒的人會造道教像，但目前還未見到自稱道民而造佛像的案例，不過對他們而言，佛菩薩、佛國淨土也是可以親近的對象，這種佛道信仰相互滲透的情形，也可印證前引馬衡「不論其為釋道」的斷語。

至於這些道教造像碑所見的人名，雖然自稱道民者不少，但很難說是典型的「道名」，有些人名看似與道教有關，但與佛教通用，缺乏有力的「判教」效果：隋初有道民趙法護造天尊像[12]，其實西晉已有僧人竺法護，是佛徒常用之名[13]，北齊佛教造像記中也有東郡太守劉法護[14]。另一道民名為田道佛[15]，北魏甚至有道士姚文殊，直接用菩薩之名[16]。其餘人名也多與世俗常見者相通，宗教色彩遠較佛教造像記為淡，前文引〈魏文朗佛道教造像碑〉，碑中有魏僧猛、三保（寶）、法興，說是佛徒之名也可通，另有「道女長生」以及「女夫蕭萇生」，「道女」係人名或稱謂，難以確認，「長生」也是世俗常見的願望[17]。目前公認的早期道教造像是北魏太和二十年（496）的〈姚伯多造像記〉，碑側提到「道民」姚文遷，底下依序為姚伯多、伯龍、定龍、伯養、天宗，並稱伯多為道民，但這些人名都看不出與宗教的關係，碑中女性有梁冬姬、胡女焦、胡惡女、牛妙姜、王職女，也是如此[18]，再以同時期的

11　〈道民楊暎先造老君像碑〉，隋代，《道教經典》，頁156。
12　〈道民趙法護造無上天尊像記〉，開皇三年（583），《道教經典》，頁148-149。
13　《高僧傳》，卷一，〈竺曇摩羅刹〉。梁時、唐初皆有僧名法護，見《續高僧傳》，卷六、一三，〈梁益州羅天宮寺釋寶淵傳〉、〈唐東都天宮寺釋法護傳〉。
14　〈彭城王高淯修寺碑〉，太寧二年（562），《百品》，頁183。
15　〈張乾度七十人等造像記〉，神龜二年（519），《百品》，頁48。
16　〈劉文朗道教造像碑〉，太和二十三年（499），《北朝佛道》，頁126。
17　〈魏文朗佛道教造像碑〉，始光元年（424），《北朝佛道》，頁124。
18　〈姚伯多造像記〉，太和二十年（496），《百品》，頁5。

〈楊阿紹道教造像碑〉為例，有楊阿紹及其妻姜小姬、紹子文要（妻阿雙）、文熾（妻張買女）、文好、文安（妻王樂），還有紹女阿勝、阿豐，常民色彩更甚於姚家[19]。相較於佛教，中古時期的道教徒或道流是否真的缺乏有特色的命名表現？

一、「神」、「道」為名

　　前文說過，道家和道教出於本土，而且語言、概念常有抽象化的表現，以致辨識效力不強，前舉唐代高道葉法善，以「道元」為字[20]，勉強說是有些「道氣」，但同樣以此為名者還有北魏范陽人酈道元，嘗注《水經》四十卷，以善長為字，則出自「元者，善之長也」（《周易・坤卦・文言》），其「道」與道家或道教都沒有關係[21]。不過從道教徒群體名字的情況，還是可以看出一些特別愛用的字，以北朝來說，道教認同明確而且訊息豐富的石刻樣本，首推北魏正始初年陝西臨潼之〈馮神育二百廿人等造像記〉，此碑上半開龕，右側前兩行殘泐，第三行以三洞法師傅永洛居首，其次為牛重蔭，也是三洞法師，結合此碑下半所見，署為「道士」的有馮道斌、馮道賓，錄生有馮道起、馮道養、馮道鳳，「道民」有馮道委，並有邑正馮道景、唯那馮道欽，邑子為數最多，有馮道初、馮道豐、馮道欽、馮道憘、馮道興、馮道多、馮道宜、馮道集、馮道扶、馮道蓋、馮道明、馮道太、馮道穆。在全部人名中，「道」字是最常見的選項，能與此相比的只有「神」字，

19 〈楊阿紹道教造像碑〉，景明元年（500），《北朝佛道》，頁127。
20 李隆基：〈故金紫光祿大夫鴻臚卿越國公景龍觀主贈越州都督葉尊師碑銘〉，《全唐文》，卷四一。
21 《魏書》，卷八九，〈酈道元傳〉。

此碑邑子有馮神縱、馮神緯、馮神育、馮神憙、馮神護、馮神貴、馮神哲、馮神生，碑末並道「道民馮神育……合邑二百廿人造石像一區，並立名字，若有人刊試者，身入地獄」，顯示馮家信仰有明確的認同，其名大量使用「道」、「神」二字，殊非偶然[22]。道教徒以「道」為名，便如同佛徒以「伏」為名，並不令人意外，隋初道民劉大睿之妹，也名為道妃、道女、道貴[23]。「神」的表現稍微不同，除了馮神護，北周佛教造像〈普屯康等造像〉亦有趙神護，其旁緊接王僧護[24]，可證神、僧角色相仿，以「神」為名，當與「三寶」為名的心態相同，追求神聖力量的庇護，神字也被女性和兒童使用，道民劉文朗之妻名何神姬[25]，杜隆之子名為阿神[26]，只是僧字的佛教性格集中，神字的用法則通於二教，非道教所專有。以道、神為重點用字的現象，還可以從北魏〈張乾度七十人等造像記〉得到證明，全部的人皆稱道民，神字人名有劉神虎、田神安、田神覆等，道字有王道養、張道生、劉道虎，從安、養、生字，更可清楚看出「道」的作用，與其將之視為抽象之「道」，在道民心中，可能更接近於某種保護性的無形力量[27]，〈王守令佛道教造像碑〉有邑師王神杰，錄生馮道念，邑子張道興、王道萬、姜神□、王神生、劉神蔭、紀道真、王道奴、劉道財、蔡神洛、王神族、魏道歡[28]，「道奴」的用法也很容易使人想到「釋奴」、「僧奴」。

---

22 〈馮神育佛道教造像碑〉，正始二年（505），《北朝佛道》，頁127-128。
23 〈道民劉大睿造天尊像〉，開皇十五年（595），《道教經典》，頁152-153。
24 〈普屯康等造像〉，天和五年（570），《魯迅》第2函第5冊，頁986。
25 〈劉文朗道教造像碑〉，太和二十三年（499），《北朝佛道》，頁126。
26 〈錄生杜龍祖造像碑〉，隋代，《道教經典》，頁155。
27 〈張乾度七十人等造像記〉，神龜二年（519），《百品》，頁48。
28 〈王守令佛道教造像碑〉，神龜初年（518-520），《北朝佛道》，頁129-130。

不過以「神」、「道」為名的風氣也見於佛教造像碑,與道教關係較淡的民眾也有使用此二字的習慣,換言之,在當時的宗教環境中,「神」、「道」其實是泛通於佛道的用字。再者,除了明確屬於道民團體、並有法師主導的造像活動之外,大多數的道教造像人名欠缺道教的特色,相較於佛教造像記,確實有明顯的區別。以北周〈李元海兄弟七人等造元始天尊象碑〉為例,元海自稱道民,碑中紀錄李氏兄弟七人的長幼男女眷屬,姓名可考者至少有九十人,而且女性就佔了五十一人,是以家族為單位的典型道教造像碑,具有樣本集中的意義,但李家命名的道教色彩極弱,表現最清楚的是仙妃、神仙、神姿、仙華四個女性人名,男性以儁、欽、猷、緒、榮為字輩,姪輩、孫輩有神獻、神邕、神生、神遷,共用「神」字[29]。有一孫女名為摩羅,疑似佛教名,一孫名為野苟,乃小兒之「賤名」(詳本書第六章)。李氏家族地位不低,元海之父為郡中正,其四名兄弟分任將軍、都督等職,但其家族命名看不出道教的影響。稍前在西魏時有一方蔡家道教造像碑,內文遠溯先世至西周蔡叔,累述漢魏以來家世所任官職,是否追攀已不可考,但可確知在當時並不是平民家族,碑中所記成員幾乎全為男性,多有將軍、太守之銜,蔡仵醜、蔡買、蔡黑□、蔡眼之類的俗名甚少,多半較為典雅,如仲騫、孟騫、和騫,略有宗教氣氛的只有子真、玄度、道毛等極少數[30]。同屬北周的吳標也自稱道民,族中成員有北地太守、渥陽縣令等,曾祖阿魯、祖父順、父叔仁,屬於長輩,姑且不論,其姪輩有吳道子、道郎、道

---

29 〈李元海兄弟七人等造元始天尊象碑〉,建德元年(572),《魯迅》第2函第5冊,頁1005-1011。

30 〈蔡氏造太上老君石象碑〉,大統十四年(548),《魯迅》第2函第3冊,頁551-558。

□、道保、神勗、道覆，到孫輩又改以輔、顯、儁為名，乃至有名為普賢、阿黑者，只有神養、神安二人與道教稍微有關，在女性方面，多以阿某、某男為名[31]。從以上的例子可知，道教對北朝人名的影響遠弱於佛教，最普遍的只有「道」、「神」二字，但也只能說是道教徒常用的選項，不能斷定就是「道名」的標籤，而且道民家族使用這些字的比例，也遠不如其他世俗字眼。

　　即使道士本身，命名也未必帶有道教的氣息。在北朝最具影響力的高道，捨寇謙之（365-448）無第二人可言，其兄南雍州刺史寇讚，自稱為東漢初寇恂十三世孫。謙之以輔真為字，他的修道經歷頗為傳奇，先與仙人成公興共住華山七年，後在嵩山蒙太上老君授以天師之位，又有仙人傳他《錄圖真經》，要他用以「輔佐北方泰平真君」——也就是北魏太武帝拓跋燾，因此「輔真」很可能是他此時自取之字，兼有宗教與政治的暗示，而且從他後來的作為來看，此字現實性的寓意相當強[32]。「真」字至少還有思想的意味，與他同時的其他道流名字普遍缺乏宗教性格：韋文秀隱於嵩山，拓跋燾曾召問金丹之事，其他像祁纖、絳略、吳劭、魯祈、羅崇之，皆以數術或養生，見重於當朝，但其名皆與世俗無異[33]。此外，北朝以方術著稱者，還有晁崇（字子業）、張淵、殷紹、王早、顏惡頭[34]，以及王春、宋景業、荊次德等，知其字者僅有吳遵世（字季緒），曾在恒山蒙神人授符，但以上都沒有特別使用道家或道教字詞。稍有其意的只有琅邪人由吾道榮，史書

---

31 〈吳標兄弟父叔造象記〉，北周無年月，《魯迅》第2函第4冊，頁1013-1016。
32 並見《魏書》，卷一一四，〈釋老志〉；卷三五，〈崔浩傳〉。又出於西晉之《太上洞淵神咒經》，卷一，〈誓魔品〉：「道言：真君者，木子弓口，王治天下……純有先世、今世受經之人，來輔真君耳」。可供參觀。
33 俱見《魏書》，卷一一四，〈釋老志〉。
34 俱見《魏書》，卷九一，〈術藝傳〉。

說他少好道法，解法選則精於相術，得任參軍[35]，另有魏道虔、任玄智、李文殊、耿玄、劉靈助、江式（字法安）[36]。謙之所用的「真」不見他人使用，或出自他個人特殊的考量。

簡言之，北朝道教界與道流之名大多樸素，最常使用「道」字，少見抽象字眼或集中性的價值，尤其是造像記所錄，多為眾庶之名，與世俗用法相通處更多，反觀佛教可以在造像記中找到許多色彩鮮明的人名案例，但典型的「道名」則否。這裡可以再舉北周〈郭始孫造象記〉為證，這也是一方典型的道教家族造像記，而且宗教樣本的意義很強，記文提到「天師寇謙芝（原文）」，並稱始孫高祖至祖父，三代都是「繼天師」，其父及其三弟為「男官」，自己也是天師。自從曹操北遷漢中民眾，原本天師道教的祭酒制度劇烈變動，各地都有人自稱天師[37]，郭氏家族亦其流衍，端賴此誌為後世所知，郭家的實際作為不明，但就此碑來看，承繼謙之遺志的想法無可懷疑。以下是其世系人名：

> 高祖－曾祖徹－祖榮－父道業－叔業生、業興、珍業－始孫
> 高祖母張□女－曾祖母□□□－祖母侯銀姜－母段□□－叔母楊迴姬、□□□、張□王、王令敬
> 妻姚阿容、張石媚、陳華妃－子仲□、長□、先儁（蕩寇將軍）、□儁、英儁，女英姿、先暈[38]

---

35 俱見《北齊書》，卷四九，〈方伎傳〉。
36 《魏書》，卷九一，〈術藝傳〉。
37 參唐長孺：〈范長生與巴氏據蜀的關係〉，《魏晉南北朝史論叢續編》（北京：中華書局，2011年），頁176-184。
38 〈郭始孫造象記〉，天和五年（570），《魯迅》第2函第5冊，頁995-997。

另有「弟道民郭元□」，上有「□□郭神虎」，殆為始孫之兄弟。
這是一個傳承有緒的道教家族，但除了「道業」以外，其名幾乎
與世俗民眾無異，足見北方道教人名教義色彩之淡薄。

　　關於這一點，除了從道教的本土性格去解釋，更可以說是承
續漢末以來的遺風，不分菁英、基層皆然。魏晉以前，史籍所載
道徒之名寥寥無幾，張陵（34-146）是否當時名為道陵，此不詳
論，取名較具有思想意味的只有三國吳時葛玄（164-244，字孝
先），世稱葛仙翁，但若觀察其從孫葛洪所纂《神仙傳》，古來道
流類似之名其實非常少，在道教興起之前，方士、神仙家取名的
世俗傾向已經相當穩定[39]。再以《三國志》為例，當時的術士有
左慈、朱建平、管輅、郤儉、甘始、周宣（〈魏書〉）、李意其、趙
直、杜微、周羣、周巨、張裕、杜瓊、譙岆（〈蜀書〉）、于吉、王
表、虞翻、吳範、劉惇、趙達（〈吳書〉），其名都是如此，西晉張
華《博物志》詳列「魏王所集方士名」[40]，幾乎全無異於世俗人
名，唯一有宗教性格的恐怕僅有王真，並見於《後漢書‧方術傳》，
該傳所錄術士之名也無道風。以前引寇謙之家族來說，謙之無
子，兄名脩之（字延期），其子寇讚（字奉國），讚有三子名為元
寶、虎皮、臻（字仙勝），元寶又有孫名靈孫、演（字真孫），似
乎染有道風，但就寇家世系整體而論，仍以儒家之念為念，修道
的意味並不突出[41]。由此觀之，北朝的道教人名大體延續前代，
這點也多少和北方士人的學風相呼應，北朝篤守漢儒舊義，《隋
書‧經籍志》說「北學深蕪，窮其枝葉」，正是指漢代以來的章句

39 東晉‧葛洪撰，胡守為校釋：《神仙傳校釋》（北京：中華書局，2010年）。
40 晉‧張華撰；范寧校證：《博物志校證》（北京市：中華書局，1980年），
　　頁61-62。
41 魏書》，卷四二，〈寇讚傳〉。寇家世系，參羅振玉：〈濩澤公寇遵考墓誌
　　跋〉，《雪堂金石文字跋尾》，卷三，收入羅繼祖主編：《羅振玉學術論著
　　集》，第九集，頁484-487。

訓詁之學，一般而言，北人對玄學的興趣也遠較魏晉或南朝淡薄，東魏時李業興使梁，告訴蕭衍「少為書生，止讀五典」、「素不玄學」，他曾從大儒徐遵明受業，又精研圖緯、風角、天文、占候、算歷，但對於玄遠之學仍不感興趣，反映北人普遍重視實際的想法[42]。這種心態對於當時的道教人名應該也有影響，以致北朝的「道名」特色有限，之所以這麼說，是因為如果對照南朝的道教人名，會看到很不一樣的面貌。

二、「真」、「靈」為名

相較於北方道流名字之普遍樸素，南朝道教的表現較為多元，而且與士族菁英關係更深，再加上玄學之力與仙真信仰的傳播，催生了「道名」的新貌，個人認為這應該是中古「道名」文化最大的改變，其發端則在東晉、劉宋之世。

前一節指出「神」、「道」是北朝道流人名最普遍的用字，其實也見於南朝，但從整體來看，頗有超逸於此的表現，關於這一點，可以東晉時期丹陽句容的許氏家族作為參照。這個家族有非常虔誠的仙真信仰，東晉興寧年間（363-365），神靈以楊羲為媒介，向許家部份成員降授各種經誥，這些紀錄後來被稱為「真跡」，經陶弘景輯為《真誥》，並在書末詳載許家世系，稱為「真冑世譜」[43]，茲整理其人名如下：

42　《魏書》，卷八四，〈李業興傳〉。
43　都築晶子著，宋金文譯：〈關於南人寒門、寒士的宗教想像力——圍繞《真誥》談起〉，收入劉俊文主編：《日本中青年學者論中國史》（上海：上海古籍出版社，1995 年），頁 174-211。

*許副（字仲先）─許奮（字孝方）

　　　　　　　　許炤（字行明）

　　　　　　　　許群（字太和）

　　　　　　　　許邁（字叔玄，後改名遠遊）

　　　　　　　　許謐（305-376，字思玄）

　　　　　　　　許茂玄

　　　　　　　　許確（字義玄）

　　　　　　　　許靈寶

　　　　　　　　許姜

　　　　　　　　許娥皇

　　　　　　　　許修容

　　　　　　　　許暉容

**許謐─許玎─許鳳遊─許道伏（字明之）─許靜泰（字元寶）─許靈真

　　　　─許聯（字元暉）─許赤孫（字玄真）

　　　　─許翩（字道翔）─許黃民（字玄文）────┐

　　　　　　　　　　　　　　　　　　　　　　　　　│

　　　　　　　　　　　　　　　─許榮第─許道育（女）

　　　　　　　　　　　　　　　─許慶─許神兒（女）

　　　　─許素薰（女）

　　　許氏家族可上溯至東漢順帝時的許敬，許副（東晉元帝[317-323]時任官）之兄許朝娶葛洪（283-343）之姊，後來許黃民（361-429）又娶葛洪之姪曾孫女，是道教徒聯姻的家族，信仰面目相當鮮明。與《真誥》傳承相關的是許謐─許翩─許黃民一支，他們從楊羲得到多種誥語，世代傳習，輾轉為陸修靜（406-477）、

陶弘景（456-536）所得，成為南朝道教上清、靈寶經系共同的源頭。與過去深入民間的天師道不同，南朝道教多菁英之參與，早期還有內部秘傳的性格，而且也在人名中有所表露。以許家來說，屢屢使用玄、真、神、道、靈等字入名，並非其首創，但過去記載的神仙、方士，沒有如此密集的命名表現，北朝也是如此。以這些字作為「道名」的標誌，可以說是東晉之後才明顯出現的風氣。近年有學者輯出當時上清經派所編的古代仙真名錄，等於是東晉道教徒所見到的古代道名[44]，兩相比較，更可看出南朝道教人名的新貌。

就《真誥》所見，與上清經傳承相關的尚有杜道鞠、王靈期、馬真、馬智、何道敬、殳季真、顧歡（字玄平）、戚景玄、樓道濟、樓法真，另有蘇道會、何法仁、朱僧摽等，近代學者陳國符（1914-2000）復原了更完整的系譜，起自楊羲，下訖五代，可以清楚看到這類字眼不斷加強，靈氣與玄思並見，已經接近後世對「道名」的基本印象[45]。以「修靜」來說，其中已蘊含修道的見解，是南北朝以前沒有的作法，為顯其義，這裡有必要加以解釋。首先，古代群經不甚重視「靜」字，《周易》用以描述與「動」相對的狀態，《論語》也只出現一次「仁者靜」，《孟子》完全沒有。道家正好相反，老子說「歸根曰靜，是謂復命」（十六章），莊子更藉廣成子之口，指出「至道」要訣在於「抱神以靜」（〈在宥〉），將「靜」視為修道之要訣，東漢末《太平經》更屢言「清靜」，甚

---

44 梁‧陶弘景撰，王家葵輯校：《登真隱訣輯校》（北京：中華書局，2011年），頁 328-369。
45 陳國符：〈道經傳授表〉，《道藏源流考》（北京：中華書局，1985 年），頁 29。

至有小、中、大靜之說[46]；在東晉時期，《真誥》也說到「欲習性以靜之」（卷七），「靜室」更成為道徒修持的特殊場域，陸修靜所著《陸先生道門科略》說奉道之家都應該設有此室，並使之「常若神居」，才能感通仙真。由此來看，「修靜」之名，實與「修道」連結甚深，且涉及仙真之信仰[47]。相較於此，北朝的寇謙之以輔真為字，乃是欲「輔」外在之「真君」，具有參與現實的涵義，北方之務實，南方之玄遠，在這兩個道教名字中剛好成為對比。這一點相當重要，下文會再有申說。

　　此外，修靜弟子孫遊嶽（又作遊岳，字玄達），居於仙都山，稍後有陶弘景（字通明），出身江東名門，始從遊嶽受符圖經法，後來辭官入句曲山，自號華陽隱居，從此「人間書札，即以隱居代名」[48]，「遊嶽」、「隱居」是過去道徒沒有的名號用法。陶氏學養多端，亦精書法，竭力搜集、鑑定楊羲、許謐的手跡，編成《真誥》，並著《登真隱訣》，南宋晁公武釋此為「真文多隱，非訣莫登」（《郡齋讀書後志》卷二），確是的論；弘景又作《真靈位業圖》，商定仙靈階等，奠定後世道教神靈的系統。綜觀《真誥》以降，真、靈等字緊密與神仙、經誥結合，也鑄造了不少前所未有或罕用的語詞，著名的南朝摩崖殘刻〈瘞鶴銘〉向來被歸為弘景所作，

46　王明編：《太平經合校》（北京：中華書局，1985年），〈附錄・太平經佚文〉，頁733。

47　吉川忠夫著，許洋主譯：〈靜室考〉，收入劉俊文主編：《日本學者研究中國史論著選譯》（北京：中華書局，1993年），第七卷，頁446-477。又，陳寅恪指出謝靈運幼時寄養於錢塘杜治之靜室，杜氏事前已得其夢，故名靈運，又名客兒，可備一說，見〈天師道與濱海地域之關係〉，《金明館叢稿初編》（北京：三聯書店，2001年），頁9。因神人夢示而得名之例，尚有東晉孝武帝司馬曜，其父簡文帝初見讖云：「晉祚盡昌明」，後來其姬妾李陵容夢神人言：「汝生男，以『昌明』為字」，及生此子，東方始明，因而為名，見《晉書》，卷九，〈孝武帝紀〉。

48　《梁書》，卷五一，〈陶弘景傳〉；《南史》，卷七六，〈陶弘景傳〉。他從孫遊嶽學道事，並見《真誥》，卷二十。

其中除了「華陽真逸」，尚有「仙家」、「真侶」，末尾則有「丹楊外仙尉」、「江陰真宰」[49]。「真宰」一語見於《莊子・齊物論》，這裡與「江陰」連用，意義不明，且置不論，「仙家」除了託名漢人的《海內十洲記》、《漢武帝內傳》，很可能是他首用，「真侶」、「仙尉」也是他的創造。陶氏弟子有許逸沖，號棲靜處士，又有女道士錢妙真，都有抽象或高遠之美。在中古前期，不是所有道教徒都會選擇玄、真、神、道、靈等字眼，最常見的還是世俗人名，但東晉以後，則湧現一股道氣特強的新風。剛開始時可能見於部份道徒，後來浸成風氣。相較於北朝道名多用神、道二字，或用世俗之名，缺乏突出的宗教性格，南方道名靈光時現，更富有玄思與文字的美感。

當然，這些用字未必盡為道徒之專利，像是玄字，亦不待道教始見於人名，西漢後期已有丞相韋玄成（?-41 B.C.，字少翁）、御史大夫趙玄[50]，東漢有張玄（字君夏）、譙玄（字君黃），漢末有大儒鄭玄（127-200，字康成）[51]，但於名於字，都乏玄遠之意，桓帝永壽二年(156)魯相韓勅等官民捐資重修孔廟，立〈禮器碑〉，其中有「潁川長社王玄君真」，玄為其名，君真為字，則合玄、真而用之[52]。此後以玄為字，乃鼓盪成風，包括劉備（161-223，字玄德）[53]、王覽（字玄通）[54]、卜靜（字玄風）[55]，胡奮、烈、岐

---

49 〈瘞鶴銘〉，《魯迅》第 1 函第 3 冊，頁 669-672。
50 《漢書》，卷七三，〈韋賢傳〉；卷一九下，〈百官公卿表第七下〉。
51 《後漢書》，卷七九下，〈儒林傳下〉；卷八一，〈獨行傳〉；卷三五，〈鄭玄傳〉。
52 〈韓勅造孔廟禮器碑〉，永壽二年(156)，《魯迅》第 1 函第 1 冊，頁 139。
53 《三國志》，卷三二，〈先主傳〉。
54 《晉書》，卷三三，〈王祥傳〉。
55 《三國志》，卷五二，〈顧雍傳〉，裴松之《注》引《吳錄》。參看清・桂馥：《札樸》(北京：中華書局，2006 年)，卷三，〈蜀先主名字〉，頁 119。

三兄弟（字玄威、玄武、玄巎）[56]，最明顯的例子當屬王昶，為
其兄子王默、王沈，取字處靜、處道，為子王渾、王深取字玄冲、
道冲，看起來道氣不弱，但他明言這些名字「皆依謙實，以見其
意」，並作書告誡子侄「立身行己，遵儒者之教，履道家之言」[57]，
他用「道」、「玄」二字，是取老子之古義，無關乎方外或神仙之
信仰。中古初期，玄字持續為人名所用，西晉宗室有東安王司馬
繇（字思玄），燕王司馬機（字太玄）、順陽王司馬暢（字玄舒）[58]，
永嘉初年華芳（?-307）的墓誌中，記載其夫王浚諸舅，依序名為
溥、超、疇、啟，表字為玄平、玄叔、玄回、玄明[59]，證明玄已
成為菁英行第之慣用字。漢化的胡人也沾染此風，匈奴人劉聰字
玄明[60]，氐人李特、李庠、李流兄弟，也都以玄為字[61]。

　　「玄」字為何如此流行？在先秦經書已見此字，幾乎都是指
深黑色，此字《論語》二見，皆為此義，《孟子》無之，反觀《老》、
《莊》書中，屢見「玄」字，多有無形、深奧、微妙之義，如《老
子・六十五章》：「玄德深矣、遠矣」，頗能引動人對形上或超越世
界的想像。西漢揚雄（53 B.C.-18）曾擬《易》作《太玄經》，「以
為玄者，天也，道也」，東漢張衡善機巧，尤致思天文、陰陽、曆
算之學，常耽好此書[62]，曹魏齊王芳正始年間（240-249）興起名
為「玄學」之風，更蔚為儒家正統學術外的一股巨流，得名就和
「玄」字的性格有關。玄學的內容廣涉多端，以闡發、談辯抽象
義理為主，梁時鍾嶸（?-518）《詩品・序》云：「永嘉時，貴黃、

56　《三國志》，卷二八，〈鍾會傳〉，裴《注》引《晉諸公贊》。
57　《三國志》，卷二七，〈王昶傳〉。
58　俱見《晉書》，卷三八，〈宣五王傳〉。
59　〈華芳墓誌〉，永嘉元年（307），《南北朝彙編》，頁18-22。
60　《晉書》，卷一〇二，〈劉聰傳〉。
61　《晉書》，卷一二〇，〈李特傳〉。
62　《漢書》，卷八七下，〈揚雄傳下〉；《後漢書》，卷五九，〈張衡傳〉，李
　　賢《注》引桓譚《新論》。

老，稍尚虛談。……爰及江表，微波尚傳」[63]，南朝承繼魏晉，喜於談玄，永嘉亂後的北方則頗為異趣。不過魏晉以來，以「玄」為名的習慣遍於南北，不可能只是襲用舊慣，無關玄學之傳播，與道家的關係亦不可分，唯其吸收、轉化有多寡、深淺之別。如果再加入宗教的因素，南朝道教人名之所以慣用抽象性的字眼，除了菁英間玄風的感染，道教也應該納入考量。道家論「玄」，本有高深幽遠之意，加上道家往往不從正面定義或描述，概念指涉的範圍向來遠較其他諸子為廣，也很容易為相近的宗教思想所援用，《太平經》中有「六方真人」，其中的上行者即名「玄真」，前文列舉東東晉道教人名，其中的「玄」就有逸出於古典道家，並涉及玄學所無的面向。以許黃民為例，他是傳承上清經誥的關鍵人物之一，以「玄文」為字，加上當時多將仙真傳授的語言稱為真文，其族兄赤孫亦字玄真，「玄」在他們的認識中，應該和「真」非常接近，泛指道教的仙靈或經誥；而且他們有以「玄」為仙道的想法，《真誥》使用玄字極多，屢言「味玄咀真」（卷七）、「玄真之道」（卷九），這種「玄」、「真」的意涵相較於道家舊義或玄學新風，無疑有更強烈的宗教色彩。

　　以「靈」字來說，在東晉南朝人名的用法也頗不同於前，道教對此的影響不容輕忽。漢末三國以靈字為名者，僅見袁術有將名紀靈[64]，西晉也不見靈字人名，前涼幼主張耀靈（344-355）出生已在永嘉之後[65]。推究其故，《說文》釋「靈」為「巫也，以玉事神」，有宗教祭祀之義，在古代並非美諡，不勤成名、好祭鬼神，

63　梁‧鍾嶸著，陳延傑注：《詩品注》（北京：人民文學出版社，1980 年），頁 1-2。
64　《三國志》，卷七五，〈呂布傳〉。
65　《晉書》，卷八六，〈張軌傳〉。

都被稱為「靈」（《世本・諡法》），且用法長期與死亡相連，此字或因此為世俗所諱，《古文尚書・泰誓上》云「惟人萬物之靈」，但是否為先秦之通說，猶有可疑，只有「靈瑞」才是正面的用法。依正史所見，靈字人名要到東晉以後才有所增加，謝靈祐、靈運（385-433）皆出高門[66]，豫章人幸靈有奇術[67]，孫恩世奉五斗米道，以靈秀為字[68]，同時女性也用此字，東晉末有恭帝皇后褚靈媛[69]。以「靈寶」為例，便是當時深受喜愛之名，東晉晚期建立桓楚政權之桓玄（369-404），因出生前有異相，故小名靈寶，其兄則名妙靈[70]，南朝有雙人翟靈寶，朱靈寶、陳靈寶、顏靈寶、孟靈寶皆是武人[71]，北朝有丹陽太守謝靈寶、建興太守徐踐，也以此為小名[72]。「靈符」也是東晉以後才明顯流行的用法，劉宋時有孔靈符，其弟名靈運[73]。要證明靈字深入南朝人名的程度，梁武帝天監年間的〈蕭秀碑〉其實是最好的樣本，此碑皆多記中基層官吏，而「靈」字正是全碑人名出現頻率最高的字眼，包括荀靈副、湯靈季、吳靈春、徐靈□、張靈□、左靈□、何靈□、韋靈鎮、陳靈度、殷靈度、兒靈智、繆靈祚、杜靈讚、程靈符、陳靈宰、□靈產、張靈期、丁靈仙、王靈袖、鞠靈智、高靈智、曹靈覆、莊靈寅、楊靈粲、許靈□[74]。如是靈景，豈偶然哉？其中

66　《晉書》，卷七九，〈謝尚傳〉；同前卷，〈謝安傳〉。
67　《晉書》，卷九五，〈藝術傳〉。
68　《晉書》，卷一〇〇，〈孫恩傳〉。
69　《晉書》，卷三二，〈后妃下〉。
70　《晉書》，卷九九，〈桓玄傳〉。東晉太和年間，宮中有雙人名朱靈寶，與桓玄年代極近，見《晉書》，卷八，〈廢帝紀〉。
71　《宋書》，卷四六，〈張邵傳〉；卷七四，〈沈攸之傳〉；卷七九，〈桂陽王休範傳〉。《南齊書》，卷二六，〈王敬則傳〉；卷二九，〈周盤龍傳〉。
72　《魏書》，卷七一，〈裴叔業傳〉；卷九一，〈徐謇傳〉。
73　《南史》，卷二七，〈孔靖傳〉。
74　〈蕭秀碑〉，天監十七年（518），《魯迅》第 1 函第 4 冊，頁 601、606、607、608、614、615、617、619、620、621、622、623、624、625、626、627。

靈宰、靈仙之名，不禁讓人想到前引〈瘞鶴銘〉的「仙尉」、「真宰」。「靈」字之所以成為南北朝的命名新風，與道教的發展似乎是同步的，特別是東晉南朝道徒對仙靈的重視，在《真誥》以降的道教著作中，大量使用「靈」字，將鬼靈印象扭轉為仙靈，轉化其不祥的聯想，強化正面的象徵，加上此字本有抽象之義，相當契合在玄學環境中成長的菁英品味。

接著要回過頭討論「真」字人名，這個字的內涵複雜，遠勝於「靈」，也不下於「玄」，因此放在最後。顧炎武（1613-1682）曾指出五經無真字，其實從今本十三經來看，也沒有這個字[75]，先秦最關心「真」者無過於莊子，「真偽」一詞首見於〈齊物論〉，不過他所謂的「真」有很強烈的內在性格，強調「法天貴真，不拘於俗」（〈漁父〉），與外在之「俗」相對，且後者即「偽」。這種論說罕見於儒書，頗為後世道流所繼承，他所提出的「真人」、「真君」更為道教所接收，莊子還常用一些超能力來形容「真人」修養的境界，如入水不濡、入火不熱（〈大宗師〉），極可能得自古代的神人信仰，乃至巫文化的基因[76]，到秦始皇「使博士為仙真人詩」，並因方士盧生不死藥之談，明說「吾慕真人，自稱真人，不稱朕」[77]，則已明言為神仙，東漢許慎《說文》解釋「真」字，說其字形為「僊人變形而登天也」，有學者認為此說已是神仙思想的產物[78]，漢末曹植（192-232）更直言「我知真人，長跪問道……

75　《日知錄集釋》，卷一八，〈破題用莊子〉。
76　楊儒賓：〈莊子與東方海濱的巫文化〉，《儒門內的莊子》（臺北：聯經出版公司，2016年），頁96-99。
77　《史記》，卷六，〈秦始皇本紀〉。
78　李豐楙：〈神仙三品說的原始及其演變——以六朝道教為中心的考察〉，《仙境與遊歷：神仙世界的想像》（北京：中華書局，2010年），頁1-46，特見頁5-7的討論。

教我服食，還精補腦」[79]，除此之外，前引《太平經》成書於東漢晚期，其內容主要為天師與「六方真人」的談論，神人、真人明確並列，而且真人的地位僅次於神人。另一方面，東漢桓帝時陳寔（104-186）率諸子出訪荀淑，也被太史稱為「真人東行」[80]，在兩漢之季，劉秀、曹操都曾被稱為「真人」，意為應運圖讖之政治領袖[81]，凡此都透露「真」帶有高遠、神秘的一面。

　　真字意涵雖然複雜，但自古並無負面用法，在漢代使用此字為名者相當多，不下於玄字，更遠多於靈字。兩漢之世，梅福、辛慶忌、塗惲、玄明皆字子真[82]，梅、塗都是通經之士，東漢桓帝時崔寔與諸儒共定五經，也字子真[83]。另有陳球（字伯真）、賀純、苑康皆字仲真、皇甫嵩（字義真）、張升（字彥真）[84]，另有杜真、黃真、郝禮真[85]，這些人若非經師，即為名士，又有法真（字高卿），博通內外圖典，為關西大儒，順帝屢徵不至，以巢父自許，死後友人稱之玄德先生，不過後世最熟悉者，當為西漢末之「谷口鄭子真」，揚雄稱許他「不詘其志，耕於巖石之下，名震於京師」[86]。西晉之世，真字入名更為頻繁，以此為字者有石樸（字玄真）、韓壽（字德真）、劉寔（字子真）、山允（字叔真）、溫嶠（字太真）、陶瞻、劉沈皆字道真，其中趙至（字景真）係代

79　《先秦漢魏晉南北朝詩‧魏詩》，卷六，〈飛龍篇〉。
80　《世說新語箋疏》，卷一，〈德行〉。
81　吉川忠夫著，王啟發譯：〈真人與革命〉，《六朝精神史研究》（南京：江蘇人民出版社，2010 年），頁 66-85。
82　《漢書》，卷六七，〈梅福傳〉；卷六九，〈辛慶忌傳〉；《後漢書》，卷三六，〈賈逵傳〉，李賢《注》；同前，卷六四，〈趙岐傳〉。
83　《後漢書》，卷五二，〈崔駰傳〉，寔又名台，字元始。
84　《後漢書》，卷五六，〈陳球傳〉；卷六三，〈李固傳〉；卷六七，〈苑康傳〉；卷七一，〈皇甫嵩傳〉；卷八〇下，〈文苑傳〉。
85　《後漢書》，卷四八，〈翟酺傳〉，李賢《注》引《益部耆舊傳》；卷六四，〈吳祐傳〉；卷六八，〈郭太傳〉；卷八三，〈法真傳〉。
86　《漢書》，卷七二，〈王貢兩龔鮑傳傳〉。皇甫謐《高士傳》，卷中：「鄭樸，字子真，谷口人也，修道靜默，世服其清高」。

郡人，出身行伍之家，從嵇康游，鮮卑人慕容皝（297-348）漢化甚深，能通經學、天文，也取元真為字[87]。東晉南朝以此為名者更多，如王敦之弟年十八出家，事中州劉元真為師。元真早有才解之譽，孫綽曾贊曰：「索索虛衿，翳翳閑沖，誰其體之，在我劉公」，看來兼有釋道氣息與名士玄風[88]。這些人個別取用真字的考量無法確知，但當時菁英命名深好「真」字，絕無可疑，這裡僅舉劉宋時陳懷真、韋希真、劉真道、陸法真、劉顯真，從這些組合可以看出，「真」是為人懷抱、希求、彰顯的對象，與「法」、「道」相結合，更是新的命名組合[89]。

　　這裡無意斷言這些真字人名皆與道教有關，前文說過，古代最重「真」者無過於莊子，本來就有很強的修養意味，但其義也與神仙信仰暗合。漢晉菁英使用「真」字，除了取其高遠之義，心中是否存有神仙或道徒的形象，很難確言，名士多對「真」的境界懷有嚮往，西晉山濤（205-283）稱阮咸「清真寡慾，萬物不能移也」，桓溫說謝尚「企腳北窗下彈琵琶，故自有天際真人想」，東晉時人稱八達之一的羊曼「真率」，和「清真」都是從晉代才有的用語[90]，主要形容人對世俗名教的超越。總之，在漢晉時期，「真」兼有「道家／神仙思想／道教」之多源，廣為各界歆慕使用，但本書想強調的是，到東晉《真誥》明確繼承「真人」的宗教性，並極力強化「真」與方外神仙世界的連結，綜觀全書二十卷，「真

---

87 《晉書》，卷三三，〈石苞傳〉；卷四〇，〈賈充傳〉；卷四一，〈劉寔傳〉；卷四三，〈山濤傳〉；卷六七，〈溫嶠傳〉；卷六六，〈陶侃傳〉；卷八九，〈劉沈傳〉；卷七〇，〈鄧騫傳〉；卷七五，〈劉惔傳〉；卷八一，〈毛寶傳〉；卷九二，〈趙至傳〉；卷一〇九，〈慕容皝傳〉。
88 《高僧傳》，卷四，〈竺潛深〉。
89 懷真、希真皆見《宋書》，卷八四，〈鄧琬傳〉；卷五，〈文帝紀〉；卷九二，〈陸法真傳〉；卷一〇〇，〈自序〉。
90 見《世說新語箋疏》，〈德行〉、〈賞譽〉、〈容止〉、〈雅量〉。

人」是出現次數最多的詞語，無一不指仙靈[91]，與仙靈溝通的紀錄也以「真」為總名，在東晉南朝，「真」可說是道教思想、信仰最重要的關鍵字，大量被道教徒使用，與各種道教事物相連結，以陶弘景來說，不僅將許氏家族稱為「真冑」，並將道教神仙統稱為「真靈」，大大強化了真字的宗教性格。從整體來看，「真」字本有脫俗之意，更在南朝受到前所未有的洗禮，陶鑄了宗教化的「真」，擴大了此字的聯想，要想考察此後的「真」字人名，恐怕不能不考量這一層面的影響。

　　「真」字在北朝人名的用法，則與南朝有所不同。在北魏建國初期，其宗室已有真字入名的作法，如樂真、烏真、處真、力真[92]，都是代王之後，又有匈奴賀蘭部大人劉奴真、代人尉古真、太真兄弟、來大千之父來初真、酋帥萬真等[93]，此前也有皇甫真，係安定朝那人，慕容廆時任遼東國侍郎[94]。不過這些「真」字極可能出自北族語言的音譯[95]，無涉於華夏思想或宗教，道武帝拓跋珪宮掖庭中，晨昏常演唱「真人代歌」，《魏書》說此歌凡一百五十章，「上叙祖宗開基所由，下及君臣廢興之跡」，可與絲竹合奏，郊廟宴饗亦常用之，此歌後世無傳，不過看起來很像鮮卑部落吟唱的祖先英雄史詩，與道教「真人」的關聯恐怕非常小[96]。再以尉古氏為例，其後又有名為彌真者，從整個家族的命名型態來看，胡語音譯的比例很高，不宜斷定太真、彌真有古典漢語的

91　吉川忠夫、麥谷邦夫編：《真誥校注》（北京：中國社會科學出版社，2006年），〈索引〉，頁635。趙翼曾留意古代「真人」用法的神仙意涵，但未及《真誥》，見《陔餘叢考》，卷三八，〈真人、道士〉，頁751。
92　《魏書》，卷一四，〈神元平文諸帝子孫傳〉；卷一五，〈昭成子孫傳〉。
93　《魏書》，卷三二，〈劉庫仁傳〉；卷二六，〈尉古真傳〉；卷三〇，〈來大千傳〉；卷三四，〈萬安國傳〉。
94　《晉書》，卷一一一，〈皇甫真傳〉。
95　白鳥庫吉著，方壯猷譯：《東胡民族考》（上海：商務印書館，1934年）。
96　《魏書》，卷一〇九，〈樂志〉。

意涵。太武帝拓跋燾從弟名仁，原名庫仁真，燾之長子名晃，字天真，其弟拓跋譚、建、余名受洛真、樹洛真、可博真[97]，後三者顯然都是胡名，北胡無取字的習慣，拓跋晃之字天真，極可能也是胡名，用來作為漢式之「字」，范陽人李訢小名真奴，應該也是如此，拓跋燾便有幼子以小兒、貓兒、真為小名[98]，可見「真」字是北族很常見的命名選項，關心的不是其中的思想意蘊，北魏初期有紇豆陵真，以「玄道」為字[99]，是很特殊的案例，可惜資料有限，無法多作研判，至於前述慕容皝以元真為字，則必須考量到他高度漢化的背景，不可一概而論。

然而，前文也提過太武帝時深讚寇謙之道教之說，改年號為太平真君，更發動中國史上首度大規模的毀佛運動，以致「一境之內，無復沙門」[100]。在謙之的道教論說中，「真」也有很強的神道色彩，高階神靈名為「真尊」，佛則為「延真宮主」，宗教性的「真」必為當時鮮卑所悉。另一個當時重視「真」的線索並不是人名，謙之曾再三建言，請立靜輪天宮，雖然此事阻力頗多，直到他逝世都未建成，但對拓跋燾來說，道教天宮的構想應該有很大的吸引力，《南齊書》說他居於雲母殿，又立重屋於上，飲食處則名「阿真廚」，皇后等恒出此廚求食[101]。雲母為道教求仙慣食之物，《抱朴子·仙藥》載有「上藥令人身安命延，昇為天神，遨游上下，使役萬靈，體生毛羽，行廚立至」，後文並提到雲母之功，此書雖出於東晉葛洪之手，可以相信是仙家之舊說，使用雲母在

---

97 《宋書》，卷九五，〈索虜傳〉。
98 《魏書》，卷一八，〈太武五王傳〉。
99 《新唐書》，卷七一下，〈竇氏〉。
100 《高僧傳》，卷一○，〈宋偽魏長安釋曇始傳〉。
101 《南齊書》，卷五七，〈魏虜傳〉。《魏書》，卷二，〈太祖紀〉：「（天興）三年……秋七月王子，車駕還宮。起中天殿及雲母堂、金華室」。

中古時期很流行，梁時有鄧郁隱居衡山，斷穀三十餘載，唯以澗
水服雲母屑，並為蕭衍合丹，只是他不敢服食[102]，至於變化行廚
也是神人之術[103]，拓跋燾既以真君自命，將宮殿取名「雲母」，並
將膳房名為「阿真」，與其信仰的關係不宜忽略，這一點過去很少
人注意到，是否也牽動當時以「真」為名的心態，也值得考量。

　　北周武帝宇文邕（543-578）也信奉道教，曾令通道觀學士纂
《無上秘要》一百卷，全書所見「真人」百餘次，「神人」僅五見，
證實北朝道士重視「真」的情況。不過，綜觀北朝正史的世俗人
名，除了胡語音譯，看不太出思想性、宗教性的「真」有顯著的
影響，至少沒有像南朝與靈、玄、道等字連結為名的現象，只有
少量個案微露其意：太平真君年間，有扶風公元處真、平昌公元
託真，約同時期有左將軍李璞（字季真），以「真」相處、相託，
並以「真」釋璞，稍有精神之意味；孝文帝時京兆王元愉曾招嚴
懷真等儒學賓客數十人，魏末有侍御史索懷真（字公道）[104]。與
道、靈、僧字結合者，僅有右軍將軍李道真、清河人張靈真、祁
縣人韓僧真[105]。至於中山人劉持真，原為領民酋長，其名又作特
真[106]，北齊時有善無人尉景（字士真）[107]，看不出有特別的意涵。
要之，「真」字雖見重於北朝道教，但在人名的表現不若南朝，這
點很可能也與北方玄風普遍淡薄有關。北魏程駿少從劉昞習儒

102　《南史》，卷七六，〈隱逸傳下〉。
103　《神仙傳》，卷三，〈王遠〉：「召進行廚，皆金玉杯盤無限也」，卷四，
　　　〈劉政〉：「生致行廚，供數百人」，《真誥》，卷一三：「六甲陰陽行廚符」。
　　　又道教原有廚會之制，是道教徒之間重要的集會場合，並設飲食，故名
　　　廚會，寇謙之亦曾月設廚會數千人（《魏書‧釋老志》）。
104　處真、託真皆見《魏書》，卷四，〈世祖紀下〉；卷四六，〈李訢傳〉。
105　《魏書》，卷七一，〈裴叔業傳〉；卷六四，〈張彝傳〉；卷一一二上，〈靈
　　　徵志上〉。
106　《周書》，卷一七，〈劉亮傳〉。
107　《北齊書》，卷一五，〈尉景傳〉。

業，曾說「今世名教之儒，咸謂老莊其言虛誕，不切實要，弗可以經世」，這裡所說的只是老莊，尚未直指玄學[108]；北齊顏之推直言老莊「任縱」，逐一清點魏晉以來的玄學人物，對於自己親歷的梁朝玄風，雖然未加攻訐，但也自陳「性既頑魯，亦所不好」[109]。這不只是之推個人的態度，北朝亂世之中，雖不無奉行道家之人，以簡樸寧靜自守，但玄風確實遠遜於南方，北周韋敻與族人處玄、安定梁曠為放逸之友，晚年虛靜，以體道會真為務，恐怕是北人少有的作風[110]。除了道教徒之外，對於高遠玄秘的方外世界，北朝菁英也多乏探索的興趣，遠不如南朝熱衷，舉例而言、仙真、真仙、靈仙、仙靈在北朝諸史中，出現的次數屈指可數，相較於南方對這類字詞的重視，確實大不相同。

　　回來看北朝「玄」字人字的情況，也大體相似，北朝當然也用此字，但相對於南朝，其宗教性、超越性的傾向明顯較淡，與道教關係亦不顯，當然也有特例：北魏初梁越為禮經博士，太祖命授諸皇子經書，以玄覽為字[111]；盧玄以子真為字，盧家世代以儒雅稱名，太武帝神䴥四年（431）辟召儒儁，便以玄居首，授中書博士，崔浩見之，每感嘆「使我懷古之情更深」[112]，敦煌人闞駰（字玄陰）博涉經史[113]，渤海程玄也是通經之儒[114]，但整體來說，北方的「玄」字人名超越的性格並不強，像是韓玄（字澄寂）之例實在極罕[115]。至於「靈」字的情況稍有不同，用者頗多，此

---

108 《魏書》，卷六〇，〈程駿傳〉。但程駿本人是相當推崇老莊的。
109 《顏氏家訓集解》，卷三，〈勉學〉。
110 《魏書》，卷三一，〈韋敻傳〉。
111 《魏書》，卷八四，〈梁越傳〉。
112 《魏書》，卷四七，〈盧玄傳〉。
113 《魏書》，卷五二，〈闞駰傳〉。
114 《魏書》，卷二〇，〈孝文五王傳〉；卷七八，〈張普惠傳〉。
115 〈韓玄墓誌〉，正光元年（520），《南北朝彙編》，頁 154。並見〈魚玄明銘〉，皇興二年（468），同前，頁 53，然銘文極略，不足以研判思想。

字原本就有神靈、靈瑞的意思，除了前引之劉靈助，北魏時尚有定州刺史李靈、散騎侍郎侯靈紹，北齊有度支郎中馮靈紹[116]。魏末大中大夫王導死於河陰之亂，其墓銘由友人傅靈檦所寫[117]。源賀之子源懷有七子，其中至少有三子皆以「靈」為「字」之首（長子規，字靈度；榮，字靈並；徽，字靈祚），再下一代又有源雍（字靈和）、子恭（字靈順）[118]。以此為「字」者尚有谷纂（字靈紹）、韋珍（字靈智）、裴堪（字靈淵）、淳于誕（字靈遠）、羊祉（字靈祐）、馮亮（字靈通）、麴嘉（字靈鳳）[119]，北齊有上谷人張耀（字靈光），雖未以學術知名，但喜讀《左傳》，時人比之賈逵，有人問他是否有意補正服虔、杜預，他只說想從中尋求處世之借鏡，可見其性格之實際，再說「靈光」已見於漢代，不必與宗教相關[120]。最常用的組合可能是「靈珍」，有氐人仇池鎮將楊靈珍、鄧靈珍、羊靈珍。[121]石刻所見，女性有廣平郡君宋靈妃[122]，如論宗教或方外色彩較強者，北魏初有釋玄高，本姓魏，名靈育，與寇謙之同出馮翊萬年，僧傳說其「母寇氏本信外道」，背景比較清楚，且可

另有鄭德玄，字文通，曾任劉宋散騎常侍，後入北魏，見〈李媛華墓誌〉，正光五年（524），《南北朝彙編》，頁198-220。德玄為媛華外祖父。

116 李靈並見《魏書》，卷二二，〈李元忠傳〉，卷二九，〈李渾傳〉；卷七下，〈高祖紀下〉；《北齊書》，卷四○，〈馮子琮傳〉。

117 〈王導墓誌〉，永安元年（528），《墨香閣》，頁26-27。另有李檦（字靈傑），見《周書》，卷一五，〈李弼傳〉，唯《北史》，卷六○，〈李弼傳〉作雲傑。

118 《魏書》，卷四一，〈源賀傳〉。源雍《北史》作子邕，與子恭俱見該書，卷二八，〈源賀傳〉。

119 《魏書》，卷三三，〈谷渾傳〉；卷四五，〈韋閬傳〉；卷七一，〈裴叔業傳〉；卷七一，〈淳于誕傳〉；卷八九，〈羊祉傳〉；卷九○，〈馮亮傳〉；卷一○一，〈高昌傳〉。

120 《北齊書》，卷三五，〈皇甫和傳〉；卷二一，〈高乾傳〉；卷二五，〈張耀傳〉。

121 《魏書》，卷一○一，〈氐〉；卷二四，〈鄧淵傳〉；《北齊書》，卷四三，〈羊烈傳〉。又靈珍弟名靈奇，見同卷。

122 〈宋靈妃墓誌〉，永熙二年（533），《南北朝彙編》，頁383-385。

猜想其原名或與道教有關[123]。北齊時有某佛教居士名道明（字靈仙）[124]，東魏有諫議大夫裴子通（字叔靈），其兄子昇（字仲仙），也是意涵比較鮮明的例子[125]。在北朝造像記中，「靈」字頗受重視，屢屢以「靈迹」、「靈容」稱佛像或感應之跡[126]，道教〈姚伯多造像記〉也提到「靈教」、「靈仙」[127]，但相較於伏、僧、神等字，民眾以靈為名的比例並不算高，即使自稱道民，靈、玄、真字人名也不算突出。

　　綜合以上所論，可以得出這樣的看法：南朝道流，常見靈、真、玄等字入名，與仙真信仰的關係比較明顯，反觀北朝道士或基層道民，以道、神作為最主要的宗教用字，命名有世俗化的傾向，較為質樸，道流之名也多有古風，即使以玄字入名，宗教氣味也普遍淡薄。個人認為之所以會有這種差別，主因是南方本來就比北方崇尚玄虛的學風，加上東晉以降，道教徒不斷加強「仙真」、「真靈」等的連結，豐富了這些字眼超越世俗的聯想，強化了道流乃至世俗菁英對這些「道名」用字的喜好，並為後世所繼承。以「玄真」為例，除了有劉宋道士史玄真（《太平廣記》卷四一八），梁時有武將王玄真，南齊有儀曹令史朱玄真[128]，隋代有校書郎韋玄真[129]，唐初有宗室名玄真[130]，宰相裴寂（570-629）字玄

123　《高僧傳》，卷十一，〈晉偽魏平城釋玄高〉。
124　〈□道明墓誌〉，天保三年（552），《南北朝彙編》，頁 489-490。
125　〈裴良墓誌〉，天平二年（535），《新出疏證》，頁 190-197。
126　〈法義兄弟等二百人造像記〉，永熙三年（534），《百品》，頁 84；〈凝禪寺三級浮圖碑〉，元象二年（539），同前，頁 99；〈陳氏合村造像記〉，天和元年（566）。
127　〈姚伯多造像記〉，太和二十年（496），《百品》，頁 5；〈唐邕刻經記〉，武平三年（572），同前，頁 253；〈臨淮王像碑〉，武平四年（573），同前，頁 259。
128　《魏書》，卷七九，〈董紹傳〉；《南齊書》，卷四四，〈徐孝嗣傳〉；
129　《新唐書》，卷七四上，〈韋氏・東眷韋氏〉
130　《新唐書》，卷七〇上，〈太祖景皇帝・郇王房〉。

真[131]，在敦煌顯慶元年（656）《本際經》寫本中，也有五通觀道士梁玄真[132]，晚唐有盧玄真、駱玄真，又有女道士李玄真[133]，武將李抱真（字太玄）好長生術，餌丹二萬餘丸而死[134]。張志和行事多逸氣，自號玄真子[135]。墓誌所見有玄宗時昌陽縣令常屯如[136]，與中唐時女子劉媛，都以玄真為字，以上這些人不乏道士或隱士，但也有很多與之無關[137]，這種風氣甚至擴大到道教圈外，比如玄趣、法仙、道仙、玄覽、玄逸、潛真、知玄、玄素、鑒真、靈一、靈澈、志玄、清虛、靈幽、幽玄，如果光看字面，似為道家或道教之流，其實都是南朝隋唐的比丘[138]。

　　本節嘗試追索了中古「道教（家）之名」的面貌與來源，特別提出東晉南朝道教的影響，但並沒有特別界定「道名」的概念。如前所說，這種命名有其用字特點，但很難如佛教之聖名，惡名，或風俗性的賤名等模式，可以被清楚確認，原因在於玄、靈、真等字的意涵抽象，來源不一，一般人選用這些字眼，很可能只是

131　《新唐書》，卷八八，〈裴寂傳〉；〈裴寂墓誌〉，貞觀六年（632），《珍稀百品》，頁 44-47。

132　《敦煌道教文獻研究：綜述・目錄・索引》，頁 291。

133　《新唐書》，卷二一一，〈王武俊〉；《舊唐書》，卷一八二，〈畢師鐸〉；卷一九三，〈列女〉。

134　《新唐書》，卷一八三，〈李抱真〉。

135　《新唐書》，卷一九六，〈張志和〉。

136　〈大唐故中大夫上柱國前行萊州昌陽縣令常府君〉，先天元年（712），《唐誌續編》，先天〇〇一。

137　〈前河南府福昌縣丞隴西李君故夫人廣平劉氏墓誌銘〉，元和十三年（818），《唐誌彙編》，元和一二一。

138　《高僧傳》，卷八，〈齊京師莊嚴寺釋道慧〉、〈齊京師太昌寺釋僧宗〉（另一法仙見卷一二，〈梁上定林寺釋慧彌〉）；《續高僧傳》，卷二五、卷二七，〈隋蜀部灌口山竹林寺釋道仙傳〉、〈唐京師弘福寺釋玄覽傳〉；《宋高僧傳》，卷五、同前卷、卷六、卷九、卷一四、卷一五、同前卷、卷二四、卷二五、同前卷、卷二七，〈唐京兆華嚴寺玄逸傳〉、〈唐京師興善寺潛真傳〉、〈唐彭州丹景山知玄傳〉、〈唐潤州幽棲寺玄素傳〉、〈唐揚州大雲寺鑒真傳〉、〈唐餘杭宜豐寺靈一傳〉、〈唐會稽雲門寺靈澈傳〉、〈唐沙門志玄傳〉、〈唐梓州慧義寺清虛傳〉、〈唐上都大溫國寺靈幽傳〉、〈唐洪州寶曆寺幽玄傳〉。知玄字後覺，同書卷八另有玄覺。

出於對精神修養或玄理雅趣的嚮往，至於神、道等字，更是當時泛用之字，與道教或道家沒有必然的關聯。這裡可以再舉「玄智」為例，此語不見於中古之前文獻，南齊永明六年（488）射聲校尉陰玄智坐畜妓免官[139]，是史書最早的人名紀錄，同時又有前引北魏術士任玄智，史稱其為世宗、肅宗時人，也就是宣武帝至明帝期間（499-528）。「玄智」作為論述用語，首見於劉勰（約 460-522?）為佛教辯護的〈滅惑論〉，此論收入僧祐《弘明集》卷八，寫成年代不詳，學者多認為撰於齊時，適與錢、任二人活動的年代相當，但三人認定的「玄智」可能大異。此後「玄智」為各界人所用，北周有魏玄（字僧智）[140]，陳時有文士錢玄智[141]，唐初朝散大夫劉華二子，分別名為玄德、玄智[142]，胡玄智來自武人家庭[143]，安定人樊玄智依止杜順和尚，誦《華嚴經》，感應極多[144]，貞觀中有裴玄智入三階教寺院[145]，另有高昌人馬玄智[146]。中古時期各種人都以「玄智」為名，只是很難將此界定為道家或道教之名，玄、真、靈字都如此，神字、道字尤然，當然，這當中可能會有思想和宗教信仰的意味，但與使用者的背景實在沒有必然或明確的連結，與佛教大不相同。閆廷亮〈唐人姓名研究〉所錄逾四萬例，在常用字頻中，「玄」、「道」二字分別排在第四、第十七位[147]，可見其風之廣，但正因長期衍為流行，內涵反而極不易把捉，「道」

139　《南齊書》，卷四二，〈王晏傳〉。

140　《周書》，卷四三，〈魏玄傳〉。

141　《先秦漢魏晉南北朝詩‧陳詩》，卷三，張正見，〈與錢玄智汎舟詩〉。

142　〈唐劉華墓誌〉，咸亨元年（670），《西安新誌》，頁 127-129。

143　〈大唐故韋君夫人胡氏墓誌銘〉，天寶元年（742），《唐誌續編》，天寶〇〇三。

144　唐‧澄觀：《大方廣佛華嚴經隨疏演義鈔》，卷一五。

145　《太平廣記》，卷四九三，〈雜錄一〉。

146　唐‧慧立：《大唐大慈恩寺三藏法師傳》。

147　閆廷亮：〈唐人姓名研究〉，頁 78。

字且不論，隋代有處士李玄（字大義），光憑此名，即使加上墓誌，仍難以確知此「玄義」的歸屬[148]，其後有劉知幾（661-721，字子玄），乃至蘇味道（648-705）及其弟味玄[149]，中唐時滎陽縣令之妻李智玄也是如此[150]。總之，長期以來，道家、道教在創造、流傳過程中，有許多用語與其他信仰或世俗社會共享，也成為共通的命名元素，「道」的特色仍在，但其本質反而往往顯得若有若無，很難加以定性——這種曖昧、流動的性質，或許正是「道名」最重要的特色。中古前期確實出現了別具特色的道名新貌，但使用者不限於道流，他們心中未必存有道家或道教之念，更普遍的可能只是某種高遠、超脫的嚮往，換言之，使用這種名字不一定要有特定的信仰或概念，背後也未必有特定的想像。

第二節　唐代的道名

　　底下將以兩《唐書》之〈方伎傳〉、〈隱逸傳〉為樣本，除了醫家以及前述「真」、「玄」等常用字以外，觀察隋唐道士與道流之名有無新的表現。這裡也要說明一點，本節完成之後，乃見到李斌城之作，應是迄今關於唐代道教與人名最完整的研究，不過本書的重點與作法完全不同，讀者可以參讀[151]。

　　唐初奉道男性最知名者為道士李淳風（602-670），相士袁天綱與之齊名，前者當取於《老子》「其民淳淳」（五十八章），東漢

148　〈唐李玄墓誌〉，乾封元年（666），《河洛墓刻》，頁 89。
149　《舊唐書》，卷九四，〈蘇味道〉。
150　〈唐劉君妻李智玄墓誌并蓋〉，元和八年（813），《河洛墓刻》，頁 495。
151　黃正建主編：《中晚唐社會與政治研究》，第五章第四節，〈以道家思想和道教神仙命人物名的社會風尚〉，本章由李氏撰寫。

《河上公章句》亦以淳風為卷名。先秦儒籍重「治」，然不甚重「淳」，道家則相反，在《莊子》書中的意思和「真」很相近，而且有強烈的復古意味，〈繕性〉慨嘆燧人、伏羲以降，民德屢衰，堯後尤見「澆淳散朴」，「淳風」實乃古代道家重視的價值，無待道教之倡導。至於天綱之名，或許與古代占驗時日所用的「式」有關[152]，也用來稱呼某些星宿[153]。其他道流有孫思邈、司馬承禎（字子微）、王遠知、羅思遠，從這些字來看，都有超脫事物表象的想法，「遠知」是儒道共通的概念，《禮記‧經解》說《書》教之功在於「疏通知遠」，但道流使用知遠、思遠之名，眼光恐怕不僅止於世象興衰，還有更富超越性的關懷。對照「微」字，此義尤顯，〈經解〉以「潔靜精微」闡釋《易》教，但除了〈中庸〉，先秦儒書很少就「微」字發揮，道家則相當看重，老子以此形容「道」的特質（十四章），又說「古之善為士者，微妙玄通，深不可識」（十五章），戰國《鶡冠子‧泰錄》更直言「精微者，天地之始」，《列仙傳》記載楚人陸通（字接輿），也說道者須「存心以微」。從唐代道流的「微」字人名，可以看出遙接古代道家或神仙信仰的跡象。

　　至於田遊巖、孫處玄、劉道合、李嗣真、桑道茂之名，也都有明顯的方外氣息，要特別說明的是「遊巖」的用法，此名應始於前述陸修靜之弟子孫遊嶽，其得名殆與江南風景有關，劉宋時

152　《史記》，卷一二七，〈日者列傳〉，司馬貞《索隱》：「式即栻也。旋，轉也。栻之形上圓象天，下方法地，用之則轉天綱，加地之辰，故云旋式」。詳李零：《中國方術正考》（北京：中華書局，2010 年），第二章。
153　《三國志》，卷三二，〈先主傳〉：「昴、畢為天綱」，按此二星屬於西方七宿；《晉書》，志一一，〈天文志上〉：「北落西南一星曰天綱，主武帳」；又《宋書》，卷二三，〈天文一〉載太中大夫徐爰之言：「夫琁玉，貴美之名，機衡，詳細之目，所以先儒以為北斗七星，天綱運轉，聖人仰觀俯察，以審時變焉」。

王弘之隱逸不仕，在越州會稽始寧縣佳山水間，依巖築室，為顏延之、謝靈運所欽，靈運致書廬陵王劉義真，便說：「會境既豐山水，是以江左嘉遁，並多居之」[154]，其地為今浙江紹興嵊州市，遊嶽所居仙都山，為三十六洞天之一，在處州縉雲縣（今浙江麗水），這些都是山川茂秀之地，或可推想「遊嶽」並非其原名，而是入山修道後所取，用以寄託隱世的理想。隋初有大理評事姜遊岳[155]，肅宗時有中官賈遊巖[156]，中唐有幽州節度步軍將段栖巖[157]，唐長清之子依序名栖桐、栖岊、栖霞、栖雲，尤見出塵之姿[158]，這些人名的結構相當一致，動詞是遊（游）、栖，所處之地則是嶽（岳）、巖（岊），都非日常市井空間，使用此名，頗能展現逸趣，不過大部份人的心態，未必得自道教，只是出於對自然或風雅的喜愛。敦煌天寶十載（751）所寫《道德經》（P. 2417）有索栖岳、馬遊嶽之名，分書其人為「神泉觀男生清信弟子」、「三洞法師中岳先生」，道徒身份無可疑，貞元四年（788）《淨名經關中疏》（S. 3475）有索遊巖，自稱「俗弟子」，並說是「為普光寺比丘尼普意轉寫此經」，此疏係唐代僧人道液所撰，用意是刪補後秦僧肇的《註維摩詰經》，索遊巖很可能不是道教徒，可見這種命名方式已經擴散到道教圈外，乃至世俗的選項之中。

---

154 《宋書》，卷九三，〈王弘之傳〉。
155 〈周姜明誌〉，大業九年（613），《隋誌彙考》，第四冊，頁 303-306。
156 《舊唐書》，卷九二，〈韋安石〉。
157 〈唐幽州節度步軍將段驃騎墓誌銘〉，貞元十九年（803），《唐誌續編》，貞元〇七五。
158 〈般若波羅蜜多心經〉，《房山》，大和二年（828），頁 81。

一、「幽」、「隱」為名

　　除了正史，以下想再擴大唐代道流人名的樣本，強化本書對「道名」發展的考察。本節選擇《太平廣記》〈神仙〉、〈道術〉、〈方士〉、〈異人〉等卷為範圍，以下試依卷數，將具有道名特色者列出：元藏幾（卷一八）、陰隱客、楊通幽（卷二〇）、羅公遠（卷二二，與卷七七之羅思遠應為同一人）、劉清真（卷二四）、玄真子（張志和，卷二七）、李遐周（卷三一）、顏真卿（卷三二）、馬自然（名湘，卷三三）、崔希真（卷三九）、薛玄真（卷四三）、白幽求、王太虛、王子芝（字仙苗，卷四六）、宋玄白、許棲巖（卷四七）、陳惠虛（卷四九）、侯道華（卷五一）、王法進、楊真伯（卷五三）、竇玄德（卷七一）、葉靜能、袁隱居（卷七二）[159]、程逸人、駱玄素、崔玄亮（卷七三）、錢知微（卷七七）、向隱（卷七九）、周隱克（卷八〇）、王守一（卷八二）、趙知微、皇甫玄真（卷八五）；再以「道士」檢索全書，排除重複者，具有此身份的還有葉通微（卷一八）、朱太虛（卷二一）、姜玄辨、王玄真（卷二四）、邢和璞（卷二六，並見卷三三〈顏真卿〉）、王知微（卷三三）、楊雲外（卷四〇）、蕭洞玄（卷四四）、宋玄白（卷四七）、潘法正（卷四九）、鄧太玄（卷五一）、牛知微、孫靈諷（卷五四）、徐道盛（卷五九）、程太虛（卷六六）、王方古（卷六七）、輔神通（卷七二）、葉虛中（卷七三）、趙歸真（卷七四）、田良逸、蔣含弘（卷七六）、符契元、茅安道（卷七八）、王挑杖（疑為桃杖，卷八六）、王洞微（卷一三三）、鮑知遠（卷一四〇、王法朗、郗法遵（卷一四〇）、

159　與葉淨能當為同一人，《舊唐書》，卷四一，〈桓彥範〉：「（中宗）時有墨敕授方術人鄭普思祕書監，葉淨能國子祭酒」。

厲歸真（卷二一三）、張素卿（卷二一四）、梁虛舟、李若虛（卷二一六）、許藏祕（卷二三〇）、史崇玄（卷二八八）、明思遠、解元龜（卷二八九）、朱思遠（卷二九〇）、沈太虛、邵修默（卷三一三）、申屠千齡、吳守元（卷三六六）、王守貞（卷三六七）、謝又損（卷三八六）、譚峭巖（卷四五八）。

如再計入元代道士趙道一纂《歷世真仙體道通鑑》所錄者，唐代道流尚有李含光（卷二四）、潘師正（字子真，卷二四）[160]、胡隱遙（卷二九）、丁玄真（卷三一）、劉知古、鄧紫陽、伊祁玄解（字光玄，卷三二）、徐靈期、蕭靈護、張太空（卷三三）、賀自真（卷三三）、鄧去奢（卷三七）、薛幽棲（卷三九）、田虛應、徐靈府（號默希子）、葉藏質（字含象）、呂志真、閭丘方遠（字大方，以上卷四〇）、聶師道（字通微）、張氳（一名蘊，字藏真）、傅仙宗（以上卷四一）、舒虛寂（字得真）、俞靈瑣、劉道平、謝通修、厲歸真（卷四二）、邊洞元、李真、鄭遨（字雲叟）、李守微、韋古（字老師，以上卷四三）、劉無名、李終南（以上卷四四）、施肩吾（字希聖，號華陽）、爾朱洞（字通微，以上卷四五）、吳涵虛（字合靈，卷四六）。

綜觀這些名字，除了前一節所述的真、玄、靈字以外，幽、隱、虛、微字頻繁出現，表現也更為精緻多變，遠勝於南北朝。這些用法也應該更能符合使用者的宗教歸屬和意志，因為這些都不是世俗常用字，如果想發掘其中的新貌，「幽」字應該是很好的切入點。前舉楊通幽原名什伍，曾為玄宗訪得楊貴妃之神魂，成為日後白居易（772-846）〈長恨歌〉的藍本，歌中所稱「臨邛道士」即是什伍，玄宗因此賜名通幽，以彰其秘術。幽字在古代並

---

160 兩《唐書》、《太平廣記》均未載其字。

不是好字，用法和靈很像，常和死亡相連，或指陰暗、閉鎖，或言隱微、遮蔽，《周易》稱「幽人」，孔穎達《疏》說是「幽隱之人」，《九歌・山鬼》亦云「處幽篁兮終不見天」，雖不全屬負面，綜觀古代，使用此字為名的幾乎沒有，此負面涵義也為後世所繼承，北魏後期李瑒排佛，即稱之「幽者為鬼教」[161]，古典性格仍然強烈。西漢揚雄《太玄經》釋「玄」為「幽攤萬類而不見形者也」（卷七），可能有些正面的暗示，但這種例子非常稀少，直到東漢，幽字才明顯有所轉變，張衡〈溫泉賦〉云：「蔭高山之北延，處幽屏以閑清」，處士法真被描述為「幽居恬泊，樂以忘憂，將蹈老氏之高蹤」[162]。在《太平經》中，接受天師道法的真人主要有六名，稱「六方真人」，北方即名「幽真」。三國魏晉以降，「幽」字更與精神性的用法結合，曹丕（187-226）說彈棊是「苞上智之弘略，允貫微而洞幽」，形容弈道之深奧[163]。西晉時孫楚讚美某人「思心精微，玄覽幽寤」[164]，更與玄字相連。此風由何而起？雖然幽字在古代並不受歡迎，老、莊也少用，不過在先秦後起的道家典籍中，實已潛藏「幽」深微的另一面，《鶡冠子・能天》云：「原聖心之作，情隱微而後起……杭澄幽而思謹焉」，《文子・上德》引《老子》佚文：「幽冥者，所以論道，而非道也」，幽在這裡的意思與深、微相近，是指內心用來體驗道的方式或精神境界，對外則表現為超脫塵俗的生活，《列仙傳》說涓子「拊琴幽岩，高棲遐峙」，商丘子胥「商丘幽棲，轀櫝妙術」，已勾勒出大多數山林隱逸高人的形象。

---

161 《魏書》，卷五三，〈李孝伯傳〉。
162 《全文・全後漢文》，卷五二；卷六三，田羽：〈薦法真〉。
163 《全文・全三國文・魏》，卷四，魏文帝：〈彈棊賦〉
164 《全文・全晉文》，卷六〇，孫楚：〈季子贊〉。

　　幽字的用法後來繼續擴大，淡化使人不喜的原意，東晉初李充著〈學箴〉，即稱「大象幽玄」[165]，不過「幽」字更主要的突破，應仍出於東晉南朝道教徒的手筆，向超然之「道」靠攏，《抱朴子・論仙》云：「神仙之遠理，道德之幽玄」，《真誥》直言修仙之道是「幽道」（卷四），楊羲則稱西漢卜者司馬季主「學業幽玄」（卷一七）[166]，《神仙傳》更說古代有享壽二千餘歲的白石先生「朝拜事神，好讀《幽經》」[167]。在後來的道經中，「幽」字也大量與神靈、道體結合，這裡僅舉一個例子，東晉末葛巢甫等輯《靈寶無量度人上品妙經》，卷一記載道君所授之「大梵隱語無量音」，其中有「元梵恢漠，幽寂度人」之句，唐時李少微《注》云：

　　　　幽兮寂兮，不可聞見，其中有真，真中有精，冥度天人也。
完全是採用《老子・二十一章》「恍兮惚兮，其中有物」的格套，只是改以「幽」闡發「元始大梵」的性質，唐初道士劉無待纂《太上洞玄靈寶三元玉京玄都大獻經》總結靈寶諸經的性質：「理致幽玄，靈變不測，勸令行者，皆可寶持」，幽玄在這裡也是美語。駱賓王（640-?）〈代女道士王靈妃贈道士李榮〉提到「自言少小慕幽玄，只言容易得神仙」[168]，「幽」已完全脫離晦暗、閉鎖之義，成為宗教徒修行的心境或神聖境界。在敦煌留有開元六年（718）《無上秘要》寫本，題名為神泉觀馬處幽道士與其侄馬抱一[169]，

165　《晉書》，卷九二，〈李充傳〉。
166　原文為「羲白：《漢書》載季主事」，實出《史記・日者列傳》，見《真誥校注》，頁538。
167　《太平廣記》，卷七，〈白石先生〉。
168　《全唐詩》，卷七七。
169　王卡：《敦煌道教文獻研究：綜述・目錄・索引》（北京：中國社會科學出版社，2004年），頁292。

後者之名出自《老子》「載營魄抱一」（第十章）[170]，處幽之名更充分證明「幽」已成為唐代道教徒嚮往的精神領域。

此外，《魏書》亦載魏明元帝拓跋嗣就征討赫連昌與否，「問幽徵於天師寇謙之」，也帶有神祕之性質[171]。不過，對於幽玄之道的嚮往並不限於道流，在南北朝也有人用來形容佛教，東魏孝靜帝元象元年有詔說「梵境幽玄」[172]，唐初有一位信佛的董夫人，墓誌說她「志尚幽玄，凝神釋教」[173]，可見「幽」的新義也被佛教所吸收。這個組合也見於非宗教的領域，唐初另有一位郎州都督元仁師，墓誌說他「高才擁筆，咀嚼幽玄」[174]，很可能只是套語，但「幽玄」與世俗文才結合，而且竟然被具象化，對照先秦「幽」之古義，不能不說落差何其巨大。其中除了中古玄學化的背景，與宗教徒、特別是道教徒的改造，應該有很大的關係，在這些條件底下，幽玄合用，乃成為描述玄理或某種修行造詣的慣用語，兩者互訓，因此「通幽」也可以說是「通玄」──道士楊通幽與佛徒李通玄之名，正可以說是從中古宗教心靈對精神世界的共同嚮往中產生的。

以下要舉人名之實例，證明「幽」的具體轉變，在南北朝史籍與石刻中，罕見時人以幽為名[175]，北魏孝文帝與皇后馮氏不睦，遺令自盡，並諡「幽皇后」，絕不是美稱[176]，入唐幽字人名明顯增

---

170 並見《老子・二十二章》：「是以聖人抱一，為天下式」，《抱朴子・明本》：「儒者汲汲於名利，道家抱一以獨善」。

171 《魏書》，卷一一四，〈釋老志〉。

172 《魏書》，卷一一四，〈釋老志〉。

173 〈大唐故董夫人墓誌銘〉，顯慶六年（661），《唐誌續編》，顯慶〇五〇。

174 〈□唐故郎州都督元府君墓誌銘〉，調露元年（679），《唐誌彙編》，調露〇〇六。

175 《魏書》，卷三六，〈李順傳〉有李探幽。

176 《魏書》，卷一一三，〈孝文幽皇后馮氏傳〉。

加，唐初有徐國公劉幽[177]，武周聖曆年間，冀州武強人劉幽求應
制舉[178]，中唐鄧光之女名幽奴，張國用之子名為幽子[179]，晚唐石
行信之妹名幽兒[180]，看起來都是小名，但此字也用於正式人名，
石刻所見有栢幽巖[181]、劉幽巖[182]，還有牛幽遷[183]，應取自《詩
經・小雅》「出於幽谷，遷於喬木」，但會選擇幽字，並非中古之
前可想像的用法。僅以河北房山一地而言，以「幽」為名的數量
就已相當可觀，組合甚多，並有僧名幽弁、零（靈）幽、幽寂、
文幽[184]，也許這種風氣與當地屬於幽州有關，但實際上，「幽」字
並不局限於此，中古僧傳以此為法名者，尚有法幽、通幽、道幽、
幽玄[185]。這些幽字未必都與宗教相關，更可看成是某種出世情懷
的展現，唐人以隱逸生活為題材的詩篇極多，屢用「幽」字，玄
宗寫詩贈道士司馬承禎，便讚美他是「幽棲者」[186]，幽人、幽客
等組合更不舉枚舉，往往與宗教無關。唐初有女性墓誌中說到
「柔順體於幽性，貞明照於靈襟」[187]，通篇無涉信仰，但幽、靈

177　《新唐書》，卷二六，〈禮儀六〉。

178　《舊唐書》，卷九七，〈劉幽求〉。

179　〈大般若波羅蜜多經題記〉，《房山》，貞元十三年（797），頁148；〈佛
　　　說百佛名經〉，同前，大和七年（833），頁89。

180　〈巡禮題名碑〉，《房山》，乾符二年（875），頁54。

181　〈大唐故栢府君墓誌銘〉，開元十八年（730），《唐誌彙編》，開元三〇
　　　九。

182　〈唐故營幕使判官登仕郎內侍省掖庭局宮教博士上柱國劉公墓誌銘〉，
　　　會昌元年（841），《唐誌續編》，會昌〇〇九。

183　〈佛說造立形像福報經〉，《房山》，咸亨二年（671），頁71。

184　〈佛說護諸童子陀羅尼咒經〉，開成三年（839），頁92；〈大般若波羅
　　　蜜多經題記〉，約貞元年間，頁149；同前，頁153；同前，開成年間，
　　　頁169。

185　《高僧傳》，卷一四，〈晉吳臺寺釋道祖〉；《續高僧傳》，卷二一，〈隋
　　　西京延興寺釋通幽傳〉；同前，卷二五，〈代州耆闍寺釋道幽傳〉；《宋高
　　　僧傳》，卷二七，〈唐洪州寶曆寺釋幽玄傳〉。

186　李隆基：〈王屋山送道士司馬承禎還天台〉，《全唐詩》，卷三。

187　〈大唐故泗州漣水縣主簿范府君夫人柳氏墓誌銘〉，上元二年（675），
　　　《唐誌彙編》，上元〇一一。

在此，顯然俱為美稱。曾附和安祿山的張通儒之弟初名通幽，後改知微[188]，同指幽微深邃的境界。

　　但要說明的是「幽」在唐代仍有古典之義，特別保留與死亡有關的用法，唐初一名無名宮人的墓誌，便提到「永絕幽巖」，所指乃是她的墓穴[189]，武周時一位王君的墓誌卻說到「築室幽巖，漁釣清渚」[190]，形容貼近自然的隱逸生活，可見在當時「幽巖」有兩種截然不同的用法。「幽泉」長期以來更是指死後的世界，武周時有一方墓誌就題名為「幽泉記」[191]，但在前揭人名中，仍有幽泉、幽岊、幽岩之名，顯與死亡無涉，而是重其出世的雅趣。在道經中，「幽」字也保有幽暗囚禁的古義，以「九幽」作為地獄的總稱，南朝《靈寶無量度人上品妙經》云：「罪籍幽玄，落滅消釋，不得拘留」（卷二一），即指罪魂所處之地；另一方面，道教也賦予「幽」正面的地位──楊通幽之所以得名，並非是在幽獄見到楊貴妃，而是仙幽之境，前述敦煌道士馬處幽之名更是最好的例證。「幽」字潛藏的幽遠之義被發揮，當與南朝道教的催化有關，轉為幽微、超然的象徵，只是幽字的負面性格仍長期存在於社會，不符合美名的標準，是以不為世俗所喜，摒除於正式人名之外，這點也被後世沿襲，以《宋人傳記資料索引》為範圍，全

188　《新唐書》，卷七二下，〈馮翊張氏〉。

189　〈大唐亡宮八品年冊六墓誌〉，上元二年（675），《唐誌續編》，上元〇〇七。

190　〈□□故□□□王君墓誌〉，萬歲通天二年（697），《唐誌彙編》，萬歲通天〇一八。

191　〈周裴氏崔夫人幽泉記并蓋〉，久視元年（700），《河洛墓刻》，頁155。

書只有一人以幽為「字」，而且是高麗人[192]，元代也明令禁用此字於人名[193]。以幽字為名，可以說是唐代特有之風。

　　「隱」字也是唐代不容忽略的命名作法，可與「幽」作為對照。《爾雅‧釋詁下》即以隱與瘞、幽、匿、竄、微等字並列，泛指藏匿、不明等義，《世本‧謚法》以「隱拂不成」、「不尸其位」為「隱」。《老子》有「道隱無名」之說（四十一章），《莊子‧齊物論》則云：「道惡乎隱而有真偽？」二義相反相成，指「道」超然、完整的性質，「隱」如用於社會行為及身份，則指逸離世俗之人，這種隱逸之風自古有之，隱士也多被目為高士[194]，晚唐李商隱（字義山，813-858?）名字殆即出於漢初的「商山四皓」[195]，羅隱（833-910）本名為橫，十試不中，遂更今名[196]，則是憤沮之隱，不過隱者始終有高蹈塵外的形象，甚至被世人目為神仙，這裡舉東漢前後期的兩個例子：

> 京兆高恢，少好《老子》，隱於華陰山中。
>
> （矯慎）少好黃老，隱遯山谷，因穴為室，仰慕松、喬導引之術……後人有見慎於敦煌者，故前世異之，或云神僊焉。[197]

192 《宋人傳記資料索引》，頁228：「王徽，字燭幽，高麗人……熙寧三年遣使來朝」。
193 《大元聖政國朝典章‧禮部》（臺北：國立故宮博物院，1976年），卷一，〈禮制一〉。
194 參王仁祥：《先秦兩漢的隱逸》（臺北：臺大出版委員會出版，1995年）。
195 《史記》，卷五五，〈留侯世家〉：「上乃大驚，曰：『吾求公數歲，公辟逃我，今公何自從吾兒游乎？』四人皆曰：『陛下輕士善罵，臣等義不受辱，故恐而亡匿』」。「商山四皓」之稱，見《漢書》，卷四○，〈張陳王周傳〉顏師古《注》。
196 清‧吳任臣：《十國春秋》（北京：中華書局，2010年），卷八四，〈吳越八〉。
197 俱見《後漢書》，卷八三，〈逸民傳〉。

「隱」不能算惡名，但古代以此為名者並不多，在漢代僅見於少數宗室，東漢末有張隱[198]，晉代其例稍多，但並不普遍，與隱逸略有相干者為西晉初荀隱，字鳴鶴，曾自比「山鹿野麋」[199]。稍早有周處（字子隱）[200]，西晉末有王隱（字處叔），其兄則名瑚（字處仲）[201]，同時有吳隱之（字處默），以寒素博學知名於世[202]。這些「隱」字都與「處」相連，而後者正是與「出」相對的，表示韜晦不仕的姿態，和「幽」略有相通之處。有些隱字人名可能有小名的性質，東晉初陶回四子，名為汪、陋、隱、無忌，但此一隱字和隱逸的關係恐怕很小[203]。梁時徐伯陽（字隱忍），與此也無關[204]，稍有可能的是劉宋初有劉凝之（字隱安），他本居城外，後來更隱居衡山高嶺，採藥服食，妻、子皆從其志，不過隱、穩古通，且其字又有異文，很難說「隱安」如實呼應他的情志[205]。北方之例，有渤海人高隱，為高歡之六世祖，永嘉亂後，與姪高瞻率數千家北徙幽州[206]，北魏初有西河介休人宋隱（字處默），其弟名輔（字處仁）[207]，有意思的是楊遁（字山才），家世顯赫，其父楊播門生故吏遍天下，但他的名、字好像暗示其才具另有天

198 《漢書》，卷一四，〈諸侯王表〉；卷一五下，〈王子侯表下〉；卷五三，〈景十三王傳〉；張璠：《後漢紀・獻帝紀》，〈初平二年〉，在周天游輯注：《八家後漢書輯注》（上海：上海古籍出版社，1986 年），頁 714；同前書，頁 733。
199 《晉書》，卷五四，〈陸雲傳〉。
200 《晉書》，卷五八，〈周處傳〉。
201 《晉書》，卷八二，〈王隱傳〉。
202 《晉書》，卷九〇，〈吳隱之傳〉；並見卷八三，〈車胤傳〉。
203 《晉書》，卷七八，〈陶回傳〉。
204 《南史》，卷七二，〈徐伯陽傳〉。
205 《南史》，卷七五，〈劉凝之傳〉。《宋書》，卷九三，〈劉凝之傳〉作「字志安」。
206 《晉書》，卷一〇八，〈慕容廆〉。
207 《魏書》，卷三三，〈宋隱傳〉。

地[208]。另一方面，以「隱」為名的作法開始為道流所注意，三國吳時葛玄學道，以其鍊丹祕術授弟子鄭隱，葛洪復就隱學，並師從南海太守鮑玄[209]，根據《洞仙傳》及葛洪《抱朴子‧遐覽》等篇，鄭隱字思遠，本為大儒，教授《禮記》、《尚書》不絕，晚而好道，其名可能是他親近道教後才改的。前文提到陶弘景號稱陶隱居，殆為中古首度明確標舉「隱居」為名號的首例，且其隱與前代不同──他的隱居不是單純避世，更是宗教生活的實踐。

　　之所以這麼說，是因為「隱」字的宗教性和「真」、「靈」等字相似，也在東晉南朝被強化，與仙真、經典相結合。《真誥》屢稱真人所授經誥為「隱書」，此法為南朝道教徒所吸收，前引《度人經》今存六十一卷，無一卷不提到「隱韻」、「隱名」，北周《無上秘要》總稱道經為「隱書內文」（卷三一），《三洞神符記》成書年代不詳，但如此描述「天書」：「其字宛奧，非凡書之體，蓋貴其妙象，而隱其至真也」，無不強調道教教義的玄秘、神聖，予人高遠不可攀附的想像，加上隱逸本來就是道流常見的行事姿態，陶氏華陽隱居之號，同時包含這兩個面向，後來的道流或避世者聞風而起，廣泛以此為名，並不令人意外，隋唐之際鄧世隆亡命，變易姓名，號隱玄先生，竄於白鹿山，以「玄」為隱，為晉代之前的「玄」字或「隱」字人名所無[210]。柴朗八歲誦《易》，並喜《莊子》，雅好名山，歿後私諡為真隱先生，更充分體現「隱」在時人心中的價值[211]。佛教徒也使用此字，唐代有僧人名為會隱、

208　《魏書》，卷五八，〈楊播傳〉。
209　《晉書》，卷七二，〈葛洪傳〉。
210　《舊唐書》，卷七三，〈鄧世隆〉。
211　〈唐柴朗及夫人楊氏墓誌〉，神龍二年（706），《西市墓誌》，頁338-339。

隱峯、棲隱，乃至道隱[212]，高麗人泉獻誠十六歲才隨父歸唐，四十二歲而卒，三子名為玄隱、玄逸、玄靜，則難辨為佛為道[213]，正因為隱字原本就有明確且穩定的用法，不像靈、幽等字的轉變那麼強烈，各界喜用此字，但不能說必定與道家、道教，甚至與任何宗教相關[214]。

　　只是除此之外，「隱」字人名還有特別的面貌，值得一談。唐代有李隱（字巖士）[215]、徐元隱（字巖客）[216]，二人都出身鼎族之家，唐初李尚隱三入御史府，屬於趙郡李氏[217]，後有柳希隱[218]，其名看來都頗有慕隱之情，開元時有御史大夫崔隱甫[219]，大理寺評事喬崇隱（字玄寂），世外之思尤深[220]。這種慕隱之心也以其他方式展現，晚唐申州刺史盧槃（字子隱），便出自《詩詩・考槃》，乃是詠嘆隱逸的篇章[221]。不過，這種情形恐怕不是唐代菁英使用隱字為名最主要的心態，他們更喜愛的方式是「朝隱」，出自西晉王康琚的〈反招隱詩〉：

212 《宋高僧傳》，卷四、同前卷、卷二一、卷三〇，〈唐淄州慧沼傳〉、〈周京兆廣福寺會隱傳〉、〈唐代州北臺山隱峯傳〉、〈唐洪州開元寺棲隱傳〉。道隱見〈唐寧州南山二聖院道隱傳〉，同前書，卷二九。

213 〈大周故左衛大將軍右羽林衛上下上柱國卞國公贈右羽林衛大將軍泉君墓誌銘〉，大足元年（701），《唐誌彙編》，大足〇〇一。

214 中晚唐有幼童以隱兒為小字，見〈唐河南府河南縣尉李公別室張氏墓誌銘〉，咸通十三年（872），《唐誌彙編》，咸通一〇二；〈唐韋詢墓誌〉，乾符五年（878），《長安新誌》，頁314-315。但此名與隱逸無關，前例之弟小名秘哥。又隱兒之名也通於女子，見〈唐裴謠墓誌〉，天復四年（903），《洛陽續編》，頁279。隱兒是長女，幼而有疾，故託於空門，此名恐怕更近於「卑名」之性質，目的是求幼兒之平安。

215 《新唐書》，卷七二上，〈趙郡李氏・東祖〉。

216 《新唐書》，卷七五下，〈徐氏〉。

217 《舊唐書》，卷一八五下，〈李尚隱〉。

218 〈唐薛鄭賓墓誌〉，乾元二年（759），《七朝》，頁 272。

219 《舊唐書》，卷一八五下，〈崔隱甫〉。

220 〈唐故大理寺評事梁郡喬公墓誌銘〉，開元十五年（727），《唐誌彙編》，開元二四七。

221 〈唐盧槃墓誌〉，乾符六年（879），《洛陽續編》，頁 275。

小隱隱陵藪，大隱隱朝市。……歸來安所期，與物齊終始。[222]
王康琚強調隱之「大」者，並非遁跡江湖，而是隱於世俗人間，
甚至安處廟堂之上。這一想法特別受到唐代菁英的喜愛，唐初文
臣徐堅著有《大隱傳》，惜其不傳[223]，中唐時韋夏卿好古學，字雲
客，晚年乃署其居為「大隱洞」[224]，其隱不知為何，至於王龜在
長安永達里深僻處設書齋，號半隱亭，則略近於王康琚所說的「大
隱」之情[225]。兩《唐書》以大隱為名、字者有四人，柳大隱、鄭
大隱活動於隋唐之際，唐初賈大隱官至禮部侍郎，其父公彥，尤
以禮學知名，趙隱（字大隱）為懿宗、僖宗時宰相[226]。此名在石
刻中也算常見，唐初有上柱國楊大隱（字朝）[227]，蘭谿縣令明大
隱，其父即明崇儼[228]。此意更顯著的還有「朝隱」之名，最早見
於梁時何朝隱、朝晦兄弟，其父佟之於禮論三百篇，略皆上口，
為時儒宗[229]，唐代至少有四人以此為名，其中玄宗時太常卿李朝
隱（字光國），名字對照，意態可知[230]，另有郤陽令楊隱朝[231]，墓
誌中名為朝隱、隱朝者也各有一人[232]。這種人名組合不見於唐前，

222　《先秦漢魏晉南北朝詩‧晉詩》，卷一五。
223　《新唐書》，卷五八，〈藝文二〉。
224　《新唐書》，卷一六二，〈韋夏卿〉。
225　《舊唐書》，卷一六四，〈王播〉。
226　《新唐書》，卷七三上，〈柳氏‧西眷房〉；卷七五上，〈南祖鄭氏〉；卷
　　　一九八，〈儒學上〉；卷一八二，〈趙隱〉。
227　〈唐故上柱國楊君墓誌銘〉，咸亨三年（672），《唐誌彙編》，咸亨〇六
　　　三，。
228　〈唐故河南府壽安縣尉明府君誌文〉，至德二年（757），《唐誌彙編》，
　　　至德〇〇二。
229　《新唐書》，卷四八，〈何佟之〉。
230　《新唐書》，卷一二九，〈李朝隱〉。
231　《新唐書》，卷七一上，〈楊氏‧越公房〉。另有名為知隱、思隱、懷隱、
　　　招隱者，見卷七〇上，〈太祖景皇帝‧鄖王房〉；卷七二下，〈崔氏‧清
　　　河大房〉；卷七五上，〈北祖鄭氏〉；卷七五下，〈路氏〉。
232　魏朝隱見〈大唐故宣州司功參軍魏府君墓誌銘〉，元和十年（815），《唐
　　　誌彙編》，元和〇八二。楊隱朝見〈唐故朝議大夫守國子祭酒……楊府
　　　君墓誌銘〉，元和十二年（817），《唐誌彙編》，元和一〇五。

可以看出當時菁英所欣賞的「隱」，乃是心、跡分離，心隱而身不隱，白居易折衷兩者，作〈中隱〉詩：「丘樊太冷落，朝市太囂喧，不如作中隱，隱在留司官」[233]，亦有孫緯以中隱為字[234]，但這種想法和典型道流使用隱字的心態相去甚遠，算是唐代「隱」字人名的變體。

　　除了個別字眼，最晚在梁代，已有將《周易》、《老子》、《莊子》並稱為「三玄」的說法，唐代道流不乏以此入名之例，若論其豐富，實遠逾於前代。以《周易》來說，陸羽原為棄嬰，史書說他原名疾，字季疵，後來以《易》自卜，得到〈漸卦〉「鴻漸于陸，其羽可用為儀」，乃改名為羽，並以鴻漸為字[235]。前引《太平廣記》之許藏祕得自〈繫辭〉「聖人以此洗心，退藏於密」，元藏幾同出於此篇之「知幾其神乎」，其文又說到「幾者動之微」、「君子知微知彰」，道流不乏標舉「知微」者，當同出於《易》之號召：大曆時海州道士吳道瓘被召入宮中，為太子諸王授經，其子名通微、通玄[236]，同時期的內供奉玄真觀主皇甫奉諝（字抱一），門人也名郭通微[237]。唐初已有上騎都尉和善（字識微）[238]，天寶年間，尚識微在五臺山修道，但看來他們未必是道教徒[239]。

　　相較於《周易》，唐代道流名字出於《老子》、《莊子》者更多，表現之豐富也超過前代。過去以「聃」為名，主要著眼於老子之長壽，並與彭祖相結合，如東晉穆帝司馬聃，字彭子[240]，稍前有

233　《全唐詩》，卷四四五，白居易：〈中隱〉。
234　《新唐書》，卷七三下，〈孫氏〉。
235　《新唐書》，卷一九六，〈陸羽〉。
236　《舊唐書》，卷一九〇下，〈吳通玄〉。
237　〈唐皇甫奉諝墓誌〉，大曆十二年（777），《西市墓誌》，頁 636-637。
238　〈唐和善墓誌〉，開元十八年（730），《西安新誌》，頁 375-378。
239　《龍門》，窟號 1720，天寶三載（744），頁 580；〈尚識微等造像記〉，《全唐文・唐文拾遺》，卷一一。
240　《晉書》，卷八，〈孝宗穆帝〉。

羊聸，也字彭祖[241]，以莊子入名的思想表現稍微顯豁，一樣是在東晉之世，孫潛、孫放兄弟造訪庾亮：

> 孫齊由、齊莊二人小時詣庾公，公問：「齊由何字？」答曰：「字齊由。」公曰：「欲何齊邪？」曰：「齊許由。」「齊莊何字？」答曰：「字齊莊。」公曰：「欲何齊？」曰：「齊莊周。」公曰：「何不慕仲尼而慕莊周？」對曰：「聖人生知，故難企慕。」庾公大喜小兒對。[242]

劉宋時也有吳郡人褚思莊善弈棊，著有《棊品》二卷[243]，不過此「莊」是否必為莊子，未能斷言，唐高宗時西臺舍人徐齊聸（字將道）名字俱全，則為顯例[244]。不過這裡也要提醒一點，道家詞彙也常與其他思想共用，即使是以「莊」為名字，未必就是心慕蒙叟，甚至可能剛好相反，楊素姪名弘禮（字履莊）[245]，當來自《禮記‧經解》（恭儉莊敬，禮教也），唐初文林郎杜儼（字思莊）[246]，都與道家毫無關係，至於曲水縣朝議郎馬道德更是以「思義」為字[247]，乃典型的儒家之名，與老子截然異趣。

　　除了直接以老、莊為名字，在南北朝晚期，也開始出現義理入名的作法，北周隋初有宜君丞崔縣解，其子名為谷神，分別來自於《莊子‧養生主》和《老子‧第六章》的「谷神不死，是謂玄牝」，很難說是巧合[248]。入唐之後，以《老》、《莊》哲思入名更多，推原其故，當與唐代道教之風有關，唐人崇拜老、莊，前者

241　《晉書》，卷四九，〈羊曼〉。
242　《世說新語箋疏》，卷二，〈言語〉。
243　《南齊書》，卷四六，〈蕭惠基傳〉；《隋書》，卷三四，〈經籍三〉。
244　《新唐書》，卷一九九，〈徐齊聸〉。〈唐徐齊聸墓誌〉，上元三年（676），《西市墓誌》，頁196-197，作「字希道」。
245　《新唐書》，卷一〇六，〈楊弘禮〉。
246　〈唐杜儼墓誌〉，垂拱元年（685），《西安新誌》，頁198-200。
247　〈唐馬道德墓誌〉，垂拱四年（688），《西安新誌》，頁210-212。
248　《新唐書》，卷七二下，〈南祖崔氏〉。

在漢代已然神化，唐代也尊後者為真人，玄宗更尊李耳為遠祖，加皇帝之封號，廣修祠祭，代宗時有術士稱李唐為「仙系」[249]，但這種想法並非玄宗以降才出現，武周時有一位李姓婦女的墓誌便說到「赫矣仙宗，堂構克隆」，明確以老子為神仙，並自視為其後裔[250]，唐初李藥王墓誌開頭亦云：「自真人應跡，道德闡其玄風」[251]，引之為儒家以外的歷史文化認同，另一位同出隴西的李姓婦女，墓誌更直陳「昔函谷西遊，我先祖垂芳於道教」[252]，在這種背景下，《老》、《莊》也成為唐人命名的重要來源。

　　以《舊唐書・隱逸傳》為例，唐初王績（字無功）當得自《老子・二十四章）「自伐者無功」，史書說他恆以《周易》、《老》、《莊》置於牀頭[253]，其兄王通（584-617，字仲淹）為隋代大儒，被稱為「王孔子」，不過察考無功生平，行事極有逸氣，或許以此為字的期許，更近於莊子的「至人無己，神人無功」（〈逍遙遊〉）；王希夷少小孤貧，師事道士黃頤四十年，盡傳閉氣導養之術，近百歲時還入宮晉見玄宗，此名應是他學道後所取，「希」、「夷」乃二字合稱，老子並將之與「微」並觀，說三者都是道的特質，「不可致詰，故混而為一」（十四章）。再看《太平廣記》，王守一出於「聖人抱一為天下式」（二十二章），河上公《章句》作「守一」[254]；李若虛出自「良賈深藏若虛」（《史記・老子韓非列傳》）；謝又損出自「為道日損，損之又損」（四十八章）；鄧去奢則出自「聖人

249　《新唐書》，卷一〇九，〈王璵〉。
250　〈唐鄭君妻李尚墓誌〉，神龍二年（706），《洛陽續編》，頁 77。
251　〈唐李藥王墓誌〉，貞觀二年（628），《西市墓誌》，頁 68-69。
252　〈唐盧正勤妻李氏墓誌〉，景龍三年（709），《洛陽續編》，頁 83。
253　《舊唐書》，卷一九六，〈王績〉。其七弟名靜，見呂才：〈東皋子後序〉，《全唐文》，卷一六〇。
254　另有龐守一之名，見龍門奉先寺造像記，惜其時代不明，見《龍門》，窟號 1280，頁 383。

去甚，去奢，去泰」（二十九章），與「損」的工夫非常接近。再
看《歷世真仙體道通鑑》，李含光出自《河上公章句》首章之「含
光藏暉」，施肩吾則取自《莊子》，係書中之神話人物[255]。

　　從這些典型道流來看，其名取自古代道家的成份很高，但一
般人也從中汲取靈感，反映唐人對《老》、《莊》的喜好，這裡僅
舉出中唐華陰縣令盧朝徹[256]、并府參軍唐朝徹[257]，此語僅見於《莊
子·大宗師》，是非常獨特的用法，也不見於前代：

> 朝徹，而後能見獨；見獨，而後能无古今；无古今，而後
> 能入於不死不生。

唐初道士成玄英說是「豁然如朝陽初啟，故謂之朝徹」[258]，但這
類人名也透露「道名」與使用者信仰背景或思想認同的連結，可
能很不穩定。以「希夷」來說，唐初劉希夷善為從軍閨情之詩，
詞調哀苦，為時所重，但志行不修，為人所害，和上述道流的性
情行事相去很遠[259]。

　　除此之外，玄宗時宰相陸象先，本名景初，係由睿宗所改，
理由是「子能紹先構，是謂象賢者」，有嘉勉其光大家門之意，不
過其祖父名玄之，字又玄，都出自《老子》，其後有名為甚夷、希
聲者，也是如此[260]，《全唐詩》收有魚又玄〈題柳公權書度人經後〉，
身份、性別不明，但其人為道徒或懷有道家信仰，是比較有可能
的[261]，龍興觀法師蔡逸（字大象）本來就是道士[262]，取「大象無
形」為字，更是順理成章。若就《新唐書宰相世系表》所見，泛

---

255 梁時已有庾肩吾（487-551），字子慎，見《南史》，卷五〇，〈庾肩吾傳〉。
256 盧朝徹：〈謁嶽廟文〉，《全唐文》，卷四四三。
257 《新唐書》，卷七四下，〈唐氏〉。
258 清·王先謙：《莊子集解》（北京：中華書局，1987年），卷二，頁61。
259 《舊唐書》，卷一九〇中，〈喬知之〉。
260 《新唐書》，卷一一六，〈陸元方傳〉；卷七三下，〈陸氏·太尉枝〉。
261 《全唐詩》，卷八五五。
262 〈唐蔡逸墓誌并蓋〉，神龍元年（707），《七朝》，頁145。

用這些用法的菁英大有人在，這裡舉「損」字為例，唐人並不以
此字為諱，以此為名的反而相當多，有些可能來自孔子弟子閔損
之名（詳第四章），不過來自《周易》、《老子》的比例明顯居高，
表現較為明顯者，德宗時有宰相崔損（字至無）[263]，昭宗有相獨
孤損（字又損）[264]，皆明用《老子・四十八章》之談；又有薛損
（字後己）、薛蒙（字中明）、薛臨（字知微）三兄弟[265]，其名皆
出《易》之卦名，「後己」出於《禮記・坊記》「君子貴人而賤己，
先人而後己」，但老子崇尚儉讓，也說「聖人後其身而身先」（第
七章），且正合於「損之又損」之義，至於中明、知微之字，可能
來自老子強調的「是謂微明」（三十六章），用意是以柔弱勝剛強，
在〈蒙〉、〈臨〉二卦經傳中，不見「明」、「微」二字，從「後己」
推測，此二字不無同樣取自老子的可能。甚至有婦女以此為名，
中唐有平陽人敬損之（字道行），父祖皆為仕宦，但從墓誌難以確
斷其家風如何[266]。唐代菁英顯然有使用《易》與《老》、《莊》為
名字的習慣，成為他們「貴名」的一部份（參考第四章），這些人
雖非道流，卻取用類似道流所用之名，可以想見「道名」元素的
影響力也隨其使用而擴散。

　　這種例子在唐代相當多，這裡再舉若干，以堅吾說：權德輿
曾祖名為無待，其弟名為若訥、無己、同光[267]，另有刑部郎中封
無待，其族兄弟有渠州刺史封守靜[268]，還有常無名、無為、無欲、
無求兄弟[269]，也都是得自老、莊的靈感。德宗時有王環（字太冲）

263　《新唐書》，卷一六七，〈崔損〉。
264　《新唐書》，卷七五下，〈獨孤氏〉。
265　《新唐書》，卷七一下，〈薛氏・西祖〉。
266　〈唐崔元夫妻敬損之墓誌并蓋〉，會昌三年（843），《河洛墓刻》，頁 571。
267　《新唐書》，卷七五下，〈權氏〉。案無己原文作無巳，今改正。
268　《新唐書》，卷七一下，〈封氏〉。
269　《新唐書》，卷七五下，〈常氏〉。

270，封上柱國，「環」的概念頗為道家所重，「冲」字亦然，也算
是道家之名。人名使用「虛」字的現象同樣明顯，「虛」字在《論
語》、《孟子》各用兩次，《老子》使用次數不多，或用來形容道體
之狀態（虛而不屈，動而愈出），或言體道之修養（致虛極，守靜
篤），皆非儒書所及，莊子對此更有興趣，「虛室」、「虛舟」都是
精神性的象徵，〈山木〉說：「人能虛己以遊世，其孰能害之」，表
示以「虛」處世的立場。〈天下〉說關尹、老聃等古道術之士「以
空虛不毀萬物為實」，唐人心慕老莊，屢以虛字為名，誠有其故，
若虛、虛己、虛舟之名，都受到菁英廣泛的喜愛，並有尚虛、處
虛、守虛之名，宗室中甚至有沖寂、沖玄、沖虛兄弟，宛如佛道
之法名[271]，他們是否奉道無從得知，但非道教徒顯然也會靈活運
用這些字詞，滿足好「道」者的想像。

　　這種現象也見於前文討論過的「真」。「真」字人名雖然自古
有之，但與宗教的連結是在南北期才逐漸形成的，唐人繼承此風，
宗室有名為明真、玄真、澄真者，明真之子名為朝仙[272]，甚至有
名為真宰者[273]，很難說與神仙信仰無關，另有懷真[274]、抱真[275]等
名，除了前引裴寂（字玄真），又有范陽盧玄卿（字子真）[276]，也
飽含道者之情思。此外有高真行（字處道），家世顯赫，四歲封公
[277]。玄宗時有平陽人敬會真，善於《周易》、《老》、《莊》，曾進講

270　〈唐王環墓誌〉，貞元七年（791），《邙洛》，頁 247。
271　《新唐書》，卷七〇上，〈太祖景皇帝・蔡王房〉。
272　《新唐書》，卷七〇上，〈太祖景皇帝・郇王房〉。
273　《新唐書》，卷七〇上，〈太祖景皇帝・大鄭王房〉。唐初魏元忠本名真
　　宰，因避則天母號而改，見《舊唐書》，卷九二，〈魏元忠〉。
274　《新唐書》，卷七〇上，〈代祖元皇帝・蜀王房〉。
275　《新唐書》，卷七五下，〈武威李氏〉。其從兄名抱玉。
276　《新唐書》，卷七三上，〈盧氏〉。
277　〈高真行墓誌〉，文明元年（685），《珍稀百品》，頁 84-87。

《老子》於御前[278]；中唐時周若湛有三子，前二者名為嘉榮、嘉慶，第三子出家為道士，名為藏真，可以清楚看見道教徒以「真」定位自我生命的心態[279]。中唐劉淨真之子名為真性，女則名為如真[280]，「真」作為這個家庭重要的精神追求，殆無可疑，而且從命名來看，這一追求並無男女的界限。

「真」雖然有鮮明的修道暗示，不過並不是所有的「真」字用法都如此，有時也用來形容世俗價值，特別是與「貞」相通，這一點必須注意，否則很可能誤判。以唐代為例，有裴守真（字方忠），光看「守真」之名，頗有道名的風格，但加上表字，且其兄名九思，族兄弟名為同節、知柔[281]，他的「守真」應有守節之意，與宗教關係較遠。初唐有李乂（字尚真），情形也類似，乂與義通，忠義連稱，所尚之「真」也與「忠貞」呼應[282]。另一個有足夠背景可供細論的案例是顏真卿（709-785），字清臣，其人具有道教信仰無可詰疑，「真卿」亦見於陶弘景《登真隱訣》所訂神譜：「三清九宮，並有僚屬，例左勝於右，其高總稱曰道君，次真人、真公、真卿」。因此看起來，此名乃是典型的「道名」。不過其中仍有可商之處，必須考慮他整個家族的命名習慣，過去探討真卿道教信仰的人，常忽略他琅邪顏氏的出身與文化表現，自真卿高祖以降，父祖依序名為思魯、勤禮、昭甫、惟貞，取字則為孔歸、敬、周卿、叔堅，他的六名兄弟則名闕疑、允南（字去惑）、喬卿、真長、幼輿、允臧（字季寧），伯祖為博通經史之大家顏師古，伯父元孫（字聿修），從這些名字看來，顏家的儒學色彩極其

---

278 《新唐書》，卷二〇〇，〈儒學下〉。
279 〈大般若波羅蜜多經題記〉，《房山》，貞元九年（793），頁144。
280 〈大般若波羅蜜多經題記〉，《房山》，貞元四年（788），頁138。
281 《新唐書》，卷七一上，〈裴氏・南來吳裴〉。
282 《新唐書》，卷一一九，〈李乂〉。

鮮明，至於真卿本人，少好儒學，並令門生左輔元編《禮儀》十卷，可見受家風感染之深[283]，因此要說真卿之名必定出自道教，未必然也，合觀他的名、字，卿、臣呼應，因此清與真應該是形容理想之臣道，只不過「真卿」剛好符合他後來的信仰。這個例子足以證明道教在概念和語言上，確實有太多和世俗用法重疊的地帶，以「真」字為例，在人名使用中便擁有多重源頭，道教所重之「真」看似顯著，卻非唯一的來源。

　　唐代的「道名」表現豐富，逾於此前，但另一方面，也仍然有不少道流也沿襲古風，使用世俗性、本土性的名字，就《太平廣記》相關諸卷所見，葉法善就是最典型之例，又如明崇儼，少學役召鬼神之法，後來還傳言他為武則天行厭勝之術，但考察其名，當來自《禮記‧曲禮》的「毋不敬，儼若思」，崇儼出身平原士族，其得名顯然與華夏經典相互映，後來沒有因心慕道術而改名。隨舉這類人名還有楊伯醜（卷一八）、孫甑生（卷七二）、胡蘆生（卷七七），都是基層常用之俗名。殷天祥又名道筌，但以七七之名行世（卷五二），這個名單還很長，包括藍采和（卷二二）、張果（卷三〇）、徐佐卿（卷三六）、黃萬戶（卷八〇，《真仙通鑑》卷四六作黃萬護）、申屠圖（卷四〇九），乃至韓湘（字清夫，《真仙通鑑》卷四二）、吳筠（字貞節，《新唐書》卷一九六）、杜光庭（850-933，字賓聖，《十國春秋》卷四七、《真仙通鑑》卷四〇），從他們的名字都看不出宗教或出世的痕跡。以吳筠來說，他原即魯中儒士，通經能文，玄宗使為翰林，筠之所陳亦多名教世務[284]，從他往上追溯到南北朝的寇謙之、陶弘景，到晚唐的杜光庭，正可看出道徒參與俗世的一面。

283　殷亮：〈顏魯公行狀〉，《全唐文》，卷五一四。
284　《舊唐書》，卷一九二，〈吳筠〉。

　　總結以上的討論，中古的「道名」繼承古典道家語言和思想的資產（道、淳、遊），也使用自古流行的日常字詞（神、隱），特別是東晉南朝的道教徒援用了某些抽象概念，催生其中潛在的宗教面向（玄、真），有些字詞原本在儒籍或世俗用法中不受重視（幽、靈、微），也因此受到轉化，煥發出世或精神性的色彩，從而成為「道名」的基本元素，這種名字與儒、佛之名異趣，更大有別於世俗願望之名，使用者往往需具備較高的知識素養，因此也有「貴名」的色彩。但因為這些字本來就出於本土，長期被社會使用，並非冷僻之字，雖經道教之洗禮，但以此入名，不見得是出於道教信仰，也就是說，這種命名不需要有特定信仰作為連結，非道流也可以使用，而真正的道流也未必就會選用這種名號。如本章開頭所引〈白鶴觀碑〉，所錄皆為不折不扣的奉道成員，但除了「羽客」，玄、道、仙、真等字都通於各界，齊物、知白分別出於《莊》、《老》，無固可溯及《論語‧子罕》之「四毋」，都是世俗常見之古籍。反過來說，我們很難想像與佛教無關者會刻意使用形象、意想都很具體的「聖名」與「惡名」，相形之下，這種「道名」雖然富有超然高逸、玄妙深邃的聯想，但就來源或使用者而言，都缺乏明確、穩定的連結，因此很難界定有所謂的「道教之名」或「道家之名」，如前所說，「曖昧」與「流動」正可說是「道名」最主要的特色。但無可否認，道家與道教確實改變了中古以來的命名文化，孕育了更豐富的命名心態，以唐玄宗族叔李復（字自然）為例[285]，讀者可能會想到陶潛（365?-427）〈歸園田居〉的名句「久在樊籠裏，復得返自然」，如細究此名，「自然」一語不見古經、《孟》、《荀》，而屢見於道家典籍，至於「復」

---

[285]　〈唐李復墓誌〉，天寶十載（751），《洛陽新誌》，頁 70。

為《易》卦之名，《老子》、《莊子》也都重視「復」的工夫。李復是否有近似的認同和修養，殊不可知，但其名字確實透露出對遠離塵俗或精神意境的嚮往，終究還是近於道而遠於儒、佛的。如果借用比喻，道家或道教元素之於中古人名，很像是道教所說的「氣」，是一種龐大、模糊的力量，卻又真實存在於各種角落，靜待著被命名者合成的瞬間。

二、「清」、「洞」為名

　　本章已經大致追索了中古「道名」的表現，簡單來說，和佛教相比，「道名」在某些面向的世俗性、本土性更加顯著，而且使用者也未必與道家或道教的認同相連。讀者或許會問：難道就沒有「道名」特有的選項嗎？本節以下就要試著答覆這個問題。除了前文所談過的「道」、「玄」、「真」、「靈」、「神」、「隱」等字，讀者首先可能會想到「仙」，此字很容易被認為與道教有關，「仙」與道教的關係確實相當緊密。仙字在古代作「僊」，不見於先秦群經和儒籍，在《老子》也沒有，《說文》解為「長生僊去」，對照《莊子‧天地》「千歲厭世，去而上僊，乘彼白雲，至於帝鄉」，東漢末劉熙《釋名》亦云：「老而不死曰仙」（卷二），都指出「仙」不死與出世的特性，與儒門異趣[286]。再者，在漢代鏡銘中「仙人」寫作「山人」者甚多，未必都是通假，也透露仙人棲隱山林的形象，有別於塵俗。至於好仙之風，自古皆然，東漢晚期的《牟子理惑論》甚至引及「道家云：『堯、舜、周、孔、七十二弟子，皆

286　李豐楙：〈神仙三品說的原始及其演變——以六朝道教為中心的考察〉，《仙境與遊歷：神仙世界的想像》，頁 1-46。並見邢義田：〈東漢的方士與求仙風氣：肥致碑讀記〉，《天下一家：皇帝、官僚與社會》（北京：中華書局，2011 年），頁 565-588。

不死而仙』的說法，中古時期首先為修仙理論奠定基礎的，當屬葛洪的《抱朴子‧論仙》，全篇起於「神仙不死，信可得乎」的答問，並引用古傳《仙經》，分仙為三等，甚至將信奉仙道與否，歸諸「受氣結胎」時所值星宿，「命屬生星，必好仙道，求之必得」，命屬死星則否，強化「仙道」與「生」的連結（〈塞難〉），這種想法流衍甚廣，唐初有一位王神授的墓誌便說他「生而有髭，載誕仙骨」[287]。劉宋時顏延之〈庭誥〉剖析道、佛之別，在於鍊形與治心的不同，而道教之長正是「仙法」：

> 為道者，蓋流出於仙法，故以鍊形為上……必就深曠，反
> 飛靈，餱丹石，粒芝精，所以還年卻老，延華駐彩。[288]

盛唐道士吳筠所作的〈神仙可學論〉，開頭也指出不死是仙道重要的關懷：

> 《洪範》向用五福，其一曰「壽」，延命至於期頤，皇天猶
> 以為景福之最；況神仙度世，永無窮乎？[289]

　　正因仙道難及，更充滿高度的吸引力，三國魏晉以降，文士遊仙之作不絕，玄想翩飛，梁時張纘作賦，便曾寫道「冀囂塵之可屏，登巖阿而寤宿。捨域中之常戀，慕遊仙之靈族」[290]，唐玄宗時龜茲國嘗進奉枕一枚，人寢其上，十洲三島四海五湖盡入夢中，被喚作「遊仙枕」[291]，足見世人「遊仙」之渴盼。南北朝以仙為名者甚多，這裡略舉數例，北魏有宗室元仙（字延生）[292]，

287　〈唐王神授墓誌〉，長安三年（703），《洛陽續編》，頁 72。
288　《全文‧全宋文》，卷三六。〈庭誥〉之名出於《弘明集》，卷一三。
289　《全唐文》，卷九二六。
290　《全文‧全梁文》，卷六四，〈南征賦〉。
291　後周‧王仁裕：《開元天寶遺事》（北京：中華書局，2006 年），卷上，〈遊仙枕〉，頁 14-15。
292　〈元仙墓誌〉，正光四年（523），《南北朝彙編》，頁 179-180。另有一同姓名者，見〈北魏元延生磚誌〉，熙平元年（516），同前，頁 124。

楊熙僊（字法雲），有意思的是他剛好出身弘農華陰潼鄉習僊里
[293]，東魏雍州刺史裴良第二子名子昇（字仲仙），也出自仙人登天
之古說[294]。南齊時蘭陵蕭氏有仙民、仙伯兄弟，史書說仙伯之子
蕭諶「好左道」[295]。北周有馮遷（字羽化），也是從「僊」得名的
用法[296]。在北朝造像記中，奉仙、崇仙不少，呂仙妃則是女性[297]，
就連僧人法名亦然，北魏有道仙[298]，東魏有法仙、僧仙[299]。隋唐
的仙字人名更是不勝枚舉，行事瀟灑之士常被譽為「謫仙」或類
似的稱號，最負盛名者自是盛唐大詩人李白（701-762），他以太
白為字，或說因其母夜夢長庚星而得子，也深富神秘色彩[300]。直
接以仙為名者，最有名的案例應是與李白同時之高仙芝與牛仙客，
前者為高麗人[301]，晚唐還有濮州人王仙芝起事[302]，可見此名通行
之廣；後者在玄宗時拜為尚書[303]，同名者在隋代有主爵郎王道質
之子[304]，中唐有新安縣令張炅，也以仙客為字[305]。唐初宗室有三
兄弟，名為仙鶴、仙童、仙芝[306]，信都太守竇靈獎有四子，名為

---

293 〈楊熙僊墓誌〉，熙平元年（516），《墨香閣》，頁 10-11。。

294 〈裴良墓誌〉，天平二年（535），《新出疏證》，頁 190-197。

295 《南齊書》，卷四二，〈蕭諶傳〉。

296 《周書》，卷一一，〈馮遷傳〉。

297 〈張延欽等造象題名〉，河清三年（564），《魯迅》第2函第3冊，頁764。

298 《龍門》，窟號1443，正始元年（504），頁435。

299 〈邑義五百餘人造象碑〉，武定元年（543），《魯迅》第 2 函第 2 冊，頁 349。

300 《新唐書》，卷二〇二，〈李白〉：「知章見其文，歎曰：『子，謫仙人 也！』……為『酒八仙人』」。杜甫：〈飲中八仙歌〉：「（白）自稱臣是酒 中仙」，《全唐詩》，卷二一六。

301 《舊唐書》，卷一〇四，〈高仙芝〉

302 《新唐書》，卷一五〇下，〈黃巢〉。

303 《新唐書》，卷一三三，〈牛仙客〉。

304 〈唐故中散大夫滎陽郡長史崔府君故夫人文水縣君太原王氏墓誌〉，天 寶十二載（753），《唐誌彙編》，天寶二一六。

305 〈唐故河南府新安縣令張公墓誌〉，大曆六年（771），《唐誌彙編》，大 曆〇二六。

306 《新唐書》，卷七〇上，〈太祖景皇帝‧蔡王房〉。

仙期、仙鶴、仙童、仙客[307]，龍丘令盧正觀有三子，名為壽童、
仙童、羽客[308]，真定縣丞陳希喬，其祖、父名為玄智、處靜，墓
誌說後者「志樂林泉」，取名希喬，當是希冀如仙人王喬之意[309]，
魯山縣令元德秀（字紫芝）[310]，名、字無關，芝草自古與神仙有
關，服之可使長生，對仙家之好樂，正與「仙芝」相同。玄宗時
有御史大夫張君之妻陳尚仙（字上元）[311]，殆得自《漢武內傳》
中的女仙上元夫人，對於神仙不死的渴慕，是不分男女的[312]。

　　除此之外，「敬仙」之名也不少，唐初有梓州別駕張敬仙，其
父名寂，隋時任宣州刺史，墓誌說他們「高道得性，恬和養神」[313]，
中唐天平軍參軍李惟一有三子，長子名為從周，弱冠之年即病歿，
其餘二子名為敬仙、小仙，均為孩童[314]。唐初南祖鄭氏兄弟皆以
孝字為名，在孝仁、孝德、孝寬之間，竟然出現孝僊，神仙可與
儒家道德並列，其心態值得玩味[315]，趙郡李氏有望仙、夢周、浮
丘兄弟，同輩尚有檀陀、僧伽之名，後二者當屬佛教小名，望仙
則頗有仙氣，夢周想來不是周公，而是莊周，至於浮丘則是接引
王子喬至嵩山修道的仙人[316]，隋時楊素異母弟楊岳也以浮丘為

307　《新唐書》，卷七一下，〈竇氏‧三祖房‧岳〉。
308　《新唐書》，卷七三上，〈盧氏〉。
309　〈唐陳希喬墓誌〉，聖武元年（756），《河洛墓刻》，頁419。
310　《舊唐書》，卷一九〇下，〈元德秀〉；〈唐元德秀墓誌〉，天寶十三年（754），
　　　《洛陽新誌》，頁74。
311　〈唐張夫人陳尚仙墓誌并蓋〉，開元二十四年（736），《七朝》，頁214。
312　有些例子不直接以仙為名，但也透露成仙的思想，武周時有一名刑部
　　　侍郎崔昇，字玄樂，疑似出自《太上洞玄靈寶升玄內教經》，此經成於
　　　南北朝，《隋書‧經籍志》說隋大業時道士講經，以老子為本，次講莊
　　　子及《靈寶昇玄》之屬，隋唐時流傳甚廣。
313　〈唐故右龍武軍將軍清河縣公張公墓誌銘〉，天寶十一載（752），《唐
　　　誌續編》，天寶一九八。
314　〈唐故天平軍節度隨軍將仕郎試左內率府兵曹參軍李府君墓誌銘〉，大
　　　中四年（850），《唐誌彙編》，大中〇三六。
315　《新唐書》，卷七五上，〈南祖鄭氏〉。
316　《新唐書》，卷七二上，〈趙郡李氏‧東祖〉。

字，恐非偶然[317]。隋末唐初有左遊仙[318]，中唐因苦吟著稱的賈島以浪仙為字[319]，仇仙期（字雲舉）[320]也呼應神仙乘雲的形象。在敦煌 S.1780 的〈沙州龍興寺同受戒錄〉有上仙、上智、上惠，屬於宗教法名，在河北房山的佛教刻經題記中，仙字也很普及，僧俗男女都可以使用，其中「仙登」、「仙遇」、「待仙」之名的嚮往更是不言可喻[321]。

　　不過「仙」字流行雖廣，在中古時期的使用中，「仙」不完全等同於本土的神仙信仰，佛教徒也會稱佛陀為仙，最典型的例證來自北齊慧思（515-577），他是北朝後期最重要的佛教思想家之一，後來被尊為天臺三祖；慧思曾作〈立誓願文〉，提到自己願為「長壽仙人」，甚至說「誓願入山學神仙，得長命力求佛道」，並欲得丹藥云云。陳寅恪指出印度原有長生養性的傳統，慧思承襲其說，乃與本土神仙之論相符會，故有此誓願[322]。陳氏的眼光相當敏銳，但他似乎忽略了一點，慧思使用「仙」字，並不全是指神仙，也指佛法修行的果位，其行文皆說「若我得佛」當如何如何，最後則說「誓於此生得大仙報，獲六神通種種變化」。在佛教教義中，唯有出世的聖者（佛、菩薩、羅漢）能完整獲得六種神通，其餘諸仙都不可能，尤其是「漏盡通」，表示斷盡所有世間煩惱。慧思絕對清楚世間五通和出世六通的區別，因為他在前文已說到「願先成就五通神仙，然後乃學第六神通」，因此可確認「誓

317　〈隋楊岳墓誌〉，大業十年（614），《西市墓誌》，頁 52-53。
318　《舊唐書》，卷五六，〈輔公祐〉。
319　《新唐書》，卷一七六，〈韓愈〉。
320　〈唐仇仙期及妻玄氏墓誌〉，會昌三年（843），《邙洛》，頁 312。
321　〈佛說太子和休經〉，《房山》，開成四年（839），頁 95；〈大般若波羅蜜多經題記〉，同前，建中元年（780），頁 133；〈金光明最勝王經〉，同前，約咸通年間，頁 110。
322　陳寅恪：〈南嶽大師立誓願文跋〉，《金明館叢稿二編》（北京：三聯書店，2001 年），頁 240-245。

於此生得大仙報」，所指絕非單純神仙，他很可能認為佛教的聖者才算是仙之大者。再者，在前代譯經中，已屢將佛「格義」為「大仙」，西晉譯《正法華經》言：「世間有佛，大仙慧士」（卷一），後秦譯《長阿含經》逕稱釋迦牟尼等四佛為「四大仙人」（卷一），此用法也見於劉宋求那跋陀羅譯《雜阿含經》，明白將釋迦以前的佛稱為「古仙人」，諸佛所修之「八正道」則是「古仙人道」（卷一二），慧思關於「仙」的用法確有所承，不必牽涉到本土的神仙之論。中古以「仙」稱佛的風氣有多廣，還不能判斷，但這種用法可以證明「仙」是共享的概念，佛教徒以「仙」為名，心中所浮現的也可能是佛陀的丈六金身，而不是雲中的神仙。

　　換言之，「仙」的本土淵源雖顯，但在使用上，也非道教所獨具，真的要找比較明確的「道名」元素，個人認為有兩個面向可以留意，和道教的尊神與經典概念有關，也就是「三清」和「三洞」，比起其他用法，以此為名，比較能集中反映道教的特色。唐前道經雖已見「三清」的用例，但內容幾與神靈無涉，多泛指道教天界，如《真誥》載東晉太和二年（367）十二月十七日，太元真人下降，說到「策龍上造，浮煙三清」（卷四），唐初道士孟安排纂修《道教義樞》，總結南北朝的道教說法，詳述三清之性質，明言「三清者，玉清、上清、太清」（卷二），並說此三清境皆源於大羅妙氣，各自為始氣、元氣、玄氣所成（卷七）。後來乃逐漸與個別神靈結合，成為道教最高神的稱號[323]。「三洞」則指洞玄、洞真、洞神，此說約出於東晉，至劉宋陸修靜撰《三洞經書目錄》，乃根據道經之來源、性質，明確以此作為類目，他並自稱「三洞弟子」，成為後來道教徒共用的身份稱謂。至於「三洞」之義，《道

323　李穌書：〈三清考〉，《臺大歷史學報》第 64 期（2019 年 12 月），頁 1-55。

教義樞》釋洞為「通」，又說「真以不雜為義，玄以不滯為義，神以不測為義」，三者通於「同一大乘」，故皆以洞為名，又提到有三位以洞為名的寶君，分居於三清境（卷二）。三清與三洞意涵的配對在南北朝頗有分合，各道經所述多不一致，但作為道教的「標籤」，還是算比較明顯的。

在三清之中，以「太清」所見名例較多，唐代有單父尉楊太清，死於安史亂事[324]，同時期史思明有將名安太清，很可能是蕃將[325]，中唐有五原郡王李太清[326]，另有一位張夫人辭世，她姓閻名威德，似是佛教法名，外孫替她的墓誌刻字，也叫太清[327]。這應是唐代才有的命名法，不過是否出自道教，答案恐怕也不盡然。太清一詞在南北朝之前已見使用，常指天空等高邈之處，有時也夾帶仙界的意味，東漢末蔡邕詠仙人王喬，說他「棄世俗，飛神形，翔雲霄，浮太清」，曹魏時楊修詠神女，也提到「澹浮遊乎太清」[328]，頗富超脫世俗的情思，早在《淮南子》也以此形容上古之淳樸（〈本經訓〉），更特別的是還將「太清」擬人化，與「無窮」就「道」相互問答（〈道應訓〉）。這又回到之前所說的情形，道教有很多概念和語言都來自本土的傳統，即使關鍵性的「太清」也不例外。況且「太清」不只是道徒心中的妙境，有些佛教徒也嚮往此處，南齊崔慧景家庭皆曉佛義，其子崔覺曾亡命為道人，後來被執，臨刑與妹書云：「捨逆旅，歸其家，以為大樂，況得從先

324　《舊唐書》，卷一六四，〈楊於陵〉。
325　《新唐書》，卷二二五上，〈史思明〉。
326　〈唐故左神策軍先鋒突將兵馬使開府儀同三司試太子賓客兼御史中丞洋川郡王權君墓誌銘〉，貞元七年（792），《唐誌續編》，貞元〇二三。
327　〈大唐故清河張夫人墓誌銘〉，貞元七年（792），《唐誌彙編》，貞元〇四四。
328　《全文‧全後漢文》，卷七五，蔡邕：〈王子喬碑〉；卷五一，楊修：〈神女賦〉。

君遊太清乎？」[329]這裡的太清意思不明，在唐代，太清也常泛指天空，並無宗教意味，陳子昂在一篇詩序中即說「白雲在天，清江涵月，可以散孤憤，可以遊太清」[330]。不過還是有些例子清楚顯示，道教徒以此名作為宗教之標誌，盛唐時有一位都尉閻神，字思邦，其長子「成童稽道，服其黃裳」，名為太清，可以確信是入道後所取之名[331]。中唐另有一位苻夫人，三十六歲就過世了，其子名為匡儒，其女名上清子，後者想來是少女入道，才會取這樣的名號[332]，咸通時有一位盧夫人，墓誌提到有「別出女子子一人，名曰上清」，當時尚為孩稚，未可承喪[333]。

　　其次為洞字人名，相較於「清」，「洞」作為人名用字，與道教的關係更顯。此字入名不見於中古以前文獻，「洞」字在先秦沒有特殊用法，漢代以後乃有逐步抽象化、神秘化的傾向，西漢《淮南子》首次以此字描述「道」的狀態：「幽兮冥兮，遂兮洞兮」（〈原道訓〉），同篇又提到「天地鴻洞」，其義與渾沌相近，指渾樸未分的面貌，從書中「洞同天地，渾沌為樸」（〈詮言訓〉）可以為證，這是「洞」在古代首次結合宇宙觀。東漢晚期的《太平經》對此字更是大加發揮，在道教創立之前，自古論「洞」義之繁複，無有過於此書者，經中強調「洞」與道體的連結：「夫道迺『洞』，無上無下，無表無裏，守其和氣，名為神」（卷六八），更視之為一切價值的總源：「洞者，其道德善惡，洞洽天地陰陽，表裏六方，莫不響應也」（卷四一），甚至帶入修道之工夫：「萬事之始，從赤

329　《南齊書》，卷五一，〈崔慧景傳〉。

330　《全唐詩》，卷八四，〈贈別冀侍御崔司議〉。

331　〈唐故上輕車都尉閻君墓誌〉，至德元載（756），《唐誌續編》，至德〇〇一。

332　〈亡妻李氏墓誌銘〉，元和七年（812），《唐誌彙編》，元和〇五二。

333　〈唐故范陽盧夫人墓誌〉，咸通九年（868），《洛陽新誌》，頁121。

心起，心者洞照知事」（卷一一九）。南朝道徒創造三洞之說，很可能有不少構想都來自此書，以古靈寶經首部之《元始五老赤書玉篇真文天書經》為例，便說《赤書玉篇真文》「生於元始之先，空洞之中」，「洞」竟然早於「元始」，任何時間概念都不能對「洞」起作用，恐怕只有「道」可以比擬。在實際修鍊方面，《真誥》改造世俗之「洞房」，轉為內在之境界，說如能「凝心虛形，內觀洞房」，可使頭髮不白，禿者復生（卷二），對外則稱「神州」為「大洞」（卷五），不過最重要的用法，應是書中提出「洞天有三十六所」之說，稱為「養真之福境，成神之靈墟」（卷一一），這裡摘錄該書描述句曲山中華陽洞天的情形：

> 其內有陰暉夜光、日精之根，照此空內，明並日月矣。陰暉主夜，日精主晝，形如日月之圓，飛在玄空之中……日月之光既自不異，草木水澤又與外無別，飛鳥交橫，風雲蓊鬱，亦不知所以疑之矣。所謂洞天神宮，靈妙無方，不可得而議，不可得而罔也……神靈往來，相推校生死，如地上之官家矣。

又有註語云：「世人採藥，往往誤入諸洞中……未聞得入華陽中……然得入者雖出，亦恐不肯復說之耳」。後來陶弘景自稱「華陽隱居」，誠有所由。此說對親近道教的南朝文士想必頗有吸引力，謝靈運〈羅浮山賦〉稱「洞四有九」，正是三十六洞天之數[334]。洞天既為仙靈所居，「洞仙」從而出世，在東晉之前並無此語，《隋書·經籍志》載有《洞仙傳》十卷，列於葛洪《神仙傳》、孔稚珪《陸先生傳》之後，可知是六朝產物。

---

334 《全文·全宋文》，卷三〇。

　　這些「洞」的用法在當時並未廣傳於道教圈外，在絕大部份的文獻中，洞字仍然保持本義，見於人名者也非常稀少，北魏時鄭羲有兄名為洞林，得名自郭璞集前後筮驗六十餘事所著之書[335]，梁代有陸罩（字洞元），其父陸杲信佛持戒，不見道風[336]。唐初韋玄貞有四子，名為洵、浩、洞、泚[337]，中唐時有少府少監李洞清，為郭子儀之婿[338]，另有詩人李洞[339]。這些人名是否與道教有關？線索有限，難以判斷，此字也常與「泂」混淆，《詩經》有〈泂酌〉之篇，鄭玄《箋》：「泂，遠也」，《新唐書》載晚唐有楊洞（字文遠），應即泂字之誤[340]。不過，在中古時期，「洞」並不是一個特別為人欣賞的字，常用來指嶺南非漢民族的聚落，故以洞為名，當有特殊的考量，出於道教的可能性也更高；再者，在唐人詩文中，已廣用「洞天」一詞，作為仙家或隱逸的歸宿，選用洞字，內心可能也有此聯想。考察唐人使用洞字的情形，除了具體的洞窟巖穴，常用來形容了悟至理，而且多有神秘的意味，如李白：「至人洞玄象，高舉凌紫霞」[341]，白居易觀水有感，則說「淺深三四尺，洞徹無表裡……欲識靜者心，心源只如此」[342]，權德輿寫他與某道流共行道教的守庚申儀式：「洞真善救世，守夜看仙經」，即取道經之義[343]。

335　《魏書》，卷五六，〈鄭羲傳〉；《晉書》，卷七二，〈郭璞傳〉。
336　《南史》，卷四八，〈陸杲傳〉。
337　《舊唐書》，卷一八三，〈韋溫〉。
338　《舊唐書》，卷一二〇，〈郭子儀〉。
339　《新唐書》，卷六〇，〈藝文四〉。
340　《新唐書》，卷七一上，〈楊氏‧越公房〉。〈唐許惟明墓誌〉，天寶元年（742），《西市墓誌》，頁 520-521，誌文清楚載其子名「洞」。
341　《全唐詩》，卷一六一，〈古風‧五十九首之二十九〉。
342　《全唐詩》，卷四四五，〈玩止水〉。
343　《全唐詩》，卷三二〇，〈與道者同守庚申〉。

　　「洞」字見於人名者，前文曾引道流爾朱洞（字通微）、王洞微、蕭洞玄、邊洞元，顯然取自幽微奧妙或徹悟玄理之意，開元二年（714）敦煌也有道士索洞玄，其名見於《本際經》寫本[344]，晚唐道士有牛洞玄[345]、王洞明[346]，至於梁洞微[347]、邊洞玄[348]則是女冠。盛唐時有金州司馬王洞玄，出身琅邪王氏，兩《唐書》中除了前引道士牛洞玄，「洞玄」只有王氏這一例[349]，中唐時杭州於潛縣令韋嶙取字「洞微」，可能也由此得之[350]。由此可以看出，「洞」字人名使用者和道家、道教信仰思想的連結，比起其他用字，確實要來得緊密，作為判斷其人宗教背景的線索，遠比玄、真、道等字來得有力，是否還有像「洞」字這樣的例子，也值得繼續從道家典籍和道經中挖掘，本節僅拈出「洞」字，說明「道名」及其用字元素的特性。最後要看一個眾所周知的「洞」名，唐末五代有道士呂巖，以洞賓為字，《全唐詩》存詩四卷，雖不可盡信其真，其能詩文則無疑，宋元時他被尊為呂祖，「雖樵童牧豎婦人女子皆知之」[351]，闡釋歷代呂祖信仰的宗教與學術著作很多，但似乎極少有人解說過他的名字，就本書的發現來說，「巖」為山水，有高逸隱居之聯想，「洞」有幽微或洞天之義，甚至可溯及三洞真經的信仰，「賓」義為客，對照唐代常用的「仙客」之名，「洞賓」

344　《敦煌道教文獻研究：綜述・目錄・索引》，頁 292。
345　《舊唐書》，卷一三二，〈李抱真〉。
346　〈萬年縣長樂鄉王途村亡道士王洞明〉，咸通十一年（870），《唐誌續編》，咸通〇六九。
347　符載：〈廬山故女道士梁洞微石碣銘〉，見《全唐文》，卷六九一。
348　唐・杜光庭：《墉城集仙錄》，卷八。
349　《新唐書》，卷七二中，〈琅邪王氏〉。
350　〈唐韋嶙墓誌〉，貞元十五年（800），《西市墓誌》，頁 706-707。
351　宋・范致明：《岳陽風土記》（明吳琯校刊《逸史》本）；元・秦志安：《金蓮正宗記》（《正統道藏本》），卷一，〈純陽呂真人〉。

乃是優遊於山水、玄理與仙境的賓客，兼有道家與道教的出世情調，可以說是中古道名元素的結晶了。

第三節 道名與女性

本章最後要討論的是中古女性道流的名字，包括道教典籍所見的女仙也在內。前者身份應無疑慮，後者的事跡往往幾近渺茫，這些人名是否能當作歷史材料來討論？這一點必須從道教的性質來看，很多神靈固無人間姓名可言，仍被古代道徒紀錄的不少仙真道流，仍採用世俗的命名方式，因此不管其人是否真實存在，仍可以從中觀察道名的風貌。此外，道教的女性觀和其他宗教頗有不同之處，男女之「別」尤其模糊，因此將把這部份從女性人名中獨立出來討論，以利觀察道教女名的特色。在漢代民間，西王母、東王公的配對已經成形，王母信仰後來也被道教吸收，備受歷代尊崇。就道教本身來說，東漢末天師道創立，男女皆可受籙，成為道民，女性修道者不但正式進入宗教體制，而且擁有和男性對等的地位，皆可擔任祭酒，在過度合氣儀式中，更是不可或缺的角色。這些身肩教職的女性被稱為女官，和男官平起平坐，成於六朝的《洞玄靈寶千真科》明言：

> 若女官無大法，不解傳授者，可訪男官請受。若有高德女官，男官亦得詣請受法。俯仰之格，男女通用。

成於南朝的《洞真太上太霄琅書》也說在「道」之前，不分男女，皆可為師：

　　人无貴賤，道在則尊，尊道貴德，必崇其人，其人體道，
　　含德厚淳，雖是女子，男亦師之。（卷四）

這段文字可以看成道教版的〈師說〉，而且遠早於韓愈的儒家版
本。在儒家女教的傳統中，固然不乏女性為人師，但教導的對象
亦為女子，罕聞女師教授男性、或男女相互授業；印度大乘佛教
頗重視女性聖者或有成就的女性上師，然而在中國的社會現實
中，這種情形非常有限，一般女性在修行條件上，也被認為遠不
如男性，相較之下，道教特別看重女性在宗教秩序中的尊嚴與能
力，這種觀念對於女性道名有無影響，也值得細心探索。

　　不過在中古以前的文獻中，明確著錄女性修道者姓名的紀錄
寥寥無幾，古代女仙亦僅有稱號，如素女、麻姑、上元夫人之類，
要到魏晉才有所改觀，成書於六朝之《漢武內傳》載有王母及上
元夫人之侍女多名，名為王子登、董雙成、石公子、許飛瓊、阮
凌華、范成君、段安香、安法嬰、郭密香、紀離容、田四飛，都
是女仙，這些人名不一定都帶有陰柔氣質，男女之別不嚴，更強
調的則是華貴、優美與脫俗之感，和當時的菁英女性取名其實很
接近（詳第七章），《真靈位業圖・女真位》所見亦然。在現實中，
最著名的修道女性當屬魏華存（251-334），她是在家女性，生前
服食誦經，曾為祭酒，感通仙靈，死後也劍解成仙[352]，在東晉興
寧二年（364）正月，透過楊羲通靈降誥，在《真誥》中被尊為南
嶽夫人。除此之外，《真誥》還記載了若干女性仙真，是中古前期
道教女性珍貴的「人名」樣本，比如與魏夫人同來的紫微左夫人
王清娥，字愈意，上真元君李夫人之女名鬱嬪，字靈簫（卷一）；
王母第十三女王媚蘭，字申林（卷二）；周靈王第三女名觀香，字

---

[352] 顏真卿：〈晉紫虛元君領上真司命南嶽夫人魏夫人仙壇碑銘〉，《全唐文》，
　　卷三四〇；杜光庭：《墉城集仙錄》，卷九。

眾愛，東宮靈照夫人侍女名隱暉（卷三）；又有玉女二人，名為華正、攝精（卷十）等。這些名字都是仙真所述，而且深為楊、許等人所重，卷九曾說「太上真人步五星之道，以致五星降室，閉氣上綱，當先呼五星、星夫人名字」，可知「呼名」乃是降真必要的程序，也因此仙真名號被道徒詳為著錄。

另外，《真誥》也記載漢末三國時聚居修道的女性，有張姜子、李惠姑、施淑女、鄭天生、黃景華等，並各敘其父兄丈夫，編者也意識到了這些人名的特色，寫道「今此諸人，或稱女，或稱婦，或稱母，蓋各取名達者而言之」（卷十二），反映道教採用世俗命名的傳統。在《真誥》內外的女性中，許黃民二女名為道育、神兒（一名瓊輝），世稱之大娘、小娘，前者歿後「臥尸石壙，不殯，常有芳香之氣」，後者「東關道士多有識者」（卷二十），並錄晉時女道士梅令文、樊妙羅、沈偶。此書偶爾也會記錄世俗女性，如載東晉簡文帝妃李陵容（351-400）之本名福和，此名不見於正史，編者說「應是李夫人私名也，於時猶在卑賤」（卷十九），也有少數許家女性之名，只是未載其修道事跡，如許謐之妻名陶科斗（卷二十），許副有四女，名為姜、娥皇、修容、暉容；戴石子之女名賤，書中並註明「當是婦人，不顯名也」（卷七）。

唐代以降，女性奉道出家者更不乏人，甚至有不少高層女性加入，並沿用舊慣，稱為女官或女冠，有些也被尊以鍊師之名[353]；她們出家後常另起道號，不用俗家原名。在唐代高層道教女性

---

[353] 唐·許嵩：《建康實錄》（北京：中華書局，1986 年），卷二載孫權之妻名為鍊師，按唐前正史，此語僅見於《宋書》，卷二一，〈樂志三〉載明帝〈善哉行〉：「鍊師簡卒，爰正其旅」，與宗教無關。《南史》，卷六，〈梁本紀上〉載梁武帝蕭衍小字鍊兒，周一良以為「當是道家修鍊，猶鍊師之稱」，此說待考，見〈蕭衍以及東晉南北朝人小字〉，《魏晉南北朝史札記（補訂本）》，頁 274。

中，以玄宗時金仙、玉真二公主最為知名，前者法號無上道[354]，後者法號無上真，並字玄玄，後更賜號持盈[355]，文士張說、王維、李白、儲光羲、高適皆有詩吟詠之。此外，《全唐詩》卷八六三專收女仙、女冠之作，有眉娘、吳彩鸞等世俗之名，但整體來看，道家或道教氣息還算明顯，如崔少玄、戚逍遙、王仙仙，至於楊敬真、馬信真、徐湛真、郭修真、夏守真，合稱「雲台峰五女仙」，皆以「真」為名，且作有〈會真詩〉，有強烈的出世傾向，比如「誓將雲外隱，不向世間存」，「真」對她們來說，已經明確成為生命寄託的方向，而且很大程度與「仙」相連，前述玄宗公主分別以此二字為號，應該也出於這種想法。唐初一位鄭夫人李氏以「真」作為宗教認同的情形更加清楚，她雖未出家，但自陳「吾平生聞王母瑤池之賞，意甚樂之」，也受法籙、學丹道，對修行相當熱衷，曾說「夫死者歸也，蓋歸於真，吾果死，當歸於真庭」，臨終教誡子女，甚至說「汝曹無喪吾真」，要求不與丈夫合葬[356]，從墓誌上下文來看，這裡的「真」不完全是成仙，但「真」無疑已成為她生命的皈依處，甚至得以與世間禮俗抗衡，對「真」的認同在這位鄭夫人身上展現無遺，只可惜不知她是否有過道教的名號。

關於「真」在唐代和女性的關係，這裡想再多說一點。唐人已使用「女真」一詞，中唐韋渠牟作〈步虛詞〉，有「道學已通神，香花會女真」之句，說的是女仙，李遠作〈觀廉女真葬〉，則是指女冠。不管如何，「真」與「仙」的意趣屢屢相通，同樣帶有悠遠

354　徐嶠：〈大唐故金仙長公主志石銘並序〉，開元二十四年（736），《唐誌續編》，開元一四五；徐嶠之：〈大唐故金仙長公主神道碑並序〉，《全唐文補編》，卷三三，頁 392。

355　蔡瑋：〈玉真公主朝謁應（闕二字）真源宮受（闕三字）王屋山仙人台靈壇祥應記〉，《全唐文》，卷九二七。〈唐玉真公主墓誌〉，北宋・趙明誠：《金石錄》（《石刻史料》第 1 輯第 12 冊），卷二七。

356　〈唐故許州扶溝縣主簿滎陽鄭道妻李夫人墓誌〉，景龍元年（707），《唐誌彙編》，景龍〇〇三。

神秘的聯想，元稹作〈會真詩三十韻〉，筆調惝恍，頗有仙趣，但
所會並非仙真，而是真實的女性[357]，從這裡也可以推想唐人心中
女性修道者的圖像，乃是介於想像與現實之間。女性道者對外界
來說充滿神祕感，甚至其名也不宜輕易外傳，晚唐許渾曾夢至崑
崙仙境飲酒，醒後遂賦一詩：

> 曉入瑤台露氣清，座中唯有許飛瓊。塵心未盡俗緣在，十
> 里山下空月明。[358]

又一晚作夢，復至其處，卻遭到飛瓊責問：「子何故顯余姓名於人
間？」許渾乃將第二句改為「天風吹下步虛聲」[359]。改詩之事無
論真假，都透露了道教女性向來留給外界縹緲不傳的印象。

　　不過在現實中，這些女冠並非完全遠離人世，與文士頗有交
遊，前引駱賓王曾替王靈妃代筆，白居易曾和元稹聯名，由他寫
詩贈別給一位郭虛舟鍊師，說她「師年三十餘，白皙好容儀。專
心在鉛汞，餘力工琴棋。靜彈弦數聲，閒飲酒一巵」[360]，相當瀟
灑，而且如單看虛舟之名，亦無從知其性別；白居易又曾描寫一
位玉真觀的少女道士阿容，說她是「綽約小天仙，生來十六年」，
結尾道「迴眸雖欲語，阿母在傍邊」，所指應是張姓女觀主，或是
她們所信奉的王母，女冠形象在詩人眼中介乎真幻，大抵如
此[361]。李白亦曾有詩贈褚三清，開篇逕稱其為「吳江女道士」，
結語為「尋仙向南嶽，應見魏夫人」[362]，明引《真誥》之典；李

---

357 《全唐詩》，卷三一四；卷五一九；卷四二二。
358 《全唐詩》，卷五三八，〈記夢〉。
359 唐・孟棨：《本事詩》（明正德顧元慶輯刊《陽山顧氏文房》本），〈事
　　感第二〉。此事並見《太平廣記》，卷七〇，〈許飛瓊〉，唯採倒敘，主角
　　是開成初進士許瀍。
360 《全唐詩》，卷四四四，〈同微之贈別郭虛舟鍊師五十韻〉。
361 《全唐詩》，卷四四二，〈玉真張觀主下小女冠阿容〉。
362 《全唐詩》，卷一七七，〈江上送女道士褚三清游南嶽〉。

白又有送其妻尋廬山女道士李騰空之作[363]，騰空係玄宗時權相李林甫（683-753）之女，常與她同時被提到的有同樣出身宦門的蔡尋真，德宗貞元年間，二人相偕入廬山修道[364]，成為女性道侶的典範。韓愈以排斥佛老聞名，曾以當時成仙的少女謝自然為詩[365]，此詩頗疑仙道，恰好反映女性道風和女仙信仰的盛行。稍晚的道士施肩吾亦有詩贈女道士鄭玉華[366]，李商隱以詩贈女道士宋華陽姊妹[367]，寫到「萼綠華來無定所，杜蘭香去未移時」，綠華出於《真誥》卷一，蘭香見於《搜神記》，都是漢晉女仙，白居易也曾歌詠霓裳羽衣舞，中云「上元點鬟招萼綠，王母揮袂別飛瓊」，分別使用上元夫人、西王母以及萼綠華、許飛瓊入詩[368]，天寶時李康成也歌詠一位名叫「玉華」的紫陽仙子[369]，這種以花、玉為名的作法前已有之，但放在唐代女性道名之中，反而是比較少見的，顯示女子的陰柔或美貌並不一定為道名所看重[370]。詩歌之外，唐文亦錄有女冠之名：黎瓊仙、譚仙巖[371]，廬山女道士梁洞微[372]。杜光庭《墉城集仙錄》專錄女仙與女性道流，身份明確的唐代女冠有王法進、黃靈微（花姑，卷七）、邊洞玄、王奉仙、盧眉娘（卷八），至於黃觀福、薛玄同（卷八）、楊正見、董上仙、謝自然、戚玄符（卷十）則未出家。扣除重複者，《太平廣記》另

363　《全唐詩》，卷一八四，〈送內尋廬山女道士李騰空二首〉。

364　元・趙道一：《歷世真仙體道通鑑後集》（《正統道藏》本），卷五。

365　《全唐詩》，卷三三六，〈謝自然詩〉。

366　《全唐詩》，卷四九四，〈贈女道士鄭玉華二首〉。

367　《全唐詩》，卷五四〇，〈月夜重寄宋華陽姊妹〉、〈月夜重寄宋華陽姊妹〉。

368　《全唐詩》，卷四四四，〈霓裳羽衣歌〉。

369　《全唐詩》，卷二〇三，〈玉華仙子歌〉。康成小傳見《全唐文》，卷三五八。

370　《全唐詩》，卷五三九，〈重過聖女祠〉。

371　顏真卿：〈撫州南城縣麻姑山仙壇記〉，見《全唐文》，卷三三八。，

372　符載：〈廬山故女道士梁洞微石碣銘〉，見《全唐文》，卷六九一。

有女冠張連翹（卷六四）、崔少玄、天王夫人李善倫、吳清妻楊監真（卷六七）、楊敬真（卷六八）、張雲容、蕭鳳臺、劉蘭翹（卷六九）、裴玄靜、戚玄符（卷七〇），時代不明者有王妙想（卷六一）、魯妙典（卷六二）。《歷世真仙體道通鑑後集》補收女冠焦靜真（卷四）、楊保宗（南唐，卷五），還有孫天師之妻費妙行（卷四），其中帶有「真」、「靜」、「玄」字之名都通於男女。

　　可惜的是上述女性得名的背景幾乎都不得而詳，只有極少數被記錄，像是眉娘，因天生雙眉如線，故得此名，其中最特殊的當屬戚玄符，他三歲時大病近死，父母哀慟不已：

> 有道士過其門曰：「此可救也」。抱出示之，曰：「此必為神仙，適是氣厲耳」。衣帶中解黑符以救之，良久遂活。父母致謝，道士曰：「我北嶽真君也，此女可名玄符，後得昇天之道」。言訖不見。

玄符後來嫁到冀州，為公婆所嫌惡，但終無怨言，對女兒說「父母早喪，唯舅姑為尊耳」，從文中「諸女」看來，她可能是因為未能添丁，而沒有受到夫家的善待，後來有神人授藥，於大中十年（856）飛昇。玄符亦自稱「我得人身，生中國，尚為女子，此亦所關也」，後句以女身為慽，應是就她在禮教中的處境言之，至於「中國」當指華夏，是人間紅塵的代稱，會昌元年（841）有浙東商客，漂流海上月餘，至一仙島，有道士對他說「汝中國人，茲地有緣方得一到」，並說白居易也有仙緣，「在中國未來耳」[373]，玄符之語透露她遠離塵世的意志。類似的得名之例是代宗華陽公主，因病捨身出家，號瓊華真人，可惜仍未能因此挽救她的性

---

373 《太平廣記》，卷四八，〈白樂天〉。

命[374]。這兩個例子也反映唐代道教女性之得名，有時是與各種生命的困境相連，不完全都像她們的道名那麼灑脫曼妙。

就碑刻所見，也有不少唐代女冠的紀錄。盛唐時有麟趾觀張真，字素娥[375]，太平觀女道士名紫虛[376]，聖武觀馬凌虛得年僅二十三歲[377]，永穆觀主能去塵，可能是三字連用的道名[378]，五通觀主馮得一[379]、道冲觀主呂玄和之墓誌均稱其為「仙師」而不名[380]，王屋山柳默然（字希音），有子三人皆應舉得第，兩名女兒名為右素、景玄，也都出家奉道，前者已逝，後者可能跟母親共住[381]，韓自明二十二歲時嫁給孝廉張則見，生子後張氏即歿，自明哀痛之餘走入道教，與謝自然同在程太虛處受三洞符籙，自然仙去後，她乃住華陰山，當時菁英婦女有志探玄者，莫不以從游為幸，後來更被文宗召入玉晨觀[382]。稍晚有「大洞鍊師」劉致柔，享年六十二歲，其名出自《老子・第十章》，顯為道名，墓誌說她「中年於茅山燕洞宮傳上清法籙」，又說「四十一年于茲矣」，可能很年輕就出家，並說她有子女五人，可是「零落過半」，說不定這也促

---

374 《新唐書》，卷八三，〈諸帝公主〉。代宗有十八女，富有道氣的即有靈仙、玉清、玉虛。
375 〈大唐麟趾觀三洞大德張法師墓誌〉，開元三年（715），《唐誌彙編》，開元〇二二。
376 〈唐故太原郡帝嚳之苗裔……太平觀女道士諱紫虛墓誌銘〉，天寶十三載（754），《唐誌續編》，天寶一〇一。
377 〈大燕聖武觀故女道士馬凌虛墓誌銘〉，聖武元年（756），《唐誌彙編》，聖武〇〇一。
378 〈唐故女道士前永穆觀主能師銘誌〉，大和四年（830），《唐誌續編》，大和〇二八。
379 〈唐馮仙師（得一）墓誌〉，元和四年（809），《西安新誌》，頁623-625。
380 〈唐呂玄和墓誌〉，大和四年（830），《洛陽續編》，頁219。
381 〈大唐王屋山上清大洞三景女道士柳尊師真宮誌銘〉，開成五年（840），《唐誌彙編》，開成〇四五。
382 〈唐三景法師（韓自明）墓誌〉，大和五年（831），《西安新誌》，頁687-689。

成她學道的想法[383]，洛陽安國觀主王虛明，有弟子柳妙首、柳太霞，墓誌說她們「皆實猶子」，想來也都是女冠[384]，此外還有范陽郡薊縣白狼觀祁妙行[385]，馮行周原入佛門，因會昌毀佛，乃蓄髮為女冠[386]，韓孝恭（字行先）也是有子女後才出家，但她的名、字缺乏道氣[387]，仇瀛洲十三歲出嫁，年過半百始奉道[388]，錢又玄入道前也曾結縭逾四十年[389]。致柔、妙行的家族背景不明，孝恭祖考不詳，瀛洲墓誌明言「數代不封官爵」，其餘女冠皆出身菁英家庭，有的還極為顯赫，她們很可能都是具有一定程度文化能力的女性，可以相信這些名號並非原名，而是入道後所取，如前述之眉娘，即由憲宗度為女冠，放歸原鄉南海，賜號逍遙[390]，這是由他人所取的例子，上述諸人得名的情形不得其詳，但看起來，大體都能表達道教修行的志趣。在敦煌也留下若干女冠之名，如沖虛觀主宋妙仙[391]、中岳先生張仙翼（P. 2735，至德二載 757），都不像是原生家庭所起的名字。

綜觀以上的女性道名，特別是正式入道的女冠，有兩個特色：第一，除了仙字，使用玄、真、虛等字的比例很高，與上節所論道名的表現一致；第二，這些用法幾乎和男性沒有差別。這兩點其實是互通的，在道教或道家的概念中，這些字的用法通常

---

383 〈唐茅山燕洞宮大洞鍊師彭城劉氏墓誌銘〉，大中六年（851），《唐誌彙編》，大中〇七一。

384 〈唐王虛明墓誌〉，大中十四年（860），《洛陽續編》，頁 252。

385 〈大般若波羅蜜多經題記〉，《房山》，天寶年間，頁 121、123。

386 〈唐女真馮行周墓誌〉，大中十二年（858），《七朝》，頁 365。

387 〈唐韓孝恭玄堂銘〉，大中十三年（859），《西安新誌》，頁 794-796。

388 〈唐鍊師仇瀛洲墓誌〉，咸通十二年（871），《七朝》，頁 375。

389 〈唐錢又玄墓誌〉，廣明元年（880），《西市墓誌》，頁 1018-1019。

390 《太平廣記》，卷六六。

391 見貞松堂舊藏敦煌本《太玄真一本際經》卷五，收入王重民：《敦煌遺書散錄》0689，轉引自《敦煌道教文獻研究：綜述・目錄・索引》，頁 203。

相當抽象，缺乏性別指涉的功能，而且同為道教徒追求的目標，故不分男女，皆可以之為名，前引玄宗時陳尚仙，即使以女仙上元夫人為其字，女性特質仍然不顯。這一點不是道教女性才有的特色，也有不少世俗菁英女性的名字相當中性（詳第七章），但就整體表現來說，女性道流之名的「去性別化」格外鮮明。

　　再舉數例言之，前文提到玉真公主，在敦煌《十戒經》寫本有「平康縣男生清信弟子王玉真」（P. 3770，至德二載 757），可知此名也為男性道徒所用，公主之侄壽王李瑁第二十二女，墓誌說她「字曰應玄」，而且好讀道家經書，頗修齋戒，味蔬藥事，清靜為常，可以猜想「應玄」不是本名[392]。此外如以詩著稱的元淳[393]，同時期尚有至德觀主元淳一，墓誌中完全沒有提到她的文才[394]，加上高道李淳風，「淳」字也不見性別相狀。另一例是敦煌的唐真戒，見於《十戒經》（P. 2347，景龍三年 709），其實是年僅十七歲的沖虛觀女道士。至於鄉貢進士韋楚相之女名為玉虛，年纔八歲[395]，此語屢見於南北朝道經，《度人經》、《大洞真經》皆然，來自道教的機會不小。當然，不是所有女冠或奉道女性都會使用這種風格的道名，比如女詩人李冶（713-784），便以其字季蘭為人所知[396]。不過女性道徒和男性共享「道名」，確實是顯著的現象，兩者命名的選項並不相斥，這點多少也反映道教男女觀的

392　〈唐陽城縣主李應玄墓誌〉，大和二年（828），《長安新誌》，頁258-259。
393　《全唐詩》，卷八〇五。
394　〈故上都至德觀主女道士元尊師墓誌文〉，大曆中，《唐誌續編》，建中〇一一。
395　〈韋楚相墓誌〉，長慶三年（823），西安市文物稽查隊編：《西安新獲墓誌集萃》（北京：文物出版社，2016年，以下簡稱《西安集萃》），頁192-193。同時期有鄭嫣，也字玉虛，德年二十四，見〈唐鄭嫣墓誌〉，大和九年（835），《西市墓誌》，頁858-859。
396　季蘭為常見女名，見陽季蘭，〈佛說八部佛名經〉，《房山》，會昌元年（841），頁98。

平等——甚至可以說，是兩性之別的超越，而且與其說是中性之名，不如說抽象的無性之名，呼應《太上老君說常清靜經》開篇所說「大道無形、無情」的本質。

本節最後要引用兩個唐代女性的道名作結，第一例是玄宗所寵愛的貴妃楊玉環（719-756），唐人皆稱之太真[397]，她原為壽王妃，曾出家為女冠，第二例是晚唐時文采過人的魚玄機（844-871），本名蕙蘭，又名幼微，原為妾，不為正妻所容，遂入道觀[398]。二人皆非自願出家，經歷遠非其他唐代女性可比，艷情哀思，屢經後人點染，有時幾乎使人忽略太真、玄機皆非本名，而是入道後所起的法名，一真一玄，恰好呼應道教的形上追求。此二名也通於男女，中唐時有劉太真，以詩文見稱當時[399]，初唐有會稽縣令孟樞（字玄機）[400]，武周時也有曹玄機[401]，陳州刺史崔玄機則出身清河崔氏[402]。這些男名是否與道教有關，已無從判斷，女性道徒以此為名，可見「道名」有去性別化的傾向，甚至還可能有與男性並駕的意想，極端者如魚玄機最終脫離道觀，以此名返回世俗，曾寫道「自恨羅衣掩詩句，舉頭空羨榜中名」，顯然不甘只為男性的附庸，渴望以其才華同在科場爭雄[403]，在矢志捨俗的女性道徒中，或許也有類似自我實現的想法，只是終究和玄機選擇

---

397 《舊唐書》，卷五一，〈后妃上〉。
398 五代・孫光憲：《北夢瑣言》（北京：中華書局，2002 年），卷九；《太平廣記》，卷一三〇。
399 《舊唐書》，卷一三七，〈劉太真傳〉。中唐時有位唐夫人王太真，見〈亡妻太原王夫人墓誌銘〉，咸通四年（863），《唐誌續編》，咸通〇一一。河北有李太真，性別不明，見〈巡禮題名碑〉，《房山》，咸通七年（866），頁 49；張太真，見〈佛說太子和休經〉，同前，開成四年（839），頁 95。
400 〈大唐故越州會稽縣令孟君墓誌〉，總章三年（670），《唐誌續編》，總章〇一二。
401 〈大周故曹府君墓誌銘〉，神功元年（697），《唐誌續編》，神功〇〇一。
402 《新唐書》，卷七二下，〈崔氏・清河小房〉。
403 《全唐詩》，卷八〇四，〈遊崇真觀南樓睹新及第題名處〉。

了不同的道路。道者始終有超越塵世的性格，其名亦然，前文提
到李騰空、蔡尋真結伴入山，清代道光咸豐年間，同為女性的萬
夢丹有詩詠二人：「救人符籙終多事，洗我鉛華頗自雄」[404]，在高
氏看來，仙真世界是女性道徒「自雄」的所在，而在她們的名號
之中，更多的也仍是洗盡鉛華後的淡漠色彩。

---

404 〈蔡尋真詠真洞天〉，收入清·蔡殿齊輯：《國朝閨閣詩鈔》（清道光二
　　十四年[1844]刻本），第十冊，卷十，頁 72-73。

第四章　儒家與人名

　　本章想探討的是儒家對中古人名的影響，更廣泛地說，是華夏經典傳統在人名中的表現，這個問題和佛教、道教人名很不一樣，很少有人討論，似乎也呼應某種觀點，認為儒家或經學在當時文化界的態勢不如佛道，這種判斷其實很值得商榷。在過去的人名研究中，幾乎沒有人不注意到中古人名對佛教的襲用，其次是各種令人眼花撩亂的風俗之名，道教對人名的影響（比如「之」字入名）也會被提及，至於儒家或華夏古代經典的元素，通常被忽略，或泛泛附筆帶過。其實儒家價值從未在中古人名選項中退位，以河北定興縣的北齊〈標異鄉義慈惠石柱頌〉為例，載有邑義二百四十餘人，其中以神、仙入名者，有齊神輝、郗神敬、嚴惠仙、陳洪仙、劉仙（范陽太守）等，陳靈奴、嚴道業為佛道共通之名，與民俗心態相關者，有張殺鬼、嚴桃賓、史茍仁、李惡仁等，數量最多的是佛教之名，有陳僧伽、鮮于沙門、鮮于脩羅等。以儒家為名者，則有范陽郡功曹盧宣儒，以及元造義、元貢義、田孝讓、鮮于文禮、范崇禮、路和仁等[1]。佛教之名所以最多，是因為該團體的性質本來就屬佛教，但從整體來看，儒家的份量似乎不甚弱於前者，不過此義實與當地范陽盧氏家族的贊助密不

1　〈標異鄉義慈惠石柱頌〉，太寧二年（562），《百品》，頁193-198。

可分，也有其他宗族加入[2]，因此碑中保留了比較多的菁英色彩，
講求禮法、孝義，正是北方大族慣有之門風，相較於其他造像記
所見，其名無疑更富儒義，表現方式也較為典雅，也隱然透露儒
家對中古人名的影響，是有階層之別的。在其他北朝造像記中，
恆以佛教與風俗人名為主流，儒家的身影往往若有似無。

　　歷來研究中古人名，對於儒家的影響少有人探究，可以推知
的原因之一，是研究者感到這類人名缺乏「特色」，談仁說義，都
是長期流行的道德價值，相較於因佛教而起的聖名、惡名，或是
基於風俗而來的俗名、賤名，儒家的表現相對單薄。但這種作法
的盲點在於，如何界定「特色」？儒家在中古人名中又是否真的
缺乏表現？這些是有待檢證的。過去的研究者經常低估儒家的作
用，是因為很大程度為造像記所吸引，以致忽略正史所載的菁英
群體，然而造像記本是宗教信仰的產物，被記錄者以信徒、或親
近該宗教者為最大宗，宗教元素當然比較突出；其次，造像活動
的主體常是基層民眾，有不少出自胡漢雜居的村落，儒家文化雖
然在此不彰，但對於其他階層未必沒有影響。總之，本書認為過
去長期低估中古人名與儒家和經典的關係，是相當可惜的事。

　　孔子以華夏古代經典教導諸生，後來的儒士也以教育人才和
傳承古代學術為職志，漢代以降得到政府的支持，並且進入官吏
系統，更具有明顯的文化優勢，成為菁英文化中重要的一環。在
中古時期，士族大家也普遍重視經史之學，以書中揭示的典範作
為經世、修身的準則，尤其是孝道與禮法[3]，他們也從當中尋找命
名取字的靈感，從而展現獨特的風格，與其他命名模式大不相

---

2 劉師淑芬：〈北齊標異鄉義慈惠石柱──中古佛教社會救濟的個案研
　究〉，《新史學》5 卷 4 期（1994 年 12 月），頁 1-47。
3 錢穆：〈略論魏晉南北朝學術文化與當時門第之關係〉，《中國學術思想史
　論叢（三）》（臺北：東大圖書出版公司，1993 年），頁 134-199。

同，這點以隋唐大族最為明顯，有時光看其名，便可與其他階層或人群做出區隔，可以說這種人名有非常強烈的菁英性格，而且從內涵到表現，都深深帶有華夏古典的痕跡。也正因為這種命名模式有賴於相當程度的文化素養，絕大多數民眾無此條件，也就無此表現，因此倘若光看北朝造像或西陲文書，難免會忽略古代經典與儒家對中古人名的影響。

針對於此，本節想提出「貴名」的概念，來概括這種人名的特色。所謂「貴名」即指「菁英所喜，且特為菁英所用之名」，其內涵有兩個重點，第一是這種人名與使用者的背景連結很強，多見於中上階層，基層民眾鮮少為之，「聖名」乃至「賤名」同為前者所用，但「貴名」之創造非後者所能為；第二是其中有若干入名的價值想法，特別為菁英所關注，非其他階層所有，尤其是對於古代經典、歷史與政治而來的關注與用法。簡言之，一個是指使用者集中，一個是其命意來源與表現，這兩點正好與「賤名」針鋒相對，後者廣泛流行於基層或華夏古典價值影響較弱之處，其取象恆為世間輕賤之物，完全處於菁英文化的對反（詳第六章）。簡言之，此處所界定的「貴名」概念兼具兩個面向，第一是就使用者而言，他們的身份多屬中古社會的「貴者」，其次是就名字本身而言，皆取用菁英所珍視的價值或形象，而且講求引經據典，構思精巧，非具有高明的文字與文化能力莫辦。不過關於此名，還有幾點要補充說明：首先，本書強調「貴名」與儒家經典有緊密的關係，但不代表「貴名」的來源只限於儒家，而是說此名的內涵以儒家為重心，也兼以其他華夏古代經典為輔，尤其是前章談過的道家，但無論儒道，都和佛教的「聖名」、「惡名」和廣大庶民使用的「賤名」，有極明顯的不同；再來，這裡所指的

「菁英」以知識文化能力為最主要的標準,泛指廣義的中上階層、著姓大族,或基層官員。中古的菁英大族並非都是儒士,但以經學、儒義治家、傳家者極多,即使原先與古代經典傳統較不親近的有力群體,比如北朝政權與出仕的胡人家庭,也受到這種文化力量的影響,從而改造其名字,逐漸創造出中古時期的「貴名」文化。中古社會講求著姓,以血緣出身作為身份的標記,但這些世族所用之名(包括其「字」及兩者的連結)有何特色,歷來卻少有精細的探討,本書想指出以儒家為主的古代經典傳統,正是構成其名最重要的來源,南北朝晚期稍起其風,在隋唐特別明顯,除了以個別德目入名,更有不少表現是過去所罕見的。以下就要從「慕古」的心態開始,說明這種中古菁英的「貴名」文化。

第一節　「慕古」之名

在中國本土的思想中,「古」是一個備受重視的文化概念,廣泛見於各種論說之中,[4]相較之下,佛教重視出世的解脫,「古」並不具特別的地位,其教說也比較缺乏現實的歷史意識,但對儒士來說,「古」不僅是過去發生的歷史,也是最重要的價值來源之一,這種想法可以上溯至周代的貴族文化,兩周吉金彝器中屢稱「先王」、「文王」,《尚書》、《詩經》亦然,後來的儒家也相當看重「古」的意義,孔子曾自稱「好古敏求」(《論語‧述而》),孟子多處使用「古之道」(〈公孫丑〉、〈離婁上〉)、「古之人」(〈滕文公上〉、〈告子上〉),都是與現世相對的正面象徵,孟子對「古」

---

4 王賡武:〈中國之好古〉,王賡武著,姚楠編譯:《歷史的功能》(香港:中華書局,1990年),頁26-57。

的認同尤深，甚至說「在我者，皆古之制也」（〈盡心下〉）；孔子曾說「先王之道斯為美」（〈學而〉），孟子亦直言「不因先王之道，可謂智乎」（〈離婁上〉），這裡的先王指的是古代的聖王，非限於前代之周天子。另一方面，墨子攻訐儒者，稱其必「服古言然後仁」（見〈非儒〉，〈公孟〉謂此為孟子之言），韓非更明言儒家以古亂今，斥為「五蠹」之一，李斯說學者「學古非世，惑亂黔首」，抵制事必尊古的作法，這種想法更促成秦始皇下令將偶語《詩》、《書》者棄市、以古非今者族[5]，李斯所指未必全是儒者，卻反映出戰國晚期好言「古」的風氣，《禮記・曲禮》說「必則古昔，稱先王」，將禮的根源與標準歸於先王，《孝經・卿大夫章》更提到「非先王之法服不敢服，非先王之法言不敢道，非先王之德行不敢行」，以「古」作為全面性的依歸。道家不像儒家在道德觀念與制度緊緊扣住「古」不放，不過在時空和思想上，他們甚至較儒者將「古」推得更遠，老子云「執古之道，以御今之有，能知古始，是謂道紀」（《老子・十四章》），莊子不僅提倡「古之道術」（〈天下〉），並將「古」視為精神修養的重要指引：「反己而不窮，循古而不摩，大人之誠」（〈徐無鬼〉），把理想世界投射到五帝之前的遠古，最極端的說法當出於〈在宥〉：「黃帝始以仁義攖人之心……施及三王而天下大駭」。不只仿古、尊古，道家提出了「復古」的文明觀和修養論，比儒家走得更遠。總之，先秦兩漢以來，關於「古」、「今」的定位雖迭有議論，對「古」的認定也不相同，但在各種政治和文化論述中，「古」確實有不可或缺的位置，對後世誦讀古籍的菁英影響之大，不言可喻。

5　《史記》，卷六，〈秦始皇本紀〉。

　　這種心態也反映在古代人名的表現上，張孟劬《漢魏人名考》
已有發現，並以「慕古」形容這種作法，立為專章，進入隋唐之
後，更成為顯著的風氣，特別是菁英大量使用「古」字為名，更
是前所未有的現象，可以延續張書之所見，進而擴充其未見[6]。關
於「古」名，最先令人想到的當為唐初之顏師古（581-645），他
曾編《五經定本》，並注《漢書》，且冊奏之工，時無及者[7]。事實
上，整個顏氏家族的文化素養都非常高，而且命名也都呼應上述
的「慕古」情懷。師古本名「籀」，以字行，籀原指古文之一種，
名、字合觀，古意昭然。其祖父名之推，字介，應是取自春秋時
以「不言祿」聞名的介之推（《左傳・僖公二十四年》），顏家世傳
《周禮》、《左氏》之學，之推亦然[8]。其長子名思魯，字孔歸，次
子則名愍楚、遊秦，史書說「思魯」、「愍楚」是在他由梁入齊後
所生，以此為名，表示不忘其本，按顏家本出琅邪臨沂，東晉初
始南渡，後來梁元帝蕭繹派世子蕭方諸出任郢州刺史，鎮守江夏
（今湖北武漢），並以之推掌管記，他為此二子所命之名，確實有
懷念之想，不過，魯地也是孔子故鄉，自古儒風不絕，思魯之「字」
當為其父所取，以「孔」為歸，無疑是儒家認同的展現。思魯又
生師古，餘子則名相時、勤禮、育德，分別出自《左傳・隱公十
一年、成公十三年》，以及《周易・蒙》，同輩有利仁、博古、博
學，前者出於《論語・里仁》。師古之子則名趨庭、揚庭、光庭[9]，
出自《論語・季氏》，這些命名明顯符合典雅的原則：用字雅馴，

6　蕭遙天曾提出唐人「一言之字」的復古作法，也就是取單字為「字」，但
　此風已見於北朝，而且他說的只是在形式上復古，與名字內涵之「慕古」
　無涉，見《中國人名研究》，頁75-76。
7　《舊唐書》，卷七三，〈顏師古〉。
8　《北齊書》，卷四五，〈顏之推傳〉。
9　顏真卿：〈晉侍中右光祿大夫本州大中正西平靖侯顏公大宗碑〉，《全唐文》，
　卷三三九。

且內涵符於古典。趨庭從兄弟又有名為康成、強學、希莊、日損、隱朝、鄰幾、知微者[10]，其中的「康成」除了取自東漢大儒鄭玄之字，恐怕再無他例，「強學」則取自《禮記・儒行》，該篇尊儒者為「席上之珍」，尊儒之意灼然，「希莊」以下則帶有道家之色彩。無論如何，從顏氏家族的命名來說，在表現上都展現儒雅之風，就內涵而言，更頻頻流露對「古」的傾慕。

顏家世傳經史，出了不少政治、學術菁英，大量以「古典」為名，並不意外，其實在一般菁英之間，這種以「古」為尚的心態也相當流行，所言之「古」不離儒道之嚮往，兩者或有側重，更多的時候是並列齊觀，以盛唐的一篇墓誌為例，可以看得很清楚，誌文形容誌主：

趨庭有訓，早聞詩禮之言；師古而行，晚慕巢由之意。[11]

這是唐人墓誌常用的套語，也反映出這種想法在唐代菁英心靈中的普遍性。另一方墓誌說誌主「少好讀書，長而不厭，事必師古，學不為人，頗輕篆刻」，篆刻係指詞章文事，這裡的「古」則有質樸的道德色彩，不特指為儒為道[12]。以「古」為理想的的取向也適用於女性，這裡僅舉一例，中唐有一位李夫人的墓誌說她「自稚齒迄于就歿，言行師古」，「雖古賢媛，無以尚之」[13]，「古」在此都有規範性或典範性的意味，至今雖未發現女性以古為名的例子，但唐人應該不會將女性的典範排除在「古」之外。在男性方

---

10 顏真卿：〈唐故通議大夫行薛王友柱國贈祕書少監國子祭酒太子少保顏君碑銘〉，《全唐文》，卷三四〇。

11 〈唐故處士騫府君墓誌文〉，開元十八年（730），《唐誌續編》，開元一〇一。

12 〈大周故中大夫夏官郎中逯府君墓誌〉，神功元年（697），《唐誌彙編》，神功〇〇三。不過「古」與文辭未必完全衝突，〈隋劉多誌〉說他「博學好古，雅尚雕蟲」，見開皇二十年（600），《隋誌彙考》，第二冊，頁336-340。

13 〈唐隴西李公夫人范陽張氏墓誌銘〉，咸通十年（869），《唐誌彙編》，咸通〇七八。

面，帶有「古」字的人名更是不勝枚舉，在隋唐大量湧現，「師古」
似乎就是隋代才開始的作法，不見於此前之史籍，後來更成為唐
人的固定選項。中唐時出身淄青藩鎮家族的李師古，其弟名為師
道、師賢、師智[14]，古字與道、賢、智並列，透露古具有和其他
三者等觀的價值。同時期有一位嫁給宗室曹王的崔夫人，其子名
為太古、象古、道古、師古、執古，也是古意盎然[15]。此外有鄭
遵古，其意亦同[16]。

　　除了以古為師，「好古」同為漢代以來菁英文化理想與品味之
所繫，在史書中幾乎都是用來當作讚語，西漢時河間獻王劉德以
修學好古著稱，獎勵民間獻書，諸儒亦多從之[17]；東漢班固年輕
時曾上書東平王劉蒼，提到當時的京兆祭酒晉馮「好古樂道，玄
默自守」[18]；南齊時孔靈產能解星文，頗善數術，蕭道成曾賜他
白羽扇、素隱几，說「君性好古，故遺君古物」[19]，時代相近的
劉之遴好古愛奇，也曾收聚古器數百種[20]，這些行為都展露菁英
對「古」具體的喜愛。隋唐開國後，除了遍徵舊籍，也以官方力
量廣收古書古畫[21]，必然也強化時人「好古」的風氣，前引顏師
古曾以引進貴勢而遭罪譴，於是閉門杜客，放志園亭，但仍搜求
古跡、古器，躭好不已[22]。此風在唐詩中也有反映，以韋應物與
韓愈所作同題〈石鼓歌〉為例，前者說「世人好古猶共傳，持來

14　《新唐書》，卷七五下，〈李氏・高麗李氏〉。
15　〈唐故嗣曹王妃清河崔氏墓誌銘〉，貞元十五年（799），《唐誌彙編》，
　　貞元〇九四；〈有唐山南東道節度使贈尚書右僕射嗣曹王墓銘〉，同年，
　　同前書，貞元〇九三。
16　《新唐書》，卷七五上，〈北祖鄭氏〉。
17　《漢書》，卷五三，〈景十三王傳〉。
18　《後漢書》，卷四〇上，〈班固傳上〉。
19　《南齊書》，卷四八，〈孔稚珪傳〉。
20　《南史》，卷五〇，〈劉之遴傳〉。
21　《隋書》，卷三二，〈經籍一〉。
22　《舊唐書》，卷七三，〈顏師古〉。

比此殊懸隔」，後者自嘆「嗟予好古生苦晚，對此涕淚雙滂沱」[23]，
都顯示對「古」的愛尚或嚮往。這種心態也藉由「古」字反映在
人名之中：中唐杭州刺史裴常棣之名出自《詩經‧常棣》，其弟名
為常憲、好古、好問[24]，宋州司士參軍劉好古，其弟名為好問、
好學，劉家的儒學傾向非常明確，他們的祖父輩名為傳經、專經、
繕經、深經、談經、通經、全經、瞻經、遵經、志經，最末者名
為執經（字長儒）、宗經（字仲儒），後者任國子祭酒，其他擔任
高層文官的也很多，我們不能輕易揣測在劉氏家族中，是否有類
似宗教徒存續真理的使命感，但其名之「古」很明顯與儒者傳經
的意識結合為一[25]。這種案例非常之多，表現也很豐富，直到晚
唐都還如此，足見「古」的號召力之強，不待「古文運動」而興
之：盛唐有雍州醴泉尉元好古[26]，中唐鄂州永興縣尉周著（字老
彭），兩個兒子更名為好古、好問，父子之名同出自《論語‧述而》
「述而不作，信而好古，竊比於我老彭」[27]，馬軍兵馬使田述（字
道古）[28]、衡州耒陽縣尉李述（字好古）[29]也都如此。晚唐福建有
陳好古（字慕□），其孫墓誌提到他有家集二十卷，並追贈太子舍
人，可為當時閩地受古風吹拂的旁證[30]。這種心態也通於道流，
龍興觀法師蔡逸墓誌說他「幼而好古，長而厭俗」，以古對俗，此

23　分見《全唐詩》，卷一九四、卷三四〇。
24　《新唐書》，卷七一上，〈裴氏‧南來吳裴〉。
25　《新唐書》，卷七一上，〈劉氏‧曹州南華劉氏〉。
26　〈唐李元雄夫人元氏墓誌〉，開元十一年（723），《西市墓誌》，頁 416-417。
27　〈唐故鄂州永興縣尉汝南周君墓誌銘〉，大和八年（834），《唐誌彙編》，
　　大和〇七七。
28　〈唐田述墓誌〉，元和九年（814），《西市墓誌》，頁 776-777。
29　〈唐故衡州耒陽縣尉隴西李府君墓誌銘〉，大中十一年（857），《唐誌彙
　　編》，大中一三四。稍早有鄉貢進士李好古，撰〈唐韋府君夫人李氏墓誌〉，
　　元和十年（815），《西市墓誌》，頁 782-783。
30　〈唐故福建觀察使檢校司徒兼御史大夫潁川郡陳府君墓誌銘〉，景福二
　　年（893），《唐誌彙編》，景福〇〇三。

「古」儼然成為出世修道的象徵[31]，而且此情也見於女性，晚唐有一名女鍊師支志堅，墓誌說她「好古慕謝女之學」，指東晉才女謝道韞，暗示女性也可在「古」中找到施展才華的園地[32]。

好古、師古之外，「知古」同是重要的學術工作和文化行為，梁時劉顯博聞強記，有魏人進獻古器，其字無人能識，顯讀之無礙，考校年月，一字不差，為蕭衍所獎[33]，隋開皇初年，何稠博覽古圖，多識舊物，也蒙楊堅稱許[34]，類似之事也見於初唐的顏昭甫，他是顏師古之姪，任曹王侍讀，當時有人獻古鼎篆書二十餘字，舉朝莫能讀，唯昭甫盡識，這種素養當然與其家學有關[35]，也是中古文士展現博學的重要形式。唐代以「知古」為名者不少，唐睿宗景雲二年（711），金仙、玉真二公主入道，營造道觀，頗勞民力，右散騎常侍魏知古上書為諫，但不被採納，「仙」、「真」與「古」並峙，好像透露兩種生命追求之間的張力[36]。隋唐之際李密字玄邃，其子即名知古，從孫也有同名者，好像也有由道而儒的氣氛[37]，高宗時有太常博士袁思古[38]，同時有永州司士崔思古，出身博陵安平崔氏[39]，琅邪王氏家族有知古、希古兄弟[40]，任敬臣（字希古）曾注《周易》，著《越王孝經新義》[41]，武后臨朝

31　〈唐蔡逸墓誌〉，神龍三年（707），《西市墓誌》，頁 340-341。
32　〈唐鴻臚卿致仕贈工部尚書琅耶支公長女鍊師墓誌銘〉，咸通三年（862），《唐誌彙編》，咸通○二○。
33　《梁書》，卷四○，〈劉顯傳〉。
34　《隋書》，卷六八，〈何稠傳〉。
35　顏真卿：〈晉侍中右光祿大夫本州大中正西平靖侯顏公大宗碑〉、〈唐故通議大夫行薛王友柱國贈祕書少監國子祭酒太子少保顏君碑銘〉，《全唐文》，卷三三九、三四○。
36　《舊唐書》，卷九八，〈魏知古〉。
37　《新唐書》，卷七二上，〈遼東李氏〉。
38　《新唐書》，卷二二三上，〈許敬宗〉。
39　〈唐崔子偁墓誌〉，天授二年（691），《洛陽續編》，頁 57。
40　《新唐書》，卷七二中，〈琅邪王氏〉。
41　《舊唐書》，卷一九五，〈任敬臣〉；卷五七，〈藝文一〉。

時有鳳閣侍郎任知古[42]、監察御史李知古[43]，雍州人裴知古善音律，長安年間擢為太樂丞[44]，裴行儉從兄弟亦有名為知古者，任太常令，其兄則名知禮[45]，竇知節以弘文生擢第，二子名為思貞、崇古[46]，並有鄭崇古、鄭博古，都出自滎陽鄭氏[47]，另有李尚古，任尚衣奉御[48]。開元時有密州刺史元希古，為拓跋之後[49]，稍晚有清河人張希古，自稱西晉張華之後，亦登顯位[50]。晚唐有尚書右丞楊希古（字尚之），族子有楊邁（字嗣古）、安古（字垂則）[51]，段成式、溫庭筠等文士相唱和，集為《漢上題襟集》，其中也有余知古[52]。天寶末有符寶郎王求古，墓誌書法甚劣，但內容說他「悄悄心事，時人莫知」，銘文感嘆「猗嗟符寶，文儒達道，五歷清資，九經探討，搏扶未舉，誰知懷抱」[53]，隱然透露他理想的失落；宣宗大中年間，建州刺史李遠以求古為字[54]，我們不知他所求之「古」到底有多遠，但「古」對這些菁英具有強烈的吸引力，是必然無疑的。

---

42 《舊唐書》，卷八五，〈徐有功〉。
43 《舊唐書》，卷一〇二，〈徐堅〉。
44 《舊唐書》，卷一九一，〈方伎〉。
45 《新唐書》，卷七一上，〈裴氏・中眷裴〉。
46 〈唐竇知節墓誌〉，開元十一年（723），《西市墓誌》，頁 430-431。
47 〈唐鄭勛墓誌〉，天寶四載（746），《西市墓誌》，頁 550-551，崇古為其曾祖；〈唐李夷吾墓誌〉，天寶八載（749），同前，頁 568-569，博古為其繼室之父。
48 〈唐李少贊及夫人康氏墓誌〉，開成三年（838），《西市墓誌》，頁 134-135。
49 〈大唐故朝議大夫使持節密州諸軍事守密州刺史上柱國元府君墓誌銘〉，開元五年（717），《唐誌彙編》，開元〇四五。
50 〈大唐故游擊將軍守左衛馬邑郡尚德府折衝都尉左龍武軍宿衛上柱國張府君墓誌銘〉，天寶十五載（756），《唐誌彙編》，天寶二七三。
51 《新唐書》，卷七一上，〈楊氏・越公房〉。
52 《新唐書》，卷六〇，〈藝文四〉。
53 〈唐王求古墓誌〉，貞元十五年（799），《西安新誌》，頁 589-592。
54 《新唐書》，卷六〇，〈藝文四〉。

　　與「古」搭配的用法頗多，對「古」之好尚則一，中唐時昌州刺史陶懃有五子，其二、三、四子名為存古、厚古、孝古[55]，另有汝州刺史劉述古、邁古兄弟，皆登進士第[56]。石刻中也有□知古[57]、董信古[58]，河北房山石經題記有趙好古[59]、劉師古[60]，可見古風之遍佈。不過要強調的是，這些「古」名未必全都與儒家有關，前文引過老子所說「能知古始，是謂道紀」，「古」也為道家所重，不是儒者的專利，武宗會昌年間即有鄭還古其人，號「谷神子」[61]，因此與其輕言斷定這些人名背後的思想歸屬，不如從整體之「慕古」來考量，更重要的是「師古」、「好古」、「希古」在此前從未如此頻繁成為名或字的選項[62]。

　　唐代還有宗室李欽古[63]，後有李師古、象古、復古[64]，大理丞張蘊古[65]、安西大都護閻溫古[66]、陝州參軍弓嗣古[67]，中唐有北庭節度使楊襲古[68]、平盧軍節度使李師古（其弟名師道）[69]、楊安古

55　〈陶懃墓誌〉，大中六年（853），《珍稀百品》，頁 202-203。
56　〈李行素墓誌〉，咸通十年（870），《珍稀百品》，頁 216-219。劉述古係誌主外祖父。
57　《龍門》，窟號2205，開元二十年（732），頁645。
58　〈董日進等造石浮圖記〉，天寶十一載（752），《常山貞石志》，《石刻史料》第1輯第18冊，頁13320b-1b。
59　〈大般若波羅蜜多經題記〉，《房山》，開成年間，頁 170。
60　〈人般若波羅蜜多經題記〉，《房山》，乾符年間，頁 174。
61　《全唐文》，卷七六二。
62　《新唐書》，卷七〇下，〈高宗・許王房〉。唯一的例外當係北魏孝皇帝時，有梁州刺史薛懷古，見《魏書》，卷九，〈肅宗紀〉。唐初武周時有良吏裴懷古，見《舊唐書》，卷一八五下，〈裴懷古〉。《太平廣記》，卷二〇三，〈董庭蘭〉載有琴家陳懷古。
63　《新唐書》，卷七〇下，〈高宗・許王房〉。
64　《新唐書》，卷七〇下，〈太宗・曹王房〉。
65　《舊唐書》，卷一九〇上，〈張蘊古〉。
66　《舊唐書》，卷一九六上，〈吐蕃上〉。
67　《新唐書》，卷四，〈武瞾〉。
68　《新唐書》，卷七，〈德宗皇帝〉。
69　《新唐書》，卷七，〈憲宗皇帝〉。

（字垂則），其兄名安貞（字不忒）[70]、趙郡李氏有宗師、從古兄弟[71]，刑部尚書蕭炅之子名虔古[72]。要特別解說的是晚唐的段成式（803?-863），出自《古文尚書・畢命》「子孫訓其成式惟乂」，表字柯古，可能得自《詩經・伐柯》：「伐柯伐柯，其則不遠」，《中庸》引之，朱熹《集注》謂「則」即「法」，成式以柯古為字，不無以古為法式的意思。不過，多數時候「古」常泛指某種正面價值的集合體，唐初有吏部侍郎張詢古，其弟名為詢孝，兩者合觀，「古」已與「孝」並列[73]，博陵崔氏有欽讓、欽古、欽善三兄弟，其父奉孝，伯父奉節，也可以看出這種用法[74]。中唐名相李德裕（787-850）之孫名為殷衡、延古，前者顯然取自《詩經・長發》「實維阿衡，實左右商王」，係指殷初名臣伊尹，與延古連用，取於古代賢臣楷則的用意很清楚[75]。這種以古代聖賢為名的用法，下文將有詳論。兄弟取同一字為表字的現象，最晚在東漢初已經出現，晉代以降沿用不絕，表現頗多[76]，但隋唐菁英命名不僅以「古」為貴，對「經」尤其關注，並以此作為同輩命名共用之字，實乃前所未有之現象，然而何由致之？

　　如眾所知，北朝菁英士族特重經學，篤守舊義，河北、關中都較少受到玄學影響，在北魏中期之前，文學風尚也不盛，從長

70　《新唐書》，卷七一上，〈楊氏・越公房〉。
71　《新唐書》，卷七二上，〈趙郡李氏・東祖〉。
72　〈唐孟璲墓誌〉，大中十四年（860），《洛陽續編》，頁253。虔古為誌主岳父。
73　《新唐書》，卷七二下，〈清河東武城張氏〉。
74　《新唐書》，卷七二下，〈崔氏・清河小房〉。
75　《新唐書》，卷七二上，〈趙郡李氏・西祖〉。
76　東漢初祭遵兄弟以「孫」為字，《後漢書》，卷二〇，〈祭遵傳〉。漢晉以來行第用字的情形，參何德章：〈關於漢魏間的名字與行輩〉，《田餘慶先生九十華誕頌壽論文集》，頁203-206。何文以為兄弟之表字用同一字，係東漢中後期之新風，並舉陳寔、荀淑之子為例，然不及祭氏之例；又以為兄弟單名採用同偏旁之字，亦起於東漢後期，可從。

期來看，北人對南朝的學術文風屢屢有所批判，隋唐菁英普遍以古為貴，除了繼承知古博學的風氣，與上述心態應當也很有關係。隋代大一統之後，禮制、文化復古的呼聲屢起，文帝開皇初年，太常卿牛弘奏道漢、晉以來典章殘缺，南朝私撰儀注，更違古法[77]，北周「自我作古，皆非禮也」[78]，煬帝即位後，更是「意存稽古，率由舊章」[79]，這種想法也與儒家認同緊密相連，文帝時李諤曾重批南朝不重儒學，導致政教混亂：

> 臣聞古先哲王之化民也，必變其視聽，防其嗜欲，塞其邪放之心，示以淳和之路。……（南朝）指儒素為古拙，用詞賦為君子，故文筆日繁，其政日亂。[80]

他指出古代哲王教化人民，恆取樸拙為首務，江左文士忽略此道，視儒素為「古拙」，以致教化失序，他又批評此輩之病正在「學不稽古，逐俗隨時」，揭示「古」乃是「學」的關鍵。李諤係趙郡人，史書說他「好學，解屬文」，針對「禮教凋敝」屢有建言，明顯是個有教化抱負的典型儒士。

　　另一個隋初的例子，是秦孝王楊俊令潘徽撰集字書，徽在其序中稱楊俊「尊儒好古」，潘徽於《禮》頗為講求，他的話未必是虛言[81]。這種理念也頗為唐初帝王所繼承，貞觀二年（628）唐太宗問黃門侍郎王珪近代政教缺失之由，王珪答言：

77　《隋書》，卷八，〈禮儀三〉。
78　《隋書》，卷九，〈禮儀四〉。
79　《隋書》，卷二六，〈百官上〉；卷三，〈煬帝紀〉。參傅揚：〈斯文不喪——中古儒學傳統與隋代唐初的政治文化〉，《漢學研究》第 33 卷第 4 期（2015 年 12 月），頁 177-211。
80　《隋書》，卷六六，〈李諤傳〉。
81　《隋書》，卷七六，〈潘徽傳〉。

相，無不精通一經，朝廷若有疑事，皆引經決定，由是人
識禮教，理致太平。近代重武輕儒，或參以法律，儒行既
虧，淳風大壞。[82]

此段對話並錄於《通鑑》，大意相同，最明顯的差別是「重武」作
「重文」[83]，前者泛指軍武事功，後者則更直指南朝文風，但無
論何者，王珪認為近代側重「文」或「武」的任仕標準，皆無涉
經術，去「古」甚遠，於「儒」有虧。藉由李、潘、王三人的話，
可以窺見唐代「慕古」之名的背後，很可能源自近代日深的尚古
關懷，連帶催生了大量以「古」為貴的人名，也不令人意外。

其次，這種「好古」之情也與南北朝書籍散佚的情形有關，
由於政權動盪，戰事頻繁，南北好學之士都遭遇這種困境[84]，舉
數事言之，梁武帝之孫蕭欣博綜墳籍，著有《梁史》百卷，「遭亂
失本」[85]，陳朝謝貞為謝安九世孫，從舅王筠為僧虔之孫，出身、
才情俱高，最終其集「值兵亂多不存」[86]，至於北方，西魏因「軍
國草創，墳典散逸」，有賴寇儁選置令史，抄集經籍，四部乃稍得
完備[87]。儘管像梁朝也曾有過以官方力量聚集圖書的文化事業，
但整體來說，南北朝的學術傳承仍不時面臨巨大危機，陳朝晚期
江總便感嘆：

梁室版蕩，微言中廢，後生莫曉洙泗之文，晚學未聞齊魯
之說。[88]

---

82 唐・吳兢：《貞觀政要》（臺北：黎明文化，1990 年），卷一，〈論政體第
　二〉，頁 10。
83 《資治通鑑》，卷一九三，〈唐紀九〉，頁 6058。
84 陳登原：《古今典籍聚散考》（上海：華東師範大學出版社，2010 年），
　頁 129-142。
85 《周書》，卷四八，〈蕭欣傳〉。
86 《陳書》，卷三二，〈謝貞傳〉。
87 《周書》，卷三七，〈寇儁傳〉。
88 《全文・全隋文》，卷一〇，〈為陳後主在東宮臨學聽講令〉。

此語所指背景當為承聖三年（554），梁元帝蕭繹困於西魏，下令焚燬江陵宮中藏書十四萬卷之事，蕭繹當時以劍擊柱，痛言「文武之道，今夜盡矣」[89]，他和江總的話或有誇張之嫌，但都點出在南北朝易代之際，往往對知識傳承的物質基礎帶來重大的威脅。這種情形深為儒士所警惕，隋初開皇三年（583），牛弘即上表，力陳自秦始皇到蕭繹等歷代圖書之「五厄」，以致當時即使合北方舊藏總數，仍然只有梁代之半，建請文帝予以正視：

> 自華夏分離，彝倫攸斁，其間雖霸王遞起，而世難未夷，欲崇儒業，時或未可。……方當大弘文教，納俗升平，而天下圖書尚有遺逸，非所以仰協聖情，流訓無窮者也。臣史籍是司，寢興懷懼。昔陸賈奏漢祖云：「天下不可馬上治之」，故知經邦立政，在於典謨矣！為國之本，莫此攸先。[90]

前文並將秦始皇之焚書歸結為「事不師古」，對照後文的「儒業」、「文教」，可以見到當時儒臣用心所在，文帝也確實廣開獻書之路，平陳之後，時為晉王之楊廣也命人「收陳圖籍」[91]，在隋代一統南北的過程中，蒐羅舊籍成為一貫的政策。民間儒士對此是否也有所行動，不得而知，但能夠飽覽舊籍，應該是當時普遍的心願，舉例言之，牛弘奏請文帝購求遺書之際，大儒劉炫竟然偽造舊書百餘卷上呈，可見其時求古之熱切，以劉炫本人來說，他晚年息官在野，自述生平「大幸有四」，並以「廁縉紳之末，遂得博覽典誥，窺涉今古」為首[92]。從劉炫的著作來看，這裡他所

89　《資治通鑑》，卷一六五，〈梁紀二一〉，頁5121。
90　《隋書》，卷四九，〈牛弘傳〉。此疏簡本見《資治通鑑》，卷一七五，〈陳紀九〉，頁5462。
91　《隋書》，卷六七，〈裴矩傳〉。
92　《隋書》，卷七五，〈儒林傳〉。

引以為幸的閱讀經驗，當屬前代之經史著作，特別是以經書為主的相關典籍。唐代開國之初，令狐德棻有感於經籍亡散，祕書湮缺，乃再度奏請購求天下遺書，置史補錄[93]，後來在杜甫詩中，也寫到唐初特重宿儒古物的風氣，他在赴鄜州探親途中，行經太宗昭陵，感慨當時「文物多師古，朝廷半老儒」，最是令他緬懷的開國氣象，也成為生命中重要的歷史記憶[94]。隋唐菁英階層以「古」為名的習慣起於何時、為何而取，在文獻中並未留下直接的說明，但如果將這種「古」名放在隋唐之際慕古崇儒、好尚舊籍的背景中，可以想見當有相通的心態，這一點也表現在當時菁英廣泛以古代華夏聖賢為名的現象，與佛教的「聖名」分庭抗禮。

一、以聖賢為名

除了抽象的「古」之外，隋唐菁英也以古人名字為名，實際上此風並不始於隋唐，亦不終於隋唐，在南北朝時期，以古人為名最顯著的例子當屬潁川新野庾氏，有族子名為曼倩、黔婁、於陵、肩吾者，曼倩為東方朔之字，黔婁是戰國時齊隱士，於陵是陳仲子，也是戰國之高士，肩吾則是《莊子》、《山海經》中近乎神人的高士[95]，但這種作法在南北朝史書中相當少見，不具有普遍的意義。但在隋唐社會，可以看到大量以古人為名的例子，特別是經書古史中的聖王賢人，漢晉雖不乏風流人物，明確進入唐人命名選項的並不算多，這裡略舉數例：西漢尹翁歸以廉能聞

93　《新唐書》，卷一○二，〈令狐德棻〉。
94　《全唐詩》，卷二二五，〈行次昭陵〉。
95　《梁書》，卷五一，〈庾詵傳〉；卷四七，〈黔婁傳〉；於陵、肩吾並見卷四九，〈於陵傳〉。

名，其子亦拜為將相，「翁歸」之名頗受唐代菁英喜愛[96]，與尹氏
年代相當的魏相（字弱翁），乃宣帝時名相，與御史大夫丙吉同心
輔政，並明《易》，好觀漢故事及便宜章奏，「弱翁」也進入唐人
名字之選項[97]，不過更多的是因個別愛好而引以為名，隋時觀州
蓨人李綱（字文紀）初名瑗（字子玉），讀《後漢書・張綱傳》，
乃慕而改之[98]；王宣（字暉粲）看起來與東漢建安才子王粲（字
仲宣）有關[99]；肅宗乾元末，河東人裴延齡為氾水縣尉，因洛陽
失陷，寓居鄂州，綴緝裴駰所注《史記》之闕遺，自號小裴[100]；
德宗時韓愈被貶為陽山令，因有愛在民，民眾生子遂多以「韓」
字之[101]，這類例子可以想見不會太少，但從菁英家族的整體情形
來看，屬於「古」代的先秦人物還是入名共享的大宗。

　　南宋王楙（1151-1213）稱這種作法為「名字相沿」，認為是
因命名者「慕其為人」所使然[102]，並舉金日磾、馬日磾、段匹磾、
于粟磾等名為例，此說通於人之常情，在歷史上也有不少實證；
劉宋時劉湛仰慕汲黯、崔琰，他的二個兒子不但取名與之相同，
字也照用[103]。但檢視王楙的說法，可補充之處不少，比如在隋唐
時期，菁英所「慕」的對象就相當集中，而且在現實中，命名常
牽涉到許多複雜的考量，有些甚至本來就是世俗通用之名，限於

96　《漢書》，卷七六，〈尹翁歸傳〉。此名見《新唐書》，卷七二上，〈趙郡
　　李氏・遼東李氏〉；卷七二中，〈溫氏〉；卷七五上，〈北祖鄭氏〉；同前卷，
　　〈源氏〉。中唐有京兆府法曹參軍呂翁歸，字弘美，見〈唐呂翁歸墓誌〉，
　　會昌五年（846），《西市墓誌》，頁 894-895。
97　《漢書》，卷七四，〈魏相傳〉。《新唐書》，卷七二上，〈趙郡李氏・東祖〉，
　　有李弱翁；卷一五五，〈馬燧〉，馬炫，字弱翁，少以儒學聞；卷一六三，
　　〈孔巢父〉，字弱翁，孔子三十七世。
98　《舊唐書》，卷六二，〈李綱〉。
99　〈唐王宣墓誌〉，貞觀十四年（640），《西安新誌》，頁 68-70。
100　《舊唐書》，卷一三五，〈裴延齡〉。
101　《新唐書》，卷一七六，〈韓愈〉。
102　南宋・王楙：《野客叢書》，卷一〇，〈名字相沿〉。
103　《宋書》，卷六九，〈劉湛傳〉。

記載，很難判斷是否確實來自某一古人，中宗時宰相唐休璟的家族命名頗有特色，子、孫有名為釋之、季鷹者，但我們並沒有更多線索，證明來自西漢名臣張釋之和西晉的名士張翰[104]。不過，有一種以古人為名的作法，倒是可以除排上述的模糊性，就是前述以古代聖賢為名的作法，這種人名通常很明確，不容易和其他詞組重複，更能反映命名者的價值取向，而且為求精準，本書盡量採用同族兄弟的行第名字作為對照，除非其人名、字可以互證，否則不取孤例，以確認其命名之所據。

　　這種以古代聖賢為名的作法早就為人所注意，唐代以後，與此相關的避諱漸嚴，儒士對此常表不滿，南宋俞成就認為其心態相當可笑：

> 今人生子，妄自尊大，多取文武富貴四字為名。不以晞顏為名，則以望回為名，不以次韓為名，則以齊愈為名，甚可笑也。[105]

清代梁紹王（1792-?）更痛批為狂妄：

> 士希賢聖，竊比前人，於名字中寓意，往往有之。然尊如堯舜，聖若宣尼，夫誰敢比跡哉？而梁太常丞有唐堯，漢有臨武長虞舜，北魏有都督曹仲尼，唐武后時有拾遺魯孔丘，何其狂妄若是？[106]

梁氏的激烈反應當有時代性的因素，明初曾禁止使用「先聖、先賢、漢、唐、國、寶」等字入名[107]，加以清代科舉、刊書避諱甚

104　《新唐書》，卷七四下，〈唐氏〉。
105　南宋・俞成：《螢雪叢說》（北京：中華書局，1985 年，《叢書集成初編》本），卷上，〈人之小名〉。
106　清・梁紹王：《兩般秋雨盦隨筆》（上海：上海古籍出版社，1982 年），卷七，〈名字之妄〉。
107　《明實錄》（臺北：中央研究院歷史語言研究所，1966 年），卷五二，〈洪武三年五月〉，頁 1011。

嚴，梁氏出身場屋，官至內閣中書，受過帝國意識形態的檢驗，有此抨擊，並不令人意外。然而隋唐時以古代聖王賢人為名者多矣，卻未有類似俞、梁二人的批評，可見當時不以這種作法為嫌，加上這種人名非常少出現在非菁英的使用者身上，可以說是菁英階層特別中意、或說僅有菁英才有能力使用的命名模式，充分展現「貴名」的性格。

關於古代聖賢，堯、舜、禹應是自古以來最為人所崇敬的共同對象，其事備見於經書、古史與各種傳說，情節容有出入，除了道流或法家曾予批評，三人作為古代聖王的地位幾乎不受動搖，被尊為早期華夏文明最重要的創建者，儒家更是推崇備至，以《論語‧泰伯》為例，孔子便曾感嘆「唯天為大，唯堯則之」，並以「巍巍乎」讚譽舜、禹之有天下，對禹之事功也說「吾無間然矣」，在孔子看來，三王幾近道德政治的極致，孟子之言亦必稱堯舜（《孟子‧滕文公上》）。道家對堯舜的態度不同，往往更尊崇黃帝，但三皇邈遠，五帝亦紛淆難明，《尚書》以「稽古帝堯」開篇，在儒者看來，文明之功更應歸於堯等三王。漢代以堯、舜、禹為名者頗有人在[108]，《晉書》不見以堯、舜為名者，名禹者僅見西晉末上郡太守張禹[109]，後秦姚泓有司馬姚禹[110]，北方胡族政權建立後，仍仿前代祀堯、舜廟不輟[111]，但《魏書》同樣不見以堯、舜為名，太武帝時有上黨李禹聚眾殺太守，自稱無上王[112]，魏末

---

108 張孟劬：《漢魏人名考》，頁 20-21，討論以堯、舜、禹、湯為名，坦白說，湯字有點勉強，不一定是出自商湯。頁 18-20 論「古朝代之名」，取唐、虞、夏、商、周，不能盡信都和三代有關。
109 《晉書》，卷一〇二，〈劉聰〉。
110 《晉書》，卷一一九，〈姚泓〉。
111 《魏書》，卷二，〈太祖紀〉等。
112 《魏書》，卷四上，〈世祖紀上〉。

有宗室元禹，頗好內學，其弟名為菩薩[113]。北齊時有栢谷城主薛禹生[114]，隋初有孝女王舜[115]，梁陳時有潁川陳禹，涉獵經史，解風角兵書，屢隨蕭摩訶征討[116]，在南北朝史籍中，明確以名、字呼應古代聖王崇拜的例子很少，目前僅見北齊王夏（字禹仁）[117]。

　　這是歷史紀錄偶然留下的空缺嗎？後人已無從得知，可以確定的是，隋唐之後，這種古聖王為名的用法在菁英之間蔚為風潮，底下將以《新唐書‧宰相世系表》為主，觀察這類表現。至於為何選擇此表來討論，有兩點主要考量，首先，此表雖出於北宋呂夏卿之手，但本於中唐憲宗時太常博士林寶《元和姓纂》，再以唐人譜牒、文集補充，收錄超過三百六十個唐代宰相的家族譜系，凡九十六姓，有唐一代高門巨閥網羅幾遍（韓愈家例外，無人任相），其中有大量名字不見於其他文獻，相當珍貴，再者，近代又有羅振玉等學者根據墓誌加以補正，是以要想觀察隋唐高層菁英家族的命名習慣，此表應該是最可據的樣本[118]。以古代聖王為名的作法，在民眾之間幾乎看不到，從個別史傳或文集也不易完整察見，但透過此表，可以清楚看到隋唐菁英確實有此風尚。

　　以「堯」來說，最重要的紀錄自然鑑於《尚書‧堯典》，開元初長孫全義墓誌曾寫道「孝經堯典，為薄葬之資」[119]，這並不是他的遺令，但不免使人想到南齊時張融死後願「左手執《孝經》、

113　《魏書》，卷一六，〈道武七王傳〉。
114　《北齊書》，卷一七，〈斛律金傳〉。
115　《隋書》，卷八〇，〈列女傳〉。
116　《陳書》，卷三一，〈蕭摩訶傳〉。
117　〈隋王夏墓誌并蓋〉，仁壽四年（604），《七朝》，頁53。
118　羅振玉：《新唐書宰相世系表補正》，收入羅繼祖主編：《羅振玉學術論著集》，第八集，後續集成者為趙超：《新唐書宰相世系表集校》（北京：中華書局，1998年），不過趙書常不載〈新表〉所記人物之字，是其缺點，故原表仍不可略。
119　〈唐長孫全義墓誌〉，開元九年（721），《西市墓誌》，頁402-403。

《老子》，右手執《小品法華經》」的往事[120]。全義是唐初名相長孫無忌之玄孫，出身鼎族，這樣的想法極可能反映當時菁英家族學術世界的共識，中唐時李粹為代宗三從伯父，其墓誌最後也說「文在茲乎？藏《堯典》之一篇」，應是稱美他生前的政績[121]，孝道歷來為士族所重，「三代」所代表的政治理想圖象更是他們追求的目標。唐初宗室有中山郡公李堯臣、燕郡公李舜臣[122]，裴行儉家族中也有名為堯臣、禹臣者[123]，並有永和令楊郁（字堯之），族父有楊拯（字致堯）[124]、衛州刺史杜庭堅（字輔堯）[125]、柳翰（字周臣）、柳陟（字堯卿）[126]，另有崔廷表（字漢臣），其從弟廷憲（字舜舉）、仁遇（字贊堯）[127]，武周時有岐州人和逢堯[128]。《新唐書・藝文四》載會昌時進士馬戴，字虞臣，見於《左傳・文公十八年》「堯崩而天下如一，同心戴舜，以為天子」，另有陸賓虞（字韶卿），出自《尚書・益稷》「虞賓在位，《簫韶》九成」，鄭玄《注》說虞賓係堯子丹朱，這組名字也可算使用上古人名[129]。觀察這些人名共同的心態，都有輔佐聖王之義，故與臣、輔相結合，近乎杜甫〈奉贈韋左丞丈二十二韻〉「致君堯舜上，再使風俗淳」的宏願。此外也不乏單名，有夔州刺史孫堯，其兄孫奭（字化南），後者當出自《尚書・君奭》與《詩經・召南・甘棠》，同

120　《南齊書》，卷四一，〈張融傳〉。
121　〈唐李粹墓誌〉，大曆二年（767），《西市墓誌》，頁 606-607。
122　《新唐書》，卷七〇下，〈高祖・虢王房〉。
123　《新唐書》，卷七一上，〈裴氏・中眷裴〉。
124　《新唐書》，卷七一上，〈楊氏・越公房〉。
125　《新唐書》，卷七二上，〈京兆杜氏〉。
126　《新唐書》，卷七三上，〈柳氏・西眷房〉。
127　《新唐書》，卷七二下，〈崔氏・清河小房〉。中唐時有衛景弘，字漢臣，見〈唐衛景弘墓誌〉，大中十年（856），《洛陽續編》，頁 246。
128　《新唐書》，卷一二三，〈和逢堯〉。
129　《新唐書》，卷七三下，〈陸氏・太尉枝〉。

同樣遙接古典[130]。韋應物（737?-791）也有族兄弟用此法[131]，汜水令郭唐夫之族弟名為漢夫、磻、堯夫、巢穎、封穎、栖穎，唐為堯世，磻字當取於太公釣於磻溪之說，巢穎則出自堯時牽犢、洗耳的高士巢父、許由[132]。又有鄭堯（字堯臣）、鄭薦（字茂華）、鄭藹（字虞風），唐虞為堯世已如前說，茂華之字，或來自禹名「重華」[133]。中唐時有楊汝士（字慕巢），三弟依序為虞卿（字師皋）、漢公（字用乂）、魯士（字宗尹，本名殷士），除用乂不明，其他當指巢父、皋陶、伊尹，加以慕、師、宗字，命意豁然[134]。

　　再看舜、禹二字，高宗時有令將軍曹懷舜，受命禦突厥[135]，光州定城縣令柳嶷（字懷舜）[136]，當來自《禮記‧表記》：「凱弟君子，求福不回，其舜、禹、文王、周公之謂與」，至於封舜卿（字贊聖），有以舜為聖君之義，其族子有人名渭（字希叟），也是用太公渭水垂釣的典故[137]，另有張濟美（字舜舉），同族兄弟有張鐸（字司振），鐸子名潘（字禹川），同樣舜禹皆備[138]，此外有裴禹

130　《新唐書》，卷七三下，〈孫氏〉。盛唐時韋陟、奚陟，皆字殷卿，也出自《尚書‧君奭》（故殷禮陟配天，多歷年所），見《舊唐書》，卷九二，〈韋安石〉；卷一四九，〈奚陟〉。

131　《新唐書》，卷七四上，〈韋氏‧逍遙公房〉。

132　《新唐書》，卷七四上，〈華陰郭氏〉。晚唐有李磻，字景望，大中十三年（859）進士，也是取太公為典，見《舊唐書》，卷一五七，〈李廓〉；《新唐書》，卷七二上，〈趙郡李氏‧江夏李氏〉。又有水部郎中楊磻，字後隱，見前書，卷七一上，〈楊氏‧越公房〉。唐人以太公望為名者不少，值得注意，如中晚唐時陳磻叟，弱冠度為道士，其後出仕，拜鄧州司馬，見，《太平廣記》，卷二六五，〈陳磻叟〉。

133　《新唐書》，卷七五上，〈北祖鄭氏〉。晚唐人曹唐，字堯賓，見前書，卷六〇，〈藝文四〉。

134　《新唐書》，卷七一上，〈楊氏‧越公房〉；《舊唐書》，卷一七六，〈楊虞卿〉。

135　《舊唐書》，卷五，〈高宗紀〉。

136　〈唐柳嶷墓誌〉，麟德元年（664），《洛陽新誌》，頁21。

137　《新唐書》，卷七一下，〈封氏〉。

138　《新唐書》，卷七二下，〈河間張氏〉。

昌（字聖規）[139]；竇子禹、子夏[140]；集賢學士楊贊禹（字昭謨）之從兄弟有楊旬（字禹封），其祖父則名虞卿（字師皋），曾任京兆尹[141]。除此之外，還有一些關於「禹」的特殊用法可談，開元中有中書舍人崔禹錫（字洪範），出自《尚書‧洪範》，說上古洪水氾濫，原本治水的鯀既死，乃由禹接手，上天遂「錫禹洪範九疇」，《漢書‧五行志上》直接說這就是《洛書》，漢唐儒者雖然推崇〈洪範〉，仍難掩此說的神祕色彩[142]，至於中唐詩人劉禹錫（772-842）以其字「夢得」聞名，過去讀者多望文生義，理解此名為其母夢中所得，卻忽略了這類「貴名」引經據典的性格，依個人所考，其名與表字當來自《帝王紀》所載之說：

> 父鯀妻脩己，見流星貫昴，夢接意感，又吞神珠薏苡，胸坼而生禹。[143]

這是典型的古代聖王感生神話，禹錫者，正是「錫禹」，加上夢得，也是一個古意盎然的作法。中唐時名臣第五琦（字禹圭）[144]，則出自《尚書‧禹貢》：「禹錫玄圭」，對照《史記‧夏本紀》，並參張守節《正義》，可知是說禹治水功成，堯錫以玄圭，以表顯之，也是借用堯禹之傳說。至於崔禹錫族祖，有名為縣解者，其子名為谷神，明顯來自於《莊子‧養生主》（古者謂是帝之縣解）和《老子‧第六章》（谷神不死，是謂玄牝），縣解之弟則名為縣象、縣

139　《新唐書》，卷七一上，〈裴氏‧東眷裴〉。
140　《新唐書》，卷七一下，〈竇氏‧三祖房〉。
141　《新唐書》，卷七一下，〈楊氏‧越公房〉。
142　《舊唐書》，卷九四，〈崔融〉。以〈洪範〉內容為名者尚有高祖、太宗宰相封倫，字德彝；于汝錫，字元福，分見《新唐書》，卷七一下，〈封氏〉；卷七二下，〈于氏〉。
143　《史記》，卷二，〈夏本紀〉，張守節《正義》引。
144　〈第五琦墓誌〉，建中三年（782），《珍稀百品》，頁158-161。《新唐書》，卷一四九，〈第五琦〉載其「字禹珪」，《舊唐書》，卷一二三，本傳未載其字。

黎，前者出自《周易・繫辭》：「縣象著明，莫大乎日月」，後者不好解釋，個人頗疑心來自《尚書・呂刑》、《國語・楚語下》所載承顓頊之命，「絕地天通」的主角之一「黎」[145]。這些傳說成立於儒道之前，並充分運用於崔家三代人名之間，正可說明華夏古典對於他們來說，實有莫大的吸引力[146]。這裡也有一事要附帶說明，崔縣黎任桂坊太子司直時，因仰慕魯郡泗水人蓋蕃，曾為他撰寫墓誌，蕃字希陳，想必得自東漢末年名列「三君」的名士陳蕃，誌文說他「博覽經傳，尤精《王》易」，並有「洛中後進李大師、康敬本等，並專門受業，其後咸以經術知名」，至於其子蓋暢，以仲舒為字，舒、暢固然相應，但此字很難不令人想到西漢之董生，墓誌也說其家「經業相傳，為當時所重」，後來他秩滿歸家，以文史自娛，著《道統》十卷[147]，其書雖不傳，但縣黎與蓋氏父子之交集，透露唐初確有慕儒的學風，並吹拂於人名之間。

　　除了三代聖王之外，前例還有伊尹為名之法，類似來源也見於宗室，有名為宗魯、宗巖者，後者殆指武丁之賢相傳說，見《古文尚書・說命上》[148]，至於西周開國人物更是備受唐人喜愛的選項，而且也是唐代才明顯流行的。以周太王古公亶父為名者，在

---

145 《國語・楚語下》的記載較《尚書》為詳：「顓頊受之，乃命南正重司天以屬神，命火正黎司地以屬民，使復舊常，無相侵瀆，是謂絕地天通」。並參《後漢書》，卷四〇上，〈班彪傳上〉，李賢《注》引《戰國策》：「梁有縣黎」，並謂「懸黎、垂棘之玉，並夜有光輝也」，則縣黎有美玉之意。

146 《新唐書》，卷七二下，〈南祖崔氏〉。

147 蓋氏父子分見〈唐故曹州離狐縣丞蓋府君墓誌銘〉，咸亨元年（670），《唐誌彙編》，咸亨〇一五；〈大周故處士前兗州曲阜縣令蓋府君墓誌銘〉，神功二年（698），同前，神功〇一三。《道統》及蓋暢儒學之意義，詳葉師國良：〈唐代墓誌考釋八則・三、曲阜縣令蓋暢墓誌銘并序〉，《石學續探》，頁118-123。

148 《新唐書》，卷七〇上，〈太祖景皇帝・蔡王房〉。《古文尚書・說命上》：「高宗夢得說，使百工營求諸野，得諸傅巖」。

唐代至少有二例：洪州都督竇懷亶[149]、藍田丞唐思亶[150]，可惜無兄弟之名可對照。中唐有國子司業竇牟（字貽周），得自《詩經·周頌》中的〈思文〉：「思文后稷，克配彼天。立我烝民，莫匪爾極。貽我來牟，帝命率育」，明白為讚美西周始祖后稷之作[151]。再來是文王姬昌、武王姬發，明確被使用的例子很少，可能只有一例，肅宗、代宗時宰相苗晉卿（字元輔），其家以儒素稱，祖父名為襲夔，晉卿有十子，長子取名為發，光看此名，無從判斷其典，不過其弟名為丕、堅、粲、垂、向、呂、稷、望、咸，其中的堅、粲、垂（倕）、稷、望等名，皆見於《史記》之〈五帝本紀〉、〈周本紀〉，發字不能排除有取自周武王的可能，雖然夏桀之父也名為發，但其地位殊不如武王[152]；至於「周公」，早在新莽時有竇融（字周公），但用意不明[153]，唐代宗室有名為「尚旦」者，其族兄弟名為尚丘、尚範、尚古、尚賓，其名可能出自《尚書·洪範》與《周易·觀卦》（觀國之光，尚賓也）[154]，加上尚丘、尚古，尚旦所指應屬姬旦最有可能[155]。隋代有李師旦、師素、師喬、師蘭兄弟，很難確指後三人命名的出典[156]，不過「師旦」之名，又見於唐太宗時考功員外郎王師旦等[157]，新安趙氏也有名為景旦者，可能都是追慕周公之意[158]。另外，還有一例當亦與之有關，天寶時有刑

149　《新唐書》，卷七一下，〈竇氏·平陵房〉。

150　《新唐書》，卷七四下，〈唐氏〉。

151　〈竇牟墓誌〉，長慶二年（822），《珍稀百品》，頁 282-285。此誌收入韓愈：《昌黎先生集》，卷三三。

152　並見《新唐書》，卷七五上，〈苗氏〉；卷一四〇，〈苗晉卿〉。

153　《後漢書》，卷二三，〈竇融傳〉。

154　中唐有李觀，字元賓，見《新唐書》，卷二〇三，〈李華〉。晚唐有徐觀，字尚賓，見〈唐徐觀墓誌〉，乾符三年（876），《邙洛》，頁 330。

155　《新唐書》，卷七〇上，〈太祖景皇帝·蔡王房〉。並見〈唐李尚旦墓誌〉，天寶二年（743），《洛陽新誌》，頁 63。

156　《新唐書》，卷七二上，〈趙郡李氏·東祖〉。

157　《新唐書》，卷二〇一，〈張昌齡〉。

158　《新唐書》，卷七三下，〈新安趙氏〉。

部員外郎蔡希周（字良傅）[159]，當是出自周公平定淮夷、回到豐京後建立三公之事，見《古文尚書‧周官》。

　　在古代的文化論述中，最常與周公並論的誠屬孔子無疑，最晚在孟子時已並列二人，他曾說楚人陳良「悅周公、仲尼之道，北學於中國」（〈滕文公上〉），西漢成帝時大修昌陵，劉向時任光祿大夫，上疏諫請其止，論及「文、武、周公、仲尼之制」[160]，東漢班嗣致書桓譚，說到「伏周、孔之軌躅」[161]，趙岐《孟子題辭》也說「堯、舜、湯、文、周、孔之業，將遂湮微」，「周孔」至此已成為慣用語詞。在中古時期，北齊時國學、郡學坊內皆有孔、顏廟，凡新立學，必釋奠禮之，隋初祀先代王公，祭文王、武王於灃渭之郊，以周公、召公配，並沿齊制，國子州郡諸學，每年皆有先聖先師釋奠之禮[162]。唐初武德二年（619）詔國子學立周公、孔子廟，七年以周公為先聖，孔子配享，貞觀二年（628）罷周公，升孔子為先聖，四年詔州、縣學作孔廟，十一年更詔尊孔子為宣父。後來周公的地位迭有升降，孔子始終不受動搖[163]。唐代司馬貞《史記索隱‧序》明言周公、孔子皆為聖人，又說「周孔之教，皆宗儒尚德」，故以此為名，可說是儒家版的「聖名」，但與佛教相較，並沒有祈求神聖力量護佑的意味在內——周公、孔子雖受崇祀，仍是安排、規摹人間秩序的聖賢，在唐人看來，屬於「入世」的一面。

　　不過放眼中古社會，以此二人為名的案例並不算多，唐代以「旦」為名之例已如上述，在南北朝史籍中無有其例，僅《隋書》

159　〈唐蔡希周墓誌〉，天寶六年（747），《洛陽新誌》，頁66。
160　《漢書》，卷三六，〈楚元王傳〉。
161　《漢書》，卷一〇〇上，〈敘傳上〉。
162　《隋書》，卷七，〈禮儀二〉；卷九，〈禮儀四〉。
163　《新唐書》，卷一五，〈禮樂五〉。

載有楊勇之子楊恪妃柳氏，其父名旦[164]。從孔子名、字中的丘、
尼二字來看，在中古前期的例子也很稀少，常見的梁丘、毌丘、
虞丘、閭丘、莊丘都是複姓，西晉末有晉將軍王太丘[165]，北魏初
有豫州城豪胡丘生[166]，代人來大千之子名丘頹，其弟名提[167]，北
周有安義公宇文丘[168]，這些丘字均似胡語音譯。劉宋時沈伯玉因
容狀似孔子畫像，孝武帝劉駿常呼為孔丘，也不是正式人名[169]。
以「尼」為名的情況也差不多，西晉有王尼（字孝孫），行事放達
[170]，潘岳從子名尼[171]，袁準（字孝尼）以儒學知名，曾注〈喪服
經〉[172]，北人之名頗見尼字，後燕慕容寶時有侍御史仇尼[173]，北
魏時有代人劉尼，然實取自其胡名獨孤侯尼須，餘例可推[174]。北
魏末西華縣開國侯長孫士亮之子名為山尼、道客[175]，東魏有瑯琊
王相西太妃賈尼[176]，都看不出有取自仲尼之義，孝靜帝時有都督
曹仲尼，或屬偶合[177]。依個人所見，南北朝人名唯一可能與仲尼
有關者，是北周御正大夫裴尼，裴家出身河東，世為顯宦，裴尼
兄弟三人皆博學之士，頗有節義之風，家中子弟亦好經史，是受
儒教影響頗深的家族，西魏恭帝元年（557）裴尼隨軍平江陵，諸

164　《隋書》，卷八〇，〈列女傳〉。
165　《晉書》，卷一一四，〈苻堅下〉。
166　《魏書》，卷一五，〈昭成子孫傳〉。
167　《魏書》，卷三〇，〈來大千傳〉。
168　《周書》，卷五，〈武帝紀上〉。
169　《宋書》，卷一〇〇，〈自序〉。
170　《晉書》，卷四九，〈王尼傳〉。
171　《晉書》，卷二五，〈潘岳傳〉。
172　《晉書》，卷八三，〈袁瓌傳〉。
173　《晉書》，卷一二四，〈慕容寶〉。
174　《魏書》，卷三〇，〈劉尼傳〉。參姚薇元：〈宋書索虜傳南齊書魏虜傳
　　　北人姓名考證〉，《北朝胡姓考》，頁486-487。
175　〈宋靈妃墓誌〉，永熙二年（533），《南北朝彙編》，頁383-385。
176　〈賈尼墓誌〉，武定二年（544），《南北朝彙編》，頁448。
177　《魏書》，卷九八，〈島夷蕭衍〉。

將競取珍玩，他僅取梁元帝素琴一張，行事高雅，又與大儒盧誕為忘年交，從其表字「景尼」來看，似有景仰仲尼之意[178]。

　　為何以「尼」字入名如此之少？排除仲尼、尼父等用法，尼在秦漢古籍並不是常用字，甚至也不是太正面的字，許慎《說文》說此字義為「從後近之」，段玉裁《注》說「古以為親暱字」，加上後來又以「尼」音譯出家女性，益使菁英少用此字。「丘」字在先秦古籍也不常用，在《左傳》中全為地名，後來的用法也常是如此，且丘為緩坡，無高峻之意，子貢便曾說「他人之賢者，丘陵也，猶可踰也」(《論語・子張》)。再者，在中古墓誌文的用語中，「丘陵」常指葬地，有不祥的聯想，這些都可能降低此字被菁英選用的機率，最特別的當屬天寶初年陽羨人蔣鐩(字圓丘)，得年僅十二[179]，其父為尚書左丞，家世甚貴[180]，《玉篇・示部》：「禭，祭名」[181]，至於圓丘，韋昭《國語注・魯語上》：「祭昊天於圓丘曰禘」，晉灼謂「雲陽、甘泉，黃帝以來祭天圓丘處也」[182]，自古為皇帝祭祀之處，終唐之世，此禮不廢，蔣鐩之字當本乎此。不過相比於「尼」，以「丘」字連結孔子的例子還是稍多一點，北齊時膠州刺史王野父有子，名為君儒、師丘，兩者合觀，儒義大增[183]，前引唐代宗室有名為尚丘、尚旦、尚範、尚古、尚賓者，或許也是取孔丘為名[184]，鄭氏有兄弟單名丘、顏，當是師生連用[185]，范陽盧氏有三兄弟，名為師老、師丘、師莊，就很清楚是儒

178 《周書》，卷三四，〈裴寬傳〉；《新唐書》，卷七一上，〈裴氏・東眷裴〉。
179 〈唐蔣鐩墓誌〉，天寶六年（747），《洛陽新誌》，頁65。
180 《新唐書》，卷一〇六，〈高智周〉。
181 禭也與喪祭有關，《左傳・襄公二十九年》：「被殯而禭」。
182 《漢書》，卷六，〈武帝紀〉，顏師古《注》引。
183 《新唐書》，卷七二中，〈太原王氏・第二房王氏〉。
184 《新唐書》，卷七〇上，〈太祖景皇帝・蔡王房〉。
185 《新唐書》，卷七五上，〈北祖鄭氏〉。

道三聖並列了[186]。玄宗時有朔方節度使張齊丘，其祖父張後胤見於〈儒學傳〉[187]，此外有朝請大夫鄭齊丘（字千里）[188]、禮部尚書王丘（字仲山）[189]，起居舍人王仲丘撰定《大唐開元禮》一百五十卷[190]，張齊丘或許是見孔丘而思齊之意，至於後兩者的命意不好揣測，但恰好是孔子名、字的組合，豈偶然哉！更早的例子是德州平原縣丞畢粹，卒於咸亨三年（673），享壽八十三歲，二子名為師旦、師丘，是周、孔連用的確例。假設畢粹三十歲得子，則是在武德三年（620）前後，正好是唐高祖詔國學立周公、孔子廟期間，這對兄弟的命名說不定也呼應了當時的學風。

　　周公、孔子之後，接下來要觀察以孔門後學入名的情形。首先是孟子、荀子，二人是先秦自孔子之後最重要的儒者，《孟子》長期被列為子書，但在西漢已和《論語》、《孝經》等並置博士（趙岐《孟子題辭》），唐代韓愈更將孟子納入道統當中（〈原道〉），代宗寶應二年（763）禮部侍郎楊綰上疏，建請將上述三書「兼為一經」[191]，事雖不成，可見孟子在唐代已受重視。不過在中古時期，「孟子」用於人名的表現相當冷淡，幾乎找不到明確的例子，而且孟字可作排行使用，很難確指是孟子，以「軻」為名者亦稀，反而叫「孟嘗」者還比較多[192]，以荀況為名者更是難尋，無從討論。相較之下，以孔子弟子為名的例子就豐富許多，而且從漢代就有這種作法，最常被提到的是東漢向栩，史書說他恆讀《老子》，狀如學道，又似狂生，有弟子名為顏淵、子貢、季路、冉

186　《新唐書》，卷七三上，〈盧氏〉。
187　《新唐書》，卷一五二，〈張鎰〉；卷一八九，〈儒學上〉。
188　〈唐鄭齊丘墓誌〉，開元十二年（724），《七朝》，頁184。
189　《新唐書》，卷一二九，〈王丘〉。
190　《新唐書》，卷一一，〈禮樂一〉；卷二〇〇，〈儒學下〉。
191　《新唐書》，卷四四，〈選舉志上〉。
192　《新唐書》，卷七二上，〈趙郡李氏‧東祖〉，其弟名為信陵、穎士。

有[193]，蜀漢譙周（199-270）門下有文立，同門稱之顏回，陳壽、李虔、羅憲為子游、子夏、子貢[194]，但這也可能是品題之稱號，未必是正式之名。以「子路」來說，西漢末有東平人爰曾（字子路），因起兵太山郡盧縣城頭，號其兵為「城頭子路」[195]，北魏相州刺史庾岳為代人，其兄名子路[196]，另有徐州刺史呂虔（字子路）[197]，劉宋孝武帝劉駿有舅同名[198]，隋大業年間有盧江人張子路起事[199]。又曹魏時有徐州刺史呂虔，《三國志》說他字子恪，《新唐書》說是子路，未知孰是[200]，盛唐時有瀛州人尹子路，以經學直弘文館教授[201]，房山有李子路[202]。這些案例都看不太出有慕古的意向，比較明顯的是一個朱氏家族，屢以孔子弟子為名，包括子羔（高柴）、子華（公西赤）、子貢、子輿（曾參），還有子琪，可能是子祺之另寫，為「縣成」之字，對照其兄弟，這位朱子路之名得自孔門的可能性就很大了[203]。

　　另一個必須討論的案例是顏回（字子淵），他是孔門高弟，不幸早卒，但仍深受後世尊崇。東漢明帝時幸孔子宅，祠仲尼及論。相較之下，以孔子弟子為名的例子就豐富許多，而且從漢代

193　《後漢書》，卷八一，〈獨行傳〉。
194　《晉書》，卷九一，〈儒林傳〉。
195　《後漢書》，卷二一，〈任光傳〉。
196　《魏書》，卷二八，〈庾業延傳〉。
197　《新唐書》，卷七五上，〈呂氏〉。
198　《魏書》，卷七九，〈島夷劉裕〉。
199　《隋書》，卷四，〈煬帝紀下〉。
200　《三國志》，卷一八，〈呂虔傳〉；《新唐書》，卷七五上，〈呂氏〉。
201　《新唐書》，卷一八五下，〈楊瑒〉。
202　〈大般若波羅蜜多經題記〉，《房山》，天寶年間，頁 122；同前，天寶十二載（753），頁 125。
203　《新唐書》，卷七四下，〈朱氏〉。盛唐時有盧曾參，應該只有偶合，在目前所見的中古女性人名中，無一取古聖賢為典故，見〈唐程君妻盧曾參墓誌并蓋〉，開元二十八年（740），《河洛墓刻》，頁 315。

就有七十二弟子，首開弟子從祀之例[204]，到三國魏齊王芳正始二年（241），以太牢祭孔子於辟雍，並以顏淵配祀[205]，「孔顏」一詞應該也在此時並用，成為固定的用法，西晉傅咸提到「孔顏齊矩」，至東晉孫盛清楚說「孔顏同乎斯人」，王沈亦自稱「少長于孔顏之門」[206]，隋朝有一篇墓誌說誌主才德宛如「仲尼不死，顏淵復生」[207]，用了禰衡與孔融互讚的典故[208]，當然是誇張之語，但也從旁證實顏回在中古儒門的定位，有時僅次於孔子。顏淵雖不永其年，常被當成聰慧的代稱，西晉時周浚誇陸雲「當今之顏子」[209]，東晉謝尚天資穎悟，八歲就被稱為「一坐之顏回」[210]。南齊劉季連出自劉宋高祖劉裕一族，其弟名為子淵[211]，王規之子褒亦字子淵，七歲即能屬文[212]，但這些未必都出自顏淵，如顏師伯（字長淵），琅邪臨沂人，其字之「淵」與名無關，但是否因姓顏而聯想及顏淵，也不可知[213]，總之，顏淵或顏回在南北朝入名的跡象較為淡薄，因其人早逝之故，在墓誌中多用於哀詞，這種印象也影響到此名的使用。唐人以「回」為名，宗室有太祖大鄭王房之後李師回[214]，蔡王房之後，有宗魯、宗禮、宗古、宗回[215]，隴西李氏有李欽回、景回[216]，但究竟是否以顏回為宗，個人還是

204　《後漢書》，卷二，〈明帝紀〉。
205　《三國志》，卷四，〈齊王芳〉。
206　《全文・全晉文》，卷五二，〈扇銘〉；同前，卷六三，〈老聃非大賢論〉；同前，卷八九，〈釋時論〉。
207　〈隋□弘昂誌〉，大業十二年（616），《隋誌彙考》，第五冊，頁293-295。
208　《後漢書》，卷七〇，〈孔融傳〉。
209　《晉書》，卷五四，〈陸雲傳〉。
210　《晉書》，卷七九，〈謝尚傳〉。
211　《梁書》，卷二〇，〈劉季連傳〉。
212　《梁書》，卷四一，〈王規傳〉。
213　《宋書》，卷七七，〈顏師伯傳〉。
214　《新唐書》，卷七〇上，〈太祖景皇帝・大鄭王房〉。
215　《新唐書》，卷七〇上，〈太祖景皇帝・蔡王房〉。
216　《新唐書》，卷七二上，〈隴西李氏・姑臧房〉。

不敢完全斷言。有時會採用較曲折的表達方式，唐代有邕府巡官裴希顏，其兄尚有希仁、希莊、希先[217]，另有中書舍人封希顏[218]，中唐時宰相畢諴二子，名為紹顏、知顏[219]，都有可能是指顏回，另外有一個案例是崔顏，從兄弟均取單名，除了他之外，有名為路、貢、參者，幾乎可判定是同為仲尼弟子的子路、子貢和曾參，其族子亦為單名，有文、義、信、禮等字，還有名為師周、師魯者，儒義不淺，崔顏之名得自顏回的機會不小[220]。

在漢代以名為子夏者最多，應是子夏長於文學、廣傳經術之故：西漢杜欽少好經書，以子夏為字，茂陵杜鄴與之同姓又同字，以小學見長[221]，孔光係孔子十四世孫，也以此為字[222]，西漢後期長安城有豪俠萬章[223]、張掖太守牛商[224]，和真定太傅鄧彭祖，傳五鹿充宗之學，三人都字子夏[225]。東漢初有北海人禽慶，好遊名山，取字也相同[226]，漢末酒泉烈女龐娥親，其夫為龐子夏[227]。劉宋元嘉年間有別駕王子夏[228]，南齊武帝蕭賾最寵愛的么兒也名子夏[229]。不過在中古時期，最能以此彰顯儒家認同的當屬北魏太子中舍人盧昶、盧尚之，表字為叔達、季儒，小字分別為師顏、羨夏，二人出身范陽盧氏大族，以博涉經史知名，高祖盧偃、曾祖

---

217 《新唐書》，卷七一上，〈裴氏·東眷裴〉。
218 《新唐書》，卷七一下，〈封氏〉。
219 《新唐書》，卷七五下，〈畢氏〉。
220 《新唐書》，卷七二下，〈崔氏·清河小房〉。
221 《漢書》，卷六〇，〈杜周傳〉；卷八五，〈杜鄴傳〉。
222 《漢書》，卷八一，〈孔光傳〉。
223 《漢書》，卷九二，〈游俠傳〉。
224 《漢書》，卷一九下，〈百官公卿表下〉。
225 《漢書》，卷八八，〈儒林傳〉。
226 《後漢書》，卷八三，〈向長傳〉。
227 《三國志》，卷一八，〈龐淯傳〉，裴《注》引皇甫謐《列女傳》。
228 《宋書》，卷五九，〈張暢傳〉。
229 《南齊書》，卷四〇，〈武十七王傳〉。

盧邈，到祖父盧玄皆稱儒雅，族人盧義僖散秩多年，有舊故勸其干謁當途，義僖答道：「學先王之道，貴行先王之志，何能苟求富貴也？」[230]崔浩每見盧玄，輒感嘆「使我懷古之情更深」，足見盧家學古宗儒的門風，以顏淵、子夏為字，深合情理[231]。唐初有徐州長史柳子夏，從兄弟有名子貢者，又有一族兄柳奭（字子燕，又作子邵），這裡的「子夏」、「子貢」應該是字，「子燕」來自西周早年召公奭受封燕國之故，其他兄弟也名「子某」，不過其中除了子房可能來自張良之外，都與古人無關[232]；盛唐時有朱貞（字懷古），其子名為子夏[233]，中唐時有一名比丘尼惠空，其祖曾任邢州長史，亦名為子夏[234]。最耐人玩味的是竇子夏，其兄名子童、子禹，從「貴名」的習慣推估，前者之名應來自顓頊之子老童，後者來自鯀之子，也就是顓頊之孫（《大戴禮記·帝繫》），相較於此，子夏已進入信史時代，這三兄弟的命名好像也是從遠古開始，逐一往下尋求靈感[235]。

再來要談「子思」，孔子弟子原憲和其孫孔伋都以此為字，不過在中古時期帶有「伋」字的人名很少，無從判斷與孔伋有關。西晉初有習陽亭侯司馬順（字子思）[236]，南齊另有盧江人何憲同字，史書說他畢覽世間群書無遺，其名字的組合出自原憲，殆無可疑[237]，陳朝有尋陽王陳叔儼（字子思），不過這應該出自《禮記·

---

230 《魏書》，卷四七，〈盧玄傳〉。
231 《魏書》，卷四七，〈盧玄傳〉。
232 《新唐書》，卷七三上，〈柳氏·西眷房〉。子邵之字見前書，卷一一二，〈柳澤〉。
233 〈大唐朱府君墓誌〉，開元五年（717），《唐誌彙編》，開元〇五一。
234 〈唐寧剎寺故大德惠空和尚墓誌銘〉，大曆二年（767），《唐誌續編》，大曆〇〇二。
235 《新唐書》，卷七一下，〈竇氏·三祖房〉。
236 《晉書》，卷三七，〈任城景王陵傳〉。
237 《南史》，卷四九，〈何憲傳〉。

曲禮上》的「儼若思」，非指古人，此前陶潛在〈命子詩〉中已有
類似之意，不過確實提到了孔伋：

> 卜云嘉日，占亦良時。名汝曰儼，字汝求思。溫恭朝夕，
>
> 念茲在茲。尚想孔伋，庶其企而。[238]

陶潛為其子取名為「儼」，字「求思」，並期勉他能追法孔伋，但
為何是孔伋，從詩中看不出來，或許是藉此強調「思」的重要。
北魏有宗室元子思（字眾念）[239]，唐代則不見此名，在中古時代，
「子思」之名還是比較弱勢的。接著是閔損（字子騫），西晉周顗
之子[240]、劉宋時武將劉粹族弟[241]，都直接襲用這組名、字，盛唐
房山有范陽郡社官游子騫[242]，唐末昭義軍散將郭元貴（字冠卿），
其祖名子騫[243]，文宗時宰相李宗閔（字損之），則是將其名拆開，
其弟名宗冉，恐怕出於冉有[244]，另有中唐名相杜佑之子名為師損，
此名不好判斷，但其弟名為從郁，當出於《論語・八佾》孔子所
說之「周監於二代，郁郁乎文哉！吾從周」，故「師損」出於閔損
的可能性也應該考慮[245]。

　　接著要談子貢，在孔門弟子中，他以才性聰穎著稱，也是政
經兼擅的人才，《史記・仲尼弟子列傳》說他曾「存魯，亂齊，破
吳，彊晉而霸越」，且「好廢舉，與時轉貨貲。喜揚人之美，不能
匿人之過。常相魯衛，家累千金」，西晉王衍才貌兼得，常以之自

238　《先秦漢魏晉南北朝詩・晉詩》，卷一六，〈命子詩〉。

239　《魏書》，卷一四，〈神元平文諸帝子孫傳〉。

240　《晉書》，卷六九，〈周顗傳〉。

241　《宋書》，卷四五，〈劉粹傳〉。

242　〈大般若波羅蜜多經題記〉，《房山》，天寶年間，頁 122；同前，天寶
　　十二載（753），頁 125。

243　〈唐郭元貴墓誌〉，廣明元年（880），《西安新誌》，頁 901-902。

244　《新唐書》，卷一七四，〈李宗閔〉。

245　《新唐書》，卷七二上，〈襄陽杜氏〉。

比[246]，北齊時有兗州刺史李子貢[247]，唐初有高子貢，弱冠遊太學，遍涉經史[248]，安史亂起時，有申子貢附之[249]，並有趙子游、子貢、子晢兄弟[250]，另外二例分別出自柳氏、朱氏家族，與子夏、子路等並列，已如前述。有意思的是有王參（字內魯），得自孔子對曾參「魯」的評價（《論語・先進》）[251]，孔子還接著說「柴也愚，師也辟，由也喭」，依序指子羔、子張、子路，但這些用法均不見於人名，以子羔為名者亦僅一見[252]。除此之外，鄭國大夫子產、吳國季札都被孔子稱讚過，唐代也有以此為名的作法，而且這個以子產為名的人剛好姓鄭，其兄弟名為子良、子展、子昂、子晏、子罕，也有古意[253]，玄宗時亦有姚子產[254]。以季札為名者有唐季友、季札、長仁、叔慈兄弟[255]；鄭叔文、伯高、季札、仲均、季隨兄弟[256]，看起來是伯仲叔季的用法，唯札字罕見於人名，最有可能出自延陵季子之典，玄宗時壽王李瑁第二十二女李應玄有五子，末者亦名季札[257]，中唐時有虞城縣令李季節（字慕札），連結就很清楚了[258]。

---

246 《晉書》，卷四三，〈王戎傳〉。
247 《北齊書》，卷二一，〈高乾傳〉。
248 《舊唐書》，卷一八九下，〈高子貢〉。
249 《舊唐書》，卷一四五，〈李忠臣〉。
250 《新唐書》，卷七二上，〈趙郡李氏・東祖〉。
251 《新唐書》，卷七二中，〈琅邪王氏〉。
252 《新唐書》，卷七四下，〈朱氏〉。
253 《新唐書》，卷七五上，〈北祖鄭氏〉。
254 《舊唐書》，卷九，〈玄宗下〉。
255 《新唐書》，卷七四下，〈唐氏〉。
256 《新唐書》，卷七五上，〈北祖鄭氏〉。
257 〈唐陽城縣主李應玄墓誌〉，大和二年（828），《長安新誌》，頁258-259。
258 〈唐李季節墓誌〉，大中五年（851），《七朝》，頁 353。武周時尚有屈突季札，得年僅十三歲，父、祖皆封公爵，見〈屈突季札墓誌〉，天授二年（691），洛陽市文物管理局編著：《洛陽出土少數民族墓誌彙編》（鄭州：河南美術出版社，2011 年），頁 270-271。

　　以古人入名的情形已討論結束,相信還有其他未及之案例[259],不過想來已能顯示唐代菁英命名的慕古心態之強,並且與古典連結極深,取材亦廣。前文提到有崔師周、師魯兄弟[260],分指周公、孔子,因此接下來想以周、魯、鄒三字為例,說明取用古代人名之外的表現。這三個字作為地名或朝代,常能引發與古代聖賢的聯想,以周字來說,孔子曾有「從周」之嘆(《論語・八佾》),甚至夢見周公(〈述而〉),更直言「吾其為東周乎」(〈陽貨〉)。以「從周」為字者,有肅宗時宰相張鎬[261],又有崔弘禮(字從周),出身博陵[262],前者取西周早期之政治中心,後者則取周公制禮之義。就墓誌所見,宣宗時有一名刑部員外郎余從周(字廣魯)[263],同時有陳宣魯(字子周),其兄則名為脩古,也是呼應崇古之風[264]。此外有宇文鼎(字周重),其弟名瓚(字禮用),是以周代具體的禮器為名[265],趙郡李氏有人名崇鼎(字重周)[266],高宗時有薛大鼎(字重臣)[267],憲宗時有盧殷(字鼎臣)[268],用法皆類似,宣宗時宰相韋琮(字禮玉)[269]、河東人裴冕(字章甫)[270],則是以禮用之衣冠配飾為名。這種與禮教概念相連的人名不少,如宇文

259　〈唐趙徒墓誌〉,咸通十二年(781),《西市墓誌》,頁 998-999,載其三子名為顥、頊、顏。
260　《新唐書》,卷七二下,〈崔氏・清河小房〉。
261　《新唐書》,卷一三九,〈張鎬〉。
262　《新唐書》,卷七二下,〈崔氏・博陵第二房崔氏〉。
263　〈唐故朝議郎行尚書刑部員外郎會稽余公夫人河南方氏合祔墓誌銘〉,大中五年(851),《唐誌彙編》,大中〇六〇。
264　〈唐故鄉貢進士穎川陳君墓誌〉,開成五年(840),《唐誌彙編》,開成〇四〇。
265　《新唐書》,卷七一下,〈宇文氏〉。
266　《新唐書》,卷七二上,〈趙郡李氏・東祖〉。
267　《新唐書》,卷一九七,〈薛大鼎〉。
268　〈唐盧殷暨妻鄭氏墓誌〉,大中四年(850),《洛陽續編》,頁 242。
269　《新唐書》,卷一八二,〈韋琮〉。
270　《新唐書》,卷一四〇,〈裴冕〉。

瓚、于琮（德宗相），皆字「禮用」[271]，咸通中有尚書右丞李璋（字
重禮）[272]，都反映士族對「禮」的重視。清河崔氏有兄弟名為成
奭、成周，前者顯然來自與西周早期與周公分陝而治的召公奭，《詩
經・甘棠》即稱其善政之作[273]，又有裴氏三兄弟，名為德藩、德
融、德符，表字為商老、周耀、渭翁，後者明用渭水太公垂釣之
典，加上其族父有常棣、常憲、好古、好問，此「周」字必指周
代[274]。此外，裴氏家族有監察御史名「周南」者，出自《詩經・
國風》，其弟名為邵南、士南、國南[275]，邵南也出於《詩》，梁武
帝蕭衍嘗稱「詩周南，王者之風；邵南，仁賢之風」[276]，都是傳
達王道仁政理想的詩篇，如此不啻引《詩》為名，這種以經書入
名的作法，下節會有詳述。

　　再來是與孔、孟有關的魯、鄒二字，懿宗朝宰相路巖（字魯
瞻），看似與慕古無關，不過其兄名嶽（字周翰），也是周、魯齊
觀[277]。前文說過，以孔孟為名者不多，但孔、孟出於鄒魯之地，
可以藉此傳達仰慕之情，玄宗經鄒魯祭孔子，尚且感歎有詩[278]，
其他儒士亦當如此。宗室有名為宗魯、從魯者，但無字佐證，對
照其兄弟之名，儒義尚不明豁[279]，唐初有長安令張魯客、洛客、
梁客兄弟，看來只是地名[280]，房玄齡六世孫名魯（字詠歸），乃明

271 《新唐書》，卷七一下，〈宇文氏〉，其兄鼎，字周重；卷七二下，〈丁
　　氏〉，其兄名球、珪（字子光）、瓘（字匡德）、瑂。
272 《新唐書》，卷一五二，〈李絳〉。
273 《新唐書》，卷七二下，〈崔氏・清河青州房〉。
274 《新唐書》，卷七一上，〈裴氏・南來吳裴〉。
275 《新唐書》，卷七一上，〈裴氏・中眷裴〉。
276 《魏書》，卷八四，〈李業興傳〉。《全文・全後漢文》引應劭《風俗通
　　義・氏姓下》佚文，言漢代已有主簿名步邵南。
277 《新唐書》，卷七五下，〈路氏〉。
278 《全唐詩》，卷三，〈經鄒魯祭孔子而歎之〉。
279 《新唐書》，卷七〇上，〈太祖景皇帝・蔡王房〉；卷七〇下，〈太宗・
　　蔣王房〉。
280 《新唐書》，卷七二下，〈中山張氏〉。

白取自《論語‧先進》[281]，又有殿中侍御史李歸魯，其弟名歸文，用意則較隱晦[282]，中唐時有浙東觀察使裴延魯（字東禮）[283]，並有彭城縣開國劉遵禮（字魯卿），都是將「魯」與「禮」相結合[284]，王璠（字魯玉）則是將玉和魯連結[285]，晚唐陸龜蒙（字魯望）之名、字來自《詩經‧閟宮》（泰山巖巖，魯邦所詹。奄有龜蒙，遂荒大東），其父賓虞（字韶卿），都是慕古之名[286]。如論慕魯，當屬汝州司戶參軍崔行宣（字魯風），墓誌說崔家「代曰博陵人也」，父祖均任仕宦，合觀他的名、字，好像富有宣傳儒教的使命[287]。不過好古之情最直接的，當屬張九齡家族的張復魯（字敦古）[288]，另有鄭魯（字子儒），其子有名為薨、字堯臣等，追念唐虞之情顯然甚深[289]，又有徐魯苗、禹苗兄弟[290]。唐代以「魯」為名者還不少，以上只是舉其要者。以「鄒」為名者不多，僅見趙郡李氏有一例，兩名兄長名為「鄬」、「郇」，前者也在魯地，後者當取自趙國郇邑，為荀子之故里，是用古地名間接寄託認同[291]。

　　這裡要補充補充以地名為名的作法，除了前引顏之推之子以外，自古已然有此法，東漢趙岐（字邠卿），初名嘉，生於御史臺，因字臺卿，後避難，乃改其名字，示不忘故里京兆長陵（今陝西咸陽），邠是西周先祖公劉遷居之地（《詩經‧公劉》），後來古公、

281　《新唐書》，卷七一下，〈房氏〉。
282　《新唐書》，卷七二上，〈隴西李氏‧姑臧房〉。
283　《新唐書》，卷七一上，〈裴氏‧東眷裴〉。
284　〈唐故內莊宅使使銀青光祿大夫……贈左監門衛大將軍劉公墓誌銘〉，咸通九年（868），《唐誌彙編》，咸通〇七二。
285　《新唐書》，卷一七九，〈王璠〉。
286　《新唐書》，卷一九六，〈陸龜蒙〉。
287　〈崔行宣墓誌〉，會昌元年（841），《珍稀百品》，頁196-197。
288　《新唐書》，卷七二下，〈始興張氏〉。
289　《新唐書》，卷七五上，〈北祖鄭氏〉。
290　《新唐書》，卷七五下，〈徐氏〉。
291　《新唐書》，卷七二上，〈趙郡李氏‧東祖〉。

亶父又遷於岐（《史記‧周本紀》），趙岐以此為字，不無引為楷則
之意[292]。北齊後主時功曹李諱琮，趙國平棘人，生有四子，後二
者名為趙客、趙奴，誠非無故[293]，唐肅宗時拜苗晉卿為相，他是
上黨壺關人，以「晉」為名，亦不失情懷，文宗宰相崔邠（字晉
封），來自晉國六卿趙氏中的趙穿食邑封於邯鄲之故，崔邠族出清
河，與邯鄲都在河北，故而得名[294]。但唐人以地名為名，不僅是
紀念出生地或本宗故鄉，往往視之為富有特殊意義的歷史空間，
除了與三代或儒教傳統攸關之地，還有其他的表現，而且為數不
少，也可視為廣義的「慕古」之名。唐初有宗秦客、楚客（字叔
敖）、晉卿兄弟，其曾祖為西梁南弘農太守，後來入隋，居蒲州河
東，宗氏兄弟以秦、楚為名，猶有可說，但楚客名字只能得自楚
國令尹孫叔敖，《史記》列為〈循吏列傳〉之首[295]。京兆杜陵人韋
楚相（字得臣）也是如此，其兄名楚材，世官多居秦，楚相恐怕
也指孫叔敖[296]。德宗、順宗時宰相高郢（字公楚），郢是楚之國
都，但高家原為渤海蓚人，後徙衛州，在今河南境內，與湘楚之
地毫無關係[297]，同為德宗宰相之崔寧有弟名密，其子名繪，父子
皆以文雅稱，繪有四子，名為蟲（字越卿）、黯（字直卿）、確（字
岳卿）、顏（字希卿），後二者名字關係待考，次子當取自西漢名
臣汲黯，以直諫留名，至於長子名、字，應來自幫助越王勾踐復

292　《後漢書》，卷六四，〈趙岐傳〉，參看張孟劬：《漢魏人名考》，頁 8。
293　〈李琮墓誌〉，武平五年（574），《南北朝彙編》，頁 583-584。
294　〈唐崔邠墓誌〉，大中四年（850），《七朝》，頁 352。
295　《新唐書》，卷一〇九，〈宗楚客〉。唐人頗常以某地加上客字為名，太
　　宗有從甥薛玄則，字燕客，見〈唐薛玄則墓誌〉，龍朔三年（663），《長
　　安新誌》，頁 76-77。太宗、高宗時宰相張行成有子名洛客、梁客，從
　　子名魯客，見《新唐書》，卷七二下，〈中山張氏〉。鄭仁愷有子名愛客、
　　秦客、齊客、盧客、越客、邠卿、信卿，見《新唐書》，卷七五上，〈北
　　祖鄭氏〉。
296　〈韋楚相墓誌〉，長慶三年（523），《西安集萃》，頁 192-193。
297　《舊唐書》，卷一四七，〈高郢〉；《新唐書》，卷一六五，〈高郢〉。

國之范蠡。崔家世為儒家，本居貝州安平，後徙衛州，崔寧曾客
蜀地，又隨軍討雲南，後為西川節度使，看不出和東南有何淵源，
崔密、崔繪行跡不詳，以「越卿」為字，或出於仰慕范蠡之故，
未必與地理上的江南有關[298]。至於中宗景龍初年，有一名衢州長
史周氏，其五子名為司楚、尹晉、尹秦、尹魯、尹齊，泛取春秋
列國為名，就很難確指關乎甚麼典故[299]。

二、以經典為名

　　除了三代人名、地名之外，隋唐菁英還有以古代經籍為名的
用法，包括古籍書名或篇名，這種表現在南北朝不是沒有，但相
當黯淡，不成風氣，陳時國子祭酒周弘正兼通玄佛，《論語》、《孝
經》及三玄皆有著作，是典型三教並學的菁英，其子任著作郎，
單名為「墳」──如果史書記載無誤，恐怕只有出自「三墳」（《左
傳・昭公十二年》）的可能，意指遠古的典籍[300]，但這種例子極為
稀少，遠不足與唐代相比。唐人有些是以篇目入名，比如《禮記・
中庸》，唐初有裴中庸[301]，隴西李氏也有同名者[302]，至於洪府戶曹
參軍柳淡則以中庸為字，其祖父名為齊物，不過整個家族看來，
以儒為名的傾向還是很明顯，北周時已有止戈、待價之名，前者
出自《左傳・宣公十二年》（夫文，止戈為武），後者引《論語・

298　《舊唐書》，卷一一七，〈崔寧〉；《新唐書》，卷一四四，〈崔寧〉。
299　〈唐故朝散大夫行衢州長史周府君夫人江夏縣君李氏墓誌銘〉，景龍三
　　　年（709），《唐誌彙編》，景龍〇四〇。
300　《陳書》，卷二四，〈周弘正傳〉。
301　《新唐書》，卷七一上，〈裴氏・東眷裴〉。
302　《新唐書》，卷七二上，〈隴西李氏・姑臧房〉。

子罕》（我待賈者也）[303]，後有李中庸，係李唐宗室之後[304]。另一個引用古書為名的著例，是隋唐之際的名臣溫大雅（字彥弘），其名極可能出自《詩經・大雅》，《舊唐書》載其二弟名為彥博、大有，前者應係「字」而非名，據《新唐書》可知其名為「大臨」，出於《左傳・文公十八年》所載高陽氏才子八人之一，「大有」則為《周易》卦名，又溫父君悠為北齊文林館學士，大雅在隋時與前述顏思魯兄弟共事，飲譽當時，大雅之名，必有典據[305]，甚至還有一名程夫人樊周（字大雅），夫婦均出高門，其名應當也與《詩》有關[306]，但這種女性案例被保留下來的相當少，不易評估婦女以經典入名的情形。唐人以古書入名的例子非常多，包括前章所談的佛道之書，不過如果從整體來看，在華夏古代經典中，隋唐菁英命名取用最頻繁的來源，應首推《周易》。

古代詩、書合稱「義府」，禮、樂則為「德則」（《左傳・僖公二十七年》），但觀察〈宰相世系表〉，直接以「詩」字為名字者只有二例[307]，「書」字完全沒有，「禮」字甚多，詳於下論，明確以「樂」為名的也只有一例[308]，以「易」入名者最多，居易、從易都是常用之名，而且大量使用相關的內容。以〈乾卦・文言〉的「元亨利貞」為例，范陽盧家有兄弟分別以此為名[309]，初唐時還

---

303 《新唐書》，卷七三上，〈柳氏・西眷房〉。唐代宰相家族以「待價」為名字者至少有六人。
304 《新唐書》，卷七〇上，〈太祖景皇帝・郇王房〉。
305 《舊唐書》，卷六一，〈溫大雅〉。
306 〈唐故鎮軍大將軍行右衛大將軍贈戶部尚書廣平公墓誌銘〉，開元二十七年（739），《唐誌彙編》，開元四八二。
307 憲宗宰相崔羣、德宗宰相賈耽，二人均字敦詩，見《新唐書》，卷七二下，〈崔氏・清河小房〉；卷七五下，〈賈氏〉。崔羣名字當來自「詩可以羣」（《論語・陽貨》），敦詩見於《左傳・僖公二十七年》：「說禮樂而敦詩書」。
308 楊整字秉禮，其弟楊協字興樂，見《新唐書》，卷七一下，〈楊氏・越公房〉。
309 《新唐書》，卷七三上，〈盧氏〉。

有元亨（字利貞），即元結之祖父，係北魏常山王元遵之後[310]，以「元亨」、「元貞」為名者相當不少，可見唐人對此卦的喜愛。趙郡李氏有名為「大衍」者，與大倫、大儀相搭配，「大儀」出典不明，「大倫」見於《論》、《孟》、《禮記》，至於「大衍」之名，無疑出自〈繫辭〉（大衍之數五十，其用四十有九），這種作法以前很少見到[311]。

　　《易》道廣大，歷代傳承不衰，在唐代前期，基本上以《易》學與禮學並盛，此經也是菁英常讀之書，推崇備至，神龍初年有一方墓誌開頭便說「覽睿犧之大易，稽聖魯之群書」，作為儒門經典之神聖性灼然可知[312]。唐代墓誌中有兩個與讀《易》有關的實例，相當生動，值得在此引用，洛陽孔桃□自稱孔子十八代孫，十一歲時讀到〈損〉、〈益〉二卦，不禁輒卷歎息，其高祖曾任隋朝散大夫，祖父之後，家中就不再有人出仕，從誌文用了顏回、井渫的典故看來，他不是一個得志的人，孔氏少年讀《易》的情境不得而知，但想必有所觸動，此事才會被記錄[313]；另一位鄧賓自稱是西漢鄧禹廿二代孫，世代任官，他本人十七歲就補左驍衛司戈，年輕時讀到〈蹇卦〉，屢嘆男子委質許國，不應如此卦所言「見險而止」[314]。這兩個例子都標榜先世之高貴，而且讀《易》對他們來說都是生命中重要的閱讀經驗，可以從側面印證此書在菁英心中的地位。學者鑽研此經的風氣也很盛，武周時熊執易花了三十年，著成《化統》五百卷，史云係「執易類九經為書」，惜

310　《新唐書》，卷一四三，〈元結〉。
311　《新唐書》，卷七二上，〈趙郡李氏·東祖〉。
312　〈唐氾義協墓誌〉，神龍元年（705），《高陽原》，頁 140-141。
313　〈大唐孔府君墓誌銘〉，開元十七年（729），《唐誌彙編》，開元二八七。
314　〈大唐故閬州司馬鄧府君誌石銘〉，開元十二年（724），《唐誌彙編》，開元一九五。

為其妻所藏，不傳於世，但由此推測，他的名字很可能是專為此書而取，而非原本之名[315]。當然，中古重《易》之風並非始於此時，帝王以《易》為年號，在西晉已開其風[316]，南北朝也有以此作為行第用字的現象，但可以被確認的例子非常少，濟陽江氏有觀、革兄弟，二者並見，可能是卦名[317]，其後又有恒、夷兄弟，前者或是〈恒卦〉，後者則很難斷言必定來自〈明夷〉[318]。河陽陽翟褚氏也有蒙、隨兄弟，惜表字不明[319]。北魏有侯剛（字乾之）[320]，殆出自〈乾卦·文言〉之「大哉乾乎！剛健中正」，但北朝人只有以「乾」為名比較明顯，餘卦皆黯然不彰，且這些「乾」明確與《易》相關的非常少[321]，貞觀時長州刺史李玄道（字元易）生於北周末年，是中古以來對《易》的概括[322]，反觀唐人頻頻援引《周易》入名，實在是前所未有的新風，如中唐時李從易（可久）係高宗五世孫，名、字皆源出〈繫辭〉「易從則有功，有親則可久」[323]，不過唐代更常見的，其實是以個別易卦之文句或意涵為名，包括「初唐四傑」中的駱賓王（字觀光），與中唐善寫傳奇的沈既濟，分別出自〈觀卦〉、〈既濟〉[324]。

由於《周易》有些卦名使用比較普遍，比如師、震、節、復等字，為了降低誤判的疑慮，以下採用兄弟為單位，如為單例

---

315 《新唐書》，卷五九，〈藝文三〉。
316 西晉武帝建元泰始，疑出自〈泰卦〉，其後改元咸寧，明顯出自〈乾卦·象〉，隋煬帝年號大業，出自〈繫辭上〉。餘例不贅。
317 《梁書》，卷三六，〈江革傳〉。江革字休映，與〈革〉無關。
318 《晉書》，卷五六，〈江統傳〉。二人均未載其字。
319 《南史》，卷二八，〈褚裕之傳〉。
320 《魏書》，卷九三，〈侯剛傳〉。
321 北魏孝明帝時有王坤，字應天，見〈王坤墓誌〉，孝昌二年（526），《新見北朝》，頁 52-55。然整理者以為此誌可疑，似仿〈楊乾墓誌〉，孝昌二年（526），《南北朝彙編》，頁 252-253。
322 〈唐李玄道墓誌〉，長壽三年（694），《西市墓誌》，頁 278-280。
323 〈唐李從易墓誌〉，開成三年（838），《西市墓誌》，頁 870-872。
324 《新唐書》，卷七一下，〈薛氏·西祖〉。

者，即使卦名有之，也暫不採納。唐代菁英家族以卦爻名稱及內容命名者相當多，首先是薛損、薛蒙、薛臨三兄弟，依序字後己、中明、知微[325]，都是直接使用卦名，再以字詮釋，從某個角度來看，這種作法不啻唐人之經說，可惜《唐書》多僅單錄其名，未載表字，即使如此，仍能幫助我們推測唐人可能特別欣賞哪些易理。除上述薛家以外，以下試列出以〈宰相世系表〉為主要來源的易卦人名：楊損、楊漸兄弟[326]；竇蒙、竇鼎兄弟[327]；蕭賁、蕭孚兄弟[328]；杜咸、杜損兄弟[329]；中唐時杜黃裳（字遵素）歷仕三朝宰相，其弟名為黃中，兩者都出自〈坤卦〉，前者為憲宗時宰相，男性以裳字為名，殊非偶合[330]；琅邪王氏有大有、同人、既濟三兄弟[331]；吳郡張氏有震、濟、謙、巽四兄弟[332]；博陵崔氏有賁、巽、益、復、觀五兄弟[333]；辛恆、辛晉、辛咸兄弟，其父叔名為長儒、利涉，後者出自〈需卦〉[334]；薛漸、薛中孚、薛隨、薛蒙兄弟[335]；韋蒙、韋臨兄弟[336]；韋豫、韋巽、韋咸、韋觀兄弟[337]；

325　《新唐書》，卷一三二，〈沈既濟〉。
326　《新唐書》，卷七一下，〈楊氏‧觀王房〉。
327　《新唐書》，卷七一下，〈竇氏‧三祖房‧善〉。天寶初有集賢院學士劉餗，字鼎卿，係劉知幾次子，名字出自《周易‧鼎卦》：「鼎折足，覆公餗」。
328　《新唐書》，卷七一下，〈蕭氏‧齊梁房〉。
329　《新唐書》，卷七二上，〈洹水杜氏〉。
330　《新唐書》，卷七二上，〈京兆杜氏〉；卷一六九，〈杜黃裳〉。玄宗時京兆杜陵人韋通理，字黃中，見〈唐韋通理墓誌〉，天寶三載（744），《高陽原》，頁184-187。
331　《新唐書》，卷七二中，〈琅邪王氏〉。武周時王美暢，字通理，其名也得自〈坤卦〉，見〈唐王美暢墓誌〉，聖曆二年（699），《西市墓誌》，頁308-310。
332　《新唐書》，卷七二下，〈吳郡張氏〉。
333　《新唐書》，卷七二下，〈博陵大房崔氏〉。
334　《新唐書》，卷七三上，〈辛氏〉。
335　《新唐書》，卷七三下，〈薛氏‧西祖〉。
336　《新唐書》，卷七四上，〈韋氏‧鄖公房〉。
337　《新唐書》，卷七四上，〈韋氏‧南皮公房〉。

鄭豐、鄭益、鄭賁兄弟[338]；紀黃中、紀謙、紀咸兄弟，父輩名為
「先知」、「全經」，前者當來自《孟子・萬章》所言「使先知覺後
知」，看重儒經的態勢相當明顯[339]。綜觀唐代菁英家族，在命名取
材的古代經籍之中，這種用法流行之廣，可說罕有其匹，是唐人
崇《易》極有力的證明。使用這種作法最為明顯的，應屬范陽盧
氏、唐氏兩家，值得特別提出。

先說盧氏，以下簡單以世代為單位，歸納其名：

成務、藏用、元亨、利貞、履冰

　─居易、用晦、藏密、將明、幼臨、日新、巽、孚

　　─居貞、居簡、居易、居中、居道

　　　─泰、震、復、豫、益、隨、撝謙、晉[340]

所選例子已經盡可能排除模糊的用法，除了居貞一代略為隱晦，
都可以確信都出自《周易》經傳，「居易」甚至被用了兩次。盧家
在唐代出過不少宰相，是典型的山東著姓大族，四代之間密集以
《易》入名，這種以古典為貴的菁英作風，可說是唐代最典型的
「貴名」案例。至於唐氏家族，休璟曾任中宗宰相，族兄弟有唐
蒙、唐同人、唐嘉會三人，後兩者很可能是字，「嘉會」出自〈乾
卦・文言〉，其孫輩又有唐震、唐漸、唐復、唐咸、唐賁、唐豐，
全都出自六十四卦之名[341]。不過這個家族的命名情況相當多元，
除了忠、孝、仁、義、禮等常用字，還有履冰、思齊、遊方、籛
金、有道、寡悔、如玉（字令德）、不占（字思義），都與儒書有
關，同時又頗有道家的傾向，有名為處一、懷一、元一、守一、
抱一者，以玄、晉二字為名者也不少，甚至以神話為名，叫作日

338　《新唐書》，卷七五上，〈北祖鄭氏〉。
339　《新唐書》，卷七五上，〈紀氏〉。
340　《新唐書》，卷七三上，〈盧氏〉。
341　《新唐書》，卷七四下，〈唐氏〉。

輪、羲和；但整體來看，仍以《易》為最顯著的來源，除此之外，在隋時還有家族成員名為文寂、文感，排除佛教用法，「寂」自古並不算是命名常用字，在先秦群經只出現過一次——〈繫辭〉說易道乃是「寂然不動，感而遂通」。

除了〈宰相世系表〉所見，在唐代當然還有很多個別的例子，如柳宗元（773-819，字子厚），即出自〈坤卦〉，但如前所說，為免誤判，上文幾乎都是舉家族同輩之例。畢竟有些個案單獨來看，是很難判斷與《易》有關的，如穆宗、文宗時宰相竇易直（字宗玄），其名最可能與《周易》有關的出處殆為〈坤卦〉（履霜堅冰至，蓋言順也，直其正也），其從兄弟多以經典為名，甚至有名為洵直者，當來自《詩經·羔裘》（洵直且侯）[342]，但「易直」之「玄」是否關乎《周易》，實在沒有更明確的線索，至於孟簡（字幾道）得自〈繫辭〉的機會就比較高了：「易簡而天下之理得矣……夫易，聖人之所以極深而研幾也」。不過唐代菁英熟讀《周易》經傳，巧為名字，很多表現還是非常鮮明的，而且頗見覃思。大曆十才子中有吉中孚，惜其字不明[343]，就墓誌所見，至少可以舉出兩個在人名中嵌入「中孚」的例子：武周時王中孚（字履信），出自〈中孚〉（信及豚魚）[344]，中唐時薛巽（字中孚），出身河東薛家，名字則出於同卦的「說而巽」[345]。兄弟命名也常連用《周易》，這裡舉三例為說：首先是楊開物（字熙之），其弟及善（字元吉），「開物」見於〈繫辭〉（開物成務，冒天下之道），熙字不見於《易》，不過在《尚書》〈堯典〉、〈舜典〉、〈大禹謨〉，都以此讚譽三代之

342　《新唐書》，卷一五一，〈竇易直〉；卷七一下，〈竇氏·平陵房〉。
343　《新唐書》，卷二〇三，〈盧綸〉。
344　〈唐王中孚墓誌〉，聖曆二年（699），《西市墓誌》，頁 314-315。
345　〈唐故鄂州員外司戶薛君墓誌銘〉，元和十五年（820），《唐誌續編》，元和〇七七。

德；「元吉」一語見於多卦，表字則出於〈乾卦・文言〉（元者，善之長也）[346]。另一個例子是前述一再以《易》入名的唐氏家族，除了直接使用卦名，族中還有兄弟名為貞亮、貞松、貞筠、貞質，依序字固言、固本、固節、固行，是將〈乾卦〉「貞固足以幹事」分拆，鑲入名字，並搭配松竹等美物[347]。最後一例是獨孤氏五兄弟，除了長兄名為賓庭，與古代禮儀有關，其餘四弟名為含章、易知、通理、道濟，全都出自以〈坤卦〉和〈繫辭〉[348]。要之，以《易》為名可以說是唐代菁英家族最常見的命名習慣，數量在所有古籍之上。還有一個特殊的例子見於墓誌，宣宗大中元年（847）有一位崔夫人過世，她出身彭城劉氏，其父、祖均任節度、刺史，以儒術傳嗣，但她得年僅二十三歲，留下三子一女，皆為幼兒，三子名為元、象、小象，前二者當來自〈乾卦〉的「象曰」：「大哉乾元，萬物資始」，象乃斷卦之詞，是《周易》特有的用法，此名透露菁英家庭運用《周易》，也有小名化的作法[349]。

　　如前所說，本書將這些以華夏古代聖賢、經典為名的現象，通稱為「貴名」，其主要性格之一，即是以古為貴，講求典據，往往必須合觀名、字，才能充分理解其思路，而且使用者幾乎都是具有知識文化能力的菁英，世族更不用談。但這種聖賢、經典之名分散在個別史傳中，不容易察覺，墓誌數量甚大，多數誌主屬於中下層士族的成員，可是也同樣零散，常使人忽略「貴名」集體使用的習慣，這也正是本書特別強調〈宰相世系表〉的緣故，此表可以說是探討唐代「貴名」文化無可取代的庫藏。至於中古

346　《新唐書》，卷七一上，〈楊氏・越公房〉。
347　《新唐書》，卷七四下，〈唐氏〉。
348　《新唐書》，卷七五下，〈獨孤氏〉。
349　〈唐滑州匡城縣尉博陵崔君故夫人彭城劉氏墓誌銘〉，大中元年（847），《唐誌彙編》，大中〇一六。

基層民眾，未必不知此等聖王或儒家人物，孔子更是各界共尊的聖人，也並非不知《詩》、《易》等書，但以之為名的風氣遠弱於菁英，有之則近乎偶然，看不出有任何普遍化的跡象。以北朝民間來說，東魏有張顏淵之名[350]，北齊有徐顏淵[351]；隋初有侯顏淵[352]；北齊有張子路二見，潘子路一見，北周有李子路[353]，北齊又有韓子思[354]，以堯舜為名者幾乎沒有。敦煌十世紀中後期〈使府酒破曆〉有人名孔子（S. 8426），與石定子、通兒等並列，想來只是偶合，無法判斷有崇儒的想法。至於巧用古代經典、鑲入名字的作法，更不見於民眾，可以證明這種命名模式既關乎華夏古典的認同，也牽涉到文化能力，有非常強的菁英性格。在隋唐時期，菁英人名大量使用這種方式，不復如北朝廣用佛教語彙為正式名字，至於一般民眾，使用佛教命名者仍然大有人在，小名乃至賤名之風亦始終不減，更可以說明這種「貴名」在表現、內涵與使用者關係的特殊性。唐代以後，復古之聲既起，讀經之學再振，菁英自然會傾向從古代經典中，尋求命名的靈感，反觀基層社會，儒教的力量尚未如後世深入，民眾識字率甚低，與經典教育更無穩定的連結，自然缺乏孕育這種人名的文化條件，因此最多的仍是南北朝興起的佛教之名，和風俗性的命名方式。

---

350 〈于子建等義橋石象碑〉，武定七年（549），《魯迅》第 2 函第 2 冊，頁 444。

351 〈李神恩等造象題名〉，北齊年間，《魯迅》第 2 函第 4 冊，頁 920。

352 〈阮景暉等造象記碑〉，開皇四年（584），《補正》，《石刻史料》第 1輯第 4 冊，頁 4369a。

353 〈永顯寺道端等三百人造像記〉，武平二年（571），《百品》，頁249；〈比邱曇山合邑等題記〉，武平三年（572），《補正》，《石刻史料》第1輯第6冊，頁4314a；《龍門》，窟號0712，武平六年（575），頁277-278；〈趙富洛等廿八人造觀世音象記〉，天和六年（571），《陶齋藏石記》，《石刻史料》第1輯第11冊，頁8111b。

354 〈韓子思造思惟像〉，天保七年（555），《曲陽》，頁 180。

第二節　以「儒」爲名

　　前文分別以「古」字和古代聖賢、經典爲例，說明隋唐菁英
以此入名的特色，以及慕古、復古的心態，與之最強的連結則是
儒門人物與華夏古代經典，本節將考察中古人名中的「儒」字用
法，繼續探索其中傳達的意念。關於隋唐菁英眼中的「儒」作何
角色，不妨引用《隋書‧經籍志》：

> 儒者，所以助人君明教化者也。聖人之教，非家至而戶說，
> 故有儒者宣而明之。其大抵本於仁義及五常之道，黃帝、
> 堯、舜、禹、湯、文、武，咸由此則。[355]

《隋志》出自唐初房玄齡、顏師古、孔穎達、許敬宗等名臣眾手，
很能反映當時廟堂菁英對「儒」的理解。此一理解也與《漢書‧
藝文志》對儒家的定義相差不遠：

> 儒家者流，蓋出於司徒之官，助人君順陰陽明教化者也。
> 游文於六經之中，留意於仁義之際，祖述堯舜，憲章文武，
> 宗師仲尼，以重其言，於道最爲高。[356]

可以相信這是漢唐儒者對「儒」的通義。這種想法在隋唐人名中
也頗有展露，比如兩者都談到古代政治和文化的聖賢，根據上節
的討論，除了黃帝之外，這些人幾乎都曾直接、間接進入唐代菁
英的名字之中，可以印證其慕古之情，以經書入名來說也是如此。
再者，《漢志》、《隋志》特別揭示儒者之職在於「助君明教」，也
就是推廣聖人的教化──以仁義倫常爲本的秩序與價值。這點在
上節還沒有談到，以下就要以「儒」字以及這些價值爲線索，探

355　《隋書》，卷三四，〈經籍三〉。
356　《漢書》，卷三〇，〈藝文志〉。

察中古菁英以此為名的表現，並比較基層民眾的情況，評估儒家思想對中古整體人名的影響。

一、經世與修身

以儒為名的用法在漢代已廣泛行之，比如長儒、幼儒、仲儒、季儒，有時與孺字混用，南北朝亦承襲之，可能只是泛用，不過仍有例證顯示，以「儒」字人名，展現對儒家的認同，可能在漢魏已然有之，根據初唐的一篇墓誌記載，在曹魏正始年間，已有晉州刺史郭大儒[357]，西晉唐彬、王彬分別以「儒宗」、「世儒」為字，殆取自《論語‧雍也》（文質彬彬）[358]，意態益為顯明。北魏孝文帝時有清河人崔亮（字敬儒）[359]，北齊有王伯（字孝儒）[360]、劉儒行[361]，也頗有人以「崇儒」為名[362]。唐初張士儒著有《演孝經》，其次子大素著作等身，三子大安亦號稱學者，應章懷太子李賢之召，共注范曄《後漢書》，可謂文獻之家，「士儒」確為名實相符之名[363]。至於仁、義等儒家推崇的德目為名，起源甚早，中古亦沿用不絕，梁陳時汝南周氏族中兄弟名為弘義、弘信、弘正、

357 〈君諱敬字化和并州太原人也〉，顯慶五年（660），《唐誌彙編》，顯慶一五三。
358 《晉書》，卷四二，〈唐彬傳〉；卷七六，〈王廙傳〉。新莽時有王霸不仕，字孺仲，又作儒仲，以儒釋霸，殊難索解，見《後漢書》，卷八三，〈王霸傳〉。
359 《魏書》，卷六六，〈崔亮傳〉。
360 〈隋王伯墓誌并蓋〉，大業五年（509），《河洛墓刻》，頁 58。
361 《北齊書》，卷四五，〈文苑傳〉。
362 《北齊書》，卷三九，〈祖珽傳〉；《北史》，卷二〇，〈尉古真傳〉；同前，卷八二，〈儒林下〉。
363 《舊唐書》，卷四六，〈經籍上〉；卷四七，〈經籍下〉；卷八六，〈高宗諸子〉。參葉師國良：〈唐代墓誌考釋八則‧二、朝散大夫郫縣令張愃墓誌銘并序〉，《石學續探》，頁 115-118。

弘讓、弘直[364]，隋初河東郡公李椿生於西魏大統年間，其子名為
匡世、匡民、匡道、匡德、匡義，他本人出身敦煌，其子命名顯
然已染儒風[365]，唐初琅邪王氏有弘讓（字敬宗）、弘直（字長宗）、
弘度（字承宗）、弘仁（字嗣宗）、弘義（字林宗）、弘訓（字孟宗）、
弘道（字玄宗）、弘藝（字延宗）兄弟[366]，鄭氏兄弟更直接名為依
仁、依義、依禮、依智[367]。可見以儒或仁、義為名，在中古社會
是很普遍的用法，不過在唐代菁英「儒」字人名的用法中，還是
有些新的面貌，使用德目入名的情形亦然。

　　首先，「儒」的角色常與古典學術的形象相連，肅宗時宰相劉
晏（716-780）有二子，長子名執經（字長儒），次子名宗經（字
仲儒），並任國子祭酒，其孫名為好古、好問，顯有傳承儒術的意
態[368]，玄宗時拜相的張九齡（678-740）家族則有張紹儒，明經及
第，族兄弟有名為遵業、希範者，「紹儒」為名不見於唐前，從這
些組合看來，繼承儒業、以儒為範的想法是很清楚的[369]。德陽郡
司戶參軍竇崇禮有曾孫二人，名為儒宗、明宗[370]，敦儒、宗儒作
為人名，亦首見於唐代，用意都是以儒為宗，並有承繼、敦明儒
教的想法。不過另一方面，「儒」字也是常用的命名選項，非常普
遍，以晚唐僖宗時為例，就有節度使安師儒、護國軍將常行儒、

364　《梁書》，卷二五，〈周捨傳〉；《陳書》，卷二四，〈周弘正傳〉。
365　〈李椿墓誌〉，開皇十三年（593），《新出疏證》，頁 403-407。
366　《新唐書》，卷七二中，〈琅邪王氏〉。
367　《新唐書》，卷七五上，〈北祖鄭氏〉。
368　《新唐書》，卷七一上，〈曹州南華劉氏〉。
369　《新唐書》，卷七二下，〈始興張氏〉。
370　《新唐書》，卷七一下，〈竇氏・三祖房・岳〉。唐初有南陽人□德，開
　　　元初有雍州高陵縣主簿李悰，皆字儒宗，見〈君諱德字儒宗南陽人也〉，
　　　咸亨元年（670），《唐誌彙編》，咸亨〇二六；〈唐李悰墓誌〉，開元六
　　　年（718），《長安新出墓誌》，頁 152-153。

饒州刺史陳儒，以及淮南節度使孫儒，都是武人，足見此名之流行[371]。

除了直接以「儒」字入名，儒家所關心的面向也廣為唐人所採納，前文說過，唐代菁英人名以華夏古典傳統為依歸，並有強烈的經典認同，也藉此體現經世、修身的價值。關於經典之名，上節舉證已多，至於「經世」，前文也曾舉出若干帶有臣字、卿字的人名，這些用法常與堯、舜、禹等古代聖王相連。事君輔政之義，在前代人名中已經不少，北魏就有宗室元弼（字扶皇）[372]，北齊有元孝輔（字匡君），係拓跋小新成曾孫[373]，隋初有韓輔（字仲卿）[374]，都是輔佐之意，然而皆不見與古代聖王相關。以「卿」來說，漢人已多用此為「字」，並不罕見，唐人也承此用法，而且常與儒義相連，這裡試舉數例：中唐名相杜佑（735-812，字君卿），其兄名儒（字巨卿）[375]，「長卿」之名自古屢見，「佑」字在古籍中有佐助之義，如《古文尚書‧仲虺之誥》「佑賢輔德」，以「君卿」之字搭配，政治性的意涵甚明，稱「儒」為「巨卿」當亦如此。開元時尚有于儒卿，擢書判拔萃科[376]，另有申諫臣、諷臣兄弟[377]，坊州刺史赫連欽若（字惟臣），出自《古文尚書‧說命中》（惟臣欽若）[378]。關於為臣之道，在唐代人名還有不少表現，中宗時有宰相桓彥範，其弟名臣範，為京兆尹[379]，憲宗時江夏李

371 《新唐書》，卷九，〈僖宗〉；卷一八八，〈孫儒〉。
372 〈元弼墓誌〉，太和二十三年（499），《南北朝彙編》，頁 57。
373 〈元孝輔墓誌〉，天保三年（552），《新見北朝》，頁 126-128。
374 〈隋韓輔誌〉，仁壽元年（601），《隋誌彙考》，第三冊，頁 29-32。
375 《新唐書》，卷七二上，〈襄陽杜氏〉。
376 《全唐文》，卷三九九。《舊唐書》，卷一八七下，〈李憕〉，作于孺卿。
377 〈唐申諷臣墓誌〉，開元二十四年（736），《西市墓誌》，頁 480-481。
378 〈唐赫連欽若墓誌〉，開元十八年（730），《邙洛》，頁 148。
379 《新唐書》，卷七五上，〈桓氏〉。

氏有正臣、正卿兄弟，可惜表字不詳[380]，昭宗時有光祿大夫楊元卿（字正臣）[381]，昭宗時有宰相韋貽範（字垂憲），「垂憲」見於《古文尚書·蔡仲之命》，係周初管蔡平定後，蔡仲踐位時所作，有勉其效忠之意，貽範之兄名為匡範（字廷臣）、昭範（字憲之）、昌範（字禹籌），取自經典的意態也很顯著[382]。文宗宰相宋申錫（字慶臣），當來自《詩經·烈祖》「申錫無疆」，乃周代貴族祭祖之篇什[383]。合而觀之，儒臣事君之道是這類菁英人名共通的面向，中唐劉禹錫〈名子說〉可以為證，他在文中向二子闡釋自己命名的想法，因篇幅不長，全引如下：

> 魏司空王昶名子制誼，咸得立身之要，前史是之。然則書紳銘器，孰若發言必稱之乎？今余名爾：長子曰咸允，字信臣；次曰同廙，字敬臣。欲爾於人無賢愚，於事無小大，咸推以信，同施以敬，俾物從而眾說，其庶幾乎！夫忠孝之於人，如食與衣，不可斯須離也，豈俟余勗哉？仁義道德，非訓所及，可勉而企者，故存乎名。夫朋友字之，非吾職也，顧名旨所在，遂從而釋之。夫孝始於親，終於事君，偕曰臣，知終也。[384]

開篇是指劉宋時劉昶為其二子命為思遠、懷遠[385]，而其長子分別以允、信為名、字，《釋詁·釋詁上》列為義近之字，次子名中之廙，則與敬相通，漢末三國時丁廙即字敬禮[386]，劉禹錫為他們所

380　《新唐書》，卷七二上，〈趙郡李氏·江夏李氏〉。
381　〈唐楊元卿墓誌〉，大和八年（834），《洛陽續編》，頁224。
382　《新唐書》，卷七四上，〈京兆韋氏〉。
383　《新唐書》，卷一五二，〈宋申錫〉。
384　劉禹錫：〈名子說〉，《全唐文》，卷六〇七。
385　《宋書》，卷七二，〈文九王傳〉。
386　《三國志》，卷一九，〈任城陳蕭王傳〉，裴《注》。

取之名，都與臣道有關，並說忠孝之道，不可須臾去身，最後以「事君」勉之，顯見君臣觀念對菁英人名的影響。

此意還有更加具體的用法，琅邪王氏有忠君、宗卿、孺卿兄弟[387]；韋執誼為順宗、憲宗時宰相，其族兄弟名為宗卿、夏卿、周卿、正卿[388]；玄宗時宰相裴耀卿，其兄弟全以「卿」為名，其中便有春卿[389]；肅宗宰相呂諲，其子名為春卿、夏卿、冬卿[390]，顏杲卿長兄亦名春卿[391]。這些用法除了以職官為名，並無其他來源可解釋，尤其是《周禮》所載周代六官之制，其中「春卿」在東漢已有人用於「字」[392]，但不確定是否出於春官，廣泛以其他三卿入名，都是唐代才有的作法，因此唐人命名所用春卿，可以確認出自《周禮》[393]。另有于寮師，出自《尚書‧皋陶謨》「俊乂在官，百僚師師」[394]，也是引經為名，標示人臣的身份，「經野」則是政治上的具體表現，《周禮》在天官冢宰至秋官司寇，每章章首必言：「惟王建國，辨方正位，體國經野，設官分職，以為民極」，意指王者劃分國境，分設官員，協理政務，其下再陳述冢宰等職的內容，唐初楊炯曾上書議改公卿冕服，也提到「體國經野，建

---

387 《新唐書》，卷七二中，〈琅邪王氏〉。
388 《新唐書》，卷七四上，〈韋氏‧龍門公房〉。
389 《新唐書》，卷七一上，〈裴氏‧南來吳裴〉。
390 《新唐書》，卷七五上，〈呂氏〉。
391 顏真卿：〈晉侍中右光祿大夫本州大中正西平靖侯顏公大宗碑〉，《全唐文》，卷三三九。
392 東漢初有楊廣、桓榮，皆字春卿，見《後漢書》，卷三○上，〈楊厚傳〉；卷三七，〈桓榮傳〉。東漢末袁紹同族亦有名為春卿者，為為魏郡太守，見《三國志》，卷一四，〈董昭傳〉。東漢另有甘春卿，似為京師人，見東晉‧常璩撰；任乃強校注：《華陽國志校補圖注》（上海：上海古籍出版社，1987年），卷一○上，〈先賢士女總讚論‧附 巴郡士女讚注殘文輯佚〉，頁 557。北魏末宋弁之子亦名春卿，見《魏書》，卷六三，〈宋弁傳〉。
393 有一例外，宣宗時尚書左丞徐商，字義聲，或字秋卿，見《新唐書》，卷一一三，〈徐有功〉。
394 《新唐書》，卷七二下，〈于氏〉。

邦設都」[395]。「野」字並不是儒雅之字，不過唐代菁英至少有三人以「經野」為名或字，唐初上官儀以詞彩自達，為詩綺錯婉媚，自成一體，取字遊韶，出自《尚書・益稷》，其孫則名為經野、經國、經緯，可謂寄託王政理想之名[396]。

　　以任官制度入名，似乎也是唐人的新風，中唐時有大夫張薦（字孝舉）[397]、洛陽縣丞蕭徵（字公辟）[398]，至於為官之道，儒家向來強調公正、愛民，這種心態可以房玄齡（579-648）三子之名為代表，分別名為遺直、遺則、遺愛[399]，其中遺直、遺愛明顯出自《左傳》，都是孔子讚美人的話，茲引如下：

> 仲尼曰：「叔向，古之遺直也。治國制刑，不隱於親，三數叔魚之罪，不為末減，曰義，可謂直矣」。（昭公十四年）
> 及子產卒，仲尼聞之，出涕曰：「古之遺愛也」。（昭公二十年）

二者也都與「古」相連，《爾雅・釋言》：「貽，遺也」，故「遺則」可通「貽則」，當取自《古文尚書・五子之歌》：「明明我祖，萬邦之君。有典有則，貽厥子孫」。東漢胡廣曾上奏順帝，反對尚書令左雄議改察舉的提案，奏文說到「遺則百王，施之萬世」[400]，漢末蔡邕作〈太傅胡廣碑〉，則說他「既明且哲，保身遺則」[401]，但與其說遺則之名來自漢人，更可能和其兄弟一樣，都取於先秦古典。這裡要特別提出的是「遺直」，因與忠臣之道最為接近，楊素

395　《舊唐書》，卷一九〇上，〈文苑上〉。
396　《新唐書》，卷七三下，〈上官氏〉。
397　《新唐書》，卷一六一，〈張薦〉。
398　〈唐蕭徵墓誌〉，長慶四年（824），《洛陽續編》，頁213。
399　《新唐書》，卷七一下，〈房氏〉。
400　《後漢書》，卷四四，〈胡廣傳〉。
401　《全文・全後漢文》，卷七六。

後裔有楊遺直,贈右僕射[402],中唐時太湖縣丞楊頌出身弘農楊氏,娶趙郡李氏女,生子亦名遺直[403]。與這種心態相連的是菁英家族以「忠」為名的風氣,其表現也很豐富,有懷忠、抱忠、允忠、遂忠等多種用法,「節」字也是如此,足見唐代菁英關於臣道的理想:事君以忠,為臣以節,治民以直以愛。無庸置疑,這些都是古典經書、儒籍所屢屢強調的價值與原則。

　　另一方面,以經義、儒學修身也是很普遍的命名心態,這裡只舉幾個例子,唐初名相長孫無忌兄弟名為无乃、无傲、无憲、无逸,可確知來源包括《尚書》之〈舜典〉、〈無逸〉[404],分別是舜對夔、周公對成王的告誡,皆為著名之古訓,無忌之名殊有古風(詳第六章),但其兄弟之名更直接徵引周初甚至夏之前的古典。武后時宰相傅遊藝,其兄名依仁,則出自《論語・述而》[405],詩人王維出身河東王氏,高祖名為儒賢,曾祖名知節,父名處廉,都有以儒處世之義[406]。也有人以「九思」為名,出自《論語・季氏》:

　　　君子有九思:視思明,聽思聰,色思溫,貌思恭,言思忠,
　　　事思敬,疑思問,忿思難,見得思義。

除了直接使用「九思」(武九思)或「思九」[407],扣除「忿思難」,所有的「思」都有人使用(如史思明、安思義)。中唐呂渭有四子,更直接名為溫、恭、儉、讓,出於《論語・學而》[408]。總之,這

402　〈唐故嶺南節度使右常侍楊公女子書墓誌〉,乾符五年(878),《唐誌彙編》,乾符〇二六。
403　〈唐故舒州太湖縣丞弘農楊府君墓誌銘〉,貞元七年(791),《唐誌彙編》,貞元〇三六。
404　〈舜典〉:「簡而無傲」,另見〈盤庚上〉:「無傲從康」。
405　《新唐書》,卷七四上,〈傅氏〉。
406　《新唐書》,卷七二中,〈太原王氏・河東王氏〉。
407　〈唐宋思九墓誌并蓋〉,神龍二年(706),《邙洛》,頁121。
408　《新唐書》,卷一六〇,〈呂渭〉。

種引用儒經價值入名的用法非常之多，除了常見的仁、義、貞、信等字，本書想特別指出「孝」字為說。關於「孝」，本特為儒家所重視，是長期流行於社會的價值，常作為重點德行而入名，尤其是菁英家族，以西晉夏侯湛、夏侯淳兄弟為例，分別以孝若、孝沖為字，前者曾仿《尚書》作〈昆弟誥〉，潘岳（247-300）讀後慨嘆：「此文非徒溫雅，乃別見孝弟之性」，並作「家風詩」[409]，孝道雖為通義，但菁英以「孝」為名字的認知，與民眾之使用，殊不可同日而語。唐人以孝為名，有時也加入尊古的情懷，這裡只舉一個例子，唐初有張詢古、詢孝，這個家族自北魏以來屢封公侯，「孝」字與「古」並用，透露孝道與古道並重的想法[410]。除此之外，「禮」字也有特殊表現，中古士族素以禮法為重，「禮」名不少，中唐時即有河中少尹鄭復禮（《太平廣記》卷一五五），有些家庭還有自己的家禮、家法，宜其以「禮」入名，最有意思的例子應見於博陵崔氏，有從俗、從令、從禮三兄弟[411]，孫虔禮（字過庭）、宋思禮（字過庭）都出自《論語・季氏》孔子與其子孔鯉「學禮乎」對話[412]。除了規範之義，某些禮字人名同樣與「古」相連，太祖蔡王房之後，有族兄弟名為宗道、宗魯、宗禮、宗古[413]，看來對他們而言，「禮」乃是與孔門古道相通的；另外，「禮」字還表示個人出處之原則，這種用法並不特殊，不過有時

409　《晉書》，卷五五，〈夏侯湛傳〉。
410　《新唐書》，卷七二下，〈清河東武城張氏〉。
411　《新唐書》，卷七二下，〈博陵大房崔氏〉。從俗有三子，名為無詭、無畏、無詖，從令之子名為無諍。無詭出自《詩經・民勞》「無縱詭隨」；無畏是慣用語，見《古文尚書・泰誓中》「罔或無畏」，春秋時楚國也有人以此為名，見《左傳・文公十年》；無詖或來自《毛詩・卷耳》之小序「無險詖私謁之心」；無諍（爭）應出自《左傳・襄公二十七年》「子務德，無爭先」。
412　《全唐文》，卷二一六，陳子昂：〈率府錄事孫君墓誌銘〉；《新唐書》，卷一九五，〈宋思禮〉。
413　《新唐書》，卷七〇上，〈太祖景皇帝・蔡王房〉。

與某些動詞連用，表示其目的或狀態，睿宗寧王房中，有聞禮、存禮、居禮、全禮、傳禮、玄禮、恭禮之名[414]，柳宗元族子也有弘禮、傳禮、好禮之名[415]。玄禮姑且不論，這種用法讓人想起前引劉好古家族，其祖輩有傳經、全經、遵經、宗經等名[416]，顯示「禮」不僅是個人或家族的行事準則，也有重要的傳承意義。

　　這種重視門第傳承的心態進入菁英人名，最典型的例證之一當為「構」字的使用，這是菁英家族很常用的字，中宗時宰相唐休璟有孫名為成構、延構、承構、克構、履構[417]，乍看無甚奇特，不過並非偶然擇取，出自於《尚書・大誥》所載周公之語：

> 朕言艱日思，若考作室，既厎法，厥子乃弗肯堂，矧肯構？厥父菑，厥子乃弗肯播，矧肯穫？厥考翼其肯曰：「予有後，弗棄基？」肆予曷敢不越卬敉寧王大命？[418]

內容主要是周公勖勉成王，毋忘文王、武王克殷之艱辛，特別是上面引的這段話，以建屋、種田為比喻，希望他能善繼其業。其中「厎」的意思是「定」，「堂」為地基，「構」則是屋架，也就是「作室」所需的樑、椽等構件，唐氏以「構」為名，並非意指一般建築工事，而是託意於〈大誥〉，強調繼承家業的重要。「構」字在五經中使用甚少，除了「肯構」之意，皆指構怨、構禍，如《詩經・青蠅》「讒人罔極，構我二人」，並無正面意涵，唐人以「構」字為名，正是藉周初開國的情境和語言，表達光大門楣的願望，盧氏、韋氏家族也都有兄弟以構、播二字為名[419]，同出於

414　《新唐書》，卷七〇上，〈睿宗・讓皇帝房〉。
415　《新唐書》，卷七三上，〈柳氏・西眷房〉。
416　《新唐書》，卷七一上，〈劉氏・曹州南華劉氏〉。
417　《新唐書》，卷七四下，〈唐氏〉。
418　屈萬里：《尚書集釋》（上海：中西書局，2014 年），頁 141。本書所引今古文《尚書》句讀，皆依此書。
419　《新唐書》，卷七三上，〈盧氏〉；卷七四上，〈韋氏・駙馬房〉。

〈大誥〉無疑。李唐宗室有承構、承緒、承規、承祚之名[420]，武后、中宗時宰相韋嗣立（字延構），其異母兄名承慶（字延休），也是指榮耀、歡慶之意，加上承、延二字，其意不言可喻[421]，于氏家族有克勤、克構、克懋三兄弟，前兩者分別封為公、男，除了克構之外，克勤、克懋之名出自《古文尚書‧大禹謨》：

> 克勤于邦，克儉于家。……予懋乃德，嘉乃丕績。

「懋」有黽勉或盛大之義，于氏之名實著眼於邦家之事功[422]。唐初循吏薛大鼎之子亦名克構[423]，另一個顯著的例證是鄭氏三兄弟，分別單名構、胤、祚[424]，更清楚點出「構」字與家族延續緊密相關的意義。玄宗時宰相陸景初，由睿宗賜名「象先」，理由是「子能紹先構，是謂象賢者」，有嘉勉其光大家門之意，其語也是出自上述經典[425]。命名者熟讀《書經》，揣想周公語重心長，乃以之命名子弟，作為家族綿延的期許。這種心態並非菁英特有，但選中《尚書》，並且與其他類似的字眼結合，必須仰賴文化素養的支援，非一般民眾所能辦。

　　傳承之念具體見於中古世族內部，乃是講求禮法、孝道等門風，因此重視「規矩」，唐代菁英以此為名者相當普遍，以趙郡李氏為例，族中有元楷、元規、元軌、元謹四兄弟，承規、士規、士矩三兄弟，另有名為從規、重規者[426]。至於傳承有賴於教育，自古亦為儒家所重，傳經佈道，其熱忱遠非道、法諸家可比，這種心態也見於唐代人名，憲宗時宰相韋貫之家族，其子名潾，有

420　《新唐書》，卷七〇上，〈代祖元皇帝‧蜀王房〉。
421　《新唐書》，卷一一六，〈韋思謙〉。
422　《新唐書》，卷七二下，〈于氏〉。
423　《新唐書》，卷一九七，〈薛大鼎〉。
424　《新唐書》，卷七五上，〈南祖鄭氏〉。
425　《新唐書》，卷一一六，〈陸元方〉
426　《新唐書》，卷七二上，〈趙郡李氏‧東祖〉。

子五人，名為庚、庠、序、雍、郊，祖孫三代除了韋庠之外，皆
登進士，庚字用意不明，庠、序、雍、郊皆為古代學校之名，可
見韋家重視教育、甚至是對教化的期許，眼光並不僅限於門第[427]。
合觀前例，這些人名根植於經典與儒家義理，追慕古昔，景仰聖
賢，在意念、願望上，除了家族存續，也關心國政、教化、學術
等面向，凝聚而成隋唐菁英的「貴名」文化，本書特別揭示這個
概念，希望有助於掌握華夏古典傳統對中古人名的影響和意義，
在下一節中，就要對此展開進一步的申說。

二、論「貴名」

　　過去探討中古人名的研究，往往只聚焦於佛、法、僧，卻不
及堯、舜、禹，亦罕及老、莊、玄，忽略了華夏古典傳統的作用。
本章以《新唐書‧宰相世系表》收錄的菁英家族為例，提出「貴
名」的概念。不過必須說明的是，此名固然深受儒家感召，但不
代表命名者便是先秦或宋明時期的「純儒」，只能說他們對儒家有
深於他人的關懷，而且形諸名號，換句話說，儒家價值是中古菁
英正式人名最常見的心態，或最大的公約數，但不代表儒經之外
的元素會被他們排除。前文所舉的例子應當已經能夠顯示，儒家
是唐代菁英人名中很重要、甚至可說是最普遍的文化力量，但其
實他們也運用其他元素入名，只不過「用法」不同：除了對基層
常見的「賤名」抵制最甚，也使用一般性的小名──但也僅是「小
名」，外來語色彩鮮明的佛教詞彙常被隱沒或改造，不像南北朝時
逕用於正名之中，至於道家或道教本出於華夏，詞義幽隱，別具

---

427 《舊唐書》，卷一五八，〈韋貫之〉；其字見《新唐書》，卷七四上，〈韋
　　氏‧逍遙公房〉，唯《新書》世系略有疏誤，應以《舊書》為是。

情調，時而見於正式人名。簡單說，過去正名、小名並用，外來與本土兼具，乃至雅俗相混，在隋唐菁英的名字中有了更明顯的區隔，但如果放眼基層，比如地方士人或距離華夏經典傳統比較遠的民眾，仍然延續前代的風氣，與此對照，更足以突顯「貴名」在內涵、作法與使用者的特性。

關於這點，本章已經舉出不少例證，底下想從側面補論「貴名」的內涵，強化這個概念的適用性。首先，「貴名」最大的特點是與華夏古典傳統的關係很緊密，其中儒家當然是重要的成份，但不是唯一的，對其他古典傳統也沒有絕對的排他性，這一點也呼應了中古士人某種典型心靈的結構。前引玄宗時有張通儒，其弟名為通幽，儒竟然可與幽字平等入名，很可能是中古以前無法想像之事[428]，另有唐抱一兄弟，其二弟抱璞（字楚珍），三弟抱素（字儒珍），前者用《韓非子·和氏》之典，後者出自《禮記·儒行》，但結合道流所重之「抱一」，唐家名字的思想光譜不只一色[429]。再來，有些常見的「儒」名身份可疑，可能藏有佛教的痕跡，也就是「儒童」，隋代宇文愷有子以此為名，後為王世充之尚書左丞[430]，武周時又有太州刺史杜儒童，著有《隋季革命記》[431]，看起來都是正式人名，唐初還有一位醴泉令薛儒童，出身河東薛氏，字為勝流，他的家族以「童」為行第用字，另有黃童、金童、榮童、顏童、襄童、鳳童、雲童、海童（字深源）、上童、獻童（字替否）、貞童（字文幹）、季童（字仲孺），勉強說來還是有些儒家氣味，不過「儒童」並不一定是儒，在三國西晉佛教譯經中已經出現此名，是釋迦牟尼的前身之一，南北朝時更說此菩薩投生中

428 《新唐書》，卷七二下，〈馮翊張氏〉。
429 《新唐書》，卷七四下，〈唐氏〉。
430 《隋書》，卷六八，〈宇文愷〉；卷七〇，〈裴仁基〉。
431 《新唐書》，卷四，〈則天皇后〉；卷五八，〈藝文二〉。

土，成為孔子[432]，無論如何，這個詞雖帶有儒字，但在中古時期常為佛徒使用，且用意與儒家本位相去甚遠，這位薛儒童以「勝流」為字，不知取字時所想為何，對照同族尚有江童（字靈遠）、奇童（字靈孺），薛家應該也頗能接受儒家以外的信仰[433]。

這裡要再舉兩個例子，說明儒家與非儒家元素在中古菁英貴名中並存的情態。首先是前文曾引用的北周御正大夫裴尼（字景尼），從其背景與交遊研判，似有景仰仲尼之意，入唐後，其玄孫輩以《周易》諸卦為名，四世孫儒意更強，名為齊參、齊閔、齊游、齊丘、齊嬰，末者可能取自晏嬰，參、閔、游都是孔子弟子，「齊丘」之名也很可能是指孔丘，更晚還有名延魯者，以「東禮」為字。如此看來，裴家似是世代慕孔的儒家士族，事實上並不那麼單純。景尼之父名澄，字靜慮，該詞原有禪定之義，而且景尼孫輩有名為瞿曇、正覺者，再晚一輩甚至有人名為「居士」，與居道、居道、居素、居默、居約等名並列，這些是佛教的部份；取自道家之名也不少，有虛己、虛舟、之隱、希莊等，在在顯示華夏古典雖是裴家命名主要的來源，但並非唯一的選項[434]。

第二個例子也見於前文引用過的范陽盧氏，四代成員皆以《易》為名，族中有名為傳禮者，又有兩對兄弟，分別以輻價、遠價，不器、不勤為名，前三者出於《論語》，後者當取自《尚書・呂刑》「爾罔或戒不勤」，合而觀之，確實有自我栽培、以待時用的儒義。不過高門大族傳承既久，房支日廣，雖有共通的家風，個別命名則未必一致，以盧家來說，又有兄弟名為師老、師丘、師莊，顯然是儒道並列，另一對兄弟名為微明、若虛、重玄，都

---

432 參白化文：〈「儒童」和「儒童菩薩」〉，《敦煌學與佛教雜稿》，頁287-297。
433 《新唐書》，卷七三下，〈薛氏・西祖〉。
434 《新唐書》，卷七一上，〈裴氏・東眷裴〉。

　　出自《老子》，甚至還有仙童、羽客之名。這兩個標準菁英家族的情況，多少可以反映中古菁英心態的縮影：推崇儒學，嚮往古道，但並不因此排斥其他追求。憲宗時名相權德輿(字載之)，得自《周易‧小畜》[435]，其父名皋（字士繇），顯然取自於堯舜時的賢臣皋陶，至於權皋曾祖，名為崇本，其兄名為崇嗣、崇基、崇先，也有強調傳承之意，但崇本之子，則名為無待、若訥、無己、同光，都明顯出自老莊之書，可見權家命名的心態並不拘於儒家，也嚮往經書、古史之外的生命情調[436]。這種情形可以和隋代的一篇墓誌相印證，誌主出身弘農楊氏，父祖曾封公男，誌文說他「藝窮博涉，學恥純儒」[437]，同期另一篇墓誌也說到誌主「涉獵經史，未肯淳儒」[438]。不可否認，此二人都以武功見長，後者是隴西成紀人，名虎字威猛，依照本書的考察（詳第五章），乃是一個富有北朝特色的名字，二人和儒家的關係或許不甚密，但從這兩段誌文，透露當時的菁英尊儒而不專於儒，常常也能接納其他的文化表現或人生典範。

　　上述的心態在唐代墓誌中其實保留很多描述，重點不在於是否如實陳述誌主的性格，而是顯示唐人心靈圖像之多彩：

　　　　時隱時顯，或儒或玄，忠信彰乎十室，文義包乎六藝。[439]
　　　　五歲誦《騷》、《雅》，七歲讀《詩》、《書》……以孔教而飾事，用佛理而持心。折衷人倫之問，冥通寂滅之際。[440]

435　《周易‧小畜》：「九三，輿說輻……上九，既雨既處，尚德載」。德輿為字，已見於劉裕，字德輿，見《宋書》，卷一，〈武帝上〉；北周時有韓德輿，見《周書》，卷三四，〈韓盛傳〉。
436　《新唐書》，卷七五下，〈權氏〉。案無己原文作無巳，今改正。
437　〈隋楊實誌〉，大業三年（607），《隋誌彙考》，第三冊，頁266-268。
438　〈隋李虎誌〉，大業二年（606），《隋誌彙考》，第三冊，頁171-174。
439　〈大周故處士奚府君墓誌銘〉，萬歲通天二年（697），《唐誌彙編》，萬歲通天○二九。

　　文、史經國，儒、墨自寧，日下無雙，仙舟獨泛。[441]

最後一例出自殷仲容，世襲公爵，他本人則以書馳名，是極典型
的菁英家庭，此墓誌則為其四子承業所作，不僅提到文史儒墨，
也談到類似仙家的出世情懷，至於「日下」可能出自西晉與陸雲
對談的潁川名士荀隱，自稱「日下荀鳴鶴」，如此說來，此句乃是
稱譽仲容的辯才[442]。前文已經強調，儒家是中古菁英教養最大的
公約數，可以藉此經世、修身，但這種認同並不妨礙他們也出入
佛、道（玄），寄託內在或出世的情懷。從唐代菁英家族的人名表
現，也見證了三教並存不悖的風貌[443]。就比例而言，隋唐菁英正
式名字具有道家風味者多於佛教，但兩者仍然都遠遠不及儒家價
值之普遍，慕古宗經、輔君行道，講求家世傳承，才是高門大族
命名的主流，其中最主要的源頭就是華夏的古代經典。本書對此
想提出「經典化」的概念，也就是取源於古代經典，塑造這種「貴
名」有典有據的特色。上述有不少菁英家族都是從北朝後期跨越
到唐代，其世代人名的變化，都可以看出這種命名模式不斷在加
強，也就是內涵越來越貼近古代經典。這裡但舉玄宗賜名之例：

　　張延賞，中書令嘉貞之子。幼孤，本名寶符，開元末，玄
　　宗召見，賜名延賞，取「賞延於世」之義。[444]

此名典出《古文尚書・大禹謨》：「帝德罔愆，臨下以簡，御眾以
寬，罰弗及嗣，賞延于世」。案延賞之父嘉貞曾為相，卒後十數歲，
京兆尹韓朝宗上奏說他晚年得一子，至今未登官序，玄宗惘然，

440 〈大周故兗州都督彭城劉府君墓誌銘〉，長安二年（702），《唐誌續編》，
　　長安〇〇七。
441 〈唐殷仲容墓誌〉，長安三年（703），《高陽原》，頁 130-133。
442 《世說新語箋疏》，卷三一，〈忿狷〉。
443 陳師弱水：〈墓誌中所見的唐代前期思想〉，《唐代文士與中國思想的轉
　　型（增訂本）》（臺北：臺大出版中心，2016 年），頁 111-136。
444 《舊唐書》，卷一二九，〈張延賞〉。

遂有上事[445]。在中古前期，皇帝賜名之事頗多（北魏已頗有其例，且已有根據經典之事，詳第七章），玄宗引經為名，並非偶然，史乘不可能每例皆錄，但可以推知這種「取義」於經典、並與儒家倫理信念相結合的作法，在唐代菁英之間已蔚為風氣。

　　另一方面，這些人名的用字表現也越來越古雅，廣用珍稀、優美之物入名，反映菁英的好尚與生活經驗。兄弟使用同一偏旁之字為行第用字，最晚已見於東漢後期[446]，這種「以類相從」的命名方式亦為中古所繼承，其中特別為唐人喜愛的是從玉之字，漢晉已然有之，唐代變化益繁[447]，或是採用珍奇花草為名，是過去就有的用法，也為唐人發揚光大。這種例子非常多，表現最集中的應是竇氏家族，以上述品類為名者，有庭玉、庭瑜、庭璠、令璠、令琬、令琰、令玢、令瓊、令珍、令瑜、琛、瓘、珣、琰、璠、琁、珪、璆、璁、璋、庭蘭、庭萱、庭芝、庭華、庭蕙、庭芳、薇、薕、伯金、伯玉、伯瑜，竇家在唐初出過兩名宰相，上述人等也多任顯宦，其名足見菁英之愛尚[448]。武后時宗正卿韋元珪有四子，依序名為堅、芝、冰、蘭，「堅」取其質，「冰」取其清，「芝」、「蘭」取其芬芳，也可看出菁英命名的情之所鍾[449]。這種名字的共同特色是雅致、華美，構思精巧，而且不忌冷僻字。就現實功能來說，既可展現菁英的素養與身份，這些多樣化、個

<hr>

445　《舊唐書》，卷九九，〈張嘉貞〉；《新唐書》，卷一二七，〈張嘉貞〉。
446　何德章：〈關於漢魏間的名字與行輩〉，《田餘慶先生九十華誕頌壽論文集》，頁203-206。兩晉以降，高門同輩子弟以同部字為名之例頗多，可參王伊同：《五朝門第》所附高門權門世系婚姻表；矢野主稅：《魏晉百官世系表》等。
447　參考王偉勳：〈「名以正體，字以表德」乎？──唐代人名特點及其文化內涵〉，頁89-90。根據其整理，含「玉」字在內，這種用法有五十三種。閆廷亮指出，唐人名字與玉相關者有104種，平均百人中有近四人以玉類之字為名，見〈唐人姓名研究〉，頁99。
448　《新唐書》，卷七一下，〈竇氏‧三祖房‧岳〉。
449　《新唐書》，卷七四上，〈東眷韋氏〉。

人化的表現也降低犯諱的機率。相較於此,前代菁英的名字就顯得較為樸實,唐人之所以會有這種偏好,與唐代文學的鼎盛應該很有關係。永嘉亂後,文化重心南移,居留北方的菁英多半不尚辭章,魏末齊初才稍有改觀,南朝的華美文風逐漸席捲北方,齊、梁著名的文集也為北人所傳誦,此風雖屢受北方保守派的菁英抨擊,但勢不可遏,隋唐之初流行益盛,與此同時,寫作參考常用的類書也受到文人珍視,聞一多(1899-1946)曾指出初唐詩的美學頗與類書相似,都重在「徵集詞藻」,他甚至認為這種作品無異「較精密的類書」[450]。隋唐菁英之名也很可能受到這種文學風流的感染,同輩子弟大量使用金、玉乃至芳草之屬的同類字,而且有不少是需要字書輔助的罕用字,近乎劉勰《文心雕龍‧練字》所說的「聯邊者,半字同文」,雖然劉勰以為此法如過度「施於常文,則齟齬為瑕」,然通輩觀之,宛如類書開卷,個人以為或可稱之為「類書化」。

南北朝人名承繼漢魏,其實已有這種趨向,精選瑰字,標誌人倫,隋唐世族菁英更以典麗、多變為務,盡情訴諸涵義或字面之美。本書〈緒論〉曾提出歷史人名研究如同「拼圖」的比喻,由此觀之,隋唐「貴名」的結構更是圖中有圖,必須完整審視,才能辨識其手法,錢大昕曾指出唐代有「五行命名」的作法,也就是以五行偏旁命名,遞及子孫,以求相生之意,他舉盛唐時畢構為例,構子炕,炕子坰、增,坰子鎬、鈫、鏃、銳,此法並為宋人所師[451],其實唐人精於選字,巧為排比,名、字之間也往往

<hr />

450 聞一多:〈類書與詩〉,《聞一多全集》(武漢:湖北人民出版社,1993年),第 6 冊,頁 3-10。
451 《新唐書》,卷一二八,〈畢構〉;《十駕齋養新錄》,卷一九,〈五行命名〉,頁 371-372。

別有玄機，為「貴名」更添變化，試舉一例為說：中宗時宰相敬暉（字仲曄）有從孫四人：昕（字日觀）、晞（字日新）、晦（字日彰）、煦（字日彊）[452]，其名皆從日，不足為奇，但其表字亦均有出處，除了「日觀」比較不明朗，似出於《尚書‧益稷》（予欲觀古人之象：日、月、星、辰、山、龍、華蟲），「日新」於《周易》、《尚書》皆二見，包括「剛健篤實輝光，日新其德」，「日彰」見於《禮記‧中庸》「君子之道，闇然而日章」，「日彊」則出自《周易‧益》「其道大光……日進无疆」，每個人的名、字都從「日」，形象、意涵飽滿，而且兄弟齊觀，又有呼應之意，如果沒有豐實的文字功力與經典素養，是不可能鑄造這種名字的。

　　前文也提到，「貴名」盛於隋唐，但並非始於隋唐，此前已有取資華夏古典的跡象，個人認為北朝後期是關鍵期，尤其是北魏孝文帝以降，如宗室元欽（字思若，元宏從弟）[453]、東魏劉欽（字思念）[454]，皆明確出自《尚書‧堯典》「欽明文思」[455]，不能說這種作法至此才萌發，如李蕤（字延賓）之名、字出自古樂十二律[456]，他生於文成帝和平年間（460-465），但這只是個別案例，元宏之後，此風漸開，西魏柳虯諸子之名就相當有代表性，虯年少好學，略通經義，博涉子史，雅好屬文，大統時任中書侍郎，修起居注，並著〈文質論〉，其子名為鴻漸、御天、蔡年、止戈、待價，「蔡年」來源不明，「御天」當出自《周易‧乾》「時乘六龍

452　《新唐書》，卷七五上，〈敬氏〉。
453　《魏書》，卷一九上，〈景穆十二王傳上〉。
454　〈劉欽墓誌〉，武定六年（548），《墨香閣》，頁76-77。
455　唐中宗有宰相祝欽明，字文思，桓彥範、崔玄暐、袁恕己、敬暉等人皆從受《周官》大義，見《新唐書》，卷一〇九，〈祝欽明〉。
456　〈李蕤墓誌〉，正始二年（505），《南北朝彙編》，頁71。

以御天」，其餘已如前說[457]。至於以古人為名者，除了前揭北齊王夏（字禹仁），還有一個別富意趣的例子，北齊陵江將軍段通，雁門廣武人，兒童時嘗以李陵自許，後來元宏讚之為關羽、張飛，其第四子段援為驃騎大將軍，字伏□，第二字殘泐不清，整理者暫釋為「波」，如其可從，他的名、字顯然是來自東漢初拜為伏波將軍的名將馬援，不愧是武家子弟之名[458]。但整體來說，南北朝取字之法承自《白虎通‧姓名》之說：「聞名即知其字，聞字即知其名」，與先秦漢魏以來並無二致，名、字意涵之間的連結往往樸素、直接，也是兩者但求同訓，有時甚至無關，到北朝後期，菁英之名逐漸展現鮮明的經典取向，加入以類相從的文字巧思，可謂集中古前期南北菁英名字之長，到隋唐時乃成就極可觀的「貴名」藝術。菁英打造此名，於己寄託關懷，對外展示品味，也必須與這些菁英掌握同樣的知識文化資源，擁有相近的價值認同，才能起用其名、理解其名，使用此名者與標誌出身之著姓相搭配，世代相沿，更顯不同於流俗。

　　如果和其他命名模式比較，前文也已提到，佛教「聖名」、「惡名」不分貴庶男女皆用之，也不忌重名，風俗性之名也是如此，甚至以胡名、賤名作為本名，但「貴名」具有強烈的菁英性格，是與外來語、俗名、胡語或各種卑名、賤名的表現相牴觸的，隋唐之後，此風既盛，其他的命名模式乃被隱藏於「小字」之中，賤名、惡名等大悖於「儒雅」的用法甚至完全被排除[459]。「貴名」

457 《周書》，卷三八，〈柳虯傳〉；《新唐書》，卷七三上，〈柳氏‧西眷房〉；〈柳御天墓誌〉，大統十四年（548），《新見北朝》，頁114-115。

458 〈段通墓誌〉，天保二年（551），《墨香閣》，頁90-91。

459 宣宗時長安縣丞庾游方未婚前生子，單名為狗，是唐代菁英墓誌中極少數保留的俗名，見〈唐庾游方墓誌〉，大中十三年（859），《長安新誌》，頁292-293。

的使用既有包容性，也有排他性，損益取捨，因人因時而異，但最關鍵者仍在於命名者所處「位置」與華夏古典傳統的「距離」。

底下要以唐人的某些「小名」為例，申說以上的看法，中唐時有一位韋夫人溫氏，出身太原，其父為禮部尚書，祖母獲封南陽郡太君，母親則出自南徐州節度兼司徒家族，墓誌不僅兼記韋夫人之名、字，且詳述其由來，是唐代婦女中難得的「字說」：

> 以長姑及諸姑各立婦名及字，遂拱請於先司空立其名，得名曰瑗，連姊妹兄司弟之玉也；立字曰文羊，身被文彩，正直觸邪，像美玉有文彩，如神羊獨立之義而稱其德也。[460]

她後來嫁到京兆韋氏家族，生活了三十五年，其夫韋塤（793-841，字導和，出自《周禮‧小師》）十九歲以明經擢第，頗有政聲，轉任四方，屢以父母未及遷祔為憂，不幸才就任明州刺史即病逝，夫人「提孤護柩，號叫而歸」，連同將其翁姑靈柩安葬於洛陽，「行路之人，聞者悲歎」。至於韋塤堂兄處厚（773-829，字德載，出自《周易‧坤》）性嗜學，嘗掇群經粹要為《六經法言》，其家藏書讎正至萬卷之多，官至翰林承旨學士、兵部侍郎[461]。從這些記述看來，韋塤和韋夫人都是深受儒教薰陶的菁英無疑，夫人墓誌又詳載他們八個兒子之名：

> 長曰承誨，登董仲舒孝廉科，授汝州臨汝尉；次曰承裕；亦登孝廉科，儒家之所尚也；次曰承休；次曰崇兒；次曰節郎；次曰周老；次曰齲兒；次曰村老，並修進勤苦。

460　〈大唐故明州刺史御史中丞韋公夫人太原溫氏之墓誌〉，會昌六年（846），《唐誌彙編》，會昌〇四八。韋塤見〈唐故朝議郎使持節明州諸軍事守明州刺史上柱國賜緋魚袋韋府君墓誌銘〉，會昌元年（841），《唐誌彙編》，會昌〇〇八。

461　《新唐書》，卷一四二，〈韋處厚〉。

夫人享年僅四十九歲，分析以上孩子的命名，承誨、承裕、承休都屬於貴名，但嵩兒以下，顯然都是小名，特別是後三者，以「齔」為名更是罕見，但並非不可能，至於以「老」作為小名，則有其例可按。

老字人名古已有之，顓頊之子即名老童，北魏有弘農人楊老壽[462]，穆亮（字幼輔）初字老生[463]，涇州貞女兒先氏，嫁彭老生為妻[464]，東魏相州刺使王休，也以老生為字[465]，看來都是小名，取長生之意。此字在唐代也相當常用，除了老彭之例，用於正式名、字者，薛氏家族有薛嵩老（字仲甫）、薛庭老（字商叟）[466]，德宗時有滑州白馬縣尉鄭忠佐（字元老）[467]、韓愈之姪名為老成[468]。不過「老」字更常帶有小名之性質，有宗室名為小老[469]、老老[470]，琅邪王氏有謝老、相老、台老、馬老[471]，主要應用於幼童成長之祈願，中唐吳弘簡之妻李氏辭世時，長女纔十歲，名喚老老[472]，晚唐時盧彥方有子，小名願老[473]，這些「老」字應當都出於類似的希求。（參考第六章第一節）前引「老老」之名出自太宗紀王房，在他前後還有興子、阿神、阿師、阿蕩、阿叔、阿老、阿巖等名，都不是正式名字，可見「老」字的小名性格很強，對照中唐韋夫人家的例子，其小兒名為周老、村老，同時期鄉貢進

462　〈楊老壽墓誌〉，永平四年（511），《墨香閣》，頁 8-9。
463　《魏書》，卷二七，〈穆崇傳〉。
464　《魏書》，卷九二，〈列女傳〉。
465　〈王休墓誌〉，天平四年（537），《北朝藝術》，頁 93-95。
466　《新唐書》，卷一六二，〈薛存誠〉。
467　〈唐鄭忠佐墓誌〉，貞元十二年（796），《洛陽續編》，頁 190。
468　《新唐書》，卷七三上，〈韓氏〉。
469　《新唐書》，卷七〇上，〈太祖景皇帝·蔡王房〉。
470　《新唐書》，卷七〇下，〈太宗·紀王房〉。
471　《新唐書》，卷七二中，〈琅邪王氏〉。
472　〈唐吳弘簡妻李氏墓誌〉，長慶元年（821），《西安新誌》，頁 661-663。
473　〈唐盧彥方暨妻李氏墓誌〉，咸通辛卯（871），《洛陽續編》，頁 267。

士孫備有十歲之女，原名汶娘，又改名賀老[474]，更可以證明此字
的通俗性，以致用意雖好，卻少見於正式人名。

　　為了證明這一點，此處想再用其他具有小名性格的字眼來比
對。首先是中古時期常用的「奴」字，以《新唐書‧宰相世系表》
為範疇，在唐代只有兩例，竇氏有工奴[475]，琅邪王氏有王佛奴，
任虔州刺史，與他關係較密的族兄弟還有金刀、鼎子，可以相信
佛奴不是他的正式人名，兩《唐書》中也僅此一例[476]。其次是「兒」
字，表中名叫「某兒」的只有五例，墓誌卻保留了史書不載的訊
息，此表載有世祖李昞之子蜀王湛一房，李湛長子名容兒，次子
名奉慈，奉慈次子名知本，墓誌則載其字「那兒」[477]，可見這類
小名極可能仍然活躍，世族高門亦然，只是罕為家族外部所悉，
更不為史家所錄。再來是「胡」字，這也是南北朝很常用作小名
的字眼，〈宰相世系表〉僅見三例，包括一例可能是外來語的「胡
摩」[478]。至於北朝用以取代「佛」的「伏」字，既有宗教意味，
又有北朝胡語的成份，在當時多不勝數，但放眼全表，嚴格來說，
整個唐代被記錄的「伏」字人名只有一個例子，叫作「伏郎」[479]，
「佛」字也只有一個，就是前引的「佛奴」[480]，難道這是崇佛之
風在唐代高門的消退嗎？答案顯然不是，只是這種用字已被汰
除。最後，則是介於正名與小名間的「僧」字，在南北朝是廣泛
受到各界歡迎的用字之一，但在〈宰相世系表〉中，隋唐之世僅

474　〈唐咸通六年五月十六日鄉貢進士孫備銘其妻〉，咸通六年（865），《唐
　　誌彙編》，咸通○四○。
475　《新唐書》，卷七一下，〈竇氏‧三祖房‧岳〉。
476　《新唐書》，卷七二中，〈琅邪王氏〉。
477　〈唐李知本墓誌〉，顯慶三年（658），《西安新誌》，頁93-95。
478　《新唐書》，卷七二上，〈趙郡李氏‧東祖〉。
479　《新唐書》，卷七四下，〈唐氏〉。
480　《新唐書》，卷七二中，〈琅邪王氏〉。

得六例[481]，可見「僧」字在以華夏古典為重的「貴名」之前，仍不得不退讓，最顯著的例外是牛僧孺（779-848）[482]，以思黯為字，「黯」字在古代少用於人名，古代經史所見僅有史黯，指晉太史墨，嘗與趙簡子論良臣[483]，不過此字最有可能的來源，當係西漢武帝時著名的諫臣汲黯，他以長孺為字[484]，昭宗時也有泉州南安人陳黯（字希孺）[485]，如此說可成立，牛僧孺的名、字還是出於「貴名」之慣性，至於保留僧字，或有特殊之考量。以這些中古小名的常用字作為測試，可以發現這些字眼進入隋唐菁英正式人名的情形非常有限，與北朝和基層社會形成強烈的對比。

此外，北朝常以非漢語言入名，包括胡語或佛教術語的音譯，但在唐代除了胡將，大族菁英使用這類字詞的例子相當之少，趙州司馬有唐波若，以及同輩名為婆伽者，是少數被記錄之例[486]，但這並不代表菁英完全捨棄這種名字，同樣也是轉入小名，不復像北朝以之為「字」，甚至作為正式人名。其他民眾常用的字眼，也不被菁英考量，舉一例言，北朝「歡」字人名極為常見，代表對現世生活的整體祈願，但考察〈新表〉，唐代所有宰相家族以此字為名者只有五人，使用「樂」為名、字者，也是五人——包括白居易（字樂天）在內，但其名、字係結合〈中庸〉（君子居易以俟命）與〈繫辭〉（樂天知命故不憂）而來，仍是引經據典的「貴

---

481 蕭說，字僧弼，見《新唐書》，卷七一下，〈蕭氏・齊梁房〉；李僧伽（小名），卷七二上，〈趙郡李氏・東祖〉；張仲僧（七兄弟排名最末，均以仲為輩字，仲僧疑為小名），卷七二下，〈始興張氏〉；崔歸僧（其兄名黨兒，疑皆為小名），卷七二下，〈博陵大房崔氏〉；盧僧朗（其上三兄皆以知為輩字，僧朗疑為小名），卷七三上，〈盧氏〉；加牛僧孺一例。
482 《新唐書》，卷七五上，〈安定牛氏〉；卷一七四，〈牛僧孺〉。
483 《左傳・哀公二十年》；《國語・晉語九》。
484 《史記》，卷一二〇，〈汲鄭列傳〉。
485 《新唐書》，卷六〇，〈藝文四〉。
486 《新唐書》，卷七四下，〈唐氏〉。

名」！至於民間「賤名」慣用的「醜」、「惡」二字，更幾乎完全被排除在外[487]。用比喻來說，中古「貴名」風氣的形成，正像一張價值觀與文字表現的濾網，以古典（經典化）與雅緻（類書化）為經緯，過濾俗名或外來語性格的用字，盡量篩選出符合「儒雅」的用法，即使在史書中偶然留下特例，只能說是汰除未盡的零星個案，與龐大的「貴名」遠遠不能相比。歸結貴名與其他命名模式的互動，可以說是「雅／俗」、「華夏／外來」、「個體／通俗」的篩選與定序。隋唐之際有武將程知節，史書說他本名麤金，出自民間，聚眾共保鄉里，墓誌未載其本名，記其字為義貞，並敘隋時曾贈其父瀛洲刺史，此事不見於唐代文獻，後世則恆以「咬金」稱之，正可看出不同命名模式，各有其適用的身份與環境，甚至關乎歷史形象與人名的記憶，也分別有其連結[488]。

　　前文多次提到「貴名」的心態與華夏古典深深相連，儒家尤其是最重要的角色，因此不忌某些世俗所忌之字，如晦、損、黯、弱，因為皆有經典或古人可依托，遂成喜用之字，而且也受到精緻、華美文風的召喚，追求典正、雅致，個別名字如此，在家族兄弟排行的命名表現中，此風更是明顯，即使是富有出世色彩的名字，也講求這種表現，促成隋唐菁英「貴名」的面貌。這裡說到「特有」，也許使人懷疑，難道非菁英不使用這種名字？前文說過，「貴名」的特質除了名字本身，使用者的文化能力也是一大關鍵，在唐代以前，科舉的規模還小，儒家的力量尚未如後來深入社會，從現有的材料來看，中古菁英與民眾命名文化最大的差別，正取決於「貴名」之有無。以「儒」字來說，北朝某些政治

---

487 除了趙郡李氏在唐初有辟惡、鎮惡二例，不見其餘，見《新唐書》，卷七二上，〈趙郡李氏・東祖〉。

488 《舊唐書》，卷六八，〈程知節〉；《新唐書》，卷九〇，〈程知節〉。

菁英已見使用，但一般來說，幾乎看不出有慕古或引經的想法，單名為「儒」者不少，北魏道武帝時征後燕慕容寶，中山太守仇儒不樂內徙，亡匿趙郡，推羣盜趙准為主，聚黨扇惑，其人為北胡的可能性不低[489]，儒家的影響恐怕甚淺，其他儒字人名的表現也多如此；此字在民眾人名中不僅所佔比例很低，儒意更顯淡薄，北魏〈僧智薛鳳規等道俗造像記〉錄邑子近四百四十人，儒字人名只有楊儒意[490]，北齊〈靜明等修塔造像記〉亦然，男性俗人近一百五十人中，僅有楊幼儒、梁長儒二人，很可能只是隨俗而取[491]。簡單說，儒字在民間人名並沒有特出的地位。在北朝民眾的命名選項中，佛道與風俗元素始終具有絕對的優勢，儒家的比重很弱，「儒」只是概括性、甚至緣飾性的概念，心態貧乏，北齊天統年間有一篇造像記，說是潘景暉「率儒徒七十人等」所為，很難相信是實情——與景暉共同署名的除了李仕暉，還有張煞鬼和陽脩羅，誠非儒者樂用之名[492]。除了儒字，以仁、義、禮、信等儒家價值入名者也有之，但這些概念長期流行於社會，已經成為習慣性的用法，在北朝民間使用的比例同樣不高，談不上有較為清楚的古典認同。

在唐代由於民眾命名紀錄較少，只能做分佈式的觀察，在遠離核心政權的地帶，儒家的力量也遠不足以和佛教和各地風俗並論，高宗時韋弘機為檀州（今北京密雲）刺史，以邊人陋僻，不知文儒貴，乃脩學官，畫孔子、七十二子、漢晉名儒之像，並自為贊，以行教化，可以多少看到儒家在帝國文教邊陲之景況[493]。

489　《魏書》，卷二，〈太祖紀〉。
490　〈僧智薛鳳規等道俗造像記〉，永安三年（530），《百品》，頁75。
491　〈靜明等修塔造像記〉，天保八年（557），《百品》，頁158。
492　〈潘景暉造碑像記〉，天統五年（569），《百品》，頁231。
493　《新唐書》，卷一〇〇，〈韋弘機〉。

可惜檀州民眾之名不詳，如以敦煌為例，較常見的「儒名」是「儒通」，有些明載其身份，如學士郎吳儒賢（S. 2710，清泰四年 936），有些可大致判斷為基層官吏，絕大多數都是平民，甚至還有張儒奴（P. 3394，大中六年 852）。敦煌當地設有州學、縣學，也有私人學塾及寺學，教授內容包括五經、《論語》、《孝經》、《文選》，均有寫本傳世，此外還有不少蒙書，採用答問或韻語形式，以識字和教授基本儀節為內容。當地也有儒業相傳的大族，儒化程度應遠勝於唐初之檀州，不過從民眾之名看來，儒家主要的影響在於通俗性道德的傳播，論其表現，遠不足與風俗或信仰心態並論，以當地學校「學郎」之名為例，當可說明這一點。所謂「學郎」是指受教的學生，有時也自稱學士，在今人所輯敦煌寫本學郎題記中，起自天寶，下至宋初，紀年明確者有 72 條，其中以儒字為名的只有 2 例，分別見於後唐、後晉，換言之，在現存唐代後半的敦煌學生人名中，幾乎是沒有「儒」字的，最常用的是「文」字[494]。這些學生的知識連結較一般民眾強，其名也較民眾為雅，幾乎看不到賤名，佛教色彩也比較淡，但儒教的痕跡卻沒有因此增強。儒家思想在西陲地區的傳播可從其他方面探討，但就人名的表現來看，可說其勢甚微。吐魯番民眾的命名儒意更淡，賤名尤多，多字胡名也屢見不鮮，官員人名表現較為一致，集中於儒家之價值，如唐循忠[495]、唐益謙[496]、和義方[497]、宋九思[498]。構思較別緻的也幾乎都是官吏，如魏求己是中央官員，高宗時任吏部

494　李正宇：〈敦煌學郎題記輯注〉，《敦煌學輯刊》1987 年第 1 期，頁 26-40。將紀年不完或全缺者計入，共有 144 條，同樣只有這兩個儒字人名，仁、義、信入名的數量也非常零星。
495　《吐魯番》第 9 冊，頁 33、34、38。
496　《吐魯番》第 9 冊，頁 31-35。
497　《吐魯番》第 9 冊，頁 190。
498　《吐魯番》第 9 冊，頁 62。

員外郎[499]。另有陰義府、張習禮，身份是佃人[500]，馬利涉[501]、劉經野[502]之身份不明，但相較於當地民眾之名，這些名字都處於邊緣。西陲民眾「貴名」的表現微乎其微，反而是各種俗名、賤名大行其道，說明這兩類命名模式正好相互牴觸。

在唐代洛陽龍門造像題記也有這種區別，使用貴名的未必是官員，但官員之名幾乎都帶有貴名色彩，如隴州長史韋剋己[503]、汝洲錄事仇九思[504]，一般民眾仍多使用仁、義、禮等字。在中晚唐房山地區，儒字人名的數量較為突出，用法也比較多樣，如：鄭儒海[505]、李儒林[506]、盧繼儒[507]等。此一現象的意義不宜妄測，不過根據古典經籍命名的情形依然有限，最常用的似乎是「乾」字，取自〈乾卦〉，天寶年間河北常山以董日進家族為主的邑義，就以此字為字輩，如乾暉、乾博、乾舉、乾闔，並有承業、承貞、思貞、思敬、信古之名，但其他家族成員有阿獠、神威、神功、神通、羅漢，看來董家並不是典型的菁英，像這種使用「乾」字的情形，可能僅取其為《易》之首卦，大多數命名者並無玩索經書的能力，如「乾闥」當出自天龍八部之乾闥婆（Gandharva），仍屬於廣義的佛教「聖名」[508]。「儒」的形象長期流行於中國社會，自有其正面的意味，仁、義、忠、孝、禮、信、貞、敬等德目，

499　《吐魯番（新）》，頁83。
500　《吐魯番（新）》，頁94。
501　《吐魯番》第8冊，頁391。
502　《吐魯番》第10冊，頁247。
503　《龍門》，窟號0105，顯慶三年（658），頁11。窟號0159
504　《龍門》，窟號0712，頁273。另有達溪（奚）思九，同前，窟號1504，頁552。
505　〈巡禮題名碑〉，《房山》，咸通九年（868），頁50。
506　〈巡禮題名碑〉，《房山》，乾符六年（879），頁57。
507　〈佛說護諸童子陀羅尼咒經〉，《房山》，開成三年（839），頁93。
508　〈董日進等造石浮圖記〉，天寶十一載（752），《常山貞石志》，《石刻史料》第1輯第18冊，頁13320b-1b。

也都是一般人的價值，具有指導日常生活的功能，民眾以之入名也是很自然的，有時甚至連「古」也成為選項。但對基層來說，這類人名可能只是通俗選項，其意涵與儒家或經典的概念、心態連結都非常單薄，舉凡追慕古人，或重視禮法傳承的想法，幾乎全無痕跡，富有玄思氣味的道家或道教之名更是少見，在兄弟行第用字之中，也很少有精雕細琢、不易索解的用字，相形之下，菁英之「貴名」截然不同，只是必須找到有力的觀察點，絕非僅如同一般人想見的談仁說義而已。

　　本章關於「貴名」的討論已經大致結束，總結來說，這種名字的表現可以是多面向的：對個人寄託經世或修身的理念，對家族表現倫理秩序或傳承的意識，展現家風家學，同時避免犯諱，結合郡望著姓，效力更強，就使用者來說，更有鮮明的身份和經典運用能力、古典認同作為區隔，充份發揮名、字「正體」、「表德」之特色與效用，可以說是中國中古菁英文化的一部份。最後想舉一個當代的例子，印證這種命名模式的文化效應，1980 年後期作家楊照在服役時與長官發生衝突，有人翻出資料，見到他父親的名字都是難解之字，對方態度丕變，堅持要知道他的家族背景，因為「這符合某種書香官宦世家的模式」[509]，這是一個生動的案例，說明「貴名」所帶來的文化與階層聯想，在現代猶有遺緒（楊照本名李明駿，也可在古典中找到線索，《尚書·堯典》：「克明俊德」）。中古的「貴名」根植於華夏古典的認同與品味，有很強的菁英性格與條件在支持，進而構成人名文化的一大分野，在講求出身的社會中，此名更顯其意義。晚唐以降，中古時期的門第世族受到強烈衝擊，原有的菁英文化秩序也面臨重整，然而北

509　楊照：〈軍旅補記〉，《飲酒時你總不在身邊：軍旅札記》（臺北：皇冠文學，1994 年），頁 40。

宋儒風再振，科舉的吸引力也不斷下探全國各地，這種與菁英文化緊密連結的「貴名」是否產生變化——比如慕古心態的消長、經典興趣的轉移、儒學認同對於社會命名的影響，乃至使用者群體的擴大，如同隋唐之「貴名」，在過去乏人關注，「貴名」在宋代以下的因革，應該是值得繼續考察的課題。此處試舉數例，以殿全章：尹洙（字師魯）、梅堯臣（字聖俞）、邵雍（字堯夫）、范祖禹（字淳夫，一字夢得）、蘇舜欽（字子美）、黃庭堅（字魯直）、姜夔（字堯章）[510]，以及孫復（字明復）、蔡襄（字君謨）、黃震（字東發）等[511]，這些都是兩宋菁英士人之名，從其名字組成和使用者身份來看，和隋唐有無不同[512]？古人對於所命之名，常撰有「名說」、「字說」之篇章，前者如陶潛之〈命子詩〉、劉禹錫之〈名子說〉，後者如柳開之〈字說〉等大量宋人同類之作，都是值得觀察的樣本[513]，如果能夠深入挖掘，相信可以幫助我們了解更多唐宋菁英群體心態的變化。

---

510 梅、邵名字，皆出《尚書・堯典》：「百姓昭明，協和萬邦，黎民於變時雍」、「師錫帝曰：『有鰥在下，曰虞舜』。帝曰：『俞，予聞。如何？』」。至於蘇舜卿之名、字，當來自《左傳・文公十八年》，謂高陽氏有才子八人，稱為八愷，高辛氏有才子八人，稱為八元，「此十六族也，世濟其美，不隕其名，以至於堯，堯不能舉。舜臣堯，舉八愷，使主后土，以揆百事，莫不時序，地平天成。舉八元，使布五教于四方」。庭堅之名，亦在「八元」之列。

511 《尚書・皋陶謨》：「贊贊襄哉」。《周易・說卦》：「震，東方也」。

512 陳懷宇曾注意到唐宋時期以「聖」字為表字的作法，然未及以個別聖賢入名的現象，見〈唐宋思想史上的聖文化——以士人表字為中心〉，《景風梵聲：中古宗教之諸相》，頁294-304。

513 參葉師國良：〈冠笄之禮的演變與字說興衰的關係——兼論文體興衰的原因〉，《古典文學的諸面向》（臺北：大安出版社，2010年），頁135-162。

第五章　風俗與人名（上）

　　近代討論命理之學，多導源於明中葉萬民英（嘉靖二十九年[1550]進士）的《三命通會》，《四庫提要》說在當時「幾於家有其書」，可見其流行，此書包羅甚廣，不過其中專論命名的〈五音看命法〉僅佔極小篇幅，類似之說可溯及漢代[1]，歷代應用的情形仍待考察。晚清徐珂《清稗類鈔》收有「相名」之條，說當時常以人名論命，並與摸骨、聽聲之術並列[2]，此法細節不得而詳，但在清代已普遍相信，名字會牽動使用者的運勢，近數十年來「姓名學」風靡華人世界，正可說是這種心態的延伸。本研究並不關注這類學說的內涵與有效性，但從這些記載可看出「命名」是風俗表現重要的面向，只不過兩者的關係迭有變化。東漢班固（32-92）對「風俗」曾有如下的解說：

> 凡民函五常之性，而其剛柔緩急，音聲不同，繫水土之風氣，故謂之風；好惡取舍，動靜亡常，隨君上之情欲，故謂之俗。[3]

這個定義不是很精確，但明白指出「風俗」隨著不同環境、民情而異的特性，結合《荀子・正名》所說：「名無固宜，約之以命，

1　清・陳夢雷纂輯《欽定古今圖書集成》（上海：中華書局，1934 年，雍正內府銅活字排印本縮印），第 470 冊，頁 42b-c。將姓分為五音，並配合五行之說，見東漢・王充：《論衡校釋》，卷二五，〈詰術〉。
2　清・徐珂編：《清稗類鈔》，〈相名〉，頁 4630。
3　《漢書》，卷二八下，〈地理志下〉。

約定俗成謂之宜」,大致可以說,一代有一代之名,各隨時空(風)
而異,但在每一世代或時代,命名風氣往往因人心所尚而趨同,
成為共同取用的集體習慣(俗)。從這個角度出發,如果將不同的
歷史階段視為時間的田野,探究歷代命名風俗,正像是這些田野
中採集與辨識、分類人群心態的工作,風土結合不同的語言、心
態,孕育不同的人名,至於這些人名表現也有新陳代謝,與各種
文化變遷相結合,明代宋應星(1587-1666)有言:

> 風俗,人心之所為也……人心風俗,交相環轉者也。[4]

風俗未必是被動的產物,也可能反過來發揮影響,於表於裡,強
化或淡化某些心態與行為,稍後的顧炎武(1613-1682)更斷言「天
下無不可變之風俗」(《日知錄・宋世風俗》)[5]。既云其變,必有
所消長,在中國中古亦然,時有極俗極惡之名,取自現代人意想
不到的生活物象或概念,反映古人心態的多元面貌。

　　以東魏時河南〈李氏合邑造像碑〉為例,其中風俗人名之多
元,可能使現代人為之瞠目:李鸚鵡、李黃龍、李虎子、李牛生、
李兔生、李醜仁、李桃棒、李雙惡、李樹枝、李辟耶(邪)、馬鍾
葵、李醜胡[6],除了菩提、僧奴等「聖名」之外,龍吟虎嘯,牛鳴
兔竄,而且醜惡畢現。隋初山東白佛山所見也是如此,有王雄猛、
杜鳳皇、梁噉鬼、張小醜、林馬駒、孤黃苟(狗)[7],這些都是北
朝末期華北鄉村的例子,清代袁枚(1716-1797)曾說古今人名「最
可笑者」,莫過於「北齊有顏惡頭,南唐有馮見鬼,《金史・忠義
傳》有郭蝦蟆,《元史》有石抹狗狗、郭狗狗,遼皇族西郡王名驢

4　明・宋應星:《野議》(杭州:西泠印社,2010 年),〈風俗議〉。

5　顧炎武《日知錄》言「風俗」處甚多,多指道德風氣,特別是就士人群
　　體而發,本書取其廣義。

6　〈李氏合邑造像碑〉,興和四年(542),《魯迅》第 2 函第 2 冊,頁 313-324。

7　〈白佛山造象題名十二段〉,開皇七年(587),《金石續編》,《石刻史
　　料》第 1 輯第 4 冊,頁 4378a-4382b。

糞，金宣宗時濮王傳名豬糞」[8]。子才性本好奇，如果他看到上述人名又將作何反應？敦煌位處中原政權之西陲，種族、語言頗有非漢成份，此風益顯，但如果改從庶民生活的角度觀之，卻是史乘所無的珍貴材料。〈淨土寺諸色入破曆計會牒〉（P. 2049V，同光三年 925）收錄者多達兩百六十人，就有大量憨、奴、醜、胡、豬、苟字人名，九世紀中期〈將龍光顏等隊下人名目〉（P. 3249V）更以糞、佛、神、靈為名，神聖與汙穢並見。在中古時期，這究竟是特例還是慣態？如果是後者，這些名字反映的意義是甚麼？這些不僅是俗名，說是醜名、賤名也不為過，對現代人來說，往往更接近於「怪名」。

　　如上所見，中古民眾之名最大的特色在於以物象為名的風氣極盛，其次則是各種後人認為匪夷所思的「賤名」。此章所要探討的「風俗之名」正是這些現象，分為兩大部份，前者重在發掘物象人名的表現與文化背景，後者嘗試深入這些俗、惡、醜、賤之名的心態，與古代「名」之信仰的關係。最後要簡單說明本節為何選擇「風俗」，而非「民俗」，此二語均出於先秦，在古代文獻的語境中，「民」通常指民眾，係政治菁英治理、教化的對象，但命名之需求無人能免，如「風」遍及各階層，穿透不同人群，因此採用「風俗」，描述更為貼切，而且涵義更廣，畢竟在中古時期，上述之名也為菁英所用，只是和民眾採取不同的表現方式，見於不同的名字結構之中[9]。

8　清・袁枚：《隨園隨筆》，卷二六，〈姓名之奇〉，收入《叢書集成三編》（臺北：新文豐出版公司，1997 年），第 75 冊。
9　參看劉師增貴：〈中國禮俗史研究的一些問題〉，收入《法制與禮俗——第三屆國際漢學會議論文集・歷史組》（臺北：中央研究院歷史語言研究所，2002 年），頁 157-203。

第一節　從四靈到百獸

　　如前所見，中國中古人名的特色之一，在於以物象入名的比例甚
高，而且其表現繽紛陸離，已具有風俗之意義。本節選擇從動物
入名著手，探究當時「動物人名」的現象，原因有二，第一，這
些動物的來源與習性頗不相同，有些源自傳說或民俗，頗有神異
色彩，有些在現實中隨時可見，前者如四靈，後者如六畜，甚至
有些為人所惡，但同樣入名，而且是中古人名來源的一大宗，不
可低估其意義。第二，有異於「貴名」明顯集中於菁英群體，這
類人名在各種命名模式中，有更多較為通俗、甚至非常鄙俗的用
法，本書希望透過不同的選項，觀察使用者是否也有宗教信仰與
地域、階層或族群、性別的異同，進而思考這些異同的成因，以
深化對中古命名文化在「使用」方面的認識，而不僅止於臚列、
整理其名。以荷蘭漢學家高延（J. J. M. de Groot，1854-1921）鉅
著《中國的宗教系統及其古代形式、變遷、歷史及現狀》為例，
列舉了大量古代動物與風俗、巫術、民間信仰的記載，讀之如遊
萬獸園[10]，但幾乎沒有碰觸動物人名與心態的關係，直到近年學
者集體撰著的《中國風俗通史》，對此也全無提及[11]。探討古代中
國動物文化之作，以近年英國胡司德（Roel Sterckx）創獲最豐，
但只談到動物如何被命名，而未及人以動物為名的現象[12]。本章

10　高延著，芮傳明等譯：《中國的宗教系統及其古代形式、變遷、歷史及
　　現狀》（廣州：花城出版社，2018 年），全書共 6 冊。
11　張承宗、魏向東：《中國風俗通史·魏晉南北朝卷》（上海：上海文藝出
　　版社，2001 年）、吳玉貴：《中國風俗通史·隋唐五代卷》（上海：上海
　　文藝出版社，2001 年）。
12　胡司德著，藍旭譯：《古代中國的動物與靈異》（南京：江蘇人民出版社，
　　2016 年）。

希望盡可能擴充樣本，並揭示其使用情形與使用心態方面的意義，彌補這方面的空白。

一、以靈物為名

首先要討論的是具有祥瑞性質的靈物，在現代眼光中，其中多半不存在於現實之中，但古人以此為名，不只取其生物特性，更常受到相關文化概念與印象的引動，因此也可以算是「動物」，其中最有代表性的正是「龍」。浸淫傳統碑帖者多知北魏〈張猛龍碑〉，此碑刻於正光三年（522），原立於曲阜孔廟，碑主魯郡太守張猛龍（字神冏）[13]，冏字《說文》釋為窗牖之象形，《玉篇》說「大明也」，此名、字乃結合光明、勇猛而來，當無可疑，「冏」字姑置不論，以「神」為名已見於前章討論，然而「猛」是當時普遍的追求嗎？在後世文獻中，以「猛龍」為名者僅見清光緒年間廣東赤溪廳，有李猛龍起事[14]，此前亦未之見，似非常見之名，至少不在菁英「貴名」之列；再者，此碑尚有李神虎、韋清龍、張虎文、邵虎標之名，這些生龍活虎之名意義又何在？

猛龍之名雖不見於中古文獻，但以龍字來說，在稍早於〈張猛龍碑〉的〈高伏德等三百人造像記〉中，有高龍、高今龍、高神龍、王仟龍、劉龍居[15]，這是以家族為造像之單位；在地方社區型的集體造像活動中，以龍為名的比例更高，〈僧智薛鳳規等道俗造像記〉所錄邑子，有張迴龍、楊興龍、王龍成、王龍像、張

13　〈張猛龍清頌碑〉，正光三年（522），《魯迅》第 1 函第 4 冊，頁 741。
14　清・金武祥：《赤溪雜志》，卷上，收入《小方壺齋輿地叢鈔・正編》（上海著易堂排印本）。
15　〈高伏德等三百人造像記〉，景明四年（503），《百品》，頁13。

蜀龍、關龍安、巨迴龍、蘇早龍、柳龍喜[16]，放眼南北朝，「龍」
更是一個高度使用的字眼。與之不相上下的是「虎」，這一觀察可
以從延昌年間的〈合邑一百卅人等造釋迦石像碑〉得到印證，與
〈張猛龍碑〉年代幾乎貼合[17]。東魏初年的〈凝禪寺三級浮圖碑〉
士庶皆備，總人數約四百八十餘人，保留了相當多的命名元素，
龍、虎二字之多，尤為醒目[18]。北齊〈靜明等修塔造像記〉所見
一百五十餘名男性中，有尹神龍、鮑龍、梁虎、梁鐵虎、姜石虎、
姜虎頭、郭虎仁，對照此記中的上官猛略，似乎透露當時男性人
名的某些心態[19]。以上都來自華北的基層鄉村，分佈甚廣。除此
之外，在洛陽龍門古陽洞，〈比丘惠敢等造像記〉有王起龍、王雙
鳳、李鳳、王虎、方虎、方龍虎、傅天虎、邊天鳳、楊虎、王龍
安、方龍慶、王白龍，已見龍虎鳳齊聚[20]，稍早的〈孫秋生二百
人等造石像記〉有孫龍保、孫洪龍、張龍鳳、樊虎子、和龍度、
孫鳳起、劉靈鳳、趙龍標、孫豹、孫龍起、毛龍震、姜龍起、姜
清龍、李虎子、王龍起、賈龍淵，更是龍鳳虎豹俱全[21]。至於女
性也使用龍字，虎字女名在造像記中則非常罕見，但此風未必無
之，北魏晚期華州刺赫連悅之妻便名劉虎兒，其父祖皆封王公，
可見菁英女性人名並不排斥虎字[22]。

　　以上述北朝石刻為樣本，可以看到兩種命名表現：一是以龍、
鳳、龜為名者，可歸為傳說之靈物，二是以虎、豹、狼入名，則
是現實中的猛獸，從大量的神龍、靈鳳、神龜、野虎之名來看，

---

16 〈僧智薛鳳規等道俗造像記〉，永安三年（530），《百品》，頁74。
17 〈合邑一百卅人等造釋迦石像碑〉，正光元年（520），《魯迅》第2函第1
　　冊，頁107-112。
18 〈凝禪寺三級浮圖碑〉，元象二年（539），《百品》，頁99。
19 〈靜明等修塔造像記〉，天保八年（557），《百品》，頁158。
20 《龍門》，窟號1443，頁545。
21 《龍門》，窟號1443，太和十七年（493），頁506。
22 〈赫連悅墓誌〉，普泰元年（531），《南北朝彙編》，頁352-354。

對照猛龍，「靈物」與「猛獸」確實是北方人名的重要選項。不過
這點並非北方所獨有，梁武帝時官吏有露文龍、朱玟龍、董道虯、
吳龍起、劉法龍、劉飛龍、悄國龍、殷□虯、梁門龍、黃石虎、
張龍真、□猛虎、夏龍□、邵虯□、黃龍□、馬伯龍，這些人都
是安成王蕭秀（475-518）的門生屬吏[23]。從此可知「龍」字入名，
不因政權分立而有別，也不受階層、性別的影響，不過其他的選
項是否也如此，必須逐一檢驗。本節想先從「靈物」談起，說明
個別的性格與文化概念，再觀察實際的人名案例，「猛獸」也是如
此。關於動物性的靈物，在古代已有「四靈」之定稱，《禮記‧禮
運》：「何謂四靈？麟鳳龜龍」，秦漢之後，這個組合廣為社會所接
受，西漢常以四靈圖樣入印，武帝有詔云：「麟鳳在郊藪，龜龍游
於沼」，即沿用〈禮運〉之說[24]，漢末王莽仿〈周書〉作〈大誥〉，
曾提到當時這類瑞應「七百有餘」，符其稱制之兆[25]，漢代之後，
「四靈」成為傳統祥瑞文化最重要的元素之一，直至近代猶然，
其中只有龜的形象有所變化，周作人（1885-1967）曾指出除了此
之外，其他三者長期以來都被用於命名[26]。以下將分項討論中古
「四靈」入名的表現，並闡說「靈物為名」的意義。

　　龍是華夏古代傳說中最重要的靈物，《淮南子‧墜形訓》佚
文：「羽毛鱗介皆祖於龍」，可能是古人觀察遠古生物化石殘骸得
來的靈感[27]。甲骨文「龍」字有頭有角，張口蜷身，在出土古文

23　〈蕭秀碑〉，天監十七年（518），《魯迅》第 1 函第 4 冊，頁 601、607、
　　616、617、621、623、624、625、627。
24　《漢書》，卷五八，〈公孫弘傳〉。
25　《漢書》，卷八四，〈翟方進傳〉；卷九六上，〈王莽傳上〉。
26　周作人：〈麟鳳龜龍〉，收入鍾叔河編：《周作人文類編（四）》（長沙：
　　湖南文藝出版社，1998 年），頁 368-370。
27　明‧盧之頤：《本草乘雅半偈》（文淵閣四庫全書本），卷一，〈龍骨〉引。

物中亦頗見鱗爪[28]，相傳黃帝鑄鼎於荊山之下，鼎成而有龍垂鬚，下迎黃帝，從者七十餘人，龍乃成為歷代華夏政權最重要的象徵，他也曾命「應龍」擒殺蚩尤，生子名為「苗龍」[29]，《左傳·昭公一七年》有「大皞氏以龍紀，故為龍師而龍名」之說，舜時也有人以夔、龍為名[30]，夏朝天降二龍，有豢龍氏、御龍氏[31]，桀時有關龍逢[32]，古人以龍為名號，出現可謂極早。先秦人亦深譁龍說，《周易》屢以龍為喻，墨子有四龍四色、對應四方之談（〈貴義〉），神話中更屢見龍影。先秦古籍以龍為名者不算常見，春秋有公孫龍[33]，秦孝公時有甘龍[34]，秦末有司馬龍且[35]，兩漢史書所見也有限，多為單名，東漢中期以後，變化才漸多，如廣陵太守陳登（字元龍）[36]、常山真定人趙雲（字子龍）[37]。吳時山陰有黃龍羅聚黨數千人[38]，另有虞翻之子名聳（字世龍）[39]、潘濬之子名翥（字文龍）[40]。西晉初有陸雲（字士龍）[41]，東晉安帝時尚書王愉將其孫命名慧龍，乃出於「諸孫之龍」的期待[42]。值得注意的是胡族也有此喜好：氐人李雄有將張龍[43]，羯人石勒以世龍為字，從子石

---

28 參考楚戈：《龍史》（臺北：作者自印，2009年）。
29 應龍見《史記》，卷二八，〈封禪書〉，司馬貞《索隱》引皇甫謐；苗龍見同前書，卷四，〈周本紀〉，張守節《正義》，並見袁珂校注：《山海經校注》（上海：上海古籍出版社，1980年），卷一二，〈大荒北經〉。
30 《史記》，卷一，〈五帝本紀〉。
31 《史記》，卷二，〈夏本紀〉。
32 見《莊子·人間世》、《荀子·解蔽》等。
33 《史記》，卷六七，〈仲尼弟子列傳〉。
34 《史記》，卷五，〈秦本紀〉。
35 《史記》，卷七，〈項羽本紀〉。
36 《三國志》，卷七，〈呂布傳〉；卷二九，〈華佗傳〉；卷三二，〈先主傳〉。
37 《三國志》，卷三六，〈趙雲傳〉。
38 《三國志》，卷五五，〈董襲傳〉。
39 《三國志》，卷五七，〈虞翻傳〉，裴《注》引《會稽典錄》。
40 《三國志》，卷六一，〈潘濬傳〉，裴《注》引《吳書》。
41 《晉書》，卷五四，〈陸雲傳〉。
42 《魏書》，卷三八，〈王慧龍傳〉。
43 《晉書》，卷七，〈康帝紀〉。

虎（字季龍）因名犯祖諱，故以字行，可注意的是石勒的姓、名，都是魏郡汲桑所取，「世龍」之字或許也是，「季龍」則無疑得於其後，龍虎成對，且義為小龍，不無呼應前者之意[44]

　　從上述諸例可以看到在中古前期，不分胡漢都有「龍」名，除了取其祥瑞之意，不可忽略龍始終與政治相連結。秦漢之世，皇帝制度建立，龍與王權的連結也更強化，秦始皇末年有「今年祖龍死」之說，即言其為龍[45]，秦末群雄逐鹿，有人則謂「兩龍方鬪」[46]，可見龍不止於一，而且也有競爭。此外，夢中見龍也成為權力的神聖來源，劉邦之父曾見蛟龍，其妻遂孕，他性好酒色，每每醉臥，傳為龍狀，且其面相「隆準而龍顏」[47]。類似的描述與情節在後世一再出現，西漢文帝之母亦曾夢見有龍盤胸，醒而有娠[48]，東漢劉秀夜夢乘龍上天，為臣下尊為帝王[49]。在中古也是如此，這種神秘性的龍夢不分族群、地域，從未斷絕，這裡略舉數例：孫權潘夫人夜夢有人以龍頭相授，遂生孫亮[50]，北魏宣武帝元恪之母懷胎前亦曾夢見日化為龍，繞己數匝[51]，北齊明皇后婁氏的夢最頻繁，生六男二女都有夢，其中四子更分別顯現龍的四種姿態[52]，南齊武帝蕭賾最寵愛么兒子蕭夏，一夜夢見金翅鳥飛下殿庭，搏食小龍無數，永泰元年（498）發生變亂，蕭夏

44　《晉書》，卷一〇四，〈石勒上〉；同前，卷一〇六，〈石季龍上〉；《魏書》，卷九五，〈羯胡石勒〉。
45　《史記》，卷六，〈秦始皇本紀〉。
46　《漢書》，卷九〇，〈彭越傳〉。
47　《史記》，卷八，〈高祖本紀〉。關於帝王之「龍顏」，參祝平一：《漢代的相人術》（臺北：臺灣學生書局，1990 年），頁 109-118。
48　《漢書》，卷九七上，〈高祖薄姬傳〉。
49　《後漢書》，卷一七，〈馮異傳〉。
50　《三國志》，卷五〇，〈妃嬪傳〉。
51　《魏書》，卷八，〈世宗紀〉。
52　《魏書》，卷九，〈神武婁后傳〉。

果然被殺，年才七歲[53]，此夢更在本土的龍族崇拜之外，加入佛教元素：金翅鳥在佛典中名為迦樓羅（Garuḍa），屬於天部之一，以龍為食，其名得自龍悲鳴之聲[54]。

　　除了作為皇權象徵，龍的神性色彩也從未淡化：魏明帝時修復宮中崇華殿，郡國有九龍見，故改名九龍殿[55]，東晉陶侃少時在雷澤網得一梭，挂於壁上，忽然雷雨，化龍而去[56]，庾冰曾使郭璞筮其後嗣，日後果應白龍之說，為桓溫所滅[57]。龍在北胡眼中也同樣神奇：前燕慕容皝曾於龍山見黑龍、白龍各一，乃親率群僚，去龍二百餘步，祭以太宰[58]；石季龍夜夢龍飛西南，自天而落，為佛圖澄所警戒[59]；後涼呂光攻龜茲，夜有黑物龐然，或謂之黑龍，部將杜進謂「龍者神獸，人君利見之象」，都反映北胡君主深信龍的巨大力量與政治象徵，後來呂光僭天王位，建立後涼，改年龍飛[60]，在他死後，有龍出東箱井中，蟠臥殿前，符籙乃名之龍翔殿[61]。赫連勃勃建胡夏，建元龍昇，又改鳳翔[62]，京兆人竺龍等聚眾於杜南山，亦稱年號龍興[63]；北燕馮跋小名乞直伐，其弟素弗與從兄萬泥等游於水濱，據說也曾捕獲金龍，後燕慕容熙求而不得，怒欲誅之[64]，直到隋初著作郎王劭上書論符命，也

53　《南齊書》，卷四〇，〈武十七王傳〉。
54　唐・慧琳：《一切經音義》，卷二一：「此云食吐悲苦聲也，謂此鳥凡取得龍，先內嗉中，復吐食之時，其龍猶活，此時楚痛，出悲苦聲也」。
55　《三國志》，卷二五，〈高堂隆傳〉。
56　《晉書》，卷六六，〈陶侃傳〉。
57　《晉書》，卷七二，〈郭璞傳〉。
58　《晉書》，卷一〇九，〈慕容皝〉。
59　《晉書》，卷九五，〈佛圖澄傳〉。
60　《晉書》，卷一二二，〈呂光〉。
61　《晉書》，卷九五，〈鳩摩羅什傳〉。
62　《晉書》，卷一三〇，〈赫連勃勃〉。
63　《晉書》，卷一〇六，〈石季龍上〉。
64　《晉書》，卷一二五，〈馮跋〉。

就雙龍相鬥之事，闡發周隋易代之理[65]，這些和「龍」有關的事件都涉及政權的建立和轉移，並非只是單純的異象。西南地區哀牢族群的起源傳說也與龍有關[66]。龍雖出於華夏，卻同樣吸引中原邊緣的族群，可知其影響之大、魅力之強。不過除了象徵政權與君主，「龍」很早就用來稱美人物之卓絕，相傳孔子見老子，歸來而有「猶龍」之嘆[67]，漢代更用於集體性的品題，東漢末荀淑八子有「八龍」之譽[68]，西晉末卜壼叔伯六人並登宰府，世稱「六龍」[69]，索靖等亦被目為「敦煌五龍」[70]，北齊時清河王昕兄弟，風流蘊藉，世號王氏九龍[71]，南齊張岱兄弟亦稱五龍[72]，唐開元中張掖人烏承玭、承恩為平盧先鋒，猶號「轅門二龍」[73]。以個別人物來說，諸葛亮、嵇康、王猛至隋末張亮，都曾被形容為「臥龍」[74]，唐代賈會稱疾不答辟署，鄉人亦號「一龍」[75]，可見「龍」在政治領域之外，也有其他表現。

　　龍的文化表現多樣，在中古人名中也是如此，首先當取其祥瑞或力量之義，故常以虎、駒搭配，其次則結合神、寶、金、瓌等字，以表貴氣之表徵，有時甚至暗示天命所歸，在此一人。以《魏書》所見，北魏太武帝有子名龍頭，當係小名[76]，宗室元飛

65　《隋書》，卷六九，〈王劭傳〉。
66　《後漢書》，卷八六，〈哀牢傳〉。
67　《史記》，卷六三，〈老子韓非列傳〉。
68　《後漢書》，卷六二，〈荀淑傳〉。
69　《晉書》，卷七〇，〈卜壼傳〉。
70　《晉書》，卷六〇，〈索靖傳〉。
71　《北齊書》，卷三一，〈王昕傳〉。
72　《南齊書》，卷三二，〈張岱傳〉。
73　《新唐書》，卷一三六，〈李光弼〉。
74　《三國志》，卷三五，〈諸葛亮傳〉；《晉書》，卷四九，〈嵇康傳〉；卷一一四，〈王猛〉；《舊唐書》，卷六九，〈張亮〉。
75　《新唐書》，卷一九二，〈賈循〉。
76　《魏書》，卷一八，〈太武五王傳〉。

龍[77]、咸陽王元禧侍從尹龍虎[78]，另有趙郡人李靈（字虎符）[79]、
濮陽太守姜龍駒等多例[80]，江淮間有蠻首成龍強[81]、蠻王文虎龍[82]，
冀州人宋伏龍、汾州人劉龍駒、雍州人張映龍，皆曾聚眾起事[83]。
這些人多出身基層，與華夏傳統的關係很淺，但都被龍所吸引，
劉宋時有流人許穆之投奔仇池氏人政權，易名司馬飛龍，自稱晉
室近戚，也以龍字為貴冑之暗示[84]。此俗廣傳北朝，北齊有汾州
胡曹貳龍[85]，呂黃龍從大儒徐遵明游，得傳其業[86]，北周盧思道之
兄昌衡，小字龍子[87]，河間人劉龍拜為將作大匠[88]。至於龍字是否
有男女之別？史籍僅見女名一例，是北魏太武帝時皇太子拓跋晃
的宮人張氏，字黃龍[89]，石刻有輿龍姬[90]、杜龍姬[91]，數量不多，
透露男女使用此字的情形不一，至少在女名中出現的頻率遠不能
與男性相比。

　　永嘉以後南渡的菁英家族喜用龍字，也不在話下：東晉初有
任旭（字次龍）[92]，盧循小名元龍[93]，另有斁人相龍、中監許龍[94]；

77 《魏書》，卷一六，〈道武七王傳〉。
78 《魏書》，卷二一上，〈獻文六王傳上〉。
79 《魏書》，卷四九，〈李靈傳〉。
80 《魏書》，卷五，〈高宗紀〉。
81 《魏書》，卷一〇一，〈蠻〉。
82 《魏書》，卷五，〈高宗紀〉；卷一〇一，〈蠻〉作文武龍。
83 《魏書》，卷七上，〈高祖紀上〉；卷八，〈世宗紀〉；卷五八，〈楊播傳〉。
84 《魏書》，卷一〇一，〈氐〉；《宋書》，卷五四，〈劉粹傳〉。
85 《北齊書》，卷二，〈神武紀下〉。
86 《北齊書》，卷四四，〈儒林傳〉。
87 《周書》，卷五七，〈盧思道傳〉。
88 《周書》，卷六八，〈劉龍傳〉。
89 《魏書》，卷四〇，〈陸俟傳〉。
90 〈輿龍姬墓誌〉，孝昌三年（527），《南北朝彙編》，頁263。
91 〈陳神姜等造像記〉，大統十三年（547），《百品》，頁129-130。
92 《晉書》，卷九四，〈任旭傳〉。
93 《晉書》，卷一〇〇，〈盧循傳〉。
94 《晉書》，卷八，〈廢帝海西公紀〉。

劉宋時中郎外兵參軍裴駰（字龍駒）[95]，至於周盤龍等都是武將[96]；
齊武帝蕭賾出生之夜，陳孝后、劉昭后同夢有龍盤踞屋梁，故以
「龍兒」為其小字[97]。梁時有中書黃門郎陸雲公（字子龍）[98]，范
雲（字彥龍）、夏侯亶（字世龍）、夔（字季龍）兄弟[99]。可惜南
朝石刻有限，否則必能發掘更多龍的姿態，前引梁代〈蕭秀碑〉
有露文龍、朱玟龍、吳龍起、劉法龍、劉飛龍、悄國龍、梁門龍、
張龍真、夏龍□、黃龍□、馬伯龍[100]。桓玄曾將居所悉畫盤龍，
號為盤龍齋，劉毅以盤龍為小字，遂居於此[101]。

　　隋唐之世以龍為名的情形似乎稍有變化，前文提到龍與天命
的結合，史例不少，比如高洋「黑色，大頰兌下，鱗身重踝」，似
乎暗示他有「龍相」，鳳陽門上有龍出現，也只有父親高歡和他看
得到[102]，不過在中古時期，當以隋文帝楊堅之事最富戲劇性，他
出生於佛寺，有女尼前來，說此子非常，不可與俗共處，乃親自
撫養，某一次生母抱他，楊堅忽然頭上角出，遍體張鱗，其母不
覺失手墜地，尼師乃嘆說：「已驚我兒，致令晚得天下」，透露他
是天生龍種，此語後來也被用於其孫[103]，後來杜甫〈哀王孫〉寫
到「龍種自與常人殊」，可知隋唐有以皇室為龍種的想法。類似的
記載也見於李世民誕生之際：

95　《史記》，〈史記集解序〉，司馬貞《索隱》。
96　《南齊書》，卷二九，〈周盤龍傳〉。
97　《南齊書》，卷三，〈武帝紀〉。
98　《新唐書》，卷七三下，〈陸氏・太尉枝〉。
99　《梁書》，卷一三，〈范雲傳〉；卷二八，〈夏侯亶傳〉。
100　〈蕭秀碑〉，天監十七年（518），《魯迅》第 1 函第 4 冊，頁 601、607、
　　　616、617、623、624、625、627。
101　《晉書》，卷八五，〈劉毅傳〉。
102　《北史》，卷七，〈齊本紀中〉。
103　《隋書》，卷一，〈高祖紀上〉；卷四五，〈房陵王勇傳〉。

> 時有二龍戲於館門之外，三日而去。高祖之臨岐州，太宗
> 時年四歲。有書生自言善相，謁高祖曰：「公貴人也，且有
> 貴子」。見太宗，曰：「龍鳳之姿，天日之表，年將二十，
> 必能濟世安民矣」。高祖懼其言泄，將殺之，忽失所在，因
> 採「濟世安民」之義以為名焉。[104]

這段記載可能是後來追加的，用以強化李唐，特別是李世民稱帝
的正當性，雖不見「龍種」之說，但對照楊堅之例，兩人的童年
都與龍有關，更可看出龍與皇權的關係，深植當時人心。隋唐之
世，也確實頗有以龍為名者，離石胡人劉龍兒擁兵數萬，自號劉
王，並有晉陽鄉長劉世龍、扶風人康景龍、定州人馬龍駒、林邑
國主名范鎮龍、牂牁蠻首謝龍羽[105]、濟源令盧慈龍[106]，武周時處
士秦如有二子名為龍慶、龍基[107]，其後有幽州經略軍使馬季龍，
安史亂起時，史思明有勇將劉龍仙，中唐南詔有坦綽酋龍、趙龍
些、李逿龍[108]，可推知其背景都和華夏傳統較遠。相較於此，清
河崔龍藏、智藏兄弟之名帶有佛教的色彩，路招隱（字希龍）名、
字略有方外氣息，至於裴沼（字化龍）直接襲用原有的傳說，欽
州刺史瀧州人陳龍樹，為嶺表酋長，盛唐時有劉龍樹[109]，晚唐昭
宗時有孫偓（字龍光）為相[110]。綜觀隋唐時人，雖然也以龍為名，

104　《舊唐書》，卷二，〈太宗上〉。
105　《舊唐書》，卷五六，〈梁師都〉，又《新唐書》，卷三，〈高宗紀〉載有
　　　常州人劉龍子謀反，可見龍兒、龍子實為基層常見之名；卷五七，〈劉
　　　世龍傳〉；卷一〇，〈肅宗紀〉；卷七八，〈張行成〉；鎮龍、龍羽皆見卷
　　　一九七，〈西南蠻〉。
106　《新唐書》，卷七三上，〈盧氏〉
107　〈唐秦如墓誌〉，證聖元年（695），《西市墓誌》，頁286-287。
108　《舊唐書》，卷一三四，〈馬燧〉；卷一〇九，〈白孝德〉；《新唐書》，卷
　　　二二二中，〈南詔下〉。
109　《新唐書》，卷七二下，〈崔氏・清河大房〉；卷七五下，〈路氏〉；卷七
　　　一上，〈裴氏・東眷裴〉；《舊唐書》，卷一八八，〈陳集原〉。劉龍樹見〈唐
　　　故河南府劉府君墓誌銘〉，開元十七年（729），同前，開元二九九。
110　《新唐書》，卷一八三，〈孫偓〉。

但就正史所見，數量遠無法與北朝相比，就比例來說，龍字在唐代人名中是明顯減少的，至少在《新唐書・宰相世系表》中，以「龍」為名、字的士族菁英竟然不到十例，在墓誌中也不常見[111]，個人推擬這並非唐人不再好龍，可能是起於隋代之後，龍與皇權緊密結合所致，從《隋書》、《唐書》諸志所見，隋唐皇家禮制大量運用龍的形象，龍與權力的連結都比南北朝時更強，雖然社會仍使用龍字，但或許因此而少用龍名，不像南北朝各種人都可以任意使用。當然這需要更有力的檢證，唯一比較有關的例子是前文引用的劉世龍，隋大業末補晉陽鄉長，資助李淵父子建唐，獲封葛國公，其子名鳳昌，有人以為父子名為龍鳳，非人臣之兆，李淵於是命世龍改名義節，不欲其以「龍」而僭越[112]。但這純屬個案，還是菁英間的共識，今已難知，至少在唐代並未明令以龍為諱，正式由官方禁止以龍為名，是北宋徽宗政和八年（1118）禁用君、王、聖、天、龍、王、主、玉八字為名，寺觀及士庶已用者須改易，橋梁有為龍形者亦皆鑿去，不欲「龍」的權威旁落世俗之手[113]。在古代所有的靈物當中，以龍與政治的關係最為密切，對照南北朝與唐代龍字人名的落差，以及龍受到國家禮制化的過程，或可看出皇權文化滲透人名的隱微痕跡。

此外，虯、虬、螭近似於龍，《荀子・賦篇》已連稱螭龍，《漢書・揚雄傳》顏師古《注》說虯是「龍之無角者」，《楚辭・涉江》：

---

111 中唐有倉部郎中樊驤，字彥龍，見〈唐樊驤墓誌〉，咸通十一年（870），《七朝》，頁374。據閭廷亮〈唐人姓名研究〉的統計顯示，唐代有「龍」字的人名僅四十例，與南北朝相去不可以道里計，見頁80。

112 《新唐書》，卷八八，〈裴寂〉。

113 清・徐松輯，劉琳等校點：《宋會要輯稿》（上海：上海古籍出版社，2014年），〈刑法二之六九〉；並見宋・龔明之：《中吳紀聞》（《知不足齋叢書》本），卷五，〈易承天為能仁寺〉；洪邁：《容齋隨筆・續筆》，卷四，〈禁天高之稱〉，頁269，記毛龍但名毛友。查《宋人傳記資料索引》，兩宋以龍為名字的地方士人仍甚多，當因此風極盛，故難禁絕。

「駕青虯兮駿白螭，吾與重華遊兮瑤之圃」。虯亦富祥瑞氣息，《淮南子・覽冥訓》:「赤螭、青虯之游冀州也，天清地定，毒獸不作，飛鳥不駭」。螭又作離，《史記・周本紀》:「如虎如羆，如豺如離」，班固〈兩都賦〉亦云「挾師豹，拖熊螭」[114]，璽印多作螭虎之紐[115]。虯、虬、螭都兼有靈物、猛獸之性質，但要到晉後才有明顯以此為名的紀錄，與龍的數量大不相稱，王導次子王恬小字螭虎[116]，劉宋時有司州刺史龐孟虯、記室參軍王螭[117]。北魏有輔國將軍張虯，中書博士張偉小名翠螭；崔僧淵善文學，通佛理，其子命名為伯驎、伯驥、伯鳳、祖龍、祖螭、祖虬，其家源出清河；李先之弟名為鳳子、虬子，皆中書博士[118]。虬、龍並見者，北魏有餚藏令王虬（字臺龍）[119]，北齊有馮虬（字金龍）[120]，高虬（字龍叉）後來又仕北周[121]。北魏正始年間另有一篇造像記，載有楊文虯、楊虯陵[122]。唐代亦不乏此名，茲不枚舉。

相較於龍字多用於男性，鳳字通於男女，直至近世猶然；再者，鳳字在漢代人名已經相當普遍，以居延漢簡所見為例，當地的地方小吏、士兵來自全國，很多都以鳳字為名，此字受到的喜愛可說不下於龍。鳳是鳥類在古代靈瑞中最重要的代表，起源也非常之早，《尚書・益稷》說舜時「簫韶九成，鳳皇來儀」，《韓詩外傳》載黃帝與天老問答，將五種鳳鳥顯示的徵兆，視為天下治

114 《全文・全後漢文》，卷二四。
115 《史記》，卷六，〈秦始皇本紀〉，《集解》引蔡邕說。
116 《世說新語箋疏》，卷二五，〈排調〉。
117 《宋書》，卷八，〈明帝紀〉；卷七二，〈建平宣簡王宏傳〉。
118 《魏書》，卷一九上，〈景穆十二王傳上〉；卷八四，〈張偉傳〉；卷二四，〈崔玄伯傳〉；卷三三，〈李先傳〉。
119 〈魏王虬墓誌〉，正光四年（523），《河洛墓刻》，頁 29。
120 〈馮虬墓誌〉，天統四年（568），《北朝藝術》，頁 166-167。
121 〈隋高虬誌〉，仁壽元年（601），《隋誌彙考》，第二冊，頁 363-367。
122 〈比丘法雅等千人造九級浮圖碑〉，正始元年（504），《百品》，頁18。

平之五階段，可看出漢人認為鳳也關乎政治秩序（卷八）。春秋時有少皥以鳥名官之談，亦推源於鳳（《左傳・昭公十七年》），更有名的當然是孔子所嘆「鳳鳥不至，河不出圖，吾已矣夫」、「鳳兮！鳳兮！何德之衰」，以動物來說，鳳在《論語》出現的次數次於馬、虎、羊，不算特出，感慨之深則居其冠。先秦已認為鳳、鸞皆龍所生，乃有眾鳥[123]，「仁鳥」之說見於西漢（《漢書・梅福傳》），西漢昭帝年號元鳳（80 B.C.），宣帝因鳳皇五至，改元五鳳（57 B.C.），王莽更改為「始建國天鳳」（14），宣帝後因黃龍出現，改元黃龍（1），若加上東漢初公孫述政權自立之年號龍興（12），兩漢以鳳為年號有三次，龍有兩次，其餘靈物皆無此待遇，可見漢人重鳳不下於龍。先秦文獻不見以鳳為名者，西漢中有陽平頃侯王禁之子名鳳，後拜大司馬大將軍，專擅朝政，並有盧鄉侯陳鳳、明禮少府宗伯鳳等，長安人陳鳳能預言[124]，東漢亦多鳳名，漢末有桓麟（字元鳳）[125]、楊鳳（字孔鸞）[126]。

在中古時期，鳳鳥的傳說仍然流傳不絕，三國孫吳時，陸雲幼年為人稱讚「若非龍駒，當是鳳雛」，西晉末廣漢人李弘聚眾為寇，年號鳳皇，西燕慕容沖小字鳳皇，符堅遂為他廣植桐竹，以符鳳鳥「非梧桐不栖，非竹實不食」之說[127]。南朝以鳳為名者甚

123 西漢・劉安纂，劉文典撰：《淮南鴻烈集解》（北京：中華書局，1989年），卷四，〈墜形訓〉：「飛龍生鳳皇，鳳皇生鸞鳥，鸞鳥生庶鳥」。
124 《漢書》，卷一八，〈外戚恩澤侯表〉；卷七八，〈金日磾傳〉；卷二七下之上，〈五行志下之上〉。
125 《後漢書》，卷三七，〈桓榮傳〉。
126 〈唐公房碑〉，東漢晚期，《魯迅》第 1 函第 2 冊，頁 343。
127 《晉書》，卷五四，〈陸雲傳〉；卷五八，〈周撫傳〉；卷一一四，〈符堅下〉。

多，謝靈運之子即名為鳳，其孫超宗有文才，也被譽為「鳳毛」[128]，齊明帝蕭鸞（字景栖）也沿用鸞鳳栖桐的古說[129]。劉宋有倉曹參軍崔靈鳳，是新出現的用字組合。北朝「鳳名」也非常多，北魏時蠕蠕人閭大肥之弟依序名為大浿倍頤、驎、鳳，後兩者顯然是因「漢化」而取；崔僧淵之子名為伯驎、伯驥、伯鳳、祖龍、祖螭、祖虬；李先之弟名為鳳子、虬子；薛驎駒之弟名為鳳子、驥奴[130]。西魏宗氏軍事家族有名為榮鳳、鳳起、璘鳳、鳳龍[131]。有時則結合鸞鳳為名，北齊有崔景鳳（字鸞叔）、韓鳳（字長鸞）[132]，隋時有僧名為僧鸞、僧鳳[133]。

鳳、鸞二字在唐代也廣為沿用，初唐張鷟（字文成），聰警絕倫，書無不覽，童年時曾夢見紫色大鳥，五彩成文，降於家庭，其祖父說「五色赤文，鳳也；紫文，鵷鸑也，為鳳之佐，吾兒當以文章瑞於明廷」，因以為名字，正說明了鳳鳥在唐人心中的美好形象[134]。循州海豐縣令万俟鳳節（字獻師）當出自《左傳·昭公十七年》郯子論少皞因鳳鳥而為鳥師之事[135]。北魏時有李氏四兄弟，以鳳起、鳳昇、鳳降、鳳跱為字[136]，唐初張九齡（678-740）家族也有名為鳳立、鳳規、鳳翔、鳳匡、鳳鶊、鳳珽、鳳筠者[137]，

128　《宋書》，卷六七，〈謝靈運傳〉；《南齊書》，卷三六，〈謝超宗傳〉。鳳毛又見《世說新語箋疏》，卷一四，〈容止〉，余嘉錫謂此為南朝人通稱人子才似其父，其說甚諦。
129　《南齊書》，卷六，〈明帝紀〉。
130　《魏書》，卷三〇，〈閭大肥傳〉；卷二四，〈崔玄伯傳〉；卷三三，〈李先傳〉；卷四二，〈薛辯傳〉。
131　〈白實等造中興寺石像記〉，大統三年（537），《百品》，頁92。
132　《北齊書》，卷二三，〈崔㥄傳〉；卷五〇，〈韓鳳傳〉。
133　〈隋京師大興善道場釋僧粲傳〉，《續高僧傳》，卷九。
134　《舊唐書》，卷一四九，〈張薦〉。
135　〈唐万俟鳳節墓誌〉，儀鳳四年（679），《西市墓誌》，頁 220-221。
136　《魏書》，卷四九，〈李靈傳〉。
137　《新唐書》，卷七二下，〈張氏·始興張氏〉。

武周時桓師魯有子，依序名為鳳兒、鸞兒、麟子、豹子[138]。女性例子較少，西魏有黃鳳皇[139]，唐代有申鳳羅[140]、弓鳳兒[141]。漢晉以來，鳳都以正面之形象出現，唯一的例外是西晉時呂安以「凡鳥」諷人[142]，在唐時仍是顯貴的表徵，武則天在襁褓中，相士袁天綱即謂之「龍睛鳳頸，貴人之極」，更早的高道王遠知之母嘗夢靈鳳群集其身，遂而有妊，都顯示鳳神秘非凡的性格[143]。如果對照《新唐書‧宰相世系表》，「鳳」字出現遠多於「龍」，唐人不可能獨好前者，透露「龍」字的短缺當如前說，必有其因。

　　麒麟不同於龍，但也是為人所喜的祥瑞之獸，《詩經‧麟之趾》以此祝人子孫繁茂，《宋書‧符瑞志》稱為「仁獸」；孔子晚年見麟，有所喟嘆，《春秋》乃以此為絕筆之年，並稱「麟經」。漢人廣用此象於名號，西漢宣帝甘露三年（51 B.C.）畫功臣像於麒麟閣，東漢有桓麟（字元鳳）、陳翔（字子麟）[144]，漢晉以來，麒麟的瑞獸形象並無改易，顧和幼年為族人推為「吾家麒麟」，梁時徐陵（507-583）也為高僧寶誌許為「天上石麒麟」，石麟當指神道常見之石刻，能壯其觀，梁武帝祖墓前石麟亡失，識者以為國祚將終，即是證明[145]。武周萬歲通天年間（696-697），箕州刺史劉思禮善相，云洛州錄事參軍綦連耀有「兩角騏驎兒」之符命，後來釀來大案，朝士親故連累者千餘人[146]。在北朝，麒麟還有百

138　〈大周故漢州金堂縣主簿上騎都尉桓府君墓誌〉，萬歲通天年間（696-697），《唐誌續編》，萬歲通天○○九。
139　〈杜照賢十三人等造像記〉，大統十三年（547），《百品》，頁125。
140　〈杜雙等造象〉，長安二年（702），《魯迅》第2函第6冊，頁1204。
141　〈唐弓鳳兒墓誌〉，開元十八年（730），《西市墓誌》，頁458-459。
142　《世說新語箋疏》，卷二四，〈簡傲〉。
143　《舊唐書》，卷一九一，〈袁天綱〉；卷一九二，〈王遠知〉。
144　《漢書》，卷三七，〈桓榮傳〉；卷六七，〈陳翔傳〉。
145　《晉書》，卷八三，〈顧和傳〉；《陳書》，卷二六，〈徐陵傳〉。
146　《舊唐書》，卷一八六上，〈吉頊〉。

獸之王的意味，東晉太元十四年（389）有麟見於金澤縣，百獸從之，氐人呂光乃即三河王位，改元麟嘉[147]。鮮卑人段匹磾有將衛麟、後燕有趙王慕容麟[148]，南北朝隋唐皆喜用之，只是目前尚未發現女性的例子。龍、麟、馬特徵有相似之處，麟也常寫作「驎」，此字人名不見於《史》、《漢》，兩漢之際有南陽太守劉驎，桓驎有集二卷[149]，西晉有幽州人段叔驎、南陽高士劉驎之（字子驥），齊梁時有弘農人劉僧驎、吳興人沈驎士（字雲禎）[150]，北朝使用此字者亦頗多。此形象最直接的表述，當屬北魏安西平西二府長史皇甫驎（字真駒）[151]，以及北齊燕州人孫驥（字清駒）[152]。隋代有劉金驎，大業時彭城人魏騏驎聚眾萬餘為盜[153]。此外，北魏孝文帝時有鄭家七兄弟，號為「七房鄭氏」，其最長、最幼者名為白麟（鄭羲之字）、幼麟，中有歸藏、洞林、連山之名，透露麒麟、龍馬與河圖的術數淵源，仍活躍於當時人心之中[154]。

　　和以上三者相較，龜是唯一可在生活中豢養、買賣的常見生物，在古代運用很早，其甲殼可供占卜，《周易‧頤》：「舍爾靈龜，觀我朵頤」，《尚書‧金縢》也說「命于元龜」，商代殷墟出土大量龜版，上有卜辭，足為明證，《周禮‧春官宗伯》云古有龜人之職，也與此有關。不過龜雖常見，自古也被視為具有靈力的生物，孔安國《尚書‧洪範傳》說禹時有神龜負洛書而出，更與龍馬並列[155]。

147　《晉書》，卷一二二，〈呂光〉。
148　《晉書》，卷一○五，〈石勒下〉；卷一二四，〈慕容寶〉。
149　《後漢書》，卷二二，〈堅鐔傳〉；《舊唐書》，卷四七，〈經籍下〉。
150　《南齊書》，卷二四，〈柳世隆傳〉；卷五四，〈沈驎士傳〉。
151　〈皇甫驎墓誌〉，延昌四年（515），《南北朝彙編》，頁 112-114。
152　〈孫驥墓誌〉，武平六年（575），《墨香閣》，頁 184-185。
153　《隋書》，卷四五，〈房陵王勇傳〉；卷四，〈煬帝紀下〉。
154　《新唐書》，卷七五上，〈鄭氏〉。《魏書》，卷五六，〈鄭羲傳〉僅載鄭羲五兄，名白驎、小白、洞林、叔夜、連山。《洞林》係郭璞所集筮驗之書，見《晉書》，卷七二，〈郭璞傳〉。
155　揚雄：〈覈靈賦〉：「河出龍馬，雒貢龜書」，《全文‧全漢文》，卷五二。

其主因當來自龜的壽命甚長，因此具有靈力，《莊子‧秋水》說楚國有靈龜三千歲，雖為寓言，可見古人對此生物特性的認識。《禮記‧禮器》提到古代諸侯以龜為寶，以此入名，亦屬合宜，春秋時宋共公之弟名圍龜（字子靈），楚大夫有鬭韋龜，鄭國有占者史龜[156]。在西漢有「天用莫如龍，地用莫如馬，人用莫如龜」之說，並依此鑄幣，江淮人家亦常養龜，以為能導引致氣，有益養老，印璽亦作龜紐[157]。西漢史籍不見以龜為名，東漢末有上黨人陳龜（字叔珍），家世邊將，雄於北州[158]。〈唐公房碑〉有處士祝龜（字元靈），明顯取自龜有靈性的用法，《華陽國志》說他是南陽人，徵辟不出，乃博學奇士[159]。此名在兩晉的紀錄也不多，南朝龜的祥瑞紀錄屢屢見之，道教徒亦取用之[160]，但無人以龜為名。北朝也很重視龜，北魏孝文帝遷都洛陽之際，有宗室大臣以龜占算，明帝更以神龜為年號，理由是龜為水畜，符於魏德[161]，北亞胡族的傳統生活形態與龜無關，顯然是接受了華夏古典的影響。以龜為名者，北涼有著作佐郎段龜龍[162]，北魏有太樂令張乾龜、羽林監王元龜[163]，以及武將叱列伏龜（字摩頭陁），其先代人，魏初入附。石刻所見之「龜」名更是豐富，總之貴庶僧俗皆可用之，至

156　《左傳》，〈成公五年〉、〈昭公四年〉、〈哀公九年〉。

157　《史記》，卷三〇，〈平準書〉；卷一二八，〈龜策列傳〉；東漢‧衛宏撰，清‧孫星衍輯：《漢官六種‧漢舊儀補遺》（北京：中華書局，1990年），卷上。

158　《後漢書》，卷五一，〈陳龜傳〉。

159　〈唐公房碑〉，東漢晚期，《魯迅》第1函第2冊，頁342；《華陽國志校補圖注》，卷十下，〈漢中士女〉，頁601。

160　《陳書》，卷七，〈高祖章皇后傳〉。宋齊時柳世隆著有《龜經祕要》二卷，見《南齊書》，卷二四，〈柳世隆傳〉。

161　神龜改元事，見《魏書》，卷九，〈明帝紀〉；卷一〇七上，〈律曆志三上〉。

162　《周書》，卷二〇，〈叱列伏龜傳〉；《隋書》，卷三三，〈經籍志二〉。

163　《魏書》，卷一八，〈太武五王傳〉；卷六九，〈袁翻傳〉。

於其心態，可以北魏李龜（字神龜）[164]、張問（字靈龜）[165]、北周馬龜（字靈玄）為代表[166]，與前引祝龜（字元靈）相同，均重龜之玄奇、長壽；雖然與龍鳳相比，普及程度還是不如，可能是因龜族雖壽，然溫吞無力，劉宋時劉義隆欲犯河南，太武帝拓跋燾即笑之為「龜鼈小豎」[167]。

　　唐人以龜入名，當是延續北朝而來，唐初楚王李靈龜出身宗室，玄宗時崔液工五言詩，其兄崔湜感嘆說「我家之龜也」[168]，賀知章（659-744）譽殷踐猷為「五總龜」，因龜千年五聚，問無不知[169]，安史亂起時有李玄龜留滯長安[170]，同時有博陵、常山二太守王俌（字靈龜）[171]，趙郡李氏有三兄弟，名為詢古、延嗣、龜謀[172]，仍著眼於龜的遠古、長壽之象。另有宮廷樂人李龜年，其弟名為彭年、鶴年[173]，王龜以大年為字，張志和始名龜齡，其兄則名鶴齡，均取長生之義[174]。另有禮學名家崔龜從（字玄告）；宇文籍（字夏龜）與韓愈同修《順宗實錄》；陸龜蒙通經能詩，行事也深有逸氣[175]。隋唐菁英以龜為名，除了長壽，也取其美善或玄秘之特質，張祎之子名為文蔚、彝憲、濟美、仁龜[176]；盧朋龜（字子益）取自《周易·損》「十朋之龜」[177]。白行簡子名為龜兒，

---

164 《新唐書》，卷七二上，〈趙郡李氏〉。
165 〈魏張問墓誌并蓋〉，孝昌元年（525），《河洛墓刻》，頁 31-32。
166 〈馬龜基誌〉，大象二年（580），《南北朝彙編》，頁 614-615。
167 《周書》，卷一〇三，〈蠕蠕傳〉。
168 《舊唐書》，卷一四，〈高祖二十二子〉；卷七四，〈崔仁師〉。
169 《新唐書》，卷一九九，〈殷踐猷〉。
170 〈唐李秀炎墓誌〉，元和七年（812），《西安新誌》，頁 638-639。
171 《新唐書》，卷一一六，〈王綝〉。
172 《新唐書》，卷七二上，〈趙郡李氏·東祖〉。
173 唐·鄭處誨：《明皇雜錄》（北京：中華書局，1997 年），卷下，頁 27。
174 《舊唐書》，卷一六四，〈王播〉；《新唐書》，卷一九六，〈隱逸〉。
175 《舊唐書》，卷一七六，〈崔龜從傳〉；卷一六〇，〈宇文籍〉；《新唐書》，卷一九六，〈隱逸〉。
176 五代·孫光憲：《北夢瑣言》，卷一二。
177 《新唐書》，卷七二上，〈隴西李氏·姑臧房〉；卷七三上，〈盧氏〉。

可知也用於小名[178]。在中古時期，以龜為諱的聯想即使有之，大概較為隱微，兩宋時猶有人名令龜、朋龜、崇龜[179]，宋代以後，龜的形象漸趨卑穢、怯懦，不復入名，以「龜縮」一語來說，原為道教修練之法，南宋所編《上清靈寶大法》尚稱「龜縮頭含息，精炁下行」，中古佛徒亦以形容收攝六情[180]，但到明代《西遊記》中，豬八戒自稱「學烏龜法」，「得縮頭時且縮頭」，後來又以龜公為淫媒，清代更以此字為諱，境遇每況愈下，迴非中古崇龜之人能想見[181]。

二、以猛獸為名

靈物入名的情形至此已討論完畢，可以看出中古時人普遍以之為名，多取其祥瑞，或其長生，乃至作為權力天授之暗示，再者，除了男女使用有別，幾乎看不出地域或族群、階層的不同，可說是共通的選項。不過中古時期還有一類動物人名，特色也非常鮮明，數量不下於四靈，就是猛獸之名，上文已經提到虎、豹，此外尚有熊、羆，以及外來的獅子。讀者可能還會想到上文提到

---

178 《舊唐書》，卷一六六，〈白居易〉；卷一六〇，〈劉禹錫〉。
179 《宋人傳記資料索引》，頁 3383、4193、1241。
180 南宋・金允中編撰：《上清靈寶大法》，卷八，〈採鍊祖炁品〉；梁・寶唱等集：《經律異相》，卷一八。
181 明・吳承恩：《西遊記》（臺北：桂冠圖書有限公司，1983 年），第二十一回。趙翼言清代「俗以縱妻淫行者為龜」，並可溯於元時，見《陔餘叢考》，卷三八，〈諱龜〉，頁 796-797；同卷，〈雜種、畜生、王八〉，頁 797-798；並見王士禎：《池北偶談》，卷二二，〈名龜〉，頁 529-529；徐珂編撰：《清稗類鈔》，〈都人忌言龜兔〉，頁 4681。然日本、朝鮮並無此諱，見姚元之：《竹葉亭雜記》（北京：中華書局，1982 年），卷八，頁 175。

的北魏太武帝拓跋燾，南朝史籍說他字「佛狸」[182]，其實北族本無取字之俗，此字與名無關，甚至其義也與用字無關，非佛也非狸貓，而是其鮮卑名佛狸伐（böri bäg）音譯之省稱，據學者指出，此名取自突厥語系的「狼」，源出北亞草原民族之舊慣，漢文史籍不見有鮮卑先世出於狼種之說，但此名顯然有對狼的崇拜[183]。雖是音譯，同樣可以歸於北方普遍以猛獸為名的風俗，只是表現方式有別，不過發掘其他類似的胡名本義，並非本節所欲為，重點是這類人名背後共通的心態。上述猛獸的共性是凶狠有力，都是肉食性動物，生長於荒野山林，罕見馴化，長期帶給人類現實中或想像中的威脅。《尚書‧益稷》「擊石拊石，百獸率舞」，跡近神話，《詩經‧車攻》：「建旐設旄，搏獸于敖」，更接近人獸搏鬥的實況，《周禮‧服不氏》：「掌養猛獸而教授之」，鄭《注》：「猛獸，虎豹熊羆之屬。擾，馴也，教習使之馴服，王者之教無不服」，即便確有此事，馴養規模也不會大，是以孔子感嘆「虎兕出於柙，是誰之過與」（《論語‧季氏》）。禽獸出沒的山野在古人眼中，始終充滿危險，東漢中法雄任南郡太守，地處雲夢藪澤，每以猛獸為患，他乃下令：「凡虎狼之在山林，猶人之居城市……不得妄捕山林」，有點像是現代生態保護區的概念，其實是消極劃出人獸領域，提醒民眾自負安全之責[184]，然而自古以來，就有以猛獸入名的作法，中古時期更是如此，其心態誠有可說之處。

在討論古代以個別猛獸入名的情形之前，想先說明「猛」字入名的傳統，藉此擬測古人對「猛」的態度。周代已有悼王姬猛、

182　《宋書》，卷九五，〈索虜傳〉；《南齊書》，卷五七，〈魏虜傳〉。《魏書》，卷三，〈太宗紀〉作佛釐。參考羅新：〈北魏太武帝的鮮卑本名〉，《中古北族名號研究》，頁166-174。

183　《周書》，卷五〇，〈突厥傳〉謂突厥先世為狼種，當為北亞常見之傳說。又《魏書》，卷一一三，〈官氏志〉：「叱奴氏，後改為狼氏」。

184　《後漢書》，卷三八，〈法雄傳〉。

魯人冉猛[185]，此外罕見。兩漢數量漸多，如元帝時有光祿大夫張
猛等[186]，最特別的是桓帝皇后鄧猛女[187]，《東觀漢記》則載其單名
為猛，並無女字[188]。西晉亦有博士許猛等例[189]，這些名字都不見
與動物相連結。唯一的例外是曹魏時許猛以「子豹」為字[190]，西
晉之後，北胡以猛為名者漸多，晉初有匈奴部帥劉猛[191]，後有苻
堅部將潘猛[192]，最有名者是前秦丞相王猛（325-375，字景略），
原為北海劇人，後移家魏郡[193]，以猛、略作為名、字，在史書所
見是第一人，此後「猛略」成為固定命名選項。

　　北魏孝文帝時有洛陽令元志（字猛略）[194]，孝明帝時尚書高
猛（字景略），史書並說他小字「豹兒」[195]，平原人田猛略與徐遵
明為學友[196]，西魏時達奚震（字猛畧），極善騎射，與其父達奚武
齊名[197]。另有上洛人都督泉岳及弟猛畧起事，乃是賨人[198]。上甲
黃土人扶猛（字宗畧），其種落號白獸蠻，也應該是賨人[199]。民間
「猛略」已成常見之名，唐初有重州司倉參軍事王猛略，推其生

185 《左傳》，〈昭公二十二年〉、〈定公八年〉。
186 《漢書》，卷六一，〈張騫傳〉。
187 《後漢書》，卷十下，〈桓帝鄧皇后〉。
188 東漢・劉珍等撰，吳樹平校注：《東觀漢記校注》（鄭州：中州古籍出
　　版社，1987 年），卷六，〈桓帝鄧皇后〉，頁 218。《後漢書》，卷十下，〈梁
　　統傳〉亦無猛字。
189 《晉書》，卷二〇，〈禮中〉。
190 《三國志》，卷九，〈夏侯尚傳〉。
191 《晉書》，卷五七，〈胡奮傳〉。
192 《晉書》，卷八四，〈楊佺期傳〉。
193 《晉書》，卷一一四，〈王猛傳〉。
194 《魏書》，卷一四，〈神元平文諸帝子孫傳〉。
195 〈高猛墓志〉，正光四年（523），《新出疏證》，頁 97-99。《魏書》，卷
　　八三下，〈高肇傳〉。
196 《魏書》，卷八四，〈儒林傳〉。
197 《周書》，卷一九，〈達奚武傳〉。
198 《周書》，卷四四，〈泉企傳〉。見陳連慶：《中國古代少數民族姓氏研
　　究》，頁 336。
199 《周書》，卷三六，〈扶猛傳〉。

年在北朝末期[200]。以猛為單名者亦極多,北魏時上洛邑陽人陽猛,世為豪族,其子名雄,字元雺[201],燕州刺史寇猛(字吐陳),誌文說他是燕州上谷人,原為鮮卑若口引氏,其字當為胡名[202]。追求武猛的心態可說廣被北方,而且胡人似乎特別喜歡此字。

　在南朝方面,東晉末有王猛子,是低階武官[203],劉宋有龍驤將軍羅猛,可能是巴人[204],宋齊間有鎮蠻護軍紀僧猛[205],梁時有將軍樊猛(字智武),陳時有東衡州刺史王猛(字世雄),原名勇,五歲時其父即被害,慷慨常慕功名[206],並有巴山王陳叔雄(字子猛)[207],陳霸先曾祖亦單名為猛[208]。至於平民在史籍中只記錄兩個例子,周文育原姓項,名猛奴,少孤貧,後來才被收養改名,從小體力驚人,長而善戰[209];甯猛力則盤據南海,史書說其勢力「倔強山洞」,當係俚人[210]。東晉南朝正史所見以「猛」為名者,多是武將或基層民眾,乃至少數民族,推測南朝菁英階層應該不太考慮以此字為名。隋初有宗室楊猛(字武籀)[211],另有常山六州倉曹參軍獨孤猛[212]。唐初有梁猛彪,善於鷹犬騎射[213],張繼伯

200　〈唐故將仕郎王君墓誌〉,龍朔二年(662),《唐誌彙編》,龍朔○三一。
201　《周書》,卷三四,〈楊摽傳〉。
202　〈寇猛墓誌〉,正始三年(506),《南北朝彙編》,頁73。
203　《宋書》,卷四七,〈劉敬宣傳〉。
204　《宋書》,卷四五,〈劉粹傳〉。
205　《南齊書》,卷五六,〈紀僧真傳〉。並見〈齊永明五年(487)秦僧猛買地券〉,魯西奇:《中國古代買地券研究》,頁127。出土地為桂林東郊,齊永明時為湘州始安郡,墓主為平民,足證此名之普及。
206　《南史》,卷二四,〈王准之傳〉。
207　《陳書》,卷二八,〈高宗二十九王傳〉。
208　《陳書》,卷一,〈高祖上〉。
209　《陳書》,卷八,〈周文育傳〉。
210　《隋書》,卷五六,〈令狐熙傳〉;卷六八,〈何稠傳〉。
211　《隋書》,卷四四,〈滕穆王瓚傳〉。
212　〈龍藏寺碑〉,開皇六年(586),《魯迅》第1函第7冊,頁1190。
213　《舊唐書》,卷七六,〈太宗諸子〉。

之子名為猛世、猛祖、猛忿、山海[214]。上述絕大多數人都是平民。
要附帶一提的是也有不少僧人以猛為名，劉宋時幽州人釋曇無竭，
俗姓李，矢志西行求法，其漢名法勇，並有僧猛同行[215]，稍早有
釋智猛，遊學西域三十餘年[216]，並有西涼僧釋道猛，南下駐錫建
康[217]，北魏也有沙門惠猛殘誌，說是燉煌人[218]。東魏造像記有法
師道猛[219]。甚至比丘尼也用此字，南齊有僧猛為護生，干受鷹犬
啄囓[220]，曇勇更燒身供養[221]，不過他們以猛為名，是取於精進行
道之義，有世俗嚮慕之勇悍有很大的差別。

　　分析上述南北朝以猛字為名的階層與身份分佈，可以看出在
北方各界皆喜此字，南方大半出自武人或少數民族，在漢化、儒
化較深的群體中，是不太欣賞此字的，殆因其與「儒雅」相背，
南朝上層唯一以猛命名的是陳霸先的曾祖父[222]，但陳家背景和齊
梁宗室很不一樣，可能也影響了「猛」字的選擇，不過這種差別
在北朝並不明顯。北方社會普遍重視勇猛有力的表現，連帶強化
了猛獸為名的習慣，以此為名，期待能如猛獸展現過人的力量。
在各種猛獸之中，與人類最為密切的是虎，以下就要從「虎」字
著手，探討中古時期「虎」名的表現。

---

214 〈禪師靜內等造鎮國象記〉，開皇元年（581），《魯迅》第 2 函第 5 冊，
　　頁 1021。
215 〈宋黃龍釋曇無竭〉，《高僧傳》，卷三。以此為名者尚見〈齊京師謝寺
　　釋慧次〉，同前，卷八；〈隋京師淨影寺釋慧遠傳〉、〈隋京師雲花寺釋僧
　　猛傳〉，《續高僧傳》，卷八、二三。
216 〈宋京兆釋智猛〉，《高僧傳》，卷三。北朝有同名比丘，見〈曇禪師等
　　造阿彌陀象記〉，武平三年（572），《魯迅》第 2 函第 3 冊，頁 848。
217 〈宋京師興皇寺釋道猛〉，《高僧傳》，卷七。
218 〈惠猛墓誌〉，北魏年間，《南北朝彙編》，頁 639。
219 〈報德玉像七佛頌碑〉，武定三年（545），《百品》，頁121。同名見〈道
　　俗卅七人造經像記〉，大統十七年（551），同前，頁141。
220 〈鹽官齊明寺僧猛尼傳四〉，《比丘尼傳》，卷三。
221 〈法音寺曇勇尼傳十四〉，《比丘尼傳》，卷三。
222 《南史》，卷九，〈陳本紀上〉。

　　虎性自古就被視為兇猛，《周易‧頤》：「虎視眈眈，其欲逐逐」，在商代甲骨文中，商王動輒捕獲鹿、狼上百隻、犀牛十頭以上，獵得老虎的紀錄寥寥可數，是古代狩獵風險最高的動物[223]，《儀禮‧鄉射禮》說「大夫布侯，畫以虎豹」，很可能有原始巫術的思維在內，射之以壓虎患。歷來也常以此形容人之可畏，東漢末酷吏董宣搏擊豪彊，號為「臥虎」，北魏谷楷眇一目，性甚酷暴，時稱「瞎虎」，梁朝時臧厥為政嚴酷，小事必加杖罰，也被喚作「臧虎」，虎猛暴的特性始終深入人心[224]。不過虎雖為猛獸，但在概念上有時與靈物相當接近，尤其是古來龍虎並稱，《禮記‧曲禮上》有「前朱鳥而後玄武，左青龍而右白虎」之說，為四方星宿之名[225]。龍在靈物之中居先，虎則是現實中猛獸之首，《說文》：「虎，山獸之君」，茲舉魏晉時龍、虎並稱之一例：

　　　　荀愷，字茂伯，小而智，外祖晉宣王甚器之，字為「虎子」，弟悝為「龍子」。每謂曰：「俟汝長大，當共天下」。[226]

此外祖即司馬懿（179-251），荀愷居長，乃得「虎」號，原因已不得詳，但在司馬懿等時人心中，龍虎之力確得以「共天下」。這種想法為世俗所共有，後來北朝民眾以龍、虎入名者最多，也就不以為奇。但以龍為名，誠有取其靈瑞，葉公好龍而死，只是諷諭之談（《莊子》佚文），現實中虎患甚烈，常人避之唯恐不及，以虎為名，乃是取其威勢，而非恐懼的集合。

223　許師進雄：《中國古代社會：文字與人類學的透視》（臺北：臺灣商務印書館，1995 年），頁 51；南方熊楠著，欒殿武譯：《縱談十二生肖》（北京：中華書局，2006 年）。
224　《後漢書》，卷七七，〈董宣傳〉；《魏書》，卷八九，〈谷楷傳〉；《梁書》，卷四二，〈臧厥傳〉。
225　《後漢書》，卷二八下，〈馮衍傳下〉，李賢《注》。
226　〈荀氏家傳〉，收入清‧湯球撰：《九家舊晉書輯本》（北京：中華書局，1985 年），頁 538。

　　回溯以虎為名的歷史，《史記・五帝本紀》載黃帝與炎帝作戰時，曾「教熊羆貔貅貙虎」，《正義》云：「言教士卒習戰，以猛獸之名名之，用威敵也」，但這些可能是像周代將軍隊命名為「虎賁」，只是稱號，不是真正的人名（《尚書・牧誓》），《詩經・泮水》：「矯矯虎臣，在泮獻馘」，也是以虎形容其驍勇。《尚書・舜典》言「益拜稽首，讓于朱、虎、熊、羆」，就比較接近人名了。西周晚期之後，青銅器出現不少虎字人名，以《左傳》所見，早期有高辛氏之子，名為伯虎、仲熊、叔豹、季貍（文公十八年），春秋時有王子虎（文公三年），晉大夫欒虎（僖公十年）、叔虎（羊舌虎、襄公二十一年）、觀虎（定公三年），陳國有慶虎、慶寅兄弟（襄公四年），楚大夫成虎（昭公十二年），鄭人罕虎、軒虎（襄公三十年、昭公元年），以及孔子曾被誤認的魯國陽虎（定公五年）。早在商代亦有崇侯虎（《史記・殷本紀》），周宣王時召虎受命平淮夷，事見《詩經・江漢》，秦穆公時有鍼虎（《史記・秦本紀》），與其他靈物相較，先秦虎字為名的數量更多。

　　兩《漢書》中以虎為名者不少，漢初有功臣武虎、宣虎[227]，東漢有憨王劉虎威、屯騎校尉來虎，並有九江人黃虎、江夏人張虎起事[228]，漢印中亦不乏此例，有「史虎」、「臣虎」等，在西漢史游所纂《急就篇》中，也有師猛虎之名，顏師古《注》明言「以猛獸為名，尚其威也」。可以注意的秦二世曾夢白虎齧其驂馬，夢占不祥，後來被迫自殺，虎已成為政權潛在的侵犯者，范增命人望劉邦之氣，回報「皆為龍虎，成五采，此天子氣也」，虎也隨龍化為權力天授的象徵，唐初袁天綱為人看相，謂其「面如虎，當

227　《漢書》，卷一六，〈高惠高后文功臣表〉。
228　《後漢書》，卷五五，〈章帝八王傳〉；卷一五，〈來歙傳〉；卷六，〈沖帝紀〉；卷七四下，〈劉表傳下〉。

以武處官」，中唐時回紇人王廷湊左右鼻息各如龍虎，也被說「子
孫當王百年」，這些說法都顯示虎與世間權力的連結，和龍非常相
似[229]。另一方面，虎在古代風俗中也佔有一席之地，《禮記・郊特
牲》載古代天子八蜡，有貓虎之祭，用意在於驅趕破壞農事的田
鼠、野豬，最晚在東漢時也有以下作法：

> 虎者，陽物，百獸之長也，能執搏挫銳，噬食鬼魅，今人
> 卒得惡悟，燒虎皮飲之，擊其爪，亦能辟惡，此其驗也。[230]

虎能食鬼的想法已見於《山海經》[231]，後世在年節時畫虎於門，
也源自這類傳說[232]。在華夏社會以外的族群也有特殊的虎俗：東
北濊人與句驪同種，有祠虎為神之俗；巴郡南郡蠻族君長死後，
魂魄被視為白虎，因虎飲人血，故以人為祠祀；戰國時有羌人無
弋爰劍，為秦人所奴，逃亡藏匿山洞，追者以火逼之，不料竟有
虎形為其蔽火，乃得不死[233]。中原自古罕聞祭虎之風，這幾條資
料有助於了解非漢民族崇虎的情況，彌足珍貴。

　　三國時以虎為名者不少，曹操之子曹彪字朱虎，魏將張遼之
子名虎，徐州刺史胡威又名貔（字伯虎）[234]，蜀漢有尚書郎李虎[235]，
劉表有從子亦名虎[236]，吳地彊族嚴白虎[237]，有意思的是孫權之女

---

229 《史記》，卷六，〈秦始皇本紀〉；卷七，〈項羽本紀〉；《新唐書》，卷二
　　四〇，〈袁天綱〉；同前書，卷二一一，〈王廷湊〉。
230 東漢・應劭撰，王利器校注：《風俗通義校注》（北京：中華書局，2010
　　年）。
231 《論衡校釋》，卷二二，〈訂鬼〉引《山海經》佚文，見《山海經校注》，
　　卷一二，〈大荒北經〉。
232 《荊楚歲時記》。
233 《後漢書》，卷八五，〈東夷傳〉；卷八六，〈南蠻傳〉；卷八六，〈西羌
　　傳〉。
234 《三國志》，卷二〇，〈武文世王公傳〉；卷一七，〈張遼傳〉；卷二七，
　　〈胡質傳〉，裴《注》引《晉陽秋》，參見《晉書》，卷九〇，〈胡威傳〉。
235 《三國志》，卷三三，〈後主傳〉。
236 《三國志》，卷四六，〈孫策傳〉，裴《注》引虞溥《江表傳》。
237 《三國志》，卷四六，〈孫策傳〉。

名為魯班、魯育，小名為大虎、小虎[238]，是史書最早有女性以虎入名的紀錄。此外，涼州胡王名為白虎文[239]，氐人李虎曾率五百餘家歸附曹操[240]。在南北朝初期，有東晉毛穆之，字憲祖，小字虎生，因名犯后諱，故以字行，又因桓溫母名憲，故以小字行之[241]，並有陳安（字虎侯），多力善射[242]。最特別的是東晉有婦女夏金虎，係衛將軍王彬繼室[243]，彬長女亦字丹虎，她的兩名弟弟王彭之、彪之，分別小字虎独、虎犢[244]，孫權的兩名虎女並非史書誤載，長沙吳簡中也有平民數例，但看不出性別，史載孫權喜遊獵，常乘馬射虎[245]，江南女性以虎為名，或係取以虎保護之意，而非欲肖其兇悍，如後世所謂「母老虎」者，可惜在後來的南朝史書中並無他例，否則更可窺見南方虎俗與人名的關聯。

　　北朝以虎為名者多於南朝，更遠高於前代，最著名的應為後趙石虎（295-349）字季龍，因犯祖諱，故以字行；匈奴人劉曜曾為「討虜」傅虎所救，應非漢人，另有休屠王石虎，與後趙石虎同名；北平人西方虎，符堅有將名巨虎，南涼有禿髮虎台，赫連勃勃曾祖亦名劉虎[246]，民眾亦極喜此名。由於南北朝虎名的表現很多，這裡集中討論「猛虎」與「野虎」，說明虎字確實與追求威猛的心態相合，可以呼應前文提到的「猛略」：西晉末有匈奴鐵弗

238　《三國志》，卷五〇，〈吳主權步夫人傳〉。
239　《三國志》，卷三三，〈後主傳〉。
240　《晉書》，卷一二〇，〈李特〉；卷一二一，〈李雄〉。
241　《晉書》，卷八一，〈毛寶傳〉。
242　臧榮緒：《晉書補遺・雜傳》，在清・湯球撰：《九家舊晉書輯本》頁 178。
243　〈夏金虎墓誌〉，太元七年（382），《南北朝彙編》，頁 30。
244　〈王丹虎墓誌〉，升平三年（359），《南北朝彙編》，頁 29-30。彭之、彪之小字，見《世說新語箋疏》，卷二六，〈輕詆〉。
245　《三國志》，卷五二，〈張昭傳〉。
246　《晉書》，卷一〇六，〈石季龍上〉；卷一〇二，〈劉聰〉；卷一〇三，〈劉曜〉；卷一〇八，〈慕容廆〉；卷一一八，〈慕容暐〉；卷一二六，〈禿髮傉檀〉；卷一三〇，〈赫連勃勃〉。

部人劉虎，其從父劉猛[247]，北魏高湖父祖原為後燕高門，後亦歸
魏，其孫名猛虎[248]。唐初齊王李祐好弋獵，梁猛虎以騎射得幸[249]。
民間有楊野虎[250]、仇猛虎[251]、夏侯彊虎[252]等多例，民眾熱衷虎名，
包括複數用法，如王雙虎[253]、呂肆虎[254]，到王群虎[255]，這種以猛、
野、強結合虎名，乃至群虎並出的作法，似特為北方所重。

　　與神龍之名相同，名為神虎者也很多，除了上面引用的道教
造像碑，北魏酈範之弟，拜尚書左民郎中，其弟名虁，可謂龍虎
兼具[256]，稍後有邢虬（字神虎），通《三禮》鄭氏學，他是河間鄭
人，世居北地，也是將靈物、猛獸合為名、字[257]。另有鎮遠將軍
朱神虎，其子朱寶墓誌說他們是吳郡人，不過從祖父起即歷任北
魏左將軍、汲郡太守等，朱氏於史無載，當為附魏之南人[258]。劉
宋義熙年間，襄邑降人董神虎有義兵千餘人[259]。除此之外，北魏
有徐州刺史薛虎子，父名野腊，族出代人，本姓叱干，也屬鮮卑
部落[260]，宗室有虎頭、龍頭，當為小名[261]，裴氏家族有萬虎、雙

247　《魏書》，卷九五，〈鐵弗劉虎〉。
248　《魏書》，卷三二，〈高湖傳〉。
249　《新唐書》，卷八〇，〈太宗諸子〉。
250　〈合邑一百卅人等造釋迦石像碑〉，正光元年（520），《魯迅》第2函第
　　　1冊，頁107-112。
251　〈敬史君碑〉，興和二年（540），《百品》，頁103。
252　〈楊珍等造象〉，無年月，《魯迅》第2函第6冊，頁1235。
253　〈王雙虎等造像記〉，武定二年（544），《金石續編》，《石刻史料》第1
　　　輯第4冊，頁3036a。
254　〈普屯康等造像〉，天和五年（570），《魯迅》第2函第5冊，頁989、990。
255　〈興聖寺四十人等造碑像記〉，武平三年（572），《百品》，頁250。
256　《魏書》，卷四二，〈酈範傳〉。
257　《魏書》，卷六五，〈邢巒傳〉。
258　〈隋朱寶誌〉，仁壽三年（603），《隋誌彙考》，第三冊，頁59-62。
259　《宋書》，卷一〇〇，〈自序〉。
260　《魏書》，卷四四，〈薛野腊傳〉；《北齊書》，卷二六，〈薛琡傳〉作豹
　　　子，係避唐諱而改。
261　《魏書》，卷五，〈文成帝紀〉。

虎、三虎三兄弟[262]。寇謙之之侄名虎皮，應是小名[263]。北周有隴西郡開國公李虎（字文彬），即唐高祖李淵祖父[264]。隋代以虎為名者，以大將韓擒虎（538-592）最著名，其父韓雄仕北周，官拜大將軍、洛、虞等八州刺史，擒虎年少慷慨，以膽略見稱，以此為名，想必其父對他有很高的期許[265]。北周之同琋伏虎當與韓擒虎同一思維，以伏虎為勇猛至極的表現[266]。

　　除了以「虎」表達對勇氣與力量的追求，北亞民族對虎有特殊的信仰，也可能影響北人「虎名」的使用：

　　（勿吉）國南有徒太山，魏言「大白」，有虎豹羆狼害人，
　　人不得山上溲汙，行逕山者，皆以物盛。[267]

勿吉源出東北，長於射獵，並不以獵虎為忌，但對虎豹出沒的山區不敢褻瀆（溲汙），參照《後漢書》所載濊人祠虎為神之俗，北族對虎的敬畏，除了現實中的威脅，可能還有對其神性的崇拜。由此觀之，北方廣以猛獸為名，或亦有取其威能，如果此說可以成立，這種「虎名」與夜叉、羅剎等「惡名」，實有心態相通之處。這種畏虎的風俗並不只存在於北方，前引巴郡蠻以人祀虎，看似詭異，其實在中南半島也有類似的紀錄：

　　扶南王范尋養虎於山，有犯罪者，投與虎，不噬，乃宥之。
　　故山名大蟲，亦名大靈。[268]

262　《新唐書》，卷七一上，〈裴氏‧中眷裴〉。
263　《魏書》，卷四二，〈寇讚傳〉。
264　《周書》，卷一六，〈侯莫陳崇傳〉。並見《舊唐書》，卷一，〈高祖〉；《新唐書》，卷七〇上，〈太祖景皇帝〉。
265　《隋書》，卷五二，〈韓擒虎傳〉。
266　〈聖母寺四面碑象〉，保定四年（564），《魯迅》第2函第5冊，頁957。
267　《魏書》，卷一〇〇，〈勿吉傳〉。參看卓鴻澤：〈塞種源流及李唐氏族問題與老子之瓜葛——漢文佛教文獻所見中、北亞胡族族姓疑案〉，《歷史語文學論叢初編》（上海：上海古籍出版社，2012年），頁14-37。

兩者同樣都將虎神化，視為自然無形力量的具體代表。以近代西
南邊境的彝族為例，其中的羅羅一支約佔人口之半，彝語以「羅」
為虎，明人詳載「雲南蠻人呼虎為羅羅，老則化為虎」[269]，因此
羅羅人即是虎人，當地的虎節也是凝聚族群最重要的活動，民眾
連帶崇貓，視貓為「虎祖」而諱之[270]，也反映對虎的崇拜。

　　至於江南地區，對虎的神祕力量也有敬畏，可惜記載無多，
東晉武帝司馬曜之母李陵容拍打虎圖為戲，旋即手痛而逝，有一
參軍溺汙田野骨骸，隔日被虎咬斷陰莖而死[271]。在南朝現存虎名
之中，除了前引孫權二女、東晉王彬妻女等例，王彬之子彭之、
彪之，後者字叔虎，二人小字分別為虎犲、虎犢[272]，可知「虎」
名也流行於南方，孫吳大司馬諸葛靚原為琅邪陽都人，久居吳地，
其子恢亦久居江左，生有二子，名為䑏、魁，皆從虎之僻字，應
有特殊考量[273]。還有一種用法也比較特別，是取用古語，王羲之
即小名「吾菟」，春秋時楚人稱虎「於菟」（《左傳‧宣公四年》），
並有楚令尹鬭穀以此為字，可能是楚地方言，長期流行，故為羲
之家族所襲用[274]。雖然也有王彭之的例子，不過整體來看，「虎」
在南朝更常以小名出現，劉宋時始興王劉濬，小名虎頭，相國參
軍劉湛，小字班虎[275]，齊時有雍州刺史曹虎字士威，本名虎頭，

268 東晉‧干寶撰，汪紹楹校注：《搜神記》（北京：中華書局，1985 年），
　　卷二。
269 《山海經校注》，卷三，〈海外北經〉：「有青獸焉，狀如虎，名曰羅羅」；
　　明‧陳繼儒集：《虎薈》，卷三，收入陳繼儒輯：《寶顏堂秘笈》（明萬曆
　　繡水沈氏尚白齋刻本）。
270 楊繼林：《中國彝族虎文化》（昆明：雲南人民出版社，1992 年），頁
　　16-18、27。
271 劉義慶：《幽明錄》。
272 《世說新語箋疏》，卷二六，〈輕詆〉。《晉書》，卷七六，〈王彬傳〉作
　　叔武，當避唐諱而改。
273 《晉書》，卷七七，〈諸葛恢傳〉。
274 《世說新語箋疏》，卷八，〈賞譽〉。
275 《宋書》，卷九九，〈二凶傳〉；卷六九，〈劉湛傳〉。

世祖以其鄙俗，敕改單名為虎，可見虎頭乃是小名，而且頗為通俗，不過應該也有吉祥之意，史書說陳宣帝陳頊貌若不慧，卻有人見之稱奇：「此人虎頭，當大貴也」[276]，周顒祖父亦名虎頭[277]，更早的顧愷之也以此為小字[278]。南齊還有胡虎牙、范虎領[279]，梁驃騎司馬陳伯之子亦名虎牙[280]，梁末周鐵虎「不知何許人也，梁世南渡，語音傖重」[281]。案兩漢已有「虎牙將軍」之名[282]，南北朝武將頗有以此為名者，當與龍牙同取其力量，南朝有陳虎牙，應係巴人[283]，氐人楊難當之子也名虎，其部下名楊虎頭[284]。不過綜觀南朝，以虎為名者多為武人，菁英但以虎為小字，不像北方廣泛用作正式人名。在北方社會，除了前文引用的後趙石虎、北周李虎，單名者有西晉末鐵弗人劉虎，原名烏路孤，其父名猛，其子名豹子，三代都是典型的猛獸人名，這種作法不見於南朝，可以說是北方，說得更精準一點，是北胡特別鍾好的表現[285]。唐代因以先世李虎為諱，史書中很少保留虎字人名，如《隋書》僅書「韓擒」而去其虎字，就連溺器「虎子」都要改名[286]，此前斑斕多樣的虎名之風遂受壓抑，不復見於唐代菁英之名。

276　《南史》，卷一〇，〈陳本紀下〉。
277　《南齊書》，卷三〇，〈曹虎傳〉；卷四一，〈周顒傳〉。
278　《世說新語箋疏》，卷二一，〈巧藝〉。
279　《南齊書》，卷七，〈東昏侯紀〉；卷四九，〈王奐傳〉。
280　《梁書》，卷二〇，〈陳伯之傳〉。
281　《梁書》，卷一〇，〈周鐵虎傳〉。
282　《史記》，卷二〇，〈建元以來侯者年表〉；《後漢書》，卷一三，〈公孫述傳〉。
283　《南齊書》，卷四九，〈張沖傳〉。
284　《宋書》，卷九八，〈氐胡傳〉。
285　《魏書》，卷九七，〈鐵弗劉虎〉。
286　北宋・趙彥衛：《雲麓漫鈔》（北京：中華書局，1996 年），卷四，頁57。唐代避用虎字，見張惟驤輯：《歷代諱字譜》（民國壬申年[1932]小雙寂庵刊本），譜一，〈麌韻〉。

　　可附帶一提的是「彪」字，《說文》謂「虎文也」，實即著眼
於虎外表最明顯的特徵，也是自古虎最吸引人的部分，虎皮斑
斕，得來非易，珍稀可知，以彪為名不一定完全取其兇猛，也可
能是表達對此物的重視。歷來以此為名者相當多，春秋時有晉平
公姬彪[287]，魯國有衛彪傒（《左傳‧昭公三十二年》），西漢時有侍
中趙彪[288]。東漢時最著名者當屬班彪（3-54，字叔皮）[289]，漢末
黨錮中人賈彪（字偉節），兄弟三人皆有高名，時稱「賈氏三虎，
偉節最怒」[290]。魏晉以下，幾乎不分階層種族皆用虎字。關於虎
類之名，最後要舉一個特別的例子，就是「騶虞」，此獸出自《詩
經‧召南》，古來說者多從《毛傳》，視為仁獸，其狀如白虎，也
有祥瑞的性質，西晉後繪為幡幟，用以止戰，隋時更與青龍、朱
雀、玄武並列[291]，目前以此為名者，只見到梁天監時王騶虞一例，
身份當屬掾吏，此名似虎非虎，不是單純的猛獸，三國吳時有選
曹郎徐彪（字仲虞），當取字於此[292]，但這種用法出自古典，僅見
菁英使用，民眾使用的機率很低。

　　古來虎、豹往往連稱，同為猛獸之首，相傳高辛氏有子名為
叔豹，春秋時魯國有叔孫豹，晉大夫郤叔虎，又名豹[293]，戰國有
平陽君趙豹，魏鄴令西門豹[294]，魯國有單豹，為餓虎所食（《莊子‧
達生》）。豹的主要形象，可以《楚辭‧招隱士》為代表：「虎豹鬥

287　《史記》，卷三九，〈晉世家〉。
288　《漢書》，卷一九下，〈百官公卿表下〉。
289　《後漢書》，卷四〇上，〈班彪傳上〉。
290　《後漢書》，卷六七，〈賈彪傳〉。
291　〈蕭秀碑〉，天監十七年（518），《魯迅》第 1 函第 4 冊，頁 601。參王
　　伊同：〈騶虞考〉，《王伊同學術論文集》（北京：中華書局，2006 年），
　　頁 1-7。
292　《三國志》，卷五七，〈張溫傳〉，裴《注》引《吳錄》。
293　《國語》，卷七，〈晉語一〉韋昭《注》；《左傳》，〈文公十八年〉、〈襄
　　公二十四〉等。
294　《史記》，卷四三，〈趙世家〉；卷一二六，〈滑稽列傳〉。

兮熊羆咆，禽獸駭兮亡其曹」，豹虎連稱，近世日本漢學家鈴木虎
雄（1878-1963）字子文，號豹軒，仍沿用這個印象。秦漢以降，
以「豹」為名者持續有之，東漢韋豹子為其族父韋彪作傳，以此
可概其餘[295]。漢魏之際遼東人有二公孫豹[296]，西晉單名豹者甚多，
後世最熟悉當為《古今注》作者崔豹（字正熊）[297]。此外，魏時
有南匈奴并州右賢王劉豹，晉末石勒命部將桃豹為魏郡太守，石
虎拜匈奴鐵弗部人劉務桓為將，又名豹子[298]。與虎字相同，豹字
的使用者也有不少是北族。

南北分立後，東晉桓沖長子嗣小字豹奴[299]，另有徐州刺史蔡
豹，丹陽尹袁豹（字士蔚）[300]，不過這些應是前代風氣的遺存，
宋齊梁陳四朝史籍中，僅見梁時有寧朔將軍張豹子、散騎常侍柳
豹[301]，至於宛州刺史雷豹狼恐非漢人[302]，餘則無之，看來「豹」
也不是南朝菁英喜歡入名的形象。北朝則相反，此名始終不衰，
北魏初有武將皮豹子[303]，章武烈王元彬字豹兒，墓誌說字豹仁，
讀音相近，實亦兩通[304]，尚書高猛也以此為小字[305]。武衛將軍伊
豹子，其祖伊馥也是代人，速逾奔馬，能曳牛而行[306]，李孝伯能

---

295 東漢・謝承：《後漢書》，卷二，〈韋彪傳〉，《八家後漢書輯注》，頁 20。
296 《三國志》，卷八，〈公孫度傳〉。
297 《世說新語箋疏》，卷二，〈言語〉，劉孝標《注》引《晉百官名》。
298 《三國志》，卷二八，〈鄧艾傳〉；《晉書》，卷一〇四，〈石勒上〉，《魏書》，卷九五，〈羯胡石勒〉則作姚豹。同前書，同卷，〈鐵弗劉虎〉。
299 《世說新語箋疏》，卷二五，〈排調〉。
300 《晉書》，卷八一，〈蔡豹傳〉；卷八三，〈袁瓌傳〉，並參《世說新語箋疏》，卷四，〈文學〉。
301 《梁書》，卷一八，〈張惠紹傳〉；《魏書》，卷九八，〈島夷蕭衍〉。
302 《魏書》，卷七三，〈楊大眼傳〉。
303 《魏書》，卷五一，〈皮豹子傳〉。
304 《魏書》，卷一九下，〈章武王太洛傳〉；〈元舉墓誌〉，武泰元年（528），《南北朝彙編》，頁 278-279。
305 《魏書》，卷八三下，〈高肇傳〉。
306 《魏書》，卷四四，〈伊馥傳〉。

傳儒業，其子亦名豹子[307]，也有京畿盜魁自稱豹子、虎子[308]。北周武將韓擒虎也本名為豹[309]。這些都足以證明北人對「豹」名的喜愛，「豹子」甚至成為通用之名。不過入唐之後，此風驟減，唐初有河東人魏巖，祖父名豹[310]，另有權豹（字善開）之墓誌[311]，推其生年，應分別在北周末年和隋代。唐後出生者有張豹[312]、劉玄豹[313]、崔豹[314]，唐末柳延宗之子名豹兒[315]，另有元豹蔚（字山卿），其名出自《周易・革》：「君子豹變，其文蔚也」[316]。綜合史籍與墓誌所見，唐代「豹」名如此寥寥，和北朝相去甚遠，在西陲地區，以豹入名者也不多。唐人以豹為名的風氣之所以遠遜於北朝，或許與「豹」的形象轉變有關，隋唐之際，西亞豹獵的風氣傳入中國，與猞猁獵成為顯貴男女間遊獵的新風尚，在墓室壁畫和陶俑中都有保留，這種馴化後的豹為中古所未有，盛唐時多與胡旋女同為貢物，直到吐蕃、回鶻勢力崛起，才阻斷來源[317]。本土原有的豹幾乎都是野生，少有豢養之紀錄，也因此受到北胡的喜愛，但唐代外來的豹種卻與鷹、犬同列，大大減弱了野豹剽

307　《魏書》，卷五三，〈李孝伯傳〉。

308　《魏書》，卷八九，〈張赦提傳〉。

309　《隋書》，卷五二，〈韓擒虎傳〉。

310　〈故幽州功曹魏君墓誌銘〉，貞觀十年（636），《唐誌續編》，貞觀〇一三。

311　〈唐故隋金谷府鷹揚權公墓誌銘〉，麟德二年（665），《唐誌彙編》，麟德〇三八。卒年六十七。

312　〈鄧州襄縣尉張君墓誌銘〉，久視元年（700），《唐誌彙編》，久視〇〇八。卒年四十八。

313　〈唐故左龍武軍將軍彭城劉公夫人勃海高氏墓誌銘〉，天寶十三載（754），《唐誌彙編》，天寶二四九。

314　〈唐故潞州潞城縣申屠君墓誌銘〉，景龍三年（709），《唐誌彙編》，景龍〇三九。

315　〈唐宣武軍節度押衙兼侍御史河東柳府公墓誌〉，廣明元年（880），《唐誌彙編》，廣明〇〇四。

316　〈元豹蔚墓誌〉，開元五年（717），《珍稀百品》，頁 118-119。

317　參張師廣達：〈唐代的豹獵〉，《文本　圖像與文化流傳》（桂林：廣西師範大學出版社，2008 年），頁 23-50。

悍的性格，這種「豹變」是否影響唐人「豹」名的使用？姑誌於此，以待後驗。

可以和豹相對照的是熊。古人早以熊為猛獸，《尚書・牧誓》形容武勇之士「如虎如貔，如熊如羆」，帝嚳有子八人，其名依伯仲叔季為序，可分為兩組，其一即以虎、熊、豹、貍為名（《左傳・文公十八年》），舜時有臣名朱虎、熊羆（《尚書・舜典》），黃帝亦號「有熊」（《史記・三代世表》），這類猛獸入名甚早，不過以熊為尊的心態首推楚人，自西周鬻熊至春秋時成王，凡二十五世，皆以熊字為名號（《史記・楚世家》），有學者認為這是楚國特有的尊稱[318]。古人也以夢熊為得男之兆（《詩經・斯干》），唐人猶製豹頭枕以辟邪，伏熊枕以宜男[319]，盛唐時王晙氣貌偉特，長而豪曠，被稱為「熊虎相」[320]，熊始終給人野性、豪壯的印象，馴服甚少，不過以熊為名的風氣始終不如虎豹，漢初有鶪、奮、魋、鯈、熊、喜、鸒、雛八兄弟[321]，曹操有一早逝之子，亦名為熊[322]，兩晉之例不多，北魏有殿中將軍王羆（字熊羆），北周有獨孤熊，另有房熊（字子彪）、房豹兄弟[323]。南朝以熊為名者更少，僅見陳朝巴山王陳叔熊，為後主叔寶之弟[324]，有之則見於小名，梁武帝第三子盧陵王蕭子卿，即小名「烏熊」，此字的形象不一定為南朝菁英所

318　姜亮夫：〈楚文化與文明點滴鉤沉〉，《楚辭學論文集》（上海：上海古籍出版社，1984 年），頁 130-131。新出先秦竹簡中載有楚國世系，有二十一王以盦字為名，整理者均釋為熊，見〈楚居〉，《清華大學藏戰國竹簡（壹）》（上海：中西書局，2010 年），下冊，頁 193。
319　《舊唐書》，卷三七，〈五行〉。
320　《新唐書》，卷一一一，〈王晙〉。
321　《新唐書》，卷七一下，〈楊氏〉。
322　《三國志》，卷一九，〈任城陳蕭王傳〉。
323　《周書》，卷一八，〈王羆傳〉；《周書》，卷一二，〈齊煬王憲傳〉；《新唐書》，卷七一下，〈房氏〉。
324　《陳書》，卷六，〈後主紀〉。

惡，但用在正式名字的機率甚低[325]。此外，劉宋時有婦女單名熊，是唯一的女性例子[326]。兩《唐書》所見「熊」名也很有限，中唐餘杭令高迴三子名為彪、熊、象，皆大力威猛之獸[327]，但為數還是不多，推原其故，是因熊雖為猛獸，排序向來在虎豹之後，除了如顧況之子取典於「非熊」[328]，熊字未必成為優先考量，用法也少有特殊變化。

　　與熊同類的是「羆」，《爾雅・釋獸》說其如熊，二者也通常連帶出現，常與豪豬、虎、豹、狐、麋鹿等作為主要的狩獵對象（《後漢書・揚雄傳》），以此為名者已見於《尚書・舜典》，相傳春秋時有楊虎（字叔羆）[329]，秦漢史籍不見以此為名者，西晉有陽平人步熊（字叔羆）[330]，前秦有東海太守韋羆、後趙石虎外祖名張羆，苻健原名為羆，殆因其母姜氏嘗夢大羆而孕之；北魏有代人穆羆、高陽鄭羆，遼東鮮卑人視羆為吐谷渾首領，有子名為阿豺[331]。石刻案例亦少，南朝各史及兩《唐書》均不見以此為名，當因熊字已居於虎豹之後，羆又居其次，故更少使用。

　　猛獸入名的最後一個案例是獅子。《說文》不見「獅」字，先秦古籍亦無之，羅常培（1899-1958）曾詳論此名源自伊朗[332]，早期史籍中寫作師子，東漢和帝章和二年（88）、永元十三年（101），安息國均遣使獻師子，順帝陽嘉二年（133）疏勒國亦來獻，《東

325　《南史》，卷四八，〈陸慧曉傳〉。
326　《宋書》，卷六四，〈何承天傳〉。
327　《新唐書》，卷七一下，〈高氏〉。
328　《舊唐書》，卷一三〇，〈顧況〉。
329　《新唐書》，卷七一下，〈楊氏〉。
330　《晉書》，卷九五，〈步熊傳〉。
331　《魏書》，卷四五，〈韋閬傳〉；卷九五，〈臨渭氏苻健傳〉。並參《晉書》，卷一一二，〈苻健〉；《魏書》，卷二七，〈穆崇傳〉；卷四七，〈盧玄傳〉；卷一〇一，〈吐谷渾傳〉。
332　羅常培：《語言與文化》（北京：北京出版社，2016年），頁22-24。

觀漢記》說「師子形似虎，正黃，有髯耏，尾端茸毛大如斗」[333]，可知東漢已有獅子從西亞經由西域進入中國，唐代慧琳亦明言「狻猊即師子也，出西域」[334]。南北朝時，外來獅子不絕於途，北魏洛陽城南永橋南道東有白象、獅子二坊，前者由乾羅國所獻，後者輾轉得自波斯，建義元年（528）万俟醜奴稱天子，劫獲西北所貢獅子，乃定年號為神獸，後來事敗，此獅遂送洛陽[335]。中古時人對獅子的印象，主要是外來之猛獸，北魏莊帝曾以虎豹熊測試其威，無不畏伏；再者，佛教也向來重視獅子，後秦譯《長阿含經》形容佛相，便說「人中師子尊，威力最第一」（卷一），劉宋譯《央掘魔羅經》亦云佛說法「譬如師子王，處在山巖中，遊步縱鳴吼，餘獸悉恐怖」（卷二），其法座則以獅為名，《隋書》記龜茲、波斯國王皆坐金獅子座，早在鳩摩羅什之時，龜茲王已為他設此座，中亞、西亞、南亞都有對獅的崇拜。獅子的宗教意義也隨佛典傳入中國，梁武帝蕭衍於中大通五年（533）赴同泰寺講經，太子蕭綱稱之「披如來之衣，登師子之座」，暗示人王與法王合一[336]。印度僧人亦頗有此為名者，唐時來華的中天竺僧善無畏，梵名戌婆揭羅僧訶，即淨師子之義，意譯為善無畏[337]。

　　獅子雖然威名遠播，大多數士人民眾不一定有機會親睹，但因其形象鮮明，很早就用於寺院造型，武周如意元年（692）頒有

333　《後漢書》，卷四，〈和帝紀〉；卷六，〈順帝紀〉。《東觀漢記校注》，卷三，〈敬宗孝順皇帝〉，頁 103。

334　唐・慧琳：《一切經音義》，卷七一。

335　《洛陽伽藍記校注》，卷三；《北史》，卷四八，〈尒朱榮傳〉。

336　蕭綱：〈大法頌〉，《廣弘明集》，卷二〇。獅子在中古佛教的地位，詳陳懷宇：〈由獅而虎：中古佛教人物名號變遷〉，《動物與中古政治宗教秩序（增訂本）》（上海：上海古籍出版社，2020 年），頁 210-257。此文僅論與獅相關之名號，未及人名之使用。

337　《隋書》，卷八三，〈西域傳〉；《高僧傳》，卷二，〈鳩摩羅什〉；《宋高僧傳》，卷二，〈唐洛京聖善寺善無畏傳〉，僧訶即梵語獅子 Siṁha 之音譯。

〈敕還少林寺神王師子記〉，提到寺內有「二金剛、二神王、二師子」，傳為北魏永平年間（508-512）博士李雅所造[338]，稍晚同在河南，也有寺廟「建釋迦石像□□薩兩師子」的紀錄[339]，唐初有一篇墓誌提到「造彌勒尊容聖僧菩薩神王師子一塔」[340]。即使獅子未能出現在現實生活，其傳聞與造像仍有同等、甚至更強的渲染力。東漢時南匈奴有左谷蠡王名師子[341]，東晉殷仲堪之父名師字師子[342]，北魏時有司馬師子，襲其父景之之公爵[343]，北齊時齊郡太守李行之，小字師子[344]，後主時有宦官潘師子[345]，平民有垣師子[346]，這些用法或與「聖名」所用之「師」字有相通之處，但也不能排除取自於獅的可能，隋初造像記有趙師子之名，其旁即有趙郎虎，皆屬猛獸之名[347]，唐代史籍不見此名，合觀他書，唐人以此為名之風甚弱，或與獅子在民俗形象中的轉移有關。舞獅之俗今猶存之，最早可溯及北魏，洛陽城內長秋寺逢四月四日，會迎佛像出行，並有師子導引其前，可能是後世舞獅的原型[348]，隋代沿之，《新唐書‧禮樂志》載高祖即位後仿隋制：

> 設五方師子，高丈餘，飾以方色。每師子有十二人，畫衣，執紅拂，首加紅袜，謂之師子郎。

338 〈敕還少林寺神王師子記〉，《全唐文》，卷九八七。
339 〈廣業寺造像碑〉，永安三年（530），《百品》，頁78。
340 〈唐故處士許君墓誌銘〉，乾封二年（667），《唐誌彙編》，乾封〇四八。
341 《後漢書》，卷八九，〈南匈奴傳〉。
342 《世說新語箋疏》，卷三四，〈紕漏〉，引《殷氏譜》。
343 《魏書》，卷三七，〈司馬景之傳〉。
344 《北史》，卷一〇〇，〈序傳〉。
345 《北史》，卷九二，〈恩幸傳〉。
346 〈靜明等修塔造像記〉，天保八年（557），《百品》，頁158。
347 〈大隋南宮令宋君象碑〉，開皇十一年（591），《魯迅》第2函第5冊，頁1105。
348 《洛陽伽藍記校注》，卷一。范祥雍說「此是百戲化裝」。

王維任大樂丞，因誤弄「非天子不舞」的黃獅子而遭貶斥[349]，可知已成定制，白居易也寫到「假面胡人假獅子，刻木為頭絲作尾，金鍍眼睛銀帖齒，奮迅毛衣擺雙耳，如從流沙來萬里」，又說此舞「娛賓犒士宴監軍」[350]，可見已相當普及，不限於皇室。如前所說，因為獅子並不是中國本土猛獸，多數人只能憑藉傳聞想像去認識，等到獅子普遍成為塑像或民俗，展現的都是馴化後或日常化的形象，或許因此降低了「獅子」入名的吸引力。

　　上面已經討論了不少猛獸，是否也有猛禽入名的情形呢？這種表現為數不多，但確實有之。東漢有扶風人宋梟[351]，三國時胡淵小字鷂鴟[352]，王淩之弟名為飛梟、金虎，更是禽獸並見[353]。北魏有監軍孫白鷂[354]，這些都是兇鷙的肉食性鳥種，可為獵射之助，可以看成猛獸入名的延伸。在西陲地區喜用鶻字，有胡鶻子（P. 3249V），也有鷹隼為名者，如劉鷹鷹（S. 4710）。鶻也是剽悍之鳥，北周時有餓鶻隊，皆為壯士[355]。

　　此外，本節想附帶討論一類名字，雖然與動物無關，但可以印證北方社會對於猛、野、力量的追求，此名與「猛略」、「猛虎」相通，都不為儒雅菁英所喜，但在北胡與基層之間，卻是可喜的選項。東晉咸和年間，仇池有氐酋楊難敵[356]，北魏時有氐酋楊難當（其子名虎）[357]，南齊永元年間有鄩城水軍主沈難當來犯[358]，

349　《唐語林校證》，卷五，頁 486。
350　〈西涼伎〉，《全唐詩》，卷四二七。
351　《後漢書》，卷五八，〈蓋勳傳〉
352　《三國志》，卷二八，〈鍾會傳〉，裴《注》引《晉諸公贊》。
353　《三國志》，卷二八，〈王淩傳〉，裴《注》引《魏氏春秋》。
354　《魏書》，卷一一，〈前廢帝廣陵王紀〉
355　《北史》，卷九一，〈劉昶女傳〉。
356　《晉書》，卷七，〈康帝紀〉。又見《魏書》，卷一〇一，〈氐〉。
357　《梁書》，卷五四，〈諸夷傳〉。
358　《梁書》，卷一八，〈張惠紹傳〉。

北周有沔州太守郝破敵[359]，他們極可能都有胡族背景，此名亦不見於任何顯貴。貞觀年間猶有瀘州都督左難當[360]，龍門有唐難迪、何難迪[361]。此外，北周有陳萬敵，其父陳忻，宜陽人，西魏時曾於辟惡山招集少年數十人，其弟名難敵[362]，中唐猶有神策軍將領趙萬敵[363]，此名當有取於「萬人敵」，項羽嘗以此自許[364]，三國時程昱亦以此稱美關羽、張飛[365]，劉宋時魯爽[366]、北周金城人王文達[367]、隋將河東人裴行儼[368]，也都有此號，合觀萬敵、難敵、難當之名，都顯示了崇尚武勇的風氣。

　　關於中古時期以靈物、猛獸為名的討論已經結束，以此為名，著眼於其靈性與高貴，或取其勇猛與力量，前者通於南北，後者在北方的變化更多，某些表現甚至可以算是北朝人名的特色，特別是結合「猛」、「野」的用法，本節最後要以「野王」為例，闡明這種心態。前文曾舉出北魏正光元年的〈合邑一百卅人等造釋迦石像碑〉，除了龍、虎之名，其中尚有邑子許野王[369]。野王原為縣名，位於河南，秦已有之[370]，首次見於正史人名係西漢時馮野王，其先為上黨人，後居於趙[371]，東晉桓伊（?-391）亦小字野王，

359 《新唐書》，卷七三下，〈郝氏〉。
360 《舊唐書》，卷三，〈太宗下〉。
361 《龍門》，窟號 0883，頁 308；同前，窟號 1410，永昌元年（689），頁 424。
362 《周書》，卷四三，〈陳忻傳〉。
363 《舊唐書》，卷一四，〈憲宗上〉。
364 《史記》，卷七，〈項羽本紀〉。
365 《三國志》，卷一四，〈程昱傳〉。
366 《宋書》，卷八八，〈薛安都傳〉。
367 《周書》，卷二九，〈王傑傳〉。
368 《隋書》，卷七〇，〈裴仁基傳〉。
369 〈合邑一百卅人等造釋迦石像碑〉，正光元年（520），《魯迅》第 2 函第 1 冊，頁 107-112。
370 《史記》，卷三七，〈衛康叔世家〉。東漢初有野王二老，見《後漢書》，卷八三，〈逸民傳〉。
371 《漢書》，卷七九，〈馮奉世傳〉。

他是桓宣族子，係譙國銍人，其地與北境相鄰[372]，劉宋時有博士
周野王，為雁門人[373]，梁陳時亦有太學博士顧野王，吳郡人，著
作甚豐[374]。自古對於此名並無訓解，上述諸人除了顧野王之外，
幾乎都有北地淵源，至於顧氏（字希馮），顯然為他命名取字之人
以西漢馮野王為典範，如此看來，這個人名可能是北方的產物；
對照「虎為山君」之說，以及北朝流行的野虎、野馬、野豬之名，
「野王」隱然也有追求威猛、野性的想法[375]。隋唐之際，河北趙
郡李氏也有人以此為名，其族兄名為允王，族弟有東王、壽王、
勤王、觀王、贊王，可見野王已成為慣用的選項[376]。不過在後來
的史籍墓誌中，僅見陳後主叔寶八世孫有陳旺，以野王為字[377]，
極可能是「野」字而受到貴名習慣的抵制，中古之後此名絕跡不
見，透露「野王」的流行與特定文化背景有關，尤其是在華夏力
量不強的情況。

第二節　以禽畜為名

　　除了靈物猛獸之外，中古社會是否以其他生物為人名？古人
雖說命名「不以畜牲」，但動物自古就是入名的大宗。以「禽」字
來說，周公之子即名伯禽，漢代以來亦不乏「禽」名[378]，正說明

372 《晉書》，卷八一，〈桓宣傳〉。
373 《宋書》，卷一五，〈禮志二〉；卷五五，〈傅隆傳〉。
374 《陳書》，卷三〇，〈顧野王傳〉。
375 北魏時有人名為陳野帝，似是模仿野王而來，見〈馬振拜等題記〉，景
　　明四年（503），《補正》，《石刻史料》第 1 輯第 6 冊，頁 4191b。
376 《新唐書》，卷七二上，〈趙郡李氏‧東祖〉。
377 《新唐書》，卷七一下，〈陳氏〉。
378 《史記》，卷四，〈周本紀〉。東漢有盧禽、杜禽，見《後漢書》，卷一
　　二，〈盧芳傳〉；同前，卷三二，〈陰識傳〉。

在靈物、猛獸之外，古人也以日常禽畜為名，與前者不同，這些都是馴化的動物。《淮南子・本經訓》：「拘獸以為畜」，〈泰族訓〉亦云：「駕馬服牛，令雞司夜，令狗守門，因其然也」，扼要說明了這些動物進入人類文明生活後的角色，本節就要討論這些動物入名的情況。與常民生活關係最密切的當屬「六畜」，此詞屢見於《左傳》、《周禮》，《爾雅・釋畜》訂為馬、牛、羊、豬、狗、雞，《周易・說卦》則說：「乾為馬，坤為牛，震為龍，巽為雞，坎為豕，離為雉，艮為狗，兌為羊」，龍是非日常性的靈物，雉馴化飼養的規模不大，環繞古代生活最主要還是《爾雅》所說六畜，《周禮・牧人》謂此官「掌牧六牲，阜蕃其物」，想來所指相去不遠。以下將先略依其序論之，略及前代之例[379]，並與靈物、猛獸相比較。最後擴大到六畜之外，考察其他非豢養的動物如何入名。

一、以六畜為名

馬馴化的歷史相當早，主要取其動力與速度，《說文》云：「馬，怒也，武也」，戰時戎馬驅馳，平時走馬以糞（《老子・四十六章》），作為乘載牽引的主要獸力。周代已有司馬之職，掌軍政軍賦，漢代又有洗馬、駙馬等制，魏晉時洛陽城中有牛馬羊市，看來是專營的牲畜買賣市集。不過自古菁英很少直接以「馬」為名，春秋時有魯大夫閔子馬，又名馬父[380]，東漢和帝時有羌人周馬[381]，後來多用「駒」字，東漢末仇池有氐人楊駒，雄踞地方，

379　關於古代的動物人名，迄今最重要的研究仍是張孟劬《漢魏人名考》之第六章，讀者宜參之。

380　《左傳》，〈襄公二十三年〉、〈昭公十八年〉、〈昭公二十二年〉、〈昭公二十六年〉。

381　《後漢書》，志一一，〈天文中〉。

東晉末王愉之小字為駒[382]。北族以游牧騎射為常，其中「白駒」特別受到喜愛，創立西涼政權的李暠曾被稱為「家有騧草馬生白額駒」，暗示其前程遠大，故也常被用在人名中[383]。北魏裴駿為三河領袖，原本小名為「皮」，因幼而聰慧，親表稱為神駒，是以得名，另有太醫令周臚駒，魏末有內監楊小駒[384]。有時則引用與馬有關之典故，南齊袁昂原名千里，後為蕭賾所賞，依《楚辭・卜居》「昂昂若千里之駒」，為他改名為昂，以千里為字[385]。馬字少直接用於菁英人名，當因馬已長久馴化，太過常見，因而不受青睞，欲取其美意，乃被「駒」所取代；或如前述以「龍」或「驎」字相搭配，古來有域外千里馬出自龍種之說[386]，東晉有謠諺言海西公司馬奕生子：「本言是馬駒，今定成龍子」[387]，以駒、驎取代馬字，更貼近對靈物的想像。

　　除了「駒」字，「駿」字也頗為菁英所喜，《爾雅・釋詁下》謂有迅疾之義，《穆天子傳》寫周穆王駕八駿西征，也賦予此字神異的聯想，漢晉以來不乏以此為名字者，另外還有驥字，《莊子・秋水》：「騏驥驊騮，一日而馳千里」，同樣強調其迅捷。相比之下，中古時期直接以馬字為名字的菁英人物很少，墓誌有北魏宗室元引（字馬瓈）[388]，《魏書》載有司州柵民任馬駒[389]，有意思的對照是北魏〈張猛龍碑〉有顏驃、夏驃騎、孔騎之，為魯郡掾吏或地

382　《宋書》，卷九八，〈氐胡傳〉；卷一，〈武帝紀上〉。
383　《晉書》，卷八七，〈涼武昭王李玄盛傳〉。
384　《魏書》，卷四五，〈裴駿傳〉；卷九一，〈周澹傳〉；卷七七，〈宋翻傳〉。
385　《晉書》，卷二六，〈袁湛傳〉。唐代也有盧昂，字千里，以字行，見《新唐書》，卷七四上，〈韋氏・鄖公房〉。
386　《新唐書》，卷二二一上，〈吐谷渾〉；卷二二一下，〈大食〉。
387　《晉書》，卷二八，〈五行志中〉。
388　〈元引墓誌〉，正光四年（523），《南北朝彙編》，頁181。
389　《魏書》，卷一九下，〈景穆十二王傳下〉。

方族望,取名雖與馬相關,強調馬之速效[390]。北方民眾有高馬俱[391]、錡馬仁[392]、王野馬[393]等,就《北朝百品》所見,以馬入名的也都是平民,駒字只有劉白駒一例[394]。至於驢字,北齊顏之推曾說「北土多有名兒為驢駒、豚子者……如此名字,幸當避之」,北魏高閭為漁陽人,本名驢,為崔浩所改[395],成驢、高騾都是平民[396],但目前所見驢字人名數量遠不如駒,南朝亦然。推原其故,驢、騾純為獸力,但馱力、腳程均遠遜之,劉宋時東海王劉褘生性凡劣,被稱作「驢王」,北齊徐之才調侃盧姓「配馬則為驢」[397],均可見驢在馬下,不過驢、騾都不能算是「賤名」。

　　野牛進入古代社會也相當早,甲骨文「牢」字即牛圈養之形,其骨用於刻寫卜辭,並作為祭祀犧牲,《周禮‧地官司徒》云:「祀五帝,奉牛牲」,「我將我享,維羊維牛」(《詩經‧我將》),或以血釁鐘(《孟子‧梁惠王上》),諸侯結盟,以主者執牛耳,以牛耕田、拉車更不在話下,牛在古代是最大型的家畜,也是最重要的獸力來源,是以諸侯無故不殺牛(《禮記‧王制》),《說文‧牛部》所收字近四十個,細分牛齡、種類、顏色及使用方式。相傳舜祖父名橋牛(《史記‧五帝本紀》,〈三代世表〉作蟜牛),《左傳》所見「牛」名有宋大夫南宮牛(〈莊公十二年〉)、司寇牛父(〈文公十一年〉)等,相似者有郤犨(成公十一年)。孔子弟子除伯牛外,

---

390　〈張猛龍清頌碑〉,正光三年(522),《魯迅》第 1 函第 4 冊,頁 747-749。
391　〈高伏德等三百人造像記〉,景明四年(503),《百品》,頁13。
392　〈錡雙胡道教造像碑〉,神龜三年(520),《百品》,頁 52。
393　〈于子建等義橋石象碑〉,武定七年(549),《魯迅》第 2 函第 2 冊,頁 445。
394　〈高伏德等三百人造像記〉,景明四年(503),《百品》,頁13。
395　《顏氏家訓集解》,卷二,〈風操〉;《魏書》,卷五四,〈高閭傳〉。
396　〈比丘惠輔一百五十人造彌勒象記〉,永安三年(530),《魯迅》第2函第1冊,頁177;〈高伏德等三百人造像記〉,景明四年(503),《百品》,頁13。
397　《魏書》,卷二一上,〈獻文六王傳上〉;《北史》,卷九〇,〈徐謇傳〉。

尚有司馬耕字子牛（《史記・仲尼弟子列傳》），另有項子牛（《墨子・魯問》）。范蠡自號鴟夷子皮，有說為生牛皮者（《史記・越王句踐世家》）。至晚到戰國後期，牛已有大規模的飼養，僅齊國即墨一城，就可得牛千餘頭（《史記・田單列傳》），春秋齊桓公「日殺數十牛者數旬」（《管子・霸形》），未必是誇語。不過可能正因秦漢以來，牛隻繁衍日多，其力雖大，但貴者不乘牛車[398]，且於靈性、猛性皆缺，以牛為名者並不多，相傳東夷人以牛骨占事，但記錄者又說「牛非含智之物，骨有若此之效」，也不認為牛有特別的靈性[399]。在漢代史籍中，僅見東漢末有博陵人張牛角，起事於黑山[400]。漢代民眾常以牛為馭，劉秀初騎牛，後殺縣尉始得馬，顯示牛隻已是常物。與以「馬」入名的情形相似，正因牛太過常見，不為菁英所用，平民也僅取其特徵，除了上述張牛角，東漢末尚有鉅鹿人張角奉事黃老道，自稱「大賢良師」、「天公將軍」，從其佈教型態來看，其人基層色彩頗強[401]。

　　不過牛的地位在兩晉之後有所改觀，開始以牛車為重，成為南朝顯貴間的風尚，王愷、石崇等富豪皆以牛相誇炫[402]，諸王三公也搭乘以牛為馭的通幰車，劉宋時桂陽王劉休範之子名青牛，雖係小名，當即此風之產物[403]；北方也乘牛車，北魏時御史中尉

398　《晉書》，卷二五，〈輿服志〉。
399　北宋・李昉等編：《太平御覽》（臺北：臺灣商務印書館，1975 年），卷八九九，〈獸部十一・牛中〉引東晉楊方《五經鈎沉》。
400　《後漢書》，卷八二下，〈方術傳下〉；卷九，〈獻帝紀〉。
401　《後漢書》，卷一上，〈光武帝紀上〉；卷四一，〈第五倫傳〉；卷七二，〈董卓傳〉；張角事見卷八，〈靈帝紀〉、卷七一，〈皇甫嵩傳〉。
402　《世說新語箋疏》，卷三〇，〈汰侈〉；《南齊書》，卷二六，〈陳顯達傳〉。詳劉師增貴：〈漢隋之間的車駕制度〉，《中央研究院歷史語言研究所集刊》63 本 2 分（1993 年 5 月），頁 371-453。
403　《晉書》，卷二五，〈輿服志〉；《宋書》，卷七九，〈桂陽王休範傳〉。

元仲景恆駕赤牛，時號「赤牛中尉」[404]，但不像南朝以為標榜。牧牛的規模持續擴大，諸部落相互討伐，往往獲取牛羊數十乃至百萬頭[405]，石虎少時秉性殘忍，游蕩無度，石勒有意除之，為其母所勸阻：「快牛為犢子時，多能破車，汝當小忍之」[406]，至有千牛備身之官銜，配千牛刀，專為皇室扈從。不過即使如此，南北朝菁英仍罕以牛為名，正史中完全沒有案例，北魏末有馮翊人仇牛，為本州別駕，仇姓可能出自羌人或鮮卑[407]，此字又以犢字出之，北魏有穎川太守衛白犢[408]，不過使用者幾乎都是平民，後趙定陽人梁犢率謫卒萬餘人起事[409]。和其他家畜相較，造像記所見「牛」、「犢」之名倒不算少，想來是因其力大，如張牛虎之名，結合兩種力量最大的動物[410]。在目前所見隋唐墓誌中，不見有名為牛、犢者，印證這類「牛」名僅流行於基層民眾，或用於菁英小名，在洛陽龍門古陽洞，有北魏丘穆陵亮夫人尉遲氏為其亡子牛橛造像，即是如此[411]。

　　至於作為主要肉食來源之一的豬，甲骨文「家」字與「牢」取義相同，均有豢養之意。春秋時魯孟武伯以「彘」為名（《左傳・哀公十七年》），未詳是家豬或野豬，傳世漢印有周豕、趙豬之名，《急就篇》：「六畜蕃息豚豕豬」（卷三），三者同為豬屬，微有差異，不過這類名字在史籍中比牛、馬更少見。南北朝常用豬字，

404 《晉書》，卷一九上，〈京兆王子推傳〉。
405 《晉書》，卷八六，〈張軌傳〉；卷一〇五，〈石勒下〉；卷一一〇，〈慕容儁〉。
406 《晉書》，卷一〇六，〈石季龍上〉。
407 〈元舉墓誌〉，武泰元年（528），《南北朝彙編》，頁 278-279。
408 《龍門》，窟號1443，太和十七年（493），頁506。
409 《晉書》，卷八六，〈張軌傳〉；卷一〇七，〈石季龍下〉；卷一一〇，〈慕容儁〉。
410〈王守令佛道教造像碑〉，神龜初年（518-520），《北朝佛道》，頁129-130。
411 《龍門》，窟號1443，太和十九年（485），頁430。

有樂陵太守安豬，是遼東胡人，太州刺史薛野豬是代人；安豬父兄名屈、同，野豬父名達頭，胡族性格甚強，高湖家族有名為豬兒者，當是小名[412]。劉宋時張敬兒、恭兒兄弟為南陽人，本名苟兒、猪兒，宋明帝以其名鄙，遂令改之，加上張父名「醜」，這個例子透露豬字僅限於民間使用，不登大雅之堂[413]，隋初有一方道教老君像記，其中有「邑子緱豬女」[414]，證實前引《顏氏家訓‧風操》之說，這類名字在不同階層之間，確實有認知與使用的差距。不過還有一種方法，是加上「野」字，如薛野豬、傅野猪[415]，在造像記中，常有野豬與虎相伴出現[416]。南梁時王琳大營樓艦，也以「野豬」為名[417]，「野豬」之所以較家豬吸引人，自然是與其猛性有關。然而南齊永元年間，建康城中有童謠：

　　野豬雖嗃嗃，馬子空闤渠。不知龍與虎，飲食江南墟。[418]

時人謂江州刺史陳顯達屬豬，西平將軍崔慧景屬馬，又謂豬實指東昏侯蕭寶卷，而龍、虎為蕭衍、蕭穎胄，隨後二蕭奉南康王蕭寶融為和帝，即位江陵，南齊至此名存實亡。此謠藉動物形象為政治隱喻，也說明豬、馬絕非時人眼中的貴物。另一首謠諺則透露民間仍用豬、狗之名，為前述張敬兒所造，並使小兒傳唱：「天子是阿誰？非猪如是狗」[419]，嵌入張氏兄弟之原名，而不用後來所改的恭、敬，自是更草根性的政治宣傳語言。此外還有豨、二

412　《魏書》，卷三〇，〈安同傳〉；卷四四，〈薛野豬傳〉；卷三二，〈高湖傳〉。
413　《南齊書》，卷二五，〈張敬兒傳〉。《南史》，卷四五，〈本傳〉說「始其母於田中臥，夢犬子有角舐之」，是以得名。
414　〈開皇五年銘老君像〉，開皇五年（585），《道教經典》，頁149。
415　《陳書》，卷一，〈高祖紀上〉。
416　〈魏文朗佛道教造像碑〉，始光元年（424），《北朝佛道》，頁124。
417　《北齊書》，卷三二，〈王琳傳〉。
418　《南齊書》，卷一九，〈五行志〉。
419　《南齊書》，卷二五，〈張敬兒傳〉。

字，豨在漢代係南楚方言，與豬同類，其子為豚[420]，《淮南子》說古代有封豨為患（〈本經訓〉、〈脩務訓〉），漢初有趙相國陳豨，東漢末有太山昌豨聚眾，其後不見此名，至於豚字，西晉末有孔豚依附石勒，後有靳豚，匈奴屠各部人劉淵有將名綦毋豚，前燕時有盧豚，看來都是胡人[421]。狪字亦有豬義，即是小豬，前引東晉王彭之小字虎狪[422]，劉宋時有府史陳狪[423]，從犬從屯，不知是否避免豬的直接聯想。

唐代的情況也是如此，兩《唐書》僅見有閹人李豬兒[424]，菁英至多以豬作為小名，但史籍無之，亦不見於墓誌，五代時稍存其例：後梁刑部尚書儲德充有子二人，長曰仁顥，次曰小豬[425]，王素玄孫名為黑豬、小豬[426]，後晉雞田府長史何君政為大同人，主領部落，卒於代州橫水鎮，其孫九人，有名為小哥、韓十九、憨哥、小廝兒、小豬、小愍、王七，用字當與其非漢背景有關[427]，且但見於小名。西陲人名普遍使用此字，完全不避俚俗，如張豬苟（P. 3418V）。不過，豬字雖然很少見於南北朝史籍、石刻人名，在高昌出土磚質墓表中，卻有兵曹參軍索守豬，係敦煌北府人，享高壽九十一歲，想來已有正式人名之性質，此例也透露距離華夏傳統愈遠之處，「豬」名很可能愈活躍[428]。

420　東漢・許慎著，周祖謨：《方言校箋》（北京：中華書局，1993 年），〈輶軒使者絕代語釋別國方言第八〉，頁 51。
421　《晉書》，卷一〇四，〈石勒上〉；卷一〇七，〈石季龍下〉；《魏書》，卷一，〈序紀〉；卷九四，〈仇洛齊傳〉。另有滎陽人鄭班豚，見〈李璧墓誌〉，正光元年（520），《南北朝彙編》，頁 159-161。
422　《世說新語箋疏》，卷二六，〈輕詆〉，引《王氏譜》。
423　《宋書》，卷五一，〈長沙景王道憐傳〉。
424　《新唐書》，卷二二五上，〈安祿山〉。
425　〈儲德充墓誌〉，《五代墓誌》，貞明六年（920），頁 90-92。
426　〈王素墓誌〉，《五代墓誌》，長興二年（931），頁 221-223。
427　〈何君政及妻安氏合祔墓誌〉，《五代墓誌》，天福四年(939)，頁 304-305。
428　〈索守豬墓表〉，高昌延昌十二年（572），《南北朝彙編》，頁 627。

　　雞在古代作為肉食與報時之用，《周禮》有雞人一職，也有鬥
雞之俗（《左傳・昭公二十五年》），並有雞卜之法（《史記・武帝
本紀》），亦可佩雞羽為冠（《史記・仲尼弟子列傳》）。一般家庭飼
養禽畜的規模，通常依其體型而定，「雞狗豬彘，又蓄牛羊」（《荀
子・榮辱》），是以雞最為普及。漢人稱雞有五德（《韓詩外傳》卷
二），也有與雞相關的神話，相傳東南桃都山上有大桃樹，上有天
雞，日出光照，此雞即鳴，世間群雞隨之[429]，漢代有緯書說：「雞
為積陽……陽出雞鳴，以類感也」，故雞又稱「陽鳥」[430]，並有正
月一日為雞日之說，應畫雞於門[431]。魏時歲旦常磔雞於宮及百寺
之門，以禳惡氣，古俗亦於此日殺雞畏鬼，後來南方漸無此風，
北魏則仍舊俗[432]，古來祭祀多用雄雞[433]，民間相傳如中鬼祟，可
以烏雞除之[434]，當取其向陽之性。雞也偶和政治祥瑞有關，據說
劉邦之母曾吞玉雞所銜赤珠，繼而得孕[435]。不過雞應用雖廣，正
史所見以之為名者極少，秦末有朱雞石，劉邦妻呂雉，又字野雞，
東漢末裴瑜字雉璜，北魏有監軍孫白雞[436]。雉與雞相近，但向來
較少馴化，東晉庾翼嫌其書名遜於王羲之，批評時人「賤家雞，

429　《荊楚歲時記》引《括地圖》；北魏・賈思勰著，繆啟愉校釋：《齊民
　　要術校釋》（北京：農業出版社，1982 年），卷六，〈養雞〉引《玄中記》。
430　唐・歐陽詢：《藝文類聚》（上海：上海古籍出版社，1999 年），卷九一，
　　〈雞〉引《春秋說題辭》；《荊楚歲時記》引《易緯通卦驗》。
431　《荊楚歲時記》。
432　《晉書》，卷一九，〈禮上〉；《南齊書》，卷五七，〈魏虜傳〉。
433　《春秋繁露》，卷一六，〈求雨〉；《宋書》，卷一七，〈禮四〉。
434　《搜神記》，卷二。
435　《宋書》，卷二七，〈符瑞上〉。卷二八，〈符瑞下〉：「玉雞，王者至孝
　　則至」。
436　《史記》，卷四八，〈陳涉世家〉；《漢書》，卷三，〈高后紀〉；《後漢書》，
　　卷六四，〈史弼傳〉李賢《注》引《先賢行狀》；《北史》，卷三一，〈高
　　允傳〉。

愛野雉」[437]，即是一證。《抱朴子・登涉》稱酉日入山林，遇有自
稱將軍者，殆為老雞所化，自稱捕賊者則為雉，可見都是野生。
隋唐罕見此名，高仙芝之父名為舍雞，原為高麗人，入河西軍[438]，
想必此字不會為菁英所喜，原因不外乎家雞的體型小、力量弱，
而且過於平凡，如杜甫〈縛雞行〉所言：「雞蟲得失無了時」。

　　再來要談的是狗，《禮記・曲禮上》孔《疏》言：「大者為犬，
小者為狗」，戰國以降則多通用。野犬馴化的歷程相當早，孔子即
有飼養的紀錄（《禮記・檀弓下》），孟子也提到「狗彘食人食」（〈梁
惠王上〉），和相馬相同，先秦已有相狗之術（《莊子・徐無鬼》），
狗或作守備、田獵之用（《墨子・備穴》、《呂氏春秋・貴當》），乃
至賽狗為樂（《史記・貨殖列傳》），民間有專業屠戶（《史記・刺
客列傳》），漢制甚至有狗監，專司皇家獵犬（《史記・司馬相如列
傳》）。相傳趙國先世與犬有關，並說其為黃龍，武陵蠻源起於槃
瓠，也是犬類，《淮南子・墜形訓》則說北方有狗國[439]。狗在古代
生活中極為常見，在風俗中也有其作用：

> 於九門殺犬磔禳。犬者金畜，禳者卻也……《太史公記》：
> 「秦德公始殺狗磔邑四門，以禦蠱菑。」今人殺白犬以血
> 題門戶，正月白犬血辟除不祥，取法於此也。[440]

但整體來說，狗與人雖然親密，但終非貴物，與靈、猛更無關。
再者，相較於「犬」，古代似乎更常選擇「狗」字為名，《左傳》
有堵狗、史狗、歜犬（〈襄公十五年〉、〈襄公二十九年〉、〈僖公二

---

437 《南齊書》，卷三三，〈王僧虔傳〉，「愛野雉」三字據臧榮緒《晉書》，
　　卷十五，〈王羲之〉補。
438 《舊唐書》，卷一○四，〈高仙芝〉
439 《史記》，卷四三，〈趙世家〉，《正義》引《括地志》；《後漢書》，卷八
　　六，〈南蠻西南夷傳〉；。
440 《風俗通義校注》，卷八。

十八年〉），並有司馬狗[441]，秦簡頗有這類例子[442]，漢代有宗室名為「狗彘」與單名「狗」者，司馬相如又名犬子，梁胤一名胡狗，皆為小名[443]，傳世漢印有左狗、張厭狗、顏狗得、魏狗子，三國吳簡中亦有鄧狗、謝狗、朱狗等[444]，但從中古史籍來看，「狗」字人名也有很強的階層特色，菁英至多引為小名。東晉時王脩小字苟子，又作狗子[445]，侯景小字狗子[446]，《真誥》有陸苟子（卷八），都非正式人名。北胡取用者也不少，西晉末有氐人楊佛狗，北魏古弼部將有高苟子，可能與弼同為代人，並有涼州軍戶趙苟子，重臣尉元世為鮮卑豪宗，亦字苟仁[447]，至於高徽（字榮顯），小字苟兒，出身高湖家族，其兄則名為賭兒，又有兄名為真、各拔，都是胡名[448]，秦州羌呂苟兒、涇州屠各陳瞻聚眾起事，基層胡民也用此名[449]。狗為日常動物，入名本不稀奇，不過這裡想指出一點，對以畜牧維生之北胡而言，需要狗來保護，因此特別重要，西漢賈誼《新書》謂有「北中幽都及狗國」（卷九），似是承襲前引《淮南子》之說，《晏子春秋》載晏嬰言：「今夫胡貉戎狄之蓄狗也，多者十有餘，寡者五六，然不相害傷」，或許也因為這樣，加深胡人以狗為名的風氣。

441　《漢書》，卷二〇，〈古今人表〉。
442　李世持：《〈嘉禾吏民田家莂〉人名研究》（重慶：西南大學博士論文，2017 年），頁 44-45。
443　《史記》，卷二一，〈建元已來王子侯者年表〉；《漢書》，卷一五下，〈王子侯表下〉；同前，卷五七上，〈司馬相如傳〉；《後漢書》，卷三四，〈梁統傳〉。
444　胡蘇姝：《〈嘉禾吏民田家莂〉人名研究》（重慶：西南大學碩士論文，2009 年），頁 26。
445　《晉書》，卷九三，〈王脩傳〉；《顏氏家訓集解》，卷二，〈風操〉。
446　《隋書》，卷二二，〈五行志上〉。
447　《魏書》，卷五〇，〈尉元傳〉。
448　《魏書》，卷三二，〈高湖傳〉。
449　《魏書》，卷一〇一，〈氐〉；卷二八，〈古弼傳〉；卷一一四，〈釋老志〉。

　　不過狗字從犬，普遍來說，未必為人所喜，古文笱、苟二字常可通用[450]，中古時亦屢為通假，西晉八王之亂後，洛陽有謠諺：「洛中大鼠長尺二，若不早去大狗至」，前者指毒死惠帝之東海王司馬越，後者即指兗州刺史苟晞[451]，唐代敦煌變文〈目連緣起〉敘其母墮為「女苟」，後文又書作「母狗」，亦為一證[452]。北朝石刻之中，即留有大量「苟」字人名，可與前引史籍之例相證，說明此名在北方社會的通俗性格，其中以「苟生」、「苟子」、「苟兒」、「苟仁」最為常見，南子胤有姊名為伯女、苟女[453]，可見「苟」亦通於男女，隋初有密苟奴[454]、魏苟女[455]，西陲亦有竹苟奴[456]。入唐之後，此名不見於正式人名，僅見於幼童小名，唐宣宗時有一名盧姓婦女，身後所遺幼子中，有名為小猧者[457]，同時有顯宦李建（字杓直），也以猧子為小字[458]。猧為康國狗種，常為貴戚養為寵物，玄宗宮中即有此物[459]，可見在某些情況下以犬類為名，非取其賤，而是取其可愛，但案例雖少，可以相信此俗並未從日常生活中消失，只是隱沒在記錄之中，唐末雲麾將軍陳公誼五十七歲卒，墓誌載其嗣子「猱猧」，並說已成家[460]。至於西陲地區，犬名更是大行其道，前涼時甘肅玉門有孫狗女之衣物疏出土[461]，

---

450 高亨編：《古字通假會典》（濟南：齊魯書社，1989年），頁339。
451 《晉書》，卷二八，〈五行志中〉。
452 潘重規編：《敦煌變文集新書》，卷四，〈目連緣起〉，頁677。
453 〈南子胤造象記〉，大統二年（536），《魯迅》第2函第3冊，頁773。
454 〈密長盛等造橋殘碑〉，開皇二十年（600），《魯迅》第1函第7冊，頁1253。
455 〈楊弘義造佛道像碑〉，隋代，《道教經典》，頁157。
456 《吐魯番（新）》，頁35。
457 〈唐故范陽盧氏夫人墓誌銘〉，乾符三年（876），《唐誌彙編》，乾符○一○。
458 白居易：〈有唐善人墓碑銘〉，《全唐文》，卷六七八。
459 後周・王仁裕：《開元天寶遺事》，卷下，〈猧子亂局〉，頁53。
460 〈唐陳公誼妻李氏墓誌〉，中和六年（886），《西安新誌》，頁916-918。
461 〈昇平十四年（370）九月孫狗女衣物疏〉，《魏晉十六國河西鎮墓文、墓券整理研究》，頁90-93。

晚唐光啟二年（886）的一份雜寫記有十二個人名，其中就有三人名為張犬兒、梁狗狗、梁貓貓（S. 1453V），足見以這類動物為名的風氣跨越整個中古。吐魯番以苟為名的情況更是明顯，是當地家畜類入名最普遍的來源，數量極多，苟字已經成為固定選項，可以任意搭配，有時也以本字出之，如趙小狗[462]。尤有甚者，當地尚有郭苟始[463]、賈苟始[464]，個人非常懷疑為狗屎之另寫，中古「始」字擬音為 syiX，「屎」字為 syijX，聲母、聲調相同，韻母微異，極可能互通，而且此法未必是西陲獨有，北齊時有博陵太守名為喬苟始，透露這類「等而下之」的賤名在中古前期或菁英文化較弱的地域，往往保有很強的活力（詳第六章）[465]。

此外有孟狼苟（北 9341），一般不以豺狼為善類，三國蜀漢時越巂郡北有夷帥，名為魏狼，吳地會稽東冶五縣有秦狼為亂，都是非漢人士與基層之民眾[466]，中古史籍中以狼為名者，僅有南齊時劉祥門生孫狼兒[467]、中唐時棣州有武將馬狼兒[468]，北方石刻亦少見此法，多作郎或浪字，如趙苟郎[469]、韓浪苟[470]，狼字如非誤寫，透露敦煌有更為野性的表現。最後要附帶說明「豺」字，用法更罕，西晉末有廣平人張豺擁眾數萬，降於石勒[471]，後有吐

462 《吐魯番》第 1 冊，頁 48。
463 《吐魯番》第 5 冊，頁 183。
464 《吐魯番》第 7 冊，頁 450。
465 〈僧通等八十人造四面像記〉，天保元年（550），《魯迅》第 2 函第 3 冊，頁 581。
466 《三國志》，卷四三，〈張嶷傳〉；卷六〇，〈呂岱傳〉。
467 《南齊書》，卷三六，〈劉祥傳〉。
468 《新唐書》，卷一二四，〈薛嵩〉。
469 〈廉天長等造象記〉，武定八年（550），《魯迅》第 2 函第 2 冊，頁 486。
470 〈杜雙等造象〉，長安二年（702），《魯迅》第 2 函第 6 冊，頁 1205。
471 《資治通鑑》，卷八八，〈晉紀十〉，頁 2786-2788。

谷渾首領阿豺，兼并羌氏，號為強國，劉宋初曾封公爵[472]，此外無之，看來是北方非漢族群才有的用法。

　　六畜中最後要談的是羊，因為所見人名案例最少。《禮記・王制》：「大夫無故不殺羊」，孔子「爾愛其羊，我愛其禮」之慨，點出羊在禮儀也有一席之地（《論語・八佾》），地位僅次於牛（《孟子・梁惠王上》），春秋時亦有羊舌、苑羊、公羊等姓，但此為名者幾乎不見[473]，原因當與牛、馬相同，羊畢竟太過常見，兼以羊性卑弱柔順，負載遠不若牛馬，《說文》即稱羊為「六畜主給膳」，已是主要的肉食來源。羊的攻擊性也遠低於牛、馬，春秋時鄭襄公降楚，肉袒牽羊以逆，西晉愍帝亦乘羊車，肉袒出降前趙，王臣攀車涕泣，正是此形象的投射[474]。又相傳黃帝曾夢人執千鈞之弩，驅羊萬群，醒來感嘆此人當能「牧民為善」，羊同樣是順服的角色，西漢時卜式為武帝在上林苑牧羊，也說「非獨羊也，治民猶是」[475]。戰國時有樂羊，漢時有桑弘羊、樂羊子，劉宋時豫州刺史阮佃夫有心腹張羊[476]，北魏拓跋珪安定王世子羊兒[477]，正史所見，如此而已，北朝造像記中另有張羊[478]。看來羊雖討喜，但不是一個會被優先考慮的選項。恰可對照的是西陲地區，常民以羊為名的數量稍多一點，敦煌有麴羔子（P. 5038，丙午 886 或 946）等，吐魯番更就地取材，反映當地畜牧的景觀，有趙羊

472　《魏書》，卷一〇一，〈吐谷渾傳〉；《宋書》，卷九六，〈鮮卑吐谷渾傳〉。
473　西漢・劉向：《列女傳》（《四部備要》本，臺北：臺灣中華書局，1981 年），卷三，〈晉伯宗妻〉謂有畢羊。
474　《資治通鑑》，卷八九，〈晉紀・孝愍皇帝下・建興四年〉。
475　《史記》，卷一，〈五帝本紀〉，《正義》引《帝王世紀》；卷三〇，〈平準書〉。
476　《史記》，卷八〇，〈樂毅列傳〉；卷三〇，〈平準書〉；《後漢書》，卷八四，〈列女傳〉；《宋書》，卷九，〈後廢帝紀〉。
477　《魏書》，卷二，〈太祖紀〉。
478　〈僧智薛鳳規等道俗造像記〉，永安三年（530），《百品》，頁75。

皮[479]等。然而「羊」是否真的就少用於人名嗎？其實也不然，「羊」尚有其他為人所喜愛的文化形象，《說文》：「羊，祥也」，董仲舒《春秋繁露‧執贄》也說：「羔食於其母，必跪而受之，類知禮者，故羊之為言猶祥與」，兩周金文、戰國竹簡均多有羊、祥通假之例，取其吉意，後世亦頗用此諧音，但命名時有祥字可用，「羊」的本字使用率相對遞減，而且以祥為名者不一定會想到羊，故羊在命名選項中不僅被其他動物排擠，甚至也被其通假字取代，在六畜人名中最為弱勢。

二、以其他動物為名

還有一些動物不在六畜之中，也同樣入名，但數量難與猛獸相比，也遠遜於牛、馬、豬、狗，推其原因，應該是這類動物體型通常較小，更為柔弱，而且經濟價值不若後者，因此不易成為優先選項，更常見的情形是作為小名出現。東漢末有武將眭固字白兔[480]，北魏鮮太武帝有子名貓兒[481]，北方民眾則有董兔兒[482]，以及張貓子[483]、魏貓仁[484]。以兔來說，古人列在畋獵「六獸」之末，也是唯一的小型動物（《周禮‧庖人》）[485]，西漢梁孝王曾築

---

479 《吐魯番》第 3 冊，頁 33。

480 《三國志》，卷八，〈張楊傳〉，裴《注》引《典略》。應是正史唯一明確以兔為名之例。鮮卑先世有葛烏兔，總領部落，世為大人，見《北史》，卷九，〈周本紀上〉；《周書》，卷一，〈文帝上〉作葛烏菟，恐是胡語，與兔無關。

481 《魏書》，卷一八，〈太武五王傳〉。

482 〈董黃頭七十人等造像記〉，天保九年（558），《百品》，頁170。

483 《吐魯番》第 3 冊，頁 202。

484 《吐魯番》第 6 冊，頁 49。

485 鄭玄《注》引鄭司農云：「六獸：麋、鹿、熊、麕、野豕、兔」。

兔園[486]，較明確的飼養紀錄是在上林苑豢養百獸，並有「屬兔無數」[487]，但這種大規模的養殖僅限於宮廷，民間難及，南北朝《孫子算經》有雉兔同籠之說，也不足證明當時有普遍圈養野兔的風氣[488]。野貓馴化較兔為早，《韓非子‧揚權》：「使雞司夜，令狸執鼠，皆用其能」，《呂氏春秋‧貴當》：「狸處堂而眾鼠散」，可知早已為人飼養，初用於捕鼠，後來兼為寵物，不過野兔、野貓都與力量無涉，欠缺更豐富的聯想。

　　若論生活中常見的小動物，不能不提到鼠，鑽穴雜食，自古為人所厭，《詩經‧碩鼠》諷刺上位者之重斂，《漢書‧五行志》直云「盜竊小蟲」，前引西晉洛陽謠諺：「洛中大鼠長尺二」，同於《韓非子‧外儲說右上》之喻。鼠於人幾乎全無利益可言，因此南方在正月十五日有種儀式，目的正是為䰩逐鼠[489]，東漢晚期也有「鼠齧衣者，其主不吉」的說法[490]。先秦兩漢史籍不見以鼠為名者，南朝的情形不明，前燕時有丁零人翟鼠[491]，北魏有氐人楊弘，為豪強楊難當之後，因名犯拓跋弘之諱，故以小名「鼠」行世，史書亦多以楊鼠稱之，其子則名苟奴，入洛陽侍孝文帝，可見當時北方未必全以此為諱[492]，西魏時有酋帥李鼠仁據險作亂，也是氐人[493]，北魏造像記有李鼠[494]，東魏段營之子鼠兒[495]，隋代

486　《西京雜記》，卷二。
487　《漢官六種‧漢舊儀補遺》，卷下。
488　《孫子算經》（清乾隆鮑廷博校刊本），卷下。
489　《荊楚歲時記》。
490　《三國志》，卷二〇，〈武文世王公傳〉。
491　《晉書》，卷一一〇，〈慕容儁〉。
492　《魏書》，卷一〇一，〈氐〉。
493　《周書》，卷四九，〈異域上〉。
494　〈比丘惠輔一百五十人造彌勒象記〉，永安三年（530），《魯迅》第 2函第 1 冊，頁 176。
495　〈張法壽息榮遷等造像記〉，天平二年（535），《百品》，頁88。

有李黑鼠[496]。此名在史書中為數極稀，足見其形象之劣，在菁英的命名選項中被排除，但基層民眾和華夏以外的人群仍多使用，當是因為「鼠」在各種家屋動物之中，「賤名」的性格最為強烈，與菁英習慣相牴觸，因此少見紀錄。對照長沙三國吳簡，「鼠」名在動物人名中的比例不低[497]，正好與史籍相反，暗示不同階層可能流行截然不同的命名習慣。在吐魯番亦有大量「鼠名」，已成為固定的命名選項，其中令狐鼠鼻係武騎尉[498]，康冬鼠則是女性[499]，西陲文化成份複雜，儒化程度甚淺，基層民眾尤遠離華夏傳統之籠罩，和長沙吳簡的背景類似，因此史籍中雖不見鼠跡，但在這兩個地區鼠名甚盛，考察俗名、賤名之使用，也必須合各種因素而觀之，才能貼近其實情。

再來，除了雞以外，尋常禽鳥也有用來入名的，前文曾舉東魏有李鸚鵡[500]，稍早有劉宋東陽公主養女王鸚鵡[501]，但至今蒐集所及，僅此二例。再者，菁英幾乎不使用這些尋常禽鳥為名，除了「鳳」、「鸞」，「鴻」字也是自漢代以來就常見的選項，撰有《十六國春秋》的崔鴻即字彥鸞，其弟名為鸑（字彥鷟）、鷗[502]，前者見於《說文》：「鸑鷟也，五方神鳥也」，後者古通於「鴨」，也常與「鴻」並用，這些都是能夠遠翔或高鳴的大鳥，罕見民間使用，如果說有貴庶共通的鳥類人名，當無過於「雀」。

---

496 〈作經藏碑〉，隋代□寅年，《魯迅》第 1 函第 7 冊，頁 1312。

497 胡蘇姝：〈《嘉禾吏民田家莂》人名研究〉，頁 26，計有 8 例。

498 《吐魯番》第 6 冊，頁 213。

499 《吐魯番》第 7 冊，頁 118。

500 〈李氏合邑造像碑〉，興和四年（542），《百品》，頁111。

501 《宋書》，卷八二，〈沈懷文傳〉；卷九九，〈二凶傳〉。

502 並見《魏書》，卷六七，〈崔光傳〉；〈崔鴻墓誌〉，孝昌二年（526），《南北朝彙編》，頁 243-245；〈崔鸑墓誌〉，天平四年（537），同前，頁 405-406。

　　古代之雀帶有神話的身份，《禮記・曲禮上》以青龍、白虎、朱鳥、玄武並列，分屬四方星名，朱鳥為南方七宿之代表，又名朱雀。儘管與龍、虎並列，神雀亦常作為祥瑞，但現實中的雀鳥力量甚微，秦末陳涉少時為人所笑，有「燕雀安知鴻鵠」之嘆，西漢時楚人司馬季主論卜長安，亦說「鳳皇不與燕雀為群」[503]，可知其卑微無疑，雀鳥幾無經濟價值，不像鸚鵡受人豢養，古代用此名者不算多見[504]，東漢末有飛燕、白雀等人，皆為民眾，北朝以此為名者漸多，見於史籍者有北魏宗室元珍（字金雀），高歡叔父名翻（字飛雀）[505]，後有孫騰（字龍雀）[506]、劉雄（字猛雀）[507]、鄭子翻（字靈雀）[508]，還有丁零人翟猛雀，北地人車金雀亦屬羌胡[509]。造像記所見亦多，如楊皇雀[510]、侯青雀[511]。北方民眾似乎也將雜食性的雀鳥當作猛禽看待，合成猛雀之名，後來唐太宗四子魏王李泰也以「青雀」為小名[512]。然而「雀」名之所以流行，除了將此字作為尋常鳥類之泛稱，可能也有風俗心態的意涵在內，「雀」字在漢代可通於爵，《漢書・翟方進傳》有「鷹鸇之逐鳥爵」之說，在鏡銘中亦數數見之，漢畫像石常有引弓射鳥之格套，有學者指出，當取射爵之諧音，意為獵取官爵[513]，中古時

503　《史記》，卷四八，〈陳涉世家〉；卷一二七，〈日者列傳〉。
504　戰國名醫扁鵲原姓秦，名越人，《史記》，卷一○五，〈扁鵲列傳〉，《正義》引〈黃帝八十一難・序〉，說此名號得自軒轅時扁鵲。
505　《魏書》，卷一四，〈神元平文諸帝子孫傳〉，並見〈元珍墓誌〉，延昌三年（514），《南北朝彙編》，頁 107-109；《魏書》，卷三二，〈高湖傳〉。另見《魏書》，卷七七，〈宋翻傳〉，載其字飛烏。
506　《北齊書》，卷一八，〈孫騰傳〉。
507　《周書》，卷二九，〈劉雄傳〉。
508　《北史》，卷三五，〈鄭義傳〉。
509　《魏書》，卷三三，〈張蒲傳〉；卷七七，〈羊深傳〉。
510　〈比丘法雅等千人造九級浮圖碑〉，正始元年（504），《百品》，頁18。
511　〈董黃頭七十人等造像記〉，天保九年（558），《百品》，頁170。
512　《資治通鑑》，卷一九七，〈唐紀十三〉，頁 6195。
513　邢義田：〈漢代畫象中的「射爵射侯圖」〉，《畫為心聲：畫象石、畫象磚與壁畫》（北京：中華書局，2011 年），頁 177-178。

二字擬音均為 tsjak，發音極近，在禽鳥人名中，北朝人獨重雀字，僅次於鸞、鳳，或亦有取於此，可惜南方限於資料，討論只能從闕。另外還有一種鳥雖名為雀，卻是貴種：北魏宗室華山王元鷙（字孔雀）[514]，六鎮之亂時，匈奴人破六韓拔陵部將亦有此名，世襲酋長[515]，北齊也有成皋王高孔雀，善無人[516]。孔雀不產於華北、北亞，《山海經・海內經》謂南方有「孔鳥」，郭璞云即孔雀，西漢初魯恭王已養之[517]，三國曹魏時楊修、鍾會〈孔雀賦〉分別提到「南夏」、「炎方」[518]，均說明在當時的認識中，這是南來的珍貴鳥種，不過孔雀還有另一個輸入渠道，西晉時西域諸國曾進貢汗血馬、孔雀等珍異二百餘品[519]，因此即使南北政權分立，北方仍可能獲取西來的孔雀。元氏等北人同取此名，想來是看重孔雀之貴性，與鸞鳳相類。

　　最後要一提的是獺，顯然不是猛獸，也不是家畜。北周宇文泰為鮮卑人，字黑獺，代郡武川人，祖父名韜，史書說他「以武略稱」，殆為後來追加之名，泰父名肱，仍是一個非漢式的字眼[520]，可知宇文家當時漢化不深，黑獺未必是小名，很可能就是原名，北朝有鄯善強族常氏，也有以黑獺為名者，可見此名出於實物，而非如佛貍之借音[521]。獺在古籍出現甚早，《禮記・月令》有獺祭魚之說，但是否與北朝人所見黑獺為一物，資料有限，不能

514　《魏書》，卷一四，〈神元平文諸帝子孫傳〉。
515　《魏書》，卷九，〈明帝紀〉，並見《北齊書》，卷二七，〈破六韓常傳〉。
516　《北齊書》，卷一九，〈高市貴傳〉。
517　《西京雜記》，卷二。
518　《全文・全後漢文》，卷五一；《全文・全三國文》，卷二五。
519　《晉書》，卷八六，〈張軌傳〉。
520　參看北齊高肱，字如肱，渤海條人，見〈高肱墓誌〉，天統二年（566），《南北朝彙編》，頁 546。
521　〈隋常醜奴暨妻宗氏誌〉，大業三年（607），《隋誌彙考》，第三冊，頁 251-265。

斷言,研究古今動物異同之難亦往往在此,孫詒讓嘗有此嘆:「動
物之學為博物之一科,中國古無傳書,《爾雅》蟲魚鳥獸畜五篇唯
釋名物,罕詳體性」[522],目前根據史料,僅知中古時人所認知的
獺類能捕魚,皮可製冠[523]。北魏末年民間有謠諺:「狐非狐,貉非
貉,焦梨狗子齧斷索」,當時有人就說「索」指鮮卑別稱「索頭
虜」,焦梨狗子為黑獺之俗稱,暗指宇文泰,後來他毒殺孝武帝
元脩,立元寶炬,改稱西魏,如果此說為實,說明「黑獺」在當
時也不一定是很特殊的名字,反映時人廣泛以動物為小名的風氣,
後乃另用漢式雅名[524]。

　　總結以上這些禽畜,或豢養,或野生,或可資利用,或為人
所患,皆出於日常生活,與上一節所論之靈物、猛獸相比,最大
的不同在於缺乏高貴、珍稀或強而有力的特性,因此菁英很少用
為正式名稱,至多作為小名,換言之,物稀則貴,物多則賤,不
足以體現菁英取名的期待與品味[525];相較之下,基層民眾就近取
材,遂留下大量的禽畜之名,端視使用者之背景與命名取象之特
質,與菁英之名形成強弱不等的對比。在本節所論禽畜中,除了
「鼠」絕對有害無益之外,雖然不足以言「貴」,但不能說是
「賤」,因此這種人名可視為「常名」或「俗名」,至於常使人混
淆的「賤名」,則有待下章之析論。

522　清·孫詒讓:《籀廎述林》,〈與友人論動物學書〉,頁384。
523　《梁書》,卷二○,〈陳伯之傳〉。
524　《北史》,卷五,〈孝武帝紀〉。陳寅恪以為黑獺係其原名而非字,泰為
　　獺之雅譯漢名,見〈姚薇元北朝胡姓考序〉,《金明館叢稿二編》,頁274。
525　《舊唐書》,卷六四,〈高祖二十二子〉,載高祖德妃父名尹阿鼠,出身
　　不明,這是唐代貴戚中極少數留下的賤名。

第六章　風俗與人名（下）

　　近代學者關注傳統命名文化與社會風俗之關係，如緒論所言，當推周作人與江紹原，首開風氣之先，可惜的是他們的看法多以隨筆為之，並散見於著作之中，未必能引起讀者的注意[1]。周、江二人都強調「名」在古代社會心態中的特殊性，甚至帶有巫術的性格。這類命名用法雖然普及，但百姓日用而不知，往往不會被記錄，菁英雖仍用之，但未必筆之於書，但如同江紹原所指出，諸如《封神演義》「呼名落馬」的情節，實為古人集體心態之反映。雖然這種想法被胡適（1891-1962）譏為「名教」[2]，但在古人的認識中，「名」無疑具有無形的力量，可以支配一部份的生命，也可以寄託各種祈願，近乎鄭振鐸（1898-1958）所言「名即是實，實即是名」[3]。古代人名也常因此保留豐富的社會心態，甚至是曲折的痕跡，從研究風俗的角度來說，是很珍貴的材料。前章探討了中古時期以「靈物」、「禽獸」為名的習慣，說明當時

1　周作人：〈古樸的名字〉、〈罵與咒〉、〈避諱改姓〉、〈避諱〉，見鍾叔河編：《周作人文類編（六）》（長沙：湖南文藝出版社，1998 年），頁 211-212、309、344-346；〈稱名與避諱〉，見陳子善、張鐵榮編：《周作人集外文》（海口：海南國際新聞出版中心，1995 年），頁 458-459。江紹原：〈名禮〉、〈不僅「名禮」〉、〈「呼名落馬」〉、〈「寄名」〉、〈「借名」〉、〈「偷名」〉、〈「撞名」〉、〈再談「呼名落馬」〉，北京魯迅博物館編：《苦雨齋文叢：江紹原卷》，頁 149-171。
2　胡適：〈名教〉，《治學的方法與材料》（臺北：遠流出版公司，1986 年），頁 69-82。
3　鄭振鐸：〈經書的效用〉，《鄭振鐸文集》（北京：人民文學出版社，1988 年），第 6 卷，頁 342-344。

命名所重的風氣，本章則將討論其他的表現形式與使用情形，最後則分析古代「賤名」的型態，希望將之放置在古人「名」的信仰當中，重新探討後人眼中的「怪名」，可能反映何種意義。

第一節　從長生到喜樂

中古人名除了以傳說或現實中的動物為對象，也其他的自然物象入名，而且相當普遍，可以看出人名取象的多樣性，其中以樹、石入名，最為常見。

一、以樹、石為名

北朝以樹為名的代表人名，當推北魏大都督高樹生（472-526），曾在孝文帝時為都將，討伐蠕蠕，史書說高家出自渤海蓨縣[4]。北齊也有鹿樹生[5]、曹樹生[6]，北周李敏為宣帝宇文贇駙馬，同字樹生[7]。石刻所見「樹」名極多，在一方造像記中同時有楊檀生、王樹生、楊棒生[8]，也都可視為同類，唐初墓誌中有張樹生[9]，玄宗時有丘樹生[10]。然而南朝四史所見，無一菁英以「樹」為名，民眾並不清楚，至少「樹」字在北方通於貴庶，胡漢皆用。除了取自生活中具體的樹木，以樹為名，也可能得自更廣泛的民

4　《魏書》，卷三二，〈高湖傳〉。《北齊書》卷一，〈高歡上〉作高樹。
5　《南齊書》，卷五七，〈魏虜傳〉。
6　《南史》，卷四一，〈始安王遙光傳〉。
7　《北史》，卷五九，〈李賢傳〉。
8　〈僧智薛鳳規等道俗造像記〉，永安三年（530），《百品》，頁74。另一楊棒生見〈法義兄弟等二百人造像記〉，永熙三年（534），《百品》，頁84。
9　〈唐張樹生墓誌〉，長壽元年（692），《西安新誌》，頁 226-227。
10　〈唐丘樹生墓誌〉，開元二十七年（739），《西安新誌》，頁 421-422。

俗思維，在古代神話中，常可見到「生命樹」的原型，有時是人神相通的憑藉，或永恆生命之象徵，在中國古代亦然，以《淮南子·墜形訓》為例，前者如建木，為「眾帝所自上下」的憑依，居於天地之中軸，後者則為同在昆侖的不死樹，樹在古代神話中，每以類似的形象出現，或貫通空間的隔絕，或突破時間的極限[11]。

以上這些以樹為名的例子散見於華北各地，雖然也可能沾染古代的神話思維，很難指出有某一特定的傳說源頭，如果要另覓來源，從民間廣泛使用此名的情況來看，在日常生活中與民眾關係最密者，當屬社樹。先秦以來，多在露天之地立社：

> 天子大社，必受霜露風雨，以達天地之氣也。是故喪國之社屋之，不受天陽也。（《禮記·郊特牲》）

且社多有樹，《周禮·大司徒》：「設其社稷之壝，而樹之田主，各以其野之所宜木，遂以名其社與其野」，《通典·禮五》說天子諸侯之社，「皆立樹以表其處」，《戰國策·秦策》高誘《注》云：「神祠，叢樹也」。春秋時魯哀公問社於宰我，後者答以「夏后氏以松，殷人以柏，周人以栗」（《論語·八佾》），以為三代有別，《淮南子·齊俗訓》述之尤詳：「有虞氏之祀，其社用土；夏后氏其社用松；殷人之禮，其社用石，祀門，葬樹松；周人之禮，其社用栗，祀灶，葬樹柏」，並以社樹之鼠為患（《韓非子·外儲說右上》）。莊子說有社旁櫟樹，「其大蔽數千牛」（〈人間世〉），雖係誇語，但以樹作為社的標誌，當是古代極普遍的現象。劉邦故里豐地有枌榆社，稱帝後常以羊彘祠之[12]，《白虎通·社稷》解釋社樹的功能，是「使民人望見師敬之，又所以表功也」，並引《尚書》

---

11 參楊儒賓：〈太極、通天與正直——木的原型象徵〉，《五行原論：先秦思想的太初存有論》（臺北：聯經出版公司，2018年），頁291-334。
12 《史記》，卷二八，〈封禪書〉。

佚文:「太社唯松,東社唯柏,南社唯梓,西社唯栗,北社唯槐」,未必是先秦定制,但可知古代民眾的集體祭祀,常環繞樹而展開[13],各地社樹也常有神異發生,漢初昌邑王國有社樹枯而復生,被視為昌邑王劉賀嗣位之徵,昭帝時兗州曾禁民眾私自立社,小吏伐斷一株大槐樹,結果夜間其樹復立[14]。早在《史記·秦本紀》已有樹神人格化的記載,東漢末甚至出現人名(《搜神記·樹神黃祖》),前燕時常山有「大樹自拔,根下得璧七十、珪七十三」,慕容儁以為嶽神之命,遂以太牢祀之[15],在相傳為鮮卑發源之地的東北幽都石室,也有與樹相關的崇拜:

> 魏先之居幽都也,鑿石為祖宗之廟於烏洛侯國西北。自後南遷,其地隔遠。真君中,烏洛侯國遣使朝獻,云石廟如故,民常祈請,有神驗焉。其歲,遣中書侍郎李敞詣石室,告祭天地,以皇祖先妣配……敞等既祭,斬樺木立之,以置牲體而還。後所立樺木生長成林,其民益神奉之,咸謂魏國感靈祇之應也。石室南距代京可四千餘里。[16]

這些事蹟都渲染了樹的神奇色彩,唐代諸里祭拜社稷,設饌之家猶應「先修治神樹之下」,並「為瘞埳於神樹之北」[17]。在中古社會的日常空間中,樹始終是重要的座標,而且可以想像,其中不乏年深月久的老樹,被各地民眾賦予靈力的想像[18]。

---

13 陳槃:〈春秋列國風俗考論別錄·叢木為社〉,《舊學舊史說叢》(臺北:國立編譯館,1993年),頁569-570。
14 《漢書》,卷二七中之下,〈五行志七〉。
15 《晉書》,卷一一〇,〈慕容儁〉。
16 《魏書》,卷一〇八之一,〈祭祀上〉。
17 唐·杜佑:《通典》(北京:中華書局,1988年),卷一二一,〈開元禮纂類十六·諸里祭社稷〉,頁3081。
18 瞿宣穎纂輯:〈社樹〉,《中國社會史料叢鈔》(上海:上海書店,1985年),頁455:「以其近托神靈,故種種神話由此而生……後世往往以古木為地方家族祥瑞所關,亦社之遺意也」。

　　這種環繞樹而開展的神聖空間與信仰文化，在世界許多地區都有，北亞便有以自然林木或堆聚樹材為祭祀的風俗[19]，入主中原後亦承舊慣。北魏孝文帝時中書令劉芳精於三《禮》，朝廷吉凶諸事皆備詢之，他曾舉古代經籍、圖書七例，論證社、稷不可無樹[20]，如引許慎《五經通義》之言：「萬物莫善於木，故樹木也」，可見當時儒士也頗看重。基層民眾看待社樹，未必如此精密，但樹木作為生生不息的意象、與古來神異的傳說，讓他們選擇近便，以之為名，是很有可能的。以前近代臺灣社會為例，樹根、樹枝、樹欉或樹生，都是常見之名，印證民眾從日常生活取材命名的習慣，也保留了自古對樹的廣義信仰[21]。

　　至於入名之樹種，中古所見與漢代相同，松、柏都是常見的選項，當有取其堅韌的生命力，不過松也有高逸和成仙的象徵，較常為菁英所用，相較之下，民眾多取其長壽之意。西晉惠帝末有東萊人劉柏根起事，被稱為妖賊[22]，北朝有王松年[23]、裴山松[24]，並有北海人杜松贇[25]；劉宋時有太中大夫裴松之[26]、尚書左丞荀赤松[27]、晉寧太守爨松子[28]，南齊有邵陵王蕭子貞（字雲松）[29]。以柏為名者較松略少，唯前涼西域長史李柏遠在樓蘭，其年代約在

19　江上波夫著，黃舒眉譯：〈匈奴的祭祀〉，《日本學者研究中國史論著選譯》（北京：中華書局，1993 年），第九卷，頁 1-9 的部份。
20　《魏書》，卷五五，〈劉芳傳〉。
21　臺灣民間的老樹信仰，參阮昌銳：〈大樹的崇拜〉，《傳薪集：臺灣原住民與民俗研究期刊論文彙編》（臺北：山海文化雜誌社，2017 年），頁 347-357。唯此文未涉及民眾以樹為名的習慣。
22　《晉書》，卷七〇，〈王彌傳〉。
23　《魏書》，卷三八，〈王慧龍傳〉。
24　《北史》，卷三八，〈裴延儁傳〉。
25　《北史》，卷八五，〈節義傳〉。
26　《宋書》，卷六四，〈裴松之傳〉。
27　《宋書》，卷六〇，〈荀伯子傳〉。
28　《宋書》，卷五，〈文帝紀〉。
29　《南齊書》，卷四〇，〈武十七王傳〉。

東晉咸和至永和年間（325-350），足見即使遠在西陲以外，仍有
此風[30]，北魏有名為栢年者[31]，並有南秦州人楊松柏起事[32]，北齊
有「海賊」李松柏[33]。唐人也用此名，包括唐初名相房玄齡（字
喬松）[34]、牛嶠（字松卿）[35]、唐貞松（字固本）[36]。中唐時有楊
牢擢進士第（字松年），正是取堅牢之象[37]，最別致的是北齊鄘雍
二州刺史吳遷（字松柏），「遷」當為「僊」，得自松柏與神仙的聯
想[38]，盧思道之子名赤松，字子房，更巧用張良學仙的典故（《史
記・留侯世家》）[39]，也有高門婦女以松為名[40]。此外有趙椿[41]、條
椿壽[42]，後者當著眼於「八千歲為春、秋」的生命樹傳說（《莊
子・逍遙遊》），椿字入名不見於中古以前史籍，北朝始稍多，北
魏雍州刺史楊椿，本字仲考，太和中才由高祖賜改「延壽」[43]，
此外有太原太守王椿[44]、岐州刺史裴椿齡[45]，魏末有武將斛斯椿（字
法壽），其弟則字元壽[46]，稍早有瀛州刺史王椿，也字元壽[47]，東

30 〈李柏文書〉於 1909 年出土，現藏日本龍谷大學，詳藤枝晃：〈樓蘭文
　　書札記〉，《東方學報》第 41 冊（1970），頁 197-215。
31 〈常煥等造浮圖記〉，孝昌二年（526），《百品》，頁64。
32 《魏書》，卷五七，〈崔挺傳〉。
33 〈獨孤譽墓誌〉，武平六年（575），《北朝藝術》，頁 178-181。
34 《新唐書》，卷七一下，〈房氏〉。
35 《新唐書》，卷七五上，〈安定牛氏〉。
36 《新唐書》，卷七四下，〈唐氏〉。
37 《新唐書》，卷一一八，〈李甘〉。
38 〈吳遷墓誌〉，武平元年（570），《南北朝彙編》，頁 560-562。
39 《新唐書》，卷一〇六，〈盧承慶〉；〈唐盧赤松墓誌〉，貞觀二十三年（649），
　　《邙洛》，頁 67。唐初另有樊赤松，字貞白，見〈唐故徵士樊君墓誌銘〉，
　　垂拱三年（687），《唐誌彙編》，垂拱〇四二。
40 〈大唐襲容城伯盧君故夫人隴西李氏墓誌銘〉，開元二十一年（733），《唐
　　誌彙編》，開元三八四。
41 〈南石窟寺碑〉，永平三年（510），《百品》，頁 35。
42 〈張猛龍清頌碑〉，正光三年（522），《魯迅》第 1 函第 4 冊，頁 748。
43 《魏書》，卷五八，〈楊播傳〉。
44 《魏書》，卷六八，〈高聰傳〉。
45 《魏書》，卷七一，〈裴叔業傳〉。
46 《魏書》，卷八〇，〈斛斯椿傳〉。
47 《魏書》，卷九三，〈王叡傳〉。

魏天平年中有濮陽民杜靈椿，聚眾萬人起事[48]，都是取椿樹長壽之義。南朝僅見陳朝尚書右丞江椿[49]。看起來以「椿」為名，是中古社會接續既有之松、柏而來的新風氣。

不過與松、柏、椿相較，中古最常入名的樹種仍首推桃樹。相傳先秦已有左伯桃之名，但僅此一見，難以成論[50]，楚漢之際有橋桃畜牧致富，應係正史中最早以桃為名之例[51]，漢末開始漸多，晉代以降，此風更加蓬勃，後秦時有侍御史廉桃生[52]，北魏崔浩小名桃簡[53]，宣武帝有親信趙桃弓[54]、中書舍人劉桃符[55]，孝明帝時有宦官王溫（字桃湯）[56]。北魏末有王桃湯，隨高歡攻討尒朱兆，其部下有楊桃棒[57]，並有女子字苦桃[58]。南朝也不乏其例，齊時有長廣太守劉桃根[59]，梁末侯景有部屬名范桃棒[60]，陳時有監豫州陳桃根獻青牛[61]，只是不像北朝那麼多，不過早在東晉時，王獻之曾贈歌侍女桃葉，傳唱江東，可知此名必有相當程度的流行[62]，且其姊名為桃根，梁時有文士詠倡家少女，其女亦用此名[63]。唐初有蜀人朱桃椎，隱居不仕，史書說他「披裘帶索，沉浮人間」

48　《北齊書》，卷二一，〈高乾傳〉。
49　《南史》，卷六〇，〈江革傳〉。
50　《後漢書》，卷二九，〈申屠剛傳〉，李賢《注》引《烈士傳》。
51　《魏書》，卷一八，〈太武五王傳〉。《後漢書》，卷二九，〈申屠剛傳〉注引《烈士傳》，謂春秋楚平王時有左伯桃。
52　《晉書》，卷五七，〈載記‧姚興下〉。
53　《魏書》，卷三五，〈崔浩傳〉。
54　《魏書》，卷六四，〈郭祚傳〉。
55　《魏書》，卷七九，〈劉桃符傳〉。
56　《魏書》，卷九四，〈王溫傳〉。
57　《北齊書》，卷二一，〈高乾傳〉。
58　《隋書》，卷七九，〈高祖外家呂氏傳〉。
59　《南齊書》，卷二七，〈劉懷珍傳〉
60　《南史》，卷六一，〈陳慶之傳〉。
61　《南史》，卷一〇，〈陳本紀下〉。
62　《先秦漢魏晉南北朝詩‧晉詩》，卷十三，〈王獻之‧桃葉歌三首〉。
63　《先秦漢魏晉南北朝詩‧梁詩》，卷一〇，〈吳均‧行路難〉，並見卷二七，〈費昶‧行路難〉。

[64]，不過在兩《唐書》中，以桃為名僅此一例，或許此俗也和南北許多選項一樣，退藏於唐代菁英之小名。

南北朝人以桃字入名，是個別樹種中最受歡迎的用法，即使松柏都瞠乎其後。在北朝石刻尤其明顯，這裡只能略舉少數表現較為集中的例證，在北齊〈劉碑造像記〉中，有戴桃扶、劉桃棒、王雙桃、曹桃扶、田桃姬[65]，東魏某造義橋碑中，更有楊桃樹、薩桃棒、繁桃樹、馬桃生、張桃棒[66]。女性使用桃字的也不少，光是〈馮神育等二百廿人造像碑〉，就有柏桃姬、柏桃花、趙桃迎[67]。中古桃字人名如此多樣，其故必有可說。對此最早提出解釋的可能是周一良，他注意到石刻中的「桃棒」之名：

> 或由當時迷信，以為桃棒驅鬼之效驗更勝於桃符、桃枝之類耶？[68]

不過他只提到北朝人喜用此名，其實桃字入名不分南北，而且通於各階層。他又說此名或起於「桃棒驅鬼」，但未溯其源。在古代文獻中，「棒」字相當晚出，《說文》未錄，始見於《三國志》，指擊打撲殺之物，作為刑具或武器之用，《抱朴子・酒誡》即以「白刃棒杖」對言，而且在中古時期，特別標明棒之材質的只有桃棒之例，不見松柏竹等，暗示當時人以此為名，必有特別的想法。

如果追溯古代傳說，桃早與鬼物有關，東漢王充《論衡・訂鬼》引《山海經》佚文：

---

64 《舊唐書》，卷六五，〈高士廉〉。
65 〈劉碑造像記〉，天保八年（557），《百品》，頁160。
66 〈于子建等義橋石象碑〉，武定七年（549），《魯迅》第 2 函第 2 冊，頁442、443、444、449。
67 〈馮神育等二百廿人造像碑〉，正始二年（505），《百品》，頁28。
68 周一良：〈蕭衍以及東晉南北朝人小字〉，《魏晉南北朝史札記（補訂本）》，頁 274-275。

滄海之中，有度朔之山，上有大桃木，其屈蟠三千里，其
枝間東北曰鬼門，萬鬼所出入也。上有二神人，一曰神荼，
一曰鬱壘，主閱領萬鬼。惡害之鬼，執以葦索，而以食虎。
於是黃帝乃作禮，以時驅之，立大桃人，門戶畫神荼鬱壘
與虎，懸葦索以御兇。[69]

周代禮儀也使用桃木，《禮記・檀弓下》：「君臨臣喪，以巫祝桃茢
執戈，惡之也」，鄭玄《注》：「為有凶邪之氣在側……桃，鬼所惡」，
《左傳・襄公二十九年》亦有「使巫以桃茢先祓殯」的實例，孔
穎達《疏》：「茢是帚，蓋以桃為棒也」，《禮記・玉藻》鄭《注》
明言桃茢「辟凶邪」。古人選用桃木為茢帚，正是為掃除鬼祟的凶
邪之氣。《左傳・昭公四年》也提到「桃弧棘矢，以除其災」，作
用如杜預所言：「桃弓棘箭，所以禳除凶邪」，孔《疏》也引服虔
「桃所以逃凶」之說，此法也見於戰國秦地，除了桃弓棘箭，桃
木可標以雞羽，用以射鬼，出土秦簡亦詳言「若六畜逢人而言，
是飄風之氣，擊以桃丈（杖）」、「大魅恆入人室，不可止，以桃更
擊之」[70]。《淮南子・詮言訓》：「羿死於桃棓」，高誘《注》引許
慎之說：「棓，大杖，以桃木為之，由是以來鬼畏桃」，明白顯示
漢人已知桃棓剋鬼，而桃棓也就是桃杖；隋代《玉燭寶典》引《莊
子》云古時「斮雞於戶，懸韋炭於其上，插桃其旁，連灰其下，
而鬼畏之」（卷一），此說不見於今本《莊》書，但桃可畏鬼之說，
在當時必有流傳，梁時顧野王《玉篇》又說「棓與棒同」，綜合以

69　《山海經校注》，卷一二。
70　睡虎地秦墓竹簡整理小組編：《睡虎地秦墓竹簡》（北京：文物出版社，
　　2001 年），〈詰〉，頁 212-219。參劉樂賢：〈睡虎地秦簡日書〈詰咎篇〉
　　研究〉，《睡虎地秦簡日書研究》（臺北：文津出版社，1994 年），頁
　　225-232。

上考論，可明「桃梧／桃杖／桃棒」之演變。除桃棒之外，以桃為符也有類似之效，北魏術士劉靈助即以此法聞名：

> 自謂方術堪能動眾……遂刻甋為人象，畫桃木為符書，作詭道厭祝之法。民多信之。[71]

唐初《藝文類聚》引《典術》說明桃符之效，係因桃為「五木之精」（卷八六），《荊楚歲時記》則說是「五行之精，厭伏邪氣、制百鬼」。古人深信桃樹是生命的精華，可以對治、修復對生命的傷害，進而以此作為驅除後者的武器。南齊蕭琛年少時曾刻意著虎皮靴，策桃枝杖，赴丹陽尹王儉之宴，並為儉所深賞[72]，今天已經很難考察此扮相的用意，個人推測這可能是模擬方士儺舞，作為娛樂，儺是自古有之的儀式性表演，漢代官府會在先臘一日舉行大儺，以求逐疫，先以木質猛獸面具行之，復設桃梗等物，並將桃杖賜給公侯[73]，此杖後來也為道教所吸收，作為驅邪的法器，有道士便名為王桃杖、朱桃椎[74]。

如果再進一步追溯，桃亦可和生命樹的傳統相連結，與松、柏、椿相較[75]，前者僅是長青，桃樹不僅會開花，而且結實纍纍，《詩經・桃夭》取其豐美，作為婚媾以延續集體生命的象徵，絕非偶然[76]，在古代傳說中，桃更是延壽的珍品，《列仙傳・葛由》：「得綏山一桃，雖不得仙，亦足以豪」（卷上），最珍貴者則無過於崑崙之桃，成書於魏晉之間《漢武故事》託王母之口說「此桃

71　《魏書》，卷九一，〈劉靈助傳〉。
72　《南齊書》，卷一八，〈蕭思話傳〉。
73　《後漢書》，志五，〈禮儀中〉。
74　分見《太平廣記》卷八六，作挑杖，當作桃為是；《歷世真仙體道通鑑》，卷四三。
75　除桃之外，古人認為柏樹亦可避邪，草木亦多有物魅，見呂思勉：〈述異記〉，《呂思勉讀史札記》（上海：上海古籍出版社，2005 年），頁 1442。
76　參見張亨師：〈《詩・桃夭》甚解〉，《思文論集：儒道思想的現代詮釋》（臺北：臺大出版中心，2014 年），頁 453-467。

三千年一著子，非下土所植也」，《太平御覽》引《神農本草經》，說有玉桃可使人長生不死，甚至臨終服之，屍體亦可「畢天地不朽」，《幽明錄》載東漢和帝時，劉晨阮肇共入天臺之事，廣為後世所聞，值得留意的是在他們起先迷路之時，絕糧幾死，忽見對面絕崖有桃樹，飽啖數枚，才恢復活力，隨後即入仙境，有群女「各持五三桃子」而來，以桃作為超越凡俗生命界限的隱喻，不言可喻。或許是為彌補這種現實無之的缺憾，北魏洛陽的華林園栽有相傳來自崑崙山的桃種，只是並無服食延生的紀錄[77]。要之，古人相信桃之所以能祛除鬼怪，當來自其生生之意象，其背後則為追求不死之理想。況且相較於凡人，神仙已為長生久視之身，仍需食仙桃，現實中的桃亦有其藥效，《荊楚歲時記》便提到元日可「飲桃湯，服却鬼丸」，唐初孫思邈《備急千金要方》說如逢時疫，應於月望日，細剉東引桃枝，煮湯沐浴（卷九），王燾《外臺秘要》亦載桃皮等味入藥，可以殺鬼去惡（卷四）。綜上所言，從形象論，桃兼有現實與文化傳說之美，從功能論，則通於辟邪與長生[78]，以桃為名，應是很自然的選擇。

除了樹之外，以石為名也是當時流行的選項，東晉桓豁（320-377）為桓溫之弟，聞前秦有謠諺云：「誰謂爾堅石打碎」，為了抗衡苻堅，其子二十人都以「石」命名，其中以石虔、石秀、石民、石生、石綏、石康最為知名，六人表字皆不詳，僅知石虔小字鎮惡[79]。桓溫長子桓熙亦小字石頭[80]，同時尚有桓石松[81]，桓

77　《洛陽伽藍記校注》，卷一。
78　參陳槃：《漢晉遺簡識小七種》（臺北：中央研究院歷史語言研究所，1975年），〈漢晉遺簡偶述之續・拾捌、粗製木偶〉，頁59-61。
79　《晉書》，卷七四，〈桓豁傳〉。
80　《世說新語箋疏》，卷一一，〈捷悟〉。
81　《晉書》，卷九九，〈桓玄傳〉。

氏家族似有以此為名的共識，謝安之弟萬石（字石奴）[82]，豫章太守謝鯤之女名真石[83]，謝尚也以「堅石」為小名[84]，不過考察中古正史與墓誌，以石為正式名字的菁英並不多。北胡則多直接以此為名，前秦有右將軍俱石子[85]，後秦有武將姚石生[86]，後涼呂光有將領金石生[87]，北魏景明年間有氐豪名仇石柱[88]。此外，北魏高閭有子名為石頭、小石，皆早卒，餘子名元昌、穆宗等，均襲父祖之爵[89]，冠軍將軍席盛（字石德），自其曾祖以下，均任太守、主簿、郡中正，其父單名樹，他以石為字，無涉於「盛」[90]，北周李裕之父祖皆封公爵，其叔父又娶宇文泰女，他則以石生為字，其義亦與「裕」無關，以上這些例子可以看出，菁英選用「石」字，大半作為小名[91]。石字在基層之間也非常流行，唐代亦然，唐初有一位仇夫人，墓誌未載其夫家之姓，另有一位姓解的路夫人，二人長子皆名石生[92]，直到中唐都還有此習慣[93]。女性也用此名，唐初有姚石姿[94]，中唐房山有李建洪妻名為阿石[95]。

　　從上述例證來看，石字為名的流行應不成問題，但石為死物，不像樹會生長，且隨處可得，以此常物入名，又出自甚麼考量呢？

82　《晉書》，卷七九，〈謝安傳〉。
83　〈謝鯤墓誌〉，太寧元年（323），《南北朝彙編》，頁 27。
84　《世說新語箋疏》，卷一四，〈容止〉。
85　《晉書》，卷一一四，〈苻堅下〉。
86　《晉書》，卷一三〇，〈赫連勃勃〉。
87　《晉書》，卷一二二，〈呂光〉。
88　《魏書》，卷一〇一，〈氐〉。
89　《魏書》，卷五四，〈高閭傳〉。
90　〈席盛墓誌〉，正光四年（523），《新出疏證》，頁 93-95。
91　〈隋李裕墓誌〉，大業元年（605），《高陽原》，頁 38-41。
92　〈唐故洛州仇夫人墓誌〉，麟德二年（665），《唐誌彙編》，麟德〇五七；〈唐路基妻河東解氏墓誌〉，永徽六年（655），《唐誌彙編》，永徽一三六。
93　〈樂安郡孫馬將〉，元和四年（809），《唐誌彙編》，元和〇三六；〈唐故汝州司馬孫府君墓誌銘〉，會昌元年（841），同前，會昌〇一〇。
94　〈陳氏合宗等造四面石象碑〉，唐初，《魯迅》第 2 函第 6 冊，頁 1197。
95　〈巡禮題名碑〉，《房山》，咸通十年（869），頁 51。

以植物為名的主要用意是取其長生，取石類為名，當著眼其堅固，換言之，非取其賤，乃取其堅，可擊碎他物，前述「誰謂爾堅石打碎」，即是證言。以硬物為名的例子還包括「柱」字，東魏河北高門村有張同（銅）柱、張銀瓮聯名造像[96]，後者在瓮前綴以銀字，以增貴重，只是瓮為瓦器，較易碎裂，原不同於石，至於銅柱當然是堅硬之物，是以民間有鄭柱兒之名[97]，早在前燕時也有濟北太守高柱[98]，加上前引「石柱（住）」之例，可知柱體之雄偉、堅硬，是常用的意象，南朝不見以柱為名之例，不過保留了一個特殊的例子，東晉時有名士輕侮僧人，曾稱支遁之小名「阿柱」[99]，能否說明南朝也用此字，尚難確言，但在北方確實是廣用歡迎的選項，以北周大都督叱羅協家為例，長子名為金剛，其次更依序名為山根、石柱、玉良、鐵柱[100]，其中金剛本為至堅之物，石、鐵亦然，山也是由石所成，更說明這類人名背後共通的嚮往，正是石類象徵的堅固、穩定[101]。隋初著作郎王劭上書楊堅，謂各地有掘出青紫石圖、古鐵版、石龜者，皆為堅硬可長存之物：

> 臣以前之三石，不異龍圖。何以用石？石鐵久固，義與上名符合。龜腹七字，何以著龜？龜亦久固，兼是神靈之物。[102]

王說足以證實此節對中古石名心態的解釋，盼能藉此易於生養。隋時亦有宋仲（字鐵錮），名、字無關，後者當屬小名，但絕非取

96　〈張同柱造雙佛像〉，武定五年（547），《曲陽》，頁 163-164。
97　《龍門》，窟號1443，景明元年（500），頁508。
98　《晉書》，卷一一〇，〈慕容儁〉。
99　《世說新語箋疏》，卷二六，〈輕詆〉。
100　〈叱羅協墓誌〉，建德三年（574），《新出疏證》，頁 256-259。
101　後世有將石神化之事，並取以為小兒之名，可推想古代或亦有此風俗，見胡樸安：《中華全國風俗志》，下編，卷三，〈曲江之奇俗〉，頁 663。
102　《隋書》，卷六九，〈王劭傳〉。

禁錮之意，而是以金配合固字，增加硬度[103]，另有東海營丘人呂金綱（剛，字鐵頭）[104]，而且此字也進入女子小名，唐初姚州都督府長史柳子陽第七女名為鐵娘[105]，中唐也有女童小名叫鐵婆[106]。當然，不是所有案例都適用這種心態，史載劉宋范曄為其母如廁時所產，為塼傷額，故取塼為小字[107]，但從龐大的石字人名來看，著眼於「石」，必有共通之想法。其實此意並不起於中古，前已有之，只是菁英會選擇更精巧的作法，而非直接以石為名，東漢班固字孟堅、李固字子堅，都是只言其性，不用其物[108]。

另一種作法是取用石之美者，也就是美玉，玉石兼有貴重、堅硬之性，如苻堅字永固，又名文玉[109]，中唐時有監察御史名為某璥者，也以堅美為字[110]，貞元時有京兆尹薛珏（字溫如）[111]，元和中隴西人李石（字中玉）擢進士第[112]，早在南齊武帝蕭賾便曾笑稱豫章王蕭嶷之小名「阿玉」，玉字是中古菁英階層非常流行的用法，遍及正名、小名，除了取其堅質，更喜其珍貴[113]。這點在唐代大族中更是如此，這裡僅舉一例以概之，玄宗時裴光庭為宰相，族中曾孫名為均、堅、墐、埴、塤，均取土象，玄孫則廣泛以金為名，有鉷、鍔、銅、鐈、鎬、銑、鐇、鍠[114]，先取其堅，

103 〈隋宋仲暨妻劉氏誌〉，大業九年（613），《隋誌彙考》，第五冊，頁 14-18。
104 〈唐呂金綱墓誌〉，顯慶五年（660），《西市墓誌》，頁 138-139。
105 〈唐柳子陽妻皇甫氏墓誌〉，儀鳳三年（678），《西市墓誌》，頁 212-213。
106 〈唐盧季方墓誌〉，大中三年（849），《洛陽續編》，頁 239。
107 《宋書》，卷六九，〈范曄傳〉。
108 《後漢書》，卷四〇上，〈班固傳上〉；卷六三，〈李固傳〉。
109 《晉書》，卷一一三，〈苻堅上〉。
110 〈唐□璥墓誌〉，大中七年（853），《西安新誌》，頁 768-770。唐代菁英以「玉」為名的用法，參考王偉勳：〈「名以正體，字以表德」乎？——唐代人名特點及其文化內涵〉，頁 89-90。
111 《舊唐書》，卷一八五下，〈薛珏〉。
112 《舊唐書》，卷一七二，〈李石〉。
113 《南史》，卷六，〈梁本紀上〉；卷一六，〈王玄謨傳〉。
114 《新唐書》，卷七一上，〈裴氏・中眷裴〉。

又取其貴，從這裡也可以看出菁英與民眾心態雖有共通之處，表現的形式往往懸殊，關鍵不外乎「貴名」習慣的影響[115]。

　　另外有一個案例雖非「人名」，但頗有比較之價值，附帶在此一提。在唐代吐魯番衣物疏中，作為神祇的張堅固之名出現次數甚多[116]，李堅固、里堅故、史堅故（固）也是神名[117]，此外有李定度，也是神名，每與張堅固相搭配[118]，據學者考察，此二名至晚可上溯至南朝劉宋元嘉年間，屢見於歷代買地券中，並擴及西陲。買地券為隨葬用品，目的是向神靈取得葬地的使用權，近乎人神間的契約，衣物疏為亡者隨葬物品之清單，類似古代之遣策，張堅固、李定度則為民間所創造之名，前者將土地實體人格化，後者則其精確之義[119]。此說已有諸多研究，不過這些討論似乎都忽略了「堅固」也可能受到佛教與風俗心態的影響。在現實同樣也有此名，中唐河北房山有錄事張堅固[120]，並有「堅固藏」之法名[121]，張榮宗、菩提信兄妹（或姊弟）刻經，其姨亦名王堅固[122]，其來源當更近於佛教，開元時寧州刺史裴撝夫人名堅（字固兒）[123]。「堅固」見於三國兩晉的漢譯佛典，南朝之後更頻繁出現，取安

115　清・錢大昕：《十駕齋養新錄》，卷一九，〈小名鐵柱〉，頁 371，謂北方小兒乳名多稱柱兒或鐵柱，並言宋代已有之，據本章則可上溯北朝。
116　《吐魯番》第 2 冊，頁 61、63、65、181、216、311；第 3 冊，頁 21、59、62、66、68、117、122、151、267；第 4 冊，頁 32、150；同前冊補遺，頁 4。《吐魯番（新）》，頁 101。
117　《吐魯番》第 2 冊，頁 31，第 3 冊，頁 340；第 5 冊，頁 23；第 2 冊，頁 314。
118　《吐魯番（新）》，頁 101、105。
119　鄭阿財：〈論「張堅固、李定度」的形成、發展與民俗意涵──以買地券、衣物疏為考察對象〉，《民間文學年刊》，第 2 期增刊（2009 年 2 月），頁 25-51。
120　〈大般若波羅蜜多經題記〉，《房山》，貞元八年（792），頁 144。
121　〈大般若波羅蜜多經題記〉，《房山》，貞元十年（794），頁 145。
122　〈大般若波羅蜜多經題記〉，《房山》，貞元七年（791），頁 141。
123　〈大唐故通議大夫使持節寧州諸軍事寧州刺史上柱國裴公墓誌銘〉，開元九年（721），《唐誌彙編》，開元一二九。

穩不動之義，也用作具體人名，東晉譯《長阿含經》有長者子名堅固（卷一六），慧琳《音義》也說那羅延神為堅固之義（卷二一），北涼譯《金光明經》除了菩提樹神，尚說有堅牢地神，同樣是將大地形象化（卷四），加上民眾普遍追求穩定的願望，從而創造、推廣張堅固之名，不無可能；再者，大地既為土石所成，在命名時同樣著眼其堅固，更是自然的連結。本書並不是要推翻前說，只是想藉此說明一名之創造，除了字義，往往涉及宗教、風俗、社會心態，如能縝密比對，當可擴大對個別名字的認識，中古人名對於「堅固」的追求與實踐，就是一個鮮明的例子。

如果說以樹為名追求的是生命的延續，以石為名，則著眼於穩定，在一方東魏造像記中同時有邑子侯磚仁、蟠根之名[124]，不妨作為這一觀察的腳註。這兩者的命義亦非截然劃分，很早就有學者注意到古代化石生子的傳說，並指出可能與高禖立石的崇拜相關，衍為後世求子的風俗[125]，加上石質堅硬，自古也被認為可以鎮壓不祥，北周庾信〈小園賦〉便提到「鎮宅神以䃥石」，不過單就石字人名而論，從石保、石柱，以及與金、鐵、磚、甄等字連用的情況看來，中古以石為名，仍是以其堅質為主，與求嗣、鎮宅較無關係。東晉元帝之母小字銅環[126]，北魏有穆鐵槌，本為代人[127]，周隋時有武將麥鐵杖[128]，唐初時有鄭師（字鐵仗）[129]，武周時也有奉義郎崔思乂，同字鐵仗[130]，除了銅環稍有可疑，其

124 〈李洪演等造像記〉，武定二年（544），《魯迅》第 2 函第 2 冊，頁 373-374。
125 孫作雲：〈中國古代的靈石崇拜〉，《孫作雲文集》（開封：河南大學出版社，2003 年），第 4 卷，頁 664-681。
126 《晉書》，卷三一，〈元夏侯太妃傳〉；《魏書》，卷九六，〈僭晉司馬叡〉。《宋書》，卷二七，〈符瑞志上〉，謂銅環為元帝小字。
127 《魏書》，卷二七，〈穆崇傳〉。
128 《隋書》，卷六四，〈麥鐵杖傳〉。
129 〈唐鄭師墓誌〉，上元二年（675），《西市墓誌》，頁 194-195。
130 〈唐崔思乂墓誌〉，聖曆二年（699），《七朝》，頁 124。

他都是硬物；隋初道民袁神蔭造像，記文中提到其「祖諱釘」[131]，盛唐時扶風郡雍縣尉皇甫悅之子，單名為鐵，墓誌說他「年未髫齡」[132]，更透露以此字作為小名的習慣，論其心態，當係堅硬之聯想，暗示生命之質地亦應如是[133]。

二、延年與辟邪

上述兩類例子都可以印證古人對於生命的追求，不外乎此身長壽、現世安穩，對照中古時期，戰亂頻仍，民心渴求穩定，這類人名多少呼應了當時人心的普遍嚮往。《尚書・洪範》敘「五福」：「一曰壽，二曰富，三曰康寧，四曰攸好德，五曰考終命」，至少就有三者與此有關，《詩經》亦屢言「壽考萬年」、「萬壽無疆」（〈信南山〉）、「萬有千歲，眉壽無有害」（〈閟宮〉），先秦以來，更以呼「萬歲」為祝福歡慶之意（《呂氏春秋・過理》），「千秋」、「萬歲」都是漢代瓦當常用吉語，平城出土北魏瓦當也有「大代萬歲」、「皇魏萬歲」等語[134]。想在人名中表達這種願望，或取樹之生，或取石之堅，乃至直接陳述，西漢史游《急就篇》便以「宋

---

131 〈道民袁神蔭造天尊像〉，開皇六年（586），《道教經典》，頁 150。可能有人會懷疑「釘」自始否與「男丁」有關，這個用法在中古應該尚未出現，查檢中古以前正史及石刻資料，皆無此例。陳思《小字錄》載唐盧仝命子為「添丁，欲為國持役也」，然未詳典據。

132 〈唐皇甫悅暨妻李氏墓誌〉，天寶十載（586），《高陽原》，頁 198-199。

133 後來有兩條記錄，頗能貼切說明以「鐵」為名的心態通於古今：清・吳任臣：《十國春秋》，卷二四，〈南唐十〉：「陳誨，建安人，始生數月，足脛能履，父異之，因小字阿鐵；及長，趫捷有勇力，時人呼為陳鐵」；清・徐珂編撰：《清稗類鈔》，〈漢人取滿名〉，頁 2160：「臨桂況夔笙太守周頤，嘗官內閣中書。在京日，得一子，甚慧，愛之篤，懼其夭也，為命名曰額爾克。額爾克，滿語也。以漢文譯之為鐵，欲其如鐵之堅固耐久也，然其後竟夭」。

134 殷憲：〈北魏平城磚瓦文字簡述〉，《山西大同大學學報（社會科學版）》第 23 卷第 1 期（2009 年 4 月），頁 39。

延年」為所敘姓名之首，後接「衛益壽」、「周千秋」等，北齊天保年間的一方造像記也有孫万年、劉永固之名[135]，可以「延年」總括其心態，除了樹、石之名，最常見的作法正是以百、千、萬等數字，加上年、齡、歲等時間量詞[136]。南北朝最顯著的例子是北魏名將于栗磾，本為代人，長子名祚（字萬年），其弟名忠（字思賢），本字千年，又有弟名景（字百年）[137]，都是祈求長生的小名。若以「百」為例，尚有枹罕鎮將長孫百年[138]，平民有董佰壽[139]。南朝宋末有沙門起事，自稱司馬百年[140]。以「千」為例，北周梁椿[141]、叱列椿皆字千年[142]，另有大酋主李千年（字延世）[143]。以「萬」為例，西漢宣帝年間有太僕陳萬年[144]，同時有將作大匠解萬年[145]，烏孫公主之子同名[146]，東漢章帝時有殤王萬歲[147]，三國吳安國將軍朱治之子也同名[148]。西晉惠帝時有氐帥齊萬年[149]，前燕慕容皝也以此為小字[150]，北魏太武帝景穆太子拓跋晃有子名為萬壽、長壽[151]。當時「萬歲」與「百年」相同，皆為通俗之名，

---

135 〈郭猛八十人等造塔像記〉，天保八年（557），《百品》，頁151。
136 參邢義田：〈漢簡、漢印與《急就》人名互證〉，《地不愛寶：漢代的簡牘》（北京：中華書局，2011年），頁84-101。
137 《魏書》，卷三一，〈于栗磾傳〉；〈于景墓誌〉，孝昌二年（526），《南北朝彙編》，頁254-256。
138 《魏書》，卷七下，〈高祖紀下〉。
139 《龍門》，窟號1443，太和十七年（493），頁506。
140 《宋書》，卷七八，〈蕭思話傳〉。
141 《周書》，卷二七，〈梁椿傳〉。
142 《周書》，卷二〇，〈叱列伏龜傳〉。
143 〈張闥墓誌〉，建德六年（577），《墨香閣》，頁196-197。
144 《史記》，卷二二，〈漢興以來將相名臣年表〉；《漢書》，卷六六，〈陳萬年傳〉。
145 《漢書》，卷七〇，〈陳湯傳〉。
146 《漢書》，卷九六上，〈西域傳上〉。
147 《後漢書》，卷五五，〈章帝八王傳〉。
148 《三國志》，卷五六，〈朱治傳〉。
149 《晉書》，卷四，〈惠帝紀〉。
150 《晉書》，卷一〇九，〈慕容皝〉。
151 《魏書》，卷一九上，〈景穆十二王傳上〉。

遠無後來作為皇帝專屬稱謂之意，西魏文帝元寶炬便嘗稱其將領李遠「李萬歲」[152]。

　　以「萬」入名者相當不少，東晉有長史孟嘉（字萬年）[153]，劉宋後廢帝有近臣楊萬年[154]，北魏有獨孤萬齡[155]，劉宋時東陽太守阮萬齡[156]，唐初馮承素（617-672）也以萬壽為字，乃小名之保留[157]。另一種作法是結合「春」、「秋」，劉宋晚期有御史中丞荀萬秋[158]，北魏有夏萬秋[159]，隋時有東宮左親侍盧萬春[160]，唐代有武將雷萬春[161]，至中唐猶有武萬秋[162]。「萬春」當為通用之詞，可用於祝頌，西晉初司馬炎擄獲吳主孫皓，要他試作南方流行的「爾汝歌」，其歌即有「上汝一栢酒，令汝壽萬春」[163]，晉時長安皇宮有萬春門[164]，後為南北都城所沿用，劉宋元嘉二十年（443）分別在建康城東西開萬春、千秋二門[165]。北齊有垣春長、垣秋生之名[166]，不知是否為兄弟，合觀春秋生長，自是延年之美意[167]。

---

152 《周書》，卷二五，〈李賢傳〉。閻廷亮指出唐玄宗以降，幾乎不復見「萬歲」人名，直至明清亦然，殆與武周時連續以「天冊萬歲」、「萬歲登封」、「萬歲通天」作為年號有關，見〈唐人姓名研究〉，頁106-109。

153 《晉書》，卷九八，〈桓溫傳〉。

154 《宋書》，卷九，〈後廢帝紀〉。

155 《南齊書》，卷三九，〈陸澄傳〉。

156 《晉書》，卷四九，〈阮籍傳〉；《宋書》，卷九三，〈阮萬齡傳〉。

157 〈唐馮承素墓誌〉，咸亨三年（672），《西市墓誌》，頁178-179。

158 《宋書》，卷六〇，〈荀伯子傳〉。

159 〈張猛龍清頌碑〉，正光三年（522），《魯迅》第1函第4冊，頁747。

160 〈隋故東宮左親侍盧君墓誌銘〉，永徽六年（655），《唐誌彙編》，永徽一二五。

161 《新唐書》，卷一九二，〈忠義中〉。

162 〈唐武萬秋墓誌〉，大和六年（832），《西市墓誌》，頁840-841。

163 《世說新語箋疏》，卷二五，〈排調〉。

164 《晉書》，卷四〇，〈楊駿傳〉。

165 《宋書》，卷五，〈文帝紀〉。

166 〈靜明等修塔造像記〉，天保八年（557），《百品》，頁158。

167 參辛德勇：〈北齊大安樂寺碑與長生久視之命名習慣〉，《石室賸言》（北京：中華書局，2014年），頁302-325。

　　如以「延年」為例，西漢便有多人直接以此為名[168]，武帝時有侍中李延年，善音律，出身故倡家族[169]，經學家孔安國之兄同名[170]，李陵麾下有成安侯韓延年，其父名千秋[171]，後有杜延壽、延考、延年三兄弟[172]。西晉宗室司馬羕（字延年）[173]，前趙有左獨鹿王劉延年[174]，後秦姚萇以尹延年為參軍[175]，北魏有幽州刺史王延年[176]，劉宋時顏延之（384-456）以此為字[177]，稍晚王僧孺之父亦名延年[178]，唐初有宗室餘杭郡司馬李延年[179]。此外尚有長生、延壽、延齡等名，前秦苻健之子苻生、西涼李暠（字玄盛），皆以長生為字[180]，北魏扶風太守張永（字萇命）[181]、臨洮太守堯遵（字延壽）[182]，寇謙之父名脩之，曾任苻堅東萊太守，以延期為字，亦屬此意[183]，民間有史萇受（長壽）[184]、劉益壽、賈萇命[185]，反映亂世中人對生生的渴望，就連僧尼也以「壽」字為法名[186]。唐代這類人名也非常多，這裡舉李多祚、張九齡（字子壽）為例，

168　《漢書》，卷一五上，〈王子侯表上〉；卷一七，〈景武昭宣元成功臣表〉。
169　《史記》，卷四九，〈外戚世家〉；《漢書》，卷九三，〈李延年傳〉。
170　《史記》，卷四七，〈孔子世家〉；《漢書》，卷八一，〈孔光傳〉。
171　《漢書》，卷五四，〈李廣傳〉。
172　《漢書》，六〇，〈杜周傳〉；《新唐書》，卷七二上，〈杜氏〉。
173　《晉書》，卷五九，〈汝南王亮傳〉。
174　《晉書》，卷一〇一，〈載記第一〉；卷一〇二，〈劉聰〉。
175　《晉書》，卷一一六，〈姚萇〉。
176　《魏書》，卷九，〈肅宗紀〉。
177　《宋書》，卷七三，〈顏延之傳〉。
178　《南史》，卷五九，〈王僧孺傳〉。
179　《新唐書》，卷七〇下，〈高祖‧徐王房〉；卷七九，〈高祖諸子〉。
180　《晉書》，卷一一二，〈苻生〉；卷八七，〈涼武昭王李玄盛傳〉。
181　〈張永墓誌〉，延昌二年（513），《珍稀百品》，頁2-3。
182　〈北魏堯遵墓誌〉，熙平三年（518），《七朝》，頁12。
183　《魏書》，卷四二，〈寇讚傳〉。
184　〈袁永等五十人造像記〉，正光三年（522），《百品》，頁54。
185　〈凝禪寺三級浮圖碑〉，元象二年（539），《百品》，頁99。
186　〈報德玉像七佛頌碑〉，武定三年（545），《百品》，頁121，有比丘疊壽；〈靜明等修塔造像記〉，天保八年（557），《百品》，頁158，有比丘尼惠壽。

二人一武一文，前者先世出於靺鞨，後者是韶州曲江人，不分南北都使用這類名字[187]，李延壽、裴延齡也是沿用舊法[188]。唐初高昌學童卜天壽以打油詩傳世，見於 1969 年新疆阿塔那唐墓出土《論語鄭氏注》卷末，時為景龍四年（710），他約十一、二歲[189]，可知這類命名不分地域與階層。北齊大臣陸延壽，代郡永固人，字萇洛，洛即為樂（說詳下），以壽、樂相結合——這位陸延壽生前身後，備極榮華，而且享高壽九十五歲，誠無愧其名字[190]。

除了這類人名，以「彭祖」為名也承自前代，傳為西漢劉向所撰《列仙傳》說彭祖享壽八百餘歲，常服靈芝，並善於導引行氣，後來升仙，在古代被視為人間長壽的代表，並見《莊子・逍遙遊》、《楚辭・天問》，葛洪《抱朴子・對俗》便言「人中之有老彭，猶木中之有松柏」，後來彭祖也被神化，《列仙傳》說常有兩虎在其祠側，且禱請風雨，莫不有應，漢晉人以此為名，想來同樣出於長生不死的祈願，希望能壽如彭祖，唐代甚至有人自稱「彭城彭仙公之後」，讚嘆「遠祖老彭，不滅不生，延年壽考，日月齊明」[191]。西漢有宗室趙王劉彭祖[192]，東漢宣帝時有博士嚴彭祖[193]，曹操之子曹宇亦字彭祖[194]，吳後主孫皓也有此名，為出生時由祖父孫權所命，顯是小名[195]，兩晉王浚等人皆字彭祖[196]。其意不外乎祈求長壽。此外，《史記・老子韓非列傳》載老子「百有六十餘

187　《新唐書》，卷一一〇，〈李多祚〉；卷一二六，〈張九齡〉。
188　《新唐書》，卷一〇二，〈李延壽〉；卷一六七，〈裴延齡〉。
189　《吐魯番》第 7 冊，頁 548、551。
190　〈陸延壽墓誌〉，武平六年（575），《墨香閣》，頁 184-185。
191　〈唐河東上黨郡大都督府屯留縣故彭君墓誌之銘〉，開元二十一年（733），《唐誌彙編》，開元三九一。
192　《史記》，卷五九，〈五宗世家〉。
193　《後漢書》，卷七七，〈酷吏傳〉。
194　《三國志》，卷二〇，〈武文世王公傳〉。
195　《三國志》，卷四八，〈孫皓傳〉。
196　《晉書》，卷三九，〈王沈傳〉。

歲，或言二百餘歲，以其脩道而養壽也」，也常與彭祖相結合，進入名字的祈願之中，如東晉穆帝司馬聃，字彭子[197]，稍前有羊聃，也字彭祖[198]。此風延續至唐代，中唐名相李吉甫（758-814）家族有名為老彭者[199]，鄂州永興縣尉周著也字老彭[200]，奉禮郎盧彭壽[201]，趙郡李氏有彭年、喬年兄弟[202]，另一對趙姓兄弟，則以堯年、彭年為名[203]，也有童子名為阿彭[204]。另有洪州別駕徐次彭字壽卿，其弟名為次聃[205]，此名祈壽之義，昭然無疑。此外，在唐代還有一種「翁」字人名，極可能也取其祈求長壽易養的作用，包括翁念、翁愛、翁喜、翁胤[206]，其中翁愛已見於東晉女子之名[207]，可知此法由來已久。在目前見到的女性人名中，長壽、長生不是常見的選項，唯一一例是中唐時有張姓女子，名為百歲娘子[208]。

　　這類願望也從個體擴展到家族的存續，以唐代來說，唐初許紹、張後胤皆字嗣宗[209]，或許是遙接魏晉時阮籍（210-263，字嗣宗）的作法，但其意絕不待阮籍始有之，除了血脈之延續，世俗也看重家族之安樂、繁盛、榮耀，在北朝造像記就有許多以「族」

197　《晉書》，卷八，〈孝宗穆帝〉。

198　《晉書》，卷四九，〈羊曼〉。

199　《新唐書》，卷七二上，〈趙郡李氏·西祖〉，並見〈唐故博陵崔君夫人李氏墓誌銘〉，大中元年（847），《唐誌彙編》，大中〇〇九。

200　〈唐故鄂州永興縣尉汝南周君墓誌銘〉，大和八年（834），《唐誌彙編》，大和〇七七。此老彭當出自《論語·述而》，詳本書第四章。

201　《新唐書》，卷七三上，〈盧氏〉。

202　《新唐書》，卷七二上，〈趙郡李氏·西祖〉。

203　〈唐趙藤墓誌〉，元和六年（811），《西市墓誌》，頁764-765。

204　〈唐盧阿彭墓誌〉，建中二年（781），《西市墓誌》，頁650-651。

205　《新唐書》，卷七五下，〈徐氏〉。

206　《新唐書》，卷七二中，〈溫氏〉，有翁念、翁愛；卷七五上，〈北祖鄭氏〉，有翁喜、翁胤。

207　〈夏金虎墓誌〉，太元七年（382），《南北朝彙編》，頁30。

208　〈唐內莊宅使都勾官清河張府君墓誌〉，大中四年（850），《唐誌彙編》，大中〇四〇。

209　《新唐書》，卷九〇，〈許紹〉；卷一九八，〈儒學上〉。《唐書》中以此為名者有多人。

字為名的案例，幾乎都反映這種心態，西魏有一方造像記即出現薛蔭族、吳蔭族、張榮族[210]，北周也有同璠歡族、同璠榮族、同璠族昌[211]，誠如北魏後期一方造像記所言迴向：「現世之報，延年益壽，子孫興隆，所願如斯」[212]，唐初也有文士許敬宗（字延族）[213]，唐代的「嗣」字人名更是不勝枚舉[214]，菁英更會取資古典，加入「構」字，由延年益壽而生生不息、紹述祖業，如同《詩經·文王》所稱「本支百世」，正是這類名字共同的嚮往。

　　除了正面表述「生生」的想法，有害於「生」者便成為排除的對象，這一點在人名中也有表現。古人認為「善」的重要內涵，正在於「生」的實現與延續，《易·繫辭》云「天地之大德曰生」，並謂「繼之者，善也」，故有害於此者即「惡」，人名中既高揚生生之善，另一方面也藉此傳達制惡的心態。在前引東晉桓氏家族之中，桓石虔便以鎮惡為小字，他自小勇健過人，叔父桓沖曾為前秦苻雄所圍，史書說他「拔沖於數萬眾之中，莫敢抗者」，民間有患瘧疾者，只要以此名怖之，往往痊癒[215]。「鎮惡」之名不見於前代史籍，似是兩晉才開始流行，東晉武將王鎮惡因生於五月五日，犯世俗之忌，家人欲令出繼，唯祖父王猛不以為然，並為他取名如此，可見當時人相信此名有其威力，可以震懾不祥[216]。北

---

210 〈薛山俱二百他人等造象〉，西魏□□元年，《魯迅》第 2 函第 3 冊，頁 569、571。
211 〈同璠龍歡一百人等造象〉，保定二年（562），《魯迅》第2函第5冊，頁946。
212 〈仇臣生造像記〉，正光五年（524），《百品》，頁62。
213 《新唐書》，卷二二三上，〈許敬宗〉。
214 閻廷亮：〈唐人姓名研究〉，頁 78。唐代「嗣」字人名有 182 例，在字頻中排第四十九。
215 《晉書》，卷七四，〈桓彝傳〉。
216 《宋書》，卷四五，〈王鎮惡傳〉。

朝末有襄城令李鎮惡[217]，其父名為野王，兩者都有追求威猛之意，
與王家祖孫相同[218]。《太平廣記》說梁時也有道士名王鎮惡（卷一
一六）。與此相同的還有丁辟耶[219]、李辟耶[220]，邪、耶可通，辟邪
即是鎮惡。早在《孟子》已有「放辟邪侈」之說（〈梁惠王上〉），
意指行為放蕩，但多數人對「辟邪」的認識，往往更著眼風俗的
意義，《禮記‧喪服大記》說貴族喪禮大殮時，須有「小臣二人執
戈立于前，二人立于後」，孔穎達《疏》說此舉是為「辟邪氣也」；
漢人又以辟邪為異獸之名（《漢書‧西域傳上》），至晚在梁朝已有
石辟邪的記載，時代應該還可以上推[221]，而且形象已與虎結合[222]。
以此作為人名，首見於三國時，魏明帝宮中有使者以此為名[223]，
北魏亦有宗室元亮（字辟邪）[224]，相州刺史堯暄源出上黨，取字
亦同[225]，東益州刺史楊辟邪，先世皆為氐豪[226]，韋匡伯出身關隴
貴家，墓誌載其字辟邪[227]，唐時趙郡李氏也有人以此為名[228]。同
樣的例子還有辟惡，北魏有趙辟惡[229]，楊堅從祖弟楊弘（字辟惡）
[230]，梁陳之際有東廣州刺史獨狐辟惡[231]，唐初有戎州都督劉辟惡

217　《舊唐書》，卷九四，〈李嶠〉。
218　《新唐書》，卷七二上，〈趙郡李氏〉。
219　《龍門》，窟號1181，孝昌二年（526），頁352。
220　〈李氏合邑造像碑〉，興和四年（542），《魯迅》第 2 函第 2 冊，頁 320。
221　《南史》，卷七，〈梁本紀中〉。
222　《南齊書》，卷一七，〈輿服志〉。《洛陽伽藍記校注》，卷一，〈長秋寺〉，
　　　則與師子並列。《舊唐書》，卷四四，〈職官三〉說凡行幸之處，尚舍局
　　　會於板上畫辟邪獸。
223　《三國志》，卷三，〈明帝紀〉，裴《注》引《魏略》；卷一四，〈劉放傳〉，
　　　裴《注》引《世語》。
224　《魏書》，卷一六，〈河南王曜傳〉。
225　《魏書》，卷四二，〈堯暄傳〉。
226　《魏書》，卷一一，〈叱羅協傳〉；卷四九，〈氐〉。
227　李明：〈韋匡伯墓誌抉疑〉，《中原文物》2017 年第 4 期，頁 79-86。
228　《新唐書》，卷七二上，〈趙郡李氏‧西祖〉。
229　《魏書》，卷五一，〈封敕文傳〉。
230　《隋書》，卷四三，〈河間王弘傳〉。
231　《南史》，卷九，〈陳本紀上〉。

唐初有戎州都督劉辟惡（字文備）[232]，趙郡李氏亦有名為鎮惡者，加上前引李辟邪，是兩《唐書》中僅見之例[233]。

　　這些人名中的「邪」、「惡」所指不明，但可想見並非孟子所謂之異端邪說，而是有害於人的力量，尤其是指精怪或鬼魅，古人用來對治的方式有很多，秦始皇時方士盧生說「人主時為微行，以辟惡鬼」[234]，漢武帝方士少翁謂於勝日駕雲氣車，也有同樣的效果[235]，先秦僅說死者為鬼（《禮記・祭法》），並言鬼如有歸，則不為厲（《左傳・昭公七年》），但在秦漢方士看來，鬼顯然具有為惡的性質，並云傳有禁方，服之乃見鬼物[236]，鬼雖無形，卻能對人產生實質的影響。古書對於鬼的種類與作用並未詳說，僅言有新故大小之別（《左傳・文公二年》），幸而戰國秦簡中有所保留，使後人得以窺見古代的鬼類知識，以及制鬼之術[237]，實際上除了鬼名，此篇還記有不少精怪異物，唯不若《山海經》之詳，在當時人眼中，這些都是人類生命存續之敵體[238]，至於為害之法，主要是導致疾病。古人常將病因歸於無形鬼物，方士治鬼，亦常針對這一點而起，東漢費長房得到神人授符，遂能「醫療眾病，鞭笞百鬼」，後來更深為道教所重[239]。中古歷經佛道之崛起，當時人

232　〈唐劉辟惡墓誌〉，顯慶三年（658），《西市墓誌》，頁 122-125。
233　《新唐書》，卷七二上，〈趙郡李氏・東祖〉。
234　《史記》，卷六，〈秦始皇本紀〉。
235　《史記》，卷一二，〈孝武本紀〉。
236　《史記》，卷一〇五，〈扁鵲列傳〉，司馬貞《索隱》。並參林素娟：〈先秦至漢代禮俗中有關厲鬼的觀念及其因應之道〉，《成大中文學報》第 13 期（2005 年 12 月），頁 59-94。
237　《睡虎地秦墓竹簡》，〈詰〉，頁 212-219。
238　參蒲慕州：〈中國古代鬼論述的形成（先秦至漢代）〉，收入蒲慕州編：《鬼魅神魔：中國通俗文化側寫》，頁 19-40；杜正勝：〈古代物怪之研究——一種心態史和文化史的探索（一）、（二）、（三）〉，《大陸雜誌》104 卷 1、2、3 期（2001 年 1、2、3 月），頁 1-14、1-15、1-10。
239　《後漢書》，卷八二上，〈方術傳下〉。

所認知的鬼物精怪型態，仍與過去相去不遠，對治之法乃益為詳密，干寶《搜神記》、葛弘《抱朴子》都有所記載，如葛書〈登涉篇〉便論及「辟山川廟堂百鬼之法」[240]，但在這些著作或後人研究中，都沒有提到中古前期有以鎮惡、辟邪為名的風氣，這種人名其實也可以歸於劾鬼心態的產物。周一良曾指出東晉習鑿齒（?-383）之名得自道家琢齒之法，以求辟邪祛鬼，故字彥威，兼有長生之意，此說猶待更多考證，但其思路值得重視[241]。

　　鬼物自古固然是人所畏懼的對象，但在北朝社會，有一類人名並不諱鬼，而且直接點出「鬼」是必須消滅的對象：北魏時長信卿羅結之子名為殺鬼[242]，民間有盜匪程殺鬼[243]，北齊代郡人叱列平，世襲第一領民酋長，亦字殺鬼[244]，梁州刺史劉殺鬼[245]，北周段威字殺鬼[246]，同時有右衛大將軍王煞鬼[247]。過去學者對這類人名往往詫其不馴，實際上，北方民眾使用此名者甚多，個人眼目所及，就有蘭噉鬼[248]、張殺鬼[249]、劉斫鬼[250]、郭煞鬼[251]、王搦

240 劉英：〈《搜神記》與道教劾鬼術〉，收入中國魏晉南北朝史學會、四川大學歷史文化學院編：《魏晉南北朝史論文集》（成都：巴蜀書社，2006年），頁304-313。

241 周一良：〈習鑿齒與釋道安之對話〉，《魏晉南北朝史札記・補訂本》，頁99-101。也有人不同意這個看法，認為此名純取白石之義，見葉植：〈習鑿齒名字釋義〉，收入樓勁主編：《魏晉南北朝史的新探索：中國魏晉南北朝史學會第十一屆年會暨國際學術研討會論文集》（北京：中國社會科學出版社，2015年），頁378-390。

242 《魏書》，卷四四，〈羅結傳〉。

243 《魏書》，卷一八，〈太武五王傳〉。

244 《北齊書》，卷二〇，〈叱列平傳〉。

245 《北齊書》，卷四五，〈文苑傳〉。

246 〈段威及妻劉妙容墓誌〉，開皇十五年（595），《新出疏證》，頁419-421。《隋書》，卷六〇，〈段文振傳〉，未載段威之字。

247 〈大唐故王君墓誌銘〉，顯慶三年（658），《唐誌彙編》，顯慶〇七三。

248 《龍門》，窟號0712，正光六年（525），頁267-268。

249 〈標異鄉義慈惠石柱頌〉，太寧二年（562），《百品》，頁195。

250 〈薛貳姬等造鐵丈六象記〉，河清二年（563），《魯迅》第2函第3冊，頁755。

251 〈聖母寺四面碑象〉，保定四年（564），《魯迅》第2函第5冊，頁958。

鬼[252]等，隋初的一方造橋碑同時有維那高噉鬼、營橋人密噉鬼、喬噉鬼三人[253]，在北方的命名習慣中，明顯有壓制鬼物的心態，特別是有胡族背景的使用者，毫不以鬼字為嫌，且欲撲之噉之，這種人名對後世而言匪夷所思，而且似乎也僅見於北朝。在兩《唐書》中，唐初武德四年（621）有戴州刺史孟噉鬼謀反，是此名在唐後史書中唯一的紀錄[254]，墓誌所見，僅有宿衛李洪其之祖父名為殺鬼，洪其卒於開元十六年（728），其祖應係唐初人，其名想為北朝之餘習[255]。這類名字在唐代以後民間的使用情形不得而知，但可想見與夜叉、羅剎類似，不會為沾溉儒風的菁英所喜，唐睿宗垂拱二年（686），魚保宗上書請置匭，並使御史中丞、侍御史為理匭使，玄宗天寶九載（750），因「匭」聲近「鬼」，遂改為獻納使，至德元年（756）又恢復[256]。社會仍深信鬼物之存在，亦不乏驅鬼之法，但不復如北朝在人名中直接表示反擊。

　　這種心態也可以從鍾（鐘）葵之名得到印證，就正史所見，北魏有北地王世子拓跋鍾葵[257]、頓丘王李鍾葵[258]，李先亦有子同名[259]，北齊幼主有近臣慕容鍾葵[260]，後主時有宦官宮鍾馗[261]，中

252　〈玄極寺碑〉，河清四年（565），《魯迅》第 1 函第 6 冊，頁 1036。

253　〈密長盛等造橋殘碑〉，開皇二十年（600），《魯迅》第 1 函第 7 冊，頁 1253。

254　《新唐書》，卷一，〈高祖〉。

255　〈唐故左領軍衛翊衛隴西李君安定郡皇甫夫人合葬銘〉，開元二十年（732），《唐誌續編》，開元一一一。

256　《新唐書》，卷四七，〈百官下・門下省〉。元朝至元三年（1266）頒布表章定制體式，列舉須迴避者達一百六十七字，其中也有鬼、怪、幽、靈在內，見氏・不著編人：《大元聖政國朝典章・禮部》，卷一，〈禮制一〉。

257　《魏書》，卷二，〈太祖紀〉。

258　分見《魏書》，卷七上，〈高祖紀上〉；卷三三，〈李先傳〉。

259　《魏書》，卷三三，〈李先傳〉。

260　《北齊書》，卷八，〈幼主紀〉。

261　《北史》，卷九二，〈恩幸傳〉。

軍將軍元賢真之孫亦為此名[262]，北周另有楊鍾葵，係楊堅之族祖
父[263]，隋初有刺史喬鍾葵[264]，煬帝時有蜀郡都尉段鍾葵[265]。石刻
保留案例亦多，北魏有尚書盧鍾葵[266]，隋初有元鍾（字鍾葵），係
北魏昭成皇帝拓跋什翼犍十一世孫，生於北齊天保年間[267]，同時
有王鍾葵（字猛徹）[268]，穆孝懃生於北周，穆家自高祖以下，俱
封王、公，他本人歷仕北周、隋、唐三朝，墓誌說「年逾四紀」，
可知其顯赫，他也以鍾馗為字[269]，開皇年間有李鍾葵[270]，唐初華
歆亦字鍾葵[271]，並有朝請大夫張鍾葵[272]。北魏甚至有同一造像記
中，有三個姓楊的人都叫鍾葵，並有楊可畏，兩者用意相通[273]。
關於此名之起源及與神靈鍾馗之關係，至今猶無定論，不過就人
名來說，在北朝社會，鍾葵鎮惡驅鬼的形象是始終清楚的[274]，最
好的例證無過於前文引及的北魏堯暄，史書說他字辟邪，又說本
名鍾葵，後來改賜此名，鍾葵之名雖被取代，但仍以辟邪為字，
不願棄捨其義，可見二名有共通的涵義[275]，最晚在唐初道教經典
中也出現名為鍾馗的具體神靈，能夠鎮壓病鬼[276]。可與鍾葵相比

262　〈元賢真墓誌〉，天保四年（553），《墨香閣》，頁 102-103。
263　《北史》，卷七一，〈隋宗室諸王傳〉。
264　《北史》，卷七〇，〈皇甫璠傳〉。
265　《隋書》，卷八八，〈魚俱羅傳〉。
266　〈唐劉某妻盧渠夷墓誌〉，貞觀元年（627），《高陽原》，頁 50-51。鍾
　　　葵為誌主祖父。
267　〈隋元鍾誌〉，大業七年（611），《隋誌彙考》，第四冊，頁 167-171。
268　〈隋王鍾葵誌〉，大業九年（613），《隋誌彙考》，第四冊，頁 353-355。
269　〈唐穆孝懃墓誌〉，武德八年（625），《高陽原》，頁 46-49。
270　〈李鍾葵妻馬怜造像記〉，開皇十六年（596），《補正》，《石刻史料》
　　　第1輯第6冊，頁 4404b。
271　〈華君墓誌〉，永徽五年（654），《唐誌彙編》，永徽〇九八。
272　〈張鍾葵墓誌〉，貞觀十八年（644），《唐誌彙編》，貞觀一〇二。
273　〈比丘法雅等千人造九級浮圖碑〉，正始元年（504），《百品》，頁18。
274　劉錫誠：〈鍾馗論〉，《民俗曲藝》第 111 期（1998 年 1 月）頁 97-138。
275　《魏書》，卷四二，〈堯暄傳〉。
276　鍾馗之神名，見道藏本《太上洞淵神咒經》，卷七，〈斬鬼品〉。又此品
　　　有敦煌本 P. 2444、S. 318，皆明書鍾馗字樣，前者卷末校記註為麟德元

較的用法是「白澤」，齊武帝蕭賾長子以此為小字，或謂其因姿容豐潤而得名，其實不然[277]，必須對照其他案例，始知此名實別有用意，北魏有相州刺史張白澤，本字鍾葵，為獻文帝拓跋弘所改[278]，北周柳敏精於陰陽卜筮之術，亦字白澤，[279]，北齊也有宗室同名[280]，並有長史慕容白澤[281]。這些用法很可能有共同的來源，也就是古代的《白澤圖》，關於此圖的來歷，《抱朴子·登涉》有說：

> 知天下鬼之名字，及《白澤圖》、《九鼎記》，則眾鬼自却。

該書之〈極言〉則謂白澤為黃帝時之異獸，能言天下鬼神之事，黃帝乃以圖寫之，俾窮神奸，此名並見《宋書·祥瑞志》。當時入名之意與鍾葵相似，都有驅鬼之意，不過看起來更為菁英所喜用，前述蕭賾年未弱冠而生此長子，故珍愛倍常，以此為其小字，殊為合理。敦煌存有唐代〈白澤精怪圖〉殘卷（S. 6261、P. 2682），韋后之妹常用白澤枕以辟魅[282]，朝廷並與朱雀建為旗隊，如鹵簿之法[283]。唐初有元白澤[284]，武周時張方仁祖父同名[285]，另有長孫白澤，年僅十六而亡[286]，中唐有段白澤，其父墓誌說他「襁褓未

年（644）。此經年代，學界從東晉末至陳隋之際皆有說。由北方石刻人名觀之，目前僅三見鍾馗，最早者為北魏神龜二年（519）之陝西臨潼〈張乾度七十人等造像記〉，為道教造像。

277 《南齊書》，卷二一，〈文惠太子長懋傳〉；並參《南史》，卷四四，〈齊武帝諸子傳〉。
278 《魏書》，卷二四，〈張袞傳〉。
279 《周書》，卷三二，〈柳敏傳〉。
280 《北齊書》，卷一二，〈孝昭六王傳〉。
281 《北齊書》，卷三四，〈楊愔傳〉。
282 《舊唐書》，卷三七，〈五行〉；《新唐書》，志二四，〈五行一〉。
283 《舊唐書》，卷四四，〈職官三〉；《新唐書》，志一三上，〈儀衛上〉。
284 《舊唐書》，卷一九○中，〈文苑傳中〉；〈（上洺）司法曹參軍劉君故妻元氏墓誌銘〉，調露元年（679），《唐誌續編》，調露○○四。
285 〈大周故張方仁墓誌銘〉，長安四年（704），《唐誌彙編》，長安○六一。
286 〈大唐故公子長孫白澤墓誌銘〉，顯慶元年（656），《唐誌續編》，顯慶○○一。

離，學語學步」[287]，想來對此幼子珍愛有加，故以此為名，更可看出這類名號作為兒童小字的習慣。

鍾葵作為人名，用意和殺鬼、辟邪等名相同，沿用前章的討論，就其性質而言，頗接近於非宗教性的「惡名」，都強調保護生命、展現威能的力量，不過從時代分佈來看，鍾葵僅見於中古前期的北方，而且在唐後遠不如前，甚至消失無蹤，白澤在唐代仍見使用，恐怕正是因為前者不夠雅馴，殺鬼、辟邪更是如此，在「貴名」習慣的影響下，這些人名不復有立足之地。可與此相比較的是「無忌」，此名起源甚早，且多見於早期醫典，春秋時有晉國大夫韓無忌（《左傳‧成公八年》），秦漢時廣為人使用，東漢末有太山賊叔孫無忌[288]，可知此名已通於貴庶，西晉太康年間有汲縣令盧無忌[289]，東晉有宗室司馬無忌（字公壽）[290]，並有江州刺史何無忌[291]，陶無忌獲光祿勳[292]，敦煌人氾騰（字無忌），舉孝廉除郎中[293]。洛陽東郊出土韓無忌磚銘，應是北朝之物[294]，自長孫無忌之後，此名仍屢見唐人使用，反觀辟邪則不獲青睞，原因可能是相較於此，無忌屬於「古名」，較符合士人慕古的心態，而且其字面意涵較不強烈，卻能傳達同樣的祈願。

可與此對比的是「去病」，作為人名，最晚起於西漢[295]，與此相同的還有病已，顏師古說宣帝劉詢早年以此為名之由：「蓋以夙

287　〈唐故朝議郎守殿中省尚藥奉御翰林供奉上柱國賜緋魚袋段府君墓誌銘〉，大中三年（849），《唐誌續編》，大中○二○。
288　《後漢書》，卷七，〈桓帝紀〉。
289　《水經注校釋》，卷九，〈清水〉。
290　《晉書》，卷三七，〈承子烈王無忌傳〉。
291　《晉書》，卷八五，〈何無忌傳〉。
292　《晉書》，卷七八，〈陶回傳〉。
293　《晉書》，卷六四，〈氾騰傳〉。
294　〈韓無忌磚銘〉，無年月，《邙洛》，頁 33。
295　《史記》，卷九六，〈申屠嘉傳〉；《漢書》，卷五五，〈霍去病傳〉。

遭屯難而多病苦，欲其速差也」[296]，不免使人想起前章所舉的「百藥」之名，北朝有房去病[297]、路去病[298]，唐初宗室亦有以此為名者[299]，此外無有，隋唐墓誌屢以霍去病為典範，也不見同名者，揣想其原因，當係此名雖古，但「病」字不雅，以致不為士人所樂用[300]。情況類似的還有「去疾」，比「去病」時代更早，春秋時已有之，漢代同名者也不少；「棄疾」也是春秋既有之名[301]。從這些例子可以得知消除疾病，始終是命名重要的心態，但在中古時期的史書中，並無「棄疾」之名，「去疾」只有唐代二例，墓誌所見也僅有中唐時京兆人杜去疾[302]，「無傷」也是如此，秦末齊人有華無傷，劉邦有左司馬曹無傷[303]，中古墓誌目前只知中唐一例[304]，可見當時已不喜直接以「疾」、「病」、「傷」為名，「忌」字較為間接，還可以接受[305]，當時面對各種心態相近的古名，還是有所抉擇的。最後要討論的是這類人名的性別使用情形，從上文列舉的例證來看，幾乎沒有可確定的女性使用者，不過在北魏有婦女以

---

296 《漢書》，卷八，〈宣帝紀〉。
297 《魏書》，卷四三，〈房法壽傳〉。
298 《北齊書》，卷四六，〈路去病傳〉。
299 《新唐書》，卷七〇上，〈太祖景皇帝‧鄅王房〉。
300 病已、去病皆不見於唐後正史人名，宋代有艾去病，字安叟；李去病，字仲霍；李百藥，字去病，見《宋人傳記資料索引》，頁 563、964、969。北宋末有劉無忌，稍早有王無忌，分見《宋史》，卷三五三，〈孫傅傳〉；卷四三二，〈賈同傳〉。
301 漢代也有去疾、疾去、棄疾、除病、去熱、不疢等名，見劉釗：〈古文字中的人名資料〉，《吉林大學社會科學學報》1999 年 1 期，頁 62。
302 《新唐書》，卷一八二，〈張巡〉；《舊唐書》，卷一六八，〈高鉄〉；〈大唐故過少府墓誌銘〉，咸通六年（865），《唐誌彙編》，咸通〇五〇。
303 《史記》，卷九四，〈田儋列傳〉；卷七，〈項羽本紀〉。
304 〈唐故閭丘氏夫人墓誌銘〉，會昌六年（846），《唐誌彙編》，會昌〇五五。
305 可與之對比的是「無咎」，《左傳‧成公十七年》有齊國大夫高無咎，但後世史籍無此名，中古墓誌亦未見之。

鍾葵為名[306]，應該不是孤例[307]，北周時亦有長樂郡國夫人魯鍾
馗，出身高門[308]，唐初有絳州孝女衞氏，字無忌[309]，對習於男性
中心與鍾馗鬼王形象的後世讀者來說，恐怕難以想像，一如前章
提到鮮卑高門婦女竟以毗沙門天王為名[310]，這類女性人名所根植
的心態，其實往往有風俗或信仰的脈絡可循，如果僅從後來既定
的性別或宗教印象出發，難免詫其「可怪」。

三、以「樂」為名

　　本節至此所舉出的風俗類人名，主要為長生、辟邪兩大類，
分別從正反面表述對生生的祈願，其實還有一大類也反映對現世
生活的想法，也就是歡樂、喜悅。「歡」字早見於《尚書・洛誥》
等古籍，但為數不多，在秦漢以前正史中，不見以此為名者，西
漢《急就篇》有閻歡欣之名，但很難斷言漢人已廣用此字。更常
入名的是「樂」、「喜」，秦末已有咸陽令閻樂[311]，漢武帝時有趙人
徐樂[312]，昭帝時有光祿大夫劉長樂[313]，宗室亦頗有單名樂者[314]；
「喜」字入名似乎更早，東周烈王即以此為名[315]，戰國燕王亦單

306　〈秦洪墓誌〉，孝昌二年（526），《南北朝彙編》，頁 246：「妻鉅鏃耿鍾
　　葵」。
307　北宋・沈括：《夢溪筆談》（上海：上海書店出版社，2003 年），卷二四，
　　〈雜誌一〉，頁 202：「宗慤有妹名鍾馗」。宗慤係南陽人，出身民間，
　　見《宋書》，卷七六，〈宗慤傳〉，未載其妹之名。
308　〈隋魯鍾馗誌〉，仁壽元年（601），《隋誌彙考》，第三冊，頁 17-20。
309　《舊唐書》，卷一九三，〈列女〉。
310　〈尉遲運妻賀拔毗沙墓誌〉，仁壽元年（601），《新出疏證》，頁 457-459。
311　《史記》，卷六，〈秦始皇本紀〉。
312　《史記》，卷一一二，〈平津侯主父列傳〉。
313　《漢書》，卷七，〈昭帝紀〉。
314　《漢書》，卷一五上，〈王子侯表上〉。
315　《史記》，卷四，〈周本紀〉。

名喜[316]，睡虎地秦簡中有吏同名，楚漢相爭時有郎中騎楊喜[317]，西漢初諸侯淮南王、共王、城陽王都用此單名[318]。自古以這類字眼為名的用法已成慣習，喜、樂仍之，歡、欣漸多，東晉初有王欣之、歡之兄弟[319]，在北方尤為明顯：北魏有強弩將軍王歡欣兄弟在龍門造像，其弟名為阿歡、小歡[320]，武將皮豹之子名歡欣[321]，長水校尉長孫忻（字上樂）[322]、燕州刺史侯忻（字季歡）[323]，華州刺史赫連悅更直接以欣歡為字[324]。北齊高歡鮮卑本名為賀六渾，選擇歡字為漢名，既取其音近，想必亦有感於當時之風俗[325]，加上北周晉原郡開國公獨孤渾貞（字歡憙）[326]，這些人多有北胡背景，可見此名感染力之強。至於基層民眾，對「歡樂」的渴求更是展露無遺，北魏〈張猛龍碑〉便有宋承憙、明景欣、孔文憙、王伯欣、朱伯憙、□普憙、樊可憙、孫文憙、田祖憙[327]。在吐魯番地區，「歡」字更是民眾最常命名的選項之一，如張老歡[328]、高歡岳[329]、鄧女憙[330]、白憙歡[331]。

316 《史記》，卷六，〈秦始皇本紀〉。
317 《史記》，卷七，〈項羽本紀〉。
318 《史記》，卷一七，〈漢興以來諸侯王年表〉。
319 《晉書》，卷九三，〈王遐傳〉。
320 《龍門》，窟號 0883，永安三年（530），頁 310。
321 〈皮演墓志〉，延昌三年（514），《新出疏證》，頁 81-83。
322 〈北魏長孫忻墓誌〉，正光二年（521），《七朝》，頁 15。
323 〈侯忻墓誌〉，普泰二年（532），《新出疏證》，頁 128-129。
324 〈赫連悅墓誌〉，普泰元年（531），《南北朝彙編》，頁 352-354。
325 《北齊書》，卷一，〈神武上〉。陳寅恪說此為「漢譯雅名」，實是通俗之名，見〈姚薇元北朝胡姓考序〉，《金明館叢稿二編》，頁 274。
326 〈北周獨孤渾貞墓誌〉，武成二年（560），《西安新誌》，頁 29-30。
327 〈張猛龍清頌碑〉，正光三年（522），《魯迅》第 1 函第 4 冊，頁 746-751。
328 《吐魯番》第 4 冊，頁 87。
329 《吐魯番》第 4 冊，頁 261、262。
330 《吐魯番》第 4 冊，頁 18、19。
331 《吐魯番》第 5 冊，頁 142。

　　然而相較於歡字，樂字出現的數量偏低，過去亦乏人注意，亦不見解釋，乍看似乎不成問題，不過最晚在西漢，已明確出現「六情」的概念，分指好、惡、喜、怒、哀、樂六者，用法甚廣，甚至與數術相結合[332]，東漢《白虎通・情性》也有「五性六情」之說，前者即指仁、義、禮、智、信五常，六情則不變。其中最常入名的是喜字，除了喜悅，兼有喜慶之義，是以在六情之中使用最廣，其他五情除了樂以外，都極為罕用[333]，至於樂字，照理說與「喜」同為正面情感，不該被命名者輕易忽略，但從漢代以前文獻來看，數量遠少於喜字，中古史籍也是如此。事實上，在共求歡樂的期望下，「樂」並沒有被捨棄，尤其是在北方，「樂」字從未消失，只是在胡漢交雜的語言環境中改頭換面。

　　就史籍所見，東晉末石勒有部將將王洛生[334]，稍後有上郡羌酋金洛生[335]。北魏初年，京兆人王洛兒拜為散騎常侍[336]，拓跋燾時有胡蘭洛生，係北地盧水人蓋吳之部曲[337]，孝文帝時敦煌有鎮將樂洛生[338]，西魏時有都督康洛兒[339]，北周宇文泰之兄亦名洛生[340]，貞觀時猶有廓州刺史久且洛生[341]。以某兒、某生為名，係中古命名之常法，不足為奇，但「洛」字使用的頻率之高，當有其故，有研究者曾注意到這一點，認為係因北魏孝文帝遷都洛陽而起，從而引起民眾的嚮往，鮮卑重心南遷，當然是北朝最重大

332　《漢書》，卷七五，〈翼奉傳〉。
333　《後漢書》，卷二九，〈申屠剛傳〉，李賢《注》引《烈士傳》：「羊角哀、左伯桃二人為死友，欲仕於楚」，唯類似之例極少。
334　《晉書》，卷一〇四，〈石勒上〉。
335　《晉書》，卷一一五，〈苻登〉。
336　《魏書》，卷三四，〈王洛兒傳〉。
337　《宋書》，卷九五，〈索虜傳〉。
338　《魏書》，卷七上，〈高祖紀〉。
339　《周書》，卷一九，〈楊忠傳〉。
340　《周書》，卷一〇，〈莒莊公洛生傳〉。
341　《舊唐書》，卷一九八，〈党項羌〉。

的事件之一，當時人以「洛」為名是有可能的，不過要說都與此相關，恐怕經不起檢驗，遷都事在太和十八年（494），但以洛為名的風氣已起於此前，固然不能排除有出自洛陽的可能，但不是北方大量「洛」字人名出現的主因，至少絕非唯一的因素[342]。

　　以造像記所見，北朝有元保洛[343]、劉榮洛、劉洛殷[344]、庫汙安洛[345]、棠眾洛[346]、鄭永洛[347]等。女性也用此字，西魏有魯洛姿、董洛媚[348]，北齊有邸洛姬[349]。這些洛字人名很可能來自胡名音譯的餘習，不過單憑此說，無法充分論證「洛」字廣泛入名的現象，還需要對照同時期呈現的集體用法。同樣在北魏的〈比丘法雅等千人造九級浮圖碑〉中，也有不少以洛入名的例子：楊洛（二見）、楊洛子、楊洛生、楊□洛、楊要洛、楊洛戌，然而同記中，還出現諸多以歡為名的用法，比如楊歡（三見）、楊歡□、楊雙歡、楊道歡、楊買歡、楊靈歡、楊法歡，加上楊僧喜、楊解愁，答案呼之欲出[350]。除了字義兩相對應，就北朝音韻而言，「洛」、「樂」兩者都是入聲字，韻部皆屬鐸韻，字母都是來母，發音非常接近，兩者互用，是很自然的事，甚至容易混淆[351]。讀者接著或許要問，當時樂字並不在避諱之列，為何不用本字，選擇以洛字取代？又

342　王盛婷：〈漢魏六朝碑刻禮俗詞語研究〉（重慶：西南大學碩士論文，2004 年），頁 100，逕言為紀念洛陽之義，宜辨之。

343　〈元保洛銘〉，永平四年（511），《南北朝彙編》，頁 85-86。

344　《龍門》，窟號 1443，頁 543。

345　〈庫汙安洛造象記〉，天和二年（567），《魯迅》第2函第5冊，頁979。

346　〈普屯康等造像〉，天和五年（570），《魯迅》第2函第5冊，頁989。

347　〈作經藏碑〉，隋代□寅年，《魯迅》第 1 函第 7 冊，頁 1313。

348　〈合邑四十人造像記〉，大統四年（538），《百品》，頁96。

349　〈邸洛姬造雙思惟像〉，皇建二年（561），《曲陽》，頁 187。

350　〈比丘法雅等千人造九級浮圖碑〉，正始元年（504），《百品》，頁18。此名二見。

351　《南齊書》，卷五七，〈魏虜傳〉：「長洛王繆老生」，其人即穆亮，《魏書》多卷均作「長樂王」。

為何是洛字入選？個人認為是因「洛」字較易書寫，在胡語音譯人名中就有使用「洛」字的習慣，北魏墓誌中即有平民名韓受洛拔[352]，北齊庫狄洛出自朔州部落，墓誌說他字「迴洛」[353]，更是逕以胡名為漢式之「字」。這個看法並沒有直接的佐證，畢竟許多抉擇在當時不言而自明，後人往往很難找到最初的源頭，不過從此處引證來看，「洛」字除了胡名根源，極可能與「樂」通用，才會同時與歡、喜等字頻繁出現。

　　為堅此說，可引北魏後期〈張安世佛道教造像碑〉為證：安世祖父名張豐洛，其子名還洛、僧歡、富洛，其姪則名阿洛、阿歡、阿奴、三歡[354]，幾乎同一時期的〈錡雙胡廿人等造像記〉也有平洛、神歡、道憘，乃至歡洛之名[355]，這一用法最明顯的當推〈僧智薛鳳規等道俗造像記〉，「洛」字人名有十八人之多，很難說這些和洛陽有關，反觀有歡字者更多達二十五人，憘字人名也有四人[356]。再看其他例子，北魏鉅鹿人劇逸，年僅十二而卒，以伯洛為字[357]，加上呂歡洛[358]、魏歡洛[359]、茹歡洛[360]、仲憘洛[361]，兩兩互訓，可以看出洛之所以成為常用字，主要正是訴諸歡樂之意，關於地名的意涵反而隱晦不彰，勉強透露此意的可能是景穆

352　〈韓受洛拔妻邢合姜墓誌〉，皇興三年（469），《北朝藝術》，頁 74-75。周一良指出「洛拔之名在北人中多見，當是鮮卑語中佳名」，見〈賜名〉，《魏晉南北朝史札記（補訂本）》，頁 346-347。
353　〈庫狄洛墓誌〉，河清元年（562），《南北朝彙編》，頁 522-524。
354　〈張安世造像記〉，延昌四年（515），《百品》，頁41。
355　〈錡雙胡廿人等造像記〉，神龜三年（520），《百品》，頁 52。
356　〈僧智薛鳳規等道俗造像記〉，永安三年（530），《百品》，頁 74。
357　〈劇逸墓誌〉，孝昌元年（525），《北朝藝術》，頁 86。
358　〈呂昇歡等造天宮金象記〉，興和三年（541），《魯迅》第2函第2冊，頁298、301。
359　〈張興十七人等造釋迦象記〉，天和元年（566），《魯迅》第2函第5冊，頁976。
360　〈普屯康等造像〉，天和五年（570），《魯迅》第2函第5冊，頁989。
361　〈仲思那造橋碑〉，開皇六年（586），《魯迅》第 1 函第 7 冊，頁 1175。

帝拓跋晃曾孫元顯魏（486-525），以「光都」為字[362]，如果是在遷洛（494）之後所取，則是間接以命名落實對洛陽的重視，另有一例則是張洛都，立塚於正始五年（508），身份應是平民，可惜誌文極略，未能傳達更多訊息[363]。

　　除了這些洛字組合之外，有一種用法透露此字也可能帶有佛教的因素，北朝至唐初石刻有魏妙洛[364]、同琀妙洛[365]、關妙洛[366]。「妙洛」不見於中古傳世文獻，在佛教造像記則相當常見，特別是用以形容極樂世界之殊勝：「託生西方妙洛國土,供養諸佛」[367]、「託生西方妙洛國土,願捨此形穢」[368]，而且可以確信這是妙樂的同義語，在當時就有此例：「願使託西方妙樂國土」[369]。不過這也不盡然是西方淨土的專利，造像記尚有「同登洛妙三會」之文[370]，即指未來彌勒菩薩下生成佛，將在龍華樹下說法三次，東晉譯《增壹阿含經》：「彌勒出現世時，聲聞三會」（卷三八），因此「妙洛」之名，極可能出自佛教的祈願，或歸極樂，或歸龍華，都出於對來生解脫之樂的嚮往，與一般現世歡樂性質有別，

362　並見《魏書》，卷一九下，〈景穆十二王傳下〉；〈元顯魏墓誌〉，孝昌元年（525），《南北朝彙編》，頁 220-221。
363　〈張洛都墓誌〉，正始五年（508），《南北朝彙編》，頁 79。
364　〈蘇老虎等造觀音像〉，天保二年（551），《曲陽》，頁 174。
365　〈同琀龍歡一百人等造象〉，保定二年（562），《魯迅》第2函第5冊，頁946。
366　〈陳氏合宗等造四面石象碑〉，唐初，《魯迅》第 2 函第 6 冊，頁 1196。
367　〈崔賓先造像記〉，天保二年（551），周國卿編：《鞏縣石窟北朝造像全拓》（北京：國家圖書館，2008年），頁105。
368　〈沙彌道容造像記〉，天保二年（551），《鞏縣石窟北朝造像全拓》，頁106。
369　〈葛今龍造像記〉，天保五年（554）《陶齋藏石記》，《石刻史料》第1輯第11冊，頁8083b。
370　〈邸月光造觀音像〉，興和四年（542），《曲陽》，頁 156。

可謂是宗教化的「樂」。後來妙樂也見於唐誌，雖非人名，但都和佛教有關，和洛陽也都沒有關係[371]。

　　總之，洛字入名，不能否認有胡語音譯或與洛陽相關的可能，但大量用例顯示，此字的用法和「樂」相當密切，可以歸為普遍性的現世祈願心態。道教徒也不自外，北魏有道民名為田歡洛[372]、師安洛[373]、馬憙洛[374]，正是歡樂、安樂、喜樂的轉音。如前所說，在西陲地區，洛字也相當流行，與喜、悅、安相連，可證明此地同樣有以洛代樂的習慣。不過要再強調，樂字並沒有被捨棄，西晉末期劉淵以陳留王劉歡樂為太傅，他同樣出身匈奴，已用「歡樂」為名[375]，北魏〈馬振拜等三十四人造石像記〉有陳神歡、吳永洛、梁歸喜、張歡喜、陳樂歡[376]，〈合邑一百卅人等造釋迦石像碑〉有楊文憘、常大樂、常萇樂、常豐樂、王安樂、李洛生、鄧貴樂、徐伯洛、楊敬歡、楊顯暢[377]，都可以看到洛、樂並用，北齊賀婁悅，墓誌載其「字阿樂」[378]，斛律金之孫名羨，《北史》、《北齊書》均載其字為「豐樂」，墓誌則作「豐洛」[379]。據此可以斷言當時人清楚以洛代樂的作法，而且此法並非出於人為號令，而是自發性的選擇，後來浸為習慣，否則不會有兩者並見的情形，而且從比例來看，使用洛字遠比本字來得高，可旁證前

371　〈大唐故右金吾衛翊衛宋府君夫人墓誌〉，開元十二年（724），《唐誌彙編》，開元一九八；〈大唐故鎮軍大將軍行右驍衛大將軍上柱國岳陽郡開國公范公墓誌銘〉，開元二十八年（740），《唐誌續編》，開元一七八。

372　〈張乾度七十人等造像記〉，神龜二年（519），《百品》，頁48。

373　〈師錄生佛道教造像碑〉，正光四年（523），《北朝佛道》，頁134。

374　〈辛延智佛道教造像碑〉，大統十四年（548），《北朝佛道》，頁137。

375　《晉書》，卷一〇一，〈劉元海〉。

376　《龍門》，窟號1443，景明四年（503），頁544-545。

377　〈合邑一百卅人等造釋迦石像碑〉，正光元年（520），《魯迅》第2函第1冊，頁107。

378　〈賀婁悅墓誌〉，皇建元年（560），《新出疏證》，頁164-165。

379　〈斛律豐洛墓誌〉，建德六年（577），《北朝藝術》，頁188-189。

說，應該是取其近於胡語之特色，且與樂字相較，洛字尤有書寫之便。最後，這種願望有時也從反面命名，北魏中有彭城鎮將元解愁[380]，北齊廢帝時有國子助教許散愁[381]，民間有高解愁[382]、朱忘愁[383]、王舍愁[384]、秦消憂[385]，這類名字看起來似為女子所用，其實男子亦多，初唐房山就有「閻去愁并妻合家供養」的題記[386]。除此之外，北魏有男子穆循（字如意）[387]，北周初獨孤信，本名如願[388]，宇文逌夫人馬稱心（字合意）[389]，都是屬於現世生活的祈願。為長生而辟邪，由解愁而歡喜，交織出中古世俗人名文化重要的風貌。

第二節　「賤名」再探

人類學者曾指出命名作為人類共通的文化行為，其基本功用有兩大類，一是宣示成為個體，二是藉此融入群體[390]。除此之外，在漫長的命名文化演變中，歷經不同的背景，也會產生不同的概念與表現。以上面的定義來說，與今天對人名功用的基本認識相去不遠，不過在古代社會，「名」的角色殊不止此，比如中古「賤

---

380 《魏書》，卷六，〈顯祖紀〉。
381 《北齊書》，卷五，〈廢帝紀〉。
382 〈高伏德等三百人造像記〉，景明四年（503），《百品》，頁13。
383 《龍門》，窟號1443，頁467。
384 〈張操造象記〉，保定二年（562），《魯迅》第2函第5冊，頁942。
385 〈蘇遠等造象題名〉，無年月，《魯迅》第2函第6冊，頁1243。
386 〈菩薩戒法羯摩文〉，《房山》，頁74。
387 〈穆循墓誌〉，永平二年（509），《新出疏證》，頁65-66。
388 《周書》，卷一六，〈獨孤信傳〉。
389 〈隋馬稱心誌〉，大業十年（614），《隋誌彙考》，第五冊，頁57-60。
390 阿諾爾德‧范熱內普著，張舉文譯：《過渡禮儀》（北京：商務印書館，2010年），頁66。

名」的使用，便與特定的風俗心態緊密相關，不能僅以現當代啟蒙後的經驗與想法去解釋。古代菁英看待這類人名，評價不外乎「理未為通，古之所行，今之所笑也」[391]，或「今不以為雅……今為鄙語……如此語麗，甚可削去」[392]，但不能否認此名長期流行於傳統社會，直到近代才逐漸消失，而且使用的情形相當繁複，是非常有特色的人名風俗，如果能夠轉換視角，相信能從這些名字中發掘過去菁英眼光所未及的文化意義。在正式討論「賤名」之前，要先針對這個概念加以說明，以彰本節「再探」的出發點。本書對「賤名」的定義是「以卑賤厭惡之物為名」，這一名詞為傳統古籍所無，最早見於《韓非子‧詭使》「賤名輕實」，但與命名無關，首次用來形容「賤惡之名」，殆為中唐柳宗元〈愚溪對〉：「雍之西有水，幽險若漆，不知其所出，故其名曰黑水。……濁黑賤名也」[393]，後來成為對己名的謙稱，在當代討論古代人名的著作中，經常使用「賤名」來說明某些用法，與此意涵相近的還有醜名、惡名、卑名，不過個人認為仍以「賤名」描述的效力最為清楚。可惜歷來對這類人名的說明相當模糊，以致常被泛泛以「怪名」看待，而忽略其間之差別，茲舉錢鍾書（1910-1998）名著《圍城》為例：

> 「小孩子相貌很好——初生的小孩子全是那樣的，誰說他醜呢？你還是改個名字罷。」這把方遯翁書袋底的積年陳貨全掏出來了：「你們都不懂這道理，要鴻漸在家，他就會明白。」一壁說，到書房裏架子上揀出兩三部書，翻給兒子看，因為方老太太識字不多。方鵬圖瞧見書上說：「人

391 《顏氏家訓集解》，卷二，〈風操〉。
392 宋‧宋祁：《宋景文筆記》（上海：涵芬樓，1920 年影印《學海類編》本），卷中。
393 柳宗元：〈愚溪對〉，《全唐文》，卷五八五。

家小兒要易長育，每以賤名為小名，如犬羊狗馬之類」，
又知道司馬相如小字犬子，桓熙小字石頭，范曄小字磚兒，
慕容農小字惡奴，元叉小字夜叉，更有什麼斑獸、禿頭、
龜兒、獾郎等等，才知道兒子叫「醜兒」還算有體面的。
394

若依照本書的分析，這些人名背後的心態容有相通之處，取義並
不相同，尤有甚者，在中古還有更加匪夷所思之名，然而其故安
在？個人認為「賤名」的概念有助於辨清答案，本節要做的就是
重新檢視「賤名」的內涵，進而挖掘這類人名在風俗心態中的意
義，並嘗試辨明常有的誤解，以下請先從中古時期人名「個體化」
的表現開始。

一、以人身為名

關於風俗之名，上文已經討論了動物、植物乃至貴重之物入
名的例子，其實還有一種命名的來源，也就是人體本身，過去常
為視為「賤名」，本書並不同意這種說法，底下將先說明以人體特
徵為名的表現，再說明此名不符合「賤名」的理由。直到後世，
仍有以人體為名的作法，尤其是小名，以明代華南地區的傳奇《荔
鏡記》為例，也就是流傳臺灣的戲曲《陳三五娘》，劇中的富少林
大鼻強聘五娘，或說此名暗示其慾望，雖無確證，但也透露人體
特徵往往成為命名的來源，標示個體之特色，可惜這種紀錄在古
代遺留甚少，過去常將黑肱、黑臀視為「賤名」，其實應該檢討。
以人體特徵為名者，在中古時期，最著名者當為北魏武將楊大眼，

---

394 錢鍾書：《圍城》（北京：三聯書店，2002 年），頁 124-125。

《魏書》說他是氐人楊難當之孫,「少有膽氣,跳走如飛」,民間相傳如有兒童啼哭,以其名相嚇,無不奏效,南方甚至傳說他「眼如車輪」[395],其眼究竟大到何種程度,不得而知,但可推測以大眼為威猛之表徵,應是當時人的認識。北雍州刺史毛鴻賓為北地三原人,世為酋帥,史說其大鼻眼,多鬚鬢,黑而且肥,狀貌頗異,氐、羌見者皆畏之[396]。益州刺史傅豎眼是清河人,祖上曾任石虎太常[397],稍晚有殷州別駕李靜(字靜眼),係趙國栢仁人[398],然而楊大眼之父名為小眼,這類「眼」字與個人特徵未必相關,可能經常是從俗而命[399],東魏也有一名苅小眼[400],西魏時有道教家族成員名為蔡眼[401],北齊有王黑眼[402],在南朝史書中,僅見彭城守將楊目一例[403],入唐之後,除了唐初有宣州鍾大眼起事[404],史書、墓誌均不見以眼為名者(除了佛徒用於法名),只有敦煌還見使用,有鄧大眼(P. 3145V)、王黑眼子(Дх. 1432)等。如溯其源,最晚在東漢,北方民間就有這類用法:

> 自黃巾賊後,復有黑山、黃龍、白波、左校、郭大賢、于氐根、青牛角、張白騎、劉石、左髭丈八、平漢、大計、司隸、掾哉、雷公、浮雲、飛燕、白雀、楊鳳、于毒、五鹿、李大目、白繞、畦固、苦哂之徒,並起山谷間,不可

---

395 《魏書》,卷七三,〈楊大眼傳〉。洛陽龍門古陽洞有其造像記,見《龍門》,窟號 1443,景明年間(500-504),頁 468-469。
396 《北史》,卷四九,〈毛遐傳〉。
397 《魏書》,卷七〇,〈傅豎眼傳〉。
398 〈李靜墓誌〉,仁壽四年(604),《新出疏證》,頁 470-471。
399 《魏書》,卷一〇一,〈氐〉。
400 〈王遵慶等造塔象記〉,武定五年(547),《魯迅》第 2 函第 2 冊,頁 408。
401 〈蔡氏造太上老君石象碑〉,大統十四年(548),《魯迅》第 2 函第 3 冊,頁 558。
402 〈劉碑造像記〉,天保八年(557),《百品》,頁160。
403 《梁書》,卷三二,〈蘭欽傳〉。
404 《新唐書》,卷一一二,〈薛登〉。

勝數。其大聲者稱雷公，騎白馬者為張白騎，輕便者言飛燕，多髭者號于氏根，<u>大眼者為大目，如此稱號，各有所因</u>。[405]

不過這些可能只是稱號，未必都是真正的人名，但史籍極少保留如此詳盡的基層名號，故詳引於此，以備參考。

此外，入名的還有「鼻」字，東漢宣帝時有頃侯劉鼻[406]，此後非常少見，東晉王慧龍世代齆鼻，江東謂之「齆王」，後來奔魏，與崔浩家結姻，崔氏見到他的大鼻子，感嘆「真貴種矣」，因此引發南北高下的爭議[407]。北朝墓誌亦以「虎鼻」為讚語[408]，唐代亦有「大鼻賢厚」之說[409]，《孝經援神契》云禹即虎鼻，古人或以大鼻為貴相，但在中古時期，以鼻為名之菁英幾乎沒有，殆嫌其不雅，至於基層是否使用此名，僅見隋初墓誌有魯阿鼻一例[410]，其餘多見於西陲，吐魯番有匡鼻子[411]、米薄鼻[412]等。以眼、鼻入名固為庶民所常為，但在中古胡漢雜處的環境中，或許更容易激起命名的意想，《太平御覽》卷三六三引車頻《秦書》云：

> 苻堅時，四夷賓服，湊集關中，四方種人，皆奇貌異色。晉人為之題目，謂胡人為「側鼻」，東夷為「廣面闊頞」，北狄為「匡腳面」，南蠻為「腫蹄」，方方以類名也。[413]

405 《後漢書》，卷七一，〈朱儁傳〉。
406 《漢書》，卷一五上，〈王子侯表第三上〉。
407 《魏書》，卷三八，〈王慧龍傳〉。
408 〈元延明墓誌〉，太昌元年（532），《南北朝彙編》，頁365-369；〈北齊李雲墓誌〉，武平七年（576），同前，頁598-600。
409 〈大唐扶風馬府君墓誌銘〉，開元二十一年（733），《唐誌續編》，開元一一九：「大鼻稱以賢厚，白眉惟其最長」。
410 〈隋魯阿鼻誌〉，仁壽元年（601），《隋誌彙考》，第三冊，頁15-16。
411 《吐魯番》第5冊，頁189。
412 《吐魯番》第8冊，頁438。
413 《太平御覽》，卷三六三〈人事部四‧形體〉。

在各非漢族群的生理特徵中，最明顯的無過乎眼、鼻及頭面，雖
然目前所收之例中，以眼、鼻為名者不算特別多，但當時人以此
命名（包括小名），應仍有環境的普遍性因素在內。

　　除了前述之眼、鼻，還有以「頭」為名者，東晉初蓬陂塢主
陳川有將李頭[414]，《真誥》說有奴子二人，一名白首，一名平頭（卷
一九），但不見菁英使用。中古北方最常見的是黃頭之名，北魏游
雅、裴炯皆以此為小名，宗室也有人如此[415]，民間有趙皇頭[416]、
鮑黃頭[417]、吉璜頭[418]等多例，劉宋《異苑》記東晉王敦之語，稱
有代人血統的明帝司馬紹為「黃頭鮮卑奴」[419]，又有靺鞨酋長，
號「黃頭都督」[420]，北方流行「黃頭」之名，或源出於常見的種
族特徵。單純以「頭」為名的例子也相當多，也都不是菁英正式
人名，北魏青州刺史房法壽少時常結群小劫盜，宗族患之，小名
烏頭[421]，節閔帝時有國子博士盧景裕（字仲儒），小字白頭[422]。同
時有淮陵侯元大頭[423]、河西胡張大頭[424]，民間有楊惡頭[425]、董清
頭[426]、孫頭仁[427]，南齊時有華陽人陽黑頭[428]。

414　《晉書》，卷六二，〈祖逖傳〉。
415　《魏書》，卷五四，〈游雅傳〉；卷七一，〈裴叔業傳〉；卷一九下，〈章
　　武王太洛傳〉。
416　〈馮神育等二百廿人造像碑〉，正始二年（505），《百品》，頁28。
417　〈張猛龍清頌碑〉，正光三年（522），《魯迅》第 1 函第 4 冊，頁 749。
418　〈靜明等修塔造像記〉，天保八年（557），《百品》，頁158。
419　《世說新語箋疏》，卷二七，〈假譎〉。又見《晉書》，卷六二，〈明帝紀〉，
　　作「黃鬚鮮卑奴」。
420　《新唐書》，卷一一〇，〈李多祚〉。
421　《魏書》，卷四三，〈房法壽傳〉。
422　《魏書》，卷八四，〈儒林傳〉。
423　《魏書》，卷一四，〈神元平文諸帝子孫傳〉。
424　《魏書》，卷三，〈太宗紀〉。
425　〈比丘法雅等千人造九級浮圖碑〉，正始元年（504），《百品》，頁 18。
426　〈張法壽息榮遷等造像記〉，天平二年（535），《百品》，頁88。
427　〈董洪達四十人等造像記〉，武平元年（570），《百品》，頁 241。
428　《南齊書》，卷五五，〈封延伯傳〉。

　　此外，禿頭也是重要的外貌特徵，但菁英使用此名更罕，《荊楚歲時記》引《風俗通》言：「五月上屋，令人頭禿」，又引《世王傳》云：「竇后少小頭禿，不為家人所齒」，《抱朴子・對俗》以禿鬢為疾，醫書屢載有其治方，禿頭素不為人所喜，西晉賈充族中有名「禿」者，在八王之亂後被封魯公，當是小名，不具有正式名字的代表性[429]，晉末有杜人王禿[430]，東晉祖約有部屬名閻禿[431]，此後在史書極罕見，僅唐末有一武禿子[432]。另一方面，此名未必真為形容禿頂，東晉有鮮卑人段匹磾之弟名「禿」[433]，後燕慕容雲之父名拔，小字禿頭，後者之名流傳甚廣，當時龍城流傳「禿頭小兒來滅燕」之謠諺，即暗指後燕之覆亡[434]，這一名字必須考量到鮮卑有禿髮之部，與拓跋關係甚近，北胡以禿字為名，殆有取其族語者乎[435]？後趙時佛圖澄為石勒解說相輪鈴音，亦謂「劬禿」云云為羯語[436]。再者，由於佛教出家必須剃髮，北齊有僧被呼為阿禿師[437]，南齊有僧號為禿頭官家[438]，均屬鮮明之身份表徵。總之，禿字絕非受到喜愛的選項，石刻所見亦少，在後世也是如此，公開稱人為禿，往往不帶善意，綜觀中古史料，只有在吐魯番較為流行，直書某禿子之例甚多，如趙醜禿[439]、何禿奴[440]、

429　《晉書》，卷四〇，〈賈充傳〉。
430　《晉書》，卷一〇二，〈劉聰〉。
431　《晉書》，卷一〇〇，〈祖約傳〉。
432　《舊唐書》，卷二〇上，〈昭宗〉。
433　《魏書》，卷九六，〈僭晉司馬叡傳〉。
434　《晉書》，卷一二四，〈慕容熙〉。
435　《魏書》，卷四一，〈源賀傳〉。
436　《高僧傳》，卷九，〈竺佛圖澄〉。
437　《北齊書》，卷四，〈文宣帝紀〉。
438　《高僧傳》，卷八，〈釋僧慧〉。
439　《吐魯番》第 7 冊，頁 111。
440　《吐魯番》第 7 冊，頁 450。

獨孤禿子[441]。菁英家庭如欲使用，則藏於兒童之暱稱，成人絕罕使用，唐代宣宗時有一位楊夫人盧氏，其父為京兆府法曹，其兄舉進士，她只活了三十七歲，遺下六子一女，都還年幼，么子名小禿，諸兄名為小都、小猧、拾得、醜兒、三筧[442]。

　　為何以人體特徵為名的習慣少見於菁英階層？畢竟外貌很容易被當成調侃的對象，這其實是人類各社群常見的現象，且多半不是雅稱，清代梁章鉅（1775-1849）曾注意到歷史上「以形體命名」的現象，便說「此自是惡謔」，並視為「醜名」[443]。曹魏時上將軍曹真體肥，中領軍朱鑠體瘦，某次宴會吳質便召優人，使說肥瘦，氣得二人拔出刀劍[444]，東晉東海王文學王彪之年方二十，鬢鬚皓白，被喚作王白鬚[445]，南朝劉裕每喜狎侮羣臣，短長肥瘦，皆有比擬[446]，湘東王劉彧體型尤肥，更被其侄廢帝稱為「豬王」[447]，菁英不喜直接以體型外觀為正式人名，蓋因嫌其不雅，且多有調侃之意，但反過來看，卻可能成為民間常見的命名方式，反映雅俗之間的區別。不過也有一些特殊用法，不宜逕由字面斷定當時之好惡，例如「肥」字，劉邦長子即名為肥[448]，此後罕觀，但根據前文，北朝特別重視雄強有力的意象，「肥」未必是胖，而是形容勇壯，故以此為名之北胡不少，北魏時有代人長孫肥[449]、蠕蠕

---

441 《吐魯番》第 8 冊，頁 256。

442 〈唐故范陽盧氏夫人墓誌銘〉，乾符三年（876），《唐誌彙編》，乾符〇一〇。

443 清‧梁章鉅：《浪跡叢談》（北京：中華書局，1997 年），卷六，〈醜名〉，頁 105-106。

444 《三國志》，卷二一，〈吳質傳〉。

445 《晉書》，卷七六，〈王彬傳〉。

446 《南史》，卷一六，〈王玄謨傳〉。

447 《宋書》，卷七二，〈始安王休仁傳〉。

448 《史記》，卷九，〈呂太后本紀〉。

449 《魏書》，卷二六，〈長孫肥傳〉。

人閭大肥[450]，代人呂洛拔之祖亦以肥為單名[451]，北周宇文泰有侄名為什肥[452]，前引史書說毛鴻賓大鼻眼，黑而且肥，能畏氐、羌，可知當時並不以肥為嫌。此名不見於南朝，隋唐正史、墓誌亦不見以肥為名，雖然誌文中「肥道」、「肥家」之讚語甚多，其義與「豐」相通，但「肥」字顯然已從人名選項中退出，可說是北朝特有的用法。至於以「瘦」為名，南北皆乏此例，不過敦煌以此為名相當常見，比如閻瘦筋骨（S. 1153）、王瘦斤（S. 8678）等，加上前引大量禿子之名，足證西陲民眾命名的隨意性。

　　以上這些人名未必能完全呼應其人的特徵，但以外貌為名，正透露以個體為命名來源，是相當常見的作法，有些案例則記錄了當時的風尚，不啻另類的民族誌。其中除了「禿」字之外，並不帶有輕賤的用意，甚至可能有稱美之意（肥），以人體為名雖多用於小名，也可以說是「俚俗之名」，但不宜劃於「賤名」，過去的菁英文士認為這類人名可怪可笑，是因為出自「貴名」的習慣，自然深感其不古、不雅，但如果說這些人名的內涵在使用者心中有輕賤之意，顯然是過度的推斷，與真正的「賤名」作用亦大不相同。關於人體外貌為名，還有一個例子，也就是中古時期大量流行的黑字人名，更可以證明這種命名方式與「賤」無關。

　　在一般印象中，漢晉之世皆以膚白為尚，最有名者當屬曹魏時之何晏（196-249），面色至白，魏明帝疑其傅粉，使於夏日食熱湯麫以驗之[453]。其實古人論美，亦尚於白，《詩經‧野有死麕》：「有女如玉」，鄭玄《箋》云：「取其堅而潔白」，又云「揚且之皙」

（〈君子偕老〉）、「膚如凝脂，領如蝤蠐」（〈碩人〉），都以白為美好。秦末張蒼原應問斬，解衣之後，王陵見其「身長大，肥白如瓠」，因而逃過一死[454]，漢時男子為求白皙，亦多傅粉[455]，在中古之世，「白」更成為論人之所據[456]，何炯生而白俊，其族兄譽為「一代偉人」[457]，王茂身長八尺，潔白俊美，蕭頴歎為公輔之相[458]。北方同樣以膚白為好，北魏孝文帝生而潔白，為史書所載[459]，實則鮮卑本以白膚為其特徵，前秦每呼其族為白虜[460]，孝文帝被《魏書》稱為「生而潔白，有異姿」，並不代表白膚就是罕見的特徵，而是說他特別白皙。相較之下，黑膚較不為人所喜，春秋時宋國有歌曰：「澤門之皙，實興我役，邑中之黔，實慰我心」（《左傳・襄公十七年》），杜預說皙、黔分指皇國父、子罕二人之外貌，但這是肯定其人，而非稱許黑膚。東漢梁鴻之妻「肥醜而黑」[461]，漢末沔南名士黃承彥自言有醜女，黃頭黑色[462]，西晉武帝司馬炎為太子擇妻，曾說衛家美而長白，賈家醜而短黑，但因皇后為親黨所煽，遂娶賈南風[463]，東晉時李陵容本出微賤，原為宮人，因形長貌黑，被戲稱為「崑崙」，然有相者視為貴相[464]，北魏中書侍郎宇文忠之，其先出自南單于之遠屬，常為裴伯茂所侮，以忠色

454　《漢書》，卷四二，〈張周趙任申屠傳〉。
455　《史記》，卷一二五，〈佞幸列傳〉；《後漢書》，卷六三，〈李固傳〉。
456　《顏氏家訓集解》，卷三，〈勉學〉。
457　《南史》，卷三〇，〈何尚之傳〉。
458　《梁書》，卷九，〈王茂傳〉。
459　《魏書》，卷七上，〈高祖紀上〉。
460　《晉書》，卷一一四，〈苻堅下〉。又見《魏書》，卷九五，〈徒何慕容廆傳〉。
461　《後漢書》，卷八三，〈梁鴻傳〉。
462　《三國志》，卷三五，〈諸葛亮傳〉，裴《注》引《襄陽記》。
463　《晉書》，卷三一，〈后妃上〉。
464　《晉書》，卷三二，〈孝武文李太后傳〉。

黑，呼為「黑字」[465]，中書監元欽膚色尤黑，時人號為黑面僕射 [466]。從這些例子可以推知，古人大抵貴白賤黑，男女皆然。

由前例觀之，以白入名，且勝於黑，應該是很合理的事，不過在古代人名中，以「白」為名的情形不多，齊桓公小白之名為其著例（《左傳・莊公九年》），兩晉史籍中亦未見以「白」為名的菁英，北魏有雍州刺史薛辯（字允白），其祖號河東三薛之一[467]，此外有尚書慕容白曜[468]，中書博士鄭羲有兄名為白驥、小白[469]，北齊末有蒲坂郡豪右張小白[470]。至於白澤之名已見前述，當取其辟邪之義[471]，與顏色無關。南朝史書以白為名，僅見梁末宗室蕭堅（字長白）[472]，劉裕寵一崐崘奴子，名曰白主[473]。北朝民間有劉白駒[474]、楊白龍[475]、李白奴[476]、楊白女[477]。反觀以「黑」為名，《左傳》所載名為黑肱者有三人[478]，另有周公黑肩[479]、晉成公黑臀[480]，衛公子黑背[481]，應該都得名自身體特徵，另外，鄭國有大

465　《魏書》，卷八一，〈字文忠之傳〉。
466　《魏書》，卷一九上，〈陽平王新成傳〉。
467　《魏書》，卷四二，〈薛辯傳〉。
468　《魏書》，卷五〇，〈慕容白曜傳〉。
469　《魏書》，卷五六，〈鄭羲傳〉。
470　《周書》，卷三五，〈薛善傳〉。
471　《周書》，卷三二，〈柳敏傳〉。
472　《梁書》，卷二九，〈高祖三王傳〉。
473　《宋書》，卷七六，〈王玄謨傳〉。
474　〈高伏德等三百人造像記〉，景明四年（503），《百品》，頁13。
475　〈比丘法雅等千人造九級浮圖碑〉，正始元年（504），《百品》，頁18。
476　〈比丘惠輔一百五十人造彌勒象記〉，永安三年（530），《魯迅》第2函第1冊，頁176。
477　〈楊阿真造象記〉，普泰二年（532），《魯迅》第2函第1冊，頁203。
478　《左傳》，〈襄公二十二年〉有鄭公孫黑肱、〈襄公二十七年〉有楚公子黑肱、〈昭公三十一年〉有邾黑肱。
479　《左傳》，〈桓公五年〉、〈桓公十八年〉。
480　《左傳》，〈宣公二年〉、〈宣公九年〉。
481　《左傳》，〈成公十年〉。

夫公孫黑（字子皙）[482]，孔子弟子曾點、狄黑皆以皙為字[483]，係
名字反訓之常例，也不以黑字為嫌。蔡墨也可能與此有關[484]。兩
漢有劇魁夷侯黑等[485]，在漢晉以前文獻中，黑字人名雖不算多，
但已勝於白字，在漢簡中也有不少例子，這種人名的黑白對比，
在十六國北朝尤為顯著。

　　依正史所見，前燕慕容儁時，有晉蘭陵太守孫黑來降，除此
之外，西晉宗室官吏無以此為名者[486]，到十六國時期，以此為名
的北胡為數不少：氐人李雄有部將費黑[487]，後趙有平民郭黑略，
石勒拜為大將軍[488]，並有甯黑為勒所攻[489]，前秦又有上郡羌酋金
大黑[490]。北魏時的「黑」名更多，包括南陽太守張玄（字黑女）
在內[491]，趙黑初名為海，後為宦官，改名為「黑」[492]，又有幽州
別駕盧仲義小名為「黑」[493]，北齊婁黑女係平城人，獲封頓丘郡
君[494]，可知此字在北方之流行。東晉王敦也以阿黑為小字[495]，但
就南朝史書觀之，僅知梁時有徐州刺史宋黑[496]，及梁、秦二州刺
史莊丘黑[497]，梁末有侯景部屬張大黑[498]、張黑[499]，劉宋末有杜黑

482 《左傳》，〈昭公二年〉等。
483 《史記》，卷六七，〈仲尼弟子列傳〉。
484 《左傳》，〈昭公二十九年〉、〈昭公三十一年〉等。
485 《漢書》，卷一五上，〈王子侯表第三上〉。
486 《晉書》，卷一一〇，〈慕容儁〉。
487 《晉書》，卷一二一，〈李雄〉。
488 《晉書》，卷九五，〈佛圖澄傳〉；卷一〇四，〈石勒上〉。
489 《晉書》，卷一〇四，〈石勒上〉。
490 《晉書》，卷一一五，〈符登〉。
491 〈張玄墓誌〉，普泰元年（531），《南北朝彙編》，頁 358-359。
492 《魏書》，卷九四，〈趙黑傳〉。
493 《魏書》，卷四七，〈盧玄傳〉。
494 〈婁黑女墓誌〉，天保六年（555），《南北朝彙編》，頁 501-502。
495 《世說新語箋疏》，卷一三，〈豪爽〉。
496 《魏書》，卷九八，〈島夷蕭衍〉。
497 《魏書》，卷七一，〈夏侯道遷傳〉。
498 《梁書》，卷五六，〈侯景傳〉。
499 《陳書》，卷一，〈高祖上〉。

黑蠹起事[500]。周隋之際，張黑奴從大儒熊安生受業，授太學博士[501]，隋初也有道民家族成員以此為名[502]。

在北朝造像記中，民眾之「黑」名更僕難數，北魏〈僧智薛鳳規等道俗造像記〉有李黑奴、吳黑汝、何漫黑[503]，北齊山西阿鹿交村有張黑魄、張黑兒、郭黑、衛黑□[504]。這些是佛教造像記，另有道民名為黑洛[505]，西魏亦明確載有「道士呂清黑」[506]，隋初有道民王法洛，其妻名黑女[507]。這些案例證實了在北方民間，不分信仰、性別，都不忌以黑為名，除了承襲舊慣，或許有更廣大的文化心態，推動此名的流行。再者，使用此名的心態是否就與以白為美的風尚相牴觸，並應將之列為「賤名」？黑、白兩者本可以並行不悖，黑固然是白的對反，但未必就等於醜惡可厭，由前例可知，作為顏色的「黑」並不受到北方各界排斥，入名比例遠大於白字，很多可能是因其特徵而命名，可惜今已無從比較南方以黑為名的情形，否則可以論證此名是否因地域而有別。北胡人種膚色並非均以黑著稱，如前所說，鮮卑尤白，但在北方何以黑名獨勝？一個直觀式的猜想是游獵騎射，長期日照，膚色自然易黑。不過個人以為，還有另一個推動此名的力量，未必來自視覺之黑，而是五行信仰中的「黑」。《南齊書》曾言拓跋燾時，築有祠殿，並畫黑龍盤繞，理由是「胡俗尚水，以為厭勝」[508]。這

500　《宋書》，卷九，〈後廢帝紀〉。
501　《周書》，卷四五，〈熊安生傳〉；《周書》，卷七五，〈馬光傳〉。
502　〈道民□進榮造老君像〉，開皇三年（583），《道教經典》，頁148。
503　〈僧智薛鳳規等道俗造像記〉，永安三年（530），《百品》，頁74。
504　〈阿鹿交村七十人等造石室像記〉，河清二年（563），《百品》，頁209。
505　〈張乾度七十人等造像記〉，神龜二年（519），《百品》，頁48。
506　〈福地水庫石窟道像〉，大統元年（535），轉引自《六朝道教思想の研究》，頁477。
507　〈道民王法洛造老君像〉，開皇五年（585），《道教經典》，頁149。
508　《南齊書》，卷五七，〈魏虜傳〉，同卷並記北魏「軺車建龍旂，尚黑」。

個說法是正確的，但何以胡俗尚水，進而喜用黑色，作史的蕭子
顯卻隱而不談，其實他不可能不知道，只是刻意諱之，也就是北
魏用漢人五德之說，自命為水德，故多從黑色。早在北魏初期，
拓跋珪已然接受五德終始的說法，天賜二年（405）初，王公侯子
車旗麾蓋、信幡及散官褠服，皆用純黑，四月車駕有事于西郊，
車旗盡黑，正是對天興元年（398）定為土德的修正[509]。

　　這種以五行說明政權輪替的說法出於古代陰陽家，秦漢以降
各朝代追求統治的合理性，幾乎無不受其影響，舉凡正朔、服色、
郊望，往往援引此說，廣為應用，以漢魏易代為例，當時人均深
信東漢為火德，故稱炎漢，曹丕即位後旋改延康為黃初（220），
正是要以土德應命，故以黃為尚[510]。西晉篡魏，復為金德[511]，永
嘉年中，洛陽城東北步廣里地陷，飛出蒼、白二鵝，只有前者飛
去，董養聞而嘆曰：「蒼者胡象，白者國家之象」，則是以北胡為
水德，並有即將代晉之意[512]，這種認知在此前其實已有流傳，元
康年間，洛陽有「南風起，吹白沙」之謠，前者指皇后賈南風干
政，引發八王大亂，後者以白象金，喻晉室之動盪[513]，晉末有謠
云：「宛如白坑破，合集持作甒」，亦取前說，暗指其覆亡[514]。北
魏建國後，乃如前說，自承水德，服色尚黑，後來更有改元神龜
之議[515]。這種觀念相當有力，即使是十六國諸胡君主，也都深䃼

509　《魏書》，卷一○八之四，〈禮志四之四〉；卷二，〈太祖紀〉。天興元年
　　事，見卷一○八之一，〈禮志四之一〉。參看羅新：〈十六國北朝的五德
　　歷運問題〉，《王化與山險：中古邊裔論集》，頁 273-286。
510　《三國志》，卷二，〈文帝紀〉，裴《注》引《獻帝傳》。
511　《魏書》，卷一○八之一，〈祭祀上〉。
512　《晉書》，卷九四，〈董養傳〉。
513　《晉書》，卷二八，〈五行志中〉。
514　《晉書》，卷二八，〈五行志中〉。
515　《魏書》，卷一○七上，〈律曆志三上〉。

五德之說，劉曜稱制長安，稱國號為趙，便自居水德，牲牡尚黑，旗幟尚玄[516]，前燕慕容儁稱帝，群臣也上演同樣的劇情，奏曰：

> 大燕受命，上承光紀黑精之君，運曆傳屬，代金行之后，宜行夏之時，服周之冕，旗幟尚黑，牲牡尚玄。[517]

呂光攻龜茲時，夜有黑物龐然，或謂之黑龍，部將杜進說「龍者神獸，人君利見之象」，他後來即天王位，改年龍飛（396），此黑龍當亦與五行之說有關[518]。從以上的例子研判，以水代金的說法在西晉後期已經相當流行，北胡大舉南下，各地豪強紛立，此說播在人口，震盪人心，酋豪健者以黑為名，從而滲透到民眾命名的心態之中，未必無此可能。梁朝蕭子顯不願接納胡人政權的合法性，故修史時僅輕輕點到北方「尚黑」之俗，其實南朝也有尚黑之說，沈約《宋書》曾載義熙八年（412），太社壇邊生出黑色薰樹，意指劉宋「水德將王」[519]，但由宋至陳，並不強調黑色，南齊永明年中，建康反而流傳北方童謠「黑水流北，赤火入齊」，暗示即將興起的梁朝火德，並將「黑水」歸於北方，可見「黑」確實是當時北方政權的重要象徵[520]。此風直到唐代猶為人所知，道宣（596-667）著文護教，曾提到北朝晚期有忌黑之談，謂將有「黑人次膺天位」，因僧人服黑，高洋甚至動念殺害禪師，宇文泰因小名黑獺，自稱「我名黑泰，可以當之」，並「令僧衣黃，以從讖緯」，都是不欲他人分享「黑」所代表的天命[521]。道宣所載未必屬實，但清楚指出北朝一貫重黑的心態。總之，中古前期北方的

---

516 《晉書》，卷一〇三，〈劉曜〉。
517 《晉書》，卷一一〇，〈慕容儁〉。
518 《晉書》，卷一二二，〈呂光〉。
519 《宋書》，卷三二，〈五行三〉。
520 《南齊書》，卷一九，〈五行〉。
521 唐・道宣：《廣弘明集》，卷六，〈辯惑篇第二之二・列代王臣滯惑解上〉。

「黑」色人名在前代已有所見，此節只是想拈出在北方社會有強調「黑」特殊性的一面，也可能推動各界對「黑」名的喜愛。此說如能成立，當可為華夏古典觀念影響人名的絕好例證。

在西陲地區也有以黑為名的習慣，數量甚多，為時亦久，當地長期扮演中西之孔道，與中亞、西亞胡人接觸更頻，其中當有深色肌膚者，加上命名的隨意性，以此為名，顯屬自然。這些也可以算是通俗用法，但和北朝黑字人名相同，不能逕說是以此「黑」表示醜、賤。總之，以上討論人體外貌為名的案例，延伸到文化性的「黑」，目的都在指出這些用法並不宜像許多研究所說，屬於醜名或賤名，典型的醜名或賤名另有表現，應當自有定義。

二、「醜」、「惡」為名

以上這種環繞個體特徵而來的作法，可以謂之風俗之名，在菁英眼中則為「鄙俗」，但從民眾命名心態來說，謂之為「賤」則不妥。另一個常被誤認為賤名的是「奴」字，漢晉以降，以社會身份稱謂入名的作法中，如論其普及，殆無過於「奴」字，西晉石崇（字季倫）因生於青州，故小名齊奴[522]，這是得名來源明確的例子，此外如南朝劉裕（363-422），因生有異兆，故名奇奴，後來寄養舅家，又改寄奴[523]，民間更常見的情形是隨意取字搭配，北魏〈僧智薛鳳規等道俗造像記〉有李黑奴、丁陽奴、楊婆奴、楊宋奴、何蠻奴、何方奴[524]。東魏〈敬史君碑〉備載各階層官吏將領人名，單、雙名各半，用字相當規整，不過其中也有陳

---

522 《晉書》，卷三三，〈石崇〉。
523 《宋書》，卷二七，〈符瑞上〉。
524 〈僧智薛鳳規等道俗造像記〉，永安三年（530），《百品》，頁74。

留太守敬清奴[525]，可見「奴」字可出現於正式名、字之中，北魏有平遠將軍趙暄（字陽奴）[526]，陽與暄相配，奴字完全是點綴，用於小名者更多不勝數，隋文帝楊堅之父楊忠即名奴奴[527]，唐高宗李治小名雉奴[528]。綜觀這些用例，「奴」可判定為俗名的一種，或表年幼，或表親暱，至多稱為「卑名」，在大部分的用法中，都看不出明顯以奴為「賤」的想法，亦不宜直接與賤名畫上等號。此外，還有「婢」、「乞」二字，與「奴」都是社會上低階、弱勢的群體，不過這兩個字也有菁英用為小名，東晉將相郗鑒之孫郗恢、謝安之子謝琰，小字分別為阿乞、末婢[529]，劉宋時徐喬之娶武帝劉裕第六女富陽公主，其弟名為乞奴[530]。如單純使用「婢」、「乞」字，個人以為仍屬「卑名」，如果要說是「賤名」，需要與其他字連用，才足以強化其特性。底下想從「醜奴」、「惡奴」之名談起，進而探討「賤名」專屬的表現。

以醜為名，自古雖有，然而其例無多，春秋有虢公名醜（《左傳‧僖公五年》），悼王時有司徒名醜（《左傳‧昭公二十二年》），衛國也有右宰同名（《左傳‧隱公四年》），戰國時有魏醜夫，為秦宣太后所愛（《戰國策‧秦二》），並有燕人周醜子，傳孔門之《易》[531]。東漢末有棘陵侯楊醜[532]。此名在魏晉時期的使用情形

525 〈敬史君碑〉，興和二年（540），《百品》，頁103。
526 〈魏趙暄墓誌〉，永安二年（529），《河洛墓刻》，頁 35。
527 《周書》，卷一九，〈楊忠傳〉。
528 《新唐書》，卷八〇，〈太宗諸子〉。
529 《世說新語箋疏》，卷二三，〈任誕〉；同前，卷一七，〈傷逝〉。
530 《宋書》，卷四三，〈徐羨之傳〉。
531 《漢書》，卷八八，〈儒林傳〉。《史記》，卷六七，〈仲尼弟子列傳〉云其名豎，字子家。
532 《後漢書》，卷二二，〈馬成傳〉。

也不詳，孫權黃武六年（227）有吳郡男子鄭醜，卒年七十五歲[533]，雖然南朝墓誌、地券中並不常見「醜」名，但對照後來之所見，此風應當甚早，且流行甚廣。由於醜字為名的用法不少，這裡僅以「醜奴」為例，南北朝以前不見此名，此後則大為風行，北魏有宗室名紹（字醜倫）[534]，孝文帝時有鎮西將軍梁醜奴[535]，匈奴人万俟醜奴[536]，柔然君主豆羅伏跋豆伐可汗，漢名亦為醜奴[537]。如在民間，東魏有賈阿醜、趙醜漢、賈洪醜[538]，北齊有陳醜女、女子段醜黑[539]，並有蕭醜女之磚誌[540]。這類「醜」名的變化不少，大體而言，以「醜奴」、「醜胡」、「醜仁」、「醜漢」最為常見。

　　這裡要再特別強調醜字男女皆用的特色，在一方北魏造像記中，便同時有張醜女、張醜郎[541]，乃至於一碑之內，有柏醜姬、袁醜女、尹醜女[542]，北魏梁天□有二女，分別名為醜多、敬愛[543]，薛道通二女則名為舍利、醜仁[544]。〈尹愛姜等二十一人造彌勒像記〉有尹醜姜、尹醜女、楊醜姜，又有尹娥容、□妙姿[545]，更是美醜並列。女性多尚其美貌，卻中古時期有大量女名帶有「醜」字，不可不論，要說這是崇拜貌醜，不合常理，若是如實描寫，也很難想像此法會普遍流行。從各種用法研判，這種醜名顯然帶有小

533　〈黃武六年（227）鄭醜買地券〉，魯西奇：《中國古代買地券研究》，頁82-84。
534　《魏書》，卷一五，〈昭成子孫傳〉。
535　《魏書》，卷七上，〈高祖紀上〉。
536　《魏書》，卷一〇，〈孝莊紀〉。
537　《魏書》，卷一〇三，〈蠕蠕傳〉。
538　〈凝禪寺三級浮圖碑〉，元象二年（539），《百品》，頁99。
539　〈玄極寺碑〉，河清四年（565），《魯迅》第1函第6冊，頁1030-1032。
540　〈蕭醜女墓記磚〉，天保二年（551），《墨香閣》，頁266。
541　〈比丘劉僧真等造像記〉，熙平二年（517），《百品》，頁43。
542　〈馮神育等二百廿人造像碑〉，正始二年（505），《百品》，頁28。
543　〈比丘郭曇勝造像記〉，延昌四年（515），《百品》，頁39。
544　〈僧智薛鳳規等道俗造像記〉，永安三年（530），《百品》，頁74。
545　《龍門》，窟號1443，景明三年（502），頁501。

名的性質，北齊劉思祖之子依序名為量、伯安、伯雙、伯醜[546]，
么子之名未及雅化，保留最初的選擇，北魏恆州刺史韓震有八子，
在其墓誌中，末三子除依其兄之例，以「遵」為輩字，同時記其
小名為阿醜、阿谷、車兒[547]，北齊李道和子名文昌、延貴，女名
阿醜[548]，隋初有處士梅淵，長子名醜，次子白駒[549]，都能看出此
名兼具小名和俗名的性質。醜字同時為北方貴庶所接受，只不過
後者逕以為名，前者會再另取正式人名，至於幼兒或女性則無此
必要，可終生使用這類「醜名」。

此名在隋唐仍然沿用，會昌年間，武宗從李德裕之議，誅劉
積等多人，中有陳醜奴[550]，但除此之外，兩《唐書》中以醜為名
者幾乎無例可尋，中唐時權宦李輔國、以及太傅白敏中皆被謚曰
「醜」，可證明此字絕非美意[551]。但在小名領域，醜字始終活躍，
唐初有張周醜[552]、張醜奴[553]，武周時有右監門衛董醜奴[554]，很可
能都是小名，中唐有青河人崔禮弟，長子名重暉，以下六子皆以
「文」字入名，餘者則名為留住、敬憐、醜兒、小哥、賢留[555]，
前引唐代宣宗時之盧姓婦女，身後所遺六名幼子，皆書其小名，

---

546 〈劉思祖造像記〉，天保四年（553），《魯迅》第 2 函第 3 冊，頁 603。
547 〈韓震墓誌〉，普泰二年（532），《南北朝彙編》，頁 363-365。
548 〈張思文造無量壽象記〉，承光元年（577），《魯迅》第 2 函第 3 冊，頁 907。
549 〈梅淵墓誌〉，開皇十五年（595），《新出疏證》，頁 415-416。
550 《舊唐書》，卷一八上，〈武宗〉。
551 《新唐書》，卷二〇八，〈宦者下〉；同前書，卷一一九，〈白居易〉。
552 〈張周醜造像記〉，龍朔二年（662），《金石續編》，《石刻史料》第1輯第4冊，頁3031b-2b。
553 〈佛說造立形像福報經〉，《房山》，咸亨二年（671），頁 71。
554 〈大周故處士董君墓誌銘〉，長安三年（703），《唐誌彙編》，長安〇五一。
555 〈貝州青河郡崔府君諱禮弟進葬誌銘〉，建中二年（781），《唐誌彙編》，建中〇〇九。

當中便有醜兒[556]，後周武將馮暉的墓誌提到他有「男醜兒」，相較
其前後諸兒均有正式人名及官銜，可以推知為殤子，故僅書其小
名而止[557]。在西陲地區，醜名的勢力尤大，西陲地區何以喜用醜
字？前文已經提過，這和當地儒化程度較低有關，排除俗鄙的觀
念並不強，但這只是消極性的因素，以「醜」為名，其背後當有
更普遍且強韌的因素。

　　與此醜名相近的則是「惡名」，不如醜字常見，但兩者合觀，
其義不容忽略：後燕遼西王慕容農，小字惡奴[558]，民間有田野奴、
呂惡奴[559]、張惡仁等[560]、成惡仁等[561]，女性也用此字，有劉惡女、
鄭惡女[562]。南朝史籍僅見梁代小吏金惡奴[563]，南齊末東昏侯有佞
臣張惡奴[564]。以「惡」為名，早在春秋已有此例，衛國有石惡（《左
傳‧襄公二十七年》），衛襄公、魯文公之子皆單名「惡」[565]。「惡」
除了作為「善」的對立面，自古亦有「醜」義，西漢孔安國解「惡」
便說「醜陋也」[566]，高誘《注》「惡人」為「醜貌之人」（《戰國策‧
趙四》），唐代顏師古亦以惡地釋醜地[567]，無論如何，醜、惡都是
負面的指稱，西晉末有新平羌雷惡地，姚萇拜為鎮東將軍，嶺北

556　〈唐故范陽盧氏夫人墓誌銘〉，乾符三年（876），《唐誌彙編》，乾符〇
　　一〇。
557　〈馮暉墓誌〉，顯德五年（958），《五代墓誌》，頁 626。
558　《晉書》，卷九，〈孝武帝紀〉；《全文‧全晉文》，卷一五〇。
559　〈呂昇歡等造天宮金象記〉，興和三年（541），《魯迅》第2函第2冊，
　　頁300、306。
560　〈陳神忻七十二人等造石室記〉，皇建二年（561），《百品》，頁179。
561　〈成惡仁墓誌〉，大業三年（607），《新出疏證》，頁 481。
562　〈陳神姜等造像記〉，大統十三年（547），《百品》，頁129-130。
563　〈蕭秀碑〉，天監十七年（518），《魯迅》第 1 函第 4 冊，頁 607。
564　《南史》，卷七七，〈恩倖傳〉。
565　《史記》，卷三七，〈衛康叔世家〉；卷三三，〈魯周公世家〉。
566　《史記》，卷三八，〈宋微子世家〉，《集解》；《後漢書》，志一三，〈五
　　行一〉，李賢《注》。
567　《漢書》，卷三一，〈陳勝項籍傳〉。

諸豪無不敬憚[568]，另有趙惡地隨姚萇征伐[569]，吐谷渾亦有長史鍾惡地[570]。由此觀之，在南北朝時期，「醜」、「惡」二字已成為可自由運用的命名選項，而非實體之描述，而且其背後也應該有若干共通的心態，支持這兩個字的使用。

除了醜奴、惡奴與醜仁（人）、惡仁，北周李弼之祖曾任平州刺史，名為貴醜[571]，隋開皇年間有周醜貴[572]，乃至陳賤貴[573]、郭阿賤[574]，後面三者很可能是女性，此法至唐仍然有之，唐初有呂惡（字好娘），墓誌說她是弘農人，曾祖以降三代名為興、伽、道，皆未出仕[575]。正由於這類名字不符合菁英的儒雅標準，以致長期被排斥於筆錄之外，或遭到改寫，前述梁章鉅以博洽著稱，仍說此類小名「行之仕宦，列之史書，此則真不可解也」，所幸北方石刻與西陲文書多所保留，使後人得以窺見在「猛」、「野」之外，還有取自「醜」、「惡」的一面。以「惡」來說，北魏還有章武郡人顏惡頭，妙於易筮[576]，另有平民楊惡頭[577]，同碑所見，還有楊惡奴（三見）、楊惡蚝[578]。後者必須注意，因為所取已經不是人身，而是蟲類，包括師蚝[579]、楊蚝[580]、郭惡蚝[581]，史籍中以「蚝」為

568 《晉書》，卷一一五，〈符登〉；卷一一六，〈姚萇〉；卷一一五，〈符登〉。
569 《晉書》，卷一一六，〈姚萇〉。
570 《晉書》，卷九七，〈吐谷渾〉。
571 《周書》，卷一五，〈李弼傳〉。
572 〈比丘法講等造釋迦彌勒象記〉，開皇十六年（596），《魯迅》第2函第5冊，頁1151-1152。
573 〈合邑四十人造像記〉，大統四年（538），《百品》，頁96。
574 〈陳神姜等造像記〉，大統十三年（547），《百品》，頁129-130。
575 〈唐呂惡墓誌〉，咸亨四年（673），《河洛墓刻》，頁101。
576 《北史》，卷八九，〈顏惡頭傳〉。
577 〈比丘法雅等千人造九級浮圖碑〉，正始元年（504），《百品》，頁18。
578 〈比丘法雅等千人造九級浮圖碑〉，正始元年（504），《百品》，頁18。
579 〈師錄生佛道教造像碑〉，正光四年（523），《北朝佛道》，頁134。
580 〈比丘惠輔一百五十人造彌勒象記〉，永安三年（530），《魯迅》第2函第1冊，頁176。
581 〈敬史君碑〉，興和二年（540），《百品》，頁103。

名者不多，案蚝字不見於古籍，《說文》不錄，《玉篇‧虫部》云同「蛓」，係毒蟲之屬，在北齊的另一方造像記中，甚至同時出現董惡蛇、董惡蚝[582]。可見當時不僅以醜、惡為名，甚至以毒為名！目前整理所得，尚有楊惡蛇[583]、張惡蛇[584]，北魏薛欽妻名董蛇[585]，與此相類者有宋惡虫[586]。在古代文獻中不見以蛇為名者，以蟲為名者稍多，春秋時鄭公孫、齊公孫皆名為蠆（《左傳‧襄公九年》、《左傳‧襄公二十九年》），《左傳‧僖公二十二年》直言「蠭蠆有毒」，此外，戰國時韓公子名為蟣蝨[587]，也有以「蟜」為名者，《玉篇》並說此為毒蟲[588]，在中古不僅以蛇入名，而且蟲影紛紛，南齊末東昏侯蕭寶卷有佞臣梅蟲兒，史說為吳興人[589]，又有蜀賊丁虫[590]，北方有前涼君主張祚，小字蟲斯，名、字搭配固然出於《詩經》求子之意，但很可能是漢化未深的選擇[591]，民間有高虫子[592]、趙野虫[593]，隋初有女性名馬虫姬[594]，北魏李琰之（字景珍）係隴

582　〈董黃頭七十人等造像記〉，天保九年（558），《百品》，頁170。
583　〈僧智薛鳳規等道俗造像記〉，永安三年（530），《百品》，頁74。
584　〈張世寶卅餘人造塸天宮記〉，天保三年（552），《魯迅》第1函第6冊，頁946。
585　〈僧智薛鳳規等道俗造像記〉，永安三年（530），《百品》，頁74。
586　〈宋買廿二人等造天宮石象記〉，天統三年（567），《白品》，頁227。
587　《史記》，卷四五，〈韓世家〉。
588　《史記》，卷六，〈秦始皇本紀〉（長安君成蟜）；同前，卷一一，〈孝景本紀〉（封長公主子蟜為隆慮侯）；《漢書》，卷七八，〈蕭望之傳〉（張子蟜）。又有帝嚳之父名蟜極（《史記》，卷一，〈五帝本紀〉）。但對這些「蟜」字，古人已有猶疑，張守節《正義》即云蟜極本作橋極，顏師古《注》亦云張子蟜或作子僑。
589　《南齊書》，卷七，〈東昏侯紀〉。
590　《魏書》，卷六九，〈裴延儁傳〉。
591　〈張祚〉，《全文‧全晉文》，卷一五四。
592　〈高洛周七十人等造像記〉，正始元年（504），《百品》，頁23。
593　〈靜明等修塔造像記〉，天保八年（557），《百品》，頁158。
594　〈道民孫榮族造像碑〉，開皇十九年（599），《道教經典》，頁154。

西狄道人，小字默蠶，但看起來並非胡名，更像是由蟲而來[595]，劉宋末亦有杜黑蠶起事[596]。

這類人名雖然在留存不多，但可以相信在當時確曾廣受使用，相較之下，菁英使用這類名號，只有用於譴責大逆之人，取蟲蛇之陰毒，表逐出人倫之義，如南齊武帝改蕭子響為蛸氏[597]、唐高宗改王皇后、蕭良娣為蟒氏、梟氏，武后改武惟良等為蝮氏，又改李氏宗室為虺氏[598]，可知這類字詞絕不作為菁英的正式人名。但是否會作為小名使用？苦於記錄極寡，實難斷言，基層民眾之例乃如上述，而且看起來不限於華北和西陲。再者，前文已提到董蛇、馬虫姬都是女性，中唐有韋氏女，小字乡娘，其父祖迭任刺史、僕射，她年紀很輕就亡故，可知這種用法確實也被菁英家庭吸收[599]，劍南東川節度使支訢家中亦有一女，同為乡娘，年纔十歲[600]，直到五代後唐，朝議郎王禹猶有子名為小虫[601]，瀧州刺史吳存鍔長子名延魯，充容省軍將，次子則名蟲子，屬於小名無疑[602]。這些人名或取於「醜」，或取於「惡」，或取於「毒」，都不是現代人所能想像的用法，然而不僅民眾廣為使用，菁英也會採為小名，橫跨整個中古時期。

在中古的「怪名」中，會使現代讀者蹙眉不悅的尚不止此，之所以有此感受，實因後人大多已習於菁英文化中的命名規範，

595 《魏書》，卷八二，〈李琰之傳〉。
596 《宋書》，卷九，〈後廢帝紀〉。
597 《南齊書》，卷四〇，〈魚復侯子響〉。
598 《舊唐書》，卷五一，〈后妃上〉；卷一八三，〈武承嗣〉；卷六，〈則天皇后〉。並見桂馥：《札樸》，卷五，〈賜惡姓〉，頁 191。
599 〈唐韋氏小女子墓誌銘〉，咸通十二年（871），《唐誌彙編》，咸通〇九一。
600 〈唐劍南東川節度副使朝議郎……支訢妻滎陽鄭氏墓誌銘〉，乾符三年（876），《唐誌彙編》，乾符〇〇九。
601 〈王禹墓誌〉，《五代墓誌》，長興四年（933），頁 243。
602 〈吳存鍔墓誌〉，《五代墓誌》，貞明三年（917），頁 73-75。

以致面對這些用法，屢屢生起破格、踰矩之感，甚至有汙穢的感受。除了「醜名」、「惡名」，中古時期甚至不介意「穢名」，除了前章提到的郭苟始（屎）[603]等，在北魏後期河北的〈高伏德等三百人造像記〉中，亦有高冀之名[604]，雖然目前在北方石刻中僅此一見，個人不認為這是偶然或誤寫，在西陲地區有高廁[605]、鄯臭兒[606]、靳阿臭[607]，甚至大量帶冀字的人名，僅九世紀末〈龍勒鄉缺枝夫戶名目〉，就有王冀塠、程冀塠、氾冀塠（P. 3418V），足知當地不以冀字為避忌，吐魯番也是如此，前章提過西陲文化成份複雜，不宜將其代表性貿然放大，但若能和華北的情形相互比對，還是得到一些線索，這類冀字人名雖罕見於北方石刻，遑論菁英所編修的文獻，但前文曾引用北齊博陵太守喬苟始之例[608]，他之所以留名應屬偶然，卻留下一絲縫隙，透露這類穢名可能同樣為北方所使用。唐代由於文獻所限，除了房山、西陲等地，很少見到痕跡，不過直到唐末，雲麾將軍陳公誼之嗣子尚名為猱狗，悉皆從犬，絕非雅字[609]。至於使用此名的心態，在古代已引起菁英的注意，而且不完全當成笑話或怪事來看待，南宋俞成即云：

> 古者命名，多自貶損，或曰愚曰魯，或曰拙曰賤，皆取謙益之義也。如司馬氏幼字犬子，至有慕名野狗，何嘗擇稱呼之美哉？嘗觀進士同年錄，江南人習尚機巧，故其小名

603　《吐魯番》第 5 冊，頁 183。
604　〈高伏德等三百人造像記〉，景明四年（503），《百品》，頁13。
605　《吐魯番》第 4 冊補遺，頁 22。
606　《吐魯番》第 4 冊，頁 69。
607　《吐魯番》第 5 冊，頁 44。
608　〈僧通等八十人造四面像記〉，天保元年（550），《魯迅》第 2 函第 3 冊，頁 581。
609　〈唐陳公誼妻李氏墓誌〉，中和六年（886），《西安新誌》，頁 916-918。

> 多是好字，足見自高之心。江北人大體任真，故其<u>小名多
> 非佳字，足見自貶之意</u>。[610]

他注意到民間小名有愚、魯、拙、賤的表現，確實已探觸到賤名
的特色，但他說賤名之起，是因為考量到「謙益」之故，亦即出
於「自貶」的心態，則仍不免仍受到「貴名」習慣的侷限。

　　談到「賤名」，究竟何者為賤？過去不乏人名研究使用這個名
稱，但很少有人思考完整的定義，現代人要揣想古人心中之所貴
所賤，除了將心比心之心證，還需要更縝密的分析架構。這裡想
借用人類學家 Mary Douglas（1921-2007）對「汙穢」的說法，她
認為要界定文化概念的汙穢，必須從文化分類的系統來觀察，凡
屬背離社群秩序與規範者，往往等於跨越界限，帶來危險，因而
被視為汙穢，構成群體之禁忌[611]。援用這個概念，中古時期的「賤
名」也應當與其他的命名模式參照，以確定「賤」的內涵。在中
古流行的命名心態中，除了宗教加持性質的「聖名」與「惡名」，
如前文所述，追求力量、長生、歡樂三者，乃是中古人名心態的
最大共相，至於菁英所喜之「貴名」，有強烈的華夏古典性格，這
些命名模式分別滿足不同的心理需求，也適用於不同的文化身
份，換言之，這些都是為人所喜、所貴的心態與表現，反過來，
與此相牴觸者，也就是人之所惡的面向，歸納起來，可以說粗野、
骯髒、卑弱無力、有害於人，以及脫離於秩序之外的事物，就是
「賤」的內涵。就本節所舉的例子來說，從醜、惡到毒、臭，都
是人類所共同厭惡的狀態或現象，因此符合這種定義，便可界定
為「賤名」，過去常被歸為賤名的「黑」字、「奴」字或雞、狗等

610　南宋・俞成：《螢雪叢說》，卷上，〈人之小名〉。
611　瑪麗・道格拉斯著，黃劍波等譯：《潔淨與危險：對污染和禁忌觀念的
　　　分析》（北京：商務印書館，2018 年）。

禽畜，乃至禿、瘦等外觀描述，並不符合當時對「賤」的想法，因此謂之俗名、卑名可也，但不能說就是「賤」。

過去之所以對賤名的說明通常混淆不清，失之寬泛，主要是因為研究者並未釐清「賤」的性質，在本研究的定義中，「賤」並非意味「廉價」或「平凡」，而是專指為人所共同厭惡的對象，因此雞犬豬狗，雖是凡物，且不貴重，但絕非為人所嫌惡的物種，同理可知，奴、婢、乞丐雖然地位低下，卻不必然為人所排斥，因此說是「卑名」更為精確，至於惡虻、蟲子、蛇蠍，在一般情況下，無益於人，有害於生，只要符合這個定義，即為賤物，也才能算是真正的「賤名」，這裡要以「鼠」來做佐證。前一章經指出，在日常動物中為人最惡者，當為鼠類，不僅汙穢、怯弱，無絲毫利生之用，而且四處鼠竄，幾乎無法單憑人力約束。馬、牛、狗、貓長期為人所豢養，甚至為之取名，視為生活成員的一部份，鼠與人的關係正好相反，蛇、蟲也是如此，自古就有各種驅除蟲蛇、杜絕鼠患的作法，說明這些動物正處於人類生活秩序的邊緣，甚至是秩序的破壞者，更不要說糞便等穢物，除了農事藉以肥沃地力，常人避之唯恐不及，也不可能心生珍惜之感。《韓非子·內儲說下》雖載有牲屎避鬼之說，普通情形下，排泄物絕無貴重可言，唯有賤之惡之而已。

除了這些物象，還有某些狀態也是人共同排斥的，在吐魯番除了大量糞名，還有大量鼠名，包括趙盲鼠[612]、康盲鼠[613]，當地以盲字入名者，尚有魏盲歡[614]，盲而能歡，難以想像，這種名字極可能純屬常用字的隨意拼合，並無深意，「歡」字極常見的祈願

---

612 《吐魯番》第 6 冊，頁 278。
613 《吐魯番》第 6 冊，頁 486。
614 《吐魯番》第 7 冊，頁 421。

心態，但「盲」是指殘缺，在集體性的生活秩序中，「盲」是不完整、也不正常的生命狀態，不可能為人所喜，取用此字，必有其故。在西陲地區，還有極大量的憨字人名與殘字人名，也可以歸於此類，以前者來說，十世紀中期的一份〈入麥曆〉記有十九人，以「憨兒」為名者就有三人（S. 6981），此名尚可說是卑名或親暱之名，但殘字出現在人名中的頻率也非常高，其名可能來自使用者外觀之實錄，不過從其現存數量來看，「殘」字已經脫離實際描寫，成為當地命名的慣用選項之一，要解釋這種現象，「賤名」心態仍是最值得考量的面向。

　　以西陲所見為例，統計這些表現，在醜、惡、毒、臭之外，還有憨、殘、破等概念，都算是「賤名」的主要面向，這些狀態或對象共同的特點是干擾生活的秩序，甚至對生命造成傷害，又難以納入規範，凡屬此類，可說是賤名最基本的概念與文字表現。雖然西陲當地的文化情形相當複雜，尤其基層民眾華夏化的程度往往甚低，但印證北朝文獻與石刻中的跡象，可以推估這類賤名當有類似的表現，也很可能有共通的心態，雖然唐代以後其他地區的狀況極不清楚，但在中晚唐的一通墓誌中，仍載有小兒名為跛跛，如非紀實，當與「殘」字人名相通[615]。如果再從「西陲－北方鄉村－菁英」的對比來看，更可以說名中古時期賤名力量的強弱，與華夏化、菁英化的程度成反比[616]。然而接著必須追問的是，「賤名」的內涵既然為人所惡，使用「賤名」的誘因又是甚麼呢？過去的研究往往引用前說，認為此名的目的是使人「易於生

615　〈唐郭良及妻張氏合祔墓記〉，會昌元年（841），《邙洛》，頁309。

616　清・李肇亨：《婦女雙名記》：「柳耆卿（永）《樂章集》有贈妓蟲娘〈玉樓春〉詞，又〈征部樂〉一闋，有『但願吾、蟲蟲心下，把人看待，長似初相識』之句」，可知此風仍在宋代基層流行，見《叢書集成新編》，第99冊（據《學海類編》本排印），頁386。

養」（歐陽修語），但並未涉及歷史性或文化性的解釋，要想釐清其故，還需要更深入的考察。

三、「名」的信仰

　　前一章在討論「鎮惡」、「殺鬼」等名時，曾談到古代有劾鬼的方術，在這些方術傳統中有一個共通的條件，也就是掌握鬼怪之名，換言之，「名」是操控對方的關鍵。在古代的人名文化中，如果沒有其他記敘，很難單憑名字看出這一點，但其實在人名結構中，仍隱藏著這種心態，尤其是古人取「字」的起源。本書認為「賤名」的性質和原始之「字」實有相通之處，雖然後來的表現與使用者往往大異，但同樣可溯及古代對於「名」的信仰。

　　所謂「名」的信仰，是古人認為事物一旦賦予名字，兩者之間就會產生關係，甚至可以透過後者來影響前者。「名」為何有此力量？中國古代認為萬物的定名與聖人密不可分，循名所以責實。此說可以西漢董仲舒《春秋繁露・天道施》所言為代表：

> 名者，所以別物也……人心從之而不逆，古今通貫而不亂，名之義也……名號之由，人事起也，不順天道，謂之不義，察天人之分，觀道命之異，可以知禮之說矣……萬物載名而生，聖人因其象而命之。

董生此處所言，大致分成兩點，第一是以名別物，需以命名作為分類，進而建立順符天道（義）的人事秩序（禮）；第二是萬物命名，乃聖人之所為。這種看法並不是他所獨創，《尚書・呂刑》：「禹平水土，主名山川」，偽孔《傳》云：「禹治洪水，山川無名者主名之」，並見於《大戴禮記・五帝德》，都說明古代聖王有命名的事跡。《國語・魯語上》也說黃帝「能成命百物」，《禮記・祭

法上》則云「正名百物」，姑不論其「名」為何，禹、黃帝在古代均被尊為聖人，具有超凡的能力，「主名」、「正名」皆由其所為，可以看出「名」已是重要的行為。董仲舒結合儒義，強化「名」的內涵，重在於人世關係的定序，從他的想法中，可以看到「命名－秩序」兩者間的關係。這種關係也展現於人倫以外的世界，東周定王時王孫滿答楚人問鼎，對此即有所透露：

> 昔夏之方有德也，遠方圖物，貢金九牧，**鑄鼎象物，百物而為之備，使民知神姦**。故民入川澤山林，不逢不若，螭魅罔兩，莫能逢之，用能協于上下，以承天休。（《左傳·宣公三年》）

王孫滿說古王鑄物於鼎，目的在於「使民知神姦」，古鼎所象之物，還包含魑魅魍魎在內，要避開這些危險，「知」是重要的手段，雖然他並沒有提到「名」，但可以推知古人在認識這些對象之時，除了以圖象呈現，也會掌握名號，在使民知象的同時，也使之識名。

在周代禮儀之中，除了詳述各種名、字使用的規範，對「名」的信仰並無太多著墨，但從某些細節，還是可以看出某前述心態的痕跡，尤其是喪禮中呼名招魂的環節，顯示古代「名」之為用，不僅見於生前，也用於死後。此一儀式具見於《儀禮·士喪禮》、《禮記·喪大記》，被稱為復禮，後者提到死者「男子稱名，婦人稱字」，孔穎達《疏》則云「殷以上，貴復賤，同呼名」，則在古代招男女貴賤之魂，都是呼喚其名。執行此禮之人稱為復者，鄭玄說其職為「招魂復魄」，唐代賈公彥闡釋其義：「出入之氣謂之魂，耳目聰明謂之魄，死者魂神去，離於魄，今欲招取魂來，復歸於魄」，至於復者的身份、行禮的地點、步驟、工具，皆有詳載，如亡者凶死在外，又有不同（《禮記·雜記上》），三呼亡者之名，

則是共通的程序。古人顯然深信魂之存在，有感有知，並以北方
為諸幽所在，故向北呼號其名，冀其魂返而復生。此禮在當時為
貴族所行，一般民眾是否從之，不得而詳，《禮記‧檀弓下》闡釋
其禮義為「盡愛之道也，有禱祠之心也」，就情、禮均衡之設計而
言，確有其理，也反映先秦時期已經相信後天之「名」能溝通無
形之魂氣，也就是「名」可以經由他人使用，引導生命的方向。

　　以上是先秦時期對「名」比較特殊的想法，尚不足以言完整
之「信仰」，不過漢代以後，除了董仲舒等儒生以「名號」為論述，
在方術、傳說與風俗之中，「名」有了更多的表現。東漢末高誘解
釋《淮南子‧本經訓》所載「倉頡作書而鬼夜哭」，說是因「鬼恐
為書文所劾」，「書文」所指，可能已包括其名，東晉葛洪《抱朴
子》云「窮神奸則記白澤之辭」(〈極言〉)，主角是黃帝，記錄的
對象則是能作人語的異獸白澤，在北宋成書之道教類書《雲笈七
籤》中有更詳細的描述：

> 帝巡狩，東至海，登桓山，於海濱得白澤神獸，能言，達
> 於萬物之情，因問天下鬼神之事，自古精氣為物、遊魂為
> 變者，凡萬一千五百二十種，白澤言之，帝令以圖寫之，
> 以示天下，帝乃作辟邪之文，以祝之。[617]

葛洪並說「論百鬼錄，知天下鬼之名字，及《白澤圖》、《九鼎記》，
則眾鬼自却」(〈登涉〉)，若「盡知其名，則天下惡鬼惡獸，不敢
犯人也」(〈祛惑〉)，白澤所言，當亦涉及鬼神之名，如陳槃所言：
「有一定型式，書示其姓名，以戒于民，使民辟禍求福是也」[618]。
葛書頗受道教之影響，其說當來自道教或方士之傳承，而非虛構。

617　北宋‧張君房纂：《雲笈七籤》，卷一〇〇，〈軒轅本紀〉。
618　陳槃：〈古讖緯書錄解題（二）：壹、白澤圖〉《古讖緯研討及其書錄解
　　題》（臺北：國立編譯館，1991 年），頁 275。

與此同時期的干寶《搜神記》則提到季桓子曾問物怪於孔子，孔子乃引《夏鼎志》，說明各物之名稱與體性，又記三國孫吳時諸葛恪曾引用《白澤圖》，認出某一精怪，且說其名為「傒囊」（卷十二），可見當時人深信這類圖書有辨析鬼物、進而驅除的功能，而「名」正是關鍵。從周代到東晉，相去將近千年，「名」的信仰如何具體落實於數術之中，已難詳考，幸而在戰國到漢末的出土文物中，尚保留了些許片段。

　　前文曾引用湖北出土的戰國睡虎地秦簡日書〈詰篇〉，對鬼怪種類及制服之法已有陳述，但並未強調「名」之必要，洛陽出土東漢永壽二年（156）隨葬陶瓶，此墓先前已經被盜，僅留此瓶，瓶身有朱書文字，約一百六十字，是東漢晚期相當珍貴的一份民間宗教材料，其中較完整的部份恰好提到「名」的作用：

> 永壽二年五月……天帝使者……追逐天下，捕取五□……
> 乘傳居署，起度閡梁，董攝錄佰鬼名字，無令得逃亡。[619]

後文還提到「執火大夫燒汝骨，風伯雨師揚其灰」、「皇帝呈下……如律令」，相較於其他鎮墓文多向地下神靈告罪，此文模擬官府文書，追劾百鬼，並詳錄其名，使其無所遁逃。與此相似者還有一方東漢符籙木牘，出土於江蘇高郵，上寫有一小段文字：「鬼名曰天光，天帝神師已知汝名，疾去三千里」，同樣以「如律令」作結[620]。這兩件文物都有鮮明的方術性質，後者更書及其名，可見古代重「名」的想法，至此已進入道法的系統之中。後來在《女青

---

619 蔡運章：〈東漢永壽二年鎮墓瓶陶文考略〉，《考古》1989 年 7 期，頁646-650、661。

620 朱江：〈江蘇高郵邵家溝漢代遺址的清理〉，《考古》1960 年 10 期，頁18-23、44。

鬼律》中更加發揚光大，此書現存《道藏本》六卷，詳載鬼名二百餘條，並說：

> 今記其真名，使人知之。一知鬼名，邪不敢前，三呼其鬼名，鬼炁即絕……凡鬼皆有姓名。（卷二）

若知其名，「鬼復真形」（卷二）、「鬼自伏住，不敢動」、「有疾即差，鬼不敢干」（以上卷四）。依據學者研究，《女青》流行於東晉南朝[621]，對照干寶、葛洪之書，可以相信「知名」以制鬼魅的觀念，在當時已經蔚為流行，在北宋《太平御覽》引《風俗通》佚文，提到夏至須著五綵，並題屬鬼「游光」之名，「知其名者無溫疾」，《御覽》並說此俗係起於東漢永建年間（126-132）京師之大疫[622]，如其屬實，參照永壽二年之陶瓶，以名制鬼的心態更可上溯至二世紀的北方。

此後「名」之信仰廣為中古道教和民間宗教所吸收，多方應用，《真誥》說欲使「五星降室」，要呼喊五星、星夫人名字（卷九），此書流通於江南，出自南朝道教菁英之手，必有所據。敦煌編號 P. 2856〈發病書〉則遠在西陲，載有兩種治病的符咒作法，分別為吞服及掛門之用，重點是必須先卜得鬼名，並閉氣書之。唐初孫思邈所著《千金翼方‧禁經下》則有〈禁惡蚘螫人毒法〉，以擬人口吻警告這類害蟲：「兄弟五人吾都知，攝汝五毒莫令移」，也與呼名劾鬼的作法相通。這種觀念甚至也被佛教徒所用，自隋開皇十四年（594）《眾經目錄》，《呪魅經》均被判為偽經，此經現存僅一卷，專言對治魅蠱之法，如知「魅公、魅母」及其子女

---

621 此書年代迄無定論，目前多認為不晚於四世紀東晉中期，見白彬、代麗鵑：〈試從考古材料看《女青鬼律》的成書年代和流行地域〉，《宗教學研究》2007 年 1 期，頁 6-17。
622 《太平御覽》，卷二三，〈時序部八‧夏至〉。

之名，施法者即返受其殃[623]。此經顯然不是正統佛教所能接受，撰述者恐怕也只是藉佛經的外衣，宣傳以名制鬼的觀念，經中還提到「或作人形像，或作符書厭禱呪詛，或取人姓字，或取棘針」，或許是現存佛經中關於後世「打小人」風俗最早的具體紀錄。

這種作法在中國由來已久，巫蠱構怨，史不絕書，但竟然被襲入佛經之中，正可看出不分各教，都接受「名」可以影響生命實體的信仰。隋代仁壽二年（602），時為太子的楊廣為構陷越王楊秀，暗中製作人偶，寫上文帝楊堅、漢王楊諒之名，並加埋藏，令楊素發之，楊堅知悉後大怒，下詔貶楊秀為庶人，此法之型態與前代相去不遠，其中特別提到了「姓名」[624]：

> 漢王於汝，親則弟也，**乃畫其形像，書其姓名**，縛手釘心，枷鎖杻械。仍云請西岳華山慈父聖母神兵九億萬騎，收楊諒魂神，閉在華山下，勿令散蕩。我之於汝，親則父也，復云請西岳華山慈父聖母，賜為開化楊堅夫妻，廻心歡喜。又**畫我形像**，縛手撮頭，仍云請西岳神兵收楊堅魂神。如此形狀，我今不知楊諒、楊堅是汝何親也？[625]

借用現代人類學者的概念，此法可說充分展現了交感巫術（sympathetic magic）的思維：造作形象，施以破壞，屬於模擬律；還要「書其姓名」，則屬接觸律，史書未提到有採集鬚髮指爪之事，足見在當時已相信後天之名，亦屬其人生命的一部份。這

---

623 此經流傳甚廣，詳曹凌：《中國佛教疑偽經綜錄》（上海：上海古籍出版社，2011年），頁236-241。

624 漢代以降關於此法的紀錄不少，但多言製作偶像之作用，均未明記書刻姓名，如「為木人以像寡人」（《史記》，卷六九，〈蘇秦列傳〉）、「桐木人」（《漢書》，卷四五，〈江充傳〉、卷六三，〈戾太子據傳〉）、「以玉人為上形像」（《宋書》，卷九九，〈二凶傳〉）、「刻木為偶人」（《南史》，卷六五，〈陳宗室諸王傳〉），然以理推測，未必無之。

625 《隋書》，卷四五，〈文四子〉。

裡想再引近代柴小梵（1893-1936）《梵天廬叢錄》，說明此一方術信仰在中國社會之強韌。江蘇昭文縣有盜逃亡在外，事主力請嚴緝，官員無能為力，只好求助於巫，當地相傳此巫善於「捕亡」，僅需得知姓名、年歲、籍貫、容狀，即可作法召來其魂，書中描述雙方對話，宛如小說情節：

> 「速供實，且現居何處？」壇中泣曰：「吾窒息欲死，可少通隙，令吾呼吸」。巫即以針於壇口皮紙上刺一小孔，壇中謝曰：「今呼吸爽利矣」。因將是案始末，詳細供出，並言現在居處。[626]

據前文所論，以「名」為重點的劾鬼術最晚在漢代形成，以「名」厭鎮活人之魂的方術起於何時，猶待考察，但至遲已見於隋代，綿延千餘年猶然。人雖未死，呼名即可召其神魂，書名亦可遠距破壞其體，「名」之為用，何其大矣[627]！

　　本章用如此篇幅討論漢唐之間「名」的信仰如何演變，正是想指出在這樣的風俗考量之下，對照古代「字」的起源，始能深入理解「賤名」使用的心態，以及古人說此名可使小兒「易長育」的理由，如果對照古代「字」的起源，更能幫助我們認識這類人名的性質與作用。關於古代「字」的使用，《禮記·內則》言嬰兒新生三月，「父執子之右手，咳而名之」，男女皆然，等到行冠笄之禮，並取表字，在公共或正式場合，彼此以字互稱，直接稱名則為失禮，此法長期流傳，清代中葉甚至有人認為當時稱字過甚，

626　柴小梵：《梵天廬叢錄》（北京：故宮出版社，2013 年），卷三一，〈召生魂問供〉，頁 957-958。

627　關於「名」在古代禁忌與道教中的表現，參劉師增貴：〈禁忌——秦漢信仰的一個側面〉，《新史學》18 卷 4 期（2007 年 12 月），頁 56-57；謝聰輝：〈啾啾唧唧斷根源——閩南閩中道壇禳災抄本中「知名」故事敘述研究〉，《追尋道法：從臺灣到福建道壇調查與研究》（臺北：新文豐出版公司，2018 年），頁 541-590。並參見高國藩：《中國巫術史》（上海：上海三聯書店，1999 年），頁 469-486。

「於古不典，於今不恭」，反映這一習慣在傳統社會的韌性[628]。自古學者解釋古禮取字之由來，皆以「敬其名」為說，也就是避正名之諱，表示對成人之尊重，此說向來無異辭，也有人類學家從過渡禮儀的角度詮釋其心理功能[629]，不過這些都難以充分解釋取字的起源，在近人論著中，當以葉國良的解說最為合理，葉師指出取字之法，最初應出自古代的巫術思維，也就是以「名」為真我，如非必要，或面對父母君長，本名應予隱藏，避免各種非直接性的干擾，故取「字」代之，換言之，最初之字可謂「假名」，此俗後來進入禮儀，成為菁英共通的習慣，並與「名」搭配，本意乃漸隱晦[630]。江紹原曾觸及此義，可惜只是一略而過，稱之為「名禮」：

> 我曾有「冠而字之，隱其名也歟」之提議，意云本名常被人呼喚，未免利少害多，坐是之故，長者負責另予幼者以「字」，以備一般人稱呼。這個提議如其不錯，那古人的「名」與「字」必相去甚遠，使旁人決不能從「字」猜到他的「名」。[631]。

簡言之，「字」之原始雖出於保護心態，但後來禮制化、條理化，消融於菁英古典的傳統之中，成為「貴名」結構的一部份；反觀「賤名」之心態，很可能也出自類似的原始信仰，卻始終保有最初的性格，長期在菁英正式名號的體制外發展。

628　清‧福格著：《聽雨叢談》，卷八，〈名刺〉，頁 17-18。
629　李亦園：〈談中國人的名號〉，《信仰與文化》（臺北：巨流圖書公司，1978 年），頁 263-267。
630　葉師國良：〈冠笄之禮中取字的意義〉，《禮學研究的諸面向》，頁 276-285。
631　北京魯迅博物館編：《苦雨齋文叢：江紹原卷》，頁 149-151。

　　如果放大來看，回溯中國古代「名」的信仰，「名」既與生命相連，知名可以劾鬼，呼名可以招魂，因此人也必須保護其名，避免遭到鬼物或其他人的傷害，如果用日常經驗來比喻，處在黑暗之中，「看不見」是恐懼感的來源，「被看見」則是另一種潛在的危險。古人於是取「字」代「名」，作為「假名－假我」的符號，用以遮蔽「真名－真我」，也就是「名」的替代，正如江紹原所說：「旁人決不能從『字』猜到他的『名』」；最早期的「字」如何表現，已經難以確言，但後來有一部份融入菁英禮制，「字」遂成為「名」的補充或延伸，並注入各種菁英所重的正向價值，是以說「名以正體，字以表德」，從「名」之替代（隱去真我），到「名」之補充或延伸（正面表德），「字」可以說經歷了「弄假成真」的過程。但在心理上，菁英仍受「名」之信仰的籠罩，有尋求保護之需求，因此也取「小名」，或稱「小字」，只不過與「名」、「字」通常無關，而是「字」原始功能之遞補。這種小名或小字多在幼年取用，可能先於「字」，甚至先於「名」而有之，後來不復使用，或僅限熟人，對外則多隱去不言，可以想見這種風氣在古代必然不分貴庶，非常流行，古人《小字錄》採自史乘筆記，僅其汪洋之涓滴耳。小名之所以起而復廢，主要是受到菁英儒雅心態的影響，小名未必取自賤物，但不如正式名字之講究，何況確實取於賤物者，更不宜廣為傳播。但對一般民眾或受華夏傳統影響較淺的地區來說，殊無此顧慮，自幼取用小名，長而仍之，未必再取較正式的名、字，而且為求以「名」隱蔽「真我」，取象不惜由卑、俗而至賤、惡，遂留下各種後人眼中的「怪名」。如果說「貴名」反映上層社會流行的心態與品味，「賤名」則貼近社會下層——應該更精確地說，是人名歷史的「底層」，通於貴庶，只是顯露在外的程度有所不同。

　　本書在緒論中曾說，「小名」將是關注的重點之一，歸納中古小名的主要面向，除了一般性的暱稱，可分為三類：一是宗教，以佛教為大宗，意在取其庇佑；二是胡名，北方胡族進入中原，有適應漢式人名的實際需求，但未能完全放棄原名，故在正式漢名之外，以原名作為小名，且胡族本無取「字」的傳統，時而也以胡名為漢「字」，等於以現成之名填補，史書中常稱為「小字」或「字」，其實本質都是胡名；第三個面向則出自於風俗，取材範圍更廣，其基本心態不外乎追求力量、長生，與現世的安樂。但還有一種不可忽視的另類用法，也就是「賤名」，此名不為滿足實際使用之需求，也不帶有積極祈願或期勉的用意，主要取自與粗野、骯髒、無力、有害相關者；其他命名模式的來源大多為人所喜、所敬，只有賤名完全相反，都是為人所賤、所惡的對象，因此本書將之界定為「厭惡之名」，使用者要藉由令人厭惡、輕視，或逸離於正常秩序之外的狀態或形象，逃避他人或鬼怪的注意，從而忽略其「真我」的存在，和其他名字相較，這種人名保留了最多「假名」的原始色彩。前引歐陽修之言或為調侃，實已約略觸及賤名的特質，魯迅（1881-1936）對此亦有所說：

　　　　中國有許多妖魔鬼怪，專喜歡殺害有出息的人，尤其是孩子；要下賤，他們才放手，安心……從讀書人的立場一看，他們（和尚）無家無室，不會做官，卻是下賤之流。讀書人意中的鬼怪，那意見當然和讀書人相同，所以也就不來攪擾了。這和名孩子為阿貓阿狗，完全是一樣的意思：容易養大。[632]

632 魯迅：〈我的第一個師父〉，《且介亭雜文末編‧附集》，《魯迅全集》（北京：人民文學出版社，2005年），第6冊，頁596-604。

但在中古社會,「和尚」絕非賤名,而被認為是具有保護作用的神聖之名,阿貓、阿狗也僅是凡物,呼之以表親暱,未必著眼其「下賤」;不過歐陽和魯迅都點到了「賤名」的核心:以自我汙名化、非秩序化的方式,隱蔽可能被鎖定的「真我」。

如果進一步比較,「賤名」最主要的目的和原始的「字」一樣,都在於「保護」,就這一點來說,求諸中古其他的命名模式,以佛教之名最為接近,尤其是「聖名」與「惡名」,但此兩者屬於積極性的保護,藉佛、菩薩乃至夜叉之威能,庇佑此名的使用者,「賤名」的內涵則無神聖性可言,而是藉由隱藏「我」的方式,來達到保護的作用,可以說是消極性的。其次,「聖名」與「惡名」襲用神聖之名,來源雖多,但用法固定,有經典作為依據;「賤名」則不同,舉凡可厭可惡之物,皆可入名,甚至「每況愈下」。最後,目前的討論顯示,賤名用法在當時並不稀奇,在胡、漢混居的北方村落和西陲地區尤為明顯,菁英習用之「貴名」,則強調有典有據、遣詞高雅,寄託理想與情懷,全與賤名背道而馳,但並不表示菁英完全排斥後者,只是如前所說,被藏於小字之中,在歷代史書中往往被篩落,偶然見諸字裡行間,乃露出異樣的閃光,暗示其原始「假名」之本質。過去的研究者所見較為零星,因此常將賤名、卑名、俗名、小名相混,模糊了賤名的特質。本書將之定義為「厭惡之名」,無庸諱言,有時和卑名不易劃分,但這個概念與定義,相信有利於清楚辨識歷史上這類「怪名」的內涵,豐富我們對於古人「名」之文化的認識[633]。

---

633 弗雷澤著,汪培基等譯:《金枝:巫術與宗教之研究》(北京:商務印書館,2013 年),第二十二章,〈禁忌的詞彙〉,頁 405-412。這部份收集了很多小名的例子,然未及賤名之表現。

第七章　胡漢、男女與人名

第一節　胡漢之際

　　除了宗教興起，「族群」可以說是中古社會文化的另一大課題，重要性在於中國史上第一次有大量非漢民族進入華夏核心區，並且先後在華北建立政權，與南方的漢人對峙，以永安元年（304）匈奴人劉淵建漢為起點，直到北涼承和七年（439）北魏統一北方，過去習慣稱此階段為「五胡十六國」；後來迭經東、西魏分裂，北周建德六年（577）華北再度統一，楊堅又先後廢黜西梁、平定陳朝、招撫嶺南的冼氏政權（開皇十年，590），乃結束為時約二百八十年的南北對立，進入隋唐大一統的時代。

　　過去看待十六國政權，常與以漢人為代表的正統相對立，因此稱之為「胡」，並將其政權性質定位為「偽」或「霸」，所謂偽史、霸史，都是中古才出現的用法，前者見於梁時阮孝緒〈七錄目錄〉[1]，並為兩《唐書》所承，後者見於《隋書》[2]，這種用法給人一種暗示：胡、漢兩者在當時是勢不兩立的政治敵體，而兩者最顯著的鴻溝即在於種族之別。前句不乏史實為證，但後句不一定完全能成立。胡漢間的對立固然長期有之，西晉末匈奴人劉

1　《全文・全梁文》，卷六六。
2　《隋書》，卷三三，〈經籍二〉。

淵便稱成都王司馬穎「不用吾言，真奴才也」，其臣亦云「晉為無道，奴隸御我」[3]，江統〈徙戎論〉更告誡「非我族類，其心必異」[4]，不過胡族面對華夏傳統，反應則有所不同，劉淵曾說「夫帝王豈有常哉？大禹出於西戎，文王生於東夷，顧惟德所授耳」[5]，羯人石勒則說「吾自夷，難為效」、「勒本小胡，出於戎裔」[6]，至於羌人姚弋仲屢屢告誡諸子「自古以來未有戎狄作天子者」[7]。更進一步來看，「胡」其實是相當籠統的概念，泛指複合性的非漢群體，劉淵建漢趙後，曾廣置官署，其中有「單于左右輔，各主六夷十萬落」，可見在「胡」的大群中尚有「夷」在，各有差別[8]；胡人內部也常因種姓之別相互排斥，劉淵之孫劉粲為其將靳準所殺，並稱淵「屠各小醜」[9]，北周武帝宇文邕排抵佛教，更說「五胡亂治，風化方盛，朕非五胡，心無敬事」，明白與前代之胡劃出界線[10]。這些人判定「胡」的標準不得而知，但顯然不可一概而論，更不宜將「胡／漢」關係視為兩種獨立群體的對撞。

　　另一方面，胡人雖然自知非漢，但各自在現實中與漢文化的距離差別很大，也和種姓出身沒有必然的關係，以十六國來說，並非皆由五胡所建立，前涼張軌便是典型的漢人，家世孝廉，以儒學顯，自稱西漢常山王張耳十七世孫[11]，至於其他君主，漢化的程度常常也頗深，西涼李暠曾祖弇曾仕張軌，他本人通涉經

---

3 《晉書》，卷一〇一，〈劉元海〉。
4 《晉書》，卷五六，〈江統傳〉。並見卷一〇一，〈劉元海〉；卷一二〇，〈李特〉。
5 《晉書》，卷一〇一，〈劉元海〉，並見卷一〇八，〈慕容廆〉。
6 《晉書》，卷一〇四，〈石勒上〉。
7 《晉書》，卷一一六，〈姚弋仲〉。
8 《晉書》，卷一〇二，〈劉聰〉。
9 《晉書》，卷六三，〈李矩傳〉。
10 《全文・全後周文》，卷二四，任道林：〈修述鄴宮新殿廢佛詔對事〉。
11 《晉書》，卷八六，〈張軌傳〉。

史，尤善文義[12]，劉淵幼習《毛詩》、《京氏易》、《馬氏尚書》，尤好《左傳》、《孫吳兵法》，史書、諸子無不綜覽[13]，其子劉聰亦然，且工草隸、能詩賦[14]。羯人石勒雖在軍旅，常令儒生讀史書而聽之，還經常考問諸生經義，取締收繼婚等漢人所惡的胡俗[15]，氐人苻堅更廣修學官，獎勵公卿子孫受業，向博士問難五經，每月三臨太學[16]，這種風氣到北魏孝文帝時期更達到高點。南朝政權有賴南渡士族帶來的菁英文化，加上南方經濟區的開發，歷經梁代之承平，更為山東、關中視為正朔所在。不可否認，中古南北政權的對立，經常帶來劇烈的衝突，以致「南、北分治，各有國史，互相排黜，南謂北為索虜，北謂南為島夷」[17]，但從文化的角度來看，其間張力之複雜，往往更甚於種族之區別。

　　這些欽慕華夏傳統的著例雖然只佔全體胡族的少數，胡漢糾葛的心態屢見不鮮，但北方胡族在各方面持續漢化，以詞章文書為例，有學者曾以「紙筆馴鐵騎」形容之[18]，胡人命名模式的改變亦為其中一端，陳寅恪為其門生姚薇元之《北朝胡姓考》撰序，強調「不僅胡姓須考，胡名亦急待研究也」，確為的言[19]，然而過去看待這些變化，多從單向「漢化」的角度出發，實可轉由「華夏」與「非華夏」之互動，探求其表現。本章首先想觀察北朝胡

---

12 《晉書》，卷八七，〈涼武昭王李玄盛傳〉。
13 《晉書》，卷一〇一，〈劉元海〉。
14 《晉書》，卷一〇二，〈劉聰〉。
15 《晉書》，卷一〇五，〈石勒下〉。
16 《晉書》，卷一一三，〈苻堅上〉。
17 《資治通鑑》，卷六九，〈魏紀一〉，頁2186。
18 胡鴻：〈紙筆馴鐵騎──當草原征服者遇上書面語〉，《能夏則大與漸慕華風》（北京：北京師範大學出版社，2017年），頁293-304。
19 陳寅恪：〈姚薇元北朝胡姓考序〉，《金明館叢稿二編》，頁274。

族菁英命名習慣的變化，尤其是以拓跋鮮卑為主的案例[20]。關於此課題，繆鉞（1904-1995）的〈北朝之鮮卑語〉至今仍深具參考價值[21]，後繼者當以羅新之作最具啟發性[22]，不過北朝胡名「漢化」的表現多端，仍可從不同角度辨析其意義。

一、胡名漢化

在史籍現存北朝各族胡名之中，以鮮卑保留最多，包括在建國定都平城之前，《魏書》也記載其代國與禿髮氏先世人名，具見於〈序紀〉及〈鮮卑禿髮烏孤〉，《周書・校勘記》曾言「《周書》中所謂字，多鮮卑名，不能以音譯之有義無義斷是非」[23]，其說是也，且亦適用於他書所載之名，不過自拓跋珪之後，使用漢式人名的情形明顯增加。鮮卑文字無傳後世，迄今不得其詳，然其名字結構明顯有別於中原[24]，建立政權之後，為了適應漢語環境，勢必需要模仿漢式人名，雖然在口語中仍可使用原名，但就書面語來說，其名之「漢化」（華夏化）無從迴避。根據《宋書》、《南齊書》，道武帝拓跋珪原名「涉珪」，並有「什翼珪」等用法，明元帝拓跋嗣原名「木末」，太武帝拓跋燾原名「佛狸伐」[25]，這是

20　必須說明的是，本章討論中古前期族群與人名文化之關係，僅限於北朝，南方原住人群因資料過於稀缺，不易作命名心態的分析，故未予處理，目前對南方人名漢化課題較充分的研究，為魏斌：〈單名與雙名──漢晉南方人名的變遷及其意義〉，《歷史研究》2012 年 1 期，頁 36-53。

21　繆鉞：〈北朝之鮮卑語〉，《讀史存稿（增訂本）》（北京：中華書局，2017年），頁 211-238。

22　羅新：〈說北魏孝文帝之賜名〉，《王化與山險：中古邊裔論集》，頁 215-230。

23　《周書》，卷四〇，〈宇文孝伯傳〉。

24　《後漢書》，卷九〇，〈烏桓鮮卑傳〉：「（烏桓）氏姓無常，以大人健者名字為姓」，《宋書》，卷五九，〈張暢傳〉：「暢因問虜使姓，答云：『我是鮮卑，無姓。且道亦不可』」。

25　《宋書》，卷九五，〈索虜傳〉；《南齊書》，卷五七，〈魏虜傳〉。

北魏前三位君主之名，《魏書》除了佛釐之名，皆以「漢名」表之，他們都是先有鮮卑原名，再起漢式人名，繆鉞以為是魏收「以後蒙前，記其追改」，然而《宋書》等必有所據，而且很可能更接近其多音節的原貌，而太武帝使用的「燾」最有可能是獨立於鮮卑語原名的漢名。有學者認為在他之前，諸帝宗室取的都不是真正的漢名[26]，不過，從其他事蹟顯示，北魏在開國之初，代人已有使用漢名之風，拓跋珪已鼓勵族中菁英使用漢名，長孫仁在拓跋什翼犍時為南部大人，其子名「嵩」，即珪所賜之名[27]；庾業延父兄世典畜牧，富擬國君，後來歸附北魏，業延最為珪所喜，賜名為「岳」[28]；古弼和前兩者相同，都是代人，以治事敏正著稱，拓跋嗣起先賜名為「筆」，取其直而有用，後改名「弼」，以示輔佐之意，據姚薇元考證，其鮮卑原名為愛弼，先改為筆，或許是古筆之名稍不雅馴，才又改為弼字，賦予更鮮明的政治意涵[29]。北魏初期鮮卑人名的「漢化」不可能一蹴而幾，但此風既起，拓跋珪等「漢名」未必能完全視為鮮卑語名的音譯略語；到拓跋燾時，本人已明確使用「漢名」，太平真君四年（443），他派遣中書侍郎李敞至位於大興安嶺北部的烏洛侯國，祭其先祖之石室，《魏書》載有祭文，以「天子燾」為首，1980 年 7 月在內蒙古自治區鄂倫春自治旗境內，發現石室隸書祝文約兩百字，與《魏書》所錄幾同，只是多了七十字左右，同樣以「天子臣燾」開頭，證實

26　羅新：〈北魏太武帝的鮮卑本名〉，《中古北族名號研究》，頁 166-174。又羅新以為，道武帝尚未使用專門之漢名，珪字係其鮮卑語本名後綴語音之音譯，《魏書》所載明元帝及其兄弟之名，也都不是漢名，乃其鮮卑多音節語名之略語，個人對此有所保留，這些人名雖可能來自原本之族語，但擷取單字，成為單名，雖非漢名，仍可視為廣義的「漢化」之名，見〈北魏皇室制名漢化考〉，《王化與山險：中古邊裔論集》，頁 231-243。
27　《魏書》，卷二五，〈長孫嵩傳〉。
28　《魏書》，卷二八，〈庾業延傳〉。
29　《魏書》，卷二八，〈古弼傳〉。說詳姚薇元：《北朝胡姓考》，頁 121-122。

太武帝當日即使祭告本族先祖，銘於文字，也使用漢式之名[30]。至於燾之諸弟，名為丕、彌、範、健、崇、俊，看起來很多也都已經像是典型的漢名[31]。

再者，拓跋珪建國期間，已有許謙、張袞等文士襄贊文書[32]，天興四年（401）更集博士儒生，比眾經文字，義類相從，編纂《眾文經》，多達四萬餘字[33]，其書至唐初纂《隋志》時已然不傳，如果允許猜測，官方製作此書的目的，大概是為了讓鮮卑族人快速掌握華夏古典的概念與文字，因此有工具書之性質，而非出於慕古或崇儒之情，換言之，「古典」在當時僅是鮮卑治理的憑藉。漢式人名的使用亦然，雖然看似漸有優勢，但未必強勢，拓跋珪、拓跋嗣均無賜名之例，前者「每於制定官號，多不依周漢舊名」[34]，可見舊慣猶存，大概不會特別賜給臣下漢名，直到拓跋燾時，雖然賜予前述漢名，但並未放棄鮮卑名：代人于栗磾以武功見長，賜爵新城男，其子洛拔襲爵，此名便由拓跋燾所起[35]；薛辯出身河東望族，字允白，子名謹，字法順，都是典型的漢式人名，其孫初名洪祚，拓跋燾卻賜他名為初古拔（又作車輅拔）[36]。洛初古拔顯然都是鮮卑名[37]，拓跋燾分別以之賜給本族與漢人菁英，若說有藉此強固鮮卑本位的暗示在內，應該是可接受的看法[38]。

---

30 《魏書》，卷一〇八之一，〈祭祀上〉。石室祝文見佟柱臣：〈嘎仙洞拓跋燾祝文石刻考〉，《中國東北地區和新石器時代考古論集》（北京：文物出版社，1989 年），頁 61-68。

31 《魏書》，卷三，〈太宗紀〉。

32 《魏書》，卷二四，〈許謙傳〉。

33 《魏書》，卷二，〈太祖紀〉。

34 《魏書》，卷一一三，〈官氏志〉。

35 《魏書》，卷三一，〈于栗磾傳〉。

36 《魏書》，卷四二，〈薛辯傳〉。

37 此名之考辨，可參周一良：〈賜名〉，《魏晉南北朝史札記（補訂本）》，頁 346-347。

38 這種情形可與清代做對照，見清·徐珂編撰：《清稗類鈔》，〈高宗惡滿人取漢名〉，頁 2151：「高宗不喜滿人漸染漢俗，滿洲舊旗，有命名如漢

另一個例子是源賀，出自河西鮮卑南涼一支，自署河西王禿髮傉檀之子，為拓跋燾所重，稱「卿與朕源同，因事分姓，今可為源氏」，又源賀每遇強寇，輒自奮擊，拓跋燾出於勸戒，說「人之立名，宜其得實，何可濫也」，乃使之改名為「賀」[39]，取代原本的「破羌」。源賀的先後二名其實都很費解，《晉書》載其名為臘于破羌，單稱「破羌」可能已是省稱，「賀」字也與止戰無關，不一定就是漢名。從這些例子可以看到北魏初期君主雖用漢名，但絕不拒斥原本的族名，甚至會將之賜給鮮卑以外的成員。

這種情形更見於皇子之名，可以證明漢名之風雖起，但並不相當強勁，皇室內部仍常從舊俗為之，拓跋燾有子名為小兒、貓兒、真、虎頭、龍頭，不幸皆早殤，這些也都是兒童的小名[40]，至於長子拓跋晃，《宋書》記其鮮卑族名「天真」，至於翰、建、余之原名，則為「烏弈肝」、「樹洛真」、「可博真」[41]。拓跋晃之子有洛侯、太洛，亦皆有鮮卑風味，「胡兒」則係小名，甚至在「新成」之後，還有名為「小新成」者，可知當時宗室命名，尚未為漢風所盡化[42]，不過這種情形在文成帝拓跋濬時乃有所改觀，他是拓跋晃之長子，鮮卑名烏雷，由於拓跋晃並未即位，因此是北魏第四代皇帝，他在為皇子命名時相當慎重，甚至為此詔集群臣：

人，以鈕鈷祿氏為郎者，深鄙之，恐忘本也」；〈蒙人不得用漢字命名〉，頁 2160：「內外札薩克汗王、貝勒、貝子、公、台吉、塔布囊等生子命名，均應取滿洲、蒙古字義，不得輕用漢字文義，違者以違制論」。

39 《魏書》，卷四一，〈源賀傳〉。
40 《魏書》，卷一八，〈太武五王傳〉。
41 《宋書》，卷九五，〈索虜傳〉。
42 《魏書》，卷一九上，〈景穆十二王傳〉。

太安元年（455），詔羣臣議立皇太子名。（和）其奴與司徒
（陸）麗等以為宜以德命名，帝從之。[43]

所謂「以德命名」的具體建議，正是取自《左傳·桓公六年》所
載魯大夫申繻之說：「有信，有義，有象，有假，有類，以名生為
信，以德名為義，以類命為象，取於物為假，取於父為類」。元素
與陸麗等人並議道：

伏惟陛下當盛明之運，應昌發之期，誕生皇子，宜以德命。[44]

所謂「昌發之期」，極可能指西周之文王、武王，「宜以德命」則
明顯來自申繻所說「以德命為義」。提議者和其奴、陸麗，都是鮮
卑政治菁英[45]，在其同列中尚有宗室拓跋素，頻任顯官，係拓跋
嗣從母所生，等於是拓跋濬的曾祖父輩[46]。這種鮮卑高層集體議
定皇子命名的情形，在過去並無先例。對照南北史籍，可知拓跋
濬皇太子生於興光元年（454）七月，隔年六月，詔名為「弘」，
並曲赦京城，改年太安（454），也就是後來的獻文帝，復以「萬
民」為字[47]；他同時也承襲舊慣，擁有鮮卑名「第豆胤」[48]，維持
前代漢名、鮮卑名並行的舊慣，不過此事在北魏胡名漢化的過程
中，頗有里程碑的意義，不容低估。

當時在鮮卑菁英族體中，仍以使用族名為大宗，和平二年
（461）二月拓跋濬南巡至信都（冀州），與群臣在靈丘縣南仰射
山峰，刊石勒銘，題為〈皇帝南巡之頌〉，碑陰刊有當時隨行群臣
之名，凡二百八十人，使用胡名者佔絕大多數，可知當時鮮卑菁

43　《魏書》，卷四四，〈和其奴傳〉。羅新但引卷一五，〈昭成子孫傳〉，並
　　據〈元簡墓誌〉，考訂此事出於和平元年至二年（460-461），見〈北魏皇
　　室制名漢化考〉，《王化與山險：中古邊裔論集》，頁241-243。
44　《魏書》，卷一五，〈昭成子孫傳〉。
45　《魏書》，卷一六，〈道武七王傳〉；卷四〇，〈陸俟傳〉。
46　《魏書》，卷一五，〈昭成子孫傳〉。
47　《魏書》，卷五，〈高宗紀〉；《南齊書》，卷五七，〈魏虜傳〉。
48　《宋書》，卷九五，〈索虜傳〉。

英仍習慣使用原名，包括上述司徒陸麗在內，名列碑陰之首位，作步六孤伊麗，可見舊慣之強[49]。從此推知，六年前參與皇子命名的高臣在鮮卑內部，應是比較親近漢文化的一群人，而且明言其根據來自周代貴族命名的原則。不過實際上，除了拓跋弘，其皇弟之名、字都有更加漢化的趨向，下一代更幾乎都是如此：

文成帝拓跋濬 —— 獻文帝拓跋弘 —— 孝文帝拓跋宏

禧，字永壽

幹，字思直

羽，字叔翻

雍，字思穆

詳，字季豫

勰，字彥和[50]

安樂王長樂—— 詮，字搜賢

鑒，字長文

斌之，字子爽

廣川王略—— 諧，字仲和

靈道

簡，字叔亮—— 祐，字伯授

若，字叔儒—— 琛，字曇寶

猛，字季烈—— 延明

　　拓跋弘之得名在太安元年（455），而且是出生一年後才由君臣共同議定，「萬民」之字不知起於何時，「第豆胤」當在漢名之

---

49 《魏書》，卷五，〈高宗紀〉。並見張慶捷、李彪：〈山西靈丘北魏文成帝南巡碑〉，《文物》1997年第12期，頁70-79。
50 陳寅恪引《宋書‧索虜傳》，說渴侯或渴言侯為元勰本名，後改名勰，並去渴字，改言侯為彥和，等於名、字都雅化，見萬繩楠整理：《陳寅恪魏晉南北朝史講演錄》（合肥：黃山書社，1987年），頁259-260。

前，其弟之得名是否也都有類似的過程，今已不得其詳，如廣川王拓跋略之名，仍是其鮮卑名「賀略汗」的省稱[51]。但從拓跋簡開始，叔亮、叔儒、季烈之字，乃是其先世所未有的，叔亮得年四十，約生於和平元年（460）[52]，叔儒年僅十六，未封而卒[53]，這些表字為後人追改的可能性應該不大，他們的下一代也幾乎沒有胡名的痕跡，不僅名、字兼備，而且義亦相應，可見在太安元年（455）拓跋弘得名之後，北魏皇室廣泛吹起漢式人名之風，宛如為四十年後的元宏奏起先聲。

讀史者所共知，孝文帝元宏在太和十八年（494），從平城遷都洛陽，並力行漢化，乃是北朝政治社會轉型的一大關鍵。他在十九年下詔詳定族姓，翌年（496）更實行改姓以為呼應，用以消泯胡漢差異，促進鮮卑貴族的門閥化[54]。他同時也不遺餘力，賜予各種漢式人名[55]，就正史所見，他賜名的數量在北朝諸君主中為數最多，比如東平王元匡（字建扶），其性耿介，有氣節，為元宏所器重，其名即由此得之：「叔父必能儀形社稷，匡輔朕躬，今可改名為匡，以成克終之美」[56]。楊播本字元休，賜改延慶，其弟楊椿，本字仲考，太和年間與其兄同獲賜字，改為延壽，另一弟楊津字羅漢，本名延祚，也由元宏賜名[57]。除此之外，南平王飛龍，賜名霄[58]；陽平王安壽，賜名頤[59]；鄧良奴之弟，賜名述[60]；

51　〈元煥墓誌〉，孝昌元年（525），《南北朝彙編》，頁 222-223。
52　〈元簡墓誌〉，太和二十三年（499），《南北朝彙編》，頁 56。
53　《魏書》，卷二〇，〈文成五王傳〉。
54　唐長孺：〈論北魏孝文帝定姓族〉，《魏晉南北朝史論拾遺》（北京：中華書局，2011 年），頁 79-92。
55　近人最早強調此課題者應為陳寅恪，見〈姚薇元北朝胡姓考序〉，《金明館叢稿二編》，頁 274-276；萬繩楠整理：《陳寅恪魏晉南北朝史講演錄》，頁 257-260。
56　《魏書》，卷一九上，〈景穆十二王傳〉。
57　《魏書》，卷五八，〈楊播傳〉。
58　《魏書》，卷一六，〈道武七王傳〉。

長孫冀歸，賜名稚（字承業）[61]；穆石洛，賜名泰[62]；于千年，賜名登[63]；封叔念（封懿族孫），賜名回[64]；王慧龍之孫，賜名瓊（字世珍）[65]；源賀之子思禮，賜名「懷」[66]；韋閬族弟，賜名珍（字靈智）[67]；游明根子，賜名肇（字伯始）[68]；崔景儁，賜名逸[69]；高禧，小名次奴，因與咸陽王同名，故賜改為祐（字子集）[70]；崔孝伯（字長仁），賜名光[71]；張徽仙，賜名烈[72]；閭豆，賜名莊[73]。此外，頓丘衛國人李彪（字道固），廣平人宋弁（字義和），也都是因他而得名，李彪自述「賜臣名彪者，遠則擬漢史之叔皮，近則準晉史之紹統」[74]，前者指東漢班彪，後者為西晉司馬彪，都是史家；《魏書》載宋弁之得名尤詳：

> 弁年少官微，自下而對，聲姿清亮，進止可觀，高祖稱善者久之。因是大被知遇，賜名為弁，意取弁和獻玉，楚王不知寶之也。[75]

義和之字不知由誰而取，但很明顯是取自和氏璧的典故，此外，李寶為隴西狄道人，自稱西涼李暠之孫，寶之四子，依序名為韶

59　《魏書》，卷一九上，〈景穆十二王傳〉。
60　《魏書》，卷二四，〈鄧淵傳〉。
61　《魏書》，卷二五，〈長孫道生傳〉。
62　《魏書》，卷二七，〈穆崇傳〉。
63　《魏書》，卷三一，〈于栗磾傳〉。
64　《魏書》，卷三二，〈封懿傳〉。
65　《魏書》，卷三八，〈王慧龍傳〉。
66　《魏書》，卷四一，〈源賀傳〉。
67　《魏書》，卷四五，〈韋閬傳〉。
68　《魏書》，卷五五，〈游明根傳〉。
69　《魏書》，卷五六，〈崔辯傳〉。
70　《魏書》，卷五七，〈高祐傳〉。
71　《魏書》，卷六七，〈崔光傳〉。
72　《魏書》，卷七六，〈張烈傳〉。
73　《魏書》，卷八三上，〈閭毗傳〉。
74　《魏書》，卷六二，〈李彪傳〉。
75　《魏書》，卷六三，〈宋弁傳〉。

（字元伯）、彥、虔、蕤，也全都由元宏所賜[76]，而且可以想見，像這樣的例子絕對遠不止於史書所載。

元宏賜名的對象背景相當多樣，不限於鮮卑或漢人，他也賜予鮮卑族名，但更常見的是漢名。羅新更指出元宏廣賜單名，取代其人原有的二名，乃是有意捍衛漢魏制名傳統的立場，企圖扭轉當時二名的風氣，確為灼見[77]，不過還可注意的是元宏所賜之名的意涵。如果單憑其字，很難看出與華夏經典或古代思想有系統的連結，但儒化、雅化的傾向已見端倪，除了李彪、宋弁，前述于千年出身代人于栗磾家族，元宏賜名為「登」，宣武帝元恪對他說「先帝賜卿名登，誠為美稱」，又因他在元禧謀亂時守備有功，再度賜他名「忠」，謂「既表貞固之誠，亦所以名實相副也」，復字思賢，意益灼然[78]；長孫嵩之從孫冀歸，出身代人部落大族，元宏因他幼承家業，故賜名為「稚」，並以「承業」為字，名、字清楚相扣。穆石洛是穆崇之孫，其父名真，其伯名乙九，又有叔名忸頭，都是明顯的非漢之名，石洛也很可能是胡名的音譯，元宏賜名為「泰」[79]，頗有雅化之意。這點可以對照彭城人劉凝之的例子，原為劉宋起部郎，南齊蕭道成篡宋（427）後，他北奔投魏，以忠烈自比伍員，故賜姓員，其時當在太和初年，反映當時北魏官方已接受華夏古代的人物典範，作為政治認同的標記[80]。

這種取向在某些認同漢化的鮮卑菁英家族中，表現也相當明顯，前引拓跋濬所詔議定皇子命名的大臣中，有司徒陸麗，其高祖以下至父，依序名為幹、引、突、俟，原為代人部落領袖，後

76　《魏書》，卷三九，〈李寶傳〉。
77　羅新：〈說北魏孝文帝之賜名〉，《王化與山險：中古邊裔論集》，頁215-230。
78　《魏書》，卷三一，〈于栗磾傳〉。
79　《魏書》，卷二七，〈穆崇傳〉。
80　《舊唐書》，卷一一二，〈員半千〉。凝之係半千十世祖。

率部民隨拓跋珪，屢有戰功；俟有五子，陸麗是么兒，其兄名為
敵、石跋、歸、尼，其弟名為頹，都不是漢名，在陸敵孫女的墓
誌中，便明載他不見於史傳的鮮卑原名「受洛跋」[81]，至於「石
拔」也有他人使用[82]；不過，史書又說陸麗好學愛士，常以講習
為業，已染儒風，會引用《左傳》作為皇子命名的典據，誠然有
跡可尋。他為其子所取之名也頗有漢風，嫡子名定國，次子名叡
（字思弼），後者娶東徐州刺史博陵崔鑒之女，他的岳父曾說他「才
度不惡，但恨其姓名殊為重複」，後文並說「時高祖未改其姓」，
這是魏收的按語，也就是說他當時仍用鮮卑原姓步六孤。史載陸
麗卒於和平六年（465），陸叡當時「始十餘歲」，娶崔鑒之女時，
也不超過二十歲，距離太和二十年（496）孝文帝下令改漢姓，還
有一段時間[83]。不過陸叡之後，其家族名、字便高度漢化，甚至
流露道家思想的趣味：

```
陸叡─希道（字洪度）──  士懋，字元偉
        希悅           士宗，字仲彥
        希諡           士述，字幼文
        希靜（字季默）   士沈（改名子彰，字明遠）
                        士廉，字季脩
                        士佩，字季偉
        希質（字幼成）── 珣，字子琰
                        瑾，字子瑜
                        瓘，字子璧
                        悉達[84]
```

81　〈陸順華墓誌〉，武定五年（547），《南北朝彙編》，頁 473-474。參周一
　　良：〈賜名〉，《魏晉南北朝史札記（補訂本）》，頁 346-347。
82　〈元煥墓誌〉，孝昌元年（525），《南北朝彙編》，頁 222-223。
83　姚薇元：〈宋書索虜傳南齊書魏虜傳北人姓名考證〉，《北朝胡姓考》，頁
　　502-503。
84　《魏書》，卷四〇，〈陸俟傳〉。悉達為佛教小名，見第二章。

以「希」、「士」乃至從玉之字作為同輩共用之字，是漢晉以來的舊法，但在北魏當時仍不算常見，其次，以謐、靜、默作為名字，搭配道、質等具有探索根本意味的字眼，更脫離北亞文化的脈絡，轉向了華夏古代傳統的趣味。

實則在此之前，十六國時期的非漢君長已不乏漢式名字之例，底下試回溯之，以便和北魏的情形比較。以漢趙劉淵（?-310）為例，他字元海，族中有劉和（字玄泰）[85]、劉聰（字玄門）、劉粲（字士光）、劉曜（字永明）、劉胤（字義孫）、劉儉（義真）[86]，以玄、義為字輩，且名、字亦可匹配，如何命名、是否改名並不清楚，不過匈奴後部有陳元達（字長宏），史載其本姓高，以生月妨父，故改為陳，加上當時社會頗信圖讖，由此推測亦當有改名之事[87]。羯人石勒本名㔨勒，祖名邪弈于，父周曷朱，一名乞翼加，世為部落小帥，相較劉氏等族，更處於華夏之外圍，其名連同㔨勒在內也都是胡語，至於石勒之姓、名是在劉淵建漢時（304），由魏郡汲桑所取，他以世龍為「字」，可能是更後來的事，反映華夏傳統在其名使用上的逐步深化[88]，勒之次子石弘（字大雅），命字漢風益盛，他本人亦曾讀經誦律，石勒以為亂世不可專學文業，遂使人授以兵書、擊刺，這未必是他對中華儒教的反動，而是想在石弘身上，建立胡漢文化的平衡[89]。石勒從子石虎因名犯太祖廟諱，故以其字季龍行之，可知在當時石氏政權也已採納避諱的觀念[90]，至於冉瞻（字弘武），本名良，十二歲時為石

85　《晉書》，卷一〇一，〈劉淵〉。
86　《晉書》，卷一〇二，〈劉聰〉；卷一〇三，〈劉曜〉。
87　《晉書》，卷一〇二，〈劉聰〉。
88　《魏書》，卷九五，〈羯胡石勒〉；《晉書》，卷一〇四，〈石勒上〉，說他「初名㔨」。
89　《晉書》，卷一〇五，〈石勒下〉。
90　《晉書》，卷一〇六，〈石季龍上〉。

勒所得，命季龍收為養子，驍猛善戰，胡夏宿將莫不憚之，其名、字應為後來所取，其子冉閔（字永曾）小字棘奴，儒士多蒙拔擢，甚至有人比為魏晉之初，顯然儒化也遠較石虎、冉瞻為深[91]。

　　再看前燕，建國者慕容廆以弈洛瓌為字，廆字漢人罕用，東漢時皆用於北胡之名，和帝永元六年（94）烏桓校尉任尚率鮮卑大都護蘇拔廆，討平南匈奴日逐王逢侯[92]，安帝永初三年（109）有烏桓大人戎朱廆，拜為親漢都尉[93]，可見慕容得名，出自北胡之舊[94]。不過他本人頗能引用才德之士，平原劉讚儒學該通，為東庠祭酒，世子慕容皝等親族晚輩，均往受業，促成後燕的漢化，其子除了三子皝（字元真），尚有庶長子翰（字元邕），兩人皆好儒學，前者尤擢通經者為近侍，甚至親造教材，取代漢人原有的〈急救篇〉，用意應是以便胡人加快掌握漢字[95]。此外廆尚有子，名為仁、昭、幼，表字不明，微露儒意。皝子名、字俱全者，有儁（字宣英）、恪（字玄恭），英儁、恭恪，已見名、字互訓[96]。至於第五子慕容垂（字道明），其得名甚為有趣，原名為霸（字道業），由於從小備受父寵，以為事功之才，故得此名；可是他少好畋遊，曾墜馬折齒，其兄儁滅冉魏後，旋即稱帝自立，將這名他從小忌憚的五弟改名為「䴥」，表面是勉勵他效法春秋時晉國大夫郤䴥（缺），實際上是藉此折辱，後因圖讖之文，將共去掉，故名為垂[97]。這件事反映當時慕容鮮卑菁英已能充分運用華夏古典，

91　《晉書》，卷一〇七，〈石季龍下〉。
92　《後漢書》，卷八九，〈南匈奴傳〉。
93　《後漢書》，卷九〇，〈烏桓鮮卑傳〉。
94　《晉書》，卷一〇八，〈慕容廆〉。
95　《晉書》，卷一〇九，〈慕容皝〉。
96　《晉書》，卷一一〇，〈慕容儁〉；卷一一一，〈慕容恪〉。
97　《晉書》，卷一二三，〈慕容垂〉。郤缺事見《左傳》僖公、文公、宣公各年。

作為命名（或改名）的依據，即使有時並非出於善意。不過他們同時也擁有鮮卑族名，並未因取用高度漢化之名而放棄前者，與北魏初期的情形一致[98]。

除此之外，創建成漢的氐人李雄（字仲儁）家族人名，也展現了高度漢化的色彩，其父李特（字玄休）排行第二，兄名輔（字玄政），弟名庠（字玄序）、流（字玄通）、驤（字玄龍）[99]，名、字皆能呼應，且共用「玄」字，已與西晉漢人菁英的用法無異。李特之父為東羌獵將，諸子皆善騎射，李庠尤通兵法，益州刺史趙廞譽為「一時之關張」[100]，李雄本人亦興學校、置史官，史書說他「聽覽之暇，手不釋卷」[101]，但整體來看，他們並沒有文采學術的特殊表現。李氏原籍巴西宕渠（今四川達州），曹魏時北遷略陽（今甘肅秦安，當時名為廣魏郡，西晉泰始[265-274]始改略陽），元康年間（291-299），氐人齊萬年起事，李特乃隨流人入蜀，後來散居益州、梁州一帶，在此之前，他們所居之處，文風皆不顯，然蜀漢建立之初，即起用儒學之士，建興二年（224）諸葛亮領益州牧，徵名儒杜微為主簿[102]，故久有文風，李特兄弟名、字或係返蜀後所取。不過，氐人向來漢化較深，李特家族雖與學術無甚連結，但對於漢文化和華夏古典傳統，應該是比較樂於吸收的，很可能他們在略陽時已用此名，算是西晉後期非漢人士較早使用漢式名字的代表。

98　慕容儁之鮮卑名為賀賴跋，垂之原名阿六敦，見北魏・崔鴻：《十六國春秋》，收入《漢魏叢書》（明程榮何允中清王謨輯紅杏山房刊本），卷二六、四三。
99　東晉・常璩撰；任乃強校注：《華陽國志校補圖注》，卷九，〈李特雄期壽勢志〉，頁483。
100　《晉書》，卷一二〇，〈李特〉。
101　《晉書》，卷一二一，〈李雄〉。
102　《三國志》，卷四二，〈杜微傳〉、〈許慈傳〉。

　　不過綜觀十六國時期，名字相應、命意別致的表現只見於少數親近漢文化的菁英，胡族軍人、民眾進入華北之後，所用漢名還是與常民相近，除了俗名、賤名，就是佛教之名，關乎華夏經典或儒家價值的僅佔極少數；再者，雖然史籍並未備載，但從上述胡名、漢名並用的情形來看，在非菁英的胡人群體當中，使用本族人名的比例應該相當高。這種雙語名字並用的情形，有時常顯得淆亂，實在正是「胡／漢（華夏）」、「雅／俗」拉扯、過渡的表現；也由於漢化尚淺，菁英之間由華夏古典組成的「濾網」未密，使得俗名、賤名得以穿透北朝各階層，甚至某些官員也以此作為正式人名，前章所引北齊時博陵太守喬苟始，就是鮮明的例子[103]。在北魏中期之前，北胡君主對於胡名的漢化不算太積極，孝文帝的舉動是重要的轉捩點，對於整體胡名的走向，影響不容低估[104]，在此前後，宗室命名取字已見雅馴，雖然多數仍較簡單，但開始出現經書字詞的組合，拓跋新成、拓跋雲皆拓跋晃之子，新城季子元欽（字思若）為元宏族叔，其名字出自《尚書‧堯典》[105]，拓跋雲有三子，依序名為元澄（字道鏡）、元嵩（字道岳）、元贍（字道周），頗有古風，澄子元彝（字子倫），亦出自《尚書‧洪範》，足知當時已漸有經書入名的作法[106]，太和年間力倡文教，宗室喜愛、嫻熟經史文學者不在少數，也必然主導他們命名的方

103　〈僧通等八十人造四面像記〉，天保元年（550），《魯迅》第 2 函第 3 冊，頁 581。
104　參看羅新：〈北魏孝文帝弔比干碑的立碑時間〉，《中古北族名號研究》，頁 253-258。
105　《魏書》，卷一九上，〈景穆十二王傳上〉。
106　《魏書》，卷一九中，〈景穆十二王傳中〉；《北史》，卷一八，〈景穆十二王傳下〉。

向[107]。西魏時陸彥（字世雄）之兄名通（字仲明），本為吳郡人，其曾祖從劉裕征關中，遂滯留北地，文帝元寶炬曾對陸彥說：

> 爾既溫裕，何因乃字世雄？且為世之雄，非所宜也。於爾
> 兄弟，又復不類。[108]

遂改其名為「逞」，並字季明。元寶炬固然主要是要他改去「世雄」，但因此一改，陸氏兄弟之名均從辵，且依仲、季為字，成為規整的平輩人名。

　　此外，孝文帝遷都洛陽之後，雖然下令百官斷諸北語，悉從正音，違犯者重免官[109]，但社會上仍大有不通者，文帝遂令侯伏侯可悉陵等人，傳譯《孝經》之旨，以教國人，稱之《國語孝經》，此外還有《國語物名》、《國語御歌》、《國語號令》等多種，可謂承其祖拓跋珪《眾文經》之餘緒，鮮卑是否有成體系的文字，至今可疑，這些「國語」著作大概是以簡單的漢文，模擬鮮卑語所寫成，以利遷洛眾人加速融入漢語的環境[110]。其流通情況不得而知，但對於漢化程度較弱的鮮卑群體起用漢名，應有幫助，至少可提供許多現成或半現成的選項。不過，從華北各地鄉村的造像記看來，胡族民眾命名漢化的成效並不彰，至少遠較胡姓改易的效果為弱，推其原因，是包括北魏在內，北朝歷來官方從未下令民眾改名，不做強制性或建議性的要求。再者，「名」係個體所有，不像「姓」屬於血緣性的群體概念，就著錄民籍來說，改姓的需求遠較改變命名習慣來得迫切。由於姓、名作用有別，加上官方

107　參何德章：〈北魏遷洛後鮮卑貴族的文士化〉，《魏晉南北朝史叢稿》（北京：商務印書館，2010 年），頁 263-282。
108　《周書》，卷三二，〈陸通傳〉。
109　《魏書》，卷七下，〈高祖紀下〉；卷二一上，〈獻文六王傳上〉。
110　《隋書》，卷三二，〈經籍一〉。關於鮮卑文字之討論，參徐灝飛：〈鮮卑文字形態及存無再辨〉，《浙江海洋大學學報（人文科學版）》2018 年第 4 期，頁 76-81。

改造兩者的意圖強弱也大不相同，遂保留了更大的命名空間，使北朝成為中國史上命名表現最豐富的時期之一。

　　總之，相較於民眾胡漢雜居，或各自聚集為村落，菁英階層建立政權，傾心華夏傳統統或許是少數，但就實際而言，不得不接受漢人的語言習慣，促使原本的族名發生變化，或接納胡、漢雙名併行的作法。北魏建國伊始，即賜鮮卑、漢名，對象則不分鮮卑或漢人，到孝文帝廣賜漢名，而且對象更加擴大，顯然是有意改造胡名，促使漢化，不過改名不像定族姓帶有高度的政治目的，加上「名」不像姓氏可集中改之，無法在口語中禁斷，以致鮮卑、漢名往往並存。對照史籍與石刻資料，可以證明鮮卑菁英在不同場合往往使用不同之名，以元倄家族為例，他是拓跋什翼犍的六世孫，墓誌載其五世祖以降，依序名為受久（什翼犍第八子）、遵（字勃兜）、素連、於德、悝（字純陀），《魏書》則載受久名為壽鳩，素連、於德單名素、德，勃兜、純陀兩字失載，如單看魏收所記，不容易覺得這些可能源自鮮卑名，但對照墓誌，不難看出這些人名很可能是後者的雅化或略稱，至於勃兜顯非漢名，純陀來自佛教，乃是宗教性的小字[111]。由此可見，在元家成員中有兩種人名穿插使用的情形，不過到了元倄（?-511），誌文不見事功，且無婚配，想來得年不長，有可能是493年孝文帝遷都洛陽前後出生，他以伯宗為字，其從父元暉（465-520，字景襲，於德子）更是堅定的南遷論者，曾招集儒士崔鴻等撰錄百家要事，上起伏羲，迄於晉、宋，凡十四代，總計二百七十卷，可見到他

111　〈元倄墓誌〉，永平四年（511），《南北朝彙編》，頁87-88；《魏書》，卷一五，〈昭成子孫傳〉。

這一代已經頗染儒風，其墓誌亦不見鮮卑族名[112]，即使元侔之父也只用佛教之名，不復以鮮卑名字行之。這些跡象都透露鮮卑命名的漢化緩進而持續，而且與華夏古典的距離不斷拉近，不再只是消極取用。

　　這種情形也見於繼踵進入中原的北鎮菁英，過去多認為北方六鎮漢化有限，這確實是實情，包括高歡、宇文泰在內，都擁有鮮卑名，而且特色鮮明，前者名賀六渾，後者名黑獺，繆鉞指出「（北）齊、（北）周兩朝，鮮卑語盛行，亦可於當時人之姓名徵之」[113]，並引趙明誠《金石錄》語：

> 夷虜以三字為名者甚眾，拓拔君（名吐度真）為書生，尚仍舊俗，何哉？蓋自魏孝文帝惡夷虜姓氏，盡易之，至後周一切復改從舊，故當時士人名字亦皆用虜語，無足怪也。
>
> （卷二二，〈後周太學生拓拔府君墓誌〉）

繆氏臚舉西魏、北周、北齊賜鮮卑姓、或取胡語小字、小名等多例為證，這個觀察當然是對的，但他似乎忽略了當時鮮卑菁英其實也常取用漢式人名，未必盡如趙說之「附改從舊」。以宇文泰之父宇文肱為例，其父名為莫豆干，妻子初孕，夢有老人抱來一兒，並說「賜爾是子，俾壽且貴」，故將此子取名為「貴」，並以永貴為字[114]。類似之例還有侯莫陳順，先世為鮮卑別部，居庫斛真水，祖父時始遷居代郡武川，他和宇文泰有同里之誼，素相友善，其弟依序名崇（字尚樂）、瓊（字世樂）、凱（字敬樂），用字井然，且能呼應（凱字通「豈」，《詩經‧魚藻》：「豈樂飲酒」，鄭玄《箋》：「豈，亦樂也」），侯莫陳凱頗好經史，漢化較宇文家

112　〈元暉墓誌〉，神龜三年（520），《南北朝彙編》，頁150-152；《魏書》，卷一五，〈昭成子孫傳〉。
113　《周書》，卷一九，〈宇文貴傳〉。
114　繆鉞：〈北朝之鮮卑語〉，《讀史存稿（增訂本）》，頁225-226。

尤深[115]。另一例是王德（字天恩），也是武川人，其子名慶，小名公奴，係因早年家貧喪父，遂賣公奴與一女營葬，因戰亂失散，後來又在平涼重逢，故取漢名曰「慶」[116]。從這些例子可以看出，北鎮人雖保有更多鮮卑舊慣，但也接受漢式人名，進入中原後更是不得不然。斛律金原名阿六敦，出身朔州敕勒部，高祖名倍侯利，附拓跋珪，拜為大羽真，賜爵孟都公，祖名幡地斤，父名那瓌，都是胡名，斛律金本人帶兵用匈奴法，初為軍主，後來歸復北魏，除為第二領人酋長，秋朝京師，春還部落，號稱「雁臣」，仍保有強烈的北方氣息[117]。不過進入中原行政體制後，他也有取用漢名的需要，起先取名為敦，但斛律金素不識字，苦其難署，故改為「金」，司馬子如以屋形為喻，才讓他學會寫自己的漢名[118]。其子亦有父風，以射鵰馳名，取名為光（字明月），也較為簡單，光有四子，名為武都、須達、世雄、恒伽，似有佛教氣息，加上武、雄，顯然尚未馴於「儒雅」[119]。

　　前文已提及，宇文泰常以胡姓或鮮卑姓賜給功臣，此作法顯然係延續西魏而來，大統十五年（549）「初詔諸代人太和中改姓者，並令復舊」[120]，恭帝元年（554）「以諸將功高者為三十六國後，次功者為九十九姓後，所統軍人亦改從其姓」[121]，頗有追復舊姓、重塑認同之意，同時賜姓宇文，等於賜予皇家姓氏，作為

115　《周書》，卷一六，〈侯莫陳崇傳〉；《北史》，卷六〇，〈侯莫陳崇傳〉。
116　《周書》，卷一七，〈王德傳〉。
117　《北史》，卷六，〈齊本紀上〉。同卷：「（武定四年十一月）西魏言神武中弩，神武聞之，乃勉坐見諸貴。使斛律金敕勒歌，神武自和之，哀感流涕」。小川環樹以為此歌很可能是突厥語，見〈〈敕勒歌〉——中國少數民族詩歌論略〉，譚汝謙等合譯：《論中國詩》（香港：香港中文大學出版社，1997年），頁257-276。
118　《北史》，卷五四，〈斛律金傳〉。
119　《北齊書》，卷一七，〈斛律金傳〉。
120　《北史》，卷五，〈西魏文帝〉。
121　《周書》，卷二，〈文帝下〉。

殊遇。不過宇文泰在賜姓之外，同時也賜名，而且史籍所載，全為漢式人名，並且頗與儒家價值、華夏古典相呼應，從賜姓、賜名雙方面來看，他似乎有意藉此靈活調節胡漢之間的平衡。他所賜名的對象俱為北胡：雲中人獨孤信本名如願，其祖父在拓跋濬時遷居武川，其父則為領民酋長，信後來拜為秦州刺史，數年間流民願附者數萬家，宇文泰稱許其「信著遐邇」，故賜名為「信」[122]；中山人劉亮本名道德，其父亦為酋長，宇文泰誇他「卿文武兼資，即孤之孔明也」，乃賜「亮」，同時賜姓侯莫陳[123]。更有意思的是代人伊婁穆之例，穆字奴干，係常見鮮卑之名，宇文泰族子深也以此為字[124]，穆父名靈，善於騎射，宇文泰賜名「尹」，並有「名說」：

> 若伊尹阿衡於殷，致主堯、舜。卿既姓伊，庶卿不替前緒。[125]

即使是北魏孝文帝賜名之多，也不見類似作法，靈活借用了華夏古典君臣的理想圖像。再看宇文家族內部，宇文泰有十三子，依依序名為毓（小名統萬突）[126]、震（字彌俄突）[127]、覺（字陀羅尼）[128]、邕（字禰羅突）[129]、憲（字毗賀突）[130]、直（字豆羅突）、招（字豆盧突）、儉（字侯幼突）、純（字堙智突）、盛（字立久突）、達（字度斤突）、通（字屈率突）、逌（字爾固突）[131]。他們除了漢式單名，均有其「字」，其中除了陀羅尼（dhāraṇi）出自佛教，

122　《周書》，卷一六，〈獨孤信傳〉。
123　《周書》，卷一七，〈劉亮傳〉。
124　《周書》，卷二七，〈宇文測傳〉。
125　《北史》，卷六六，〈伊婁穆傳〉。
126　《周書》，卷四，〈明帝紀〉。
127　《周書》，卷一三，〈文閔明武宣諸子傳〉。
128　《周書》，卷三，〈孝閔帝紀〉。
129　《周書》，卷五，〈武帝紀上〉。
130　《周書》，卷一二，〈齊煬王憲傳〉。
131　逌以下八兄弟之名，均見《周書》，卷一三，〈文閔明武宣諸子傳〉。

皆為鮮卑族名，可見在宇文家族內部仍有兩種人名並存，不過在他們的下一代，使用鮮卑名的情形大為縮減，而且漢式人名愈趨精密，已經完全採納漢式取「字」的作法。

　　除了宇文震無子之外，這裡根據《周書》，臚列宇文泰其餘十二子及其家庭男性成員如下：

　　　　宇文毓－賢（字乾陽）－弘義、恭道、樹孃[132]

　　　　　　貞（字乾雅）

　　　　　　寔（字乾辯）

　　　　宇文覺－康（字乾定）

　　　　宇文邕－贊（字乾伯）－衍（後改為闡）、術、衎

　　　　　　　　贇（字乾依）

　　　　　　　　贄（字乾信）

　　　　　　　　允（字乾仕）

　　　　　　　　充（字乾仁）

　　　　　　　　兗（字乾俊）

　　　　　　　　元（字乾儀）

　　　　宇文憲 — 貴（字乾福）、質（字乾祐）、賨（字乾禮）、貢（字乾禎）、乾禧、乾洽

　　　　宇文直 — 賀、賔（字乾瑞）、塞、響、賈、秘、津、乾理、乾璪、乾琮

　　　　宇文招 — 員、貫、乾銑、乾鈴、乾鏗

　　　　宇文儉 — 乾惲

　　　　宇文純 — 謙、讓、議

　　　　宇文盛 — 忱、悰、恢、憤、忻

宇文達 ─ 執、轉

宇文通 ─ 絢

宇文逌 ─ 祐、裕、禮、禧

此外，宇文泰長兄宇文顥家族也有這種表現，可見北周高層名字逐步漢化之深，這裡同樣列出顥之三子家庭人名：

宇文什肥─冑

宇文導（字菩薩）──廣（字乾歸）、亮（字乾德）、文翼（字乾宜）、椿（字乾壽）、文眾（字乾道）

宇文護（小字薩保）─訓、會、至（字乾附）、靜、深、乾嘉、乾基、乾光、乾蔚、乾祖、乾威

宇文毓十三人都有鮮卑名，宇文什肥之名也是胡名無誤，其弟導、護分別以菩薩、薩保為字，雖非鮮卑語，但都是外來色彩鮮明的佛教或粟特商旅用語，同樣的例子尚見於宇文菩提，係宇文泰之姪，與毓、導等為同輩兄弟，更直接以佛教名詞為正式人名[133]。他們的下一代命名用字則大量出現以類相從的作法，這完全是漢式人名的習慣，起自東漢，魏晉以來沿用不衰，雖然宇文家的名字仍見參差，但以從貝、從言、從心、從示為主，至於取字更幾乎都以「乾」字為首，更值得注意。漢代已用「乾」字為名，東漢明帝時有高密侯鄧乾[134]，漢末有山陽鉅野人李乾[135]，中古也襲用此法：後燕慕容垂有廣武令段乾，為雁門原平人[136]；劉宋孝武帝有樂陵太守傅乾愛，原為清河人[137]；胡乾秀，為豫章南昌人[138]，

133 《周書》，卷一〇，〈莒莊公洛生傳〉。
134 《後漢書》，卷一六，〈鄧禹傳〉。
135 《三國志》，卷一八，〈李典傳〉。
136 《魏書》，卷九四，〈段霸傳〉。
137 《魏書》，卷七〇，〈傅豎眼傳〉；《宋書》，卷七七，〈顏師伯傳〉。
138 《宋書》，卷五〇，〈胡藩傳〉。

並有鮮卑乞伏乾歸，出於隴西[139]。只是這些「乾」字人名與《易》的關係很模糊，而且很可能為胡名之轉寫，在《魏書》中不乏其例，要到唐代才明確湧現以《易》卦為名的風潮。

以「乾」作為「字」之首字，漢晉史籍皆無之，亦不見於南朝，似始於北魏，有西河人宋謨（字乾仁）[140]、河東解縣人柳援（字乾護）[141]，皆為顯宦舊族，並有河州刺史鄯乾，是河南洛陽人，墓誌又說他「自祖已上，世君西夏」，「考以去真君六年（445）歸國」，乃是西域鄯善人[142]，以此為名，當為時風之感染，甚至可能出於胡名，與《周易》的關係都不清楚，張乾龜勉強相關[143]，李系字乾經，用意亦不明[144]，較可一提的是侯剛（字乾之），先世為代人，出身寒微，因善於烹飪，累官至嘗食典御，宣武帝元恪因其質直，故賜名為「剛」，「乾之」亦由此而起[145]。〈乾卦・文言〉：「大哉乾乎！剛健中正」，以「乾」釋「剛」，似是北朝最早明確以《易》嵌入名、字的例證。永嘉亂後，文化菁英南移，北方少有名儒，史書甚至說「唯覩戎馬之跡，禮樂文章，掃地將盡」，不過仍有儒生傳習漢魏經說，其中也包括《周易》在內，鄭玄、王肅之學都有人學習[146]，至孝文帝時，鮮卑宗室熟悉此書的也有人在，孝文帝南遷之前卜得〈革卦〉，便曾為其解釋與任城王元澄展

139 《魏書》，卷九九，〈鮮卑乞伏國仁傳〉。
140 《魏書》，卷三三，〈宋隱傳〉。
141 《魏書》，卷四五，〈柳崇傳〉。
142 〈鄯乾墓誌〉，延昌元年（512），《南北朝彙編》，頁 94-95。
143 《魏書》，卷一八，〈太武五王傳〉；卷六九，〈袁翻傳〉。
144 《魏書》，卷四九，〈李靈傳〉。
145 《魏書》，卷九三，〈侯剛傳〉。其墓誌則謂剛父「儒雅稽古」，並追溯先世功勳，顯為美飾之詞，〈侯剛墓誌〉，孝昌二年（526），《南北朝彙編》，頁 246-248。
146 《魏書》，卷八四，〈儒林傳〉：「玄《易》、《書》、《詩》、《禮》、《論語》、《孝經》，虔《左氏春秋》，休《公羊傳》，大行於河北。王肅《易》亦間行焉」。

開激辯，最後元宏感嘆說「近日論『革』，今真所謂革也」[147]。北魏以「乾」為「字」，應起於熟悉古典的菁英高層或大族，後來漸成流行，並為宇文家族所吸收，作為諸子之字。不過從其名、字關係來說，僅是取〈乾〉為諸卦之首，並未深察經傳，藉其文義創造更多連結，換言之，「乾」字只是流行的選項，未必會被賦予經傳的意涵，但追究其心態，仍出於崇慕華夏古典之意，加上其搭配用字多為儒家推崇之價值，顯示北周內部華夏化的趨向。

　　與宇文政權並峙的高歡家族也有類似的表現，只是未若前者明顯。高家本是漢人，高歡祖父高謐在拓跋濬時曾廣訪羣書，並侍太子拓跋弘講讀[148]，後來因罪被流放懷朔鎮，其家遂染鮮卑之風[149]，到了高歡勢力日強，常以鮮卑語申令三軍，也以賀六渾為字，都是有意展現鮮卑認同的明證[150]。除了高歡以外，其三子高湛，小字步落稽，不一定是鮮卑語，匈奴別種稽胡也名步落稽，然為胡名則無可疑[151]，但其二兄高洋卻有兩個小字，鮮卑、漢名各一：其母初孕時，每夜有赤光照室，故將之名為「侯尼于」，鮮卑語意為「有相子」，指其異兆，又因生於晉陽，又命名為「晉陽樂」[152]，後者雖為漢名，但三音節並不符合漢語人名的習慣，只能說是非典型的漢名。不過，另一方面，如列舉高歡十五子之漢式人名，全都使用從水部的單字，有些「字」也能對應其名：

　　高澄（字子惠）－高洋（字子進）－高浚（字定樂）－高淹（字子邃）－高淑（字子深）－高演（字延安）－高渙

147　《魏書》，卷一九中，〈景穆十二王傳〉。
148　《魏書》，卷三二，〈高湖傳〉。
149　《北齊書》，卷一，〈神武紀上〉。
150　《北齊書》，卷二一，〈高乾傳〉。
151　《北齊書》，卷一〇，〈高祖十一王傳〉；卷一四，〈上洛王思宗傳〉。《北史》，卷九六，〈四夷下〉。
152　《北史》，卷七，〈齊本紀中〉。

（字敬壽）－高湝（字修延）－高湛（小字步落稽）－高
濟－高湜（字須達）－高濟－高凝－高潤（字子澤）－高
洽（字敬延）

其中以邃釋淹、以澤釋潤，都相當貼切，其中也有樂、安、壽之
字，屬於現世祈願，須達則為常見之佛教「聖名」，雖然表現尚不
完全規整，但漢風已彰。下一代更不見任何非漢元素：

高澄 — 孝瑜（字正德）、孝珩、孝瓘（字長恭）、孝琬、延
宗、紹信

高洋 — 殷（字正道）、紹德、紹義、紹仁、紹廉

高演 — 百年、亮（字彥道）、彥理、彥德、彥基、彥康、彥忠

高湛 — 緯（字仁綱）、綽（字仁通，初名融，字君明）、儼
（字仁威）、廓（字仁弘）、貞（字仁堅）、仁英、仁
光、仁幾、仁邕、仁儉、仁雅、仁直、仁謙[153]

清楚以孝、紹、彥、仁為字輩，加上玉類之字，以及道、德、忠、
貞、直、謙，雖然取用經典的態勢尚不強烈，但就表現形式來說，
已經接近後來菁英家族所用的「貴名」。如果往前追溯，放大其意
義，諸子之名首先出現的「孝」字既貼近華夏古典，也呼應了北
魏自孝文帝以降對孝道的重視，和援此入名的作法[154]。

　　高家內部取名的趨勢如此，儘管並不像元宏那麼頻頻賜改臣
下漢名，但從以下事例，可以推知他們對前述子弟之名，必經用
心考慮：高洋曾命才士邢邵為長子取名，取名殷（字正道），不料

---

153 《北齊書》，卷一二，〈文宣四王、孝昭六王、武成十二王傳〉。
154 參看康樂：〈孝道與北魏政治〉，《從西郊到南郊：國家祭典與北魏政治》
　　（臺北：稻鄉出版社，1995 年），頁 258-260。北魏以「孝」入名之例，
　　可見元宏第五子元懷諸子之名：元誨（字孝規）、元悌（字孝睦）、元脩
　　（字孝則，即孝武帝），見〈元誨墓誌〉，普泰元年（531），《南北朝彙
　　編》，頁 350-352；〈元悌墓誌〉，建義元年（528），同前書，頁 283-285；
　　《魏書》，卷一一，〈出帝平陽王〉。

高洋竟說：「殷家弟及，『正』字一止，吾身後兒不得也」，邢卲恐懼欲改，高洋以「天意」為由拒絕，後來高殷果為其叔高演所廢，並遭殺害[155]。高洋所謂「殷家弟及」，乃是指商代兄終弟及之制，可見華夏古典體制與相關情事，也已成為他們斟酌命名時的考量。北齊立國雖然有濃厚的鮮卑背景，但頗講求子弟之教育，自高歡名儒，授皇太子諸王經術[156]，其名很快呈現儒化、雅化的面貌，並非無故[157]。

北周、北齊高層並未放棄使用鮮卑語的傳統，北周武帝宇文邕克齊之後，便曾用鮮卑語向群臣誇讚李德林，以他為山東人物的代表，甚至操鮮卑語向佛寺僧人問訊[158]，高歡更鼓勵臣民使用鮮卑語，孫搴即因能以此宣傳號令，大見賞重[159]，祖珽秉性疏率，獲罪後因有才學，加上能解鮮卑語，遂獲輕饒[160]，出身南朝的顏之推感嘆漢族士人教子學鮮卑語，以獲公卿愛寵，固有出自道德操守的批判，但也可以看出北齊有意強化這種以鮮卑語為尚的政治文化[161]。最極端者如高歡所娶蠕蠕公主，一生不肯華言，顯示她刻意自我隔絕於華夏文化之外[162]。只不過在命名方面，不分北齊、北周，宗室高層都取用漢式人名，且日趨儒雅，這種風氣也必然多少感染其他胡族菁英，只是舊慣猶存，故時而採用雙語人名並存的方式，這裡略舉墓誌為證：北魏開國皇帝拓跋珪時（371-409），柔然人閭大肥與弟大渥倍頤率眾來奔，頗受珪之器重，許以華陰公主，地位甚隆，《宋書》則說其姓悅勃，大肥又有

155　《北齊書》，卷五，〈廢帝紀〉。
156　《北齊書》，卷四四，〈儒林傳〉。
157　高歡曾因臣下犯其父諱樹生而觸怒，見《北齊書》，卷二四，〈杜弼傳〉。
158　《隋書》，卷四二，〈李德林傳〉；《續高僧傳》，卷一九，〈釋法藏傳〉。
159　《北齊書》，卷二四，〈孫搴傳〉。
160　《北齊書》，卷三九，〈祖珽傳〉。
161　《顏氏家訓集解》，卷一，〈教子〉。
162　《北史》，卷一四，〈后妃下〉。

弟名驎、鳳，並襲其爵，其子則名為賀，墓誌說又有一子名為菩薩，其子名阿各頭，各頭之女名炫，字光暉，卒於東魏武定元年（543），得年三十四，去北魏之分裂（534）不及十載，推其生年，則在永平三年（510），也就是宣武帝元恪之年號，去元宏遷洛（494）不過十六年[163]。大肥家族的活動幾乎涵蓋整個北魏，從其名可以看出胡漢之交錯，兼攝佛教之元素，到第四代闍炫乃名、字皆備，明顯漢化，但整體來看，胡、漢雙語還是交叉出現的，可惜不知闍炫有無小名，但若比照他例，仍不無使用胡語的可能。

終北朝之世，可以一再看到北人取用漢「名」，同時以胡名為「字」或「小名」的現象：北魏建城侯山徽（字阿敦），山姓原為吐難氏，墓誌亦說「其先啟蹤遼右，世雄啄（涿）鹿之野」[164]；安州刺史長孫季（字俟但），河南洛陽人，其祖、父為柱國、尚書，俟但妻為前燕慕容皝之後[165]；北齊鍾離王獨孤譽（字阿六拔），墓誌明言為代郡桑乾人[166]，至隋初猶有河陰功曹趙羅（字土廓）[167]。這些例子都反映直到北朝晚期，胡人名、字之漢化並未同步，後者常以胡名充之，未必有嚴格使用漢式之「字」的習慣，大族菁英如此，民眾無此需求，面貌遂更多端。尤有甚者，有時還有三種人名並存的情況，以北周獨孤氏為例，是當日實力最雄厚的政治家族之一，獨孤信為宇文泰時大司馬，動見觀瞻，自北周至隋唐，三代皆為貴戚，《周書》說「自古以來，未之有也」，並載其名如願，不過墓誌說他字「期彌頭」，二子名為善、藏，分別字弩

163　《魏書》，卷三〇，〈闍大肥傳〉；《宋書》，卷九五，〈索虜〉；〈闍炫墓誌〉，河清三年（564），《南北朝彙編》，頁 530-531。
164　〈山徽墓誌〉，永安二年（529），《南北朝彙編》，頁 336-337。
165　〈北魏長孫季墓誌〉，太昌元年（532），《洛陽續編》，頁 10。
166　〈獨孤譽墓誌〉，武平六年（575），《北朝藝術》，頁 179-180。
167　〈隋趙羅墓誌并蓋〉，開皇九年（589），《七朝》，頁 44。

引、拔臣，顯然是鮮卑原名；但《周書》又說獨孤善字伏陁，獨
孤藏墓誌則說他字達摩，都是佛教音譯語[168]。獨孤家父子在史傳
與墓誌中竟然留下三種命名，可以推想漢式名字係用於正式場合
或文書之中，至於鮮卑語與佛教名，則出自信仰或舊慣之牽引，
用於家族及熟人內部，足見北朝人名使用之複雜。但無可置疑的
是，北朝胡族菁英命名之變，確實與其漢化（華夏化）同步，主
要推動的力量來自君主，由上而下，擴散到各界，與原本的族名、
佛教人名乃至小名參差並存，其漢式名、字也漸染漢晉遺風，平
行世代之間的用字趨於規整、典雅，並出現「經典化」的趨向，
成為隋唐菁英「貴名」之部份前身。

　　即使唐代胡風盛行，唐人樂於享用胡式的衣食、歌舞，漢式
人名的地位始終沒有動搖，本書至今尚未發現漢人菁英取用胡名
之例，兩《唐書》載有皇帝賜名多例，對象包括胡漢，以忠、孝、
貞、義字最多，時涉古典，無一胡名。胡將入唐，使用胡名者大
有人在，但主動或被動取用典型漢名者亦多，唐初阿史那忠（字
義節）值宿衛四十八年，人比之金日磾[169]，張孝忠本為奚種，始
名阿勞，天寶末由安祿山奏為偏將，安史亂起後歸唐，肅宗乃賜
今名，並娶昧谷氏，其子則名茂昭、茂宗、茂和，茂昭本名昇雲，
德宗改賜今名，以豐明為字，順宗時拜相，有子名為克讓、克恭、
克勤，比觀張家三代之名，到後來可說徹底漢化[170]。像這樣的案
例，如果不察其出身或姓氏，光從名字來看，大多數無從判斷為

168　《周書》，卷一六，〈獨孤信傳〉；〈獨孤信墓誌〉，北周閔帝元年（557），
　　　《南北朝彙編》，頁 601；〈獨孤藏墓誌〉，宣政元年（578），《新出疏證》，
　　　頁 279-282。
169　《新唐書》，卷一一〇，〈阿史那社尒〉。
170　《舊唐書》，卷一四一，〈張孝忠〉。

胡為漢[171]。另一個普遍持有非漢之名的外來群體,則是中亞或南亞來華的胡僧[172],至於北族後裔菁英使用族名的例子非常少,可說幾乎全然漢化。概而言之,本節主要考察北朝鮮卑菁英群體之名漢化的若干特點,顯示起先係出於雙語統治之需要,遷就漢人書面行政的傳統,採用漢式人名,此風可溯及十六國時期,劉淵或慕容皝家族皆然,為後來的拓跋政權提供前例。北魏統一華北之後,胡漢之名的變動加劇,關鍵力量來自鮮卑上層菁英的華夏化,尤其是「儒化」。關於這一點,可舉二例為證,以結吾說:拓跋珪曾使代人賀狄干議婚於姚萇,後因變亂,幽閉長安,因而習讀書史,乃通《論語》、《尚書》諸經,舉止風流,有似儒者[173];明元帝拓跋嗣初年,拜崔浩為博士祭酒,常使面授經書[174],後來北魏宗室涵詠儒書者不少,關於文化生活的思考與品味亦隨之而改,命名時自然會趨於儒化、雅化,這種情形也見於北周、北齊,建國初期人物尚有鮮卑名,到第三代以後,其名幾乎全都漢化,內涵不一定都有典有據,但光從名字已無法分辨胡漢之別。北胡群體生活既趨於華夏語言的習慣,胡名多音節的表現方式不符其規律,胡名的力量自然會減弱,從長期來看,漢名長而胡名消,到後來只有外來之胡將、胡僧仍見使用,除此之外,徒留若干費解之名,作為當日胡漢互動的印記。

---

171 參馬馳:〈試論蕃人仕唐之盛及其姓名之漢化〉,收入鄭學檬、冷敏述編:《唐文化研究論文集》(上海:上海人民出版社,1994年),頁97-109。唐代外來將領之名,見章群:《唐代蕃將研究》(臺北:聯經出版公司,1986年)。
172 唐代胡僧群體之名尚乏完整研究,目前有林悟殊:〈唐代景僧名字的華化軌跡──唐代洛陽景教經幢研究之四〉,《中古夷教華化叢考》(蘭州:蘭州大學出版社,2011年),頁226-268。
173 《魏書》,卷二八,〈賀狄干傳〉。
174 《魏書》,卷三五,〈崔浩傳〉。

二、以「胡」為名

　　上節所談主要為北朝胡人命名漢化的大致情形，本節想另取一個角度，以「胡」類字眼為線索，觀察這類人名在中古社會所反映的胡漢心態。

　　談到中古前期的胡漢關係，由於南北政權對峙，往往使人聯想到族群之緊張，這種情形確實存在，對於統治漢人的胡族君主，或服事胡主的漢臣來說，如何調停胡漢的衝突更是重要。在十六國時期，石勒便採胡漢分治的策略，西晉末王浚圖謀僭號，石勒奉表推崇他為天子，自稱「勒本小胡，出於戎裔」[175]，但稱趙王後，他便營造宮殿及諸門，同時嚴制法令，諱胡尤峻，不許人輕易談到「胡」字，某次有醉胡乘馬突入宮門，石勒怒斥執事馮翥，翥惶懼忘諱，回奏說「醉胡不可與語」，石勒反笑道「胡人正自難與言」，恕而不罪。石勒很清楚當時胡漢之間可能的矛盾，他在稱王之初，即設經學、律學、史學祭酒，展現崇儒之意，並設門臣祭酒、門生主書等職，前者專明胡人辭訟，後者司典胡人出內，同時重其禁法，不得侮易衣冠華族，另號胡為「國人」[176]。另一個明顯以胡為諱的例子是北魏太武帝時的崔浩，由於他工於法書，時人多託寫《急就章》，數以百計，除了收藏其字，目的很可能是供當時的鮮卑族人識字所用，否則何以獨重此篇？崔浩凡寫到其中的「馮漢強」，必改作「馮代強」，「代」字所指當為北魏前身之代國[177]。崔浩後來死於國史之獄，學者多認為源於他「齊整人倫，

175　《晉書》，卷一〇四，〈石勒上〉。
176　《晉書》，卷一〇五，〈石勒下〉。
177　《魏書》，卷三五，〈崔浩傳〉。

分明姓族」的舉措，引發鮮卑勢力的抵制[178]，但從改「漢」為「代」的細節看來，崔浩本人顯然也曾意識到兩者間的緊張。

　　面對強勢的漢人政治體制與文化，非漢族群也經常展現屬於自族的認同，西漢時匈奴單于便曾遣使向漢朝致書，稱「南有大漢，北有強胡。胡者，天之驕子也，不為小禮以自煩」，同時索求漢女、蘗酒、稷米、雜繒等物，明顯不以漢人文化為重，所欲者唯有漢地之物資[179]。北族菁英刻意以胡制漢的情形，在北朝屢見不鮮，北魏末期的河陰之禍，可謂非漢群體對漢化路線最慘烈的反撲，這種風氣在東魏、北齊尤為明顯，不僅不信任漢兵，乃至「鮮卑共輕中華朝士」[180]，並出現「剄漢狗飼馬」、「刈賊漢頭」的詈語，胡漢對立，於茲劇矣[181]！除此之外，漢人也直斥對方為「胡」，西晉末王浚兵敗，為石勒所執，見他與浚妻並坐，痛罵：「胡奴調汝公」[182]，東晉太寧元年（323）陳安領軍攻匈奴劉曜，斥休屠王石武「叛逆胡奴」[183]，陳霸先征討侯景時，嘗為文斥為「凶羯小胡」[184]，蓋因當時認為他是羯人。這些用法都是直指對方的種族出身，深有貶斥之意，漢人菁英與胡族集團互為敵體，這種表現並不意外。但「胡」的用法並非完全都帶有敵意，還有更複雜的面向，後涼呂纂嘗與鳩摩羅什對弈，殺羅什子，戲言「斫胡奴頭」，藉以調侃羅什的龜茲背景，不料什師答道：「不斫胡奴

178　《魏書》，卷四七，〈盧玄傳〉。
179　《漢書》，卷九四上，〈匈奴傳上〉。
180　《北齊書》，卷二一，〈高乾傳〉。
181　《北史》，卷九二，〈韓鳳傳〉；《北齊書》，卷五〇，〈高乾傳〉。
182　《晉書》，卷三九，〈王浚傳〉。
183　《晉書》，卷一〇三，〈劉曜〉。
184　《梁書》，卷四五，〈王僧辯傳〉。

頭，胡奴斫人頭」，呂纂後來乃為其叔呂超所殺——呂超之字正是
胡奴[185]。

呂超的例子讓人思考，胡人自知非漢，但也是否以「胡」為
名？在漢代以「胡」為名者已經不少，但在南北朝的文化環境
中，「胡」的身份意義又有所不同，以之為名未必只是沿襲舊慣，
而且此時期以「胡」類字眼入名的數量相當驚人，以下請先列舉
著例，再嘗試說明其意義。在北朝史籍中，明確以「胡」為名者
不少，北魏有樂陵王拓跋胡兒[186]，名臣穆崇家族亦有此名，襲子
爵[187]，並有京兆灞城人王胡兒[188]，朔州城人鮮于阿胡據城起事[189]，
後有莫折念生竊號天子，改年天建，以其子阿胡為太子，其兄弟
阿倪、天生皆封王[190]，高湖家族原為勃海蓨人，族中有人名貫（字
小胡）[191]。此外如郭懋，也以「胡仁」為字[192]，李胡（字景）為
隴西狄道人，隋時任通議大夫[193]，北周時有代人宇文盛（字保興），
父祖皆為沃野鎮軍主，其弟名丘（字胡奴）[194]，王胡仁係代郡武
川人，戰功彪炳，故宇文泰賜名為「勇」[195]，又有太原人王雄，
出身武家，字胡布頭，乃胡語原名[196]。上述諸人幾乎都可推斷為
胡人身份，或許可說彼等漢化未深，故以胡為名，但即使是熟悉
漢風的菁英家庭，也有這種表現，宇文泰有族孫孝伯，與其子宇

185 《晉書》，卷一二二，〈呂纂〉。
186 《魏書》，卷一九下，〈景穆十二王傳〉。卷五，〈高宗紀〉作胡仁。
187 《魏書》，卷二七，〈穆崇傳〉。
188 《魏書》，卷一一四，〈釋老志〉。
189 《魏書》，卷九，〈肅宗紀〉。
190 《魏書》，卷五九，〈蕭寶夤傳〉。
191 《魏書》，卷三二，〈高湖傳〉。
192 〈郭懋墓誌〉，河清二年（563），《北朝藝術》，頁 156-157。
193 〈唐李胡墓誌〉，上元二年（674），《洛陽續編》，頁 21。
194 《周書》，卷二九，〈宇文盛傳〉。
195 《周書》，卷二九，〈王勇王勇王勇傳〉。
196 《周書》，卷一九，〈王雄傳〉，《北史》，卷六〇，〈王雄傳〉作「字雄
　　胡布頭」。

文邕同日而生，故為泰所喜，養於第內，又使與邕同學，並字「胡三」。其父宇文深字奴干，胡氣尚深，不過史書說他好讀兵書，其兄宇文測以「澄鏡」為字，加上他年少篤學，旬月不窺戶牖[197]，可見其家漢化已然不淺，仍不以「胡」字為嫌。

　　這點在北朝民眾間更是明顯，依石刻所見，有楊小胡、楊買胡、楊胡女[198]、劉胡仁[199]、李阿胡、李胡得、李醜胡[200]、雷胡奴等[201]，這些人都是基層平民，有些仍用胡姓，可見胡用「胡」名，在當時相當普遍。在北胡語言中，「兒」、「仁」可以相通，「胡仁」、「胡兒」都是通俗之名，甚至有孫胡酋、孫胡猥[202]。女性也用此字，北魏張相隊之子名為胡女，其女則名羅朱胡[203]，東魏趙胡仁是女性，其父為南陽太守[204]，張伏安妻則名阿胡[205]。此外，蕭銑出身西梁家族，為煬帝任為羅川令，後來自稱梁王，有部將蘇胡兒[206]，隋初有南安太守宋胡（字虎），自稱宋玉之後[207]，唐初劉黑闥攻陷相州，號漢東王，以王小胡為右領軍[208]。之所以如此，固

197　《周書》，卷四〇，〈宇文孝伯傳〉，《北史》，卷五七，〈周宗室傳〉作「胡王」；並參《周書》，卷二七，〈宇文測傳〉。
198　〈比丘法雅等千人造九級浮圖碑〉，正始元年（504），《百品》，頁18。此名二見。
199　〈張乾度七十人等造像記〉，神龜二年（519），《百品》，頁48。
200　〈李氏合邑造像碑〉，興和四年（542），《魯迅》第 2 函第 2 冊，頁 320、322、324。
201　〈邑義五百餘人造象碑〉，武定元年（543），《魯迅》第 2 函第 2 冊，頁 355。
202　〈興聖寺四十人等造碑像記〉，武平三年（572），《百品》，頁250。
203　〈張相隊造像記〉，延昌二年（513），《金石萃編》，《石刻史料》第 1 輯第 1 冊，頁 495b。
204　〈趙胡仁墓誌〉，武定五年（547），《南北朝彙編》，頁469-471。
205　〈張伏安妻阿胡造像記〉，武定七年（549），《魯迅》第 2 函第 2 冊，頁 425。
206　《新唐書》，卷八七，〈蕭銑〉。
207　〈隋宋胡誌〉，開皇五年（585），《隋誌彙考》，第一冊，頁 156-160。
208　《新唐書》，卷八六，〈劉黑闥〉。

然是基層或胡人不介意「胡」字，也多少可以說明這些「胡名」
的使用者與華夏傳統的距離較遠。

　　不過在南朝也有以胡為名的現象，東晉王胡之（字修齡），
其父王廙為王導從弟[209]，謝安之姪謝朗小名胡兒[210]，陶侃之子名
胡奴[211]，王、謝、陶氏等大族或權臣家庭都以此為名，這又要如
何解讀呢？目前所知的例子並不算多，但可以推知南朝菁英以
「胡」人名，而是小名，以表親暱或憐愛。選取尋常事物或特殊
事件、外觀特徵，再以「兒」、「奴」為後綴，是南北朝命名的通
俗之法[212]，基本上不算卑名，更不是賤名，如宋文帝劉義隆小字
車兒[213]，陳後主陳叔寶小字黃奴[214]，都是如此，胡兒、胡奴亦然。
比較令人費解是王胡之，史書皆以正名視之，其實此「胡」並不
是指胡人，《儀禮・士冠禮》：「眉壽萬年，永受胡福」，鄭玄《注》
云：「胡猶遐也」，《詩經・載芟》：「有椒其馨，胡考之寧」，毛《傳》：
「胡，壽也」，搭配表字「修齡」，這才是胡之得名的真義。且胡
之兄名頤之，弟名耆之、羨之，都有安養、延長之意，加上耆之
以「修載」為字[215]，更可證實「胡之」乃是帶有長壽寓意之雅
名，與其兄弟之得名相近，故不以「胡」所可能引發的聯想為諱。
不過這是菁英才有的考量，對小名或基層民眾來說，真正就是直
接以胡為名，雖然南方民眾的人名資料有缺，但可想見基層的胡
字人名必然更多。史書中保留了少數案例：劉宋時武將劉胡，南
陽涅陽人，本名坳胡，因其顏面黝黑似胡，故以為名，後來以坳

209　《晉書》，卷七六，〈王廙傳〉。
210　《世說新語箋疏》，卷二，〈言語〉。
211　《晉書》，卷九二，〈袁宏傳〉。
212　竺家寧：〈中古漢語的「兒」後綴〉，《中國語文》2005年第4期，頁346-354。
213　《宋書》，卷五，〈文帝紀〉。
214　《南史》，卷一〇，〈陳本紀下〉。
215　《晉書》，卷七六，〈王廙傳〉；《世說新語箋疏》，卷二，〈言語〉；「修載」見卷八，〈賞譽〉，裴《注》引《王氏譜》。

胡難道,乃省為單名,想來必是緣其出身,故對雅名不甚措懷[216]。
此外,梁普通五年(524)侍中王份出身瑯琊大族,被諡為「胡子」
[217],尤有甚者,西晉時傳咸考論三代車輿,說「殷曰胡奴」,原文
如何不得而知,沈約《宋書》照錄,蕭子顯《南齊書》亦沿用之[218],
以此稱呼三代名物,並無嫌忌之意。綜上所觀,南北都以胡字為
名,個人對此的理解是,儘管政權對峙,胡漢時有衝突,但政治
的對立,無法掩蓋「胡」作為文化存在的普遍性,而且已成為日
常性的形象,無論如何看待現實中的胡族政權,以之為名,則是
自然的事,在中古前期,不分南北都出現胡字之名,略無所忌,
正可見證「胡」的概念深入社會生活的程度。

　　除了「胡」之本字,還可從其他非漢概念之字作為對照。與
胡同時出現的常是「蠻」字,北魏末的一方造像記中就有張胡頭、
楊何蠻、何蠻奴、董蠻[219],北齊的〈劉碑造像記〉蠻字尤多,有
劉征蠻、劉蠻德、劉契胡、盧蠻王、□蠻藻,並有姚胡休[220]。隋
初有張蠻、趙胡[221],在青州益都縣一方定名為〈作經藏碑〉的殘
碑中,有蘇大胡、姚胡兒、嚴胡道、楊蠻女[222]。孝昭帝高演皇后
之父,名為元蠻,其兄弟名為叉、羅、爽、爪,皆非常用漢名[223],
說明北朝官民於「蠻」不以為諱,此「蠻」未必指具體族群,但
其非「漢」則無疑,此法也不是北方所特有,南朝梁武帝也有官

216　《宋書》,卷八四,〈劉胡傳〉。參呂思勉:〈胡考〉,《呂思勉讀史札記》,
　　　頁 1309。
217　《梁書》,卷二一,〈王份傳〉。
218　《宋書》,卷一八,〈禮五〉;《南齊書》,卷一七,〈輿服〉。
219　〈僧智薛鳳規等道俗造像記〉,永安三年(530),《百品》,頁74。
220　〈劉碑造像記〉,天保八年(557),《百品》,頁160。
221　〈任洪乱七十人等造天宮記〉,開皇四年(584),《魯迅》第 1 函第 7
　　　冊,頁 1163、1165。
222　〈作經藏碑〉,隋代□寅年,《魯迅》第 1 函第 7 冊,頁 1312-1313。
223　《北齊書》,卷九,〈孝昭元后傳〉;《魏書》,卷一六,〈道武七王傳〉。

吏名為王蠻[224]，陳朝有將領任忠（字奉誠），小名蠻奴，係汝陰人，出身孤微，不為鄉黨所齒，史書皆以蠻奴稱之[225]，另一將領韓子高的情形也很類似，家亦微賤，本名蠻子，後來為陳文帝所改[226]。與其說「蠻」字的取捨出於種族之隔，不如說是階層與文化習慣之別。在唐代亦傳此風，最為人所悉者當屬白居易之家妓蠻子[227]，在敦煌也有女性使用此字，名為王嬌蠻、張蠻子（S. 2669）。

　　除了廣泛指涉非漢概念的「胡」、「蠻」，其他非漢族名也會被用作人名，北魏明元帝泰常元年（416），河間王拓跋脩無子而薨，後來太武帝為繼絕世，令河南王曜子襲其爵，改封略陽，此子即名羯兒[228]。另外還有韓匈奴[229]、曹乞伏[230]，前者可能是指姓韓的匈奴人，但後者已非族名，而是胡姓；更為常見的是「羌」字，氐人宋玄（字黃眉）祖上俱獲西晉封爵，劉宋初年其父宋盛告之：「吾年已老，當為晉臣，汝善事宋帝」，故宋玄奉宋為正朔，文帝劉義隆使為平羌校尉，玄子保宗，又名羌奴[231]。以上兩例分別是鮮卑人以「羯」為名，和氐人以「羌」為名，可見當時不同的「族群」在政治或社會資源的競奪上，可能互為敵體，但仍有共享的命名習慣，不因對立而斷絕。以人名來說，除了胡字之外，相關概念中以「羌」最為常見，晉末永嘉亂起，劉聰攻陷長安，部下有李羌[232]，北魏有太安人斛律羌舉，隨尒朱兆入洛[233]，秦州民人

224　〈蕭秀碑〉，天監十七年（518），《魯迅》第 1 函第 4 冊，頁 615。
225　《陳書》，卷三一，〈任忠傳〉。
226　《陳書》，卷二〇，〈韓子高傳〉。
227　《舊唐書》，卷一六六，〈白居易〉。
228　《魏書》，卷一六，〈道武七王傳〉。
229　《北齊書》，卷二一，〈高乾傳〉。
230　〈劉碑造像記〉，天保八年（557），《百品》，頁160。
231　《宋書》，卷九八，〈氐胡傳〉。
232　《晉書》，卷六〇，〈索綝傳〉。
233　《北齊書》，卷二〇，〈斛律羌舉傳〉。

王羌奴，為王隴客所殺[234]，並有涇州張羌郎[235]、呂定羌（秦州都酋長呂帛冰女）[236]等，「羌」在中古前期諸胡中，當有某種特別之形象。在北魏建國前的非漢族群中，以鮮卑諸部勢力最廣，橫跨今天整個內蒙古地帶，但與中原關係最為糾葛者，恐怕非羌莫屬，《說文》釋羌為「西戎牧羊人也」，並列為古代九夷之一，不管羌或戎，與華夏互動極早，甚至有禹生於羌之說，商代甲骨已有羌人紀錄，歷代雙方戰和不絕，東漢時更對中原帶來重大的軍事負擔。另一方面，羌漢融合日深，十六國中僅有後秦為羌人所建，但姚氏家族儒化程度之高，為其他諸胡所難比肩，在當時北方的非漢族群中，「羌」的文化特質應該是相當鮮明的，前述代人賀狄干奉拓跋珪之命，議婚於姚萇，後來姚興繼位，局勢生變，狄干乃拘留長安，兼習儒書，日後歸魏，拓跋珪見其言語衣服，有類羌俗，遂下令殺死狄干兄弟[237]。珪父拓跋嗣曾娶姚興之女西平公主[238]，拓跋珪眼中所認定的「羌俗」為何不得而知，但他對羌人的力量顯然頗為忌憚。

　　除了這些以非漢族名或姓氏入名的用法，還有一種特殊的表現，也就是「破胡」之名。北朝造像記中有楊征胡[239]、杜平蠻[240]、劉征蠻[241]，看似表現對非漢族群的敵意，不過這些人本身或為胡種，或處於胡漢雜居之地，在日常生活中使用這種人名，寧不可怪？關於這類人名，由來甚早，西漢武帝時已有列侯以此為人

234　《魏書》，卷八九，〈于洛侯傳〉。
235　《魏書》，卷五一，〈呂羅漢傳〉。
236　〈建崇寺浮圖銘〉，建德三年（574），《百品》，頁263。
237　《魏書》，卷二八，〈賀狄干傳〉。
238　《魏書》，卷一三，〈皇后傳〉。
239　〈僧智薛鳳規等道俗造像記〉，永安三年（530），《百品》，頁74。
240　〈杜照賢十三人等造像記〉，大統十三年（547），《百品》，頁125。
241　〈劉碑造像記〉，天保八年（557），《百品》，頁160。

名[242]，王莽攝政時，追謚陳湯為破胡壯侯，其子陳逢為破胡侯，同時被封者還有討狄侯杜勳[243]，《急就篇》中甚至有「郭破胡」之名，足見此名在漢代已有流行。這種命名習慣也被後人繼承，劉宋時乞伏熾磐曾討呂破胡於白石川[244]，限於記載，呂氏背景不容揣測，北魏時薛洪隆（字菩提），其先被稱為河東三薛之一，分領部落，有弟分別名瑚、昂，並以破胡、破氐為字，又有弟名積善，四人均為河東太守[245]，至於源賀出自河西鮮卑南涼一支，本名臘于破羌，因其性喜奮戰，拓跋燾出於勸戒，使之改名為「賀」[246]。北周時賀拔勝（字破胡），神武尖山人，祖爾逗、父度拔，均為武川軍主，抵禦茹茹，勝兄名允（字可泥），係典型之北鎮軍事家族，破胡本人亦以此字自稱[247]。北齊尉破胡拜開府儀同三司，其麾下前隊有「蒼頭」、「犀角」、「羿」，是典型的北胡騎射裝束[248]。此外還有「破虜」，最初用於將領之頭銜，更始元年（23）劉玄拜劉秀為破虜大將軍[249]，後來遂成定名，董卓、孫堅均曾有此銜，後者甚至因此被稱為孫破虜[250]，安帝元初二年（115）匈奴左鹿蠡王須沈，被封為破虜侯[251]。「虜」字在東漢已多與「胡」等非漢族群概念連用，總括非華夏之族類，西晉太元九年（384）姚萇自稱大將

242 《漢書》，卷一五，〈王子侯表上〉有益都敬侯劉胡、封斯戴侯劉胡傷、高丘哀侯劉破胡；卷一七，〈景武昭宣元成功臣表〉有梁期侯任破胡。

243 《漢書》，卷七〇，〈陳湯傳〉；卷一八，〈外戚恩澤侯表〉。

244 《晉書》，卷一二五，〈乞伏熾磐〉。

245 《新唐書》，卷七三下，〈薛氏·西祖〉；《北史》，卷三六，〈薛辯傳〉作薛湖，未載破氐名字，《魏書》，卷四二，〈薛辯傳〉均僅錄其字，未載其名。

246 《魏書》，卷四一一，〈源賀傳〉；《晉書》，卷一二六，〈禿髮傉檀〉。

247 《魏書》，卷八〇，〈賀拔勝傳〉；《周書》，卷一四，〈賀拔勝傳〉。

248 《北齊書》，卷八，〈後主紀〉；《陳書》，卷三一，〈蕭摩訶傳〉。

249 《後漢書》，卷一，〈光武帝紀〉。

250 《後漢書》，卷七二，〈董卓傳〉；《三國志》，卷四六，〈孫破虜討逆傳〉；同前，卷五〇，〈妃嬪傳〉：「孫破虜吳夫人，吳主權母也」。

251 《後漢書》，卷八七，〈西羌傳〉

軍，以王破虜、楊難、尹嵩、裴騎、趙曜、狄廣、党删等人為帥[252]，這些很可能都不是漢人，以「破虜」為名，無異於上述之破胡。胡人既然自知為胡，使用「破胡」之名，難道是自我認同的混亂？

上文說過，「破胡」之名起於前代，雖不雅馴，卻頗能契合北胡講求武勇雄強的作風，前章曾列舉北胡喜用難當、難敵為名，以及猛、略等字，正與「破」字人名出於類似的心態，是以破氏、破羌、破虜等名都被採納，而且北方原有破羌[253]、征羌[254]為縣名或侯國名，北魏亦以征羌、征胡為軍職頭銜[255]，沿襲舊慣，取破敵之意；在這類人名的使用者看來，重點也在於能否滿足雄強之體現，所念在「征」在「破」，未必會介意因「胡」因「羌」而衍生的聯想，借用前章引馬衡論教徒造像心態時所言：「只知求福，不論其為釋道」，或許可以說北方民眾取用這些「破」字之名：「只求適意，不論其為胡漢」。然而在隋唐史籍、墓誌中，均不見破胡、破氏、破羌、破虜、破蠻之名，唯有唐武宗會昌年間沙汰佛教，將相關詔敕輯成《破胡集》[256]，可見「胡」的定位在唐代又有轉移，唐後文獻亦不見此等名字，「破胡」之名可說是北朝多元「胡」文化環境中的產物。

隋唐以降，這種以「胡」類字眼入名的風氣不再，僅剩「胡」字之單名獨秀，除了前引之例，隋初韓慈（字胡子），係趙國邯鄲人[257]，陪戎副尉劉珪（字小胡）係洛陽人[258]，還有李淵之子元吉

252　《晉書》，卷一一六，〈姚萇〉。
253　《後漢書》，志二三，〈郡國五・涼州・金城郡〉。
254　《後漢書》，志二〇，〈郡國二・豫州・汝南郡〉。直到北周仍有此縣，見《魏書》，卷四二，〈堯暄傳〉。
255　《魏書》，卷九五，〈臨渭氐苻健傳〉：「都督隴右征羌諸軍事」；〈元融墓誌〉，孝昌三年（527），《南北朝彙編》，頁 266-268：「使持節征胡都督」。
256　《新唐書》，卷五九，〈藝文三〉。
257　〈唐故韓公墓誌〉，上元三年（676），《唐誌彙編》，上元六。

（小字三胡）[259]，唐初陶德家族原籍丹陽，後來遷居潞城（今山西潞城），也以此為字[260]，另有兵部常選上柱國邊胡（字元簡）[261]。不過這些仍以小字性質偏多，幾乎不復見於菁英正式人名，以《新唐書・宰相世系表》為範疇，此字在隋唐大姓家族中只有三例被記錄，包括一例可能是外來語的「胡摩」[262]。這類「胡」名在史籍中也很少被記載，幸得墓誌而有所保留：長安縣尉王志悌出身瑯瑘，五世祖王褒為北周尚書，曾祖、祖父歷任隋唐中書舍人，其子亦名胡子[263]，李公政出身隴西李氏，其孫名為胡兒、小胡[264]。直至唐末，大順初年李克用有將劉胡子，克用本為沙陀人，劉胡子恐怕不是漢將，可知唐代胡人也依然以「胡」為名。

　　如眾所知，唐代社會胡人眾多，胡風甚盛，「胡」並不是唐人陌生或排斥的形象，為何菁英罕於以之入名？個人認為欣賞胡族文化，與在正式場合使用「胡」字為名，仍是不同的，北朝菁英漢化未深，故可並存其名，但隋唐之後，北族漢化大勢已成，菁英命名最主要的考量仍繫於華夏古典的規範與來源，「胡」字在「貴名」的排擠之下，自然退居邊緣。此外，安史之亂的衝擊也不可忽略，在中唐以後有種論調，將安史引發的動盪歸咎於「胡」，[265]，其中可能以杜甫最為激烈，痛斥「華夷相混合，宇

---

258 〈唐故陪戎副尉劉君墓誌銘〉，顯慶三年（658），《唐誌續編》，顯慶〇七六。
259 《新唐書》，卷七九，〈高祖諸子〉。
260 〈唐故陶府君之誌銘〉，開元八年（720），《唐誌彙編》，開元一〇八。
261 〈唐邊胡墓誌并蓋〉，開元十七年（729），《七朝》，頁 193。
262 《新唐書》，卷七二上，〈趙郡李氏・東祖〉。閻廷亮〈唐人姓名研究〉蒐集「胡」字人名有 18 例，見頁 82。
263 〈大唐故長安縣尉左授襄陽郡穀城縣尉又移南陽郡臨瑞縣尉瑯瑘王公祔葬墓誌銘〉，天寶十載（751），《唐誌彙編》，天寶一九〇。
264 〈唐故隴西李府君墓誌銘〉，咸通九年（868），《唐誌續編》，咸通〇五九。
265 參見傅樂成：〈唐代夷夏觀念之演變〉，《漢唐史論集》（臺北：聯經出版公司，1977 年），頁 209-226。

宙一膻腥」[266]，直到晚唐貫休猶感嘆玄宗「如何遊萬里，只為一
胡兒」[267]，這類想法在菁英群中並非孤例，然而「胡」字不絕如
縷，仍在小名中維持舊慣。中唐有一位唐夫人裴氏育有四子，名
為君用、君義、君政、君誠，也有孫五人，名為留住、留德、胡
子、小胡、閏郎[268]。州軍事判官張邵有子五人，名為好郎、泰郎、
益郎、胡兒、師兒，他享年六十五歲，墓誌中諸子全用小名，且
無一任官，如非當時風氣如此，可能是因此五子皆為其續弦所
生[269]。後梁劍州刺史鄭璩之孫名胤哥，孫女名胡子[270]，瀧州刺史
吳存鍔長子名延魯，次子名蟲子，二女名胡娘、小胡[271]，絳州刺
史韓恭孫女亦名胡女[272]，「胡」字退守小名，更直接的證據是一位
支夫人鄭氏，出身滎陽大族，其夫為獨生子，她婚後生下一子，
名為胡兒，但因為某些狀況，不能親自哺乳，以至胡兒「枉折於
百日之間」，她悲傷過度，遂一病不起，她咸通七年（866）嫁到
支家，乾符三年（876）病歿，十年間求子的艱辛可以想見[273]。這
種情形到宋代更加明顯，在《宋人傳記資料索引》之中，個人只

266　《全唐詩》，卷二二五，〈秦州見敕目薛三璩授司議郎畢四曜除監察與
　　二子有故遠喜遷官兼述索居凡三十韻〉。
267　《全唐詩》，卷八二九，〈讀玄宗幸蜀記〉。
268　〈唐故唐府君夫人裴氏墓誌銘〉，咸通十一年（870），《唐誌續編》，咸
　　通〇六五。
269　〈唐故慶州軍事判官試協律郎張府君墓銘〉，乾符二年（875），《唐誌
　　續編》，乾符〇〇四：「先夫人河南丘氏……繼先夫人博陵崔氏」。此一
　　情況也見於鄧瑙，墓誌記其四子，名為欸、脢、胡兒、小虹，元配李氏
　　不幸早亡，續娶韋氏、王氏、李氏，都先他而逝，諸子當係不同夫人所
　　生，是以皆在弱齡，見〈唐故鄧府君墓誌銘〉，咸通六年（865），《唐誌
　　彙編》，咸通〇四二。
270　〈鄭璩墓誌〉，開平三年（909），《五代墓誌》，頁4-7。
271　〈吳存鍔墓誌〉，《五代墓誌》，貞明三年（917），頁73-75。
272　〈韓恭妻李氏墓誌〉，乾化三年（913），《五代墓誌》，頁35-38。
273　〈唐劍南東川節度副使朝議郎檢校尚書屯田員外郎兼侍御史柱國賜緋
　　魚袋支訢妻滎陽鄭氏墓誌銘〉，乾符三年（876），《唐誌彙編》，乾符〇〇
　　九。

發現一個「胡」字人名的例子，也是小字[274]，這點和宋人夷夏觀念轉趨嚴密，想來大有關係。

　　相較之下，「胡」字人名在中古西陲地區始終非常興盛，一方面印證多元族群的社會情態，另一方面也顯示在華夏影響較弱的地域，「胡」字有更廣大的表現空間。這裡僅能舉出少數例子，在敦煌，比如「胡兒」、「胡胡」、「小胡」、「胡奴」，都是極其常見的俗名，蠻字較少。吐魯番的情形很類似，只是組合更加隨意，有趙胡臭[275]、史胡煞[276]，甚至和儒家價值相配，如張胡禮[277]、張胡智[278]，但用夏變夷的可能性非常低，只是命名者任意搭配，前章說過儒家德目在基層常常只是通俗性、習慣性的概念，以之入名，可無可有，這些「胡」例正可作為佐證。

　　本章關於「胡名」的討論已經結束，整體來說，中古胡名呈現漢化的趨勢，尤其是從中上層菁英開始，漸捨胡名而就漢名，當然在過程中，仍有各種拉扯或並存；反過來看，漢名胡化的痕跡極其隱晦，幾乎沒有留下痕跡，可見漢人書面語習慣及華夏經典傳統的影響之強。不過細心尋繹，仍可發現一些非漢元素滲透的案例，雖不甚顯，且為時有限，仍不失為北朝人名多樣性的見證。首先是羽真，為東北國名[279]，在北朝作為胡姓及官銜[280]，是一個充滿北亞色彩的音譯詞語，北魏有穎川太守尚羽真[281]，對照

274　《宋人傳記資料索引》，頁 1613：「胡觀國，字詹聖，小名十牛，小字胡行，常州武進人。年四十八中紹興十八年（1148）五甲第六十三名進士」。
275　《吐魯番》第 5 冊，頁 137。
276　《吐魯番》第 9 冊，頁 68。
277　《吐魯番》第 3 冊，頁 45、218。
278　《吐魯番》第 7 冊，頁 287。
279　《魏書》，卷一○○，〈勿吉〉。
280　《北史》，卷三六，〈薛辯傳〉：「徵授大羽真」；同前，卷五四，〈斛律金傳〉；同前，卷六六，〈高琳傳〉。
281　〈太公祠碑〉，武定八年（550），《魯迅》第 1 函第 5 冊，頁 940。

同碑家族成員人名的記錄方式，可以推斷是原名，北齊武成帝高湛第五子高貞（字仁堅），石刻載其字為羽真[282]，皆無涉毛羽或羽化之思想；西晉末年，沒鹿回部落首領紇豆陵勤曾封忠義侯，史載他字羽德，「勤（勳）」、「羽」皆常為胡名所用，但加入「德」字，其名、字隱然在漢文中產生了呼應[283]，拓跋弘四子名羽，字叔翻，前者很可能出於鮮卑名，但佐以「叔翻」，遂鎔鑄為典型的漢名，幾乎了無痕跡[284]。第二例是北周宇文護，小字薩保，以保、護二字相結合，加上其兄宇文導（字菩薩），乍看似是佛教人名，不過已有學者指出此名極可能取自粟特語，原義為領袖或商主[285]，也有民眾名為王薩寶[286]、古薩寶[287]，年代皆與宇文護重疊，足證北朝除了佛教，仍有取資其他外來事物的命名作法。以上二名，一出北亞，一出中亞，如不細究，很容易錯過其中族群往復的微跡，由此推想在中古時期族群接觸的過程，必然還有若干華夏以外的元素，沉澱、隱藏於各式人名之中。

第二節　男女之間

　　本章的另一個主題是中古時期的女性人名，首要難題則在於材料，在傳統史傳的主題中，幾乎都是男性的天下，會被記錄的

---

282 《北齊書》，卷一二，〈武成十二王傳〉；〈高貞碑〉，正光四年（523），《魯迅》第1函第4冊，頁761。
283 《新唐書》，卷七一下，〈竇氏〉。
284 《魏書》，卷二一上，〈獻文六王傳上〉。
285 《周書》，卷一一，〈晉蕩公護傳〉。此名討論見榮新江：〈薩保與薩薄：佛教石窟壁畫中的粟特商隊首領〉，《中古中國與粟特文明》，頁167。
286 〈王遵慶等造塔象記〉，武定五年（547），《魯迅》第2函第2冊，頁409。
287 〈葉容等造像記〉，天保五年（554），《百品》，頁147。

女性通常只有后妃、公主等高層婦女，不然就是以孝烈著稱的女性，前者環繞王侯家族而展開，往往僅記其稱號，後者雖出於各地民間，亦常以某氏之女或某人之妻代稱，託名西漢劉向的《列女傳》體例就是如此，完整留下的名字很有限，除此之外，便是與少數才女、歌伎或侍妾。曲顯功曾引《南齊書・蕭景先傳》中的一段文字：「自丁荼毒以來，妓妾已多分張，所餘醜猥數人，皆不似事；可以明月、佛女、桂支、佛兒、玉女、美玉、上臺、美滿、艷華奉東宮」，並謂「此條於社會宗教及風俗，甚饒價值，胥由此可以推知六朝人士對宗教之信仰、喜愛之事物、審美之觀念，與風俗習慣、社會意識焉」[288]，可見即使是在無關事功或學術的女性人名中，仍藏有微妙的線索。只是要想探討古代女性之名，往往需求諸史籍之外的材料，以漢代來說，傳世漢印中便留有不少女性私名[289]，至於中古時期，各類材料所見數量均有擴大，相較於過去，樣本無疑豐富了很多，女性身處的文化環境也與此前有所不同，並在其名中留下新舊不等的印記。

　　關於古代女性的文化處境，這裡也想簡單說明，以助理解女性名字的背景。大致而言，傳統華夏社會的女性角色可以「男外女內」、「男尊女卑」加以概括，這兩種概念的形成和儒家思想有直接的關係，早在《易・繫辭》已將男女之別溯源於宇宙力量，提出「乾道成男，坤道成女」，〈家人〉並言「女正位乎內，男正位乎外」，但尚未明言尊卑，《禮記》進而強調男女應各守其份（〈內則〉），但如「男帥女，女從男」（〈郊特牲〉），只是說明主從關係，

288　曲守約：〈婢妾之名字〉，《中古辭語考釋》（臺北：臺灣商務印書館，1968 年），頁 268-269。

289　中古以前女性人名的探討，以劉師增貴〈漢代婦女的名字〉為代表作，蒐集漢代女性 570 餘例。下文討論與此相關之處，將隨文注出，盼讀者參考。

沒有區分絕對的高下。尊卑之別到西漢時才明顯出現，尤其是董仲舒之說，《春秋繁露‧基義》云：

> 陰者，陽之合，妻者，夫之合。……夫為陽，妻為陰，陰道無所獨行，其始也不得專起，其終也不得分功，有所兼之義。

〈陽尊陰卑〉並明言「貴陽而賤陰」、「丈夫雖賤皆為陽，婦人雖貴皆為陰」，東漢《白虎通‧嫁娶》承襲此論，說「陰卑不得自專」，完全將「陰」、也就是女性視為男性的從屬，甚至認為女性應恆以卑弱為德行，依附於丈夫之下：

> 陰陽殊性，男女異行。陽以剛為德，陰以柔為用，男以彊為貴，女以弱為美……夫者天也，天固不可逃，夫固不可離也。[290]

在古代已有女子使用父姓而稱某氏的作法，用以取代其名，漢代亦然，東漢尤其如此，進而以夫姓稱氏，這種習慣應該也和上述兩漢男女倫理觀念的強化有關，並為後世所承襲，致使女性完整的名字屢屢隱沒於記載之中。

當然，並不是所有情況都如此，這裡只是想藉此指出男尊女卑的觀念也影響女性人名使用的形式，尤有甚者，更滲透到社會對婦女的定位與期許，成為傳統女性人名的「底色」。不過，中古時期由於宗教與非漢族群的加入，提供了新的命名選項，替女性人名增添了「色彩」，如能分析這些顏色的層次，相信對中古的女性觀會有更細緻的了解，甚至還能藉此感受她們的處境——畢竟這些人名是許多女性個體在歷史長流中僅存的痕跡。在中古前期，女主臨朝、妒婦毆夫之事並不鮮見，唐代女扮男裝風氣之盛，也

---

290 《後漢書》，卷八四，〈列女傳〉，此語即出自班昭〈女誡〉。

為傳統中國社會所罕見，武周稱制更是曠古未有之事，這些現象的成因相當複雜，但從整體來說，在近代之前，中古女性活躍的程度超過其他時代，在名號中是否有所投映，又反映何種意義，都是本節希望試探的。

一、女名的共相

上文已經涉及古代女性人名的材料問題，由於這一問題攸關討論之深淺，因此在本節開始，想再就此申說。在中古時期，雖然這類材料較過去已經豐富不少，但和廣大的女性群體相較，仍然不成比例，而且她們生活背景的紀錄也很有限，很難有更多線索推測命名的心態。《魏書・李安世傳》載有當時之民歌：「李波小妹字雍容，褰群逐馬如卷蓬……婦女尚如此，男子安可逢」，雍容出身相州廣平豪家，有此情態，自不足怪，加上其名，頗可想見當地女性的形象[291]。不過在中古文獻中，這種連名帶姓、事跡完整生動的個案紀錄實在很少，以兩《唐書》來說，如以寬鬆計算，所載女子有姓無名者，各約三百五十、四百九十人，但姓名俱全者只有二三十人——要像武曌（624-705）生平俱全，並詳錄她如何自我作古、造字自名的，放眼中古乃至中國歷史，實無第二人。南北朝史籍婦女人名更少，不容樂觀，必須求諸文獻以外的資源，其中自以石刻為最大宗。

不過在傳統婦女身份文化的影響之下，石刻也不是完全可容納其名的載體，以北朝墓誌的製作習慣來說，誌文常係先倩人寫定，方填寫婦女之名諱，目的是不欲外人知之，有時甚至未及書

291　唐長孺：〈讀李波小妹歌論北朝大族騎射之風〉，《山居存稿續編》（北京：中華書局，2011 年），頁 153-156。

刻,即入土隨葬[292],這種作法直到唐代仍然常見[293],開元時有墓誌寫道「閨中之諱,禮所不出」[294],中唐另一方墓誌也明白說:「春秋有隱諱之義,故不書其名字」[295],此一慣例幾乎貫穿大半個中古,而且在婦女墓誌中,往往載其父族、夫族乃至子女之名,唯獨其名被隱去,此例比比皆是,以中唐宣宗時檢校司空王宰墓誌為例,提到他有二十三子與十五女,前者之名均見記載,後者無一被記錄[296],還有一例見於晚唐,有一位崔夫人鄭氏,出身滎陽,門第顯赫,屢封夫人,墓誌為其子所撰,開頭便寫道「太夫人號太素,不字不名,所以厚流俗也」[297]。墓誌所載多為士族,女性名字保留的情形尚且如此,民間女性以家庭日常事務為生活核心,缺乏可記錄的事功或文采,更不受史家文士之青睞。要想接近中古廣大女性人名的世界,最具有突破潛力的,還是北方的佛教造像記與西陲文書。北朝造像記之所以珍貴,在於女信徒參與者眾,常合數十、甚至數百人之力為之,集中保留了以邑義或家族為單位的女性人名,在敦煌甚至有全為女性的佛教結社紀錄[298],加上她們幾乎都出於基層,適可彌補傳世文獻或墓誌之不足。

---

292 北周庾信集所收墓誌即有此現象,唐代亦屢見之,說詳葉師國良:〈石本與集本碑誌文異同問題研究〉,《石學續探》,頁 27-57。

293 〈大唐故越國太妃燕氏墓誌銘〉,咸亨二年(671),《唐誌續編》,咸亨〇一二;〈大唐故贈司徒虢王妃劉氏墓誌銘〉,上元二年(675),同前書,上元〇一二。

294 〈唐處士王公故夫人程氏墓誌記〉,開元二十一年(733),《唐誌彙編》,開元三六九。

295 〈唐故潁川陳夫人墓誌銘〉,咸通十四年(843),《唐誌續編》,咸通〇九八。

296 〈唐王宰墓誌〉,大中十一年(857),《七朝》,頁 363。

297 〈唐崔夫人鄭氏墓誌〉,乾符四年(877),《七朝》,頁 376。

298 題名與「女人社」直接相關的敦煌文書至少有三號,為〈顯德六年正月三日女人社再立條件〉(S. 527,959 年)、〈戊辰年正月廿四日雇坊巷女人社社條〉(P. 3489)、〈某年七月十九日女人社社條〉(Дx. 1413)。

　　交代完中古女性人名來源及材料性質，接下來要探討這些人名的表現，檢視其中關於「女性」的面貌與心態，要特別說明的是，關於佛、道女性之名已分別在前文探討，本節將集中於世俗女名，必要時將引之比較。首先，在中古前期，《三國志》比照前代之例，也為后妃立傳，但完整留下的女名甚少，曹芳在位時，宮中有保林李華、劉勳，常與小優郭懷、袁信裸袒為戲，保林係低階妃嬪之名，西漢已有此制[299]，由此二名看來，當時的女性人名仍有漢代之風，也就是多男女通用之字。不過崔豹《古今注》載曹丕有宮人莫瓊樹、薛夜來、田尚衣、段巧笑，甚為綺麗，唯不知其確否，或是後人所追記[300]。至於江東，孫權皇后名為潘淑，孫皓皇后滕芳蘭，較富女性氣息，孫權另有一位步夫人名為練師，比較特別[301]，她並生有二女，名為魯班、魯育，小名為大虎、小虎，是史籍中極少數、也是最早有女性以虎為名的案例，原意難以確言，不過虎自古被視為猛獸之首，這類小名當有求取保護之意[302]（詳第五章）。

　　在西晉以後，菁英女性命名有更明顯的表現，前後六名皇帝之后妃均留有其名：宣帝皇后張春華；景帝皇后夏侯徽（字媛容），另一皇后羊徽瑜；文帝皇后王元姬，並有妾李琰、王宣、徐琰、吳淑等[303]；武帝之皇后亦先後有二，名為楊艷（字瓊芝），楊芷（字季蘭，小字男胤），另有中才人王媛姬，貴嬪胡芳，夫人諸葛婉、趙粲，以及劉媛、臧曜、陳琇、左嬪、刑蘭、朱姜等妾[304]，最著

299　《漢書》，卷九七上，〈外戚傳上〉：「無涓、共和、娛靈、保林、良使、夜者皆視百石」，顏師古《注》：「保，安也。保林，言其可安眾如林也」。
300　西晉・崔豹：《古今注》（上海：商務印書館，1956 年），卷下，頁 26。
301　唐・許嵩：《建康實錄》（北京：中華書局，1986 年），卷二、卷四。
302　《三國志》，卷五〇，〈吳主權步夫人傳〉。
303　《太平御覽》，卷一四五，〈皇親部十一・嬪〉。
304　《太平御覽》，卷一四五，〈皇親部十一・嬪〉。

名者當屬貴嬪左棻（字蘭芝），係左思（約 250-305）之妹，姪女則名芳（字惠芳）、媛（字紈素）[305]；惠帝皇后賈南風、羊獻容，夫人謝玖，妃謝玖[306]，其中賈后生女宣華、女彥[307]；懷帝皇后梁蘭璧[308]。東晉元帝皇后虞孟母、鄭阿春；明帝皇后庾文君（生女興男[309]）；成帝皇后杜陵；康帝皇后褚蒜子；穆帝皇后何法倪；哀帝皇后王穆之；廢帝皇后庾道憐；簡文帝皇后王簡姬、李陵容；孝武帝皇后王法慧、陳歸女；安帝皇后王神愛；恭帝皇后褚靈媛[310]（生女茂英[311]）。此外，賈南風乳母徐氏，單名為義，她出身海濱，父母兄弟皆亡，流浪到河內之境，是西晉民間女性留下的極少數名例[312]。除了男女通用之字，這些菁英女名幾乎都強調柔美、華貴的特性，尤其是美玉、芳草之物象，這種風氣想來也傳於民間，西晉末年寫出迴文詩傳世的才女蘇蕙，便以若蘭為字[313]。至於阿春，應是小名，他出於滎陽鄭家，史書說「世為冠族」，父祖均曾任令、守，只是很早就喪父了，可能因此而未取正式人名，蒜子也出身望族，此名亦顯屬小字，可見當時菁英女性除了典麗的正名，不管是在本家或夫家，仍會兼用小名。

　　但以上這些紀錄都是個別性的，不容易看出家族世代的變化，所幸兩晉墓誌傳世雖稀，其中仍保有少許家族群體的訊息，

305　〈左棻墓誌〉，永康元年（300），《南北朝彙編》，頁 16。《晉書》，卷三一，〈后妃上〉，作左芬。

306　《太平御覽》，卷一四五，〈皇親部十一・嬪〉。

307　《藝文類聚》，卷一六，〈公主〉。

308　梁蘭璧見臧榮緒：《晉書》，卷四，在《九家舊晉書輯本》，頁 34-35。其餘均見《晉書》，卷三一，〈后妃上〉。

309　《太平御覽》，卷一五二，〈皇親部十八・公主〉。

310　以上除個別出注者，皆見《晉書》，卷三二，〈后妃下〉。

311　《太平御覽》，卷一四九，〈皇親部十五・太子妃〉。

312　〈徐義墓誌〉，元康九年（299），《南北朝彙編》，頁 14-16。

313　《晉書》，卷九六，〈列女傳〉。

彌足珍視。西晉元康六年（296）有宜成宣君郭槐（字媛韶）[314]，
永嘉元年（307）幽州刺史王浚之妻華芳（字敬華）逝世，其姊名
茗（字宣華），為華歆之曾孫女，至於王浚第一妻子文粲（字世
暉），育有三女，其名依序為韶、麗、則，字為韶英、韶榮、韶
儀，王浚四舅的第二位夫人則名衛琇（字惠瑛），這是相當難得的
一方西晉家族墓誌，使後人得以略窺當時宮廷以外的女性名字[315]。
永嘉三年（309）有散都尉孟氏之妻趙令芝[316]，和華芳家族女性類
似，都是取用與美玉、芳草相關的「美名」。此外還有若干小名傳
世，東晉溫嶠二女，名為膽、光[317]，另有一位徐夫人菅洛（字勝），
墓誌說是代郡人[318]，由此推知北方的女性仍有前代男女通名之風，
未必強調柔和，用字也不一定追求精緻。東晉南朝格於多次禁碑
之令，女性人名尤為稀缺，最完整的紀錄首推王彬家族，他是王
導從弟，也是晉元帝的姨弟，家世顯赫，在南京象山有集體墓誌
出土，保留了相當珍貴的菁英女性人名樣本。茲錄王彬前後兩任
妻子及相關女眷如下：

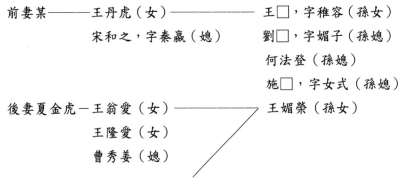

前妻某―――王丹虎（女）―――――― 王□，字稚容（孫女）
　　　　　宋和之，字秦嬴（媳）　　劉□，字媚子（孫媳）
　　　　　　　　　　　　　　　　　何法登（孫媳）
　　　　　　　　　　　　　　　　　施□，字女式（孫媳）

後妻夏金虎－王翁愛（女）―――――― 王媚榮（孫女）
　　　　　王隆愛（女）
　　　　　曹秀姜（媳）

314　〈郭槐柩銘〉，元康六年（296），《南北朝彙編》，頁7。
315　〈華芳墓誌〉，永嘉元年（307），《南北朝彙編》，頁18-22。
316　〈孟□妻趙令芝墓誌〉，永嘉三年（309），《新出疏證》，頁10。
317　〈溫嶠墓誌〉，咸和四年（329），《新出疏證》，頁13-14。
318　〈菅洛墓碑〉，永平元年（291），《南北朝彙編》，頁8。

─────── 王玉龜（曾孫女）

王道末（曾孫女）

王鳳旻（曾孫女）[319]

已經可以看出某些特殊的表現，比如以金虎、丹虎為名，在後來的女性名字相當罕見，但很可能是小名，因為丹虎的兩名弟弟彭之、彪之，後者字叔虎，小字分別為虎狛、虎犢[320]，加上前述孫權的兩名「虎女」，南朝想必有以虎為小名的習慣。其次是依然重視女性外貌之美，以容、媚為名，女性的特質相當明顯，此外，像是「姜」字也是古法，長期以來固定作為女性命名的選項。至於「翁愛」當係小名，至唐代尚見使用（見第六章第一節），與當時常見的「憐」字人名呼應，盼能助其生養。最後是「玉龜」和「道末」，從前者可知龜在當時受到喜愛，當著眼於長壽之徵，以玉名之，更表貴重；後者之「道」則是習慣用法，前述廢帝皇后即名道憐，此字是否必然與道教信仰有關，無法斷言，但在南朝高門，這個字確實通於男女。

　　上面是王家的例子，很幸運的是當日齊名的謝家也有墓誌留存，雖然並非群體出土，記錄尚稱完整，1998 年發佈劉宋初年之〈謝珫墓誌〉，共有六磚，收錄陳郡謝氏家族三代人名、官位、婚配對象，並載其妻族之郡望，俱出名族，可補《晉書》之缺。這裡比照前例，簡列謝珫祖母阮容以下女眷：

---

319 〈夏金虎墓誌〉，太元七年（382），《南北朝彙編》，頁 30；〈王康之墓誌〉，永和十二年（356），《新出疏證》，頁 15-16；〈王企之墓誌〉，太和二年（367），同前，頁 20-21；〈王建之墓誌〉，太和六年（371），同前，頁 23-24；〈王康之妻何法登墓誌〉，太元十四年（389），同前，頁 27。

320 《世說新語箋疏》，卷二六，〈輕詆〉。《晉書》，卷七六，〈王彬傳〉作叔武，當避唐諱而改。

阮容，字元容——　謝道韞，字令姜（女）

　　　　　　　　　　謝道榮（女）

　　　　　　　　　　謝道粲（女）

　　　　　　　　　　謝道輝（女）

　　　　　　　　　　庾女淑（媳）——　謝令芬（孫女）

　　　　　　　　　　　　　　　　　　謝令和（孫女）

　　　　　　　　　　　　　　　　　　謝令範（孫女）

　　　　　　　　　　　　　　　　　　謝令愛（孫女）

　　　　　　　　　　　　　　　　　　袁琬（孫媳，謝琰之妻）[321]

此誌與前述王彬（278-336）年代相去約一世紀，正好涵蓋東晉前後，南朝墓誌遺存雖少，這兩個家族相接的紀錄稍可彌補這個缺陷。從謝家來看，內部女性名字精密的程度更高，取意典正，男女可用，乃是典型的菁英之名。「容」字仍見使用，但也關注女性的內在價值，比如淑、芬、和、範，韞意為藏，《論語・子罕》載子貢之言「有美玉於斯，韞匵而藏諸」，道韞未必出自於此，但其意透露菁英命名也重視女性的性情或修養。就用字表現而言，除了姜字，道字也被謝家用作固定選項；道韞兄弟皆取單名，共同以「度」為字，如謝玄，字幼度等，至於令芬兄弟也都是單名，都是從玉之字，如琰、瑍、球，並以「景」為「字」，再搭配從玉之表字，如景玫、景琳、景璋，加上謝琰之妻名為袁琬，更見菁英不分男女皆以玉類為名的風尚。

　　以上是兩晉的案例，實際上，這些表現已經勾勒出中古前期菁英女性人名的基本風貌。在十六國時期，諸胡領袖娶胡女者理應不少，但絕大多數失載，而且除了從姓氏推測其族屬，全都是典型的漢人女子之「美名」：漢趙劉聰皇后張徽光，並納其妹張麗

321　〈謝琰墓誌〉，永初二年（421），《新出疏證》，頁 34-38。

光為貴人，其父張寔係聰親舅，她們等於是姑表聯姻[322]，還有劉英（字麗芳）、劉娥（字麗華）姊妹，原本被劉聰納為貴嬪，後來又將她們的四名姪女都納為貴人，但對同姓一事，猶心存芥蒂，結果當時的太宰、大鴻臚等均說兩家「姓同而源異」，劉聰遂無顧忌，還向宗室子弟宣導這個觀念。另一對皇后姊妹靳月光、月華，皆有國色之譽，其父靳準官拜中護軍，族群背景則不明[323]。後趙石虎皇后鄭櫻桃，原為西晉僕射鄭世達之家妓，其名恐非原生家庭所取[324]；唐代李頎慨於她專擅宮掖，乃引石虎設置後庭女官之舊事，想像當日之宮中：

> 後庭卷衣三萬人，翠眉清鏡不得親。宮軍女騎一千匹，繁花照耀漳河春。織成花映紅綸巾，紅旗掣曳鹵薄新。鳴鑾走馬接飛鳥，銅駼瑟瑟隨去塵。[325]

其實當中絕大多數女子都是自各界掠奪而來，櫻桃和繼任的皇后杜珠——同樣出身權臣之家妓——只是當時無數悲慘女性中唯二留下名字的[326]。此外有段元妃、季妃姊妹，其父段儀，出身遼東段部鮮卑，元妃常對其妹說：「我終不作凡人妻」，季妃也說：「妹亦不為庸夫婦」，後來元妃嫁給後燕成武帝慕容垂，季妃嫁給南燕獻武帝慕容德[327]。後燕昭文帝慕容熙則娶苻娀娥、訓英姊妹，其父為中山尹苻謨，恐怕亦非漢人[328]。以上所見必有胡女，然俱無

---

322 《資治通鑑》，卷八八，〈晉紀十〉，頁 2778。
323 《晉書》，卷一〇二，〈劉聰〉。
324 《太平御覽》，卷三八〇，〈事部二一‧美婦人上〉。
325 《全唐詩》，卷一三三，〈鄭櫻桃歌〉。
326 《晉書》，卷一〇六，〈石季龍上〉。杜珠原為王浚之妓，見《太平御覽》，卷一四五，〈皇親部十一‧才人〉，引崔鴻：《三十國春秋‧後趙錄》。
327 《晉書》，卷九六，〈列女傳〉。
328 《資治通鑑》，卷一一二，〈晉紀三十四〉，頁 3545。

胡名，而且用字的習慣也與晉時無異，如前說可從，似乎顯示北胡女性人名之漢化較男性為快，或更精確地說，是「美化」。

　　南朝宮廷女性之名也大致如此：劉宋武帝皇后臧愛親；少帝皇后司馬茂英；文帝皇后袁齊媯、婕妤沈容姬、淑媛路惠男；孝武帝皇后王憲嫄；前廢帝皇后何令婉、妾劉英媚；明帝皇后王貞風、貴妃陳妙登、昭華陳法容；後廢帝劉昱皇后江簡珪；順帝皇后謝梵境[329]。有幾個用法是比較值得注意的：「媯」在過去后妃之名並不常見，此字古已有之，常用於貴族女性，《左傳》有厲媯、戴媯之名（〈隱公三年〉），又有「有媯之後，將育于姜」的頌辭（〈莊公二十二年〉），取名「齊媯」當有擬古之情意，她是左光祿大夫袁湛之庶女，生母卑賤，出生直到五六歲才被袁家接納，此名應是入宮所取。「嫄」字也相當古典，《詩經》：「厥初生民，時維姜嫄」（〈生民之什〉）、「赫赫姜嫄，其德不回」（〈閟宮〉），《世本》屢言姜嫄為后稷之母，不過王憲嫄和袁齊媯出身不同，其母為東晉簡文帝司馬昱鄱陽公主，很可能她從小就被賦予這個效法周朝女祖的名字。「梵境」之名則是佛教語，不見於南朝之前的世俗女性，頗可留意。不過在劉宋之世，除了仰慕古典女範或宗教寄託之名，也有細物小名，如偽帝劉劭夫人王鸚鵡，原為東陽公主之養女[330]。此外，劉裕（363-422）皇后臧愛親生有二女，名曰興弟、榮男，並有豫章康長公主，名為次男，劉氏共有七子，皆以「義」為名之首字，生女則以「弟」、「男」為名，下節將有詳說。至於劉裕三子劉義隆之女，名為英娥、英媛、英媚，其孫劉駿之女，

329　以上皆見《宋書》，卷四一，〈后妃傳〉。
330　《宋書》，卷八二，〈沈懷文傳〉；卷九九，〈二凶傳〉。

則名為楚玉、楚佩、楚琇、脩明，接下來的劉彧之女，名為伯姒、伯媛，都是華貴、古典兼而有之的作風[331]。

劉宋之後，有南齊宣帝皇后陳道止；高帝皇后劉智容；武帝皇后裴惠昭；文帝皇后王寶明；前廢帝皇后何婧英；後廢帝皇后王韶明；明帝皇后劉惠端；東昏侯皇后褚令璩，另有妃潘玉兒，世稱潘妃[332]；和帝皇后王蕣華[333]。梁文帝皇后張尚柔；武帝皇后郗徽，另有妃丁令光、阮令嬴；文帝皇后王靈賓；元帝有妃徐昭佩[334]。陳武帝皇后章要兒；文帝皇后沈妙容；宣帝皇后柳敬言；後主皇后沈婺華、貴妃張麗華[335]。不知何故，在南朝諸史中，尤其是南齊以後，除了皇后等少數例外，後宮女性幾乎都以其封號代稱，不著本家姓名，很可能是因為這些女性大多出身士族，不乏大姓高門，復嫁入皇室，其名遂不為外界所知。以前述妃嬪來說，潘玉兒背景不明，但從其名推斷，出身應不高；丁令光家世居襄陽，出生時有神光之異，故得名為「光」，蕭衍赴荊州時，丁父因人而聞，令光遂入宮中；阮令嬴本姓石，原在齊始安王蕭遙光家，後入東昏侯宮中，又為蕭衍納為綵女；至於張麗華，原為兵家貧女，父兄以織席為事，年幼入宮，十歲就懷了太子。可一提的是梁元帝蕭繹妃徐昭佩，出身東海徐氏，其祖太尉封公，其父侍中，她之所以被紀錄，應是婦道有虧，不但死後被休，丈夫還在書中痛罵她，是高門諸妃留名的特例[336]。除后妃之外，南朝諸公主也不見記載，只有梁代稍存，武帝蕭衍有女名玉姚、玉婉、

---

331 以上皆見《宋書》，卷四一，〈后妃傳〉；次男之名見《南史》，卷一一，
　　〈后妃上〉：「武帝少女豫章康長公主諱次男」。
332 《南史》，卷五五，〈王茂傳〉。
333 以上皆見《南齊書》，卷二〇，〈皇后傳〉。
334 以上皆見《梁書》，卷七，〈皇后傳〉。
335 以上皆見《陳書》，卷七，〈皇后傳〉。
336 《南史》，卷一二，〈后妃下〉。

玉嬛[337]，至於元帝之女含貞、含芷、含介，僅見於其本人所著《金樓子》[338]。從劉宋到陳朝，這些高層女性人名的數量雖然保留有限，但可以看出「尚美」之風不斷增強，包括頻用從玉之字，相當契合南朝宮廷給人的綺靡印象。可惜南方民間的女性群像，後人幾乎一無所知。

　　至於北魏以降的高層女性人名，是否和南朝有不同之處呢？非常可惜，史籍中保留的案例比南方更少，個人猜測，一個原因是北朝仍保有部落通婚之舊習，后妃多諸胡女子，不必如男性被迫適應漢語文書的環境，可以盡情使用胡名，沒有非取漢名不可的需要，以致無有記錄。以北魏建國初期來說，獻明帝拓跋寔皇后賀氏，其父野干，為東部大人；道武帝拓跋珪皇后為後燕慕容寶之女；明元帝拓跋嗣皇后亦為慕容氏，並娶姚興之女；太武帝拓跋燾皇后為赫連勃勃之女，並娶沮渠氏，其父為沮渠蒙遜，復娶賀氏、閭氏，後者為茹茹敕連可汗郁久閭吳提之妹，除了著其本姓，其名俱不見於《魏書》[339]。後來魏廷漸染漢風，文成帝拓跋濬和平四年（463）下詔說「今喪葬嫁娶，大禮未備，貴勢豪富，越度奢靡，非所謂式昭典憲者也」，並明令宣佈：

> 夫婚姻者，人道之始。是以夫婦之義，三綱之首，禮之重者，莫過於斯。尊卑高下，宜令區別。……今制皇族、師傅、王公侯伯及士民之家，不得與百工、伎巧、卑姓為婚，犯者加罪。[340]

337　《梁書》，卷七，〈皇后傳〉。
338　梁・蕭繹撰，許逸民校箋：《金樓子校箋》（北京：中華書局，2011 年），卷二，〈后妃篇三〉。含貞為長公主，並見《梁書》，卷七，〈皇后傳〉；《北史》，卷一二，〈后妃下〉。
339　以上並見《魏書》，卷四上，〈世祖紀四上〉；卷一三，〈皇后傳〉；卷九九，〈盧水胡沮渠蒙遜傳〉。
340　《魏書》，卷五，〈高宗紀〉。

這應該是北胡政權首度明白將夫妻關係納入華夏禮法的架構，強調婚配身份對等，應有區隔，孝文帝太和二年（478）更重申禁止「下與非類婚偶」，並著之律令，犯者以違制論處[341]，他自己也多娶士族之女[342]，強固政權的用意不言可喻，然則這些女性既出名門，復入內廷，其名更不易為外界所知。

　　北朝史籍完整記載的高層女性人名確實很稀少，不過還是留有一些痕跡，可供後人捕捉少許姿容：北魏孝明帝元詡有妃潘外憐，《魏書》稱之潘充華，其實「充華」並非真名，而是後宮比照九卿而設的「九嬪」之一，她的婆婆靈太后本姓胡，史書亦多稱「胡充華」；外憐出身不明，「憐」字用法相當通俗（說詳後），可能她並非出自漢化較深的家庭[343]；孝武帝元脩有三名從妹，知其名者為明月、蒺藜[344]，前者取其皎潔美好，猶有可說[345]，後者尚見洛州刺史羅宗之妻陸蒺藜，係祠部尚書陸琇第二女[346]，案蒺藜為帶刺之野生植物，《韓詩外傳》云：「春樹桃李，夏得陰其下，秋得食其實；春樹蒺藜，夏不可採其葉，秋得其刺焉」（卷七），可推測是摘取常見細物而取的小名，不類於正式人名中香花芳草的作法。北齊神武帝高歡皇后名婁昭君[347]，並寵鄭火車（一作大

341　《魏書》，卷七上，〈高祖紀〉。
342　《資治通鑑》，卷一四〇，〈齊紀六〉，頁 4393-4395。
343　《魏書》，卷一三，〈皇后傳〉；《北史》，卷一六，〈道武七王傳〉。
344　《北史》，卷五，〈魏孝武帝紀〉。
345　北朝女性以月為名者不少，見〈鄫月光墓誌〉，正始二年（505），《南北朝彙編》，頁 70；男子也用此字，見〈元寶月墓誌〉，孝昌元年（525），同前，頁 232-234。寶月是孝文帝之孫，臨洮王元愉長子，其弟名寶暉、寶炬，其妹即明月。
346　〈北魏羅宗妻陸蒺藜墓誌〉，普泰元年（531），《七朝》，頁 33。蒺藜有姊妹名順華，可推測前者係小名，見〈陸順華墓誌〉，武定五年（547），《南北朝彙編》，頁 473-474。
347　《北齊書》，卷九，〈神武婁后傳〉。

車）[348]，前者已有舊例，後者想必也是小名，劉裕三子義隆即小字車兒[349]；高洋皇后李祖娥[350]；高緯則有淑妃馮小憐，原為皇后穆邪利之從婢，後來邪利失寵，乃於五月五日獻上小憐，號曰「續命」。邪利小字黃花，後字舍利，前為常物，後者也是常見的「聖名」，她原本是高緯斛律皇后之婢，其母名輕霄，為穆子倫之婢，轉入侍中宋欽道家，私通而生邪利，輕霄為宋妻所妒，還在她臉上黥「宋」字報復，由這些事跡可知穆、馮出身皆甚低，其名並非菁英所為，可證前說「憐」字之通俗[351]。

　　此外，東魏公主有元玉儀、靜儀姊妹[352]；北周孝閔帝皇后元胡摩；武帝宇文邕有妃李娥姿；宣帝皇后楊麗華（楊堅長女）、朱滿月、陳月儀、元樂尚、尉遲熾繁；靜帝皇后司馬令姬[353]。其中熾繁不似漢名。東魏時尚有茹茹公主閭氏，名為叱地連，高歡為結交勢力，乃迎為高湛之妻，號「鄰和公主」；當時高湛只有八歲，公主想來不會太長，在家中自然使用胡名[354]。另有元茞犛之例頗可一提，她是彭城武宣王元勰庶女，封壽陽公主，生性高傲，行事專擅，丈夫蕭綜係蕭寶卷遺腹子，北來奔魏，在她面前常自稱「下宮」，雖然蕭綜無家族力量可恃，從茞犛身上仍頗可看出北族母系大家長的影子；永安三年（530）爾朱兆攻進洛陽，爾朱世隆要將她擄走，茞犛罵道：「胡狗！敢辱天王女乎？我寧受劍而死，不為逆胡所污」，遂遭縊殺。茞犛還有兩名姊姊，名為楚華、季瑤，

348　《北齊書》，卷三五，〈鄭羲傳〉。
349　《宋書》，卷五，〈文帝紀〉。
350　《北齊書》，卷九，〈文宣李后傳〉。
351　《北齊書》，卷九，〈穆后傳〉；《北史》，卷一四，〈后妃下〉。
352　《北史》，卷一四，〈后妃下〉。
353　以上皆見《周書》，卷九，〈皇后傳〉。
354　〈閭叱地連墓誌〉，武定八年（550），《南北朝彙編》，頁 481-482；《北齊書》，卷七，〈武成帝紀〉。

皆已漢化[355]，但莒犖似乎仍是一個常用的音譯胡名，也透露鮮卑
女性名字使用情形的另一面[356]。

　　南北朝史籍所見女性人名大抵如上，為數雖少，尚能顯示當
時菁英女性命名之面貌，為彰此意，底下將以墓誌所載女名為例，
描繪這些名字的共相。首先，是重視儀態、容顏之美，西晉有一
方婦女墓誌提到「誕有令色，儀貌光光」[357]，「容」、「姿」確實是
中古前期菁英女性命名之重點。這類用法非常之多，此處僅舉若
干為說：前述北魏孝文帝皇后，名高照容[358]，元通直之妻曰昌容，
其姊為皇后[359]，元玭之妻穆玉容[360]，北齊瀛洲刺史穆瑜之妻陸修
容[361]，李淑容（字令色）[362]，北周驃騎大將軍段威之妻劉妙容[363]，
朝散大夫之妻張君蕭餝性（字脩容），其高祖為南梁太祖蕭順之，
曾祖、祖父於史有傳[364]，這些高層女性以「容」為名，並以玉、
妙為修飾，可以想見他們理想中的樣態為何，加上照、脩二字，
似乎透露維持後天美貌，也是女性應盡的責任。這種心態同樣見
於「姿」、「相」二字，北魏宣武帝元恪第一貴嬪夫人司馬顯姿[365]，

355　〈李嬡華墓誌〉，正光五年（524），《南北朝彙編》，頁 198-200。
356　《洛陽伽藍記校注》，卷二：「世隆怒之，遂縊殺之」。個人認為莒犖係
　　　胡名音譯，北齊平原郡王段韶之妻名元渠姨，見〈隋段君妻元渠姨誌〉，
　　　開皇十七年（598），《隋誌彙考》，第二冊，頁 277-279；隋初有涿郡人
　　　盧渠夷，其音皆與莒犖相近，見〈唐劉某妻盧渠夷墓誌〉，貞觀元年（627），
　　　《高陽原》，頁 50-51。
357　〈趙始伯妻東鄉婦碑〉，永熙元年（290），《墨香閣》，頁 286。
358　〈文昭皇后高照容墓誌〉，太和二十年（496），《新出疏證》，頁 86-87。
359　〈魏元通直妻于昌容銘〉，熙平元年（516），《河洛墓刻》，頁 21。
360　〈穆玉容墓誌〉，神龜二年（519），《南北朝彙編》，頁 148-149。
361　〈穆瑜妻陸修容墓誌〉，天保七年（556），《北朝藝術》，頁 126-127。
362　〈李淑容墓誌〉，天保三年（567），《新見北朝》，頁 157-158。
363　〈段威及妻劉妙容墓誌〉，開皇十五年（595），《新出疏證》，頁 419-421。
364　〈隋張盈妻蕭餝性誌〉，大業九年（613），《隋誌彙考》，第四冊，頁
　　　323-327。
365　〈司馬顯姿墓誌〉，正光二年（521），《南北朝彙編》，頁 162-163。

江陽王次妃石婉（字敬姿）[366]，袞州刺史羊祉四女皆然，叫作顯
姿、景姿、華姿、淑姿[367]，北齊有上黨嗣王美人張善相[368]，隋初
殷州刺史李君長女名為玉相[369]。「麗」、「華」二字也專指其風姿，
漢代女名已有此法，最著名者當屬東漢光武帝劉秀之嘆「娶妻當
得陰麗華」[370]，北魏孝明帝時有金城郡君元華光[371]，武宣王元協
妃李媛華[372]，任城王元悅妃馮季華[373]，東魏建安王陸琇之女名順
華[374]，與她同年而卒的有馮令華，為後燕昭文帝之曾孫女，後嫁
北魏宗室元澄[375]。

　　除此之外，西涼武昭王李暠曾孫女名稚華[376]，五世孫女名艷
華[377]，北齊徐州刺史薛懷儁妻皇甫艷[378]，封子繪之妻王楚英，小
字僧婢，墓誌並記有封家二子四女，女兒依序名為寶首、寶艷（小
字徵男）、寶華（小字男弟）、寶麗（小字四璠），長子則名玄（字
寶蓋），次子充（字寶相），可看出男女命名各有側重，「艷」是女
性重要的追求。可與此對照的是開國伯堯峻之妻「靜媚」，其高祖
名柴，係吐谷渾國主，曾祖名頭，東魏時封為公爵，其父仲寶則
任員外散騎侍郎[379]。靜媚顯為漢化之名，但與內在修養無關，更
接近於「靜女其姝」、「靜女其孌」（《詩經·靜女》），已經完全採

---

366 〈石婉墓誌〉，永平元年（508），《南北朝彙編》，頁 80-81。
367 〈羊祉墓誌〉，熙平元年（516），《新出疏證》，頁 77-80。
368 〈張善相墓誌〉，武平七年（576），《墨香閣》，頁 258-259。
369 〈隋李君妻崔芷蘩誌〉，開皇二年（582），《隋誌彙考》，第一冊，頁 31-33。
370 《後漢書》，卷一○上，〈皇后紀上〉。
371 〈元華光墓誌〉，孝昌元年（525），《南北朝彙編》，頁 219-220。
372 〈李媛華墓誌〉，正光五年（524），《南北朝彙編》，頁 198-220。其姊
　　名長妃、伸王、令妃，妹名稚妃、稚華，其女名楚華、季瑤。
373 〈馮季華墓誌〉，正光五年（524），《南北朝彙編》，頁 206-208。
374 〈陸順華墓誌〉，武定五年（547），《南北朝彙編》，頁 473-474
375 〈馮令華墓誌〉，武定五年（547），《南北朝彙編》，頁 471-473。
376 〈北周李稚華墓誌〉，保定四年（564），《西市墓誌》，頁 10-11。
377 〈李艷華墓誌〉，興和三年（541），《南北朝彙編》，頁 439。
378 〈薛懷儁妻皇甫艷墓誌〉，天統二年（566），《新出疏證》，頁 185-186。
379 〈吐谷渾靜媚墓誌〉，天統三年（567），《南北朝彙編》，頁 551-553。

用漢人女性窈窕靜美的古典美形象，叱列延慶妻陽平長郡君尔朱元靜之名，似乎也可如此解，其母為清河長公主，不幸早亡，其父相尋辭世，元靜是長女，元字當有從長之義，至於「靜」字，從其家族背景來看，也很難想像其中帶有修養或宗教修行的意味，從女名的共相推測，其義毋寧更接近於「靜美」[380]。從這些人名可以看到，無論先天之美或後天修飾，姣好、華美甚至艷麗，乃是女子可以寄託的目標[381]。

　　隋初正議大夫苟君之妻宋玉艷（字貴兒），也沿襲此風[382]，關於女性以玉為名的習慣，已經舉有不少例子，這裡想再多談一點：北魏城陽宣王元忠之妻司馬妙玉，係西晉譙王之後[383]，後來梁武帝蕭衍曾孫女蕭妙瑜，嫁楊敷為繼室，為楊素之繼母[384]，無論為玉為瑜，都和美妙相連。在玉類字中，也有特別常被留心的選項，隋河東公李椿之妻劉琬華[385]，此字與「琰」特與女性有關，汲冢《竹書》載「桀伐岷山，得女二人，曰琬曰琰。桀愛二女，斲其名于苕華之玉」[386]，中古女性墓誌中頗有「琰琬」合用之例，以此為名，除來自古代美女的聯想，更反映對玉的珍愛，而女性之美質亦應如世。可與此並觀的是北周時的崔麝香，其父為青州刺史，麝香也是貴重非常之物，以此為名，足見愛寵[387]。除此之外，以香草為名更是古來常見的作法，東魏婦女畢脩密之墓誌：「琬琰

380　〈尒朱元靜墓誌〉，河清三年（564），《南北朝彙編》，頁 526-527。
381　〈封子繪妻王楚英墓誌〉，開皇三年（583），《新出疏證》，頁 317-320。
382　〈隋苟君妻宋玉艷誌〉，大業十一年（615），《隋誌彙考》，第五冊，頁 133-136。
383　〈元忠妻暨妻司馬妙玉墓誌〉，景明五年（504），《墨香閣》，頁 4-5。
384　〈楊敷妻蕭妙瑜墓誌〉，大業三年（607），《新出疏證》，頁 489-492。
385　〈李椿妻劉琬華墓誌〉，大業六年（610），《新出疏證》，頁 518-519。
386　《史記》，卷一一七，〈司馬相如傳〉，《集解》引郭璞言。
387　〈隋元英暨妻崔麝香誌〉，開皇五年（585），《隋誌彙考》，第一冊，頁 147-151。

內華，芝蘭外馥」，便並列玉石、蘭草，用以稱美婦女[388]，以墓誌
所見，真是一個芬芳繁盛的花草世界：北魏常山文恭王元邵三姊，
名為孟蕤、仲蒨、季蔥[389]，其中以「蘭」字最為常見，北魏兼尚
書鄧羨之妻李榘蘭[390]，夏州刺史李緬之妻常敬蘭[391]，西魏豫雍二
刺史韋彧長子彪，其妻柳遺蘭，出身河東柳氏[392]。另外，北魏元
祐妻常季繁（蘩）[393]，北齊崔孝直妻李幼芷[394]，隋初殷州刺史李
君之妻崔芷蘩[395]，以及寧都公馮君之繼室盧旋芷[396]，也同屬蘭草。

　　古代女則強調「婦容」，係指整體儀態之端莊，但前面的例子
顯示，姿容、儀態之美，可以說是中古女性人名最主要的關懷之
一，作者描寫女性，也會使用各種與此有關的典故，尤其是古代
傳說中的女神。北齊顏玉光的墓誌曾如是形容此女之美，世間罕
逢：「西娥上月，一去不還；神女成雲，終如難見」[397]。前者指嫦
娥，後者則出於宋玉〈高唐賦〉之典故：

> 昔者先王嘗遊高唐，怠而畫寢，夢見一婦人，曰：「妾巫山
> 之女也，為高唐之客。聞君遊高唐，願薦枕席」。王因幸之。
> 去而辭曰：「妾在巫山之陽，高丘之阻，旦為朝雲，暮為行
> 雨。朝朝暮暮，陽臺之下。」[398]

388　〈畢脩密墓誌〉，興和三年（541），《南北朝彙編》，頁437-438。
389　〈元邵墓誌〉，建義元年（528），《南北朝彙編》，頁285-287。
390　〈李榘蘭墓誌〉，神龜元年（518），《南北朝彙編》，頁141-142。
391　〈北魏常敬蘭墓誌〉，神龜元年（518），《七朝》，頁13。
392　〈韋彪妻柳遺蘭墓誌〉，西魏廢帝元年（552），《新出疏證》，頁229-230。
393　〈常季繁墓誌〉，正光四年（523），《南北朝彙編》，頁177-178。
394　〈崔孝直妻李幼芷墓誌〉，天保十年（559），《北朝藝術》，頁135-137。
395　〈隋李君妻崔芷蘩誌〉，開皇二年(582)，《隋誌彙考》，第一冊，頁31-33。
396　〈隋馮君妻盧旋芷誌〉，仁壽四年（604），《隋誌彙考》，第三冊，頁
　　　130-133。
397　〈顏玉光墓誌〉，武平七年（576），《南北朝彙編》，頁594-595。
398　《文選》，卷一九。

嚴格來說，這是正常婚姻關係以外的人神情緣，但在中古時期，此典頻頻被用來形容女性，顯然是看重此神女在想像中的出塵之美，隋代有一名婦女董氏，單名美（字輝兒），享年五十五歲，其墓誌銘文開頭便說「□山暮雨，洛浦朝霞，展如淑媛，似玉方花」，所缺無疑為巫字[399]，洛浦則指洛神甄宓，也以美貌著稱，北周有位賀遂氏，出身匈奴稽胡，其墓誌直接引用曹植〈洛神賦〉，說她「翩若驚鴻，婉若遊龍」[400]。隋初淮陽郡守張儉之妻胡氏，甚至被形容為「體艷巫山之下，質研漢皋之曲」[401]，後者見於張衡〈南都賦〉：「游女弄珠於漢皋之曲」，詳於《韓詩外傳》[402]。北齊有一位馮夫人，誌文稱美她生出之由，係「感靈離兒，蘊精巫洛」，雖然是套語，可看出這類典故在當時已經連用，成為讚美婦女的慣例[403]。唐初甚至有一位王夫人張氏，過世時已經七十六歲，誌文尚稱她「類神女而出松雲」[404]。依目前所見，這些典故不常出現在女性人名中，但不代表命名者內心不存在這類想法，北魏景穆帝拓跋晃有曾孫女名元洛神[405]，西魏綏州刺史宇文測之女亦名落（洛）神，其餘二子則名什伏伐、窟拔，他本人則字烏甘頭，顯然父子三人用的都是胡名，只有女兒使用的是華夏女神的名字[406]；

399　〈隋董君妻衛美誌〉，大業十一年（615），《隋誌彙考》，第五冊，頁396-400。

400　〈隋叱奴輝暨妻賀遂氏誌〉，開皇十三年（593），《隋誌彙考》，第二冊，頁113-116。

401　〈隋張儉暨妻胡氏誌〉，仁壽二年（603），《隋誌彙考》，第三冊，頁80-84。

402　《文選》，卷四，李善《注》引《韓詩外傳》：「鄭交甫將南適楚，遵波漢皋臺下，乃遇二女，佩兩珠，大如荊雞之卵」；又見卷一二，郭璞〈江賦〉，李善《注》引述尤詳。

403　〈齊馮君妻李玉犄誌〉，仁壽四年（604），《隋誌彙考》，第三冊，頁126-129。

404　〈唐故王君墓誌銘〉，永隆二年（681），《唐誌彙編》，永隆〇一二。

405　〈元洛神墓誌〉，建義元年（528），《南北朝彙編》，頁282-283。

406　〈西魏宇文測墓誌〉，大統三年（538），《西市墓誌》，頁4-5。

北魏孝文帝有曾孫女名元恒娥，年纔三歲[407]，北齊岐州刺史蘇洪玩之女名恒（字娥妃）[408]，初唐雍州櫟陽縣遊騎將軍楊社生，將么女命名為巫山[409]，足見這種審美觀入人之深。

除了突顯姿容之美，或以美玉、香草點綴，有些用字表現也深為女性所喜，這裡舉四個例子，說明當時心目中美好女性的形象。首先是「暉」字，通於「輝」字，義與光通，男女可用，菁英家族的女性喜用此字，想必是取其光澤美好之聯想，「徽」字音近，也可歸為同類。北魏元叉之妻胡玄輝，為宣武靈皇后（靈太后）胡氏之妹[410]，又有陸孟暉，為營幽二州刺史元懿之長媳[411]；至於閭炫（字光暉），係御史中丞赫連氏之妻，其先係茹茹人，其祖、父名為菩薩、阿各頭，與其說其家有佛教信仰，不如說閭家胡風猶盛，至閭炫已染時風[412]，北魏冠軍將軍席盛之女，名為季姬（十九歲）、法妙（十三歲）、令容（十二歲）、女容（十二歲）、暉門（九歲），最小的耀儀只有兩歲，此名命意不像是光耀門楣之期待，而是能如其姊，擁有姣美動人的容光[413]。對照南朝宋鮑照（414-466）之妹鮑令暉，可知此字通於南北。不過「暉（輝）」字主要還是用以描述外顯之儀容，前述高洋寵妃顏玉光，獲封弘德夫人[414]，玉石有光，加上高貴，正好用以形容女子展現的氣質，

---

407 〈元邵墓誌〉，建義元年（528），《南北朝彙編》，頁 285-287。
408 〈張岡妻蘇恒墓誌〉，大業九年（613），《隋誌彙考》，第四冊，頁 298-302。
409 〈般若波羅蜜多心經〉，《房山》，顯慶六年（661），頁 70。
410 〈元叉妻胡玄輝墓誌〉，天保八年（557），《北朝藝術》，頁 130-131。
411 〈陸孟暉墓誌〉，永安三年（530），《南北朝彙編》，頁 347-348。
412 〈閭炫墓誌〉，河清三年（564），《南北朝彙編》，頁 530-531。
413 〈席盛墓誌〉，正光四年（523），《新出疏證》，頁 93-95。
414 〈顏玉光墓誌〉，武平七年（576），《南北朝彙編》，頁 594-595。

當時女性喜愛與「光」有關的字眼，後來唐太宗貴妃韋珪（字澤），係北周重臣韋孝寬曾孫女，她的名與字也是繼承了這種作法[415]。

再來則是「猗」字，此字在先秦本為歎詞，後來衍生美好之意，主要出自《詩經》：「綠竹猗猗」（〈淇奧〉）、「猗儺其枝」（〈隰有萇楚〉），毛《傳》分別釋為「美盛」、「柔順」，再加上「猗彼女桑」（〈七月〉），強化此字與女性的聯想。前述北魏袞州刺史羊祉族中，有少女名仲猗[416]；同時期李璧之女亦名孟猗、仲猗[417]；東魏中書令羊深之妻崔元容，四女名為仲猗、繁猗、繁瑤、幼憐[418]；隋定州刺史李敬族之長女出家，名為僧猗，此字的習慣竟然也滲透到宗教法名[419]。關於「猗」的用法，尚見於北齊一位義州羊使君家，他的十名女兒依序名為樊□、靜玄、惠□、靜則、靜德、靜猗、靜□、無□、靜質、靜□，墓誌所載雖有殘泐，但不失可貴之材料，其中三人確定出嫁，一人不明，靜玄入道，餘皆早喪，但這些看來都不是小名，而且用字的涵義都比較抽象，以「靜」為名，並結合玄、則、德、質字，似有寄託內心修養之意，猗字在其中，暗示恐怕也不僅於皮相之美[420]。不過也有男子使用猗字為名，西晉惠帝時有士猗，為趙王倫黨，東晉元帝時有荊州刺史第五猗，荀伯子之父同名[421]，此字隨男女之所好，皆可為名，只是在民眾造像記中迄未得見，可見這是一個古典連結比較強的選項，需要有相應的文化能力才會選用。

---

415 〈大唐太宗文皇帝故貴妃紀國太妃韋氏墓誌銘〉，乾封元年（666），《唐誌續編》，乾封〇〇八。
416 〈羊祉墓誌〉，熙平元年（516），《新出疏證》，頁 77-80。
417 〈李璧墓誌〉，正光元年（520），《南北朝彙編》，頁 159-161。
418 〈羊深妻崔元容墓志〉，武定二年（544），《新出疏證》，頁 153-154。
419 〈李敬族妻趙蘭姿墓誌〉，開皇六年（586），《新出疏證》，頁 356-357。
420 〈羊烈妻長孫敬顏墓誌〉，開皇十二年（592），《新出疏證》，頁 389-390。
421 《晉書》，卷四，〈惠帝紀〉；卷六，〈元帝紀〉；《陳書》，卷六〇，〈荀伯子傳〉。

　　第三個例子是「英」字，此字可能會使人略感陽剛之風，甚
至暗示對於女性才能的期許，不過在古代就有此名之例，西漢劉
向所輯《列女傳》開篇，載「有虞二妃者，帝堯之二女也，長娥
皇，次女英」。前述南朝劉義隆之女，名為英娥、英媛、英媚，北
齊安德郡開國公封子繪之妻王楚英[422]，北周宣帝皇后楊麗華生
女，則名娥英[423]，很可能都是由帝堯二女之名而來，《列女傳》
說「二妃死於江湘之間，俗謂之湘君」，江湘為古之楚地，早在《楚
辭・湘夫人》即以「帝子」名之，筆致幽美，王楚英出身太原望
族，她的得名應有所本，以湘妃之典最為可能，這也符合前述以
女神為喻的審美心態，與才能的期許無關。梁武帝第四女富陽公
主嫁張纘為妻，第五女亦名娥英（字妙芬），隋時封貴鄉夫人，娥
英二哥張希娶梁簡文帝第九女海鹽公主，又有姊嫁西梁明帝蕭巋，
史稱張皇后，生女嫁楊廣，史稱蕭皇后，娥英本人十五歲即嫁梁
始興王，唯未詳何人。張、蕭、楊都是跨越南北高門的貴族婚姻，
此名的組合當非偶然[424]。以娥皇為名，其例未見，直接名為女英
者有一例，北周時徐州彭城有一位吳女英，本擬嫁給剛滿二十歲
的楊氏，結果對方「一見兵書，即處戎陣」，不幸亡故，十八歲的
女英「以喪配之」，是當時墓誌少見的冥婚紀錄，後來她守寡四十
餘年而終[425]，此風尚見於唐初顏師古之女，單名頠，也以女英為
字[426]。不過以「女某」為名是自古就有的用法，除了女英，神話
中的女媧、女魃都是直接以「女」字標誌性別，漢代這種女名也
不少，吳女英是否必然援用古典，尚難確言。最後，「英」字也和

422　〈封子繪妻王楚英墓誌〉，開皇三年（583），《新出疏證》，頁 317-320。
423　《北史》，卷五九，〈李賢傳〉。
424　〈隋張娥英誌〉，大業八年（612），《隋誌彙考》，第四冊，頁 264-267。
425　〈隋楊君妻吳女英誌〉，開皇九年（589），《隋誌彙考》，第一冊，頁
　　　281-283。
426　〈唐殷仲容妻顏頠墓誌〉，永隆二年（681），《高陽原》，頁 108-111。

行第結合，北魏獻文帝有孫女元仲英[427]，西魏豫雍二刺史韋彧有三女，名為伯英、仲英、季英[428]，一般女名中的用法就更多，北魏末河陰縣人劉榮先之妻馬羅英，此誌為磚質，在洛陽北邙地區出土的北朝墓誌中較為罕見，可知民間也用此字[429]。

最後則是「憐」字，前述東晉廢帝皇后庾道憐，皮京妻龍氏，亦以憐為字[430]，在北朝時期，前文提到潘外憐、馮小憐出身皆不高，東魏有張玉憐，其父為齊國大中正[431]，隋初猶有亳州刺史寇君妻辛憐，獲封繁昌縣君[432]。在基層女性中，也有大量「憐」字人名，如展憐香、王雙憐、王阿憐[433]，亦有比丘尼名為靜憐[434]。女子以之為名，誠屬自然，不過當時男子其實也廣用此字為名，東魏時有土豪王覆憐[435]，北齊有并州主簿王憐[436]，平民有何憐國、行思憐、楊茂憐、楊憐興[437]等，隋代有比丘名為曇憐[438]，還有男子名為張愛[439]，北魏崔猷九歲之子名詳愛，其兄名彥進（二十二歲）、彥發（十三歲），至於其女，長名始憐（三十歲），次名止憐（二十七歲）[440]，可見命名者憐愛之情不分男女，而且男子以此為名，小名的性質很高，稍長後會再取正式人名，但也不是所有人都如此；再者，從「憐國」來看，幾乎變成通俗選項，不

---

427 〈閻伯昇及妻元仲英墓誌〉，興和二年（540），《南北朝彙編》，頁426-428。
428 〈韋彧妻柳敬憐墓誌〉，大統十五年（549），《新出疏證》，頁226-227。
429 〈劉榮先妻馬羅英墓誌〉，神龜二年（519），《新出疏證》，頁88。
430 《晉書》，卷九六，〈列女傳〉。
431 〈張玉憐墓誌〉，天平四年（537），《南北朝彙編》，頁404-405。
432 〈隋寇夫人辛憐墓誌并蓋〉，開皇十一年（591），《七朝》，頁47。
433 〈法義兄弟等二百人造像記〉，永熙三年（534），《百品》，頁84。
434 〈王貳郎法義三百人等造像記〉，武定二年（544），《百品》，頁117。
435 《周書》，卷三四，〈楊摽傳〉。
436 〈趙氏墓誌〉，天保六年（555），《南北朝彙編》，頁502-503。
437 〈僧智薛鳳規等道俗造像記〉，永安三年（530），《百品》，頁74。
438 〈呂世標等造象〉，隋代，《魯迅》第2函第5冊，頁1183。
439 〈比丘尼靜興造象記〉，無年月，《魯迅》第2函第6冊，頁1260。
440 〈崔猷墓誌〉，延昌元年（512），《南北朝彙編》，頁95-97。

過雖同受憐惜，女性之「憐」常與玉、香、華、綵字結合，女性重視妝容的形象還是深深與此名相連的。

除此之外，宗教也在女性人名中留有許多痕跡，佛、道皆然，佛教尤顯，北魏的〈楊無醜墓誌〉提到「體兼四德，智洞三明。該般若之玄旨，遵班氏之祕誡」[441]，應該可以總括北朝菁英婦女主要依奉的信仰與價值。「四德」出自《周禮・天官冢宰下》：「九嬪掌婦學之法，以教九御婦德、婦言、婦容、婦功」，「三明」則係佛教語，指宿命、天眼、漏盡三種神通，後者是成聖所依的出世智慧，呼應第三句的「般若」，末句係指東漢班昭的〈女誡〉，詳闡四德的內容，奠定後世對女性德行的基本認知[442]。關於宗教對女性人名的影響與表現，第二章、第三章已有探討，這裡只想補充一點前文未及者。學者已經從墓誌中發現，唐代婦女常取用三字的佛教法名[443]，不過這點其實不是高門婦女的特色，在敦煌寫經中也有極大量的例子，實為女性信仰行為之常態，而且此風似乎在北朝晚期已見濫觴。北周時有一位姓步六孤的女性，名須蜜多，墓誌說她本姓陸，係吳郡人，劉裕滅後秦後，命其子劉義真等留守關中，須蜜多之高祖陸載即當時一員，後來赫連勃勃先後進據咸陽、長安，陸載遂留北地，其子、孫均任顯宦，須蜜多十四歲嫁給譙國公宇文儉，但婚後思親過度，二十一歲即逝世於成都，歸葬長安，封譙國夫人[444]。陸家的胡姓應是宇文政權所賜，至於須蜜多，不甚似胡名，如求諸佛教，在中古社會流行的佛典中，僅見於東晉譯《華嚴經》，在善財童子參訪的善知識中，有一

---

441 〈楊無醜墓誌〉，熙平三年（518），《新出疏證》，頁 84-85。
442 《後漢書》，卷八四，〈列女傳〉。
443 耿慧玲：〈由墓誌看唐代取佛教化名號的社會現象〉，《唐代文化研討會論文集》，頁 693-723。如前章所言，羅振玉已指出這一現象。
444 〈步六孤須蜜多墓誌〉，建德元年（572），《南北朝彙編》，頁 606-607。

位婆須蜜多，是非常特別的得道女性，能以愛欲為善巧，度化和她有緣的眾生，如與之共語、或執手，乃至共宿，皆得成就「離欲實際法門」（卷五十）。步六孤之名的用字與之完全吻合，但是否就是源自於此，還不能判斷，假使成立，唐代婦女三字法名之風則可上推至此。另一個可能是北朝胡化的女性也如男性使用佛教人名，作為胡名的替代。

　　談到這裡，必須強調儒家對女性人名的影響，實際上，這仍然是影響北方菁英女名最大的力量。在前述「四德」之中，「容」在女名的表現相當醒目，關於《周禮》所說「婦容」，鄭玄《注》說是「婉娩」，此語又見《禮記・內則》，鄭《注》說「婉謂言語也，娩之言媚也，媚謂容貌也」，都兼攝言行之美，讀者或許會想到後來的武媚與上官婉兒，正是得名乎此[445]；不過在〈女誡〉中，是以保守的態度界定女性對外貌潛在的追求：「盥浣塵穢，服飾鮮絜，沐浴以時，身不垢辱，是謂婦容」，反對婦女「入則亂髮壞形，出則窈窕作態」，強調的是整潔嫻靜、自我約束，重在儀態，而不在容貌，但從中古時期的人名看來，後者好像還是命名者比較重視的。至於女德，〈女誡〉說是「清閑貞靜，守節整齊」，女性應服膺、並服務於家庭內部的秩序，不必「不必才明絕異」，著重婦女嚴守規範的必要性。這種想法則對中古菁英女名頗有影響，北魏有一方元貴妃墓誌便說到「女儀既穆，婦行必齊」[446]。在女性人名中，可以「婉」字作為代表，除了前述之例，在北朝高門之間，使用此字為女名的風氣頗盛：北魏江陽王次妃石婉（字敬姿）[447]，東魏定州刺史李憲五女，名為長輝、仲儀、叔婉、垂嬪、稚

---

445 《新唐書》，卷七六，〈后妃上〉。
446 〈元貴妃墓誌〉，熙平二年（517），《南北朝彙編》，頁 128-129。
447 〈石婉墓誌〉，永平元年（508），《南北朝彙編》，頁 80-81。

媛[448]，北魏懷令李超、北周襄城順陽二郡守寇熾，其女皆名婉華[449]。「婉」自古被視為女性合「禮」的表現，《左傳·昭二十六年》載晏嬰之言：

> 夫和妻柔，姑慈婦聽，禮也……夫和而義，妻柔而正，姑慈而從，婦聽而婉，禮之善物也。

《禮記·內則》亦云「女子十年不出，姆教婉娩聽從」，此字進入女性人名，顯然期待女子的性情舉止應柔順、聽從，符合禮則，北周、北齊各有一方墓誌，分別以「婉娩嬪風，優柔母德」[450]、「女儀婉約，妻德貞靜」[451]，界定婦女應有的涵養與行為，這種用法在以漢人菁英為主體的南朝高層女名固然如此，在北方也不乏此例，在後來的女性墓誌中更大量出現，幾乎是使用最頻繁的字眼。前文說過，北朝史籍中高層婦女之名記載甚少，賴有墓誌而稍存之，從現有的漢式女性人名來看，北朝社會接受華夏「女德」概念的程度應該已經不低，從「婉」字之名的流行，便可窺見一二。

　　至於單以「德」字為女名之例，在北朝並不算特別多，北齊高洋之女長樂郡長公主名寶德，高演之女建昌公主名善德[452]，未必出自儒家，隋大業年間清河有一位崔上師，其妻封依德，得年十八歲，生於開皇九年（589），其曾祖、祖父於史有傳[453]，唐初雲騎尉鄭君之妻王妃子（字至德），家出太原，生於隋大業元年（605）

448　〈李憲墓誌〉，元象元年（538），《南北朝彙編》，頁416-419。
449　〈李超墓誌〉，正光六年（525），《南北朝彙編》，頁212-213；〈寇熾墓誌〉，宣政二年（579），同前，頁612-613。寇氏有四女，名為順華、婉華、將男、休華。
450　〈李賢墓誌〉，天和四年（569），《南北朝彙編》，頁604-605。
451　〈韓華墓誌〉，武平七年（576），《北朝藝術》，頁182-183。
452　〈隋陸君妻高善德誌〉，大業三年（607），《隋誌彙考》，第三冊，頁216-219。
453　〈隋崔上師妻封依德誌〉，大業十年（614），《隋誌彙考》，第五冊，頁40-42。

454。至於其他儒家所重的德目，仁、義、忠、信皆不論455，「貞」
字也不多，唐初有蕭貞，係蕭衍五世孫女456，「孝」字僅見於定州
撫軍府長史高雅之女孝明（字元儀），嫁為嬪妃457，至於「禮」字
在南北朝女名都看不到，和男性以此為名的情況形成明顯的對比。
難道當時不重視孝女、貞女和禮法嗎？顯然答案並不單純，一個
可能的解釋是對於婦女孝順、貞節的期許，已包含在「婉」字之
中——順從以家庭生活為中心的禮則，即是婦道之體現，因此不
再特別強調個別價值，反觀「孝」字見於北魏皇帝諡號、年號（孝
昌）和宗室名字458，似乎暗示「孝」與「婉」作為行事典範，是
分別屬於兩性的。這種現象透露當時對女性孝、貞的認識，乃是
透過順從而展現——對女性來說，「婉」是展現美德最主要的態
度，在女性墓誌中，此字常與「恭」、「順」、「柔」、「和」連用，
讚美婦女的德行，都可說明當時人心中理想女性的情態459。西晉
中書侍郎荀岳三女，依序名為柔、和、恭，並以徽音、韶音、惠
音為字，可知這些表現在女性價值世界中的地位460。

454 〈唐王妃子墓誌〉，顯慶四年（660），《西市墓誌》，頁 134-135。
455 〈北魏昝雙仁墓誌〉，孝昌二年（526），《南北朝彙編》，頁 237-238。
　　昝氏為龍驤將軍伏君之妻，但「雙仁」實為北朝男女通用之俗名，與仁
　　德無關，見〈周雙仁等造象碑〉，天保十年（559），《魯迅》第 2 函第 3
　　冊，頁 720。
456 〈唐蕭貞墓誌〉，垂拱元年（685），《洛陽新誌》，頁 29。〈李貞姬銘〉，
　　正光四年（523），《南北朝彙編》，頁 187。〈唐袁貞墓誌并蓋〉，永徽三
　　年（652），《河洛墓刻》，頁 72。
457 〈高雅墓誌〉，天平四年（537），《南北朝彙編》，頁 407409。
458 康樂：〈孝道與北魏政治〉，《從西郊到南郊：國家祭典與北魏政治》，
　　頁 258-260。
459 〈和醜仁墓誌〉，太昌元年（532），《南北朝彙編》，頁 374-375；〈吳輝
　　墓誌〉，大統十三年（547），同前，頁 483-484。
460 〈荀岳墓誌〉，元康五年（295），《南北朝彙編》，頁 10-12。

　　與此呼應的還有「敬」字，北魏晚期南梁郡太守司馬景和之
妻孟敬訓[461]，墓誌特別讚美她「寡妒」，能允許丈夫別納「小星」，
讓司馬家最後得到五男三女，隋初襄城順陽二郡太守寇熾之妻姜
敬親，墓誌則說她「柔惠特為家門所重」[462]，後者當然很可能是
套語，但兩者所「敬」的對象分別為女性行為的規範（「訓」）與
家族尊長（「親」），可以看出傳統女性價值之強大。然而伴隨特定
價值觀的女性名字何以有如此力量，實有其源，從西晉以來，這
些名字就是宮廷女性的稱號，南北朝皆沿襲用之，且加以擴充，
這裡但取《北史‧后妃傳》所錄「河清新令」，因其名單最為詳盡：

> 內命婦依古制有三夫人、九嬪、二十七世婦、八十一御女。
> 又準漢制置昭儀，有左右二人，比丞相；其弘德、正德、
> 崇德為三夫人，比三公；光猷、昭訓、隆徽為上嬪，比三
> 卿；宣徽、凝暉、宣明、順華、凝華、光訓為下嬪，比六
> 卿；正華、令則、修訓、曜儀、明淑、芳華、敬婉、昭華、
> 光正、昭寧、貞範、弘徽、和德、弘猷、茂光、明信、靜
> 訓、曜德、廣訓、暉範、敬訓、芳猷、婉華、明範、豔儀、
> 暉則、敬信為二十七世婦，比從三品；穆光、茂德、貞懿、
> 曜光、貞凝、光範、令儀、內範、穆閑、婉德、明婉、豔
> 婉、妙範、暉章、敬茂、靜肅、瓊章、穆華、慎儀、妙儀、
> 明懿、崇明、麗則、婉儀、彭媛、脩閑、脩靜、弘慎、豔
> 光、漪容、徽淑、秀儀、芳婉、貞慎、明豔、貞穆、脩範、
> 肅容、茂儀、英淑、弘豔、正信、凝婉、英範、懷順、脩
> 媛、良則、瑤章、訓成、潤儀、寧訓、淑懿、柔則、穆儀、
> 脩禮、昭慎、貞媛、肅閑、敬順、柔華、昭順、敬寧、明

461 〈孟敬訓墓誌〉，延昌三年（514），《南北朝彙編》，頁 102-103。
462 〈隋寇熾妻姜敬親誌〉，開皇三年（583），《隋誌彙考》，第一冊，頁 52-57。

訓、弘儀、崇敬、脩敬、承閑、昭容、麗儀、閑華、思柔、
媛光、懷德、良媛、淑猗、茂範、良信、豔華、徽娥、肅
儀、妙則<u>為八十一御女</u>，比正四品。[463]

河清是北齊武成帝高湛的年號，所謂「新令」當指河清三年（564）
所頒律令新制，觀察這些宮闈女性稱謂，仍以「德」居首，此降
則為「訓」、「則」、「儀」、「範」等字，再來則為「漪容」、「明豔」、
「瑤章」、「麗儀」等等，約而言之，是從內德到外範，再到外貌
的姣好華美，這種用法擴而散之，即使宮廷以外的菁英女名也頻
繁採用，足見古典女教與體制結合的影響之強大。

　　在北朝胡漢共處的背景中，不可能所有菁英女性都被要求柔
順溫婉，但從整體女名來說，這類強調以柔順為女德的用字確實
是在增加之中，顯示北方整體女性心靈漢化的傾向——或者更精
確地說，是趨於柔順化，更接近華夏傳統賦予女性的理想形象。
在婦女四德之中，婦功在女性人名中表現最弱，婦言亦然，中古
時期不乏才女，但一般來說，並不會特別鼓勵女性發展這方面的
才華，隋代有一方夫妻合葬墓誌說女性誌主「其如太沖之妹，更
似世叔之妻」[464]，前者所指即為前述之左棻，《晉書》說她以詞藻
為司馬炎所重，後者則是東漢扶風人曹世叔之妻，也就是班昭，
看起來好像是才德並重，但觀察中古前期的女性人名群像，還是
以婦容與婦德的地位最顯著，而且在現實中，前者更為普遍，後
者居次。這種表現其實由來已久，西晉有一方婦女墓誌，就說她
「先施國色，所弗能美，恭修婦禮，淑有才行」[465]，再以前引北

---

463 《北史》，卷一三，〈后妃上〉。並見《宋書》，卷四一，〈后妃傳〉；《南
　　齊書》，卷二○，〈皇后傳〉；《南史》，卷一一，〈后妃上〉。
464 〈隋王昞暨妻桑氏誌〉，大業三年（607），《隋誌彙考》，第三冊，頁
　　294-296。
465 〈趙始伯妻李婦碑〉，永熙元年（290），《墨香閣》，頁284。

齊尒朱元靜墓誌為例，先是讚美她「窈窕削成之麗，狀流風之迴雪；橫彼翠羽之研，若朝雲之散雨」，分別引用洛神與巫山神女之典故，其次乃說「先章婦德，後著母儀」，叱列毗沙墓誌則先說婦德，再說婦容：「恭斯婉順，擅此容儀，洛濱非麗，巫嶺慚奇」，不管如何，淑德與美貌兼具的想像與期盼，簡言之，「崇德（柔、順）」與「尚美」可說是中古菁英女名的共相[466]。

　　當然，這種女性觀流行於社會之間，但就表現而言，並非所有菁英女性都依循這種想法，除了佛教用法之外，也會沿用胡名，最典型之例當為高歡之姊高婁斤[467]，此外使用小名或通俗之名者亦多，北魏平州刺史于氏之妻和醜仁[468]，東魏南陽郡君趙胡仁[469]，也都是基層常用之名，北齊大都督是連之妻邢阿光，「阿」字長期用於人名，「阿光」之名的心態應該還是與前述的「暉」字相關，只是較不雅馴[470]，至於隋煬帝第五女蘭陵公主，史書但載其名阿五[471]。類似之例還有東魏公孫遐之女，字甑生，後嫁華山王元孔雀[472]，北齊有一位李姓婦女，父祖皆為顯宦，墓誌未刊其名，倒是明確記錄她「字馬頭」[473]，更是通俗之名。菁英女性也會使用與庶民共通之名嗎？答案是肯定的，只不過與庶民不同的是，她們很可能會再取正式之名，北魏洛州刺史第四女楊無醜（字慧芬），年僅二十一歲，無醜當是幼時小名[474]，另一洛州刺史楊懿

466　〈尒朱元靜墓誌〉，河清三年（564），《南北朝彙編》，頁 526-527。〈尉粲妃叱列氏墓誌〉，開皇十四年（594），《北朝藝術》，頁 202-203。
467　〈尉景妻高婁斤墓誌〉，興和二年（540），《墨香閣》，頁 38-39。
468　〈和醜仁墓誌〉，太昌元年（532），《南北朝彙編》，頁 374-375。
469　〈趙胡仁墓誌〉，武定五年（547），《南北朝彙編》，頁 469-471。
470　〈邢阿光墓誌〉，皇建二年（561），《南北朝彙編》，頁 518-519。
471　《隋書》，卷八〇，〈列女傳〉。
472　〈公孫甑生墓誌〉，天平四年（537），《南北朝彙編》，頁 406-407。
473　〈李夫人馬頭墓誌〉，天統三年（567），《北朝藝術》，頁 160-161。
474　〈楊無醜墓誌〉，熙平三年（518），《新出疏證》，頁 84-85。

第四子媳呂法勝（字春兒）[475]，加上前述北封子繪妻王楚英，小字僧婢，可以證明菁英女性通常會有兩個人名，一屬小字或小名，其次才是較正式、典雅的人名，不過後者並不強制取用，這點也和北朝男性情形一致。另一個顯著的例子是女童李靜訓，其父為北周幽州總管李敏，其母宇文娥英，即前述北周宣帝皇后楊麗華之女[476]，靜訓自幼為外祖母撫養，可惜九歲即夭，墓誌說她「字小孩」，當為小名無疑[477]。以此為名，看似奇特，其實不然，在大業年間尚有一名韋夫人元氏，就名為咳女[478]，唐天寶年間也有韋小孩，封鄧國夫人[479]。孩、咳古訓兩通，《說文》說孩係「小兒笑也，本作咳」，《禮記‧內則》載古代貴族生子三月，「父執子之右手，咳而名之」，孔穎達《疏》解釋為「承子之咳而名之」，在北齊墓誌文中亦有兩通之例[480]，男子也用此字，隋煬帝次子齊王楊暕，即小字阿孩[481]，正可見小孩、咳女乃兒童小名。李靜訓的例子說明菁英女性自幼就擁有兩種人名，但一般民眾不具有這種文化能力與習慣，成年後往往仍將小名作為正式人名。

　　以上所談多為菁英女性之例，至於基層女名，其實與之重疊頗多，「暉」（有時作「暈」）、「姿」、「容」、「媚」等字都是最常見的選項，顯見追求儀容美好，是不分貴庶的想法，並與本書前述各種用法相結合，此不列舉，總之，幾乎都與女性美好的姿容、

475　〈楊順妻呂氏墓誌〉，正光四年（523），《新出疏證》，頁96。
476　《北史》，卷五九，〈李敏傳〉。
477　〈李靜訓墓誌〉，大業四年（608），《新出疏證》，頁508-509。
478　〈隋韋君妻元咳女誌〉，大業六年（610），《隋誌彙考》，第四冊，頁72-73。
479　〈大唐故汝州刺史李府君夫人鄧國夫人韋氏墓誌銘〉，天寶九載（750），《唐誌彙編》，天寶一六六。
480　〈隋郭達暨妻侯氏誌〉，大業八年（612），《隋誌彙考》，第四冊，頁196-200：「其孝也，有瘥咳兒」，引漢郭巨埋兒之典。
481　《隋書》，卷五九，〈煬三子傳〉。

儀態相關。為說明這種心態的普遍，底下要再舉一個集中性的樣本為證，在北朝石刻中，家族女性人名最密集的材料，當屬北周李元海的道教造像碑，收錄李氏兄弟七人家庭之名，其中長幼女性總計五十人，這裡將其名與女性容貌有關者列出：（妻）袁媚歡、張阿暉；（婦、姪婦）袁賢暉、侯華暉；（女、姪女）文姿、孟暉、獻姿、光暉、善暉、相姿、神姿、洪暉、洪姿、勝暉、娥暉；（孫女）孃容、玉媚。以上係取較嚴格之標準，其他尚有歐香、妙好、妙妃、玉孃多例，皆不採入，但已可充分看出女性美貌備受重視的程度[482]。這種想法更具體的表現，還見於邵照鏡、陳匡媚、古雍容之名[483]。至於花草入名，北周有傅花容[484]，北齊有王綠葉[485]，巧為襯托，只是不如菁英女名之雅致，其心態用一通晚唐女性墓誌來形容，是希望女子「行如蘭郁，顏若苕榮」[486]。至於後世所熟悉的「花木蘭」，則為男女共通之名[487]。

　　與此相對者則是「醜女」之名，在中古時期的民間，此名也非常普遍，這裡僅舉北魏的一方造像記為例，其中既有王容、郭容、尹娥容等名，又有尹醜姜、尹醜女、尹陵姜、楊醜姜，此碑共記二十一人，「醜女」即佔四名，比例甚高[488]，難道是和上述愛美心態相矛盾的嗎？這其實可以列為前章所述之「賤名」，而非真正形容或期待貌醜，此風也滲透到漢化較淺的菁英女性，前引北

---

482 〈李元海兄弟七人等造元始天尊象碑〉，建德元年（572），《魯迅》第2函第5冊，頁1006-1009。
483 〈陳神姜等造像記〉，大統十三年（547），《百品》，頁129-130。
484 〈張興十七人等造釋迦象記〉，天和元年（566），《魯迅》第2函第5冊，頁976。
485 〈靜明等修塔造像記〉，天保八年（557），《百品》，頁158。
486 〈崔小夒墓誌〉，咸通十二年（871），《西安集萃》，頁237-239。
487 〈韓木蘭墓誌〉，天和三年（568），《南北朝彙編》，頁603-604。關於此名，可參陳三平著，賴芊曄譯：《木蘭與麒麟：中古中國的突厥—伊朗元素》（新北：八旗文化，2019年），頁71-98。
488 《龍門》，窟號1443，景明三年（502），頁501。

魏平州刺史于氏之妻和醜仁即是一例，常見的「惡女」也是如此，並非意味她們性情兇惡。至於淑德之美，在北朝基層女性名中相當少見，可見古典女則的影響力尚未深入社會各處。除此之外，也有與日常生活相關的用法，包括郭織女[489]、張牛女[490]、杜田女[491]、戴羊女[492]，留下她們參與各種生計的紀錄，但這種表現為數不多。最後，基層女性之名的性別特質常顯模糊，如王定貴[493]、倪勝光、李照堂[494]、王阿松（宇文建伯母）[495]，單看其名，都無從判斷男女，唯賴題記和銘刻之位置得知，這種表現也和當時菁英女性形成明顯的對比。總之，歸納北朝基層婦女命名的模式，可分為三大類，一是佛教，二是通俗用法或賤名，其三則是環繞女性生活而來的形象，尤其是「婦容」之美，更是她們最常流露的嚮往，然而古代廣大女性之名就像她們留在歷史中的模糊身影，仍有許多後人難知的面向。

二、以「男」為名

　　前文的討論顯示中古菁英女性人名的共相，除了佛教與小名、賤名的用法，主要傳達對丰姿美貌的嚮往，其次則是舉止柔順之期許，很少在其中寄託其他道德性的想法或價值，以北魏豫州刺

489　〈陳神姜等造像記〉，大統十三年（547），《百品》，頁129-130。另有王職女，疑似織女之誤，見〈姚伯多造像記〉，太和二十年（496），《百品》，頁5。

490　〈法義兄弟姊妹等造石窟象記〉，正光四年（523），《魯迅》第2函第1冊，頁129-130。

491　〈朝陽村邑義張買女等造釋迦像〉，天平四年（537），《曲陽》，頁149。

492　〈隋廣福寺造像記〉，開皇十五年（595），《益都金石志》，《石刻史料》第1輯第27冊，頁14822b。

493　〈合邑四十人造像記〉，大統四年（538），《百品》，頁96。

494　〈杜照賢十三人等造像記〉，大統十三年（547），《百品》，頁125。

495　〈建崇寺浮圖銘〉，建德三年（574），《百品》，頁263。

史元顯魏為例，他是景穆帝拓跋晃之曾孫，有子女各四人，前者名為崇智（字道宗）、崇朗、崇仁、崇禮，後者名為孟容、仲容、叔容、季容，不難看出兩者崇尚價值之對比[496]；孝明帝時懷令李超有六女三子，其女依序名為孟宜、媛姿、仲妃、婉華、休顏、四輝，其子名道沖、道逸、道栖，後者有鮮明的道家情調，至於前者則沿襲舊慣，並無突破[497]，另一方面，也可以看到有時女性特質並不顯著，用字通於男女，但傳達的意念並不清楚。本節想從後面這一現象出發，探究女性人名中的兩性文化，以下試著說明這一構想，首先，本研究的目的並不是要從女性人名中探掘獨立的「女性意識」，現代性別研究者指出，性別（gender）不盡等同於生理意義的兩性（sex），經常是後者發展出來的文化建構與社會關係，這種思考也提供不少新穎的女性史角度。在中古社會，無論是在政治表現或個別家庭當中，都明顯可以見到地位、權力不下於男子的女性，但極少有案例清楚顯示女性有意識打破既有的男女界限，進而在名字中充分展現自己的意志──如前所言，武曌實是絕無僅有的特例，其他有力的中古女性仍承襲傳統的人名模式。在現存的女名材料中，確實有不少表現是為男女所通用，但這並不能證明女性有和男性競爭的想法，也很少留有女性主動為自己或其他女性命名的紀錄──宗教性的人名除外，而且這種名字的性別色彩通常甚淡。因此想要從中尋找現代眼光下的女性意識，是非常困難的工作，而且收效可能甚微，不過這並不意味在當時的女名之中，缺乏對兩性地位的看法，還是可以從中看到若干特殊表現。本節將選擇「男」字和「女」類的用字作為重點，這麼做的好處是可以直接觀察命名者對兩性的態度，這一線索其

496　〈元顯魏墓誌〉，孝昌元年（525），《南北朝彙編》，頁220-221。
497　〈李超墓誌〉，正光六年（525），《南北朝彙編》，頁212-213。

實早已有古代學者注意到，最重要的成果出自趙翼，他指出中國自古就有許多「男人女名，女人男名」的現象，也就是男性以「女」類之字為名，女名則反其道為之[498]，趙氏對歷代風俗的眼光相當敏銳，人名也不例外，在近代之前，他應該是古代人名文化最可觀的創獲者，雖然解讀常欠精確，仍能給予後人不少啟發。本節也想從中古女性以「男」為名的現象出發，深化對所謂「男女有別」的思考。有一點要特別說明的是，古代女子自我命名的紀錄非常稀少，中古亦然，現在留存的這些女名絕大多數都出於命名者的期望，很難說是女性使用者本人心態的反映，但從集體現象的意義來看，這些女名所投射的想法，仍是探索中古女性文化時不可或缺的對象。

在討論「男」字之前，要先以「女」字為參照。女性以此為名，古已有之，不足為奇，東晉袁耽大妹名女皇，適殷浩，小妹名女正，適謝尚[499]；桓沖妻王恬女，名為女宗[500]。在北朝也有非常多明確以「女」為名的例子，用以表示女性的性別身份，比如北魏宮中有典御監秦阿女[501]。不過有一種結合「貴」字的作法值得注意，似乎特別能反映當時對於女性地位的認識：王女貴[502]、上官女貴[503]、殷貴女[504]，看起來，此名出於以女為貴的想法，因為類似的表現還有「女足」：孫女足、蔡女足[505]、游女足[506]，從字

---

498 《陔餘叢考》，卷四十二，〈男人女名，女人男名〉，頁 863-864。
499 《世說新語箋疏》，卷二三，〈任誕〉。
500 《世說新語箋疏》，卷一九，〈賢媛〉。
501 〈劉阿素墓誌〉，正光元年（520），《南北朝彙編》，頁 156。
502 〈道俗九十人造像記〉，武定元年（543），《百品》，頁115。
503 〈邑義五百餘人造象碑〉，武定元年（543），《魯迅》第 2 函第 2 冊，頁 352。
504 〈陳神姜等造像記〉，大統十三年（547），《百品》，頁129-130。
505 〈陳神姜等造像記〉，大統十三年（547），《百品》，頁129-130。
506 〈絳阿魯佛道教造像碑〉，武成元年（559），《北朝佛道》，頁 138。

面研判，乃是以女為足之意，顯示女子受到的重視。但如果仔細推敲，實情恐怕並非如此。在北朝基層女性人名，還有一種以貴族女性身份為名的習慣，如趙女王[507]、王女王[508]；李公主[509]、張公主（宋僧海妻）[510]、劉公主（道民劉大睿之妹）[511]。「妃」、「嬪」字也是經常見到的選項之一，北魏有梁英妃、顯妃、先妃姊妹[512]，以及劉阿嬪、孫敬嬪等[513]，「妃」字用法尤其繁多，而且有明確以貴族身份為名的用法，如貴妃、王妃，這些都不是真實稱號，甚至在比丘尼中，還出現了僧妃之法名[514]。其他「妃」字用法雖然未與王、貴等字結合，這類人名仍帶有高貴的聯想，足見以這類古代女性貴稱為名，是當時民間流行的風氣。

　　至於「姬」字，顏師古解釋漢文帝薄姬時說：「姬者，本周之姓，貴於眾國之女，所以婦人美號皆稱姬焉」[515]，自古即為婦女美稱，後來成為日常人名，也是南北朝女性入名的大宗，由於數量非常之多，而且貴庶皆然，這裡僅舉北魏〈儁蒙文姬卅一人等造像記〉為例，這是一方以女性邑子為主的石刻，其中有標姬、照姬、定姬、文姬、天姬、姬娥、姬香、貴姬、道姬、想姬，此字與「娥」、「貴」相連，用意豁然；同碑其他女名的表現也很突

507　〈馮神育等二百廿人造像碑〉，正始二年（505），《百品》，頁28。龍門古陽洞有劉女王，見《龍門》，窟號1443，頁543。唐初有董女王、張女王，見〈陳氏合宗等造四面石象碑〉，唐初，《魯迅》第2函第6冊，頁1197；〈杜雙等造象〉，同前，長安二年（702），頁1203。

508　〈陳神姜等造像記〉，大統十三年（547），《百品》，頁129-130。

509　〈馮神育等二百廿人造像碑〉，正始二年（505），《百品》，頁28。

510　〈張公主造釋迦象〉，開皇十三年（593），《魯迅》第2函第5冊，頁1137。

511　〈道民劉大睿造天尊像〉，開皇十五年（595），《道教經典》，頁152-153。

512　〈比丘郭曇勝造像記〉，延昌四年（515），《百品》，頁39。

513　〈法義兄弟姊妹等造石窟象記〉，正光四年（523），《魯迅》第2函第1冊，頁129-130。

514　〈比丘尼法藏等造像記〉，保定二年（562），《百品》，頁203。

515　《漢書》，卷四，〈文帝紀〉。

出，有鳳皇、真珠、明月，均為貴重美好之物，亦富女性色彩[516]，而且此碑除了邑主儁蒙氏，尚有王、雷、鉗耳、夫蒙、荔非等姓，可能源出羌姓[517]，北方諸胡之中，以羌人保留舊姓最多，換言之，基層胡族女性也接受了華夏貴族女性的想像。綜觀以上案例，命名者皆帶有對女性菁英世界的憧憬，以「女王」來說，在東漢末已有前例，安平廣宗人有一郭姓女子，年紀尚小就被其父郭永取字為「女王」，並謂「此乃吾女中王也」，後來乃成為曹丕之后[518]。中古時期的女王、公主、妃嬪之名，是否出於類似想法，後人不得而知，但其心中存有高門女性的形象，應該是不容懷疑的。從此來看「貴女」、「女貴」之名，恐怕並非以女為貴，而是出於同樣的心態，期許此女能夠躋身華堂，受用如同菁英女性的待遇——用後來的話，可說是「望女成鳳」。至於「女足」之名，在古代也有前例，在漢簡中至少有六例，學者指出「足」字當有「不復需要」之意，也就是家中不需再添女性[519]。以此類推，女多也不是希望女子多多益善，而是已經算「多」，等於言其過剩[520]。如此說來，「女貴」、「女足」其實都與看重女性無關。此外，北齊博陵太守杜子達妻名乙女休，其祖父、母為西平王、上谷長公主[521]，北周民間有田女休[522]，合而觀之，似乎是表示「至少可休」，也就是到此為止的意思。這種渴求男兒的心態落實於人名，最明確的案例無過於北齊李琮家，他有女七人，墓誌僅見六人之名，皆已

516　〈儁蒙文姬卅一人等造像記〉，永熙二年（533），《百品》，頁80。
517　《北朝胡姓考》，〈羌族諸姓〉。
518　《三國志》，卷五，〈后妃傳〉。
519　〈漢代婦女的名字〉，頁61。「女足」之意，見陳槃：《漢晉遺簡識小七種》，〈漢晉遺簡偶述‧貳陸‧使男使女、七歲為斷、婦女命名〉，頁27-30。
520　〈馮神育等二百廿人造像碑〉，正始二年（505），《百品》，頁28。
521　〈杜子達妻乙女休墓誌〉，天和三年（568），《墨香閣》，頁152-153。
522　〈絳阿魯佛道教造像碑〉，武成元年（559），《北朝佛道》，頁138。

婚配，依序名為德相、和上、瓌兒、阿停、男、止，生下三女後，
第四女小名為「停」，五女直接叫作「男」，結果下一胎仍是女兒，
遂名為「止」，「女休」當與其意相類[523]。

　　類似心態也見於女性的「買」字人名，此字已在漢代普遍入
名[524]，中古時期承此舊慣，更出現「買得（德）」之名，東晉桓沖
小字買德郎[525]，北齊後主高緯有子亦為此名，其兄弟名為善德、
質錢[526]，此小名或有戲謔之意，甚至有卑名之作用，表示此兒自
外所買來，不在家族既有的親屬結構之中，南朝劉裕小字寄奴、
謝靈運小字客兒，北魏崔祖螭小字社客，以及《魏書》、《北史》
屢見之「買奴」人名，殆皆與此心態相通[527]。「買」的用法在北朝
頗為流行，北魏有高買來、買得兄弟[528]，東魏時有尚買成[529]，都
是由外買來之意，有些女性也用此名，北魏末濟南王元勒叉之女
亦名買得[530]，在北周〈絳阿魯造像碑〉中，某人之妻名為大女，
其女則名買來，此碑人名極為俚俗，有苟子、阿黑、阿魯、阿狗
等，可見「買」字用法深入民間[531]。由於男女都用買字，很難說
針對女性使用，就有輕賤之意，不過有意思的是，在目前找到的
案例中，只見「買女」，而不見「買男」或「男買」[532]，或許透露

523　〈李琮墓誌〉，武平五年（574），《南北朝彙編》，頁583-584。
524　《史記》，卷九，〈呂太后本紀〉；卷一一，〈孝景本紀〉，《正義》：「乘
　　氏侯劉買」；《漢書》，卷四七，〈文三王傳〉。
525　《晉書》，卷七四，〈桓彝傳〉。
526　《北齊書》，卷一二，〈武成十二王傳〉。
527　《宋書》，卷二七，〈符瑞上〉。《宋書》，卷五八，〈謝弘微傳〉；南朝宋‧
　　劉敬叔：《異苑》，卷七，〈謝客兒〉。《魏書》，卷二四，〈崔玄伯傳〉。
528　〈高洛周七十人等造像記〉，正始元年（504），《百品》，頁23。
529　〈太公祠碑〉，武定八年（550），《魯迅》第1函第5冊，頁939-943。
530　〈鄭那盧君妻元買得誌〉，開明元年（619），《隋誌彙考》，第六冊，頁
　　16-20。
531　〈絳阿魯佛道教造像碑〉，武成元年（559），《北朝佛道》，頁138-139。
532　《太平御覽》，卷一四七，〈皇親部十三‧太子二〉：「許悼公，靈公之
　　子許男買」。並見《世本》，卷一〇，〈諡法〉：「許男買諡悼公」，但古代
　　僅此一例。

女子與本家可以輕易脫離的想法。但當時對於女子的態度也並非都那麼消極,除了上述賦予貴族女性之名,也有不少稱美的用法:北齊侍中李騫父祖兄弟皆為顯宦,其么女命名為寶女[533],民間則有袁女賜、索女賜[534]、劉愛女[535]、張好女[536],「賜」與「寶」、「愛」都是珍惜之意,反映家人對此掌珠的情感,「好」除作動詞,通於前義,也關乎性情、能力的期盼。至於北朝菁英女性之名,同樣使用妃、媛等字,但見不到「女足」、「女休」,反映貴庶心態之別。

除了以「女」為名,「男」字入名也是北朝女性值得關注的面向,此風相當普及,早在西晉建興四年(316),敦煌便有鎮墓文書「女子徐男□」[537],後來表現更為豐富,可以和「女」名相互比觀。此一用法的數量不少,大致可以分為三種。第一種是直接稱女性為男,有薛男生、郭男[538]、張阿男(張景暉女)[539]、王男生(文儀妻)、楊男英[540],北魏楊縵黑家族造像記中,甚至有「妻男公」的紀錄[541],以及前引孝明帝女尚書王僧男[542]。這些用法似乎顯示,當時人認為女性也可以被當成男子看待,或以此嘉許女性。在北朝環境當中,女性行事常有剛烈之男風,而且社會也常肯定這樣的行為,史籍中恰好有一個「男」字人名的例子,可以

---

533 〈李騫墓誌〉,天保元年(550),《墨香閣》,頁86-87。
534 〈馮神育等二百廿人造像碑〉,正始二年(505),《百品》,頁28。
535 〈法義兄弟姊妹等造石窟象記〉,正光四年(523),《魯迅》第2函第1冊,頁129-130;《補正》,《石刻史料》第1輯第6冊,頁4235a。
536 〈絳阿魯佛道教造像碑〉,武成元年(559),《北朝佛道》,頁138-139。
537 〈建興四年(316)十一月徐男□鎮墓文〉,《魏晉十六國河西鎮墓文、墓券整理研究》,頁18。
538 〈元氏法義卅五人造彌勒象記〉,孝昌二年(526),《魯迅》第2函第1冊,頁143-144。
539 〈張景暉造像記〉,天保五年(554),《魯迅》第2函第3冊,頁621。
540 〈劉碑造像記〉,天保八年(557),《百品》,頁160。
541 〈楊縵黑道教造像碑〉,景明元年(500),《北朝佛道》,頁127。
542 〈王僧男墓誌〉,正光二年(521),《南北朝彙編》,頁167-168。

說明這一點，北魏獻文帝年間，平原鬲縣女子孫男玉之夫為靈縣
民所殺，她追執此人，堅持親手報復，其弟阻之，男玉答說：「女
人出適，以夫為天，當親自復雪，云何假人之手」，當時民間是否
明確有「以夫為天」的想法，難以斷言，但她確實以杖將對方毆
打致死，有司依法判她處決，獻文帝悉後下詔，說這是「重節輕
身，以義犯法」，並出於緣情定罪的原則，加以特赦[543]。

　　第二種「男」字人名是與女性的稱謂或姿態結合，在中古前
期最早的紀錄見於永嘉二年（308）幽州刺史石尠之墓誌，他的岳
母是瑯琊陽都人，姓諸葛，字男姊[544]，在北朝使用更廣，與女性
稱謂結合者有牛男姜[545]、王男妃[546]、韓男姬[547]，與女性姿態結合
者有□男容[548]、史男容[549]、宇文男姿（妹名伯男）[550]，乃至劉男
香[551]，北齊時秦州司馬張君之妻董儀，即以男容為字，她是隴西
臨洮人，祖、父皆為將軍[552]。北魏另有一名女名張勝男[553]，北齊
有羅男勝[554]，女子被賦予此名，當是期勉她們可以展現如男子般

543　《魏書》，卷九二，〈列女傳〉。
544　〈石尠墓誌〉，永嘉二年（308），《南北朝彙編》，頁22-23。
545　〈僧嚴等造象記〉，天保三年（552），《魯迅》第2函第3冊，頁597。
546　〈劉碑造像記〉，天保八年（557），《百品》，頁160。
547　〈李榮貴兄弟等造經象碑〉，天保十年（559），《魯迅》第2函第3冊，頁697。
548　〈北魏追遠寺造像碑〉，太和元年（477），《隴右金石錄》，《石刻史料》第1輯第21冊，頁15968a。前秦時有高容男，見〈建元十八年（382）高容男墓券〉，《魏晉十六國河西鎮墓文、墓券整理研究》，頁99-100。
549　〈道俗九十人造像記〉，武定元年（543），《百品》，頁115。
550　〈建崇寺浮圖銘〉，建德三年（574），《百品》，頁263。
551　〈馮神育等二百廿人造像碑〉，正始二年（505），《百品》，頁28。
552　〈張君妻董儀墓誌〉，天統元年（565），《墨香閣》，頁140-141。
553　〈法義兄弟姊妹等造石窟象記〉，正光四年（523），《魯迅》第2函第1冊，頁129-130。
554　〈楊暎香等八十人造像記〉，武平元年（570），《百品》，頁244。《魏書》，卷九二，〈列女傳〉：「河東姚氏女，字女勝」。另有北齊高洋長媳李難勝，案「難勝」為佛典常用語，不過個人頗懷疑為「男勝」，她十一歲時嫁給十五歲的高殷，得年僅二十二歲，如此看來，「男勝」也可能是小名，見〈高殷妻李難勝墓誌〉，武平元年（570），《新出疏證》，頁187-189。

的能力或情性，甚至超越之，因此「男容」、「男姿」和前文所舉的「娥容」、「玉容」並不衝突，美貌與英風可以並存——就像李波小妹不讓鬚眉的風采。「男容」之名也有可能是部份北方女性實況的寫照，胡女習武之風頗盛，形象鮮明，多著胡服來去[555]，南齊士人亦曾批判北方女子「露首偏踞，濫用夷禮」[556]，但北人既以為常，自然也會投射到他們所取的女性名字。

　　第三種則是明確表達對於「男」的歡迎之意，例子也最多。北魏孝文帝太和初年，宮中有女尚書馮迎男，年方十五[557]，東魏尚書令李憲孫女，亦名迎男[558]，北齊梅勝郎妻崔氏亦作此名，她是清河東武城人，祖、父均拜將軍、刺史[559]，民間有王迎男[560]、宋迎男[561]、梁迎男[562]。不過，她們所迎之「男」和前兩種不太一樣，係指男性子嗣，而非成熟男子的形象與風範，這種用法還包括北周驃騎大將軍拓跋虎之妻尉遲將男[563]，順陽太守寇熾第三女亦名將男[564]。「將」、「迎」之義本通，《莊子・知北游》：「與人相將迎」，北朝民歌〈木蘭詩〉亦云「出郭相扶將」，「將男」之名當有迎接、扶持子嗣的想法，尉遲將男長子名庫多汗，長女名須摩，都是胡名，須摩嫁越勤氏，屬高車部，可見其家猶有胡風。北周叱羅招男也出於胡家，祖、父皆任北魏驃騎大將軍，史書說其先祖是代人，招男墓誌則說「出自成都」，因此也可能是巴蜀自古就

555　《魏書》，卷二一上，〈獻文六王傳上〉。
556　《南齊書》，卷五四，〈顧歡傳〉。
557　〈馮迎男墓誌〉，正光二年（521），《南北朝彙編》，頁 165-166。
558　〈李憲墓誌〉，元象元年（538），《南北朝彙編》，頁 416-419。
559　〈梅勝郎妻崔迎男墓誌〉，武平二年（571），《墨香閣》，頁 176-177。
560　〈高伏德等三百人造像記〉，景明四年（503），《百品》，頁14。
561　〈張亂國道教造像碑〉，延昌三年（514），《北朝佛道》，頁129。
562　〈比丘郭曇勝造像記〉，延昌四年（515），《百品》，頁39。
563　〈拓跋虎妻尉遲將男墓誌〉，天和四年（569），《新出疏證》，頁 247-248。
564　〈寇熾墓誌〉，宣政二年（579），《南北朝彙編》，頁 612-613。

有的賓人[565]，招男、將男皆屬胡族，證明古代婦女延續後嗣的責任之重，不分胡漢皆然，而且竟然從她們得名時就被賦予。北齊開國伯堯峻之妻獨孤思男，代郡平城人，其名真義為何不得而知，但對照將男、招男之名，不能否認也有求嗣的可能[566]。

與此名心態相同者還有北齊武始郡君斛律昭男，係朔州懷朔人，嫁給順陽王庫狄迴洛[567]，民間有杜昭男[568]、夫蒙照男[569]等，都是由「招」字變化而來，張男引[570]、祁男引[571]也是此意，劉緱男[572]之名原不易解，不過對照趙勾男[573]，二字均為侯韻見母，平聲清音，在中古前期的發音極為接近，兩者應該都不外乎鉤招男兒的意思。然而為何使用緱字？這也不難解釋，因同碑中尚有緱魯妃、緱金朱，緱姓係由渴侯氏所改，此碑人名甚俗，遂致誤書，有此碑題名所對應的人像均作女裝，故可知「緱男」為女子，很可能名為「勾男」。求男之風播於民間，前引西魏〈杜照賢等造像記〉，杜家有女，依序名為真妃、先妃、子妃、男妃，「妃」字是女名的慣用選項，但到第三、四女，乃與「子」、「男」結合，似乎流露對得男的迫切[574]。此外，北周時吳標家族有「姪女」迴男、宜男、雙男[575]，北齊李宜男[576]，隋初有任迴男[577]，後兩者都是女

<hr>

565 〈北周叱羅招男墓誌〉，文覺元年（557），《西市墓誌》，頁 6-7。
566 〈獨孤思男墓誌〉，武平二年（571），《南北朝彙編》，頁 569-570。
567 〈斛律昭男墓誌〉，河清元年（562），《南北朝彙編》，頁 521-522。
568 〈合邑一百卅人等造釋迦石像碑〉，正光元年（520），《魯迅》第2函第1冊，頁112。
569 〈儶蒙文姬卅一人等造像記〉，永熙二年（533），《百品》，頁80。
570 〈絳阿魯佛道教造像碑〉，武成元年（559），《北朝佛道》，頁 138。
571 〈馮神育等二百廿人造像碑〉，正始二年（505），《百品》，頁28。
572 〈絳阿魯佛道教造像碑〉，武成元年（559），《北朝佛道》，頁 138-139。
573 〈元氏法義卅五人造彌勒象記〉，孝昌二年（526），《魯迅》第 2 函第 1 冊，頁 143-144。
574 〈杜照賢十三人等造像記〉，大統十三年（547），《百品》，頁125。
575 〈吳標兄弟父叔造象記〉，北周無年月，《魯迅》第2函第4冊，頁1016。
576 〈李榮貴兄弟等造經象碑〉，天保十年（559），《魯迅》第2函第3冊，頁705。

性，恐怕也都屬於求男的用法。總之，第三種「男」字的用法和前兩種不同，除了「男」所指不同，使用情形也不一樣，「男妃」、「男容」僅見於民眾，迄未在菁英女名中發現，但「迎男」之名則通於貴庶，對菁英女性而言，行事可有男風，但不會在命名中直接展露此意，民間女性則略無顧忌，就這一點來說，民間所認知的男女形象，似乎較菁英群體來得鬆動。

　　再者，求子得男的心態其實也跨越南北，北齊天保年間（550-559）有朱要男[578]，適與陳武帝皇后章要兒（506-570）同時[579]，南朝基層女性之名無從得知，但想來也有類似表現，史書說要兒本姓鈕，其父景明為章氏所養，從而改姓[580]，可見她來自民間，其名多少也有南方世俗文化的影子。北朝女名亦有袁次男[581]、張次男[582]、王次男[583]，對照前述劉裕之女豫章康長公主，也叫做次男，猜想應該是「其次得男」之意。這些人名都反映了以男嗣為重的心態，雖然不能說以女為輕，但就個人所見，確實還沒有發現任何一個「招女」、「迎女」、「次女」的例子，剛好和「買男」、「男足」之闕如，形成鮮明的對比，除了顯示男性在繼承家族與增加生產力的地位，因此多多益善，也說明當時女性生命角色的重心，往往和下一代緊密相連，尤其是為家族產下男子。

577　〈禪師靜內等造鎮國象記〉，開皇元年（581），《魯迅》第 2 函第 5 冊，頁 1022-1023。
578　〈劉碑造像記〉，天保八年（557），《百品》，頁160。
579　南朝貴族女性以「男」為名者，還有劉宋武帝淑媛路惠男。
580　《南史》，卷一二，〈后妃下〉。
581　〈合邑四十人造像記〉，大統四年（538），《百品》，頁96。
582　〈比丘道平一百人等造象記〉，天保三年（552），《魯迅》第 2 函第 3 冊，頁 596。
583　〈隋廣福寺造像記〉，開皇十五年（595），《益都金石志》，《石刻史料》第1輯第27冊，頁14822b。

　　除此之外，還有一些帶有「男」字的女性人名，比較不好分類，故列在這裡。北魏雍州刺史元固逝世時，其女十二歲，名為令男，有一弟九歲，名為靜藏，令男無疑居長，其名或有「使之為男」的用意[584]，李男異（張安世妻）也是重視男性、以男為異的用法[585]。韓敬男（任承宗母）明顯是對男子的敬意[586]。總之，以「男」字為名可以說是中古女性人名的特色之一，數量之多遠逾前代，主要可以分成兩個面向，一是求子，這一點自古有之，且不分南北胡漢均然，二是藉由此字展現對男性形象的嚮往，表現之豐富，誠為此前所少見。「男」字深深滲透到民間女性的命名意念之中，甚至成為常見的選項，這裡想引東魏〈李僧等造四面象記〉為例，證明「男」字在女性人名中的份量，此碑應該是北朝石刻中以男為女名最集中的樣本，除了但女、醜姬、阿醜、苟女、溫姜、阿妃、阿思等，被標記清信女的尚有王男、男姬、男好、男生、男量，此前有龕主李男姬、劉寶男，應當也是女性[587]。從碑中人名的表現看來，此一群體漢化或儒化的程度甚低，也顯示這種以男性為效仿對象的集體心態，和華夏女性觀的影響相互牴觸，是以在高層女性之間，除了「迎男」之名，很難看到其他的「男」字人名，前述劉武帝皇后臧愛親生有二女，名曰興弟、榮男，當屬小名，興弟為長女，用意殆與「招弟」無異，至於「榮男」應指以得男為榮。

　　以上是女名使用「女」、「男」二字的情形，反過來說，男名是否也有這種表現？男名用男字，不足為奇，北周造像記中有同

584　〈北魏元固墓誌〉，孝昌三年（527），《南北朝彙編》，頁273-274。
585　〈張安世造像記〉，延昌四年（515），《百品》，頁41。
586　〈道民任承宗造元始天尊碑〉，開皇十五年（595），《道教經典》，頁152。
587　〈李僧等造四面象記〉，武定八年（550），《魯迅》第2函第2冊，頁489-492。

琦男真[588]，但北朝男性也用「女」字為名，最著名者當屬北魏的張黑女，其人因墓誌而留名書史，他本人為南陽太守，單名玄字[589]，以黑釋玄，理屬合宜，但又加以女字，如何理解？「黑女」在北朝實為通俗之名，在北魏同時有田黑女造像，記文中提到「願亡夫亡女，速令解脫」，可知為女性[590]，北齊有婁黑女，為高歡妻姊[591]，北周李曇信為軍事世家，造像記中也提到叔伯母輩有張黑女[592]，從男女通用來看，張玄所用的「黑女」實帶有小名之性質。此外，在造像記中尚有邑子名為嚴也女[593]、司馬小女[594]，其性別並不清楚，不過在北朝其他石刻中，還是有清楚記錄男名使用女字的例子，北周權常妙之子名為萬女，其女則名赤女[595]，大業時有濟陰縣令吳弘（字大女），享壽九十一歲，算相當高壽[596]，推其生年在北魏正光五年（524），適與前引張玄相合，張氏以黑釋玄，吳氏以弘釋大，並且同樣使用「女」字為後綴，其為小字無疑。男性以「女」為名的作法其實並非起於中古，春秋時衛國有石曼姑（《左傳‧哀公三年》），晉國則有馮婦（《孟子‧盡心下》），東漢末有異士魯女生，以長生不老聞名[597]，東晉葛洪並收入《神仙傳》，劉宋初也有扶風郿人魯爽，同字女生，其祖在晉時官至南

---

588 〈同琦龍歡一百人等造象〉，保定二年（562），《魯迅》第2函第5冊，頁945。唐代有高麗人泉氏三兄弟，名為男生、男建、男產，見《新唐書》，卷一一〇，〈泉男生〉。

589 〈張玄墓誌〉，普泰元年（531），《南北朝彙編》，頁358-359。

590 〈田黑女題記〉，正光二年（521），《補正》，《石刻史料》第1輯第6冊，頁4201a。

591 〈婁黑女墓誌〉，天保六年（555），《南北朝彙編》，頁501-502。

592 〈李曇信佛道教造像碑〉，保定二年（562），《北朝佛道》，頁139-140。

593 〈袁永等五十人造像記〉，正光三年（522），《百品》，頁54。

594 〈薛山俱二百他人等造象〉，西魏□□元年，《魯迅》第2函第3冊，頁567。

595 〈建崇寺浮圖銘〉，建德三年（574），《百品》，頁263。

596 〈吳弘及妻高氏墓誌〉，大業十一年（615），《新出疏證》，頁576-577。

597 《後漢書》，卷八二下，〈華佗傳〉。

陽太守[598]，另一名馬仙琕，其父為劉宋時冠軍司馬，剛好也是扶風鄗人，他幼名仙婢，成年後以「婢」字不典，乃以「玉」代「女」，史書並說他為將能與士卒同勞逸，飲食與最下者同，看來庶民性格甚強，又說他年少喪父，可推知仙婢之名是其父所取[599]。南方普遍情形如何並不清楚，但從上例推知，北方民間顯然有以「女」字為男性命名的作風。這種命名的心態不易掌握，但有一點可以確認，相較於女子「男」名的慕男之想，目前所見到的男子「女」名，完全看不出有以女為貴的意思。如果允許大膽推論，這些男名使用「女」字，所取乃是女子之柔弱卑微、甚至是受到輕視的一面，可以算是卑名，馬仙琕成年後以為「婢」字不典，就是在接受雅名習慣後對這種風俗用法的否定[600]。

　　這種作法也見於中古時期大量帶有「奴」字的男性人名[601]，只是奴兼有男女，而且奴字的社會階層性格較顯，不像婢的女性連結那麼鮮明，作為男子「女」名的對比更加強烈。進一步談，這種「奴」、「婢」人名通常不失鍾愛之意，這裡但舉一例：盛唐時汝陽王李璡姿容妍美，又曾在宮中簪花打曲，被玄宗誇為「花奴」[602]，但和「女」字在男性人名中的用法一樣，這些都不代表重視女性，大半連結的都是女性柔順、甚至卑弱的面向，〈女誡〉強調女性必須「卑弱下人」，除了現實生理特質之描述，也在刻畫「理想」女性的輪廓，在前舉北魏永熙初〈儶蒙文姬等造像記〉中，胡姓女子甚多，但也出現「彌弱」之名，可見此形象之深植人心。隋唐以降，世俗女性人名較少見到「男」字，其他方面則

598　《南史》，卷四〇，〈魯爽傳〉。
599　《梁書》，卷一七，〈馬仙琕傳〉。
600　臺灣也有此用法，如陳查某。
601　元・陶宗儀纂：《說郛》（上海涵芬樓排印本），卷二一，〈稱號〉。
602　《太平廣記》，卷二〇五，〈玄宗〉。

基本承襲，重視姿容、婦德，並且開始大量繫以數字，表現親屬間的行第關係，尤其是結合「娘（孃）」字，這種風氣似乎是北朝後期開始湧現的[603]。雖然她們也使用男女共用之名，女性在社會結構中順服、調柔的「角色」始終被強調，甚至被強化，隋初有男子李惠猛，其妻則名楊靜太[604]，同時有夫婦名為鉗耳神猛、黨神妃[605]，唐初有李義方、楊上慈夫妻[606]，恰好對應當時對於兩性形象與倫理角色的期待[607]。

　　南北朝女性名字的討論大抵如上，底下要以此為基礎，討論隋唐的女名，與前代相類，除了墓誌所見的菁英女性，以及敦煌、房山等地，後人對隋唐時期各地的女性人名所知很少[608]，《全唐詩》所錄才女約一百四十餘人，大多數沒有名字[609]，稍微豐富的紀錄可能是《教坊記》、《北里志》與文人筆下的妓女，她們以歌舞姿色事人，其名之風貌可以想見，但這是特殊的群體，恐怕不能作

603 北齊有尉孃孃，代郡平城人，嫁庫狄迴洛，獲封郡君，見〈尉孃孃墓誌〉，天保十年（559），《南北朝彙編》，頁 513-514。北周有李幼孃，見〈李元海兄弟七人等造元始天尊象碑〉，建德元年（572），《魯迅》第 2 函第 5 冊，頁 1006-1009；隋初有賀拔岳之女字二孃，見〈隋王懋暨妻賀拔二孃誌〉，開皇七年（587），《隋誌彙考》，第一冊，頁 232-235；周大孃，字智婉，見〈隋苟君暨妻周大孃誌〉，大業十一年（615），同前，第五冊，頁 143-146。同時期「孃」字女名漸多，有馬希孃、張客孃等，見〈隋李君妻馬希孃誌〉，開皇七年（587），《隋誌彙考》，第一冊，頁 224-245；〈隋賀叔達妻張客孃誌〉，大業九年（613），同前，第四冊，頁 373-374。

604 〈楊靜太造彌勒象記〉，開皇四年（584），《魯迅》第 2 函第 5 冊，頁 1027。

605 〈鉗耳神猛造像〉，開皇四年（584），《陝西金石志》，《石刻史料》第1 輯第22冊，頁16446a。

606 〈唐李義方妻楊上慈墓誌并蓋〉，總章三年（670），《七朝》，頁 87。

607 〈楊靜太造彌勒象記〉，開皇四年（584），《魯迅》第 2 函第 5 冊，頁 1027。

608 關於唐代女性文化之通觀，可參陳師弱水：〈唐五代女性的意義世界──兼顧基層與菁英的考察〉，《中國歷史與文化的新探索》（臺北：聯經出版公司，2021 年），頁 393-452。

609 陳尚君：《唐女詩人甄辨》（北京：海豚出版社，2014 年），頁 1-2。

為普遍女名的縮影。至於宮廷高層女性，絕大多數沒有留名[610]，高祖李淵第十二女李澄霞之名甚美，端賴其夫親撰墓誌而傳世，她的姊妹均無此幸運[611]。太宗晉陽公主字明達，幼字兒子，中宗安樂公主最幼，生時由其父脫衣裹之，遂名裹兒，是僅見極少數的宮廷之例[612]。就史籍所見，隋唐高層菁英女名之共相，當可以三人為代表，為隋文帝皇后獨孤伽羅[613]、唐中宗昭容上官婉兒[614]，以及玄宗壽安公主蟲娘[615]，伽羅當與佛教有關，其兄弟獨孤善、陁，分別字伏陁、黎邪，均非漢名，伏陁亦來自北朝以「伏」為名的習慣，伽羅或亦出於釋典，這也是中古婦女得名的大宗，至於蟲娘之母名曹野那姬，想為胡女，蟲娘孕九月而育，為玄宗所惡，遂留下極罕見的宮闈賤名，至於婉，如前所說，起於華夏傳統以順從為女德的期待，三人之名分別來自佛教、小名舊慣，和以〈女誡〉為主的古典價值，正代表中古女性人名的三大面向。

　　以下就要從這三點觀察唐代墓誌所見到的其他婦女名字，來檢視這個判斷。首先，可以看到對女德規範的重視不斷加強，中唐時韋溫之女善著文，曾續班昭〈女訓〉十二章，士族傳寫，風行於時，可見是菁英家族共通的價值[616]。這點可以稍早韋虛心之妻崔氏墓誌得到印證，此誌說她：

610 陳麗萍：《兩《唐書·后妃傳》輯補》（香港：香港大學饒宗頤學術館，2012 年）利用石刻增補至一百餘例，是目前最完整的唐代宮廷女性名錄，情況仍然如此。

611 〈大唐故淮南大長公主墓志銘〉，高峽主編：《西安碑林全集》（深圳：海天出版社，1999 年）第 196 卷，頁 1053。

612 《新唐書》，卷八三，〈諸帝公主〉；《舊唐書》，卷五一，〈后妃上〉。

613 《北史》，卷一四，〈后妃下〉。

614 《新唐書》，卷七六，〈后妃上〉。

615 《新唐書》，卷八三，〈諸帝公主〉。

616 《舊唐書》，卷一六八，〈韋溫〉。

> 嘗讀《列女傳》，至貞順節義，不能釋手，及至辯通仁智，
> 則曰美矣，然未足多。逮觀古典，得其精義，凡所一歷，
> 成誦在心。[617]

虛心曾祖父兄弟三人，時稱「三列宿」，韋家頗有好古之風，出郎中數人，世號「郎官家」，虛心墓誌說其子有方「文章傳於經學，忠孝漸於家風」，而且對族中女性頗多著筆[618]，無獨有偶，虛心之弟虛舟為其亡妻作墓誌，也提到「每覽賢妃舊跡、哲婦前書，或詞有可嘉，或事有可法，未嘗不廢卷感激，躬省躊躇，顧謂其黨曰：『節義不可忘，淑慎固其本用』」[619]。我們很難確認韋氏兄弟所描述的兩位夫人，貼近情實到何種程度，但可以看出在當時男性菁英的心靈中，理想的女性圖像合該如是：具有貞順之德，且合於「古典」，咸通時博陵人崔仁魯為其姊作墓誌，也提到她「及長，讀《曲禮・內則》、曹班書誡，甚得閨內事禮」，並質疑為何反受短命之報[620]？至於這些被肯定的女性德行，幾乎都環繞家庭為核心——本家與夫家的雙方家庭，中唐時有一位韋楚和過世，她家世勳貴，過世後由其夫撰寫墓誌，如是描述這位夫人：

> 聰雅日成，動合禮範，居膝下以孝愛，奉兄姊以柔順，撫
> 甥姪以慈忠，由是著淑問於宗族姻黨間。年廿五，長慶二
> 年二月歸於我。以卑婉事夫族，以寬正馭群下，以道義扶
> □齔。[621]

617 〈唐韋虛心妻崔氏墓誌〉，開元七年（719），《高陽原》，頁 150-151。
618 〈隋田悅墓誌〉，開皇六年（586），《高陽原》，頁 22-23。
619 〈唐韋虛舟墓誌〉，天寶元年（742），《高陽原》，頁 176-179。
620 〈崔孟墓誌〉，咸通四年（863），《西安集萃》，頁 226-227。
621 〈唐故右監門衛冑曹參軍故夫人京兆韋氏墓銘〉，長慶四年（824），《唐誌續編》，長慶〇一六。

其中除了忠孝慈愛（「忠」僅是飾語），更重要的是柔順與卑婉，用以侍奉雙方的尊長，對丈夫當然更應如此，呼應著古典女性應盡力於「內」、有別於「外」的認知。

這種想法落實在人名中，博陵崔氏有女性名為尚德[622]，崇尚的當然是前述的楷則；睿宗第三女淮陽公主李花山（字令則）[623]，武周時還有一位趙夫人李節（字貞範）[624]，開元時有一位竇夫人王內則，封邠國夫人[625]，同時有周嚴順（字內則）[626]、源內則[627]，中唐有河東人柳內則嫁給代宗時宰相裴遵慶之姪裴宜[628]，其前後有崔蹈規（字履恒）[629]、鄭恂（字約禮）[630]、鞏內範（字守規）[631]。天寶時有宋王李憲妃韋貞範（字季姜）[632]，同時期豫章郡有一位姓錄事參軍的小女兒，甚至名為四德（字嬌愛），其名非常可能來自〈女誡〉之說[633]。「內則」之名出現如此頻繁，無疑來自《禮記》，唐代大族恪遵禮法，〈內則〉、〈女誡〉等古代典則必然受到加倍重視，是以孕育這種前代未有的女性名字，開元時有一位崔夫人陳婉，以「有則」為字，必然也是指〈內則〉或與之相近的想法[634]，中唐時有一位梁夫人翟氏的墓誌府開頭就寫道「坤載物，

---

622 〈唐劉公夫人崔尚德墓誌并蓋〉，天寶元年（742），《河洛墓刻》，頁335。

623 〈唐淮陽公主（李花山）墓誌〉，景雲二年（711），《西安新誌》，頁289-293。

624 〈唐李節墓誌〉，萬歲通天二年（697），《西市墓誌》，頁298-299。

625 〈唐王內則墓誌〉，開元十五年（727），《西市墓誌》，頁446-447。

626 〈唐周嚴順墓誌〉，開元十六年（728），《西市墓誌》，頁448-449。

627 〈大唐故汴州尉氏縣尉楊府君夫人河南源氏墓誌銘〉，開元二十九年（741），《唐誌彙編》，開元五三一。

628 〈唐柳內則墓誌〉，長慶元年（821），《洛陽續編》，頁207。

629 〈唐崔巽妻崔蹈規墓誌〉，元和十四年（819），《邙洛》，頁283。

630 〈唐鄭恂墓誌〉，大中元年（847），《洛陽新誌》，頁114。

631 〈唐故東都留守防禦都押衙……南陽張府君夫人河南鞏氏墓誌銘〉，咸通二年（861），《唐誌彙編》，咸通〇一〇。

632 〈唐韋貞範墓誌〉，天寶元年（742），《西市墓誌》，頁524-525。

633 〈唐朱氏故新婦婁氏墓誌銘〉，天寶六載（747），《唐誌彙編》，天寶一〇一。

634 〈陳婉墓誌〉，開元二十三年（735），《西安集萃》，頁130-131。

柔德外順，女移天，葆光內則」[635]，可謂是對於這種「女德」的總括。唐人深重女性婉約柔順之德，如前引北齊河清年間對宮闈女性的建制，同樣可溯及前代，開元中後宮置有六儀各一人，掌教九御四德，以贊后禮，分別名為淑儀、德儀、賢儀、順儀、婉儀、芳儀，其中勉強與「婦容」有關的可能只有芳儀，其他都與女德相關，尤其是「順」、「婉」就佔了兩名[636]。唐代女性以婉、順、淑、柔字入名者不少，唐初有李婉順（字厓娘），係隱太子李建成第二女[637]，王婉（字貞徽）為名相韋承慶之繼母[638]，宣宗時當塗縣令盧季方有五女，長女、次女名為三順、婉兒，其餘三女名為緪娘、昭兒、鐵婆，可知年紀愈長，所被賦予的名字愈趨近古典[639]。甚至名喚「柔則」者至少就有三人：鄭柔則[640]、崔柔則[641]、鄭溶（字柔則）[642]。最有意思的是開元時都苑總監龍氏之妻吳淑（字贏金）[643]，後者當來自漢代鄒魯之諺：「遺子黃金滿籯，不如一經」[644]，這好像在說「淑」的涵養，是父母留給女兒的財富。相較於男性菁英人名展現的慕古、經世之情，女性之名則追求規範與性情的融合，延續先秦兩漢以來的美麗心靈和身影，開元時

635 〈唐梁公夫人翟氏墓誌〉，大曆十年（775），《西市墓誌》，頁725-726。
636 《新唐書》，卷四七，〈百官二〉。
637 〈唐劉應道妻李婉順墓誌〉，龍朔元年（661），《長安新誌》，頁72-73。
638 〈大周故納言博昌縣開國男韋府君夫人琅耶郡太君王氏墓誌銘〉，萬歲通天年間（696-697），《唐誌續編》，萬歲通天〇〇四。
639 並見〈唐盧季方墓誌〉，大中三年（849），《洛陽續編》，頁239；〈唐盧季方暨鄭氏墓誌〉，咸通八年（867），同前，頁262。
640 〈唐張夫人鄭柔則墓誌〉，天寶元年（664），《七朝》，頁238。
641 〈唐崔柔則墓誌〉，天寶十三載（754），《河洛墓刻》，頁411。
642 〈唐苗舒妻鄭溶墓誌〉，大和二年（828），《西安新誌》，頁670-671。
643 〈唐吳淑墓誌〉，開元二十五年（737），《西市墓誌》，頁482-483。
644 《漢書》，卷七三，〈韋賢傳〉。

一篇婦女墓誌的銘文就這麼說：「坤柔巽順，楚寶隨珍，總此眾美，集於夫人」645。

　　至於「婦容」之美，仍然也是入名的重點，隋初范陽縣開國公崔仲方之妻李麗儀646、唐太宗長樂公主李麗質647，睿宗妃王芳媚，係梁代王僧辯之來孫648，都是此意。此外有孟淑容（字女媛）649、李靜容（字孟姜）650、段麗質（字華儀）等651，看起來是希望美貌與美德兼修。至於香草與美玉之名，前者有長孫弄珪（字和兒）652、裴瑾（字敬佩）653；後者有楊芷（字孟芳）654、裴元蘭（字具瞻）655。前章說過，唐代男性從玉之名極多，女名也可一提，如郭子儀孫女名珮（字泠然），後者出於《莊子·逍遙遊》，郭象注云「輕妙之貌」656；又有寶琰（字令璋）657、王琳（字寶真）658、柳瑗（字德元）659、薛琰（字令儀）660、楊瓊（字德潤）661、劉琬（字茂貞）662，與男性之「玉」名幾無二致，其中的「潤」

645　〈唐尹夫人李氏墓誌并蓋〉，開元二十九年（741），《七朝》，頁235。
646　〈崔仲方妻李麗儀墓誌〉，開皇五年（585），《新出疏證》，頁345-348。
647　〈大唐故長樂公主墓誌銘〉，貞觀十七年（643），《墓誌續編》，貞觀〇三六。
648　〈大唐睿宗大聖真皇帝賢妃王氏墓誌銘〉，天寶四載（745），《唐誌續編》，天寶〇二六。
649　〈唐劉開妻孟淑容墓誌〉，開明元年（619），《洛陽續編》，頁20。
650　〈唐房君夫人李靜容墓誌并蓋〉，景雲二年（711），《洛陽續編》，頁90。
651　〈段麗質（申王贈惠莊太子孺人）墓誌〉，開元十八年（730），《珍稀百品》，頁128-129。
652　〈大唐故太子中舍人蓨縣公夫人魏郡君長孫氏墓誌銘〉，顯慶三年（658），《唐誌續編》，顯慶〇二八。
653　〈唐裴瑾墓誌〉，廣明元年（880），《西市墓誌》，頁1016-1017。
654　〈唐楊芷墓誌〉，調露元年（679），《西市墓誌》，頁228-229。
655　〈唐裴元蘭墓誌〉，開元九年（721），《洛陽續編》，頁105。
656　〈唐郭珮墓誌〉，貞元十八年（802），《西市墓誌》，頁718-719。
657　〈唐故司衛正卿田府君夫人扶風寶氏墓誌銘〉，長壽三年（694），《唐誌續編》，長壽〇一二。
658　〈唐徐嶠妻王琳墓誌〉，開元二十九年（741），《河洛墓刻》，頁325。
659　〈唐崔君夫人柳瑗墓誌〉，天寶四載（745），《河洛墓刻》，頁363。
660　〈唐薛琰墓誌〉，元和十二年（817），《長安新誌》，頁234-235。
661　〈滎陽鄭夫人墓誌銘〉，會昌元年（841），《唐誌續編》，會昌〇〇五。

字用法當出自《管子・水地》之言：「夫玉之所貴者，九德出焉，夫玉溫潤以澤，仁也」，加上《禮記・大學》也說「德潤身」；後梁時有李珩（字垂則）[663]，或出《禮記・曲禮》關於執玉之說，這些婦女莫不出身大族，可說都帶有「貴名」的內涵。這點以唐德宗曹王妃鄭中（字正和）最為明顯，她出身滎陽鄭氏，其名字當與〈中庸〉有關[664]，韋韞中之名則出自《論語》，其七世祖韋夐為北周世宗賜號逍遙公，韞中之母出滎陽鄭氏，是她丈夫裴處弼的姨母，正是典型的大族通婚[665]。唐代高門強調禮法，也有女性以「禮」為名，中唐時有蘇禮文，中外親戚皆有官聲[666]，這些表現都是過去罕有的，顯見唐代女名也受到鼎族門風觀念的薰染。

除了這些，還有不少女性人名是完全通於男性的，比起北朝更為明顯：中唐時司農少卿楊敬之有女名德鄰，早慧能詩[667]，黃崇嘏、崔公遠、裴羽仙、趙虛舟亦為才女[668]，常浩、顏令賓、韓襄客、薛濤是妓女[669]，魚玄機、元淳是女道士[670]。在墓誌中保留了更多例子，這裡稍舉其著者：任通（字志遠）[671]、盧談（字德宗）[672]、鄭彬（字全文）[673]、李虔（字美材）[674]、曹周仁（字子

662 〈唐滑州匡城縣尉博陵崔君故夫人彭城劉氏墓誌銘〉，大中元年（847），《唐誌續編》，大中〇一六。
663 〈崔柅妻李珩墓誌〉，《五代墓誌》，龍德二年（922），頁115-117。
664 〈唐贈尚書左僕射嗣曹王故妃滎陽鄭氏墓誌銘〉，貞元元年（785），《唐誌彙編》，貞元〇〇五。
665 〈唐韋韞中墓誌〉，大和八年（834），《西市墓誌》，頁854-855。
666 〈唐蘇禮文墓誌〉，大和九年（835），《西市墓誌》，頁860-861。
667 《全唐詩》，卷七九九作德麟，據段成式《酉陽雜俎》，卷六，應作鄰為是。
668 《全唐詩》，卷七九九、八〇一。
669 《全唐詩》，卷八〇二、八〇三。
670 《全唐詩》，卷八〇四、八〇五。
671 〈周鄧通夫人任氏墓誌〉，貞觀十四年（640），《長安新誌》，頁42-43。
672 〈唐盧談墓誌〉，天寶十載（751），《邙洛》，頁218。
673 〈唐鄭彬墓誌〉，大中二年（848），《洛陽續編》，頁238。
674 〈唐邵君妻李虔墓誌〉，大中十二年（858），《西安新誌》，頁791-793。

漢）[675]、謝迢（字昇之）[676]，這些是名、字俱全者，僅錄其名者
有蕭道濟[677]、竇德弘[678]、解大威[679]、蕭大通[680]、獨孤峻[681]等，另
有支子璋，小名復娘[682]，還有支子珪，小名令令[683]，都是中性用
法，乍看之下，唐代士族女性名字也有「貴名」的傾向，但此名
最重要的「經書化」特徵頗為微弱，僅能稱之為儒雅，「類書化」
的情形限於記載，不得其詳，可見男女還是有所差別。

　　通俗的小名用法，墓誌中也保留了不少，如趙香兒[684]、韋寶
寶[685]、梁阿六[686]、鄭張八[687]，京兆韋氏家族有女性名為婢娘，又
字清虛，後者很可能是道名，但她只活了二十六歲，墓誌中也沒
有任何信仰的線索[688]，至少從此可以推知，高門婦女兼有小名與
字的作法。中唐時有李繡衣，出身隴西李氏，其父為監察御史，
這種取自現實女性生活物品的作法比較少見，她十三歲未嫁而亡，
生前備受鍾愛，墓誌甚至是由姊夫所寫，不能排除繡衣也是小
名[689]。這類女名中，最不雅馴者當屬張文母，墓誌說她是涿郡范

675　〈曹周仁墓誌〉，咸通七年（866），《西安集萃》，頁 232-233。
676　〈唐秘書省歐陽正字故夫人陳郡謝氏墓誌銘〉，咸通九年（868），《唐
　　誌彙編》，咸通〇六五。
677　〈唐蕭道濟墓誌〉，萬歲登封元年（696），《西市墓誌》，頁 290-292。
678　〈周吳師盛妻竇德弘墓誌〉，長安二年（702），《邙洛》，頁 114。
679　〈唐解大威墓誌〉，開元十年（722），《高陽原》，頁 154-155。
680　〈唐來景暉妻蕭大通墓誌〉，開元十二年（724），《七朝》，頁 186。
681　〈唐李峴妻獨孤峻墓誌〉，天寶十三載（754），《長安新誌》，頁186-187。
682　〈唐故鴻臚卿致仕支公小娘子墓誌銘〉，大中十年（856），《唐誌彙編》，
　　大中一一三。
683　〈唐故鴻臚卿致仕支公孫女墓誌銘〉，大中十年（856），《唐誌彙編》，
　　大中一一四。
684　〈隋趙香兒墓誌〉，永徽四年（653），《七朝》，頁 74。誌主享壽七十三，
　　約生於開皇三年（583）。
685　〈唐陳君韋寶寶墓誌〉，顯慶四年（659），《邙洛》，頁 71。
686　〈唐王君夫人梁阿六墓誌并蓋〉，景龍三年（709），《河洛墓刻》，頁 192。
687　〈唐鄭張八墓誌〉，乾符四年（877），《洛陽續編》，頁 272。
688　〈唐鄭某妻韋婢娘墓誌〉，天寶十一載（752），《高陽原》，頁 202-203。
689　〈李氏幼女墓誌銘〉，貞元六年（790），《唐誌續編》，貞元〇一八。

人，自稱張華之後，其夫杜善榮出身京兆杜陵，「學優不仕」，雙
方家族均無仕宦紀錄，並非望族[690]。賤名也見於唐代婦女之小字，
這裡僅舉二例，上述李懸之女，即名醜媚，涪陵司馬郭公之季女
名為阿獦，已笄未嫁而卒，尚未取正式女名[691]。此外，開元時還
有一名崔嬌嬌，得年二十二歲，極可能是小名[692]，這種疊字之名，
古人又稱雙名，明清還有專門收集之作，雖然該書頗不嚴謹[693]，
大致可知雙名是從隋唐才明顯出現的風氣，唐初有宇文昌小字果
果，年僅十三而卒[694]，可以推知這種用法有小名的性質，以此為
名的唐代女性為數甚多，除了崔鶯鶯、關盼盼，中唐時張鍠有五
歲女，名喚七七[695]，崔扶有子十一歲，叫作同同[696]，張婧長子名
為韓十，餘四子名為道道、師師、荷荷、益益[697]，可知此法通於
男女。這種人名有兩種作用，一是取其可愛，二是取其卑賤，心
態不同，但時而混用，比如奴奴、婢婢之名，前者甚至通於男
女[698]，更多則是作為單純的小名，主要由年幼者、女性，或一般
民眾使用，成年男性並不太用作正式人名，特別是菁英程度越

690 〈唐故涿郡張夫人墓誌〉，總章三年（670），《唐誌彙編》，總章○四四。
691 〈阿獦者涪陵□司馬郭公之季女也〉，大曆九年（774），《唐誌彙編》，
　　大曆○三八。
692 〈唐崔嬌嬌墓誌〉，開元二十年（732），《西市墓誌》，頁 472-473。
693 明・陶涵中：《男子雙名記》、清・李肇亨：《婦女雙名記》，均在《叢
　　書集成新編》，第 99 冊。歷代男性菁英少用重名為正式名字，見清・徐
　　珂編：《清稗類鈔》，〈名重文〉，頁 2160，又說此風始於清季，不確，
　　但說重名於「下流社會恆有之」，庶幾近於實情。
694 〈唐宇文昌墓誌〉，咸亨五年（674），《西市墓誌》，頁 188-189。
695 〈唐張鍠墓誌〉，長慶二年（822），《洛陽續編》，頁 209。
696 〈唐崔扶墓誌〉，大和九年（835），《洛陽續編》，頁 226。
697 〈唐張婧墓誌〉，咸通八年（867），《西市墓誌》，頁 980-981。
698 〈吳君妻曹氏墓誌〉，《五代墓誌》，同光三年（925），頁 150-152：「次
　　女婢婢」。〈隋李奴奴誌〉，大業三年（607），《隋誌彙考》，第三冊，頁
　　220-221：「恆州九門縣建興鄉故人李奴奴」；〈大唐故樊君墓誌銘〉，龍
　　朔三年（663），《唐誌彙編》，龍朔○七三：「嗣子樊奴奴」；〈唐故徐氏
　　府君墓誌銘〉，元和八年（813），《唐誌續編》，元和○四八：「長女奴奴」。

高，越是如此，相反的，在西陲地區存在大量極俗的雙名，男女皆然。

　　以上不管是貴名或小名，都是世俗之名，可以想見係由本家長輩所取，唐代婦女如果想在家庭（本家或夫家）之外寄託信仰，絕大多數會選擇佛教，其次是道教，這也讓他們擁有為自己命名、至少選擇符合自我意志之名的些許自由。前文已經提過婦女慣用的三字佛教法名，這裡補充少數其他例子，以明此意：初唐盧舍衛（字淨觀）之名得自佛陀長期講經的舍衛城，著名的祇樹給孤獨園即在此處，她的墓誌為其夫所撰，如實記錄她的佛教名、字，證明這種用法也被家人接受[699]，稍晚的岑平等（字宣慈），其夫為太宗重臣劉洎之子，守寡多年，墓誌說她「以幽閑之性，融心於寂滅之津，持婉嬺之風，淨念於無為之境」，「幽閑」並非悠閒，幽本有閉鎖之義，閑字則指防範、禁止，《古文尚書‧畢命》：「雖收放心，閑之惟艱」，《易‧乾卦》：「閑邪存其誠」，她無疑是將孀居後的身心寄託在佛教中，平等、慈悲都是佛教徒重要的德行[700]，至於朱武姜（字十忍），其字非常可能來自《華嚴經‧十忍品》，她孀居多年，墓誌讚美她是「婦典母範」，又說她「稟味禪悅，證勤忍之精至」，佛教顯然對她的後半生有重要的意義，此字得來殊非無故[701]；開元時崔安樂（字檀波），其字為「檀波羅密」之略語，唐文中頗有其例，義為布施，雖然墓誌完全沒有提到她的信仰，但可以確信與佛教有關，因布施而得樂果，正是佛經之常談[702]；中唐的李真（號圓虛）孀居二十餘載，嫁出

699　〈唐盧舍衛墓誌〉，永隆二年（681），《西市墓誌》，頁 237-238。

700　〈唐岑平等墓誌〉，大足元年（701），《洛陽新誌》，頁 44。

701　〈唐故右金吾胄曹參軍沈君夫人朱氏墓誌銘〉，神龍二年（706），《唐誌彙編》，神龍〇二四。

702　〈唐崔安樂墓誌〉，開元二十四年（736），《洛陽續編》，頁 123。

三女皆歿，「栖心玄旨，反源復性」，真字不知是否為原名，至少圓虛當為皈依後所取[703]，崔上真則是「常絕葷辛，持般若經，誦陀羅尼咒」[704]，此外像劉媛（字玄真），從墓誌看不出她的信仰，不過其名應該原本即有，其字則是後來所取，可能更契合她自己的想法[705]，王照乘也是如此[706]。宗教是中古婦女往來家庭與社會之間的重要孔道，宗教人名宛如她們用來標示認同的通行證。

　　至此讀者可能會問，在唐代難道沒有個性、表現獨立的女性使用不同於傳統的名字嗎？前引魚玄機就有比較鮮明的女性意識，盼望靠才學和男性爭勝（詳第三章第三節），但所用仍是道教沖漠之名，不足以充分突顯她的情志；中唐時有宋氏五姊妹，依序名為若莘、若昭、若倫、若憲、若荀，出身儒學世家，合著有《女論語》二十篇，她們奉詔入宮中，不僅答問經義，也參與君臣詩文唱和，德宗「不以宮妾遇之，呼為學士先生」，憲、穆、敬三帝都稱若昭為先生，使之參與草詔，宗室內外亦尊之為師，鬆動了傳統男女觀所綁定的形象，不過這種情形在唐代絕無僅有，除了機遇與自身條件，她們「誓不從人，願以藝學揚名顯親」的意志同樣不可或缺[707]，五姊妹的名字相當典雅，很可能皆有典據，若昭之名很可能來自對班昭的崇拜，但並非社會芸芸女名的常態，前文提到中古女名除了〈內則〉之外，引經據典的色彩極

703　〈唐李真墓誌〉，元和六年（811），《西市墓誌》，頁762-763。
704　〈故齊州禹城縣令隴西李府君夫人清河崔氏墓誌銘〉，順天二年（760），《唐誌續編》，順天〇〇四。
705　〈前河南府福昌縣丞隴西李君故夫人廣平劉氏墓誌銘〉，元和十三年（818），《唐誌續編》，元和一二一。其夫名孔明。
706　〈唐王照乘墓誌〉，大中十年（856），《洛陽續編》，頁247。
707　《舊唐書》，卷五二，〈后妃下〉。並見〈宋若昭墓誌〉，大和二年（828），《珍稀百品》，頁286-287。

淡,除了娥皇、女英,更幾乎不見有引用古人為名的例子,班昭可能是例外,至於盛唐之盧曾參也不足以作為代表[708]。

在唐代另一個引用古代女性為名的作法是「娀」字,相傳堯時有娀氏之長女簡狄,曾誤吞玄鳥之卵,因而產下商代的始祖契,其事見於《詩經》、《世本》等古籍,在劉向《列女傳》中,首篇為娥皇、女英,其次為后稷之母姜嫄,再來就是簡狄。以「姜」為名者向來極多,加上《詩》稱女為「孟姜」,更讓此字受到喜愛,「嫄」在唐代有玄宗時典膳郎獨孤君妻薛嫄(字象元)[709],「娀」字則有渤海人李娀(字少容)[710],以及豆盧娀,墓誌說其家本姓慕容,居於北燕[711],巧合的是這兩個例子都有北胡背景,也許因此不忌其音與「戎」相同。綜而觀之,相對於男性人名有廣大的思想價值範圍可以取材,女性命名能依據的經典僅有與古典女範或女教相關者,不然只有從佛教另尋安頓。中唐時有一位李夫人,出身弘農楊氏,看來與本家關係極為親密,其母曾說「此女甚奇,慎勿妄許嫁」,在她身後,由其二哥撰寫長篇墓誌,宛若史傳之文,稱這位小妹能讀史操琴,又極善持家,讓人感到「薰然入芝蘭之藹室,肅然見霜雪之在林,用之若長劍倚天,卷之若浮雲歸岫,借乎吾妹之所稟也」,甚至說道:

> 苟在一男子,遇唐虞,則為曦仲、和叔、皋陶、伯夷;值姬孔,則為閔天、泰顛、顏回、冉有。移之於文學,賈馬不足儔;數之於戰陣,韓彭未之舉。若乃黃霸、龔遂、西門豹、密子賤之類得之,又遽肯稱於一州一邑乎?

708　〈唐程君妻盧曾參墓誌并蓋〉,開元二十八年(740),《河洛墓刻》,頁315。
709　〈唐獨孤夫人薛嫄墓誌〉,開元二十八年(740),《七朝》,頁229。
710　〈唐李娀墓誌〉,開元二十九年(741),《洛陽續編》,頁131。
711　〈□唐故岐王府祭酒崔公豆盧夫人墓誌銘〉,天寶四載(745),《唐誌續編》,天寶〇二二。

這種說法透露出對妹妹才性的自豪與遺憾，如果她是男性，必然有生動多樣的文化表現，但可惜的是我們仍然只知道她本家姓楊，夫家姓李，她的名字還是在其兄文情並茂的筆下被隱藏[712]。

至於史籍中的民間婦女，主要見於兩《唐書·列女傳》，兩者都以隋時李德武妻裴淑英為首，淑英之父裴矩因德武坐從父事徙嶺南，奏請離婚，煬帝許之，淑英的反應非常激烈，直言「夫者，天也，何可背乎」，並欲持刀毀容，以示決不再嫁[713]。唐初武周時有韋嘉娘（字貞休）[714]，家世甚顯，十四歲嫁給盧氏，後來其夫與所育三男一女皆亡故，父母要她改嫁，她乃援刀截耳，聞於當軸[715]。不過這種態度是否為民間流行的婚姻觀，有待研究，但可以想見這種觀念必然會影響女性之名，但在這兩卷女性傳記中，大多數都以某氏之「女」、「妻」、「母」帶過，僅記錄蘭英、象子、無忌、碎金、阿足、玉英、瓊真、妙法、和子、小娥等名，多數都相當質樸，名、字俱全的只有晚唐殷保晦妻封絢（字景文），她能文章、草隸，祖父封敖為宣宗時尚書右僕射，並不屬於庶民[716]。除了房山石刻、西陲文書，唐代民間廣大女性的名字很少被記錄，從現有的樣本中，也不容易完整窺見她們在家庭生活以外的社會影像，儒家經典強調的經世、修身之想，與其名幾乎完全絕緣，遑論在其中呈現對女性生命角色與未來的反思。總之，中古社會儘管備染胡風，女性活動較後世開放，而且出現不少在政治或家庭領域足以和男性抗衡的女子，但從她們的名字來看，排除俗名、卑名，最主要的根源仍來自華夏古代的女性觀，強調

---

712 〈唐李朋夫人楊氏墓誌〉，咸通六年（865），《西市墓誌》，頁973-975。
713 《舊唐書》，卷一九三，〈列女〉；《新唐書》，卷一三〇，〈列女〉。
714 〈唐韋嘉娘墓誌〉，開元十五年（727），《西市墓誌》，頁444-445。
715 〈唐王妃子墓誌〉，顯慶四年（660），《西市墓誌》，頁134-135。
716 《新唐書》，卷一七七，〈封敖〉。

女德與婦容,也就是前文所揭舉的「崇德」與「尚美」,宋代以後的女名更是如此,反覆強化女性陰柔、纖細、重視容貌的形象[717]。這裡舉清代中葉李汝珍(1763?-1830)《鏡花緣》為例,此書被胡適譽為中國女權史上的光輝之作[718],書中設定的女性之名又是如何呢?

> 夢神所說名花十二,我到海外,處處留神,至今一無所見,惟所遇女子莫不以花木為名……我正忖度莫決,今日忽然現出「若花」二字,莫非從此漸入佳境?倒要留意了。[719]

小說家言雖出虛想,但往往也沾染作者所擁有的時代經驗,此書女性眉目鮮明,不讓鬚眉,作者也反對只重女子美貌的想法,然而綜觀全書所寫的一百名才女,幾乎全都被賦予柔媚、幽靜之名,無人間煙火之氣,只有閨臣、瑞徵、慶覃、良箴、耕煙是例外,整體而論,也不見絲毫有別於傳統婦女名字的痕跡。

審視古代中國社會的兩性角色分工,很難扶持所謂的「女性意識」,也不易見到明確以此入名的作為,本書的目的並不在找出這類表現,只是想說明女性人名在中古之後趨向固定,從而成為傳統女性文化的一部份,很可能要到近代才有所改觀。1940 年代初期,語言學家王力(1900-1986)明顯察覺「許多女學生的名字都和男學生一樣了」[720],他所見到的或許正是步偉、健雄等名,不少過去特與男性相連的元素被帶入名中,有女性被取名為亦男,其姊妹則名亦乾、亦璋,打破以生女為「瓦」(《詩經·斯

---

717 參看刁培俊、張文燕:〈芳名遺蹤:宋代女性人名用字探考〉,《廈門大學學報(哲學社會科學版)》2013 年 3 期,頁 93-99。此文有些說法可商榷,但大體可從。

718 胡適:〈「鏡花緣」的引論〉,《西遊記考證》(臺北:遠流出版公司,1986 年,《胡適作品集》第 10 冊),頁 118。

719 清·李汝珍:《鏡花緣》(臺北:世界書局,1974 年),第七回。

720 王力:〈姓名〉,原發表於《星期評論》1942 年,見《龍蟲並雕齋瑣語》(北京:中國社會科學出版社,1982 年),頁 3。

干》)、(《詩經·斯干》)、女「性」為柔、為靜(《周易·坤卦·文言》)的印象,明確表示女性也能與男性比肩,實現同等的價值。本書多次提到,人名常是集體心態的投射,傳統女性處於「以夫為天」的文化環境當中,後人很難從她們的名字找到女性獨立的身影,即使中古時期也不例外,直到近代女性乃逐漸找到另一片天空,包括她們擁有的新名字在內,也是一部份時代心靈的投影。

第八章 結 論

第一節 從人名到人心

　　本書以中國中古時期的人名表現為主題，於內探討這些人名的來源與形式，於外考察不同命名模式使用的情形，希望能藉此勾勒當時各種命名交織的情態，增進我們對中古整體人名文化的認識。過去不乏以「人名史」為名的專著，但其作法往往只是臚列、分類材料，不太考慮使用者的背景，也不談命名模式之間的關係，以致這些人名像是缺乏田野紀錄的標本，很難提供更深的了解，帶給讀者的也常是扁平的印象。除了歸納不同人名的共相，本書也嘗試說明其性質，以及此名之所以產生的背景，相信唯有透過比較精細的眼光，才能充分挖掘歷史中各種人名的意義，撰寫人名自身的歷史，進而循此探究歷史上的人心。以下將從人名史研究的角度，總述本書的發現與反思。

　　本書在討論某類人名的表現時，常有意與前後時期相比較，目的是為觀察此名與中古文化環境的關係，以及是否具有時代之特性。對現代人而言，對宋明以後的社會往往更為熟悉，畢竟相距較近，而且有許多習慣與概念仍保留至今，但另一方面，如果細心觀察，會發現有許多被視為「理所當然」或「不然」的事物，

並非自古而然，包括名字也是如此。清人陸以湉（1802-1865）對於名號現象多所留意，曾指出有許多「定名」其實並非原有，卻被後世忘其所以然：

> 古來避諱改字，至今尚有沿用不變者。漢呂后名雉，改為野雞；梁武帝小名練，改練為絹；唐高祖之祖名虎，改虎子為馬子；太宗名世民，改民部為戶部……地名尤多，吾浙虎林，以避唐諱改稱武林；嘉禾，以避三國吳太子名改稱嘉興；括州，以避唐德宗名改稱處州。其他更難悉數。[1]

他舉出的避諱改名只是命名文化的一部份，在各種名號演變的過程中，其實還有更多異質的成份，是在歷史過程中被各種力量篩選或「磨」掉的。中古時期的人名也是如此，當中有秦漢之舊慣，也有許多新加入的元素，並為後世所接收，但其中若干特殊的心態與表現不見其前，也罕見於後。對現代人而言，宋代以後的人名模式基本熟悉，秦漢以前則又太過陌生，當時的姓名結構尚未定型，命意往往難測，關於這點，只要稍閱晚清俞樾《莊子人名考》、《楚辭人名考》便可得知[2]。相較之下，中古人名則處於熟悉與費解之間，對於後來的人名發展，中古既是中繼或源頭，但也可能存在某些斷裂，以致後人心生「奇詭」之感。

　　人多以美名為好，但所謂「美」並不只限於用字或取象之美好，更遠非人名現象的全貌，從本書探討的中古人名案例來看，有很多不僅不優美，甚至不避忌醜惡俗賤，主導命名行為的通常不是文字美感，和廣大的集體心態關係往往更近。名字是人群共同處境中的產物，分享共通或近似的心態，在中古時期，命名的

---

1 清・陸以湉：《冷廬雜識》（北京：中華書局，1997 年），卷七，〈避諱〉，頁 377。
2 清・俞樾：《莊子人名考》、《楚辭人名考》，《春在堂全書》（光緒二十五年重定刊本），第六冊。

心態涉及宗教信仰、風俗、以及對於族群與兩性角色的認知,也關乎命名者的族群、階層背景,這些條件發生變化,人名的表現亦隨之而改,「美」只是其中局部的考量。正由於人類命名的來源多端,中古社會文化的複雜性又逾於後代,平鋪直敘,很難彰顯這些人名與環境的關係,更難以發揮人名的歷史價值。古代社會很早就開始講究命名,關於人名的使用也有各種規範,本書曾在緒論提到,在中古時期,人名主要的規範來源有三:一是周代以來貴族命名取字的傳統,二是王莽時復古倡導單名的風氣,三是中古歷朝的國諱與家諱,三者都有鮮明的禮法色彩,除此之外,幾乎不受到單一考量的支配。不過這些規範的效力僅限於士族等菁英群體,對廣大民眾而言,能否藉其名滿足個別的心態,才是最主要的考量,並不在乎禮法或菁英的品味,但這些無涉於「儒雅」、甚至與之相悖的人名,往往因此成為可貴的樣本,保留了多樣化的表現。

　　如果進一步思考人名作為材料的性質,中國自古固然重視歷史記載,但史籍並非包羅萬有,記載的標準多基於「事件性」與「道德性」而來,因此留名者多屬菁英群體,及其連帶與對立人物,前者如其親戚、僚屬、師友、節烈,後者以盜賊、外族為代表,絕大多數民眾毫無「事件」可言,亦不見「道德」表現,只有極小部分因特殊情況,得以留名青史,也因此如果僅憑藉正史,遠不足以了解古代人名文化的全貌,對於不符菁英主流名字的表現,常視而不見,或以為異類,但這些很可能才是當時更普遍的命名情態。職此之故,本書除了史籍、文集之外,盡可能利用造像記、墓誌、西陲文書,以及宗教典籍,擴充正史以外的樣本,或以前後時代之名相互佐證,目的正是為了評估這些人名使用的

情況。事實證明，透過上述未經菁英篩選的人名，常能發掘史書或文集所無的文化訊息，正因為這些人名不登大雅之堂，偶然留存，反而得以擴大文化觀察的視野。就政治史或文學史等課題而言，與菁英相關的活動紀錄通常遠較民眾重要，但從整體社會文化來說，民眾之名的重要性不必然低於菁英，本書緒論曾以「拼圖」形容古代人名的研究，每個群體的名字各有所重，也分享若干共通的心態，合為時代之共相，因此價值相等，並沒有高下可言，但確有組成之精粗；再者，就研究來說，某些面向的拼合確實比較困難，需要從不同角度推敲，才能掌握其間的圖像。無論如何，看似破碎的古代人名能夠補史之「餘」──不是研究課題的邊角，而是有待開拓的餘地，殆無疑也。

也正基於這樣的考量，本書除了在樣本上擴大來源，還希望建立一些可行的分析架構，提煉出有效的分類概念，開展人名作為文化樣本的立體性。本書由此繪出的圖像或許仍是模糊的，但模糊不一定就失真，重點在於是否有助於辨識，乃至重建這些材料與個別或集體心態的關係，若說本書與此前的研究相較有何新意，其一當在於這方面的反思與嘗試。依據中古社會的性質，本書綜合宗教、風俗、貴庶、族群、男女等視角，並提出四種命名模式的概念：「聖名」、「惡名」、「貴名」、「賤名」，說明中古時期命名表現的特色。「聖名」、「惡名」都與佛教有關，為中國前代所未有，使用者出於崇拜之心理，希望藉此獲得庇佑，但「惡」並非「聖」的對立，只是表現不同，故兩者並存，同為「庇護之名」，使用者不避重名，亦往往無男女之別。相較於此，「貴名」主要見於隋唐大族內部的成員，其內涵與華夏古代經典的關係更加密切，強調依據華夏經書或古代聖賢的典範，寄託經世或修身的價值，特別是以儒家為重，而且講究用字雅正，此名古已有之，在隋唐

時期特別明顯，世家大族之名不但有「經書化」的現象，而且加深「類書化」的風氣，所入名者皆為備受重視的價值或事物，可謂「尊貴之名」。「賤名」也出於本土，是古代「名」之信仰的產物，沒有現成的典籍或論述為依據，內涵與上述三者大相逕庭，簡而言之，可謂「厭惡之名」，使用者希望以此得到另類的保護。如果從目的或功能來相較，「貴名」是個人或家族理想的投射，其他三者則重在「名」的庇護效力，「聖名」、「惡名」是積極性的，有外在力量作為源頭，「賤名」則是消極性的，藉著特殊的物象或非常狀態，用來隱藏「真我」，但這三者都和「貴名」有程度不等的牴觸，特別是「惡名」與「賤名」。

本書提出的這四種概念應該有助於辨識古代人名的特色，從而考察在不同群體之間，不同命名模式表現的強弱或消長。以南北朝來說，與華夏古典淵源最深的「貴名」漸露端倪，「聖名」、「惡名」、「賤名」則大行其道，加上各種風俗性的人名與胡名元素，如果說這是中國人名史上最為豐富多姿的階段，當不為過。民眾廣泛使用「聖名」、「惡名」、「賤名」，不避重名，也不排斥俗鄙或外來色彩鮮明的物象，因此毗沙、鍾葵、阿蟲，往往同時數見，唯一的區別是目前尚未發現女子「惡名」之例，意象強烈的類似用法，比如殺鬼，也不見女性使用。至於猛獸之名，透露北方社會追求力量的心態，固然為男性所喜，也未必與女性絕緣。至於菁英命名用字，在儒雅之餘，也會以「聖名」作為小名，或以個別佛教字眼為「字」，典型的「惡名」、「賤名」幾乎絕跡，南北皆然，偶爾在小名中現出疑似的光影。隋唐之後，慕古之風大起，世家大族之名也發生變化，大量以華夏古代聖賢、經典內容入名，而且用字組合愈趨精密、華美，總結前代菁英名字之長的「貴名」

至此成熟。除了這些以外，本書也討論了中古道流之名，說明「道名」的來源及表現的曖昧性，以及變化之由，至於世俗女性之名的共相，在南北朝不分菁英基層，都重視容貌之美，以及求男之願，只不過菁英用字更為雅致，取象也更講求「古典」，入唐之後，內闈禮法色彩更增，崇德與尚美兼具，也為後來的女名所繼承，雖然唐代的菁英婦女不乏中性名字，但從整體來說，前述的表現還是主流。歸納以上的命名情況，中古時期人名表現最明顯的界限，並非宗教、族群或性別，而是使用者與華夏傳統的關係，包括「古典」與命名的舊慣在內。

　　如果擴大來看，中古時期由於多重文化交會的因緣，加上儒家力量尚未如後世深入社會，故其人名往往展現「不盡通儒義」（孫詒讓）、「受士族傳統文化影響較少」（周一良）的風貌，南北朝時最是如此。隋唐大一統之後，以華夏古典為依歸的「貴名」擴大發展，菁英創造了極可觀的命名藝術，惡名、胡名遭到淘汰，聖名則被藏於他們的小字之中，賤名、卑名也更加邊緣化、底層化。用比喻來說，人名使用者的文化背景與古典認同，猶如疏密不等的濾網，會讓他們篩選出不同的命名選項，在南北朝，各界的濾網相對寬鬆，隋唐以降，菁英採用的「網眼」乃趨於細密，以古典儒、雅的準繩為經緯，此法也為後世士人所採用。唐代基層社會的情形並不完全清楚，但比照前代，可以想見漢化、儒化程度愈低的群體，這種人名的濾網愈疏，變化也愈富（貴名除外），在後世也有這種情形，以遼代上京（今內蒙古赤峰市）〈崇善碑〉為例，為契丹所居之地，居民多半崇信佛教，頗類似中古前期的華北村落，此碑載有大量人名，幾乎都可以在北朝造像記或西陲

文書找到[3]，並見於《金史》、《元史》[4]，印證華夏化、古典化的程度對於命名之表現，實有關鍵性的影響。

中古菁英人名變化的過程，在北朝晚期已屢顯其端，這裡想舉一個前文未討論的個案，總結本書的論點。1990年陝西長安出土〈韋孝寬墓誌〉，記其夫人有楊氏、鄭氏（改姓賀蘭，名毗羅），以及拓跋氏三人，並有六子，名為那羅、諶（字奉忠）、總（字善會）、壽（字世齡）、霽（字開雲）、津（字悉達）、無漏。由於那羅早喪，韋諶出繼，故以韋總為嫡子，其子名曰圓成、匡伯、圓照[5]。孝寬（509-580）於《周書》、《北史》有傳，京兆杜陵人，世為三輔著姓，本名叔裕，少以字行，雖父母早故，又多事軍旅，終身不廢經史，他的名與表字也相互呼應。夫人毗羅如前所說，殆為佛教天王之名，至於韋氏諸子之間，看不出有相關的命名邏輯，那羅當係那羅延（Nārāyana）之略稱，從他早喪看來，無疑是小名，同時期的楊堅也以那羅延為小字[6]，此係印度教神名，為佛教所吸收，和毗羅都有鮮明的非漢色彩[7]，韋津以「悉達」為字，很可能是釋迦牟尼的俗名，為時人所通用，至於「無漏」也是佛教術語，指聖者解脫之境界，與眾生之「有漏」相對，必須透過靜慮得之，《新唐書‧宰相世系表》恰載其名為「靜」，適成對應。

3 劉鳳翥、唐彩蘭、青格勒編著：《遼上京地區出土的遼代碑刻彙輯》（北京：社會科學文獻出版社，2009年），頁306-310。

4 清‧梁章鉅：《浪跡叢談》，卷六，〈醜名〉，頁105-106。並參王善軍：〈從石刻資料看遼代世家大族與佛教的關係〉，《東亞文史論叢》（京都：東亞歷史文化研究會發行），2007年號，頁49-59。劉浦江對契丹人名的考察，尤其值得與北朝相參照，見〈契丹名、字研究──文化人類學視野下的父子連名制〉，《松漠之間：遼金契丹女真史研究》，頁123-175

5 〈韋孝寬墓誌〉，大象二年（580），《新出疏證》，頁296-300；李明：〈韋匡伯墓誌抉疑〉，《中原文物》2017年第4期，頁79-86。

6 《北史》，卷一一，〈隋本紀上〉。

7 楊憲益考察楊堅家族小名，認為頗受婆羅門教影響，可備一說，見〈薩寶新考〉，《譯餘偶拾》（北京：三聯書店，1983年），頁328-329的部份。

更有意思的是第三代的「圓成」,〈新表〉作「柱成」,根據墓誌,自以前者為是,此語不見於明代以前的非佛教文獻,始見於隋代之譯經,可推斷此名出自佛教的機會很高,取圓滿成就之義,在當時近乎新創,而且由其外孫墓誌證明這是正式人名,而非小名[8]。其弟名為匡伯(字辟邪)、圓照,後者也有佛教之意趣,至於匡伯之小字辟邪,僅見於其墓誌,匡伯三子名為思言、思齊、思仁,已見儒義,圓照之子則單名為「觀」,正好合成「觀照」,與「無漏」、「靜慮」同出於佛教,為前代罕用[9]。

　　縱觀韋氏四代人名,從毗羅、那羅、悉達、無漏到圓成、匡伯、圓照,再到思言、思齊、思仁,宛如北朝人名表現從外來語到本土化、從具體到抽象,最終回歸華夏古典的集體縮影。韋家的名字顯示,外來色彩鮮明的字眼和風俗性的選項已從正式人名退位,取名以男性事功或現世祝福之意為主,如果要取自佛教音譯語(如那羅)或風俗性的用法(如辟邪),則以小字表之,若想將佛教元素用在正名,會選擇更富佛學意涵的抽象詞彙。整體來看,韋家之名雖未明確「經書化」,但變化之兆已成,〈新表〉記載思言的下一代,就有兄弟名為求、回、由——對照其同輩,此名最有可能的來源,正是孔門弟子的冉求、顏回與子路,符合本書所提出的「貴名」。韋氏是一個跨越北朝到唐代的典型關隴菁英家族,孝寬在北周時曾獲賜姓宇文,圓成三兄弟於隋時俱封國公,圓照娶楊堅孫女[10],亦因從妹、諸女與楊隋、王世充政權、李唐結姻,韋家人名的變化正提示我們,中古人名有其動態的發展,研究者不能局限於「名」的字面,需要觀察各種命名元素在不同

8　〈唐故右驍衛大將軍兼檢校羽林軍贈鎮軍大將軍荊州大都督上柱國薛國公阿史那貞公墓誌銘〉,上元二年(675),《唐誌彙編》,上元〇一四。
9　《新唐書》,卷七四上,〈韋氏・鄖公房〉。
10　〈隋韋圓照妻楊靜徽誌〉,大業六年(610),《新出疏證》,頁533-535。

群體或世代間的取捨及其背景，才能充分了解人名之表裡，探測社會文化所留下的影跡。

第二節　後續研究展望

　　前文已經提出，人名研究以研究樣本為基礎，對材料有非常高的依賴性，伴隨新出石刻不斷發佈，以及數位檢索範圍的擴大，本書的若干說明勢必有需要補充之處，但所提出的分析架構與概念，當有一定程度的有效性，能為來者所參考。除此之外，本書認為在研究課題方面，以下幾點也值得繼續探索。

　　首先，是中古時期的小名文化，南北朝史書保留的小名、小字已經不少，但目前仍未有綜合性的研究，從當時的使用情形來看，名、字、小名三者之間的關係並不穩定，菁英經常使用佛教語、卑名、胡名為字，甚至當成正式人名，如果說南北朝是歷史上小名特別活躍的時代，當不為過，這裡舉北朝晚期之一例，隋文帝楊堅五子，《隋書》除了第五子楊諒（字德章），所載長子勇（字睍地伐），次子廣（小字阿䗪），三子俊（小字阿祇），均非典型漢式之「字」[11]，從北齊元䗪耶墓誌得知，䗪字即摩或磨，再者，北齊李元忠之宗人李愍（字魔憐），以「魔」為名字者，史籍僅此一例，乍看殊為可怪，若對照石刻所記懷州刺史封魔奴，係勃海脩人，卒年六十八，生於北魏太武帝始光初年[12]，可知前

---

11 楊廣小字見《隋書》，卷三，〈煬帝上〉，其餘見卷四五，〈文四子〉。
12 〈封魔奴墓誌〉，正光二年（521），《南北朝彙編》，頁168-169。誌文說他「幼集生艱，早離家難」，魔奴或係小名，北魏封虔之子亦名磨奴，見《魏書》，卷三二，〈封懿傳〉。

一「魔」字實與鬼魔無關,而是當時之習慣用字,可能出於胡語[13]。相較之下,兩《唐書》所收小名甚少,但這絕不代表唐人缺乏小名之風,在墓誌中就保留了大量案例,而且頗有前代所無的面貌。

　　有學者指出以數字為序的人名用法,應起於南北朝[14],此法起初當為小名,後來浸為家族成員行第之標誌,岑仲勉《唐人行第錄》即緣此而作,並指出此慣習「不寧惟男,女復如是」。中唐有清河人張鍠,墓誌載其「字張八」[15],如據岑氏說,張氏應是家中第八子,或同族平輩中的第八人。不過數字人名的作用並不止於顯示長幼次序,還有風俗的意義,為岑書所未及。玄宗時宰相宇文融第十九女十八歲嫁李無謿,二十六歲而卒,生子名為劉三,與父母之姓都無關[16],柳宗元卒年四十七,子周六、周七,纔三四歲[17]。女童也是如此,開元時有襄州別駕李君第三女李惠真,墓誌明載「幼名許八」[18],乾元(758-760)初,竇展死於剿平安史殘餘力量之役,時年三十四,其妻元氏尋相辭世,二人遺有兩女,名為卿卿、張六,大曆十四年(779)父母合祔時,皆已

13　《北齊書》,卷二二,〈李元忠傳〉。另有王摩女,並見〈陳神姜等造像記〉,大統十三年(547),《百品》,頁129-130;〈劉碑造像記〉,天保八年(557),同前,頁160。成磨子,見〈楊昇遊妻成磨子墓誌〉,天保四年(553),《墨香閣》,頁98-99。絳磨姬,見〈絳阿魯佛道教造像碑〉,武成元年(559),《北朝佛道》,頁138。李元海孫女名為摩羅,見〈李元海兄弟七人等造元始天尊象碑〉,建德元年(572),《魯迅》第2函第5冊,頁1009。隋大業年間有〈佛弟子李通國造天尊像記〉,亦有「姊磨女」,〈劉男俗造像記〉也有「迴女、魔女」,分別見《道教經典》,頁155、156。隋初有張妃,字磨子,見〈唐田仕暨妻張妃墓誌〉,永徽二年(651),《洛陽續編》,頁28。魔字也為男性所用,北魏神龜初年(518-520)之〈王守令佛道造像碑〉,有「錄生王磨爾」,《北朝佛道》,頁129。
14　周法高:《中國古代語法・稱代編》(臺北:中央研究院歷史語言研究所,1994年),頁280-282。
15　〈唐張鍠墓誌〉,長慶二年(822),《洛陽續編》,頁209。
16　〈唐李無謿妻宇文氏墓誌〉,天寶壬辰年(652),《洛陽續編》,頁155。
17　《舊唐書》,卷一六〇,〈柳宗元〉。
18　〈唐李惠真墓誌〉,開元二十三年(735),《邙洛》,頁162。

及筓，可知其父陣亡時，她們都還很小[19]。唐人確實使用這種異於本家姓氏的帶姓小名，開元時絳州正平縣主簿李庭秀有子二人，名為韋五、韋六，均屬童孺[20]，德宗宰相高郢之子高定，小字董二，世重其早慧，遂以字顯[21]，可見成年後這種用法還是會被接受，至於這種取用異姓為名的心態，晚唐陳魴的墓誌似乎透出一些端倪，他娶馮氏，有二子，名為王十、易養，模擬易姓為子的行為，正是當時人相信幼童得以易養[22]。

類似例子在唐人墓誌中相當多，以下再舉數例，以供參驗：貞元時有一位盧夫人王氏，長子名為李建（十六歲），次子、長女分別名為崔七（七歲）、崔六（九歲）[23]，永州刺史蕭君先後娶裴氏、崔氏，共有四子，名為蔣老、禪奴、小岑、呂七，禪奴本係「聖名」，不足為異，但蔣、呂二字皆與其家無關[24]；另有一位吳夫人李紹仁，身後留下二子，名為王十、賈郎，女名裴八生纔半歲[25]；晚唐某郭氏妻姓李，養女四人，分嫁崔、孫、張、王氏，共有孫輩六人，墓誌依序載其名為天德、張八、楊什、留九、謝留、韓七，這些數字也很難說是家族行第[26]。這種異姓加數字而來的人名不見於南北朝，流行於唐代，依個人所見，至少到五代仍是如此[27]，能否與江紹原所說的「寄名」、「借名」、「偷名」、「撞

---

19 〈唐寶展墓誌〉，大曆十四年（779），《洛陽續編》，頁 178。

20 〈唐李庭秀墓誌〉，開元十年（722），《西市墓誌》，頁 408-409。

21 《新唐書》，卷一六五，〈高郢〉。

22 〈唐陳魴墓誌〉，咸通十一年（870），《西市墓誌》，頁 992-993。

23 〈唐王普功德墓誌〉，貞元十七年（801），《西市墓誌》，頁 712-713。

24 〈唐崔俋墓誌〉，大和二年（828），《西市墓誌》，頁 832-833。

25 〈唐李紹仁墓誌〉，開成二年（837），《長安新誌》，頁270-271。

26 〈唐郭君妻李氏墓誌〉，天祐十四年（917），《西安新誌》，頁 939-940。

27 〈後周王行實墓誌〉，廣順二年（952），見《西安新誌》，頁 959-960；〈後周王行實墓誌〉，顯德二年（956），《西市墓誌》，頁 1054-1055。

名」風俗相連結，頗可思之[28]。除此之外，還有其他類似的變化：宣宗時盧軺為其妻鄭氏所撰墓誌，提到他們婚後僅舉一子，名曰鄭六，乃是使用母姓為小名，後名茂實[29]，懿宗時孟啟妻李瑊年三十五而逝，留有一女纔周歲又五月，取名李七，也從母姓得名[30]，不知是否有寄託給女方家族的象徵。另一種作法則是數字在姓之前，懿宗時范陽尚書李文益前後三娶：程氏生克戎，二十六歲而歿；續娶曹氏，生子三人，名為克戍、次劉、三劉；後娶衛氏未育，「次」、「三」當取自其母所生之排行，「劉」字則屬異姓[31]。中古時人為使幼童順利成長，常將之寄養於外，前引謝靈運小字客兒，即由此而來，但不會因此真的改換本姓，不過中唐時有一條特殊的紀錄，同安郡王李琳素來不育，晚年忽得一子，「慮不宜尔，爰寄于穎川陳氏以長之」，遂名為陳守禮[32]，這可否算是變相的「寄養」呢？前文說此事「特殊」，但實際上，這可能是當日之「尋常」，只因偶然被記錄，遂留下人心隱微的痕跡[33]。

此外，小名也常有兩性混用的情況，太宗貞觀初年武官內宴，作酒令，各言小名，左武衛將軍李君羡自稱「五娘子」[34]，懿宗時城固縣丞韋識五十五歲而歿，其子年方七歲，生而失明，喚作趙娘[35]，金州石泉縣令陳師上有子九歲，名為妹郎[36]，晚唐張

28 北京魯迅博物館編：《苦雨齋文叢：江紹原卷》，頁 164-169。
29 〈唐盧軺妻鄭氏墓誌〉，大中十二年（858），《洛陽新誌》，頁 117。
30 〈唐李瑊墓誌〉，咸通十二年（871），《洛陽續編》，頁 266。
31 〈唐李文益墓誌〉，大中七年（853），《西安新誌》，頁 771-772。
32 〈唐陳守禮墓誌〉，貞元二年（786），《西市墓誌》，頁 666-669。
33 後世頗有類似之俗，參見清・徐珂編：《清稗類鈔》，〈乾兒〉，頁 2192：「蓋於十齡之內，認二人為義父、義母，稱之曰乾爺、乾娘。吳俗曰過房，越俗曰寄拜。乾爺為其命名，冠己以姓，曰某某某，必雙名，兩字也。然姓不表而出之，即其名，亦惟乾爺、乾娘自稱之，通行於社會者，則仍本姓本名，此所以異於義子也。雖乾字有相假之義，與義字之訓假者略同，而義子則為人後，乾兒則僅曰寄男女也」。
34 《舊唐書》，卷六九，〈薛萬徹〉。
35 〈唐韋識墓誌〉，大中九年（855），《西安新誌》，頁 782-784。

國清之孫名為婆兒[37]，這種「男用女名」的作法看似與前引張黑女相通，在唐代是否廣為風氣，也可以探究。總之，過去探討古代人名，往往忽略小名的角色，視為名、字之從屬，只重其趣味，而不甚探索其中的內涵與背景，小名雖然不在菁英的正式人名結構與規範之內，卻是貴庶胡漢男女都使用的模式，彈性很大，應該可以從事更深入的分析，不僅只作為談助而已。

　　再來，即使是在習見的菁英之名中，也仍然有開發的空間，前文指出經書化的「貴名」是唐代大族命名模式的主流，但在不同家族之間是否有集中某部經典或某些思想的習慣，與其家學、家風與地域分佈、學術網絡有無關聯，也值得探索，學術史、經學史家迄今似乎不曾開發這個面向。此處補充前文未舉之一例，中唐獨孤及（725-777，字至之）有二子，名為朗（字用晦）、郁（字古風），父子三人，其名字皆有出典：《周易・乾》（君子進德脩業，忠信所以進德也，脩辭立其誠，所以居業也。知至至之，可與幾也……君子進德脩業，欲及時也）、《周易・明夷》（君子以蒞眾，用晦而明），至於獨孤郁，極可能出自《論語・八佾》（郁郁乎文哉，吾從周），以「古」釋「周」，同為慕古崇儒之意的展現，對照獨孤及看重古文的立場，此名誠非偶然，郁子名庠，表字賢府，自是尊賢育才之意[38]。針對這一課題，除了個別史傳，最主要的依據之一自然是《新唐書・宰相世系表》，此表以家族為經，再以世代為緯，體系龐大，除了專治中古士族之學者，少有人問津於此，治思想史、文化史者更罕有人關注其中之名。就本書的觀點來看，其中記錄的大量「貴名」，實無異中古貴族文化的

36　〈唐陳師上及妻郝氏合祔墓誌〉，開成五年（840），《邙洛》，頁 307。
37　〈唐張國清墓誌〉，咸通十二年（871），《西安新誌》，頁 848-850。
38　《新唐書》，卷一六二，〈獨孤及〉。

結晶之一，不容小覷，當可結合其他材料，從事名字探源的工作，個人暫稱之為「隋唐人名引經考」，相信可以在傳統小學訓詁方式之外，另闢理解中古人名內涵的蹊徑，進而擴大對唐代菁英心靈的認識。但也因此表性質特殊，想要觀察家族內部歷時性的變化，尚可為之，共時性的研究則相當困難，若能尋得方法上的突破，當可進一步開發表中人名多面向的價值。

最後則是以歷時性的視角，比較中國古代社會各階段的人名文化。以唐宋社會而言，在許多方面都有顯著的不同，人名既是時代心態的投影，理應也會有所反映；每個人名就像一片拼圖，都承載局部的真實，拚合所得，可能有多重圖像：從個體到家族、社群，到同性別、同階層、同世代，進而交叉套疊，都可以看出不同的意義，本書的工作僅是一個開端，希望能稍微豐富讀者對於中國人名文化的認識與感受。比如隋唐以聖賢、經書入名的作法，明顯為宋代菁英吸收，如果結合《宋人傳記資料索引》，當可追索「貴名」是否在各地擴大，乃至其內涵之延伸。又像是後人難以理解的「賤名」，其實直到近代才因改革「迷信」而漸歇，透過這種「厭惡之名」在中古之後的變化，當可以看出歷代人心所「賤」是否有所差別。除此之外，還有一些巧思之名，唐初定州安喜縣令周三，字才，以三才拆成名、字，但看其名，不啻張三、李四之俗名，但搭配才字，氣魄遂顯，墓誌開頭更說「宇宙文明，廣求英傑」[39]，這類人名未必有普遍性，但如何解讀文字趣味之外的意義，當有待發之覆。總之，歸納古人命名的考量，往往牽涉到物質環境、人倫關係、信仰心態、禮俗習慣的因革，以及與華夏傳統關係之遠近，從而締造不同的人名風貌，而以人名作為

39　〈唐周三墓誌〉，開元三年（715），《洛陽續編》，頁91。

探究人心的材料，雖然零散破碎，但從整體來看，誠有其他文獻不及的價值。歷史上經常有很多共識，對當時人來說不言自明，後人看來卻可能莫名其妙，甚至視而不見，但在後人以為的「理所當然」與「大謬不然」之間，往往藏有許多複雜的文化連結，無論其或隱或顯，都值得細心審視，包括古今人名的常或非常、變與不變，從而作為當前或未來名字與心靈的參照。這裡想引用近代學者顧頡剛（1893-1980）的一段話，總括人名研究的意義，他曾經如此陳述傳統學術筆記的性質：

> 譬猶地質學家之撿拳石，考古學家之拾片瓦，自他人觀之，盡廢材也，而就撿拾之者言之，則苦心存焉爾，期望存焉爾。[40]

顧氏以顧炎武、沈括、洪邁自許，也提醒了我們古來學者「人棄予取」的眼光與關懷，許多人物於史無著，偶然留名於石刻或文書，似乎也無關緊要，但如果從心態記錄的角度來說，這些人名自然有其意義，乃至能成為知人論世之助，顧氏強調有許多材料能否發揮價值，端賴「苦心」與「期望」之有無，吾人看待古今人名之探究，應當也可以持如是觀。

---

40 〈法華讀書記序〉，《顧頡剛全集》（北京：中華書局，2010 年），第 20 冊，頁 3。

引用及參考文獻

　　本書引用及主要參考文獻，分為傳統文獻、出土文書及石刻資料、工具書、近人著作四大類，並各依以下原則次第排列：

　　一、傳統文獻：先依傳統四部及宗教類區分，再略依其性質或年代排列。

　　二、出土文書及石刻資料：依編纂者姓名筆劃排列。

　　三、工具書：依編纂者姓名筆劃排列。

　　四、近人論著：分專書、單篇論文、翻譯著作、學位論文四類，再依作者姓名筆劃排列。

一、傳統文獻

（一）經　部

清・阮元審定、盧宣旬校：《重刊宋本十三經注疏附校勘記》（臺北：藝文印書館，1965 年，清嘉慶二十年南昌府學刊本）。

西漢・揚雄撰，周祖謨校箋：《方言校箋》（北京：中華書局，1993年）。

東漢・許慎著，清・段玉裁注：《說文解字注》（臺北：藝文印書館，2007 年，經韻樓藏版）。

（二）史　部

三國・宋衷注，清・秦嘉謨等輯：《世本八種》（上海：商務印書館，1957 年）。

西漢・司馬遷撰，劉宋・裴駰集解，唐・司馬貞索隱，唐・張守節正義：《史記》（北京：中華書局，1959 年）。

東漢・班固撰，唐・顏師古注：《漢書》（北京：中華書局，1962年）。

劉宋・范曄撰，唐・李賢等注：《後漢書》（北京：中華書局，1965年）。

周天游輯注：《八家後漢書輯注》（上海：上海古籍出版社，1986年）。

東觀・劉珍等撰，吳樹平校注：《東觀漢記校注》（鄭州：中州古籍出版社，1987 年）。

東漢・衛宏撰，清・孫星衍輯：《漢官六種・漢舊儀補遺》（北京：中華書局，1990 年）。

西晉・陳壽撰，南朝宋・裴松之注：《三國志》（北京：中華書局，1959 年）。

唐・房玄齡等撰：《晉書》（北京：中華書局，1974 年）。

清・湯球撰：《九家舊晉書輯本》（北京：中華書局，1985 年）。

梁・沈約撰：《宋書》（北京：中華書局，1974 年）。

梁・蕭子顯撰：《南齊書》（北京：中華書局，1972 年）。

唐・姚思廉等撰：《梁書》（北京：中華書局，1973 年）。

唐・姚思廉等撰：《陳書》（北京：中華書局，1972 年）。

北齊・魏收撰：《魏書》（北京：中華書局，1974 年）。

唐・李百藥撰：《北齊書》（北京：中華書局，1972 年）。

唐・令狐德棻等撰：《周書》（北京：中華書局，1971 年）。

唐・李延壽撰：《北史》（北京：中華書局，1974 年）。

唐・李延壽撰：《南史》（北京：中華書局，1974 年）。

唐・魏徵等撰：《隋書》（北京：中華書局，1973 年）。

後晉・劉昫撰：《舊唐書》（北京：中華書局，1975 年）。

宋・歐陽修、宋祁撰：《新唐書》（北京：中華書局，1975 年）。

趙超編：《新唐書宰相世系表集校》（北京：中華書局，1998 年）。

陳麗萍：《兩《唐書・后妃傳》輯補》（香港：香港大學饒宗頤學
　　術館，2012 年）。

宋・司馬光編著，元・胡三省音註：《資治通鑑》（北京：中華書
　　局，2011 年）。

唐・吳兢：《貞觀政要》（臺北：黎明文化，1990 年）。

東晉・常璩撰，任乃強校注：《華陽國志校補圖注》（上海：上海
　　古籍出版社，1987 年）。

清・吳任臣：《十國春秋》（北京：中華書局，2010 年）。

東魏・楊衒之著，范祥雍校注：《洛陽伽藍記校注》（上海：上海
　　古籍出版社，1978 年）。

梁・宗懍撰，姜彥稚輯校：《荊楚歲時記》（北京：中華書局，2018
　　年）。

唐・杜佑：《通典》（北京：中華書局，1988 年）。

元・不著編人：《大元聖政國朝典章・禮部》（臺北：國立故宮博
　　物院，1976 年）。

清・王鳴盛：《十七史商榷》（上海：上海書店出版社，2005 年）。

清・趙翼著，王樹民校證：《廿二史札記校證（訂補本）》（北京：
　　中華書局，2001 年）。

（三）子　部

周・老子著，朱謙之校釋：《老子校釋》（北京：中華書局，1984年）。

周・莊子著，清・王先謙集解：《莊子集解》（北京：中華書局，1987年）。

戰國・荀子著，清・王先謙集解：《荀子集解》（北京：中華書局，1988年）。

袁珂校注：《山海經校注》（上海：上海古籍出版社，1980年）。

西漢・劉安纂，劉文典撰：《淮南鴻烈集解》（北京：中華書局，1989年）。

西漢・劉向著，王叔岷撰：《列仙傳校箋》（臺北：中央研究院中國文哲研究所，1995年）。

東漢・王充著，黃暉撰：《論衡校釋》（北京：中華書局，1990年）。

東漢・應劭撰，王利器校注：《風俗通義校注》（北京：中華書局，2010年）。

西晉・張華撰，范寧校證：《博物志校證》（北京：中華書局，1980年）。

西晉・崔豹：《古今注》（上海：商務印書館，1956年）。

東晉・葛洪著，周天游校注：《西京雜記校注》（北京：中華書局，2020年）。

東晉・葛洪撰，胡守為校釋：《神仙傳校釋》（北京：中華書局，2010年）。

東晉・干寶撰，汪紹楹校注：《搜神記》（北京：中華書局，1985年）。

劉宋・劉義慶著，梁・劉孝標注，余嘉錫箋疏，周祖謨等整理：《世說新語箋疏》（北京：中華書局，2007年）。

梁・蕭繹撰，許逸民校箋：《金樓子校箋》（北京：中華書局，2011年）。

北齊・顏之推撰，王利器集解：《顏氏家訓集解》（上海：上海古籍出版社，1980年）。

唐・徐堅等編：《初學記》（北京：中華書局，2004年）。

唐・劉餗：《隋唐嘉話》（北京：中華書局，1997年）。

唐・鄭處誨：《明皇雜錄》（北京：中華書局，1997年）。

唐・張鷟：《朝野僉載》（北京：中華書局，1997年）。

唐・陸龜蒙：《小名錄》（明萬曆中會稽半埜堂商濬校刊《稗海》本）。

五代・孫光憲：《北夢瑣言》（北京：中華書局，2002年）。

五代・王仁裕：《開元天寶遺事》（北京：中華書局，2006年）。

北宋・李昉等編：《太平廣記》（北京：中華書局，1961年）。

北宋・李昉等編：《太平御覽》（臺北：臺灣商務印書館，1975年，《四部叢刊》本）。

北宋・王讜撰，周勛初校證：《唐語林校證》（北京：中華書局，1987年）。

北宋・汪藻編，楊勇補訂：〈世說敘錄・人名譜〉，收入楊勇校箋：《世說新語校箋（修訂本）》（北京：中華書局，2006年），第四冊。

北宋・趙彥衛：《雲麓漫鈔》（北京：中華書局，1996年）。

南宋・王觀國：《學林》（北京：中華書局，2006年）。

南宋・王明清：《揮麈錄》（北京：中華書局，1961年）。

南宋・王楙：《野客叢書》（上海：上海古籍出版社，1991年）。

南宋・周密：《癸辛雜識》（北京：中華書局，1997年）。

南宋・俞成:《螢雪叢說》(北京:中華書局,1985 年,《叢書集成初編》本)。

南宋・洪邁:《容齋隨筆》(北京:中華書局,2005 年)。

南宋・張世南:《游宦紀聞》(北京:中華書局,1997 年)。

南宋・陳思:《小字錄》(臺北:臺灣商務印書館,1983 年,《景印文淵閣四庫全書》本)。

南宋・陳思著,石雲孫編著:《小字錄校注 小字錄續補》(合肥:安徽教育出版社,2020 年)。

南宋・劉昌詩:《蘆浦筆記》(北京:中華書局,1986 年)。

元・陶宗儀纂:《說郛》(上海涵芬樓排印本)。

明・宋應星:《野議》(杭州:西泠印社,2010 年)。

明・胡應麟:《少室山房筆叢》(上海:上海書局出版社,2009 年)。

清・顧炎武著,黃汝成集釋:《日知錄集釋》(上海:上海古籍出版社,2006 年)。

清・王士禎:《池北偶談》(北京:中華書局,2006 年)。

清・袁枚:《隨園隨筆》(臺北:新文豐出版公司,1997 年,《叢書集成三編》本)。

清・桂馥:《札樸》(北京:中華書局,2006 年)。

清・趙翼:《陔餘叢考》(石家莊:河北人民出版社,2007 年)。

清・梁章鉅:《浪跡叢談》(北京:中華書局,1997 年)。

清・梁紹壬:《兩般秋雨盦隨筆》(上海:上海古籍出版社,1982 年)。

清・陸以湉:《冷廬雜識》(北京:中華書局,1984 年)。

清・福格:《聽雨叢談》(北京:中華書局,1984 年)。

清・錢大昕:《十駕齋養新錄》(上海:上海書店出版社,2011 年)。

清・孫詒讓:《籀廎述林》(北京:中華書局,2010 年)。

清・沈曾植：《海日樓叢札》（上海：上海古籍出版社，2009 年）。

清・徐珂編撰：《清稗類鈔》（北京：中華書局，1984 年）。

（四）集　部

清・嚴可均校輯：《全上古三代秦漢三國六朝文》（北京：中華書局，1991 年）。

逯欽立輯校：《先秦漢魏晉南北朝詩》（北京：中華書局，1983 年）。

清・清聖祖勅撰：《全唐詩》（北京：中華書局，1979 年）。

清・董誥等編：《全唐文》（北京：中華書局，1987 年）。

任半塘編：《敦煌歌辭總編》（上海：上海古籍出版社，1987 年）。

潘重規編：《敦煌變文集新書》（臺北：文津出版社，1994 年）。

陳尚君輯校：《全唐文補編》（北京：中華書局，2005 年）。

（五）宗教典籍

漢・不著撰人，王明編：《太平經合校》（北京：中華書局，1985 年）。

梁・陶弘景編撰，吉川忠夫、麥谷邦夫編：《真誥校注》（北京：中國社會科學出版社，2006 年）。

梁・陶弘景撰，王家葵輯校：《登真隱訣輯校》（北京：中華書局，2011 年）。

北宋・張君房纂：《雲笈七籤》（北京：中華書局，2003 年）。

明・張宇初等編纂：《正統道藏》（臺北：新文豐出版公司，1985 年，上海涵芬樓影印本）。

大正新修大藏經刊行會編：《大正新修大藏經》（臺北：新文豐出版公司，1983 年）。

二、出土文書及石刻資料

大同北朝藝術研究院編著:《北朝藝術研究院藏品圖錄・墓誌》(北京:文物出版社,2016年)。

王其禕、周曉薇編:《隋代墓誌銘彙考》(北京:線裝書局,2007年)。

王連龍:《新見北朝墓誌集釋》(北京:中國書籍出版社,2013年)。

北京魯迅博物館、上海魯迅紀念館編:《魯迅輯校石刻手稿》(上海:上海書畫出版社,1987年)。

西安市文物稽查隊編:《西安新獲墓誌集萃》(北京:文物出版社,2016年)。

西安市長安博物館編:《長安新出墓誌》(北京:文物出版社,2011年)。

李明、劉呆運、李舉綱主編:《長安高陽原新出隋唐墓誌》(北京:文物出版社,2016年)。

李獻奇、郭引強編著:《洛陽新獲墓誌》(北京:文物出版社,1996年)。

周阿根:《五代墓誌彙考》(合肥:黃山書社,2012年)。

周紹良等編:《唐代墓誌彙編》(上海:上海古籍出版社,2007年)。

周紹良等編:《唐代墓誌彙編・續集》(上海:上海古籍出版社,2007年)。

洛陽市文物管理局編著:《洛陽出土少數民族墓誌彙編》(鄭州:河南美術出版社,2011年)。

洛陽市第二文物工作隊等編著:《洛陽新獲墓誌續編》(北京:科學出版社,2008年)。

胡戟、榮新江主編：《大唐西市博物館藏墓誌》（北京：北京大學
　　出版社，2012 年）。

胡戟著：《珍稀墓誌百品》（西安：陝西師範大學出版社，2016 年）。

神塚淑子：〈六朝時代の道教造像〉，《六朝道教思想の研究》（東
　　京：創文社，1999 年），頁 469-480。

神塚淑子：〈隋代の道教造像〉，《道教経典の形成と仏教》（名古
　　屋：名古屋大学出版会，2017 年），頁 147-157。

陝西省耀縣藥王山博物館等編：《北朝佛道造像碑精選》（天津：
　　天津古籍出版社，1996 年）。

國家文物局古文獻研究室等編：《吐魯番出土文書》（北京：文物
　　出版社，1981-1991 年）。

陳燕珠：《新編補正房山石經題記彙編》（永和：覺苑出版社，1995
　　年）。

馮賀軍：《曲陽白石造像研究》（北京：紫禁城出版社，2005 年）。

新文豐出版公司編：《石刻史料新編》（臺北：新文豐出版公司，
　　1978-2006 年）。

葉煒、劉秀峰主編：《墨香閣藏北朝墓誌》（上海：上海古籍出版
　　社，2016 年）。

賈小軍、武鑫：《魏晉十六國河西鎮墓文、墓券整理研究》（北京：
　　中國社會科學出版社，2017 年）。

榮新江等主編：《新獲吐魯番出土文獻》（北京：中華書局，2008
　　年）。

睡虎地秦墓竹簡整理小組編：《睡虎地秦墓竹簡》（北京：文物出
　　版社，2001 年）。

趙力光主編:《西安碑林博物館新藏墓誌彙編》(北京:線裝書局,
　　2007年)。

趙君平、趙文成編:《河洛墓刻拾零》(北京:北京圖書館出版社,
　　2007年)。

趙君平編:《邙洛碑誌三百種》(北京:中華書局,2004年)。

趙超編:《漢魏南北朝墓誌彙編(修訂本)》(北京:中華書局,2021
　　年)。

齊運通編:《洛陽新獲七朝墓誌》(北京:中華書局,2012年)。

劉景龍、李玉昆主編:《龍門石窟碑刻題記彙錄》(北京:中國大
　　百科全書出版社,1998年)。

劉鳳翥、唐彩蘭、青格勒編著:《遼上京地區出土的遼代碑刻彙輯》
　　(北京:社會科學文獻出版社,2009年)。

顏娟英主編:《北朝佛教石刻拓片百品》(臺北:中央研究院歷史
　　語言研究所,2008年)。

羅新、葉煒:《新出魏晉南北朝墓誌疏證(修訂本)》(北京:中華
　　書局,2016年)。

三、工具書

土肥義和編:《八世紀末期－十一世紀初期燉煌氏族人名集成・氏
　　族人名篇》(東京:汲古書屋,2015年)。

方積六、吳冬秀編:《唐五代五十二種筆記小說人名索引》(北京:
　　中華書局,1992年)。

王卡:《敦煌道教文獻研究:綜述・目錄・索引》(北京:中國社
　　會科學出版社,2004年)。

王彥坤編著:《歷代避諱字彙典》(北京:中華書局,2009年)。

王德毅等編：《元人傳記資料索引》（臺北：新文豐出版社，1979-1982 年）。

伊藤敏雄主編：《魏晉南北朝墓誌人名地名索引》（大阪：大阪教育大學，2008 年）。

李方、王素編：《吐魯番出土文書人名地名索引》（北京：文物出版社，1996 年）。

昌彼得等編：《宋人傳記資料索引》（臺北：鼎文書局，2001 年）。

高秀芳、楊濟安編：《三國志人名索引》（北京：中華書局，1980 年）。

張忱石編：《南朝五史人名索引》（北京：中華書局，1985 年）。

張忱石編：《晉書人名索引》（北京：中華書局，1985 年）。

張萬起編：《新舊五代史人名索引》（上海：上海古籍出版社，1980 年）。

張萬起編：《新舊唐書人名索引》（北京：中華書局，1986 年）。

陳仲安編：《北朝四史人名索引》（北京：中華書局，1988 年）。

傅璇琮、張忱石、許逸民編：《唐五代人物傳記資料綜合索引》（北京：中華書局，1982 年）。

鄧經元編：《隋書人名索引》（北京：中華書局，1979 年）。

四、近人論著

（一）專　書

王伊同：《五朝門第》（北京：中華書局，2006 年）。

北京魯迅博物館編：《苦雨齋文叢：江紹原卷》（瀋陽：遼寧人民出版社，2009 年）。

矢野主税：《魏晉百官世系表》(長崎：長崎大學史學會，1960 年)。

何淩霞：《三國志專名研究》(上海：上海古籍出版社，2017 年)。

何曉明：《中國姓名史》(武漢：武漢大學出版社，2012 年)。

呂思勉：《中國制度史》(上海：上海世紀出版集團，2002 年)。

呂思勉：《呂思勉讀史札記》(上海：上海古籍出版社，2005 年)。

岑仲勉：《金石論叢》(北京：中華書局，2004 年)。

李零：《中國方術正考》(北京：中華書局，2010 年)。

周一良：《魏晉南北朝史札記(補訂本)》(北京：中華書局，2015
　　年)。

周作人著，陳子善、張鐵榮編：《周作人集外文》(海口：海南國
　　際新聞出版中心，1995 年)。

周作人著，鍾叔河編：《周作人文類編》(長沙：湖南文藝出版社，
　　1998 年)。

周法高：《中國古代語法‧稱代編》(臺北：中央研究院歷史語言
　　研究所，1994 年)。

侯旭東：《五六世紀北方民眾佛教信仰：以造像記為中心的考察》
　　(北京：社會科學文獻出版社，2015 年)。

姚薇元：《北朝胡姓考》(北京：中華書局，2007 年)。

胡樸安：《中華全國風俗志》(長沙：嶽麓書社，2003 年)。

孫昌武：《北方民族與佛教：文化交流與民族融合》(北京：中華
　　書局，2015 年)。

柴小梵：《梵天廬叢錄》(北京：故宮出版社，2013 年)。

祝平一：《漢代的相人術》(臺北：臺灣學生書局，1990 年)。

納日碧力戈：《姓名論》(北京：社會科學文獻出版社，1997 年)。

馬長壽：《碑銘所見前秦至隋初的關中部落》(北京：中華書局，
　　1985 年)。

馬衡：《凡將齋金石叢稿》（北京：中華書局，1977 年）。

高國藩：《中國巫術史》（上海：上海三聯書店，1999 年）。

康樂：《從西郊到南郊：國家祭典與北魏政治》（臺北：稻鄉出版社，1995 年）。

張孟倫：《漢魏人名考》（蘭州：蘭州大學出版社，1988 年）。

章群：《唐代蕃將研究》（臺北：聯經出版公司，1986 年）。

許進雄：《中國古代社會：文字與人類學的透視》（臺北：臺灣商務印書館，1995 年）。

陳尚君：《唐女詩人甄辨》（北京：海豚出版社，2014 年）。

陳垣：《史諱舉例》（民國二十二年[1933]勵耘書屋刊本）。

陳國符：《道藏源流考》（北京：中華書局，1985 年）。

陳爽：《出土墓誌所見中古譜牒研究》（上海：學林出版社，2015 年）。

陳連慶：《中國古代少數民族姓氏研究》（長春：吉林文史出版社，1993 年）。

陳登原：《古今典籍聚散考》（上海：華東師範大學出版社，2010 年）。

陳槃：《古讖緯研討及其書錄解題》（臺北：國立編譯館，1991 年）。

陳槃：《漢晉遺簡識小七種》（臺北：中央研究院歷史語言研究所，1975 年）。

陳懷宇：《動物與中古政治宗教秩序（增訂本）》（上海：上海古籍出版社，2020 年）。

傅斯年：《性命古訓辯證》（上海：上海世紀出版社，2012 年）。

斯維至：《姓名的故事》（西安：三秦出版社，2001 年）。

黃正建主編：《中晚唐社會與政治研究》（北京：中國社會科學出版社，2006 年）。

楊寬：《古史新探》（北京：中華書局，1965 年）。

萬繩楠：《魏晉南北朝文化史》（臺北：雲龍出版社，1995 年）。

萬繩楠整理：《陳寅恪魏晉南北朝史講演錄》（合肥：黃山書社，1987 年）。

葉國良：《石學蠡探》（臺北：大安出版社，1989 年）。

賈敬顏：《民族歷史文化萃要》（長春：吉林教育出版社，1990 年）。

榮新江：《中古中國與外來文明》（北京：三聯書店，2001 年）。

榮新江：《中古中國與粟特文明》（北京：三聯書店，2014 年）。

趙鵬：《殷墟甲骨文人名與斷代的初步研究》（北京：線裝書局，2007 年）。

劉連香：《民族史視野下的北魏墓誌研究》（北京：文物出版社，2017 年）。

魯西奇：《中國古代買地券研究》（北京：文物出版社，2014 年）。

蕭遙天：《中國人名的研究》（北京：新世界出版社，2007 年，1970 年初版）。

羅常培：《語言與文化》（北京：北京出版社，2016 年）。

羅新：《中古北族名號研究》（北京：北京大學出版社，2009 年）。

羅新：《王化與山險：中古邊裔論集》（北京：北京大學出版社，2019 年）。

羅繼祖主編：《羅振玉學術論著集》（上海：上海古籍出版社，2013 年）。

顧頡剛：《顧頡剛全集》（北京：中華書局，2010 年）。

（二）單篇論文

方廣錩：〈藥師佛探源——對「藥師佛」漢譯佛典的文獻學考察〉，《疑偽經研究與「文化匯流」》（桂林：廣西師範大學出版社，2018年），頁306-340。

王力：〈姓名〉，《龍蟲並雕齋瑣語》（北京：中國社會科學出版社，1982年），頁1-7。

王賡武：〈中國之好古〉，王賡武著，姚楠編譯：《歷史的功能》（香港：中華書局，1990年），頁26-57。

白化文：〈「儒童」和「儒童菩薩」〉，《敦煌學與佛教雜稿》（北京：中華書局，2013年），頁287-297。

白彬、代麗鵑：〈試從考古材料看《女青鬼律》的成書年代和流行地域〉，《宗教學研究》2007年1期，頁6-17。

曲守約：〈婢妾之名字〉，《中古辭語考釋》（臺北：臺灣商務印書館，1968年），頁268-269。

朱江：〈江蘇高郵邵家溝漢代遺址的清理〉，《考古》1960年10期，頁18-23、44。

何德章：〈北魏遷洛後鮮卑貴族的文士化——讀北朝碑誌札記之三〉，《魏晉南北朝史叢稿》（北京：商務印書館，2010年），頁263-282。

何德章：〈北魏鮮卑族人名的漢化——讀北朝碑誌札記之一〉，《魏晉南北朝隋唐史資料》第14輯（1996年6月），頁39-47。

何德章：〈關於漢魏間的名字與行輩〉，《田餘慶先生九十華誕頌壽論文集》（北京：中華書局，2014年），頁203-206。

佟柱臣：〈嘎仙洞拓跋燾祝文石刻考〉，《中國東北地區和新石器時代考古論集》（北京：文物出版社，1989年），頁61-68。

吳麗娛：〈從唐代碑誌看唐人行第問題〉，《唐研究》第二卷（北京：北京大學出版社，1996 年 12 月），頁 347-372。

吳麗娛：〈敦煌寫本書儀中的行第之稱──兼論行第普及的庶民影響〉，《禮俗之間：敦煌書儀散論》（杭州：浙江大學出版社，2015 年），頁 303-345。

呂叔湘：〈南北朝人名與佛教〉，《呂叔湘全集》（瀋陽：遼寧教育出版社，2002 年），第十二卷，頁 398-408。

李正宇：〈敦煌學郎題記輯注〉，《敦煌學輯刊》1987 年第 1 期，頁 26-40。

李亦園：〈談中國人的名號〉，《信仰與文化》（臺北：巨流圖書公司，1978 年），頁 263-267。

李明：〈韋匡伯墓誌抉疑〉，《中原文物》2017 年第 4 期，頁 79-86。

李學勤：〈先秦人名的幾個問題〉，《歷史研究》1991 年 5 期，頁 106-111。

李豐楙：〈神仙三品說的原始及其演變──以六朝道教為中心的考察〉，《仙境與遊歷：神仙世界的想像》（北京：中華書局，2010 年），頁 1-46。

李豐楙：〈慧皎《高僧傳》及其神異性格〉，《神化與變異：一個「常與非常」的文化思維》（北京：中華書局，2010 年），頁 297-312。

李麗：〈魏書人名的詞彙透視〉，《漢語史研究集刊》第 9 輯（成都：巴蜀書社，2006 年 12 月），頁 91-102。

李穌書：〈三清考〉，《臺大歷史學報》第 64 期（2019 年 12 月），頁 1-55。

杜正勝：〈古代物怪之研究：一種心態史和文化史的探索（一）、（二）、（三）〉，《大陸雜誌》104 卷 1、2、3 期（2001 年 1、

2、3 月），頁 1-14、1-15、1-10。

辛德勇：〈北齊大安樂寺碑與長生久視之命名習慣〉，《石室賸言》（北京：中華書局，2014 年），頁 302-325。

邢義田：〈東漢的方士與求仙風氣：肥致碑讀記〉，《天下一家：皇帝、官僚與社會》（北京：中華書局，2011 年），頁 565-588。

邢義田：〈漢代畫象中的「射爵射侯圖」〉，《畫為心聲：畫象石、畫象磚與壁畫》（北京：中華書局，2011 年），頁 136-196。

邢義田：〈漢簡、漢印與《急就》人名互證〉，《地不愛寶：漢代的簡牘》（北京：中華書局，2011 年），頁 84-101。

阮昌銳：〈大樹的崇拜〉，《傳薪集：臺灣原住民與民俗研究期刊論文彙編》（臺北：山海文化雜誌社，2017 年），頁 347-357。

卓鴻澤：〈塞種源流及李唐氏族問題與老子之瓜葛──漢文佛教文獻所見中、北亞胡族族姓疑案〉，《歷史語文學論叢初編》（上海：上海古籍出版社，2012 年），頁 14-37。

周一良：〈中國的梵文研究〉，《唐代密宗》（上海：上海遠東出版社，2012 年），頁 141-156。

周伯戡：〈姚興與佛教天王〉，《臺大歷史學報》第 30 期（2002 年 12 月），頁 207-242。

林悟殊：〈唐代景僧名字的華化軌跡──唐代洛陽景教經幢研究之四〉，《中古夷教華化叢考》（蘭州：蘭州大學出版社，2011 年），頁 226-268。

林素娟：〈先秦至漢代禮俗中有關厲鬼的觀念及其因應之道〉，《成大中文學報》第 13 期（2005 年 12 月），頁 59-94。

竺家寧：〈中古漢語的「兒」後綴〉，《中國語文》2005 年第 4 期，頁 346-354。

侯旭東:〈六朝佛、菩薩信仰述論〉,收入余欣主編:《中古時代的禮儀宗教與制度》(上海:上海古籍出版社,2012 年),頁17-71。

俞理明:〈從「佛陀」及其異譯看佛教用語的社團差異〉,《漢魏六朝佛道文獻語言論叢》(北京:中國社會科學出版社,2016年),頁 87-107。

胡適:〈名教〉,《治學的方法與材料》(臺北:遠流出版公司,1986年),頁 69-82。

胡鴻:〈紙筆馴鐵騎——當草原征服者遇上書面語〉,《能夏則大與漸慕華風》(北京:北京師範大學出版社,2017 年),頁293-304。

唐長孺:〈范長生與巴氏據蜀的關係〉,《魏晉南北朝史論叢續編》(北京:中華書局,2011 年),頁 176-184。

唐長孺:〈論北魏孝文帝定姓族〉,《魏晉南北朝史論拾遺》(北京:中華書局,2011 年),頁 79-92。

唐長孺:〈讀李波小妹歌論北朝大族騎射之風〉,《山居存稿續編》(北京:中華書局,2011 年),頁 153-156。

孫作雲:〈中國古代的靈石崇拜〉,《孫作雲文集》(開封:河南大學出版社,2003 年),第 4 卷,頁 664-681。

宮川尚志:〈六朝人名に現はれたる佛教語(一)～(四)〉,《東洋史研究》第 3 卷第 6 號(1938 年),第 4 卷第 1、2(1938年)、4-5 號(1939 年)。

徐復觀:〈中國姓氏的演變與社會形式的形成〉,《周秦漢政治社會結構之研究》(臺北:臺灣學生書局,1975 年),頁 295-350。

徐灝飛:〈鮮卑文字形態及存無再辨〉,《浙江海洋大學學報(人文科學版)》2018 年第 4 期,頁 76-81。

殷憲：〈北魏平城磚瓦文字簡述〉，《山西大同大學學報（社會科學版）》第 23 卷第 1 期（2009 年 4 月），頁 38-41。

耿慧玲：〈由墓誌看唐代取佛教化名號的社會現象〉，《唐代文化研討會論文集》（臺北：文史哲出版社，1991 年），頁 693-723。

馬馳：〈試論著人仕唐之盛及其姓名之漢化〉，收入鄭學檬、冷敏述編：《唐文化研究論文集》（上海：上海人民出版社，1994 年），頁 97-109。

張亨：〈《詩·桃夭》甚解〉，《思文論集：儒道思想的現代詮釋》（臺北：臺大出版中心，2014 年），頁 453-467。

張廣達：〈唐代的豹獵〉，《文本　圖像與文化流傳》（桂林：廣西師範大學出版社，2008 年），頁 23-50。

張慶捷、李彪：〈山西靈丘北魏文成帝南巡碑〉，《文物》1997 年第 12 期，頁 70-79。

梁其姿：〈心態歷史〉，《史學評論》第 7 期（1984 年 4 月），頁 75-97。

章群：〈（代序）唐代宗教信仰問題〉，《唐史札記》（臺北：學海出版社，1998 年），頁 1-14。

陳明：〈「納藥」與「授方」——中古胡僧的醫療活動〉，《中古醫療與外來文化》（北京：北京大學出版社，2013 年），頁 297-343。

陳弱水：〈墓誌中所見的唐代前期思想〉，《唐代文士與中國思想的轉型（增訂本）》（臺北：臺大出版中心，2016 年），頁 111-136。

陳弱水：〈唐五代女性的意義世界——兼顧基層與菁英的考察〉，《中國歷史與文化的新探索》（臺北：聯經出版公司，2021 年），頁 393-452。

陳寅恪：〈三國志曹沖華佗傳與佛教故事〉，《寒柳堂集》（北京：三聯書店，2001 年），頁 176-181。

陳寅恪：〈天師道與濱海地域之關係〉，《金明館叢稿初編》（北京：三聯書店，2001 年），頁 1-46。

陳寅恪：〈姚薇元北朝胡姓考序〉，《金明館叢稿二編》（北京：三聯書店，2001 年），頁 274-276。

陳槃：〈春秋列國風俗考論別錄・叢木為社〉，《舊學舊史說叢》（臺北：國立編譯館，1993 年），頁 569-570。

陳懷宇：〈中古時代士民之佛教名字再探〉，《景風梵聲：中古宗教之諸相》（北京：宗教文化出版社，2012 年），頁 256-293。

傅揚：〈斯文不喪──中古儒學傳統與隋代唐初的政治文化〉，《漢學研究》第 33 卷第 4 期（2015 年 12 月），頁 177-211。

傅樂成：〈唐代夷夏觀念之演變〉，《漢唐史論集》（臺北：聯經出版公司，1977 年），頁 209-226。

楊琳：〈華佗之名來自外語嗎〉，《中國典籍與文化》2014 年 1 期，頁 125-128。

楊琳：〈論名字求義法〉，《勵耘學刊》2010 年 1 期，頁 65-82。

楊儒賓：〈太極、通天與正直──木的原型象徵〉，《五行原論：先秦思想的太初存有論》（臺北：聯經出版公司，2018 年），頁 291-334。

楊儒賓：〈莊子與東方海濱的巫文化〉，《儒門內的莊子》（臺北：聯經出版公司，2016 年），頁 96-99。

楊憲益：〈薩寶新考〉，《譯餘偶拾》（北京：三聯書店，1983 年），頁 317-337。

葉國良：〈石本與集本碑誌文異同問題研究〉，《石學續探》（臺北：大安出版社，1995 年），頁 27-57。

葉國良：〈石學的展望〉，《石學續探》，頁 253-263。

葉國良：〈冠笄之禮中取字的意義〉，《禮學研究的諸面向》（新竹：清華大學出版社，2010 年），頁 276-285。

葉國良：〈冠笄之禮的演變與字說興衰的關係──兼論文體興衰的原因〉，《古典文學的諸面向》（臺北：大安出版社，2010 年），頁 135-162。

葉植：〈習鑿齒名字釋義〉，收入樓勁主編：《魏晉南北朝史的新探索：中國魏晉南北朝史學會第十一屆年會暨國際學術研討會論文集》（北京：中國社會科學出版社，2015 年），頁 378-390。

葛承雍：〈中亞粟特胡名「伽」字考證〉，《唐韻胡音與外來文明》（北京：中華書局，2006 年），頁 342-348。

董志翹：〈佛教傳入與古代中土信眾的取名命字〉，《東海中文學報》第 29 期（2015 年 6 月），頁 213-230。

虞萬里：〈商周稱謂與中國古代避諱起源〉，《榆枋齋學林》（上海：華東師範大學出版社，2012 年），頁 555-663。

聞一多：〈類書與詩〉，《聞一多全集》（武漢：湖北人民出版社，1993 年），第 6 冊，頁 3-10。

蒲慕州：〈中國古代鬼論述的形成（先秦至漢代）〉，收入蒲慕州編：《鬼魅神魔：中國通俗文化側寫》（臺北：麥田出版社，2005 年），頁 19-40。

劉英：〈《搜神記》與道教劾鬼術〉，收入中國魏晉南北朝史學會、四川大學歷史文化學院編：《魏晉南北朝史論文集》（成都：巴蜀書社，2006 年），頁 304-313。

劉浦江:〈契丹名、字研究——文化人類學視野下的父子連名制〉,
　　《松漠之間:遼金契丹女真史研究》(北京:中華書局,2008
　　年),頁 123-175。

劉釗:〈古文字中的人名資料〉,《出土簡帛文字叢考》(臺北:臺
　　灣古籍出版社,2004 年),頁 242-261。

劉淑芬:〈中國的聖僧信仰和儀式(四~十三世紀)〉,收入康豹、
　　劉淑芬主編:《第四屆國際漢學會議論文集:信仰、實踐與文
　　化調適》(臺北:中央研究院,2013 年),上冊,頁 139-192。

劉淑芬:〈中國歷史上的舍利信仰〉,《中古的佛教與社會》(上海:
　　上海古籍出版社,2008 年),頁 319-322。

劉淑芬:〈五至六世紀華北鄉村的佛教信仰〉,《中央研究院歷史語
　　言研究所集刊》63 本 3 分(1993 年 7 月),頁 497-544。

劉淑芬:〈北齊標異鄉義慈惠石柱——中古佛教社會救濟的個案研
　　究〉,《新史學》5 卷 4 期(1994 年 12 月),頁 1-47。

劉增貴:〈中國禮俗史研究的一些問題〉,收入《法制與禮俗——第
　　三屆國際漢學會議論文集‧歷史組》(臺北:中央研究院歷史
　　語言研究所,2002 年),頁 157-203。

劉增貴:〈禁忌——秦漢信仰的一個側面〉,《新史學》18 卷 4 期
　　(2007 年 12 月),頁 1-70。

劉增貴:〈漢代婦女的名字〉,收入李貞德、梁其姿主編:《婦女與
　　社會》(北京:中國大百科全書出版社,2005 年),頁 46-91。

劉增貴:〈漢隋之間的車駕制度〉,《中央研究院歷史語言研究所集
　　刊》63 本 2 分(1993 年 5 月),頁 371-453。

劉濤:〈魏晉南朝的禁碑與立碑〉,《故宮博物院院刊》2001 年第 3
　　期,頁 4-11。

蔡運章:〈東漢永壽二年鎮墓瓶陶文考略〉,《考古》1989 年 7 期,
　　頁 646-650、661。

蔡鴻生:〈九姓胡禮俗叢說‧胡名〉,《蔡鴻生史學文編》(廣州:
　　廣東人民出版社,2014 年)頁 42-47。

鄭阿財:〈論「張堅固、李定度」的形成、發展與民俗意涵──以
　　買地券、衣物疏為考察對象〉,《民間文學年刊》第 2 期增刊
　　(2009 年 2 月),頁 25-51。

鄭振鐸:〈經書的效用〉,《鄭振鐸文集》(北京:人民文學出版社,
　　1988 年),第 6 卷,頁 342-344。

錢穆:〈略論魏晉南北朝學術文化與當時門第之關係〉,《中國學術
　　思想史論叢(三)》(臺北:東大圖書出版公司,1993 年),
　　頁 134-199。

繆鉞:〈北朝之鮮卑語〉,《讀史存稿(增訂本)》(北京:中華書局,
　　2017 年),頁 211-238。

謝聰輝:〈啾啾唧唧斷根源──閩南閩中道壇禳災抄本中「知名」
　　故事敘述研究〉,《追尋道法:從臺灣到福建道壇調查與研究》
　　(臺北:新文豐出版公司,2018 年),頁 541-590。

魏斌:〈單名與雙名──漢晉南方人名的變遷及其意義〉,《歷史研
　　究》2012 年 1 期,頁 36-53。

嚴耀中:〈墓誌祭文中的唐代婦女佛教信仰〉,收入鄧小南主編:
　　《唐宋女性與社會》(上海:上海辭書出版社,2003 年),頁
　　467-492。

饒宗頤:〈由《尚書》「余弗子」論殷代為婦子卜命名之禮〉,《饒
　　宗頤二十世紀學術文集》(臺北:新文豐出版公司,2003 年),
　　卷二,頁 1655-1658。

（三）**翻譯著作**

日・小川環樹：〈〈敕勒歌〉——中國少數民族詩歌論略〉，譚汝謙
　　等合譯：《論中國詩》（香港：香港中文大學出版社，1997年），
　　頁257-276。

日・吉川忠夫著，王啟發譯：〈真人與革命〉，《六朝精神史研究》
　　（南京：江蘇人民出版社，2010年），頁66-85。

日・吉川忠夫著，許洋主譯：〈靜室考〉，收入劉俊文主編：《日本
　　學者研究中國史論著選譯》（北京：中華書局，1993年），第
　　七卷，頁446-477。

日・江上波夫著，黃舒眉譯：〈匈奴的祭祀〉，收入劉俊文主編：《日
　　本學者研究中國史論著選譯》（北京：中華書局，1993年），
　　第九卷，頁1-36。

日・池田溫著，辛德勇譯：〈八世紀中葉敦煌的粟特人聚落〉，收
　　入氏著：《唐研究論文選集》（北京：中國社會科學出版社，
　　1999年），頁2-67。

日・南方熊楠著，欒殿武譯：《縱談十二生肖》（北京：中華書局，
　　2006年）。

日・都築晶子著，宋金文譯：〈關於南人寒門、寒士的宗教想像力
　　——圍繞《真誥》談起〉，收入劉俊文主編：《日本中青年學
　　者論中國史》（上海：上海古籍出版社，1995年），頁174-211。

法・阿諾爾德・范熱內普著，張舉文譯：《過渡禮儀》（北京：商
　　務印書館，2010年）。

法・雅克・勒戈夫著，郝名瑋譯：〈心態：一種模糊史學〉，《史學
　　研究的新問題 新方法 新對象：法國新史學發展趨勢》（北
　　京：社會科學文獻出版社，1988年），頁265-286。

美‧明恩溥著，林欣譯：《中國人的素質》（北京：京華出版社，2002年）。

美‧陳三平著，賴芊曄譯：《木蘭與麒麟：中古中國的突厥—伊朗元素》（新北：八旗文化，2019年）。

美‧葛滌風著，范兆飛譯：〈中古中國南方的人名——以琅琊王氏和太原王氏的模式化命名為例〉，范兆飛等譯：《西方學者中國中古貴族制論集》（北京：三聯書店，2018年），頁18-55。

英‧弗雷澤著，汪培基等譯：《金枝：巫術與宗教之研究》（北京：商務印書館，2013年）。

英‧彼得‧伯克：〈心態史的優缺點〉，韋華琴、劉艷譯：《文化史的風景》（北京：北京大學出版社，2013年），頁184-205。

英‧胡司德著，藍旭譯：《古代中國的動物與靈異》（南京：江蘇人民出版社，2016年）。

英‧瑪麗‧道格拉斯著，黃劍波等譯：《潔淨與危險：對污染和禁忌觀念的分析》（北京：商務印書館，2018年）。

荷‧高延著，芮傳明等譯：《中國的宗教系統及其古代形式、變遷、歷史及現狀》（廣州：花城出版社，2018年）。

（四）學位論文

王飛娜：〈唐代祖孫父子同名現象研究〉（北京：首都師範大學碩士論文，2011年）。

王盛婷：〈漢魏六朝碑刻禮俗詞語研究〉（重慶：西南大學碩士論文，2004年）。

王偉勳：〈「名以正體，字以表德」乎？——唐代人名特點及其文化內涵〉（臺中：國立中興大學碩士論文，2008年）。

王震華：〈《長沙走馬樓三國吳簡・竹簡[柒]》人名研究〉（重慶：西南大學碩士論文，2017年）。

李宏書：〈北朝墓誌人名索引〉（長春：吉林大學碩士論文，2017年）。

李婷：〈隋代女性名字研究〉（西安：陝西師範大學碩士論文，2017年）。

沙梅真：〈敦煌吐魯番文書中的人名研究〉（蘭州：西北師範大學碩士論文，2007年）。

姚歡歡：〈魏晉南北朝史書人名研究〉（安慶：安慶師範大學碩士論文，2016年）。

胡蘇姝：〈《嘉禾吏民田家莂》人名研究〉（重慶：西南大學碩士論文，2009年）。

張楊溦蓁：〈敦煌寫卷人名的文獻學研究〉（西安：浙江大學碩士論文，2015年）。

閆廷亮：〈唐人姓名研究〉（天津：南開大學博士論文，2012年）。

楊雙群：〈魏晉南北朝碑刻人名研究〉（重慶：西南大學碩士論文，2007年）。

葉姝：〈魏晉南北朝志怪小說神、怪、人名研究〉（廣州：暨南大學碩士論文，2011年）。

董佩：〈兩晉南朝正史中所見人名研究〉（鄭州：鄭州大學碩士論文，2016年）。